BIBLIOTHÈQUE LATINE-FRANÇAISE

LUCAIN

LA PHARSALE

TRADUCTION DE MARMONTEL

REVUE ET COMPLÉTÉE AVEC LE PLUS GRAND SOIN

PAR

M. H. DURAND

PROFESSEUR AU LYCÉE CHARLEMAGNE

PRÉCÉDÉE D'UNE ÉTUDE SUR LA PHARSALE

PAR

M. CHARPENTIER

PARIS

GARNIER FRERES, LIBRAIRES-ÉDITEURS

6, RUE DES SAINTS-PÈRES ET PALAIS-ROYAL, 215

BIBLIOTHÈQUE LATINE-FRANÇAISE

— 45 —

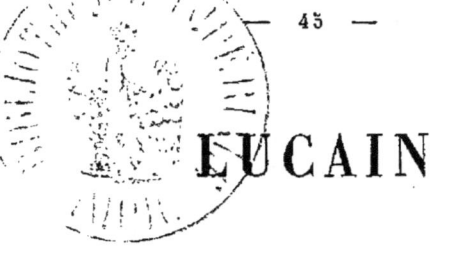

LUCAIN

LA PHARSALE

Paris. — Imprimerie P.-A. BOURDIER et Cie, rue des Poitevins, 6.

LUCAIN

LA PHARSALE

TRADUCTION DE MARMONTEL

REVUE ET COMPLÉTÉE AVEC LE PLUS GRAND SOIN

PAR

M. H. DURAND

PROFESSEUR AU LYCÉE CHARLEMAGNE

PRÉCÉDÉE D'UNE ÉTUDE SUR LA PHARSALE

PAR

M. CHARPENTIER

PARIS

GARNIER FRÈRES, LIBRAIRES-ÉDITEURS

6, RUE DES SAINTS-PÈRES ET PALAIS-ROYAL, 215

—

1865

AVERTISSEMENT

Parmi les traductions de Lucain, celle de Marmontel est peut-être la mieux écrite; c'est ce qui nous l'a fait choisir de préférence à toute autre pour notre collection. Elle avait besoin, il est vrai, d'être retouchée au point de vue du sens et de l'exactitude, et complétée dans une foule de passages. Marmontel, sous prétexte d'atténuer les défauts du modèle, avait pris trop de licences avec son auteur, et s'était permis, *dans l'intérêt du bon goût,* des suppressions inadmissibles. Nous avons dû songer à réparer ces lacunes et à faire dans le travail, d'ailleurs si estimable de Marmontel, les changements reconnus nécessaires; en un mot, à rendre au poëte latin sa vraie physionomie. Nous ne pouvions confier ce travail de retouche et de remaniement qu'à un latiniste homme de goût. M. H. Durand a bien voulu se charger de cette tâche délicate : la manière dont il s'en est acquitté nous permet d'offrir avec confiance à nos lecteurs cette traduction renouvelée, ainsi que nous avons fait pour la traduction de Suétone par La Harpe, rajeunie si heureusement par M. Cabaret-Dupaty.

Félix Lemaistre.

ÉTUDE

sur

LA PHARSALE

L'éloquence romaine périt avec la république; pacifiée par Auguste, elle ne pouvait survivre à la liberté : on le conçoit sans peine; on conçoit moins facilement que la poésie qui, sous ce prince, avait été comme le dédommagement de l'éloquence et la plus brillante décoration du naissant empire, ait, après lui, presque complétement disparu. En effet, pour vivre, la poésie n'a pas précisément besoin de l'air et de la lumière de la liberté; le demi-jour, les rayons voilés du soleil monarchique lui sont plutôt favorables que contraires. Comment donc expliquer, à partir d'Auguste, son rapide déclin?

Les premiers empereurs ne lui furent pas, je le sais, très-bienveillants. Portés encore, jusqu'à un certain point, à l'histoire, à l'éloquence même qu'ils cultivent, ils sont indifférents et quelquefois hostiles à la poésie. Si Caligula, dans un caprice libéral, permet de remettre en lumière les ouvrages de Labienus, de Cassius Severus, de Crémutius Cordus, proscrits par

Tibère, il fait enlever des bibliothèques les ouvrages de Virgile. La poésie n'avait donc rien à attendre ni de Tibère, ni de Caligula, ni de Claude; mais ne pouvait-elle vivre de sa propre vie et se suffire à elle-même? Elle n'a pas besoin, en effet, d'un théâtre et des applaudissements du Forum, et elle avait, sous la tyrannie, cet avantage de ne point porter ombrage. Il y avait donc encore, ce semble, place pour elle; mais si elle n'a pas, comme l'éloquence, besoin de secours étrangers; si elle peut naître d'elle-même et se développer par sa propre vertu, encore lui faut-il une inspiration, légère ou profonde, gaie ou sérieuse. Or, on ne voit pas d'où, sous les successeurs d'Auguste, lui serait venue cette inspiration.

Rappelons-nous, en effet, quel avait été, même au temps d'Auguste, le caractère de la poésie latine. Elle ne jaillit point du sol même de l'Italie; elle n'a pas, comme le dit le poëte, été discrètement détournée des sources grecques; elle en a été tout entière amenée et à grands flots répandue sur le Parnasse latin. Là, toutefois, mêlée à la veine nationale, elle s'y avive et s'y colore de teintes éclatantes et profondes : Horace donne à la poésie lyrique un sentiment philosophique et rêveur qui le fait dissemblable, sinon rival de Pindare. Entré plus avant encore dans cette voie de méditation et de mélancolie, Virgile trouve dans son âme des richesses nouvelles : marqué à un double sceau, il est tout à la fois le prêtre de la théologie ancienne, qu'il emprunte à Platon, et le précurseur du spiritualisme chrétien dont il a de merveilleuses divinations. Cette rêverie philosophique nouvelle et cette vive sensibilité qui sont au milieu des imitations grecques, le cachet original et le charme particulier d'Horace et de Virgile, ne pouvaient pourtant suppléer entièrement à cette inspiration primitive que seule la poésie grecque possède.

Quoi que fît, en effet, le génie de ces deux grands poëtes, il ne parvint pas à donner à la poésie latine la spontanéité et la vigueur natives qu'elle n'avait pas. Fleur brillante et étrangère, transportée sous un ciel moins ami que le ciel grec où la poésie s'était d'elle-même développée et épanouie en tant de genres et sous des formes si heureuses, la poésie latine ne put, si habilement cultivée qu'elle eût été, s'acclimater entièrement à Rome et y produire des fruits spontanés et vivaces ; la terre lui manquait, et semblable à ces fleurs délicates et vives que le poëte nous représente se penchant et s'affaissant sur elles-mêmes à la première atteinte de la pluie :

>Lassove papavera collo
>Demisere caput, pluvia quum forte gravantur,

la poésie romaine, quand elle n'eut plus pour la soutenir et la réchauffer la douce influence d'Auguste et de Mécène, languit et mourut.

Cependant, entre les différents genres de la poésie latine, il y en avait un qui, plus que les autres, mieux que la poésie lyrique surtout et l'épopée, continuerait, on le pouvait croire, à fleurir sous l'empire : l'élégie. Ces molles harmonies de Tibulle, de Properce et d'Ovide, si bien d'accord avec la corruption des mœurs romaines, comment n'ont-elles pas éveillé, inspiré d'autres chantres des faciles amours ? N'était-ce pas là, sous l'empire, une source qui ne devait pas tarir ? On le croirait d'abord ; mais telle était alors la corruption des mœurs : l'imagination, même dans ses plus grandes licences, aurait langui auprès de la réalité. Quand Ovide, quand Properce chantent leurs amours, on sent, si matérielle, si extérieure en quelque sorte, que soit leur inspiration, qu'au fond cependant l'âme y est encore pour quelque chose; il y a passion, il n'y a pas orgie. Il n'en est plus ainsi au temps de Tibère et de Caligula. Les Romains ont l'ivresse et les monstruosités de la débauche; ils n'ont plus les délicatesses du plaisir; l'élégie leur serait fade et insipide; la vue du sang répandu dans le cirque peut seule ranimer et assaisonner en eux la volupté. Point d'amour donc; partant, point de poésie. Sous Tibère, la poésie est réduite au timide apologue ou à des pièces de concours. La plupart des poëtes versifiaient pour la cour ou sur la naissance des princes, pour les prix du mois d'août.

D'où reviendra donc à la poésie l'inspiration qu'elle a perdue? De quelle source vive et profonde sortiront, s'élèveront les vapeurs nouvelles et puissantes qui la pourront raviver et féconder? Cette source, elle s'est ouverte, elle a coulé, elle s'est épandue, elle a grossi dans son cours, à l'ombre même et dans le silence de l'empire. On le sait : au moment où périssait la république, pour la rappeler, autant que faire se pouvait, et protester contre le despotisme qui la remplaçait, une secte philosophique, depuis assez longtemps déjà introduite à Rome, y grandit, s'y développa avec une singulière énergie. Le stoïcisme fut, à défaut de la liberté politique, la nouvelle liberté de Rome. Il s'unit, pour le consoler, pour le nourrir et le fortifier, au patriotisme qui, éteint dans le peuple, survivait dans les grandes âmes. Voilà la veine nouvelle d'où jaillira, sous l'empire, pure et profonde, la poésie latine. Ennemi de l'héroïde, de l'élégie, de toute fade poésie, le stoïcisme ramènera les vers à leur destination première : la liberté, la vertu, ce seront là les grands sujets de ses méditations ou de ses chants. Il ne brigue pas les frivoles honneurs de la lecture publique ou des couronnes apollinaires; il dédaigne cette littérature de la table des princes et leurs jeux poétiques après boire et pendant la digestion[1].

Naisse donc un esprit généreux, une imagination vive, un poëte enfin épris de ce double enthousiasme de patriotisme et de philosophie stoïcienne, et la poésie latine pourra reparaître et trouver des accents nouveaux et puissants. Déjà le stoïcisme, proprement dit, a eu son poëte dans Perse : la liberté aura le sien, qui, par une singulière rencontre, viendra d'où on le devait moins attendre. En effet, ce chantre de la liberté, ce disciple aussi du stoïcisme, vous le cherchez sans doute dans l'école des déclamateurs, sous le portique des philosophes. Il en devrait, ce semble, être ainsi; mais non : le poëte de la liberté et du stoïcisme, c'est la cour de Néron qui le verra paraître, c'est là qu'il s'élève, là qu'il grandit.

Sur la fin du règne d'Auguste, un rhéteur espagnol, déjà célèbre à Cordoue, sa patrie, vint s'établir à Rome : c'était Sénèque le rhéteur. Sénèque avait trois fils : Novatus, qui plus tard prit d'un avocat célèbre qui l'adopta le nom de Junius Gallion; Sénèque, qui fut le philosophe, et Marcus Annæus Méla, qui épousa Acilia,

---

1. Ecce inter pocula, quærunt
Remulidæ saturi, quid dia poemata narrent...
    Si qua elegidia crudi
Dictarunt proceres.
                    PERSE, *Sat.*

fille d'Acilius Lucanus, et eut un fils qui naquit à Cordoue en l'an 38 ; ce fils fut Marcus Annæus Lucain. Déjà quelque peu célèbre par lui-même, Méla dut à son fils d'être plus illustre [1]. A l'âge de huit mois, Lucain fut amené à Rome, où, sous la direction et les auspices de Sénèque le philosophe, son oncle, il fit ses études, parut et fut élevé à la cour. Devenu gouverneur de Néron, Sénèque plaça son neveu auprès du jeune prince. Entre Néron et Lucain, l'amitié fut vive d'abord, mais courte. Néron avait des prétentions à la poésie, et Lucain n'avait pas moins de vanité que le prince n'avait d'amour-propre. Cependant, Lucain se prêta d'abord assez complaisamment aux succès et même à la supériorité du prince ; mais cette abnégation ne pouvait durer longtemps. Elle ne résista pas à une lutte dans laquelle le prince et le poëte se disputèrent le prix de la poésie. Lucain chanta la Descente d'Orphée aux enfers, et Néron la métamorphose de Niobé : Lucain remporta le prix, « sans qu'il soit aisé, remarque M. Villemain, de concevoir l'audace des juges. » Le triomphe de Lucain blessa vivement Néron ; défense fut faite à Lucain, non-seulement de lire ses ouvrages en public [2] et sur le théâtre, mais même, s'il en fallait croire Xiphilin, de composer des vers. Ce fut sans doute alors qu'obligé de renoncer aux lectures, Lucain renonça aussi aux poëmes particuliers qui jusque-là avaient fait sa gloire, et se consacra tout entier à son grand travail de la *Pharsale*.

---

1. Annæum Lucanum genuerat, grande adjumentum claritudinis. Tacite, *Ann.*, lib. XVI.

2. Famam carminum ejus premebat Nero, prohibueratque ostentare, vanus æmulatione. — Tacite, *Ann.*, lib. XV.

Commencée sous les auspices de Néron, elle s'acheva comme une protestation et une vengeance.

Lucain ne s'en tint pas là : doublement aigri contre Néron, comme poëte interdit des lectures publiques et comme partisan de la liberté, il entra dans la conspiration de Pison. Arrêté et interrogé, il fit d'abord bonne contenance; mais bientôt, cédant à une promesse de la vie, il dénonça sa mère! Il ne lui en fallut pas moins quitter la vie, digne de pitié encore peut-être, si plus de courage eût honoré ses derniers moments; mais loin de là : il ne cessa, dit Tacite, de dénoncer des complices au hasard, espérant que ces révélations lui vaudraient la pitié de Néron. Convaincu enfin qu'il ne lui restait plus qu'à mourir, il se fit ouvrir les veines, et expira en récitant et en corrigeant[1] quelques vers de sa *Pharsale*. Il avait vingt-sept ans, et était désigné consul pour l'année suivante.

Ces vers dont, à ses derniers moments, s'enchantait Lucain, lui ont-ils donné l'immortalité qu'il s'en promettait? On l'a cru longtemps; longtemps on a regardé la *Pharsale* comme un poëme épique; mais de nos jours sa gloire a été remise en question. On a fait de l'épopée quelque chose d'extraordinaire, de providentiel en quelque sorte, une création exceptionnelle, un don réservé à quelques âges privilégiés de l'humanité. Une épopée, ce n'est pas seulement le génie qui la fait, ce sont les siècles qui la préparent et l'achèvent. D'après cette poétique nouvelle, l'*Iliade* et la *Divine Comédie* sont les deux seules véritables épopées : j'oubliais Shakes-

---

1. Impetrato mortis libero arbitrio codicillos ad patrem de corrigendis quibusdam versibus suis exaravit. — Suétone.

peare, dont l'œuvre dramatique serait aussi une épopée, mais l'*Énéide* n'en est pas une, et « le doux maître » du Dante vient ainsi après son élève ; jugez si les autres poëmes, la *Jérusalem délivrée*, le *Paradis perdu*, et à plus forte raison la *Pharsale*, peuvent dès lors prétendre à être des épopées. Mais laissons de côté ces récentes et quelque peu contestables théories qui font de l'épopée une encyclopédie humanitaire, où les peuples viennent lentement déposer leur science, leur foi, leurs croyances, leurs mœurs et leur civilisation : produit et résumé d'une civilisation complète, espèce de cristallisation mystérieuse qui se forme silencieusement et par couches séculaires dans la conscience et l'imagination des peuples. Prenons plus simplement le poëme épique, et jugeant Lucain d'après les règles de l'ancienne critique, voyons quels sont les reproches que l'on peut adresser à la *Pharsale* et les mérites qu'on lui doit reconnaître.

Lucain, a-t-on dit, a mal choisi et le héros et le sujet de son poëme : le sujet était trop rapproché de lui pour se prêter à ces fictions qui sont la condition et le charme de l'épopée, et Pompée n'était pas un personnage épique.

Pompée, je le sais, a beaucoup perdu de nos jours. Pour nous, il n'est plus qu'un général heureux, mais médiocre. Dans la guerre contre Mithridate, il n'a eu qu'à recueillir les fruits des efforts de Lucullus. La guerre des pirates, non moins pompeusement célébrée, n'offrait pas plus de difficultés, et en vérité ne méritait pas plus d'admiration. Quelle merveille qu'avec un nombre aussi grand de vaisseaux, d'hommes, d'habiles lieutenants, il ait vaincu trente mille brigands ! Tous ses exploits étaient de grandes actions plutôt que de grands événements. — Le citoyen en lui n'a pas été plus épargné que le général. Si la constitution de la république a été ébranlée; si César a pu prétendre à la dictature, c'est que Pompée lui en avait frayé le chemin. N'était-ce pas en faveur de Pompée qu'avait été portée cette loi Manilia qui lui conférait des pouvoirs absolus, exemple dangereux, dont plus tard devait profiter César? Pompée n'avait-il pas, avec César et Crassus, formé le premier triumvirat, c'est-à-dire la première coalition de citoyens ambitieux contre la république? Enfin cette guerre civile elle-même, ne l'avait-il pas, par ses prétentions, rendue aussi inévitable, que César par son ambition? Et une fois déclarée, ne s'était-il pas montré aussi indécis, aussi imprévoyant à la poursuivre, à se défendre, lui et son parti, qu'il avait été présomptueux avant qu'elle eût éclaté? Tel est, et j'adoucis les traits, Pompée aux yeux de la critique moderne.

Ce n'est pas ainsi que le voyaient et que le représentent les historiens anciens. Ils rappellent que, citoyen non moins soumis à la loi qu'il avait été habile capitaine, Pompée, à son retour d'Asie, au moment où l'enthousiasme pour lui était au plus haut point, avait, en mettant le pied dans l'Italie, congédié son armée et s'était rendu à Rome en simple citoyen, bien qu'alors il eût pu disposer du peuple des villes qui le suivait en foule. Il est vrai, il se lia avec Crassus et César; mais la faute n'en fut-elle pas au sénat qui, dans ses défiances, paya par des humiliations les services de Pompée et le réduisit à chercher des alliances auxquelles se refusaient sa décence et sa dignité naturelles. Ce fut surtout Caton, dit Plutarque, qui, en engageant le sénat à ne pas accorder à Pompée quelques satisfactions de vanité, le jeta dans les bras de César. Quant à la guerre civile, peut-être eût-il pu, non pas l'éviter, mais s'y mieux préparer, en prenant conseil de son expérience, et non de la légèreté des jeunes patriciens qui encombraient son camp, plutôt qu'ils ne le fortifiaient; car Pompée, il ne le faut point oublier, avait une habileté peu commune dans l'art de la guerre : là, comme ailleurs, un bonheur constant ne suppose pas seulement la supériorité : il la prouve. Dans cette lutte suprême de Pharsale, il a succombé, il est vrai; mais n'a-t-il pas été trahi par la fortune, au moins autant qu'il lui a manqué? A la distance où nous sommes de ces grands événements, il nous est difficile de les bien juger : notre opinion est fondée sur ce que nous croyons savoir, et les démarches que nous condamnons, légèrement peut-être, étaient sans doute décidées par des motifs que nous ignorons. Tel était donc Pompée pour les Romains : citoyen respectant les lois, ambitieux du pouvoir, il est vrai, mais aimant mieux se le faire donner que le prendre, ce qui est bien quelque chose; habile autant qu'heureux général; le représentant, malgré ses torts, de la liberté, et le soutien vaincu, mais glorieux encore, de la république.

César a gagné auprès de nous tout ce qu'a perdu Pompée. César, ce n'est pas seulement le génie complet de la guerre et de la paix, le citoyen magnanime et le prévoyant politique qui venait relever de leur abaissement les classes déshéritées du peuple romain, rendre aux alliés leurs droits méconnus, fonder sur l'égalité un nouvel ordre social et inaugurer pour le monde tout entier une ère de paix et de prospérité; César, c'est l'homme même de l'humanité. Ce n'est pas sous ces traits brillants qu'il apparaissait aux Romains. Je ne parle pas de ses vices, qui lui furent plus utiles que contraires, de même que les vertus privées de Pompée lui furent une infériorité plutôt qu'un avantage; je ne veux voir que l'homme public. Eh bien ! qu'était César pour les Romains? Pour eux, dès sa jeunesse, César est un citoyen dangereux, perdu de dettes et de débauches, et se faisant de ses désordres un double instrument d'ambition. Complice secret de Catilina, il a la main dans tous les complots qui se trament contre la république. Tribun factieux, impérieux consul, pour faire passer une loi agraire, il n'hésite pas à employer la violence contre son collègue Bibulus et va jusqu'à menacer les jours de Caton. S'il dompte les Gaules, c'est pour asservir sa patrie. Malgré la défense du sénat, il franchit la limite sacrée du Rubicon, entre dans Rome, où sa présence répand la consternation, pille le trésor public, inaugurant ainsi par un double sacrilége la guerre civile. Cette guerre, a-t-il véritablement cherché à l'éviter? Il le prétend; mais Cicéron, mais Suétone affirment le contraire. En un mot, citoyen longtemps factieux, général rebelle, vainqueur sacrilége de sa patrie et de la liberté, tel est sur César le jugement des anciens. Du moins, dira-t-on, on ne saurait le nier : César fut le plus clément des vainqueurs. Oui, clément, il le fut souvent; mais quelquefois aussi il fut cruel et impitoyable, suivant les conjonctures : sa clémence était autant calculée que naturelle; et eût-elle été aussi entière, aussi désintéressée qu'on l'a faite, cette clémence, était-elle donc si magnanime? « César, dit Montesquieu, pardonna à tout le monde; mais il me semble que la modération que l'on montre après qu'on a tout usurpé ne mérite pas de grands éloges[1]. »

Quant à ses projets humanitaires, les historiens anciens sont beaucoup moins explicites que les historiens modernes, qui lui prêtent les idées de notre temps et leurs propres pensées. On fait un peu de ses projets ce qu'Antoine fit de son testament : on y met tout ce qu'on veut. Lui-même, César, il n'en a point parlé : il ne réclame pas pour le monde entier; il réclame pour son consulat, sa province, son armée, pour César, en un mot; dans ses propositions de paix, il ne stipule que pour lui-même, et non pour le peuple.

Je l'admets toutefois : dans le ressentiment qu'ils avaient gardé de la perte de la liberté, les Romains ont pu juger avec trop de rigueur l'homme qui l'avait renversée et voir sous un jour trop favorable celui qui l'avait défendue; je ne veux point absoudre en tout Pompée et le faire, pour le génie politique et guerrier, l'égal de César; je veux seulement montrer comment, dans l'imagination et l'âme des meilleurs citoyens, la république et Pompée restaient un culte, un grand et cher souvenir, et comment en choisissant l'une pour sujet, l'autre pour héros de son poëme, Lucain ne s'est pas trompé. Ajoutons que ce qu'on avait jusque-là connu de l'Empire ne pouvait guère que raviver les regrets pour la république. Ni Tibère, ni Caligula, ni Claude, ni Néron n'étaient des maîtres bien agréables; et quant au changement même de la république en gouvernement ou plutôt en domination d'un seul, sans examiner ici cette difficile question, je crois pouvoir dire

---

1. *Grandeur et Décadence*, ch. XI.

que, dans la révolution qui avait détruit l'ancienne constitution de Rome, les Romains ne voyaient pas ce que depuis on y a vu, l'égalité, mais bien la servitude, sous le niveau du despotisme. Flétrir ce despotisme, ressusciter la lutte où le patriotisme l'avait combattu, prendre, si je puis ainsi parler, la revanche de Pharsale, c'était donc une généreuse tentative. Était-ce également un heureux sujet épique, et n'allait-il pas contre cette illusion d'optique, cette magie et cette majesté du lointain favorables à l'épopée? C'est la seconde critique faite à Lucain.

Elle date de loin, cette critique. Un contemporain, un rival de Lucain disait déjà : « Quiconque entreprendra de traiter un sujet aussi important que celui de la guerre civile succombera infailliblement sous le faix, s'il ne s'y est préparé par de sérieuses études. Il ne s'agit pas, en effet, de renfermer dans ses vers le récit exact des événements; il faut y arriver par de longs détours, par l'intervention des dieux; il faut que le génie, toujours libre dans son essor, se précipite à travers le torrent de la fiction. » Et à l'appui de cette théorie, Pétrone, joignant l'exemple au précepte, essayait, sur la guerre civile, un poëme où il fait figurer toutes les vieilles divinités de l'Olympe. Nous le reconnaissons : Lucain n'a pu, ni voulu introduire le merveilleux dans son poëme, et Voltaire l'en justifie parfaitement : « Virgile et Homère avaient fort bien fait d'amener les divinités sur la scène. Lucain a fait tout aussi bien de s'en passer. Jupiter, Mars, Vénus étaient des embellissements nécessaires aux actions d'Énée et d'Agamemnon : on savait peu de choses de ces héros fabuleux; les faibles commencements de l'empire romain avaient besoin d'être relevés par l'intervention des dieux; mais César, Pompée, Caton, Labienus vivaient dans un autre siècle qu'Énée : les guerres civiles de Rome étaient trop sérieuses pour ces jeux d'imagination... La proximité des temps, la notoriété publique de la guerre civile, le siècle éclairé, politique et peu superstitieux de Lucain, la solidité de son sujet, ôtaient à son génie toute liberté d'invention fabuleuse. » Voltaire a eu le tort de ne point suivre le sage conseil qu'il donne ici et d'introduire dans la *Henriade* ce ressort du merveilleux dont, avec raison, il félicite Lucain d'avoir su se passer.

Le merveilleux consacré et classique manque donc, j'en conviens, dans le poëme de Lucain; mais il y est remplacé par un autre genre d'intérêt : « A défaut des dieux homériques qui n'interviennent plus dans l'action, Lucain, dit M. Villemain, reçoit de son temps une croyance vague aux visions, aux apparitions, aux prodiges : c'est le spectre de la Patrie apparaissant éplorée à l'autre rive du fleuve que va passer César; c'est Marius levant sa tête au-dessus de son tombeau brisé, et mettant les laboureurs en fuite; c'est l'ombre de Julie troublant de ses prédictions fatales le sommeil de Pompée; c'est enfin cette évocation pleine de terreur et de mélancolie que fait d'un cadavre, ramassé dans la foule des morts, cette magicienne que Sextus Pompée va consulter dans les forêts de Thessalie. » Voilà le merveilleux dans la *Pharsale*, merveilleux nouveau et approprié au temps où écrivait Lucain. On ne croyait plus alors à l'Olympe, Lucain se passe donc de la mythologie; mais on croyait à la magie, aussi Lucain ne s'en fait-il pas faute; on croyait aux oracles, quoi qu'il dise, et chez lui la pythonisse n'est pas muette.

Relèverons-nous, après ces critiques générales, le reproche fait à Lucain de manquer et d'exactitude historique et d'unité? Lucain, nous le reconnaissons, n'a pas retracé tous les événements de la guerre civile : la *Pharsale* n'est pas une chronique; il n'a pas « maigre historien suivi l'ordre des temps; » il s'est transporté au cœur même des événements, *in mediam rem*, et a couru, pour ainsi dire, le plus vite qu'il a pu, au champ de bataille de Pharsale. Mais s'il n'a ni indiqué, ni raconté tous les détails de ce duel sanglant, il n'a du moins oublié aucune des causes principales qui l'avaient amené, ni omis aucun des grands faits qui en avaient préparé, suspendu ou précipité le dénoûment.

Qu'importerait d'ailleurs dans la *Pharsale* cette absence d'exactitude aussi bien que de merveilleux? L'intérêt du poëme et sa grandeur ne sont pas là. Nous l'avons dit, le véritable, le seul sujet, l'âme même de la Pharsale, c'est la liberté. Sujet réel de la Pharsale, la liberté en est aussi le véritable héros. Regardons-y bien, en effet : dans la *Pharsale*, à proprement parler, Pompée est moins le principal personnage qu'il n'est un symbole, le symbole de la liberté. Aussi n'est-il pas le seul acteur de ce drame sévère : à côté de lui, il y a Caton. Si la liberté est représentée par Pompée, le stoïcisme l'est par Caton, ou plutôt stoïcisme et liberté se confondent pour animer et ennoblir les chants du poëte. Il est si vrai que Pompée, c'est-à-dire la liberté, n'est pas le seul héros du poëme, que Pompée mort, l'action n'est pas terminée. C'est qu'en effet, quoique vaincue à Pharsale, la liberté n'a pas entièrement désarmé. Il lui reste Caton, et avec Caton le stoïcisme qui ne continuera pas seulement la lutte dans les sables de l'Afrique, mais qui puisant, dans sa défaite même, une énergie de ressentiment sera, en face de l'empire, l'éternelle protestation du droit contre la violence. Ce sentiment toujours présent de regrets et d'espérances, qui, pour les Romains, faisait l'intérêt du poëme de Lucain, en est encore aujourd'hui et en restera le charme le plus puissant, la durable et véritable grandeur.

Toutefois, nous ne prétendons pas tout absoudre dans Lucain ; et avant tout, il a ce défaut des écrivains de décadence, poëtes et prosateurs, de ne savoir point s'arrêter dans un développement, de toujours viser au sublime. *Grande aliquid*, dit Perse ; c'est aussi la prétention de Lucain ; et si quelquefois il y touche à ce sublime, il ne sait pas s'y tenir ; il le dépasse et tombe dans le faux et l'exagération. Rencontre-t-il un trait heureux, il l'émousse en l'épuisant. Il a peint par cet hémistiche admirable la consternation qu'a jetée dans Rome l'annonce de l'entrée de César :

Erravit sine voce dolor,

il se gardera bien d'en rester là. Deux comparaisons, composées de vingt vers chacune, lui suffisent à peine pour y noyer et éteindre cette vive pensée. On sait avec quelle facilité malheureuse il a paraphrasé ces simples paroles de César : *Quid times ? Cæsarem vehis*, au pêcheur Amyclas, qui hésitait à commettre sa fragile barque aux vagues soulevées. Le défaut d'amplification était, du reste, nous l'avons dit, le défaut du temps, et, en particulier pour Lucain, un défaut de famille.

Dans Sénèque, la nourrice de Médée lui montre que,

dans le malheur qui l'accable, il ne lui reste aucun espoir ; Médée répond :

> Medea superest,

mot sublime, et auquel elle aurait dû s'arrêter ; mais elle ajoute :

> Hic mare et terras vides
> Ferrumque et ignes, et Deos, et Fulmina.

Corneille a imité ce passage :

> Votre pays vous haît, votre époux est sans foi :
> Dans un si grand revers que vous reste-t-il ? — Moi !
> Moi, dis-je, et c'est assez.

Et voyez la contagion du mauvais goût ! Corneille aussi, à l'exemple de Sénèque, va gâter ce trait :

> — Quoi ! vous seule, madame ?
> — Oui, tu vois en moi seule et le fer et la flamme,
> Et la terre et la mer, et l'enfer et les cieux,
> Et le sceptre des rois et la foudre des dieux !

Outre ce vice capital, l'intempérance dans le développement, Lucain a d'autres et plus graves défauts, et où se marque plus particulièrement l'influence mauvaise de son temps : la manie et l'abus de l'érudition. Des descriptions géographiques, scientifiques, astronomiques même, tiennent dans le poëme une place considérable ; elles interrompent malencontreusement la narration et brisent l'intérêt. Le style lui-même ne rachète pas ces vices. La période poétique de Lucain ne manque pas, il est vrai, d'une certaine harmonie, mais elle manque de souplesse et de variété. Habile dans la manière dont il brise ses vers, il est en même temps monotone. Il n'a pas ce mouvement nombreux, ces cadences savantes et nuancées tout à la fois qui enchantent l'oreille et attachent l'esprit à la narration. Son coloris est éclatant, mais uniforme; il ne connaît pas l'art et la magie des demi-teintes.

Les défauts dans la *Pharsale* sont donc nombreux; mais les beautés, et des beautés de premier ordre, n'y sont pas rares : Lucain a un éclat d'expression, un relief de couleur, une énergie et parfois une profondeur de pensée qui trahissent le génie. Il excelle dans les portraits, les caractères et les discours. Je ne parlerai point de ce parallèle de César et de Pompée qui ouvre si heureusement le poëme et en éclaire la suite d'un jour si vif; mais qu'y a-t-il au-dessus du portrait de Caton, et de cet autre portrait de Pompée, si bien placé, en forme d'oraison funèbre, dans la bouche de Caton? Les traits dont il a peint Cornélie n'ont point été surpassés par Corneille, qui les lui a empruntés. Quant à ses discours, on sait que Quintilien l'a mis au nombre des orateurs plutôt qu'au nombre des poëtes [1], éloge et

---

1. « Combien de gens, ô mes jeunes amis, se sont laissé séduire par les attraits de la poésie! A peine est-on parvenu à mettre un vers sur ses pieds, qu'on se croit au sommet de l'Hélicon. C'est ainsi que, souvent, rebuté des fatigues du barreau, maint avocat cherche un asile dans le temple des Muses comme dans un port plus tranquille et plus assuré. » — On a cru que, dans ces paroles, Pétrone (*Satyricon*, CXVIII) faisait allusion à Lucain et à Silius Italicus. Cet échec que Lucain aurait éprouvé au barreau ne s'accorde guère avec le jugement de Quintilien : il est possible, toutefois, que Lucain n'ait pas réussi au barreau, où il faut une flexibilité de paroles et d'impressions qui n'allait pas à son talent vigoureux, mais tendu et tout d'une pièce.

critique tout ensemble. Oui, par le trait, par le mouvement, par la chaleur de la pensée, Lucain est orateur[1]; mais ce n'est pas assez pour le poëte. Le poëte doit s'oublier pour donner à ceux qu'il fait parler le langage et les sentiments convenables, soit à leur caractère, soit à leur situation; or, à ce point de vue, Lucain est loin d'être irréprochable; car il prête à tous ses héros sa propre éloquence, éloquence forte, mais souvent outrée, déclamatoire : c'est, avec l'inspiration qu'il en reçoit, le vice que lui donne le stoïcisme : il étend sur tout sa teinte sombre et monotone.

On a beaucoup vanté la réponse de Caton à Labienus, qui lui conseille de consulter l'oracle de Jupiter Ammon; je ne saurais partager cette admiration. On voit dans cette réponse la faiblesse du stoïcisme, à côté de sa grandeur : sa grandeur dans sa morale, sa faiblesse dans sa théologie. J'approuve Caton quand, exprimant les plus nobles sentiments de la conscience et de la raison, il aime mieux mourir libre en combattant que d'avoir le spectacle de la tyrannie[2]; quand il proclame le droit supérieur à la violence, et la vertu, même malheureuse, préférable au succès; mais je ne le saurais approuver, quand il dit « que Dieu réside partout où est la terre, la mer, l'air et le ciel; que Jupiter c'est tout ce qu'on

---

1. Lucanus ardens, et concitatus et sententiis clarissimus. — Quintilien, lib. X, 1.

2. Licet, inquit, omnia, in unius ditionem concesserint, Cato, qua exeat, habet : una manu latam libertati viam faciet. Ferrum istud, etiam civili bello purum et innoxium, bonas tandem ac nobiles edet operas : libertatem, quam patriæ non potuit, Catoni dabit. Aggredere, anime, diu meditatum opus, eripe te rebus humanis. — Sénèque, *De Providentia*.

voit, tout ce qu'on sent, » théologie panthéiste, et qui se peut résumer en ceci : que le sage, c'est-à-dire le vrai stoïcien, n'a pas besoin de consulter les dieux, parce qu'il a en lui-même, dès que les choses dans ce bas monde ne vont pas à son gré, la ressource de se tuer, et cela en vertu d'une science que le ciel met en nous :

Alors que du néant nous passons jusqu'à l'être.

Ici, du reste, il faut le dire, Lucain ne fait que paraphraser Sénèque : « Le sage, qui est assez sage pour ne tenir pas à la vie, se moque de tout, des dieux, des hommes et des choses. » Combien j'aime bien mieux Lucain faisant parler les douleurs touchantes de Cornélie, que paraphrasant les vagues doctrines de la philosophie stoïcienne! Il y a dans les accents de l'épouse de Pompée une émotion naturelle et profonde; on y sent un cœur de femme et d'épouse; Caton au contraire est parfois déclamateur.

Ne médisons pas cependant du stoïcisme : il a donné à Rome, avec ses derniers grands citoyens, une littérature tout entière, littérature moins pure, moins belle que celle du siècle d'Auguste, mais plus nationale et plus originale : Perse, Sénèque, Tacite, Juvénal se sont inspirés du stoïcisme; il est, avec le regret douloureux de la liberté, l'unité en même temps que l'âme du poëme sur la guerre civile. « En se livrant sans réserve à cette inspiration, Lucain, on l'a dit heureusement, a marqué sa place au-dessous de tous les grands poëtes, mais au-dessus de tous les versificateurs[1]. » On juge trop

---

1. E. Greslou : *De Lucain et de la Pharsale*, dans le *Lucain* de la Collection Panckoucke.

de Lucain par Brébeuf, qui a encore enchéri sur lui pour l'emphase et l'exagération : Lucain vaut beaucoup mieux que son traducteur. Sans doute, Corneille avait tort de ne le point distinguer de Virgile; mais, après tout, malgré les défauts.de son propre génie et le mauvais goût de son siècle, il y a, chez Lucain, une passion, c'est-à-dire une éloquence, une flamme, la vie du style et de la pensée. Par la double inspiration du stoïcisme et de la liberté, il est arrivé à une grandeur réelle : poëte incomplet, mais poëte, et auquel s'attache cet intérêt particulier d'avoir été prématurément enlevé à l'achèvement de son œuvre : Lucain n'est-ce pas un peu l'André Chénier latin?

J.-P. Charpentier.

LA PHARSALE

DE LUCAIN

LIVRE PREMIER

Exposition du sujet, la guerre civile entre César et Pompée. — Reproches que le poète adresse aux Romains, à propos de cette fureur qui les arme les uns contre les autres, quand ils ont tant de raisons d'entreprendre d'autres guerres. — Il faut se consoler pourtant de ces malheurs, et s'en réjouir si les destins n'ont pas trouvé d'autre voie pour amener le règne de Néron. — Apothéose anticipée de Néron; basse flatterie. — Énumération des causes particulières ou générales de la guerre civile. — Portraits de Pompée, de César. — César arrive sur les bords du Rubicon, qui marque la limite de son gouvernement. L'image de la patrie désolée se dresse devant lui et le conjure de ne pas avancer plus loin avec son armée. César, après un moment d'hésitation, passe le fleuve. — Prise d'Ariminum pendant la nuit. Les habitants, réveillés par le bruit des trompettes, voient leur ville envahie par une armée, et déplorent en silence leur malheureux sort. — Au point du jour, les tribuns, forcés de s'enfuir de Rome, arrivent au camp de César ; l'un deux, Curion, excite César à presser la guerre. — César, enflammé par ce discours, harangue ses soldats et leur parle de marcher sur Rome. Il accable Pompée et le sénat d'invectives, et se promet la faveur des dieux, qui doivent protéger la justice de sa cause. — L'armée se rend à ce discours, et un chef de cohorte, Lélius, proteste qu'il suivra partout César; que s'il faut égorger pour lui frère, père, épouse, s'il faut détruire Rome, il est tout prêt : toute l'armée fait le même serment. — César rappelle ses légions dispersées dans diverses parties de la Gaule ; énumération de ses forces. — César, à la tête de toutes ses légions rassemblées, envahit l'Italie, et répand de tous côtés une si grande terreur, que le sénat et Pompée lui-même s'enfuient de Rome. — Signes et présages des calamités prochaines. — Tableau de la désolation de Rome et de l'Italie. — Autres prodiges sinistres. — On consulte les devins toscans; Aruns et Figulus sont interrogés. Ils ordonnent de purifier les murs de Rome par des lustrations solennelles; description de cette cérémonie expiatoire. Aruns égorge une victime, considère ses entrailles, et n'y découvre que des malheurs; Figulus les annonce. — Fureur prophétique d'une dame romaine qui, inspirée par Apollon, prédit les principaux événements de la guerre civile.

Je chante les guerres plus que civiles dont la Thessalie fut le théâtre; le crime prenant force de loi, un peuple puissant tournant ses mains victorieuses contre ses entrailles, deux camps unis par les liens du sang, l'Empire déchiré, toutes les forces du monde ébranlé servant à un crime commun, aigle contre aigle, Romain contre Romain.

O citoyens, quelle fureur! quel amour insensé des combats! est-ce à vous d'assouvir la haine des nations dans le sang de votre patrie? La superbe Babylone s'enorgueillit de nos trophées; l'ombre errante de Crassus demande vengeance; et vous cherchez des combats qui n'auront jamais de triomphes! Hélas! quelles conquêtes n'aurait pu payer le sang versé par des mains romaines? Des régions où naît le jour jusqu'aux bords où la nuit s'ensevelit avec les étoiles, des lieux brûlants que le midi embrase, aux contrées brumeuses où ne règne jamais le doux printemps, où la mer de Scythie est emprisonnée sous les

LIBER I

Bella per emathios plus quam civilia campos,
Jusque datum sceleri canimus, populumque potentem
In sua victrici conversum viscera dextra,
Cognatasque acies; et, rupto fœdere regni,
Certatum totis concussi viribus orbis
In commune nefas; infestisque obvia signis
Signa, pares aquilas, et pila minantia pilis.
Quis furor, o cives! quæ tanta licentia ferri,
Gentibus invisis latium præbere cruorem?
Quumque superba foret Babylon spolianda tropæ
Ausoniis, umbraque erraret Crassus inulta,
Bella geri placuit nullos habitura triumphos.
Heu, quantum potuit terræ pelagique parari
Hoc, quem civiles hauserunt, sanguine, dextræ
Unde venit Titan, et nox ubi sidera condit,
Quaque dies medius flagrantibus æstuat horis,
Et qua bruma rigens, ac nescia vere remitti,
Adstringit Scythicum glaciali frigore pontum :

glaces, le Sère, l'Arménien barbare, les peuples, s'il en est, qui voient naître le Nil, tout serait dompté. Alors si telle est ton ardeur pour une guerre détestable, maîtresse du monde entier, ô Rome, tourne tes mains contre toi-même. Mais as-tu manqué d'ennemis? Les villes d'Italie s'écroulent sous leurs toits brisés; leurs murailles ruinées ne sont plus que des débris épars; les maisons n'ont plus de gardien qui les protége; l'habitant solitaire est errant dans leur vaste enceinte; l'Hespérie dès longtemps inculte est couverte de ronces; les mains du laboureur manquent aux champs qui les demandent.

Ce n'est pas toi, farouche Pyrrhus, ce n'est pas toi, fier Annibal, qui nous as causé tant de maux : le fer étranger ne nous fit jamais de si profondes blessures; ces coups partent d'une main domestique.

Si les destins n'ont pu frayer à l'arrivée de Néron d'autres chemins, s'il faut payer cher les royautés éternelles des dieux, si l'Olympe n'obéit à Jupiter qu'après la guerre des géants terribles, cessons de nous plaindre, ô dieux; j'aime le crime et le sacrilége payés d'un tel prix. Que Pharsale emplisse de carnage ses plaines odieuses, que les mânes des Carthaginois s'abreuvent de notre sang, que les dernières batailles se heurtent sous

Sub juga jam Seres, jam barbarus isset Araxes,
Et gens si qua jacet nascenti conscia Nilo.
Tunc, si tantus amor belli tibi, Roma, nefandi,
Totum sub latias leges quum miseris orbem,
In te verte manus : nondum tibi defuit hostis.
At nunc semirutis pendent quod moenia tectis
Urbibus Italiæ, lapsisque ingentia muris
Saxa jacent; nulloque domus custode tenentur,
Rarus et antiquis habitator in urbibus errat;
Horrida quod dumis, multosque inarata per annos
Hesperia est, desuntque manus poscentibus arvis;
Non tu, Pyrrhe ferox, nec tantis cladibus auctor
Pœnus erit : nulli penitus discindere ferro
Contigit : alta sedent civilis vulnera dextræ.
Quod si non aliam venturo fata Neroni
Invenere viam, magnoque æterna parantur
Regna deis, cœlumque suo servire Tonanti
Non nisi sævorum potuit post bella gigantum :
Jam nihil, o superi, querimur : scelera ipsa nefasque
Hac mercede placent : diros Pharsalia campos
Impleat, et pœni saturentur sanguine manes;
Ultima funesta concurrant prœlia Munda.

les murs funestes de Munda ; à ces destins ajoute, César, Pérouse affamée, Mutine aux abois, nos flottes détruites à Leucade, et la guerre des esclaves aux pieds brûlants de l'Etna. Rome doit cependant beaucoup aux guerres civiles, puisque tout fut fait pour toi. Quand s'achèvera ton séjour ici-bas, tu monteras plein de jours vers les astres, le palais de l'Olympe, ta demeure préférée, te recevra avec allégresse. Soit que tu veuilles tenir le sceptre, soit que, monté sur le char étincelant de Phébus, tu préfères éclairer la terre de tes feux errants, qui charment le monde, toute divinité te cédera sa place, et la nature te laissera choisir ta royauté. Mais tu ne prendras pour demeure ni les régions du nord, ni les régions brûlées des feux de Sirius et d'où ton astre jetterait sur Rome d'obliques rayons. Si tu pèses sur un point extrême du vaste Éther, l'axe du ciel gémira sous le faix. Garde au centre l'équilibre du monde. Que ce point du ciel soit serein, qu'aucune nuée ne cache César. Qu'alors le genre humain pose les armes, que toutes les nations s'aiment d'un commun amour, et que la paix, descendue sur la terre, ferme les portes de fer du belliqueux Janus. Mais tu es déjà un dieu pour moi. Puisse le poëte te recevoir dans son

His, Cæsar, Perusina fames, Mutinæque labores
Accedant fatis ; et quas premit aspera classes
Leucas ; et ardenti servilia bella sub Ætna.
Multum Roma tamen debet civilibus armis,
Quod tibi res acta est. Te, quum, statione peracta,
Astra petes serus, prælati regia cœli
Excipiet, gaudente polo : seu sceptra tenere,
Seu te flammigeros Phœbi conscendere currus,
Telluremque, nihil mutato sole timentem,
Igne vago lustrare juvat : tibi numine ab omni
Cedetur : jurisque tui natura relinquet,
Quis deus esse velis, ubi regnum ponere mundi.
Sed neque in arctoo sedem tibi legeris orbe :
Nec polus adversi calidus qua vergitur Austri,
Unde tuam videas obliquo sidere Romam.
Ætheris immensi partem si presseris unam,
Sentiet axis onus. Librati pondera cœli
Orbe tene medio : pars ætheris illa sereni
Tota vacet, nullæque obstent a Cæsare nubes.
Tunc genus humanum positis sibi consulat armis,
Inque vicem gens omnis amet : pax missa per orbem
Ferrea belligeri compescat limina Jani.
Sed mihi jam numen : nec, si te pectore vates

sein, il n'invoquera pas le dieu de Cyrrha, il n'appellera pas Bacchus loin de Nysa. C'est assez de toi pour inspirer les chants d'un Romain.

Je veux remonter à la source de nos malheurs ; c'est m'ouvrir une carrière immense.

Quelle est la cause qui entraîna ce peuple aux fureurs des combats, et qui chassa la paix de la terre? L'envieuse fatalité; l'arrêt porté par le destin, que rien d'élevé ne soit stable; la chute qu'entraîne un trop pesant fardeau; Rome que sa grandeur accable.

Ainsi, lorsque les siècles accumulés amèneront l'instant de la dissolution du monde, tout rentrera dans l'ancien chaos, les astres confondus se heurteront contre les astres, la mer engloutira les étoiles, la terre refusera d'embrasser la mer et la chassera de son lit, Phœbé s'avancera contre son frère, dédaignant l'oblique chemin où marchent ses coursiers, et demandera pour elle l'empire du jour ; l'ébranlement universel de la machine en détruira l'ordre et l'accord.

L'excessive grandeur s'écroule sur elle-même : c'est le terme que les dieux ont mis à la prospérité. La fortune n'a voulu

---

Accipiam, cirrhæa velim secreta moventem
Sollicitare deum, Bacchumque avertere Nysa.
Tu satis ad dandas romana in carmina vires.
Fert animus causas tantarum expromere rerum :
Immensumque aperitur opus, quid in arma furentem
Impulerit populum, quid pacem excusserit orbi.
Invida fatorum series, summisque negatum
Stare diu ; nimioque graves sub pondere lapsus ;
Nec se Roma ferens.
    Sic, quum, compage soluta,
Secula tot mundi suprema coegerit hora,
Antiquum repetens iterum chaos, omnia mixtis
Sidera sideribus concurrent : ignea pontum
Astra petent : tellus extendere litora nolet,
Excutietque fretum : fratri contraria Phœbe
Ibit, et, obliquum bigas agitare per orbem
Indignata, diem poscet sibi : totaque discors
Machina divulsi turbabit fœdera mundi.
In se magna ruunt : lætis hunc numina rebus
Crescendi posuere modum.
    Nec gentibus ullis
Commodat in populum terræ pelagique potentem,
Invidiam Fortuna suam.

confier à aucune nation du monde le soin de sa haine contre les Romains : c'est toi, Rome, c'est toi qu'elle a rendue, sous trois tyrans, l'instrument de ta ruine ; c'est leur concorde impie qui t'a perdue. Fatale alliance des chefs! aveugle ambition! pourquoi unir vos forces et vous disputer l'univers en butte à vos coups?

Non, tant que la terre contiendra la mer; que l'air balancera la terre, que Phœbus se lassera à rouler son char et que la nuit suivra le jour à travers les mêmes signes, jamais il n'y aura de sincère accord dans le partage du rang suprême. L'autorité ne veut point de compagne. N'en cherchons pas les exemples loin de nous ; le fondateur des murs les souilla du sang d'un frère. Et ce n'était pas l'empire du monde qu'on se disputait avec tant de fureur; un étroit asile divisa ses maîtres.

On vit quelque temps subsister entre Pompée et César une paix simulée et contrainte. Crassus, au milieu de ces deux rivaux, tenait la guerre comme en suspens.

Tel l'isthme étroit soutient seul le choc des deux mers qu'il sépare ; que la terre se retire, la mer Égée va se briser contre la mer d'Ionie. Ainsi la mort déplorable de Crassus en souil-

     Tu causa malorum
Facta tribus dominis communis, Roma, nec unquam
In turbam missi feralia fœdera regni.
O male concordes, nimiaque cupidine cæci,
Quid miscere juvat vires, orbemque tenere
In medio? Dum terra fretum, terramque levabit
Aer, et longi volvent Titana labores,
Noxque diem cœlo totidem per signa sequetur ;
Nulla fides regni sociis, omnisque potestas
Impatiens consortis erit. Nec gentibus ullis
Credite ; nec longe fatorum exempla petantur :
Fraterno primi maduerunt sanguine muri.
Nec pretium tanti tellus pontusque furoris
Tunc erat : exiguum dominos commisit asylum.
Temporis angusti mansit concordia discors,
Paxque fuit non sponte ducum. Nam sola futuri
Crassus erat belli medius mora. Qualiter undas
Qui secat, et geminum gracilis mare separat isthmos,
Nec patitur conferre fretum ; si terra recedat,
Ionium Ægæo frangat mare.
     Sic, ubi sæva
Arma ducum dirimens, miserando funere Crassus

lant de sang romain les murs assyriens de Carres, nous a livrés à nos propres fureurs. La victoire des Parthes a déchaîné nos haines. Heureux Arsacides! dans cette journée vos succès ont passé votre attente : vous avez donné la guerre civile aux vaincus.

L'empire est partagé par le fer, et la fortune d'un peuple puissant, qui embrasse la terre, les mers, le monde entier, ne peut contenir l'ambition de deux hommes.

O Julie! seul gage de leur alliance, tu n'es plus. Les flambeaux de ton hymen, allumés sous le plus noir auspice, se sont éteints dans le tombeau. O toi! que les cruelles Parques ont enlevée au monde! si le destin t'eût laissé vivre, tu aurais pu, à l'exemple des Sabines, te précipiter entre ton père et ton époux, les retenir, les désarmer, joindre leurs mains dans tes mains pacifiques. Ta mort affranchit Pompée et César des liens de la foi jurée : rien ne s'oppose plus à cette jalousie impatiente, à cette émulation de gloire, qui les presse de ses aiguillons.

Toi, Pompée, tu crains que l'éclat de tes anciens travaux ne soit obscurci par de nouveaux exploits, et que la conquête des Gaules n'efface tes triomphes sur les pirates : cette longue suite de prospérités et d'honneurs te remplit l'âme d'orgueil, et ta fortune ne peut se résoudre à partager le premier rang. César

Assyrias latio maculavit sanguine Carras,
Parthica romanos solverunt damna furores.
Plus illa vobis acie, quam creditis, actum est,
Arsacidæ : bellum victis civile dedistis.
Dividitur ferro regnum : populique potentis,
Quæ mare, quæ terras, quæ totum possidet orbem,
Non cepit fortuna duos. Nam pignora juncti
Sanguinis, et diro ferales omine tædas
Abstulit ad manes, Parcarum, Julia, sæva
Intercepta manu. Quod si tibi fata dedissent
Majores in luce moras, tu sola furentem
Inde virum poteras, atque hinc retinere parentem;
Armatasque manus excusso jungere ferro,
Ut generos soceris mediæ junxere Sabinæ.
Morte tua discussa fides, bellumque movere
Permissum est ducibus : stimulos dedit æmula virtus.
Tu, nova ne veteres obscurent acta triumphos,
Et victis cedat piratica laurea Gallis,
Magne, times : te jam series ususque laborum
Erigit, impatiensque loci fortuna secundi.

ne veut rien qui le domine; Pompée ne veut rien qui l'égale. Lequel des deux partis fut le plus juste? on ne peut le dire sans crime. Chacun a pour lui un puissant suffrage. Les dieux se déclarent pour le vainqueur, mais Caton s'attache au vaincu.

Les forces ne sont pas égales. Pompée, sur le déclin des ans, amolli par le long usage des dignités pacifiques, avait oublié la guerre au sein du repos, tout occupé de sa renommée, soigneux de plaire à la multitude, poussé par le vent de la faveur populaire, et flatté de recueillir les applaudissements de son théâtre, il se reposait sur son ancienne fortune, sans se préparer des forces nouvelles : il lui restait l'ombre d'un grand nom.

Tel, au milieu d'une fertile campagne, un chêne superbe, chargé des dépouilles des peuples et des trophées des guerriers. Il ne tient à la terre que par de faibles racines; son poids seul l'y attache encore. Il n'étend plus dans les airs que des branches dépouillées, c'est de son bois, non de son feuillage, qu'il couvre les lieux d'alentour. Mais quoiqu'il chancelle, prêt à tomber sous le premier effort des vents, quoiqu'il s'élève autour de lui des forêts d'arbres robustes, c'est lui seul qu'on révère.

Au nom, à la gloire d'un grand capitaine, César joignait une

Nec quemquam jam ferre potest Caesarve priorem,
Pompeiusve parem. Quis justius induit arma,
Scire nefas : magno se judice quisque tuetur :
Victrix causa deis placuit, sed victa Catoni.
Nec coiere pares : alter vergentibus annis
In senium, longoque togae tranquillior usu,
Dedidicit jam pace ducem : famaeque petitor
Multa dare in vulgus : totus popularibus auris
Impelli, plausuque sui gaudere theatri :
Nec reparare novas vires; multumque priori
Credere fortunae. Stat magni nominis umbra.
Qualis frugifero quercus sublimis in agro
Exuvias veteres populi, sacrataque gestans
Dona ducum; nec jam validis radicibus haerens,
Pondere fixa suo est : nudosque per aera ramos
Effundens, trunco, non frondibus, efficit umbram :
At quamvis primo nutet casura sub Euro,
Tot circum silvae firmo se robore tollant,
Sola tamen colitur.
　　　　　Sed non in Caesare tantum

valeur qui ne souffrait ni repos, ni relâche, et qui ne voyait de honte qu'à ne pas vaincre dans les combats. Ardent, infatigable, où l'ambition, où le ressentiment l'appelle, c'est là qu'il vole le fer à la main. Jamais le sang ne lui coûte à répandre. Hâter ses succès, les poursuivre, saisir et presser la fortune, abattre tout ce qui s'oppose à son élévation, et s'applaudir de s'être ouvert un chemin à travers des ruines : telle était l'âme de César.

Ainsi la foudre que le choc des vents fait jaillir des nuages, brille et remplit l'air d'un bruit qui fait trembler le monde. Elle sillonne le jour, répand la terreur au sein des peuples pâlissants que sa flamme éblouit, frappe et détruit ses propres temples, perce les corps les plus durs, marque sa chute et son retour par un vaste ravage, et rassemble ses feux dispersés.

Aux intérêts cachés de ces deux rivaux, se joignaient les semences publiques de discorde qui ont toujours perdu les États florissants. Dès que Rome triomphante se fut enrichie des dépouilles du monde vaincu, que la prospérité eut corrompu les mœurs, et que le brigandage eut amené le luxe, plus de bornes dans nos richesses, dans nos palais : notre goût dédaigna la frugalité de nos pères; les hommes disputèrent aux femmes des

---

Nomen erat, nec fama ducis : sed nescia virtus
Stare loco; solusque pudor, non vincere bello.
Acer, et indomitus; quo spes, quoque ira vocasset,
Ferre manum, et nunquam temerando parcere ferro :
Successus urgere suos : instare favori
Numinis : impellens quidquid sibi summa petenti
Obstaret; gaudensque viam fecisse ruina.
Qualiter expressum ventis per nubila fulmen
Ætheris impulsi sonitu, mundique fragore
Emicuit, rupitque diem, populosque paventes
Terruit, obliqua præstringens lumina flamma :
In sua templa furit, nullaque exire vetante
Materia, magnamque cadens, magnamque revertens
Dat stragem late, sparsosque recolligit ignes.
Hæ ducibus causæ : suberant sed publica belli
Semina, quæ populos semper mersere potentes.
Namque ut opes nimias mundo fortuna subacto
Intulit, et rebus mores cessere secundis,
Prædaque et hostiles luxum suasere rapinæ :
Non auro, tectisve modus; mensasque priores
Adspernata fames; cultus gestare decoros

parures à peine décentes pour elles. La pauvreté, mère féconde des héros, se vit bannie : et l'univers entier fournit ce qui fait la perte des nations! Ce fut à qui étendrait le plus loin les limites de ses domaines : on vit les champs autrefois sillonnés par la pesante charrue des Camilles, les champs que la bêche antique des Curius avait défrichés, former de vastes campagnes, sous des possesseurs inconnus.

Ce n'était plus ce peuple fait pour goûter une paix innocente et se reposer sur ses armes victorieuses dans le sein de la liberté. Alors on vit naître les haines promptes à s'allumer. Le crime ne coûta plus rien, conseillé par l'indigence. On mit l'honneur suprême à se rendre plus puissant que sa patrie, même le fer à la main. De là le droit mesuré sur la force, les lois du sénat et du peuple violées, les tribuns avec les consuls se disputant la tyrannie, les faisceaux enlevés à prix d'argent, le peuple achetant la faveur du peuple; la brigue, cette peste publique, renouvelant tous les ans dans le champ de Mars l'enchère des dignités vénales, l'usure dévorante, les pactes ruineux, la bonne foi chancelante et la guerre devenue pour beaucoup un besoin.

Déjà César avait franchi le sommet glacé des Alpes, l'esprit violemment agité, le cœur plein de la guerre future. A peine

---

    Vix nuribus, rapuere mares; fecunda virorum
Paupertas fugitur: totoque arcessitur orbe,
Quo gens quæque perit.
                   Tunc longos jungere fines
Agrorum, et quondam duro sulcata Camilli
Vomere, et antiquos Curiorum passa ligones,
Longa sub ignotis extendere rura colonis.
Non erat is populus, quem pax tranquilla juvaret,
Quem sua libertas immotis pasceret armis.
Inde iræ faciles, et quod suasisset egestas,
Vile nefas; magnumque decus, ferroque petendum,
Plus patria potuisse sua : mensuraque juris
Vis erat : hinc leges et plebiscita coacta,
Et cum consulibus turbantes jura tribuni :
Hinc rapti pretio fasces, sectorque favoris
Ipse sui populus, letalisque ambitus urbi,
Annua venali referens certamina Campo :
Hinc usura vorax, avidumque in tempora fœnus,
Et concussa fides, et multis utile bellum.
Jam gelidas Cæsar cursu superaverat Alpes;
Ingentesque animo motus, bellumque futurum

fut-il arrivé aux bords étroits du Rubicon, une grande ombre lui apparut : c'était l'image de la patrie! elle brillait dans l'ombre de la nuit. Elle était tremblante et consternée. De son front couronné de tours, ses cheveux blancs tombaient épars. Debout devant lui, les bras nus, elle prononce ces paroles entrecoupées de gémissements : « Où allez-vous, soldats, où portez-vous mes enseignes? Si vous respectez les lois, si vous êtes citoyens, arrêtez! un pas de plus serait un crime. » A ces mots, le cœur de César est saisi d'horreur; ses cheveux se dressent sur sa tête, et la langueur dont il est abattu enchaîne ses pas au rivage. Mais bientôt : « O Jupiter! s'écria-t-il, ô toi que mes aïeux ont adoré dans Albe naissante, et qui, du haut du Capitole, veilles aujourd'hui sur la reine du monde; et vous, dieux tutélaires des Troyens, qu'Énée apporta dans l'Ausonie; et toi, Romulus, qui, enlevé au ciel, devins l'objet de notre culte; et toi, Vesta, qui vois sur tes autels brûler sans cesse le feu sacré; et toi, Rome, qui fus toujours une divinité pour moi, favorisez mon entreprise. Non, Rome, ne crois pas voir César te poursuivre, armé du flambeau des Furies. Vainqueur sur la terre et sur les mers, il est encore à toi, si tu le veux; il est ton soldat, il le sera partout. Celui-là seul sera criminel qui fera de César l'ennemi de Rome. » A ces mots, sans plus différer, il fit passer le fleuve à ses troupes.

Ceperat. Ut ventum est parvi Rubiconis ad undas,
Ingens visa duci patriæ trepidantis imago,
Clara per obscuram vultu mœstissima noctem,
Turrigero canos effundens vertice crines,
Cæsarie lacera, nudisque adstare lacertis,
Et gemitu permixta loqui : « Quo tenditis ultra?
Quo fertis mea signa, viri? si jure venitis,
Si cives, huc usque licet. » Tunc perculit horror
Membra ducis, riguere comæ, gressumque coercens
Languor in extrema tenuit vestigia ripa.
Mox ait : « O magnæ qui mœnia prospicis urbis,
Tarpeia de rupe tonans, Phrygiique penates
Gentis Iulææ, et rapti secreta Quirini,
Et residens celsa Latialis Jupiter Alba,
Vestalesque foci, summique o numinis instar
Roma, fave cœptis : non te furialibus armis
Persequor : en adsum victor terraque marique
Cæsar ubique tuus, liceat modo, nunc quoque miles.
Ille erit, ille nocens, qui me tibi fecerit hostem. »

Tel dans les déserts ardents de la poudreuse Lybie, un lion, dès qu'il aperçoit le chasseur, s'arrête, paraît hésiter, et rassemble toute sa fureur. Sitôt qu'il s'est battu les flancs de sa queue, qu'il a dressé sa crinière, et que le bruit sourd du rugissement a retenti dans sa gueule profonde; soit que le Maure léger lui darde sa lance ou lui présente la pointe de l'épieu, il se précipite lui-même, sans crainte, au-devant du fer.

Le Rubicon aux flots rouges, faible dans sa source, roule à peine ses eaux défaillantes sous les signes brûlants de l'été; il serpente au fond des vallées, et sépare les champs de la Gaule, des campagne de l'Italie. Mais l'hiver lui donnait alors des forces : trois mois de pluies avaient grossi ses ondes, et les neiges des Alpes, fondues par l'humide haleine du vent du midi, l'enflaient encore de leurs torrents.

Pour soutenir le poids des eaux, la cavalerie s'élance la première, et dans son oblique passage, elle oppose une digue à leur cours. L'impétuosité du fleuve, alors suspendue, permet aux bataillons de s'ouvrir un chemin facile à travers les ondes obéissantes. Déjà César a franchi le fleuve, il touche à la rive opposée; et dès qu'il a mis un pied rebelle dans cette Italie interdite à ses vœux : « C'est ici, dit-il, c'est ici que je laisse la paix

Inde moras solvit belli, tumidumque per amnem
Signa tulit propere. Sic quum squalentibus arvis
Æstiferæ Libyes, viso leo cominus hoste
Subsedit dubius, totam dum colligit iram;
Mox ubi se sævæ stimulavit verbere caudæ,
Erexitque jubam, et vasto grave murmur hiatu
Infremuit : tum torta levis si lancea Mauri
Hæreat, aut latum subeant venabula pectus,
Per ferrum tanti securus vulneris exit.
Fonte cadit modico, parvisque impellitur undis
Puniceus Rubicon, quum fervida canduit æstas,
Perque imas serpit valles, et gallica certus
Limes ab ausoniis disterminat arva colonis.
Nunc vires præbebat hiems, atque auxerat undas
Tertia jam gravido pluvialis Cynthia cornu,
Et madidis Euri resolutæ flatibus Alpes.
Primus in obliquum sonipes opponitur amnem,
Excepturus aquas, molli dum cetera rumpit
Turba vado fracti faciles jam fluminis undas.
Cæsar, ut adversam superato gurgite ripam
Attigit, Hesperiæ vetitis et constitit arvis,
« Hic, ait, hic pacem, temerataque jura relinquo;

et les lois déjà violées. Fortune! je m'abandonne à toi! Plus de lien qui me retienne. J'ai pris pour arbitre le sort, et la guerre sera mon juge. » A l'instant son ardeur infatigable presse les pas de ses guerriers à travers les ombres de la nuit ; il va, plus rapide que la pierre lancée par la fronde du Baléare ou que la flèche du Parthe fuyard. Et le soleil à peine avait effacé les étoiles, lorsque César entra menaçant dans les murailles d'Ariminum.

Le jour se lève, ce triste jour qui doit éclairer les premiers troubles de la guerre; mais soit que les dieux ou l'Auster orageux eussent assemblé les nuages, leur voile funèbre obscurcit les airs.

Cependant les soldats de César s'étant emparés de la place publique, il ordonne que ses étendards y soient arborés; et à l'instant même le bruyant clairon, la trompette éclatante donnent le signal d'une guerre impie. Le peuple s'éveille; les citoyens arrachés au sommeil, se saisissent des armes suspendues autour de leurs dieux domestiques, des boucliers rompus, des lances émoussées, des glaives dévorés par la rouille, tels que les offre une longue paix. Mais lorsqu'ils reconnaissent les aigles romaines, qu'ils aperçoivent la haute taille de César au

Te, Fortuna, sequor : procul hinc jam fœdera sunto.
Credidimus fatis, utendum est judice bello. »
Sic fatus, noctis tenebris rapit agmina ductor
Impiger, it torto balearis verbere fundæ
Ocior, et missa Parthi post terga sagitta;
Vicinumque minax invadit Ariminum, ut ignes
Solis lucifero fugiebant astra relicto.
Jamque dies primos belli visura tumultus
Exoritur : seu sponte deum, seu turbidus Auster
Impulerat, mœstam tenuerunt nubila lucem.
Constitit ut capto jussus deponere miles
Signa foro, stridor lituum clangorque tubarum
Non pia concinuit cum rauco classica cornu.
Rupta quies populi, stratisque excita juventus
Deripuit sacris adfixa penatibus arma,
Quæ pax longa dabat : nuda jam crate fluentes
Invadunt clypeos, curvataque cuspide pila,
Et scabros nigræ morsu rubiginis enses.
Ut notæ fulsere aquilæ, romanaque signa,
Et celsus medio conspectus in agmine Cæsar,

milieu de ses soldats, la frayeur enchaîne les membres glacés, et ce n'est qu'au fond de leurs cœurs qu'une douleur muette ose former ces plaintes :

« O murs trop voisins des Gaulois, à combien de maux votre situation nous condamne ! Tous les peuples jouissent d'une profonde paix, et nous, si des furieux courent aux armes, nous sommes leur première proie, cette enceinte est leur premier camp. Pourquoi le sort ne nous a-t-il pas fait habiter des cabanes errantes sous le char brûlant du soleil, sous les astres glacés de l'Ourse, plutôt que de nous donner à garder les barrières de l'Italie? Les premiers, nous avons vu les Gaulois y pénétrer, les Cimbres s'y répandre, les Carthaginois fondre du haut des Alpes; les courses et les fureurs des Teutons désoler ces bords ; toutes les fois que la Fortune insulte Rome, c'est ici le chemin de la guerre. »

Tels sont les gémissements étouffés de ce peuple, la crainte même n'ose paraître, et la douleur n'a point de voix. Le silence de ces murs est égal au silence des forêts, quand les frimats font taire les oiseaux, et à celui de la mer, quand le calme enchaîne les ondes immobiles.

La lumière du jour avait dissipé les froides ombres de la nuit, et César balançait encore ; mais bientôt la Discorde armée

Diriguere metu, gelidus pavor adligat artus,
Et tacite mutos volvunt in pectore questus :
« O male vicinis hæc mœnia condita Gallis!
O tristi damnata loco ! pax alta per omnes,
Et tranquilla quies populos : nos præda furentum,
Primaque castra sumus. Melius, Fortuna, dedisses
Orbe sub eoo sedem, gelidaque sub Arcto,
Errantesque domos, Latii quam claustra tueri.
Nos primi Senonum motus, Cimbrumque ruentem
Vidimus, et Martem Libyes, cursumque furoris
Teutonici : quoties Romam Fortuna lacessit,
Hac iter est bellis. »
   Gemitu sic quisque latenti,
Non ausus timuisse palam : vox nulla dolori
Credita ; sed quantum, volucres quum bruma coercet,
Rura silent, mediusque jacet sine murmure pontus,
Tanta quies.
   Noctis gelidas lux solverat umbras :
Ecce faces belli, dubiæque in prœlia menti

de nouveaux feux, vient irriter ses ressentiments et le délivrer du frein de la honte. La Fortune elle-même travaille à légitimer ses projets et à justifier sa révolte.

Rome incertaine entre l'obéissance et la révolte a vu le sénat, toujours menaçant au seul nom des Gracques, chasser les tribuns au mépris des lois. Les tribuns se réfugient sous les drapeaux déjà déployés de César, et Curion, audacieux et vendu, les accompagne; Curion qui fut jadis la voix du peuple, Curion qui osa soulever le peuple contre l'autorité menaçante des grands; il trouve César agité de pensées diverses et lui parle en ces mots :

« Tant qu'on a permis à ma voix de s'élever en ta faveur, César, nous avons prolongé, en dépit du sénat, le commandement qu'il t'envie. Alors j'avais le droit de paraître à la tribune et d'entraîner vers toi la multitude flottante des Romains. Mais depuis que la force a fait taire les lois, on nous chasse du sein de nos dieux, et tu nous vois exilés volontaires. C'est à toi, c'est à ta victoire de rendre à Rome ses citoyens. Hâte-toi, César, tout chancelle ; les partis n'ont ni fermeté, ni vigueur. Quand tout est prêt, pourquoi différer? Les dangers ne sont-ils pas les mêmes que tu as bravés tant de fois? Et combien

    Urgentes addunt stimulos, cunctasque pudoris
Rumpunt fata moras : justos Fortuna laborat
Esse ducis motus, et causas invenit armis.
Expulit ancipiti discordes urbe tribunos,
Victo jure, minax jactatis curia Gracchis.
Hos jam mota ducis, vicinaque signa petentes
Audax venali comitatur Curio lingua :
Vox quondam populi, libertatemque tueri
Ausus, et armatos plebi miscere potentes.
Utque ducem, varias volventem pectore curas,
Conspexit :
       « Dum voce tua potuere juvari,
Cæsar, ait, partes, quamvis nolente senatu,
Traximus imperium, tunc quum mihi Rostra tenere
Jus erat, et dubios in te transferre Quirites.
Sed postquam leges bello siluere coactæ,
Pellimur e patriis laribus, patimurque volentes
Exsilium : tua nos faciat victoria cives.
Dum trepidant nullo firmatæ robore partes,
Tolle moras : semper nocuit differre paratis.
Par labor atque metus pretio majore petuntur.

plus grand en est le prix! La Gaule, un coin de la terre, t'a coûté dix ans de guerre; ose livrer quelques combats, dont le succès est facile et sûr, Rome est à toi et le monde avec elle. Ne crois pas que ton retour soit décoré des honneurs du triomphe, le Capitole n'attend pas tes lauriers; la dévorante envie te refuse tout, à peine te pardonnera-t-elle d'avoir dompté les nations : le gendre a résolu d'éloigner le beau-père, tu ne peux partager le monde, tu peux le posséder seul. »

Tel on voit le coursier d'Élide, impatient de quitter la barrière, où, tête baissée il agite son frein, devenir plus fougueux encore aux cris de la foule; tel, à la voix de Curion, César qui déjà respirait la guerre, s'enflamme d'une nouvelle ardeur. Il commande, et ses soldats armés accourent en foule aux drapeaux. Il apaise d'un regard leurs mouvements tumultueux, et de la main leur imposant silence : « Compagnons de mes travaux, leur dit-il, vous qui depuis dix ans n'avez cessé de vaincre avec moi, exposés à des périls sans nombre, voilà donc le prix de notre sang versé dans les plaines glacées du nord, de nos blessures, de nos trépas et des hivers passés sous les Alpes. Si le Carthaginois les traversait, causerait-il plus de trouble dans

Bellantem geminis tenuit te Gallia lustris,
Pars quota terrarum ? facili si prœlia pauca
Gesseris eventu, tibi Roma subegerit orbem.
Nunc neque te longi remeantem pompa triumphi
Excipit, aut sacras poscunt Capitolia lauros :
Livor edax tibi cuncta negat; gentesque subactas
Vix impune feres : socerum depellere regno
Decretum est genero. Partiri non potes orbem :
Solus habere potes. »
     Sic postquam fatus, et ipsi
In bellum prono tantum tamen addidit iræ,
Accenditque ducem, quantum clamore juvatur
Eleus sonipes, quamvis jam carcere clauso
Immineat foribus, pronusque repagula laxet.
Convocat armatos extemplo ad signa maniplos;
Utque satis trepidum, turba coeunte, tumultum
Composuit, vultu dextraque silentia jussit :
« Bellorum o socii, qui mille pericula Martis
Mecum, ait, experti, decimo jam vincitis anno,
Hoc cruor arctois meruit diffusus in arvis,
Vulneraque, et mortes, hiemesque sub Alpibus actæ,
Non secus ingenti bellorum Roma tumultu
Concutitur, quam si Pœnus transcenderet Alpes

Rome? On grossit les cohortes de nouveaux soldats; partout les forêts tombent et se changent en vaisseaux; l'ordre est donné de poursuivre César sur la terre et sur les mers. Que serait-ce, si vaincu moi-même, j'avais laissé le champ de bataille couvert de mes drapeaux; si je fuyais devant les féroces Gaulois? Lors même que la fortune me seconde, que les dieux m'appellent au comble de la gloire, on ose me défier! Qu'il vienne ce chef amolli par les délices de la paix, qu'il vienne avec ses soldats faits à la hâte, ses milices revêtues de la toge, ce Marcellus qui harangue sans cesse, et ces Catons, noms imposants et vains. De quel droit des clients à gage le rassasient-ils depuis tant d'années d'une autorité sans bornes? De quel droit a-t-il triomphé avant l'âge fixé par les lois? De quel droit prétend-il ne déposer jamais les dignités une fois usurpées? Parlerai-je des lois supprimées dans tout l'univers, de la famine appelée à Rome pour servir son ambition? N'avons-nous pas vu ses cohortes répandre l'effroi dans le Forum? Une enceinte de glaives menaçants, appareil inconnu jusqu'alors, investir le tribunal épouvanté? Les soldats s'ouvrir un passage à travers l'assemblée des juges, et les satellites de Pompée environner Milon avant qu'il fût jugé? A présent, pour ne pas languir dans une obscure vieil-

---

Annibal. Implentur valido tirone cohortes :
In classem cadit omne nemus : terraque marique
Jussus Cæsar agi. Quid? si mihi signa jacerent
Marte sub adverso, ruerentque in terga feroces
Gallorum populi? Nunc, quum Fortuna secundis
Mecum rebus agat, Superique ad summa vocantes,
Tentamur.
« Veniat longa dux pace solutus
Milite cum subito, partesque in bella togatæ,
Marcellusque loquax, et nomina vana, Catones.
Scilicet extremi Pompeium, emptique clientes
Continuo per tot satiabunt tempora regno?
Ille reget currus nondum patientibus annis?
Ille semel raptos nunquam dimittet honores?
Quid jam jura querar totum suppressa per orbem,
Ac jussam servire famem? quis castra timenti
Nescit mixta foro? gladii quum triste minantes
Judicium insolita trepidum cinxere corona,
Atque, auso medias perrumpere milite leges,
Pompeiana reum clauserunt signa Milonem?
Nunc quoque ne lassum teneat privata senectus,

lesse, il nous suscite une guerre coupable, accoutumé qu'il est à porter les armes contre son pays. Sylla, son maître, l'instruisit au crime ; il ira plus loin que Sylla. Comme les tigres, lorsque sur les pas de leurs mères ils ont bu dans les forêts d'Hyrcanie le sang des troupeaux égorgés, ne dépouillent jamais leur férocité, ainsi, Pompée, accoutumé à lécher le sang dont dégouttait le glaive de Sylla, la même soif te tourmente encore, et depuis que tes lèvres ont goûté ce breuvage affreux, ton cœur est insatiable. Cependant quel sera le terme de ta puissance et de tes forfaits? Que du moins l'exemple de Sylla t'apprenne à descendre du trône. Après avoir défait les pirates vagabonds de Cilicie, après avoir réduit Mithridate à joindre le fer au poison, pour se délivrer du fardeau d'une guerre qui l'accablait, veux-tu couronner tes exploits par la ruine de César? Pour quel crime? pour n'avoir pas obéi quand tu lui ordonnais de déposer ses aigles victorieuses. Mais si l'on m'arrache le prix de mes travaux, qu'on récompense du moins ces guerriers. Ils ont longtemps combattu sans moi ; qu'ils triomphent sans moi, j'y consens, et qu'un autre paraisse à leur tête le jour du triomphe. Où traîneront-ils après la guerre leur vieillesse languissante? Quelle retraite auront-ils en quittant les drapeaux? Quels champs don-

Bella nefanda parat, suetus civilibus armis,
Et docilis Sullam sceleris vicisse magistrum.
Utque feræ tigres nunquam posuere furorem,
Quas nemore hyrcano, matrum dum lustra sequuntur,
Altus cæsorum pavit cruor armentorum ;
Sic et Sullanum solito tibi lambere ferrum
Durat, Magne, sitis : nullus semel ore receptus
Pollutas patitur sanguis mansuescere fauces.
Quem tamen inveniet tam longa potentia finem?
Quis scelerum modus est ? ex hoc jam te, improbe, regno
Ille tuus saltem doceat descendere Sulla.
Post Cilicasne vagos, et lassi pontica regis
Prœlia, barbarico vix consummata veneno,
Ultima Pompeio dabitur provincia Cæsar ;
Quod non, victrices aquilas deponere jussus,
Paruerim ? Mihi si merces erepta laborum est,
His saltem longi, non me duce, præmia belli
Reddantur : miles sub quolibet iste triumphet.
Conferet exsanguis quo se post bella senectus ?
Quæ sedes erit emeritis ? quæ rura dabuntur,
Quæ noster veteranus aret ? quæ mœnia fessis ?

nerez-vous aux vétérans, quel asile aux vieillards? O Pompée, leur préfères-tu tes colonies de pirates? C'en est trop, levez ces étendards dès longtemps victorieux, marchons, et servons-nous des forces que nous ne devons qu'à nous-mêmes. A qui se présente les armes à la main, refuser ce qui lui est dû, c'est accorder tout ; et ne craignez pas que les dieux nous manquent, ce n'est point au pillage, ce n'est pas à l'empire que je cours ; nous allons chasser de Rome les maîtres superbes qu'elle est prête à servir. »

Il dit. Un long murmure, un frémissement sourd répandu dans la foule exprima les mouvements divers dont les esprits étaient combattus. La piété, l'amour du pays ne laissaient pas que d'attendrir ces âmes endurcies au carnage et aveuglées par le succès ; mais leur ardeur pour les combats, leur respect pour César les entraîne.

Alors Lélius, premier centurion, couronné du chêne qui atteste qu'on a sauvé un citoyen dans les combats, s'écrie : « Arbitre suprême des destins de Rome, s'il est permis à la vérité de te parler par ma voix, nous nous plaignons que ta patience ait si longtemps enchaîné nos mains. As-tu cessé de compter sur nous? Quoi! tandis que le sang qui coule dans nos veines échauffe encore notre courage, tu souffriras l'avilissement

An melius fient piratæ, Magne, coloni?
Tollite jampridem, victricia tollite signa :
Viribus utendum est, quas fecimus. Arma tenenti
Omnia dat, qui justa negat.
 « Nec numina deerunt :
Nam neque præda meis, neque regnum quæritur armis ;
Detrahimus dominos urbi servire paratæ. »
Dixerat : at dubium non claro murmure vulgus
Secum incerta fremit : pietas, patriique penates
Quamquam cæde feras, mentes, animosque tumentes
Frangunt ; sed diro ferri revocantur amore,
Ductorisque metu. Summi tum munera pili
Lælius, emeritique gerens insignia doni,
Servati civis referentem præmia quercum :
 « Si licet, exclamat, romani maxime rector
Nominis, et fas est veras expromere voces ;
Quod tam lenta tuas tenuit patientia vires,
Conquerimur. Deeratne tibi fiducia nostri?
Dum movet hæc calidus spirantia corpora sanguis,
Degenerem patiere togam, regnumque senatus?

de la toge et la tyrannie du sénat ! Est-ce donc un malheur si grand que de vaincre dans la guerre civile? Mène-nous chez les Scythes barbares; sur les bords inhospitaliers des Syrtes; dans les sables brûlants de la Lybie dévorée de feux, je te suivrai. Cette main, pour laisser après toi l'univers subjugué, n'a-t-elle pas enchaîné sous la rame les vagues irritées de l'Océan? N'a-t-elle pas dompté le Rhin fougueux et fendu ses eaux écumantes? Dès que tu commandes, rien ne m'arrête, je dois pouvoir tout ce que tu veux. Celui que tes trompettes m'annoncent pour ennemi n'est plus un citoyen pour moi. Je le jure par ces drapeaux qu'ont signalés dix ans de victoires; je le jure par tous les triomphes que tu as remportés sur les nations : si tu m'ordonnes de plonger mon épée dans le sein de mon frère, dans la gorge de mon père, dans les flancs de ma femme au terme de l'enfantement, quoique frémissant, j'obéirai. Faut-il dépouiller les autels? embraser les temples? de notre camp la flamme ira dévorer l'autel de Junon Monéta. Veux-tu camper sur les bords du Tibre toscan? j'irai moi-même, sans trembler, tracer ton camp dans les campagnes de Rome. Nomme les murs que tu veux raser, cette ville fût-elle Rome, mes bras vont pousser le bélier qui en dispersera les débris. »

Usque adeo miserum est civili vincere bello ?
Duc age per Scythiæ populos, per inhospita Syrtis
Litora, per calidas Libyæ sitientis arenas.
Hæc manus, ut victum post terga relinqueret orbem,
Oceani tumidas remo compescuit undas,
Fregit et arctoo spumantem vertice Rhenum.
Jussa sequi tam posse mihi, quam velle necesse est.
Nec civis meus est, in quem tua classica, Cæsar,
Audiero. Per signa decem felicia castris,
Perque tuos juro quocunque ex hoste triumphos ;
Pectore si fratris gladium, juguloque parentis
Condere me jubeas, plenæque in viscera partu
Conjugis, invita peragam tamen omnia dextra :
Si spoliare deos, ignemque immittere templis,
Numina miscebit castrensis flamma Monetæ :
Castra super tusci si ponere Tibridis undas,
Hesperios audax veniam metator in agros.
Tu quoscunque voles in planum effundere muros,
His aries actus disperget saxa lacertis :
Illa licet, penitus tolli quam jusseris urbem,
Roma sit. »

A ce discours, toutes les cohortes applaudirent, et leurs mains élevées s'offrirent à César, quoi qu'il fallût exécuter. Le bruit de l'acclamation fut égal au bruit des forêts de la Thrace, lorsque l'impétueux Borée se précipite et mugit contre les rocs du mont Ossa, et que les chênes courbés jusqu'à leurs racines relèvent leurs branches fracassées avec un long gémissement.

Dès que César voit ses soldats embrasser avec joie le parti de la guerre et les destins l'entraîner, pour ne pas laisser ralentir sa fortune, il se hâte de rassembler les légions répandues dans les campagnes de la Gaule et d'investir Rome de toutes parts.

On quitte les tentes plantées aux bords du Léman profond, et les camps assis sur les roches escarpées des Vosges pour contenir le belliqueux Lingon aux armes peintes. Ceux-ci quittent les bords de l'Isère qui longtemps conduit dans son lit, tombe dans un fleuve d'une renommée plus grande et ne porte pas son nom aux rives de l'Océan. Les blonds Ruthènes sont affranchis d'une longue occupation. Le paisible Atax se réjouit de ne plus porter les barques romaines, et le Var d'être devenu la limite de l'Italie. On quitte le port qui, sous le nom sacré d'Hercule, resserre la mer entre ses rochers creux. Le Corus et le

His cunctæ simul adsensere cohortes,
Elatasque alte, quæcunque ad bella vocaret,
Promisere manus.
    It tantus in æthera clamor,
Quantus piniferi Boreas quum thracius Ossæ
Rupibus incubuit, curvato robore pressæ
Fit sonus, aut rursus redeuntis in æthera silvæ.
Cæsar, ut acceptum tam prono milite bellum,
Fataque ferre videt, ne quo languore moretur
Fortunam, sparsas per gallica rura cohortes
Evocat, et Romam motis petit undique signis.
Deseruere cavo tentoria fixa Lemanno,
Castraque, quæ Vogesi curvam super ardua rupem
Pugnaces pictis cohibebant Lingonas armis.
Hi vada liquerunt Isaræ, qui gurgite ductus
Per tam multa suo, famæ majoris in amnem
Lapsus, ad æquoreas nomen non pertulit undas.
Solvuntur flavi longa statione Rutheni :
Mitis Atax latias gaudet non ferre carinas,
Finis et Hesperiæ, promoto limite Varus :
Quaque sub Herculeo sacratus numine portus
Urget rupe cava pelagus : non Corus in illum

Zéphyr ne peuvent rien sur lui. Circius trouble seul ses rivages et défend la station de Monœcum.

La même joie se répandit sur ce rivage que la terre et la mer semblent se disputer quand le vaste Océan l'inonde et l'abandonne tour à tour. Est-ce l'Océan lui-même qui de l'extrémité de l'axe roule ses vagues et les ramène? Est-ce le retour périodique de l'astre de la nuit qui les foule sur son passage? Est-ce le soleil qui les attire pour alimenter ses flammes? Est-ce lui qui pompe la mer et qui l'élève jusqu'aux cieux? Sondez ce mystère, vous qu'agite le soin d'observer le travail du monde. Pour moi, à qui les dieux t'ont cachée, cause puissante de ce grand mouvement, je veux t'ignorer toujours.

On voit flotter les enseignes et dans les campagnes de Reims, et sur les rives de l'Atur, où l'habitant de Tarbes voit la mer doucement expirer dans un golfe arrondi. Le Santon salue avec allégresse le départ de l'ennemi; le Biturge, le Suesson qui manie lestement ses longues armes; le Leuque et le Rhémois habiles à darder le javelot; le Séquane qui excelle à faire tournoyer les coursiers; le Belge, habile conducteur du char armé d'éperons; l'Arverne, issu du sang troyen et qui se prétend notre frère; le

---

Jus habet, aut Zephyrus. Solus sua litora turbat
Circius, et tuta prohibet statione Monœci.
Quaque jacet litus dubium, quod terra, fretumque
Vindicat alternis vicibus, quum funditur ingens
Oceanus, vel quum refugis se fluctibus aufert.
Ventus ab extremo pelagus sic axe volutet,
Destituatque ferens; an sidere mota secundo
Tethyos unda vagæ lunaribus æstuet horis;
Flammiger an Titan, ut alentes hauriat undas,
Erigat Oceanum, fluctusque ad sidera ducat,
Quærite, quos agitat mundi labor : ac mihi semper
Tu, quæcunque moves tam crebros causa meatus,
Ut superi voluere, lates.
    Tunc rura Nemetis
Qui tenet, et ripas Aturi, qua litore curvo
Molliter admissum claudit tarbellicus æquor,
Signa movet, gaudetque amoto Santonus hoste :
Et Biturix, longisque leves Suessones in armis :
Optimus excusso Leucus Rhemusque lacerto,
Optima gens flexis in gyrum Sequana frenis :
Et docilis rector rostrati Belga covini :
Arvernique ausi Latio se fingere fratres,
Sanguine ab iliaco populi; nimiumque rebellis

Nervien rebelle, que souille encore le sang de Cotta; le Vangion vêtu des larges braies du Sarmate; le farouche Batave qu'excite le bruit des clairons d'airain ; l'habitant des rives de l'errante Cinga, celui du Rhône, qui entraîne l'Arare dans ses flots rapides ; ceux qui habitent le cime des Cévennes, suspendue sur des roches chenues, et toi aussi, Trévire, tu te réjouis de voir la guerre changer de théâtre.

Vous respirez en liberté, Liguriens tondus, jadis préférés aux Comates chevelus; et vous peuples, qui répandez le sang humain sur les autels de Teutatès, de Taranis, et d'Hésus, divinités plus cruelles que la Diane de Tauride ; vous recommencez vos chants, bardes, qui consacrez par des louanges immortelles la mémoire des hommes vaillants frappés dans les combats. Et vous, Druides, vous reprenez vos rites barbares, vos sanglants sacrifices que la guerre avait abolis. Vous seuls avez le privilége de choisir entre tous les dieux ceux qu'on doit adorer, ceux qu'on doit méconnaître. Vous célébrez vos mystères dans des forêts ténébreuses ; vous prétendez que les ombres ne vont point peupler les demeures tranquilles de l'Érèbe, les sombres royaumes de Pluton ; mais nos esprits dans un monde nouveau vont ani-

Nervius, et cæsi pollutus sanguine Cottæ :
Et qui te laxis imitantur, Sarmata, braccis
Vangiones : Batavique truces, quos ære recurvo
Stridentes acuere tubæ : qua Cinga pererrat
Gurgite : qua Rhodanus raptum velocibus undis
In mare fert Ararim : qua montibus ardua summis
Gens habitat cana pendentes rupe Gebennas.
Tu quoque, lætatus converti prœlia, Trevir.
Et nunc, tonse Liger, quondam per colla decora
Crinibus effusis toti prælate Comatæ :
Et quibus immitis placatur sanguine diro
Teutates, horrensque feris altaribus Hesus;
Et Taranis scythicæ non mitior ara Dianæ.
Vos quoque, qui fortes animas, belloque peremtas,
Laudibus in longum vates demittitis ævum,
Plurima securi fudistis carmina, bardi.
Et vos barbaricos ritus, moremque sinistrum
Sacrorum, druidæ, positis repetistis ab armis.
Solis nosse deos, et cœli numina vobis,
Aut solis nescire datum : nemora alta remotis
Incolitis lucis. Vobis auctoribus, umbræ
Non tacitas Erebi sedes, Ditisque profundi
Pallida regna petunt : regit idem spiritus artus

mer de nouveaux corps. La mort, à vous en croire, n'est que le milieu d'une longue vie. Cette opinion fût-elle un mensonge, heureux les peuples qu'il console, ils ne sont point tourmentés par la crainte du trépas; de là cette ardeur qui brave le fer, ce courage qui embrasse la mort, cette honte attachée aux soins d'une vie qui doit renaître.

Ainsi la Gaule a vu les aigles romaines se retirer vers l'Italie; les légions mêmes destinées à fermer aux Germains la barrière de l'empire abandonnent les bords du Rhin et laissent le monde en proie aux nations.

Les forces immenses de César rassemblées autour de lui l'ayant mis en état de tout entreprendre, il se répand dans l'Italie et s'empare des villes voisines de Rome. Au juste effroi que son approche inspire, la Renommée ajoute ses rumeurs. Elle annonce au peuple leur ruine infaillible, et devançant la guerre qui s'approche à grands pas, ses voix innombrables sont occupées à semer l'épouvante. On dit que des corps détachés ravagent les fertiles campagnes de l'Ombrie; qu'une aile de l'armée s'étend jusqu'aux bords où le Nar coule dans le Tibre; que César lui-même à la tête de ses bataillons s'avance sur plu-

---

Orbe alio : longæ (canitis si cognita) vitæ
Mors media est.
    Certe populi, quos despicit Arctos,
Felices errore suo, quos ille, timorum
Maximus, haud urget leti metus. Inde ruendi
In ferrum mens prona viris, animæque capaces
Mortis : et ignavum rediturae parcere vitæ.
Et vos crinigeros bellis arcere Caycos
Oppositi, petitis Romam, Rhenique feroces
Deseritis ripas, et apertum gentibus orbem.
Cæsar, ut immensæ collecto robore vires
Audendi majora fidem fecere, per omnem
Spargitur Italiam, vicinaque mœnia complet.
Vana quoque ad veros accessit fama timores,
Irrupitque animos populi, cladem que futuram
Intulit, et velox properantis nuntia belli
Innumeras solvit falsa in præconia linguas.
Est qui, tauriferis ubi se Mevania campis
Explicat, audaces ruere in certamina turmas
Adferat, et, qua Nar tiberino illabitur amni,
Barbaricas sævi discurrere Cæsaris alas :
Ipsum omnes aquilas, collataque signa ferentem,

sieurs colonnes environné de tous ses aigles. On croit le voir, non tel qu'autrefois, mais pareil à un géant terrible, plus sauvage et plus féroce que les barbares qu'il a domptés ; on croit le voir traînant après lui tous ces peuples répandus entre les Alpes et le Rhin, qui, arrachés du sein de leur patrie, viennent, aux yeux des Romains immobiles, saccager Rome et venger César.

Ainsi chacun par sa frayeur grossit le bruit de l'alarme publique, et sans chercher de preuves à leurs maux, ils craignent tous ceux qu'ils imaginent.

Ce n'est pas seulement le vulgaire qui se sent frappé d'une aveugle terreur, le sénat, les pères conscrits cherchent leur salut dans la fuite ; et par un décret ils chargent les consuls des funestes apprêts de la guerre. Alors ne sachant de quel côté la retraite est plus sûre ou le danger plus pressant, ils vont où la frayeur les emporte : ils se jettent au milieu d'une multitude éperdue et rompent ces longues colonnes de fugitifs dont le tumulte retarde les pas. Il semble que la flamme ait gagné leurs toits ou que leurs maisons chancelantes menacent de s'écrouler sur eux. C'est ainsi qu'une foule égarée traverse Rome à pas précipités, comme si l'unique espoir qui reste à ces malheureux était de quitter leur patrie.

Agmine non uno, densisque incedere castris.
Nec, qualem meminere, vident : majorque, ferusque
Mentibus occurrit, victoque immanior hoste.
Hunc inter Rhenum populos Alpemque jacentes,
Finibus arctois, patriaque ab sede revulsos
Pone sequi, jussamque feris a gentibus Urbem,
Romano spectante, rapi. Sic quisque pavendo
Dat vires famæ : nulloque auctore malorum,
Quæ finxere, timent.
    Nec solum vulgus inani
Percussum terrore pavet ; sed curia et ipsi
Sedibus exsiluere patres, invisaque belli
Consulibus fugiens mandat decreta senatus.
Tum, quæ tuta petant, et quæ metuenda relinquant,
Incerti, quo quemque fugæ tulit impetus, urget
Præcipitem populum, serieque hærentia longa
Agmina prorumpunt : credas, aut tecta nefandas
Corripuisse faces, aut jam quatiente ruina
Nutantes pendere domos. Sic turba per urbem
Præcipiti lymphata gradu, velut unica rebus
Spes foret adflictis, patrios excedere muros,
Inconsulta ruit.

Tel quand l'impétueux Auster repousse la mer écumante loin des écueils de la Lybie, et qu'on entend les mâts gémissants se briser sous l'effort des voiles, le pilote et le nocher s'élancent dans les flots du haut de la poupe qu'ils abandonnent, et sans attendre que le vaisseau soit entr'ouvert, chacun se fait à lui-même un naufrage. Tels les Romains abandonnant leurs murs fuyaient au-devant de la guerre.

Aucun n'est retenu, ni par la voix d'un père accablé de vieillesse, ni par les larmes d'une épouse, ni par ses lares qu'il n'a pas même le temps d'implorer; aucun ne s'arrête sur le seuil de sa demeure, aucun n'ose attacher ses regards sur cette ville chérie qu'il voit peut-être pour la dernière fois. La foule s'enfuit sans que rien puisse l'arrêter.

Oh! qu'aisément les dieux nous élèvent au comble du bonheur! que malaisément ils nous y soutiennent! Cette ville habitée par un peuple innombrable, où se rendaient en foule les nations vaincues, et qui semblait pouvoir contenir le genre humain assemblé, des mains lâches et tremblantes la laissent en proie à César, l'abandonnent à son approche. Que sur des bords étrangers le soldat romain soit investi par un ennemi qui le presse, un simple retranchement le met à couvert des surprises

> Qualis, quum turbidus auster
> Repulit a libycis immensum Syrtibus æquor,
> Fractaque veliferi sonuerunt pondera mali :
> Desilit in fluctus, deserta puppe, magister,
> Navitaque, et, nondum sparsa compage carinæ,
> Naufragium sibi quisque facit.
>   Sic, urbe relicta,
> In bellum fugitur. Nullum jam languidus ævo
> Evaluit revocare parens, conjuxve maritum
> Fletibus; aut patrii, dubiæ dum vota saluti
> Conciperent, tenuere lares : nec limine quisquam
> Hæsit, et extremo tunc forsitan urbis amatæ
> Plenus abit visu : ruit irrevocabile vulgus.
> O faciles dare summa deos, eademque tueri
> Difficiles!
>   Urbem populis victisque frequentem
> Gentibus, et generis, coeat si turba, capacem
> Humani, facilem venturo Cæsare prædam
> Ignavæ liquere manus. Quum pressus ab hoste
> Clauditur externis miles romanus in oris;
> Effugit exiguo nocturna pericula vallo,

de la nuit ; un rempart de gazon fait à la hâte lui assure sous la tente un sommeil paisible. Et toi, Rome, au premier bruit de la guerre te voilà déserte ; on n'ose se confier pour une seule nuit à tes murs. Pardonnons-leur ces frayeurs mortelles ; Pompée fuyait, qui n'eût pas tremblé ? Pour ne laisser même aux esprits consternés aucun espoir dans l'avenir, le sort manifesta sa colère par les plus terribles présages. Les dieux firent éclater au ciel, sur la terre et sur les mers mille prodiges effrayants.

On vit dans la nuit obscure des astres inconnus, le ciel embrasé d'obliques lueurs traversant le vide et l'immensité des airs ; l'astre qui change les empires, la comète déployer sa redoutable chevelure. Au milieu d'une sérénité trompeuse, on vit sous mille formes diverses se succéder les éclairs étincelants, tantôt semblables à un javelot, tantôt à la lumière éparse d'une torche. La foudre, sans nuage et sans bruit, partit des régions du nord et tomba sur le Capitole. Les moindres étoiles accoutumées à briller durant les heures muettes de la nuit, apparurent au grand jour. La lune, dont le disque réfléchissait alors la pleine image du soleil, pâlit, comme frappée de l'ombre

> Et subitus rapti munimine cespitis agger
> Præbet securos intra tentoria somnos :
> Tu tantum audito bellorum nomine, Roma,
> Desereris ; nox una tuis non credita muris.
> Danda tamen venia est tantorum, danda, pavorum :
> Pompeio fugiente timent.
>   Tum ne qua futuri
> Spes saltem trepidas mentes levet, addita fati
> Pejoris manifesta fides ; superique minaces
> Prodigiis terras implerunt, æthera, pontum.
> Ignota obscuræ viderunt sidera noctes,
> Ardentemque polum flammis, cœloque volantes
> Obliquas per inane faces, crinemque timendi
> Sideris, et terris mutantem regna cometen.
> Fulgura fallaci micuerunt crebra sereno,
> Et varias ignis denso dedit aere formas.
> Nunc jaculum longo, nunc sparso lumine lampas
> Emicuit cœlo : tacitum sine nubibus ullis
> Fulmen, et arctois rapiens e partibus ignem,
> Percussit latiale caput : stellæque minores,
> Per vacuum solitæ noctis decurrere tempus,
> In medium venere diem : cornuque coacto,
> Jam Phœbe toto fratrem quum redderet orbe,
> Terrarum subita percussa expalluit umbra.

de la terre. Le soleil lui-même, au plus haut de sa course, enveloppant son char d'une noire vapeur, plongea le monde dans les ténèbres et fit désespérer du jour. Moins sombre fut la nuit qui enveloppa Mycène, la ville de Thyeste, quand le soleil recula d'horreur vers son berceau. Vulcain courroucé ouvrit les gueules de l'Etna; mais au lieu de lancer sa flamme vers le ciel, il inclina sa cime béante, et répandit sa lave du côté de l'Italie. Charybde roula une mer de sang; les chiens de Sylla poussèrent des hurlements lamentables. Le feu de Vesta ravi aux autels se partage en s'élevant, comme la flamme du bûcher des enfants d'Œdipe. La terre s'ébranle sur sa base, et du sommet chancelant des Alpes s'écroulent des monceaux de neiges. Thétys couvre de ses eaux grandissantes les sommets de l'Atlas et ceux de Calpe. Les dieux indigètes pleurent, et les lares expriment par leur sueur l'état où Rome est réduite. Les offrandes des dieux tombent dans le temple. Les oiseaux sinistres souillent le jour, les bêtes sauvages quittent les forêts et font hardiment de Rome leur repaire. La langue des bêtes fait entendre des paroles humaines; les femmes enfantent des monstres, et la mère est épouvantée de l'enfant qu'elle a mis au jour. Les sinistres pré-

> Ipse caput medio Titan quum ferret Olympo,
> Condidit ardentes atra caligine currus,
> Involvitque orbem tenebris, gentesque coegit
> Desperare diem. Qualem, fugiente per ortus
> Sole, Thyesteæ noctem duxere Mycenæ.
> Ora ferox siculæ laxavit Mulciber Etnæ;
> Nec tulit in cœlum flammas, sed vertice prono
> Ignis in hesperium cecidit latus. Atra Charybdis
> Sanguineum fundo torsit mare. Flebile sævi
> Latravere canes. Vestali raptus ab ara
> Ignis, et ostendens confectas flamma Latinas
> Scinditur in partes, geminoque cacumine surgit,
> Thebanos imitata rogos. Tum cardine tellus
> Subsedit, veteremque, jugis nutantibus, Alpes
> Discussere nivem. Tethys majoribus undis
> Hesperiam Calpen, summumque implevit Atlanta.
> Indigetes flevisse deos, urbisque laborem
> Testatos sudore lares, delapsaque templis
> Dona suis, dirasque diem fœdasse volucres
> Accipimus; silvisque feras sub nocte relictis
> Audaces media posuisse cubilia Roma.
> Tum pecudum faciles humana ad murmura linguæ,
> Monstrosique hominum partus, numeroque modoque
> Membrorum; matremque suus conterruit infans :

dictions de la prêtresse de Cumes se répandent dans le peuple. Les ministres sacrés de Bellone et de Cybèle errants et furieux, les membres déchirés, les cheveux épars, glacent les peuples par leurs cris lugubres. Les urnes funéraires gémissent; un bruit horrible d'armes et de voix se fait entendre dans les forêts inaccessibles; les fantômes hantent les villes; les peuples voisins de Rome abandonnent les campagnes; l'effroyable Érinnis courait autour des murs, secouant sa torche allumée et sa chevelure de serpents. Telle l'Euménide excitait la Thébaine Agave ou conduisit le glaive du cruel Lycurgue; telle par la volonté de Junon, Mégère épouvantait Hercule que Pluton n'a pu faire pâlir. On entendit le son des trompettes, et un bruit égal aux clameurs des combattants dans la fureur de la mêlée. L'ombre de Sylla sortit de la terre et rendit d'effrayants oracles; les laboureurs épouvantés virent au bord de l'Anio Marius briser sa tombe, et lever sa tête du sein des morts.

On crut devoir, selon l'antique usage, recourir aux devins d'Étrurie. Arons, le plus âgé d'entre eux, retiré dans les murs solitaires de Luca, lisait l'avenir dans les directions de la

Diraque per populum cumanæ carmina vatis
Vulgantur. Tum, quos sectis Bellona lacertis
Sæva movet, cecinere deos : crinemque rotantes
Sanguineum populis ululārunt tristia Galli.
Compositis plenæ gemuerunt ossibus urnæ.
Tum fragor armorum, magnæque per avia voces
Auditæ nemorum : et venientes cominus umbræ.
Quique colunt junctos extremis mœnibus agros,
Diffugiunt. Ingens Urbem cingebat Erinnys,
Excutiens pronam flagranti vertice pinum,
Stridentesque comas : Thebanam qualis Agaven
Impulit, aut sævi contorsit tela Lycurgi
Eumenis; aut qualem jussu Junonis iniquæ
Horruit Alcides, viso jam Dite, Megæram.
Insonuere tubæ, et quanto clamore cohortes
Miscentur, tantum nox atra, silentibus auris,
Edidit : et medio visi consurgere Campo
Tristia Sullani cecinere oracula manes :
Tollentemque caput gelidas Anienis ad undas
Agricolæ fracto Marium fugere sepulcro.
Hæc propter placuit tuscos de more vetusto
Acciri vates. Quorum qui maximus ævo
Arruns incoluit desertæ mœnia Lucæ,
Fulminis edoctus monitus, venasque calentes

foudre, dans le vol des oiseaux, dans les entrailles des victimes. D'abord, il demande qu'on jette dans les flammes le fruit monstrueux que la nature égarée forme dans un sein qu'elle condamne à la stérilité. Il ordonne aux citoyens tremblants d'environner les murs de Rome, et de les purifier par des lustrations, tandis que les sacrificateurs en parcourent les dehors, accompagnés de la troupe inférieure des prêtres vêtus de la robe gabienne. Après eux, marche à la tête des vestales, le front ceint des bandelettes sacrées, la prêtresse qui seule a droit de voir Minerve Troyenne. Sur leurs pas, s'avancent les dépositaires des oracles et des livres des Sibylles, qui, tous les ans, vont laver la statue de Cybèle dans les faibles eaux de l'Almon. Ensuite venaient les augures, gardiens des oiseaux sacrés, et les chefs qui président dans les fêtes aux sacrifices des festins; et les prêtres d'Apollon et ceux de Mars qui portaient à leur cou les boucliers mystérieux, et le grand prêtre de Jupiter qu'on distinguait au voile attaché sur sa tête majestueuse.

Tandis qu'ils suivent à pas lents les vastes détours de l'enceinte de Rome, Arons ramassa les feux de la foudre, et la terre les reçoit dans son sein avec un triste et profond murmure. Il consacre le lieu où il les a cachés; il fait amener au pied des

---

Fibrarum, et motus errantis in aere pennæ,
Monstra jubet primum, quæ nullo semine discors
Protulerat natura, rapi, steriliquo nefandos
Ex utero fetus infaustis urere flammis.
Mox jubet et totam pavidis a civibus Urbem
Ambiri; et festo purgantes moenia lustro,
Longa per extremos pomœria cingere fines
Pontifices, sacri quibus est permissa potestas.
Turba minor sequitur, ritu succincta gabino,
Vestalemque chorum ducit vittata sacerdos,
Trojanam soli cui fas vidisse Minervam.
Tum qui fata deum secretaque carmina servant
Et lotam parvo revocant Almone Cybelen;
Et doctus volucres augur servare sinistras;
Septemvirque epulis festis, Titiique sodales;
Et Salius læto portans ancilia collo;
Et tollens apicem generoso vertice flamen.
Dumque illi effusam longis anfractibus urbem
Circueunt, Arruns dispersos fulminis ignes
Colligit et terræ mœsto cum murmure condit,
Datque locis numen sacris : tunc admovet aris

autels un taureau superbe et commence les libations. La victime, impatiente, se débat longtemps pour se dérober au sacrifice ; mais les prêtres se jetant sur ses cornes menaçantes, lui font plier le genou et présentent sa gorge au couteau. Cependant, au lieu d'un sang vermeil, un noir poison coule de sa plaie ; Arons lui-même en pâlit d'horreur ; il observe la colère des dieux dans les entrailles de la victime, et la couleur l'en épouvante ; il les voit couvertes de taches livides et souillées d'un sang corrompu. Le foie nage dans cette liqueur impure, le poumon est flétri, le cœur abattu, l'enveloppe des intestins déchirée et sanglante, et, ce qu'on ne vit jamais en vain dans les flancs des animaux, du côté funeste, les fibres enflées palpitent, du côté propice elles sont lâches et sans vigueur.

Dès qu'Arons a reconnu à ces marques les présages de nos calamités, il s'écrie : « O dieux ! dois-je révéler au monde tout ce que vous me laissez voir? Non, Jupiter, ce n'est pas à toi que je viens de sacrifier, j'ai trouvé l'enfer dans les flancs de ce tau-

> Electa cervice marem. Jam fundere Bacchum
> Cœperat, obliquoque molas inducere cultro :
> Impatiensque diu non grati victima sacri,
> Cornua succincti premerent quum torva ministri,
> Deposito victum præbebat poplite collum.
> Nec cruor emicuit solitus, sed vulnere largo
> Diffusum rutilo nigrum pro sanguine virus.
> Palluit attonitus sacris feralibus Arruns,
> Atque iram superum raptis quæsivit in extis.
> Terruit ipse color vatem : nam pallida tetris
> Viscera tincta notis, gelidoque infecta cruore
> Plurimus adsperso variabat sanguine livor.
> Cernit tabe jecur madidum, venasque minaces
> Hostili de parte videt. Pulmonis anheli
> Fibra latet, parvusque secat vitalia limes.
> Cor jacet, et saniem per hiantes viscera rimus
> Emittunt : produntque suas omenta latebras.
> Quodque, nefas ! nullis impune apparuit extis,
> Ecce videt capiti fibrarum increscere molem
> Alterius capitis. Pars ægra et marcida pendet :
> Pars micat, et celeri venas movet improba pulsu.
> His ubi concepit magnorum fata malorum,
> Exclamat :
>   « Vix fas, superi, quæcunque movetis,
> Prodere me populis : neque enim tibi, summe, litavi,
> Jupiter, hoc sacrum : cæsique in viscera tauri

reau. Nous craignons d'horribles malheurs, mais nos malheurs passeront nos craintes. Fasse le ciel que ces signes nous soient favorables, que l'art de lire au sein des victimes soit trompeur, et que Tagès qui l'inventa nous en ait imposé lui-même. »

C'est ainsi que le vieillard étrusque enveloppa ses prédictions d'un nuage mystérieux. Mais Figulus, qu'une longue étude avait admis aux secrets des dieux, à qui les sages de Memphis l'auraient cédé dans la connaissance des étoiles et dans celle des nombres qui règlent les mouvements célestes, Figulus éleva sa voix : « Ou la voûte céleste, dit-il, se meut au hasard, et les astres vagabonds errent au ciel sans règle et sans guide : ou, si le destin préside à leur cours, l'univers est menacé d'un fléau terrible. La terre va-t-elle ouvrir ses abîmes? Les cités seront-elles englouties? Verrons-nous les campagnes stériles? les airs infectés? les eaux empoisonnées? Quelle plaie, grands dieux! quelle désolation prépare votre colère? De combien de victimes un seul jour verra la perte! Si l'étoile funeste de Saturne dominait au ciel, le Verseau inonderait la terre d'un déluge semblable à celui de Deucalion, et l'univers entier disparaîtrait sous les eaux débordées. Si le soleil frappait le Lion de sa lumière, c'est d'un in-

Inferni venere dei. Non fanda timemus :
Sed venient majora metu. Di visa secundent,
Et fibris sit nulla fides ; sed conditor artis
Finxerit ista Tages. »
     Flexa sic omnia Tuscus
Involvens multaque tegens ambage, canebat.
At Figulus, cui cura, deos secretaque cœli
Nosse fuit, quem non stellarum ægyptia Memphis
Æquaret visu, numerisque moventibus astra :
« Aut hic errat, ait, ulla sine lege per ævum
Mundus, et incerto discurrunt sidera motu :
Aut, si fata movent, Urbi generique paratur
Humano matura lues. Terræne dehiscent,
Subsidentque urbes? an tollet fervidus aer
Temperiem? segetem tellus infida negabit?
Omnis an infusis miscebitur unda venenis?
Quod cladis genus; o Superi, qua peste paratis
Sævitiam? Extremi multorum tempus in unum
Convenere dies. Summo si frigida cœlo
Stella nocens nigros Saturni accenderet ignes,
Deucalioneos fudisset Aquarius imbres,
Totaque diffuso latuisset in æquore tellus.
Si sævum radiis nemeæum, Phœbe, Leonem

cendie universel que la terre serait menacée; l'air lui-même s'enflammerait sous le char du dieu du jour. Ni l'un ni l'autre n'est à craindre. Mais toi qui embrases le Scorpion à la queue menaçante, terrible Mars, que nous réserves-tu? L'étoile clémente de Jupiter est à son couchant, l'astre favorable de Vénus luit à peine, le rapide fils de Maïa languit; Mars, c'est toi seul qui occupes le ciel. Pourquoi les astres ont-ils abandonné leur carrière, pour errer sans lumière dans le ciel? Pourquoi Orion qui porte un glaive, brille-t-il d'un si vif éclat? La rage des combats va s'allumer; le glaive confond tous les droits; des crimes qui devraient être inconnus à la terre obtiennent le nom de vertus. Cette fureur sera de longue durée. Pourquoi demander aux dieux qu'elle cesse? La paix nous amène un tyran! Prolonge tes malheurs, ô Rome! traîne-toi d'âge en âge à travers des ruines. Il n'y a plus de liberté pour toi qu'au sein de la guerre civile. »

Ces présages avaient jeté l'épouvante dans le peuple. De plus terribles l'accablent encore. Telle des sommets du Pinde descend la bacchante pleine des fureurs du dieu d'Ogygie, telle à travers la ville consternée s'élance une matrone révélant par ces mots le Dieu qui l'oppresse :

> Nunc premeres, toto fluerent incendia mundo,
> Succensusque tuis flagrasset curribus æther.
> Hi cessant ignes. Tu, qui flagrante minacem
> Scorpion incendis cauda, chelasque peruris,
> Quid tantum, Gradive, paras? nam mitis in alto
> Jupiter occasu premitur, Venerisque salubre
> Sidus hebet, motuque celer Cyllenius hæret,
> Et cœlum Mars solus habet. Cur signa meatus
> Deseruere suos, mundoque obscura feruntur?
> Ensiferi nimium fulget latus Orionis.
> Imminet armorum rabies : ferrique potestas
> Confundet jus omne manu : sceleriqué nefando
> Nomen erit virtus : multosque exibit in annos
> Hic furor. Et Superos quid prodest poscere finem?
> Cum domino pax ista venit. Duc, Roma, malorum
> Continuam seriem : clademque in tempora multa
> Extrahe, civili tantum jam libera bello. »
> Terruerant satis hæc pavidam præsagia plebem :
> Sed majora premunt. Nam qualis vertice Pindi
> Edonis Ogygio decurrit plena Lyæo;
> Talis et attonitam rapitur matrona per urbem,
> Vocibus his prodens urgentem pectora Phœbum .

« Où vais-je, ô Péan ! sur quelle terre au delà des cieux suis-je entraînée ? Je vois le Pangée et ses cimes blanches de neiges, et les vastes plaines de Philippes au pied de l'Hémus. Phébus, dis-moi, quelle est cette vision insensée ? Quels sont ces traits, quelles cohortes romaines en viennent aux mains ? Quoi ! une guerre et nul ennemi ? Où suis-je ailleurs emportée ? Me voici aux portes de l'Orient où la mer change de couleur dans le Nil des Lagides. Ce cadavre mutilé qui gît sur la rive du fleuve, je le reconnais. Je suis transportée aux Syrtes trompeuses, dans la brûlante Lybie, où la cruelle Érynnis a jeté les débris de Pharsale. Maintenant je suis emportée par-dessus les cimes nuageuses des Alpes, plus haut que les Pyrénées dont le sommet se perd dans les airs. Maintenant je reviens dans ma patrie. La guerre impie s'achève au sein du sénat. Les partis se relèvent, je parcours de nouveau l'univers. Montre-moi de nouvelles terres, de nouvelles mers, Phébus, j'ai déjà vu Philippes. » Elle dit, et tombe épuisée sous le dernier effort de sa fureur.

« Quo feror, o Pæan ? qua me super æthera raptam
Constituis terra ? video Pangæa nivosis
Cana jugis, latosque Hæmi sub rupe Philippos.
Quis furor hic, o Phœbe, doce : quæ tela, manusque
Romanæ miscent acies, bellumque sine hoste est ?
Quo diversa feror ? primos me ducis in ortus,
Qua mare lagæi mutatur gurgite Nili.
Hunc ego, fluminea deformis truncus arena
Qui jacet, agnosco.
   « Dubiam super æquora Syrtim
Arentemque feror Lybien, quo tristis Erynnis
Transtulit emathias acies. Nunc desuper Alpis
Nubiferæ colles, ante aeriam Pyrenen
Abripimur. Patriæ sedes remeamus in urbis :
Impiaque in medio peraguntur bella senatu.
Consurgunt partes iterum, totumque per orbem
Rursus eo. Nova da mihi cernere litora ponti,
Telluremque novam : vidi jam, Phœbe, Philippos. »
Hæc ait : et lasso jacuit deserta furore.

LIVRE II

Le poëte se plaint aux dieux de ce qu'ils découvrent aux humains les calamités qui les menacent. — Abattement de Rome. — Douleur et gémissements des femmes. — Plaintes des soldats. — Tristesse des vieillards qui se rappellent les temps de Marius et les terribles vengeances de Sylla. — M. Brutus, au milieu de la nuit, va trouver Caton : son discours. — Réponse de Caton. — Au retour du jour, Marcia, autrefois cédée par Caton à Hortensius, vient frapper à la porte de son premier époux : son discours. — Caton la reprend, sans nulle cérémonie nuptiale. — Portrait de Caton, ses mœurs et son caractère. — Pompée sort de Rome et se retire à Capoue, qui devient le siége de la guerre. — Description de l'Apennin. — Marche de César ; sa vigueur militaire, et les dispositions diverses des villes d'Italie. — Fuite de Libon, de Thermus, de Sylla, de Varus, de Lentulus et de Scipion, lieutenants de Pompée. — Domitius veut défendre Corfinium ; il exhorte ses compagnons : discours de César aux siens. — Il se rend maître de la ville; Domitius lui est livré par la perfidie de ses soldats. Malgré sa fierté, César lui accorde la vie. — Pompée harangue ses soldats pour sonder leurs dispositions. — Pompée voyant son discours froidement accueilli, se défie de son armée, et va s'enfermer dans Brindes. — Description et histoire de cette ville. — Pompée ne comptant plus sur l'Italie, envoie son fils aîné dans l'Orient, et les consuls en Épire, pour y chercher des secours. — Diligence de César : il tient déjà Pompée assiégé dans Brindes, et tâche de fermer le port avec des digues. — Pompée rompt ces digues, et s'enfuit avec sa flotte. — Tristes réflexion du poëte sur cette fuite, et plaintes pathétiques.

Déjà la colère des dieux s'est manifestée, la nature a donné le signal de la discorde, elle a interrompu son cours; et, par un pressentiment de l'avenir, elle s'est plongée elle-même dans ce désordre qui engendre les monstres. C'est le présage de nos

LIBER II

Jamque iræ patuere deum, manifestaque belli
Signa dedit mundus : legesque et fœdera rerum,
Præscia monstrifero vertit natura tumultu,
Indixitque nefas.

forfaits. Pourquoi donc, ô roi de l'Olympe, avoir ajouté aux malheurs des hommes cette prévoyance qui leur découvre dans de cruels présages les calamités futures? Soit que dans le développement du chaos ta main féconde ait lié les causes par des nœuds indissolubles, que tu te sois imposé à toi-même une première loi et que tout soit soumis à cet ordre immuable; soit qu'il n'y ait rien de prescrit et qu'un aveugle hasard opère seul dans la nature ce flux et ce reflux d'événements qui changent la face du monde : fais que nos maux arrivent soudain ; que l'avenir soit inconnu à l'homme; qu'il puisse du moins espérer en tremblant.

Dès qu'on connut par ces prodiges à quel prix les oracles des dieux devaient se vérifier, le lugubre *justitium* règne dans la ville, les dignités se cachèrent sous le plus humble vêtement; on ne vit plus la pourpre entourée de faisceaux, les citoyens étouffèrent leurs plaintes, la douleur morne et sans voix erra dans cette ville immense.

Ainsi, aux premiers instants qui suivent la mort, le silence règne dans une demeure avant que les premiers accents de la désolation aient éclaté, avant qu'une mère, les cheveux épars, jette de lamentables cris dans les bras de ses esclaves; tandis

          Cur hanc tibi, rector Olympi,
Sollicitis visum mortalibus addere curam,
Noscant venturas ut dira per omina clades ?
Sive parens rerum, quum primum informia regna,
Materiamque rudem, flamma cedente, recepit,
Fixit in æternum causas, qua cuncta coercet,
Se quoque lege tenens, et secula jussa ferentem
Fatorum immoto divisit limite mundum ;
Sive nihil positum est, sed fors incerta vagatur,
Fertque, refertque vices, et habent mortalia casum :
Sit subitum, quodcunque paras : sit cæca futuri
Mens hominum fati : liceat sperare timenti.
Ergo ubi concipiunt, quantis sit cladibus orbi
Constatura fides Superum, ferale per urbem
Justitium : latuit plebeio tectus amictu
Omnis honor : nullos comitata est purpura fasces.
Tum questus tenuere suos, magnusque per omnes
Erravit sine voce dolor.
          Sic funere primo
Attonitæ tacuere domus, quum corpora nondum
Conclamata jacent, nec mater crine soluto

qu'elle presse le sein de son fils, que la chaleur de la vie abandonne, qu'elle baise cette face livide et ces yeux plongés dans le sommeil de la mort ; ce n'est pas encore de la douleur, c'est de l'effroi. Attachée à ce corps, éperdue, elle mesure l'étendue de son malheur.

Les femmes ont dépouillé leur parure, leur foule éplorée assiége les temples : les unes arrosent de larmes les statues des dieux, les autres se prosternent contre terre et répandent, égarées, leur chevelure sur le seuil sacré ; ce n'est plus par des vœux timides, c'est par de longs hurlements qu'elles invoquent le ciel ; le temple de Jupiter n'est pas le seul qu'elles remplissent ; elles se partagent les dieux ; pas un autel n'est négligé par elles, pas un dieu ne sera jaloux.

« C'est à présent, s'écria l'une d'entre elles, en meurtrissant son visage baigné de pleurs, c'est à présent, ô misérables mères ! qu'il faut se frapper le sein et s'arracher les cheveux. N'attendez pas, pour vous désoler, que nos malheurs soient à leur comble ; pleurez, tandis que la fortune est encore incertaine entre nos tyrans. Dès que l'un d'eux sera vainqueur, il faudra marquer de la joie. » C'est ainsi qu'elles irritent et stimulent leur douleur.

Exigit ad sævos famularum brachia planctus :
Sed quum membra premit fugiente rigentia vita,
Vultusque exanimes, oculosque in morte jacentes ;
Necdum est ille dolor, sed jam metus ; incubat amens,
Miraturque malum.
    Cultus matrona priores
Deposuit moestæque tenent delubra catervæ.
Hæ lacrymis sparsere deos, hæ pectora duro
Adfixere solo, lacerasque in limine sacro
Attonitæ fudere comas ; votisque vocari
Adsuetas crebris feriunt ululatibus aures.
Nec cunctæ summi templo jacuere Tonantis :
Divisere deos : et nullis defuit aris
Invidiam factura parens ; quarum una madentes
Scissa genas, planctu liventes atra lacertos :
« Nunc, ait, o miseræ, contundite pectora, matres,
Nunc laniate comas, neve hunc differte dolorem,
Et summis servate malis : nunc flere potestas,
Dum pendet fortuna ducum : quum vicerit alter,
Gaudendum est. »
    His se stimulis dolor ipse lacessit.

Les hommes eux-mêmes, en allant se ranger sous les drapeaux des deux partis, chargeaient de justes plaintes la cruauté des dieux. « Malheureux, disaient-ils, que n'avons-nous plutôt vécu dans les temps de Cannes et de Trébie? Dieux! ce n'est point la paix que nous vous demandons : jetez la colère dans le cœur des peuples, soulevez contre nous les nations barbares; que le monde conjuré coure aux armes; que les bataillons des Mèdes descendent de Suse, que l'Ister barbare cesse d'enchaîner le Massagète, que des extrémités du Nord l'Elbe lâche contre nous les blonds Suèves, que le Rhin soulève sa source indomptée! Rendez-nous, grands dieux! tous nos ennemis à la fois, mais détournez la guerre civile. Que le Dace d'un côté, de l'autre le Gète nous menace; allez combattre l'Ibère, tournez vos drapeaux contre les flèches des hordes orientales; Rome, tu n'auras pas un bras qui ne combatte. Ou si vous avez résolu, grands dieux! d'anéantir le nom romain, faites tomber en pluie de feu les airs embrasés par la foudre; frappez en même temps et les deux chefs et les deux partis; n'attendez pas qu'ils méritent vos coups. Est-ce pour décider lequel des deux nous opprimera qu'il en doit coûter tant de crimes? A peine, hélas! eût-il fallu s'y résoudre pour nous affranchir de tous les deux. » C'est ainsi

Nec non bella viri diversaque castra petentes,
Effundunt justas in numina sæva querelas :
« O miseræ sortis, quod non in punica nati
Tempora Cannarum fuimus Trebiæque, juventus!
Non pacem petimus, Superi : date gentibus iras :
Nunc urbes excite feras : conjuret in arma
Mundus : Achæmeniis decurrant medica Susis
Agmina : Massageten scythicus non adliget Hister :
Fundat ab extremo flavos Aquilone Suevos
Albis, et indomitum Rheni caput : omnibus hostes
Reddite nos populis : civile avertite bellum.
Hinc Dacus premat, inde Getes : occurrat Iberis
Alter; ad eoas hic vertat signa pharetras :
Nulla vacet tibi, Roma, manus. Vel perdere nomen
Si placet hesperium, Superi, collatus in ignem
Plurimus ad terram per fulmina decidat æther.
Sæve parens, utrasque simul partesque ducesque,
Dum nondum meruere, feri. Tantone novorum
Proventu scelerum quærunt, uter imperet Urbi?
Vix tanti fuerat civilia bella movere,
Ut neuter! »

que leur piété impuissante se répandait en inutiles plaintes. Les vieillards accablés de douleur se plaignaient d'avoir trop vécu et maudissaient leurs jours condamnés à la guerre civile.

L'un d'eux, pour donner un exemple récent des maux que l'on avait à craindre : « O mes amis! dit-il, l'orage qui nous menace est le même qui s'éleva sur Rome lorsque Marius, vainqueur des Teutons et des Numides, se réfugia dans des marais et que les roseaux de Minturne couvrirent sa tête triomphante ; cette tête dont la Fortune leur confiait le dépôt fatal. Découvert et chargé de chaînes, le vieillard languit longtemps enseveli dans les horreurs d'un cachot. Destiné à mourir consul, à mourir tranquille au milieu des ruines de sa patrie, il portait d'avance la peine de ses crimes ; mais la mort se détourne de lui. En vain un ennemi tient sa vie odieuse entre ses mains ; le premier qui veut le frapper recule saisi de frayeur. Sa main tremblante laisse tomber le glaive. Il a vu à travers les ténèbres de la prison une lumière resplendissante ; il a vu les terribles dieux des forfaits ; il a vu Marius dans tout l'éclat de sa grandeur future ; il l'a entendu et il a tremblé. Ce n'est pas à toi de frapper cette tête, le cruel doit au destin des morts sans nombre avant la sienne. Bannis une vaine fureur. Cimbres, si vous

Tales pietas peritura querelas
Egerit : at miseros angit sua cura parentes,
Oderuntque gravis vivacia fata senectæ,
Servatosque iterum bellis civilibus annos.
Atque aliquis magno quærens exempla timori :
« Non alios, inquit, motus tunc fata parabant,
Quum post teutonicos victor libycosque triumphos
Exsul limosa Marius caput abdidit ulva.
Stagna avidi texere soli, laxæque paludes
Depositum, Fortuna, tuum : mox vincula ferri
Exedere senem, longusque in carcere pædor.
Consul, et eversa felix moriturus in urbe,
Pœnas ante dabat scelerum : mors ipsa refugit
Sæpe virum, frustraque hosti est concessa potestas
Sanguinis invisi. Primo qui cædis in ictu
Deriguit ferrumque manu torpente remisit,
Viderat immensam tenebroso in carcere lucem,
Terribilesque deos scelerum, Mariumque futurum ;
Audieratque pavens.   Non hæc contingere fas est
Colla tibi : debet multas hic legibus ævi,
Ante suam, mortes : vanum depone furorem.

voulez être vengés, conservez avec soin les jours de ce vieillard. Ce n'est point la faveur des dieux, c'est leur colère qui veille sur lui. Marius suffit au dessein qu'ils ont formé de perdre Rome. En vain l'Océan furieux le jette sur une plage ennemie; errant sur les bords inhabités de ces Numides qu'il a vaincus, des cabanes désertes lui servent d'asile; il foule aux pieds les cendres des armées puniques; Carthage et Marius se consolent mutuellement de leur ruine, et tous deux abattus pardonnent aux dieux. Mais au premier retour de la fortune, il allume en son cœur une haine africaine; il lâche des armées d'esclaves et brise les fers dont ils sont chargés : aucun n'est admis sous ses drapeaux, qu'il n'ait déjà fait l'apprentissage du crime et qu'il n'apporte dans son camp l'exemple de quelques forfaits.

« O destin! quel jour! quel horrible jour que celui où Marius entra victorieux dans Rome! avec quelle rapidité la mort étendit ses ravages! La noblesse tombe confondue avec le peuple; le glaive destructeur vole au hasard et frappe toute poitrine. Le sang séjourne dans les temples, les pavés en sont inondés et glissants. Nulle pitié, nul égard pour l'âge; on n'a pas

---

    Si libet ulcisci deletæ funera gentis,
    Hunc, Cimbri, servate senem.
                « Non ille favore
    Numinis, ingenti Superum protectus ab ira,
    Vir ferus, et Romam cupienti perdere fato
    Sufficiens. Idem pelago delatus iniquo
    Hostilem in terram, vacuisque mapalibus actus,
    Nuda triumphati jacuit per regna Jugurthæ,
    Et pœnos pressit cineres. Solatia fati
    Carthago, Mariusque tulit : pariterque jacentes
    Ignovere deis.
                « Libycas sibi colligit iras,
    Ut primum fortuna redit : servilia solvit
    Agmina : conflato sævas ergastula ferro
    Exseruere manus. Nulli gestanda dabantur
    Signa ducis, nisi qui scelerum jam fecerat usum,
    Attuleratque in castra nefas. Proh fata! quis ille,
    Quis fuit ille dies, Marius quo mœnia victor
    Corripuit? quantoque gradu mors sæva cucurrit?
    Nobilitas cum plebe perit : lateque vagatur
    Ensis : et a nullo revocatum est pectore ferrum.
    Stat cruor in templis : multaque rubentia cæde
    Lubrica saxa madent. Nulli sua profuit ætas.

honte de hâter la mort des vieillards au déclin de l'âge, ni de trancher la vie des enfants qui viennent d'ouvrir les yeux à la lumière. Hélas! si jeunes encore, par quel crime ont-ils mérité de mourir? Ils sont mortels, c'est assez. Impitoyable fureur! Sans perdre le temps à chercher les criminels, on égorge en foule tout ce qui se présente. La main des meurtriers plutôt que de rester oisive fait tomber des têtes dont les traits même leur sont inconnus. Il n'est qu'un espoir de salut, c'est d'attacher ses lèvres tremblantes à cette main souillée de sang. Ah! peuple indigne de tes ancêtres! devrais-tu, même à l'aspect de mille glaives qui s'avancent sous les étendards de la mort, devrais-tu consentir à racheter des siècles de vie à ce prix? Et c'est pour traîner dans l'opprobre le peu de jours que Marius te laisse et que Sylla vient t'arracher!

« Dans ce massacre universel comment donner des larmes à chaque citoyen? Reçois nos regrets, ô Bébius! ô toi dont une foule d'assassins déchirent les entrailles et se disputent les membres fumants! Et toi, prophète éloquent de nos malheurs, Antoine, dont la tête dégouttante encore de sang et couverte de cheveux blancs est apportée dans un festin sur la table de Marius! Les deux Crassus sont égorgés par Fimbria; le sang

Non senis extremum piguit vergentibus annis
Præcipitasse diem; nec primo in limine vitæ
Infantis miseri nascentia rumpere fata.
Crimine quo parvi cædem potuere mereri?
Sed satis est jam posse mori. Trahit ipse furoris
Impetus : et visum est lenti, quæsisse nocentem.
In numerum pars magna perit : rapuitque cruentus
Victor ab ignota vultus cervice recisos,
Dum vacua pudet ire manu. Spes una salutis
Oscula pollutæ fixisse trementia dextræ.
Mille licet gladii mortis nova signa sequantur,
Degener o populus, vix secula longa decorum
Sit meruisse viris, nedum breve dedecus ævi,
Et vitam, dum Sulla redit.
« Cui funera vulgi
Flere vacet? vix te sparsum per viscera, Bæbi,
Innumeras inter carpentis membra coronæ
Discessisse manus : aut te, præsage malorum,
Antoni, cujus laceris pendentia canis
Ora ferens miles festæ rorantia mensæ
Imposuit. Truncos laceravit Fimbria Crassos.

des tribuns arrose leur siége; ils ne t'épargnent pas même, ô Scévola, ils t'égorgent devant le sanctuaire de la déesse, devant les feux encore allumés sur l'autel ; mais ta vieillesse épuisée ne verse que peu de sang, insuffisant pour éteindre la flamme. A tant d'horreurs succéda le septième consulat de Marius ; et par là finit cet homme accablé de toutes les rigueurs de la mauvaise fortune, comblé de toutes les faveurs de la bonne, et qui avait mesuré dans l'une et dans l'autre jusqu'où peut aller le sort d'un mortel.

« Que de cadavres sont tombés sous les murs de Sacriportus ! Que de mourants entassés près de la porte Colline, quand la capitale du monde, et avec elle la souveraineté, parut changer de place, quand le Samnite espéra porter à Rome un coup plus terrible que celui des Fourches Caudines !

« Sylla qui voulut nous venger, mit le comble à nos pertes immenses : il épuisa le peu de sang qui restait à la patrie. En coupant des membres corrompus, l'impitoyable médecin suivit trop loin les progrès du mal. Il ne périt que des coupables, mais dans un temps où il n'y avait plus que des coupables à sauver.

« Sous lui, les haines sont déchaînées, la colère se livre à ses emportements, dégagée du frein des lois. On ne sacrifiait

Sæva tribunitio maduerunt robora tabo.
Te quoque neglectum violatæ, Scævola, dextræ
Ante ipsum penetrale deæ, semperque calentes
Mactavere focos : parvum sed fessa senectus
Sanguinis effundit jugulo, flammisque pepercit.
Septimus hæc sequitur, repetitis fascibus, annus :
Ille fuit vitæ Mario modus, omnia passo
Quæ pejor fortuna potest, atque omnibus uso
Quæ melior ; mensoque, hominis quid fata paterent.
Jam quot apud Sacri cecidere cadavera Portum ?
Aut Collina tulit stratas quot porta catervas,
Tunc quum pœne caput mundi rerumque potestas
Mutavit translata locum, romanaque Samnis
Ultra Caudinas speravit vulnera Furcas ?
Sulla quoque immensis accessit cladibus ultor.
Ille quod exiguum restabat sanguinis Urbi
Hausit ; dumque nimis jam putrida membra recidit,
Excessit medicina modum, nimiumque secuta est,
Qua morbi duxere manus : periere nocentes,
Sed quum jam soli possent superesse nocentes.
Tunc data libertas odiis, resolutaque legum

pas tout à Sylla, chacun s'immolait ses victimes. D'un seul mot, le vainqueur a tout ordonné. On vit l'esclave plonger dans les entrailles de son maître le fer sacrilège, le frère vendre le sang du frère, les fils, dégouttants du meurtre de leur père, se disputer sa tête. Les tombeaux sont remplis de fugitifs ; les vivants y sont confondus avec les morts; les antres des bêtes féroces ne peuvent contenir la foule des fugitifs : l'un attache à son cou le lacet fatal et meurt étranglé; l'autre se précipite de tout son poids contre terre; ils dérobent ainsi leur mort au sanguinaire vainqueur; celui-ci élève lui-même son bûcher; il n'attend pas qu'il ait versé tout son sang, il s'élance et, tandis qu'il le peut, s'empare avidement de la flamme funèbre. Rome consternée reconnaît les têtes de ses plus illustres citoyens portées au bout d'une pique et entassées sur la place publique : là se révèlent tous les crimes cachés. La Thrace ne vit pas tant de cadavres pendre aux étables d'Augias, ni la Lybie aux portes d'Antée ; la Grèce désolée ne pleura pas tant de victimes égorgées dans la cour du palais de Pise.

« Quand les chairs sont pourries, quand les visages n'offrent plus que des traits méconnaissables, les infortunés pères vont

Frenis ira ruit. Non uni cuncta dabantur,
Sed fecit sibi quisque nefas. Semel omnia victor
Jusserat. Infandum domini per viscera ferrum
Exegit famulus : nati maduere paterno
Sanguine. Certatum est, cui cervix cœsa parentis
Cederet : in fratrum ceciderunt præmia fratres.
Busta repleta fuga, permixtaque viva sepultis
Corpora ; nec populum latebræ cepere ferarum.
Hic laqueo fauces, elisaque guttura fregit :
Hic se præcipiti jaculatus pondere dura
Dissiluit percussus humo : mortesque cruento
Victori rapuere suas : hic robora busti
Exstruit ipse sui, necdum omni sanguine fuso
Desilit in flammas, et dum licet, occupat ignes.
Colla ducum pilo trepidam gestata per urbem,
Et medio congesta foro : cognoscitur illic
Quidquid ubique jacet. Scelerum non Thracia tantum
Vidit bistonii stabulis pendere tyranni,
Postibus Antæi Libye : nec Græcia mœrens
Tam laceros artus pisæa flevit in aula.
Quum jam tabe fluunt, confusaque tempore multo
Amisere notas, miserorum dextra parentum

recueillir ces restes et les dérobent par un pieux larcin. Moi-même, impatient de rendre aux mânes de mon frère les devoirs de la sépulture, il me souvient qu'avant de porter sa tête sur le bûcher, je parcourus ce champ de carnage, ouvrage de la paix de Sylla, pour découvrir parmi tant de corps mutilés celui auquel s'adapterait cette tête défigurée? Dirai-je par quelles cruautés la mort de Catulus fut vengée sur le frère de Marius! et quels maux souffrit avant d'expirer cette malheureuse victime! Mânes qu'on voulut apaiser vous en fûtes effrayés vous-mêmes! Nous l'avons vu ce corps défiguré, dont chaque membre était une plaie; percé de coups, dépouillé par lambeaux; il n'avait pas encore reçu le coup mortel, et, par un excès inouï de cruauté, l'on prenait soin de ménager sa vie. Ses mains tombent sous le tranchant du glaive, sa langue arrachée palpite encore et, toute muette qu'elle est, frappe l'air; l'un lui tranche les oreilles, l'autre le nez; celui-ci arrache de leurs orbites ces yeux qui ont assisté au supplice de tous les membres. On ne croira jamais qu'une seule tête ait pu suffire à tant de tourments. Les débris d'un cadavre écrasé sous les ruines sont moins brisés, les corps des malheureux qui ont péri dans un naufrage arrivent moins déchirés sur le sable.

    Colligit, et pavido subducit cognita furto.
Meque ipsum memini cæsi deformia fratris
Ora rogo cupidum vetitisque imponere flammis,
Omnia Sullanæ lustrasse cadavera pacis,
Perque omnes truncos, cum qua cervice rescisum
Conveniat quæsisse caput. Quid sanguine manes
Placatos Catuli referam? cui victima tristes
Inferias Marius, forsan nolentibus umbris,
Pendit, inexpleto non fanda piacula busto;
Quum laceros artus, æquataque vulnera membris
Vidimus, et toto quamvis in corpore cæso
Nil animæ letale datum, moremque nefandæ
Dirum sævitiæ, pereuntis parcere morti.
Avulsæ cecidere manus, exactaque lingua
Palpitat, et muto vacuum ferit aera motu.
Hic aures, alius spiramina naris aduncæ
Amputat: ille cavis evolvit sedibus orbes,
Ultimaque effundit spectatis lumina membris.
Vix erit ulla fides, tam sævi criminis unum
Tot pœnas cepisse caput. Sic mole ruinæ
Fracta sub ingenti miscentur pondere membra:
Nec magis informes veniunt ad litora trunci,

Et quel soin prenez-vous de rendre Marius méconnaissable aux yeux de Sylla? Pour se repaître de son supplice, il eût fallu qu'il reconnût ses traits. Preneste, la ville de la Fortune, voit tous ses habitants moissonnés par le glaive, tout un peuple tombe d'un seul coup. La fleur de l'Italie, la seule jeunesse qui lui restait fut massacrée dans le Champ de Mars, au sein de cette malheureuse Rome qu'elle inonda de son sang. Que tant de victimes périssent à la fois par la famine, par un naufrage, sous un écroulement imprévu, dans les horreurs de la peste ou de la guerre, il y en eut des exemples; mais d'une exécution pareille, il n'y en eut jamais. A peine à travers les flots de ce peuple qu'on égorge, les mains meurtrières peuvent se mouvoir; à peine ceux qui reçoivent le coup mortel peuvent tomber; leurs corps pressés se soutiennent l'un l'autre, et dans leur chute ils deviennent eux-mêmes les instruments du carnage : les morts étouffent les vivants.

« Sylla, du haut du temple, tranquille spectateur de cette scène n'a pas même le remords d'avoir proscrit tant de milliers de citoyens. Le gouffre de Tyrrhène reçoit les cadavres qu'on y entasse. Les premiers tombent dans le fleuve; les der-

Qui medio periere freto.
     « Quid perdere fructum
Juvit, et, ut vilem, Marii confundere vultum ?
Ut scelus hoc Sullæ, cædesque ostensa placeret,
Agnoscendus erat. Vidit Fortuna colonos
Prænestina suos cunctos simul ense rescisos,
Unius populum pereuntem tempore mortis.
Tunc flos Hesperiæ, Latii jam sola juventus,
Concidit, et miseræ maculavit ovilia Romæ.
Tot simul infesto juvenes occumbere leto,
Sæpe fames, pelagique furor, subitæque ruinæ,
Aut cœli terræque lues, aut bellica clades,
Nunquam pœna fuit. Densi vix agmina vulgi
Inter et exsangues immissa morte catervas,
Victores movere manus. Vix cæde peracta
Procumbunt, dubiaque labant cervice; sed illos
Magna premit strages; peraguntque cadavera partem
Cædis : viva graves elidunt corpora trunci.
Intrepidus tanti sedit securus ab alto
Spectator sceleris : miseri tot millia vulgi
Non piguit jussisse mori.
    « Congesta recepit
Omnia tyrrhenus Sullana cadavera gurges.
In fluvium primi cecidere, in corpora summi.

niers tombent sur une couche de corps; les barques rapides s'y arrêtent; le fleuve coupé par cette digue affreuse d'un côté s'écoule dans la mer, de l'autre s'enfle et reste suspendu. Les flots de sang se font un passage à travers la campagne et viennent en longs ruisseaux grossir les ondes amoncelées. Déjà le fleuve surmonte ses bords et y rejette les cadavres. Enfin se précipitant avec violence dans la mer de Tyrrhène, il fend les eaux par un torrent de sang.

« C'est ainsi que Sylla a mérité d'être appelé le salut de la patrie, l'heureux Sylla ; c'est ainsi qu'il s'est fait élever un tombeau dans le Champ de Mars. Voilà ce qui nous reste à éprouver une seconde fois : tel sera le cours de cette guerre et tel en sera le succès. Et plût aux dieux que nos craintes ne fussent pas plus grandes ! Hélas ! il y va de bien plus pour l'univers. Marius et les siens exilés de leur patrie ne demandaient que leur retour. Sylla vainqueur ne voulait qu'anéantir les factions ennemies. César et Pompée ont d'autres desseins. Non contents d'un pouvoir partagé, ils combattent pour le rang suprême : aucun d'eux ne daignerait susciter la guerre civile pour être ce que fut Sylla. »

    Præcipites hæsere rates, et strage cruenta
    Interruptus aquis fluxit prior amnis in æquor ;
    Ad molem stetit unda sequens : jam sanguinis alti
    Vis sibi fecit iter, campumque effusa per omnem,
    Præcipitique ruens tiberina ad flumina rivo
    Hærentes adjuvit aquas : nec jam alveus amnem,
    Nec retinent ripæ, redeuntque cadavera campo :
    Tandem tyrrhenas vix eluctatus in undas
    Sanguine cæruleum torrenti dividit æquor.
    Hisne salus rerum, Felix his Sulla vocari,
    His meruit tumulum medio sibi tollere Campo ?
    Hæc rursus patienda manent : hoc ordine belli
    Ibitur : hic stabit civilibus exitus armis.
    Quamquam agitant graviora metus, multoque coitur
    Humani generis majore in prælia damno.
    Exsulibus Mariis bellorum maxima merces
    Roma recepta fuit : nec plus victoria Sullæ
    Præstitit, invisas penitus quam tollere partes.
    Hos alio, Fortuna, vocas : olimque potentes
    Concurrunt. Neuter civilia bella moveret,
    Contentus quo Sulla fuit. »

Ainsi la vieillesse consternée pleurait sur le passé et tremblait pour l'avenir.

Mais cette frayeur n'eut point d'accès dans la grande âme de Brutus. Brutus, au milieu de la désolation publique, ne mêla point ses larmes aux larmes du peuple. Dans le silence de la nuit, tandis que la grande Ourse roule son char oblique, il va frapper au seuil de l'humble demeure de Caton, son oncle; il le trouve veillant, l'âme agitée des dangers de Rome et du sort du monde, sans crainte pour lui-même. Brutus l'aborde et lui dit : « O vous, l'unique gage de la vertu dès longtemps bannie de la terre, vous que le tourbillon de la fortune ne peut détacher de son parti, sage Caton, soyez mon guide, affermissez mon esprit chancelant, donnez votre force à mon âme. Que d'autres servent Pompée ou César; Caton est le chef que Brutus veut suivre. Resterez-vous au sein de la paix, seul, immobile au milieu des secousses qui ébranlent le monde? ou voulez-vous absoudre la guerre en vous associant aux forfaits et aux malheurs qu'elle produira? Chacun dans cette guerre criminelle ne prend les armes que pour soi : l'un craint sa maison souillée et les lois redoutables pendant la paix; l'autre veut écarter, le fer à la main, l'indigence qui le presse et s'enrichir des dépouilles du

       Sic mœsta senectus
Præteritique memor flebat, metuensque futuri.
At non magnanimi percussit pectora Bruti
Terror, et in tanta pavidi formidine motus
Pars populi lugentis erat; sed nocte sopora,
Parrhasis obliquos Helice quum verteret axes,
Atria cognati pulsat non ampla Catonis.
Invenit insomni volventem publica cura
Fata virum, casusque Urbis, cunctisque timentem,
Securumque sui; farique his vocibus orsus :
« Omnibus expulsæ terris, olimque fugatæ
Virtutis jam sola fides, quam turbine nullo
Excutiet fortuna tibi; tu mente labantem
Dirige me, dubium certo tu robore firma.
Namque alii Magnum, vel Cæsaris arma sequantur :
Dux Bruto Cato solus erit. Pacemne tueris,
Inconcussa tenens dubio vestigia mundo?
An placuit, ducibus scelerum, populique furentis
Cladibus immixtum, civile absolvere bellum?
Quemque suæ rapiunt scelerata in prælia causæ :
Hos polluta domus, legesque in pace timendæ,
Hos ferro fugienda fames, mundique ruinæ

monde bouleversé, nul n'obéit à la fureur, tous ont un intérêt qui les pousse. Vous seul aimerez-vous la guerre pour elle-même? Et que vous servira d'avoir été si longtemps incorruptible au milieu d'un monde corrompu? Est-ce là le prix de tant de constance? Les autres sont coupables avant la guerre, toi seul tu deviendras coupable par la guerre. Dieux! ne permettez pas que des armes parricides souillent ces mains pures, qu'un trait lancé par ces bras se mêle au nuage épais des dards, et qu'une si haute vertu coure un si grand hasard. Sur vous seul retomberait la honte de cette guerre. Et qui ne se vanterait de mourir de la main de Caton quoique frappé d'une autre main? Non, le calme est votre partage, comme il est le partage des astres : inébranlables dans leur cours, ils remplissent leur vaste carrière, tandis que les régions de l'air sont embrasées par la foudre. La terre est en butte au choc des tempêtes; l'Olympe repose au-dessus des nuages. Tel est l'ordre immuable de la nature. La discorde agite les petites choses; les grandes jouissent d'une profonde paix. Quelle joie pour César d'apprendre qu'un citoyen tel que vous aurait pris les armes! Rangez-vous du parti de son rival, peu lui importe : Caton se déclare assez

Permiscenda fides. Nullum furor egit in arma.
Castra petunt magna victi mercede. Tibi uni
Per se bella placent? Quid tot durasse per annos
Profuit immunem corrupti moribus ævi?
Hoc solum longæ pretium virtutis habebis?
Accipient alios, facient te bella nocentem.
Ne tantum, o superi, liceat feralibus armis,
Has etiam movisse manus : nec pila lacertis
Missa tuis cæca telorum in nube ferantur;
Nec tanta in casum virtus eat. Ingeret omnis
Se belli Fortuna tibi. Quis nolet ab isto
Ense mori, quamvis alieno vulnere labens,
Et scelus esse tuum? Melius tranquilla sine armis
Otia solus ages; sicut cœlestia semper
Inconcussa suo volvuntur sidera lapsu.
Fulminibus proprior terræ succenditur aer,
Imaque telluris ventos, tractusque coruscos
Flammarum accipiunt : nubes excedit Olympus
Lege deum. Minimas rerum discordia turbat;
Pacem summa tenent. Quam lætæ Cæsaris aures
Accipient tantum venisse in prælia civem!
Nam prælata suis numquam diversa dolebit
Castra ducis Magni. Nimium placet ipse, Catoni

pour lui, s'il se déclare pour la guerre civile. Déjà une partie du sénat, les patriciens, les consuls eux-mêmes demandent à servir sous Pompée. Qu'on voie Caton subir le même joug, il n'y a plus au monde que César qui soit libre. Ah! si c'est pour les lois, pour la patrie, pour la liberté que vous voulez combattre, voyez dans Brutus, non l'ennemi de César, non l'ennemi de Pompée, mais après la guerre, l'ennemi du vainqueur. » Il dit, et du sein de Caton comme du fond d'un sanctuaire se firent entendre ces paroles sacrées :

« Oui, Brutus, la guerre civile est le plus grand des crimes, mais ma vertu suit sans trembler la fatalité qui m'entraîne. Si les dieux me rendent coupable, ce sera le crime des dieux. Et qui peut voir, exempt de crainte, la ruine de l'univers? Quand l'inaccessible éther s'écroule, quand la terre chancelle, quand le monde se confond et s'affaisse, qui peut rester les bras croisés? Quoi! des nations inconnues s'engagent dans nos querelles; des rois nés sous d'autres étoiles, séparés de nous par de vastes mers, suivent l'aigle romaine aux combats, et seul je resterais oisif! Loin de moi, grands dieux, cette cruelle indifférence! Rome dont la chute ébranlerait le Dace et le Gète, Rome ne peut tomber sans m'écraser. Un père à qui la mort vient en-

Si bellum civile placet. Pars magna scnatus,
Et duce privato gesturus prælia consul
Sollicitant, proceresque alii : quibus adde Catonem
Sub juga Pompeii; toto jam liber in orbe
Solus Cæsar erit.
   « Quod si pro legibus arma
Ferre juvat patriis, libertatemque tueri :
Nunc neque Pompeii Brutum, neque Cæsaris hostem,
Post bellum victoris habes. » Sic fatur : at illi
Arcano sacras reddit Cato pectore voces :
« Summum, Brute, nefas civilia bella fatemur;
Sed quo fata trahunt, virtus secura sequetur :
Crimen erit superis et me fecisse nocentem.
Sidera quis mundumque velit spectare cadentem
Expers ipse metûs? quis, quum ruat arduus æther,
Terra labet, mixto coeuntis pondere mundi,
Compressas tenuisse manus? gentesne furorem
Hesperium ignotæ, romanaque signa sequentur,
Deductique fretis alio sub sidere reges?
Otia solus agam? procul hunc arcete furorem,
O superi, motura Dacas ut clade Getasque,
Securo me, Roma cadat. Ceu morte parentem

lever ses enfants les accompagne jusqu'à la sépulture, sa douleur même l'y engage; ses mains portent les noirs flambeaux qui vont embraser leur bûcher. Ainsi, Rome, je ne me détacherai de toi qu'après t'avoir embrassée mourante. Liberté! je suivrai ton nom et ton pâle fantôme. Soumettons-nous, les dieux inexorables demandent Rome entière en sacrifice; ne leur dérobons pas une seule goutte de sang. Ah! que ne puis-je offrir aux dieux du ciel et des enfers cette tête chargée de tous les crimes de ma patrie et condamnée à les expier! Décius se dévoua et périt au milieu d'une armée ennemie; que ces deux armées me percent de leurs traits; que les hordes barbares du Rhin épuisent sur moi leurs coups. J'irai, le sein découvert, au-devant de toutes les lances, et je recevrai seul tous les coups de la guerre : heureux si mon sang est la rançon du monde, si mon trépas suffit pour expier les crimes de la corruption romaine! Eh! pourquoi faire périr des peuples dociles au joug et disposés à fléchir sous un maître cruel? C'est moi seul qu'il faut perdre, moi qui m'obstine à défendre inutilement nos lois et notre liberté. Mon sang versé rendra la paix et le repos à l'Italie. Après moi, qui voudra régner n'aura pas besoin de recourir

Natorum orbatum, longum producere funus
Ad tumulum jubet ipse dolor; juvat ignibus atris
Inseruisse manus, constructoque aggere busti
Ipsum atras tenuisse faces : non ante revellar,
Exanimem quam te complectar, Roma; tuumque
Nomen, Libertas, et inanem prosequar umbram.
Sic eat : immites romana piacula divi
Plena ferant : nullo fraudemus sanguine bellum.
O utinam, cœlique deis Erebique liberet
Hoc caput in cunctas damnatum exponere pœnas!
Devotum hostiles Decium pressere catervæ :
Me geminæ figant acies, me barbara telis
Rheni turba petat : cunctis ego pervius hastis
Excipiam medius totius vulnera belli.
Hic redimat sanguis populos : hac cæde luatur,
Quidquid romani meruerunt pendere mores.
Ad juga cur faciles populi, cur sæva volentes
Regna pati pereunt? Me solum invadite ferro,
Me frustra leges et inania jura tuentem :
Hic dabit, hic pacem jugulus, finemque laborum
Gentibus hesperiis : post me regnare volenti
Non opus est bello.

aux armes. Allons, suivons le parti que Rome autorise. Si la fortune seconde Pompée, il n'est pas sûr qu'il en abuse pour usurper l'empire du monde. Combattons sous lui, peut-être n'osera-t-il s'attribuer à lui seul les fruits de la victoire. »

Telle fut la réponse de Caton, et l'âme du jeune Brutus embrasée d'un feu nouveau, ne respira plus que la guerre civile.

Alors, comme le soleil chassait les froides ténèbres, on entendit frapper à la porte : c'était la pieuse Marcia qui venait de rendre à Hortensius, son époux, les devoirs de la sépulture. Vierge, elle fut jadis unie à un plus noble époux ; mais bientôt Caton, après avoir eu d'elle trois gages d'un saint hyménée, l'avait cédée à son ami, afin qu'elle portât dans une maison nouvelle les fruits de sa fécondité, et que son sang maternel fût le lien de deux familles. Mais à peine l'urne funèbre a-t-elle recueilli les cendres d'Hortensius, qu'elle revient, la pâleur sur le visage, les joues déchirées, les cheveux épars, le sein meurtri, la tête couverte de la poussière du tombeau. Elle eût vainement employé d'autres charmes pour plaire à Caton. Dans sa douleur elle lui parle en ces mots :

« Tant que mon âge et mes forces m'ont permis d'être mère, ô Caton, j'ai fait ce que vous avez voulu : j'ai subi la loi d'un

« Quin publica signa, ducemque
Pompeium sequimur? nec, si fortuna favebit,
Hunc quoque totius sibi jus promittere mundi
Non bene compertum est : ideo me milite vincat,
Ne sibi se vicisse putet. »
     Sic fatur; et acres
Irarum movit stimulos; juvenisque calorem
Excitat in nimios belli civilis amores.
Interea, Phœbo gelidas pellente tenebras,
Pulsatæ sonuere fores : quas sancta relicto
Hortensi mœrens irrupit Marcia busto;
Quondam virgo toris melioris juncta mariti :
Mox ubi connubii pretium mercesque soluta est
Tertia jam soboles, alios fecunda penates
Impletura datur, geminas e sanguine matris
Permixtura domos. Sed postquam condidit urna
Supremos cineres, miserando concita vultu,
Effusas laniata comas, concussaque pectus
Verberibus crebris, cineremque ingesta sepulcri,
Non aliter placitura viro, sic mœsta profatur :
« Dum sanguis inerat, dum vis materna, peregi
Jussa, Cato, et geminos excepi feta maritos.

double hyménée. A présent que mes entrailles épuisées ne sauraient plus enfanter, je reviens à vous, dans l'espoir de n'être plus livrée à personne. Rendez-moi les chastes nœuds de mon premier hymen, rendez-moi le nom, le seul nom de votre épouse ; qu'on puisse écrire sur mon tombeau : *Marcia, femme de Caton* ; et que l'avenir n'ait pas lieu de douter si vous m'aviez cédée ou bannie. Ce n'est point à vos prospérités que je viens m'associer ; c'est de vos peines, de vos travaux que je veux être la compagne. Laissez-moi vous suivre dans les camps. Eh ! pourquoi resterais-je en sûreté au sein de la paix ? Pourquoi Cornélie verrait-elle de plus près que moi la guerre civile ? »

Ces paroles fléchirent Caton, et quoique le moment fût peu favorable aux fêtes nuptiales, il consentit à renouer des nœuds sacrés ; mais à la face du ciel et sans l'appareil d'une pompe vaine.

Le vestibule de sa maison n'est point couronné de guirlandes ; la blanche bandelette ne retombe pas sur les portes ; on n'allume pas les flambeaux de l'hymen ; le lit nuptial n'est point élevé sur des marches d'ivoire ; une trame d'or ne brille pas dans les étoffes dont il est couvert. La matrone qui ceint d'une couronne de tours le front de l'épouse, n'empêche pas Marcia de franchir sans y toucher le seuil de la porte. Sa tête n'est

    Visceribus lassis, partuque exhausta, revertor
Jam nulli tradenda viro ; da fœdera prisci
Illibata tori : da tantum nomen inane
Connubii : liceat tumulo scripsisse, Catonis
Marcia : nec dubium longo quæratur in ævo,
Mutarim primas expulsa, an tradita, tædas.
Non me lætorum comitem, rebusque secundis
Accipis : in curas venio, partemque laborum.
Da mihi castra sequi : cur tuta in pace relinquar,
Et sit civili propior Cornelia bello ? »
Hæ flexere virum voces ; et tempora quamquam
Sunt aliena toris, jam fato in bella vocante,
Fœdera sola tamen, vanaque carentia pompa
Jura placent, sacrisque deos admittere testes.
Festa coronato non pendent limine serta,
Infulaque in geminos discurrit candida postes,
Legitimæque faces, gradibusque adclinis eburnis
Stat torus, et picto vestes discriminat auro ;
Turritaque premens frontem matrona corona,
Translata vetuit contingere limina planta.

point ornée de ce tissu de pourpre qui tombe sur les yeux timides d'une jeune vierge dévouée à l'hymen et qui sert de voile à la timide pudeur. Une ceinture ne retient pas les plis de son manteau orné de pierreries; un simple collier pare son cou. Une étroite tunique est attachée à ses épaules et presse ses bras nus. Telle qu'elle est et sans déposer le deuil lugubre qui la couvre, elle embrasse son époux comme elle embrasserait ses enfants. Les jeux profanes, la folle ivresse ne sont point appelés à ce grave hyménée; les parents mêmes n'y sont point conviés. Marcia et Caton s'unissent dans le silence et sous l'auspice de Brutus.

Caton, dès le premier signal de la guerre, avait laissé croître sa barbe hérissée, et ses cheveux blancs ombrageaient son front. Ce front sévère n'admit point la joie; Caton ne daigna pas même écarter ses longs cheveux de son visage austère et vénérable. Également insensible à l'amour et à la haine, tout occupé à gémir sur les malheurs de l'humanité, il s'interdit le lit nuptial, et la sévérité de sa vertu résista même aux plaisirs légitimes.

Telles furent les mœurs de Caton, telle fut sa secte rigide : se borner, suivre les lois de la nature; vivre et mourir pour son

Non timidum nuptæ leviter tectura pudorem
Lutea demissos velarunt flammea vultus :
Balteus haud fluxos gemmis adstrinxit amictus,
Colla monile decens, humerisque hærentia primis
Suppara nudatos cingunt angusta lacertos.
Sicut erat, mæsti servans lugubria cultus,
Quoque modo natos, hoc est amplexa maritum.
Obsita funerea celatur purpura lana :
Non soliti lusere sales; nec more sabino
Excepit tristis convicia festa maritus.
Pignora nulla domus, nulli coiere propinqui :
Junguntur taciti, contentique auspice Bruto.
Ille nec horrificam sancto dimovit ab ore
Cæsariem, duroque admisit gaudia vultu :
Ut primum tolli feralia viderat arma,
Intonsos rigidam in frontem descendere canos
Passus erat, mœstamque genis increscere barbam.
Uni quippe vacat studiis odiisque carenti,
Humanum lugere genus. Nec fœdera prisci
Sunt tentata tori; justo quoque robur amori
Restitit. Hi mores, hæc duri immota Catonis
Secta fuit, servare modum, finemque tenere,
Naturamque sequi, patriæque impendere vitam;

pays ; se croire fait, non pour soi-même, mais pour le monde entier ; n'avoir, au lieu de festins, que l'aliment nécessaire à la vie ; au lieu de palais, qu'un abri contre les hivers ; au lieu de riches vêtements, que l'étoffe grossière dont se couvre le peuple ; borner l'usage de l'amour au soin de perpétuer son espèce ; n'être époux et père que pour le bien de sa patrie ; se faire un culte de la justice ; de l'honnêteté une inflexible loi ; du bien général un intérêt unique, tel fut cet homme ; et dans tout le cours de sa vie jamais la volupté, idole d'elle-même, ne surprit un seul mouvement de son âme, n'eut part dans aucune de ses actions.

Cependant Pompée à la tête d'une multitude tremblante avait gagné les murs de Capoue, fondée par un colon dardanien. Il y établit le siége de la guerre, et pour s'opposer aux entreprises de César, il envoya des corps détachés vers ces collines ombragées d'où l'Apennin s'élève et où la terre se gonfle et monte le plus près de l'Olympe.

Ses flancs s'étendent et se resserrent entre les deux mers. D'un côté, Pise, qui voit se briser sur ses rives la mer Tyrrhénienne ; de l'autre, Ancône, battue par les flots dalmatiques. Dans ses vastes sources, la montagne recèle d'immenses fleuves qu'elle répand pour diviser la double mer.

Nec sibi, sed toti genitum se credere mundo.
Huic epulæ, vicisse famem ; magnique penates,
Submovisse hiemem tecto ; pretiosaque vestis,
Hirtam membra super, Romani more Quiritis,
Induxisse togam : Venerisque huic maximus usus,
Progenies ; Urbi pater est, Urbique maritus :
Justitiæ cultor ; rigidi servator honesti ;
In commune bonus ; nullosque Catonis in actus
Subrepsit partemque tulit sibi nata voluptas.
Interea trepido discedens agmine Magnus,
Mœnia dardanii tenuit campana coloni.
Hæc placuit belli sedes ; hinc summa moventis
Hostis in occursum sparsas extendere partes,
Umbrosis mediam qua collibus Apenninus
Erigit Italiam, nulloque a vertice tellus
Altius intumuit, propiusque accessit Olympo.
Mons inter geminas medius se porrigit undas
Inferni superique maris, collesque coercent
Hinc tyrrhena vado frangentes æquora Pisæ,
Illinc dalmaticis obnoxia fluctibus Ancon.
Fontibus hic vastis immensos concipit amnes,
Fluminaque in gemini sparsit divortia ponti.

D'un côté se précipite le Métaure fugitif et l'impétueux Crustume, le Senna et le Sapis que l'Isaure enfle de ses eaux, et l'Aufidus dont la rapidité fend les ondes adriatiques ; et l'Éridan, celui de tous les fleuves dont la source est la plus profonde, l'Éridan qui roule au sein des mers les forêts brisées sur son passage, l'Éridan qui semble épuiser toutes les eaux de l'Italie. L'Éridan fut le premier des fleuves, dit la fable, dont le peuplier couronna les bords. Ce fut dans son sein que tomba Phaéton, lorsque ayant pris en main les rênes brûlantes des coursiers du dieu du jour, il s'écarta de la route prescrite. La terre était embrasée jusque dans ses entrailles, tous les fleuves étaient desséchés ; l'Éridan lui seul fut capable d'éteindre les flammes du char du soleil. Ce fleuve égalerait le Nil, si, comme le Nil, il pouvait s'étendre et se reposer sur de vastes plaines ; il égalerait le Danube, si le Danube, en parcourant le monde, ne se grossissait des torrents qu'il rencontre et qu'il entraîne avec lui dans l'Euxin.

Les eaux qui coulent sur la pente opposée forment le Tibre et le Rutube escarpé ; puis coulent le Vulturne rapide, et le Sarne nébuleux, et le Liris qui coule à l'ombre des forêts de Marice, et le Siler qui arrose les fertiles champs de Salerne,

In lævum cecidere latus, veloxque Metaurus,
Crustumiumque rapax, et junctus Sapis Isauro,
Sennaque, et hadriacas qui verberat Aufidus undas :
Quoque magis nullum tellus se solvit in amnem,
Eridanus fractasque evolvit in æquora silvas,
Hesperiamque exhaurit aquis. Hunc fabula primum
Populea fluvium ripas umbrasse corona :
Quumque diem pronum transverso limite ducens,
Succendit Phaethon flagrantibus æthera loris,
Gurgitibus raptis penitus tellure perusta,
Hunc habuisse pares Phœbeis ignibus undas.
Non minor hic Nilo, si non per plana jacentis
Ægypti libycas Nilus stagnaret arenas.
Non minor hic Histro, nisi quod, dum permeat orbem
Hister, casuros in quælibet æquora fontes
Accipit, et scythicas exit non solus in undas.
Dexteriora petens montis declivia Tibrim
Unda facit, Rutubamque cavum. Delabitur inde
Vulturnusque celer, nocturnæque editor auræ
Sarnus, et umbrosæ Liris per regna Maricæ
Vestinis impulsus aquis, radensque Salerni

et le Macre qui roule sur des écueils jusqu'au port de Luna, voisin de sa source, sans pouvoir porter une barque légère.

Où se dresse le plus haut dans l'air la croupe de l'Apennin, le mont voit à ses pieds la Gaule et touche le versant des Alpes. Fécond pour le Marse et l'Ombrien, sillonné par la charrue sabellienne, il embrasse de ses roches couvertes de pins tous les peuples indigènes du Latium et ne quitte l'Hespérie que lorsqu'il s'est fermé aux ondes de Sylla, et qu'il a étendu ses rocs jusqu'au temple de Junon Lacinienne. Il allait au delà, mais l'Océan, pesant sur lui, l'a rompu. Les flots ont repoussé la terre. Un détroit s'est formé dans la terre profonde. Pélore, dernière colline de cette chaîne, est restée en Sicile.

César qui respire la guerre et qui ne se plaît à marcher que par des chemins arrosés de sang, gémit de trouver l'Italie ouverte. Il se flattait que Pompée lui disputerait le passage et que des débris marqueraient ses pas. On lui ouvre les portes, il voudrait les rompre; le laboureur tremblant lui laisse envahir ses campagnes; c'est par le fer, c'est par la flamme qu'il eût voulu les ravager. Il rougit de suivre une route permise et de paraître encore citoyen.

Les villes d'Italie incertaines et partagées entre la crainte et

Culta Siler, nullasque vado qui Macra moratus
Alnos, vicinœ procurrit in æquora Lunæ.
Longior educto qua surgit in aera dorso,
Gallica rura videt, devexasque excipit Alpes.
Tunc Umbris Marsisque ferax, domitusque sabello
Vomere, piniferis amplexus rupibus omnes
Indigenas Latii populos, non deserit ante
Hesperiam, quam quum Scyllæis clauditur undis,
Extenditque suas in templa Lacinia rupes,
Longior Italia, donec confinia pontus
Solveret incumbens, terrasque repelleret æquor.
At postquam gemino tellus elisa profundo est,
Extremi colles siculo cessere Peloro.
Cæsar in arma furens, nullas, nisi sanguine fuso,
Gaudet habere vias, quod non terat hoste vacantes
Hesperiæ fines, vacuosque irrumpat in agros,
Atque ipsum non perdat iter, consertaque bellis
Bella gerat. Non tam portas intrare patentes,
Quam fregisse, juvat; nec tam patiente colono
Arva premi, quam si ferro populetur et igni.
Concessa pudet ire via, civemque videri.
Tunc urbes Latii dubiæ, varioque favore

le devoir, n'attendent pour se livrer à lui que les approches de la guerre; cependant on élève d'épais remparts, on creuse des fossés, on prépare sur le haut des tours de lourdes masses de rochers et des machines à lancer les traits pour accabler les assiégeants. Le peuple penche du côté de Pompée, et la fidélité balance l'effroi.

Ainsi lorsque le bruyant Auster s'est emparé de l'Océan, toutes les vagues lui obéissent. Si la terre alors, entr'ouverte d'un second coup du trident d'Éole, lance l'Eurus sur les flots agités, quoique poussés par un vent nouveau, c'est au premier qu'ils cèdent encore; et tandis que l'Eurus domine au ciel et commande aux nuages, le seul Auster règne sur les eaux.

Mais il était facile à la Terreur de changer les esprits, et leur fidélité était flottante comme la fortune. Bientôt la fuite de Libon laissa l'Étrurie sans défense. Thermus abandonna l'Ombrie. Sylla qui n'eut dans les guerres civiles ni le courage, ni le bonheur de son père, prit la fuite au nom de César; à peine quelques escadrons menacent les murs d'Auximon, Varus en sort épouvanté, jette l'alarme dans les villes voisines et s'échappe à travers les forêts. Lentulus chassé d'Asculum et

Ancipites, quanquam primo terrore ruentis
Cessuræ belli; denso tamen aggere firmant
Mœnia, et abrupto circumdant undique vallo;
Saxorumque orbes, et quæ super eminus hostem
Tela petant, altis murorum turribus aptant.
Pronior in Magnum populus, pugnatque minaci
Cum terrore fides.
    Ut quum mare possidet Auster
Flatibus horrisonis, hunc æquora tota sequuntur :
Si rursus tellus, pulsu laxata tridentis
Æolii, tumidis immittat fluctibus Eurum,
Quamvis icta novo, ventum tenuere priorem
Æquora, nubiferoque polus quum cesserit Euro,
Vindicat unda Notum.
    Facilis sed vertere mentes
Terror erat, dubiamque fidem fortuna ferebat.
Gens Etrusca fuga trepidi nudata Libonis,
Jusque sui pulso jam perdidit Umbria Thermo.
Nec gerit auspiciis civilia bella paternis,
Cæsaris audito conversus nomine, Sulla.
Varus, ut admotæ pulsarunt Auximon alæ,
Per diversa ruens neglecto mœnia tergo,
Qua silvæ, qua saxa, fugit. Depellitur arce

suivi de près dans sa fuite, voit ses cohortes dispersées le laisser seul avec ses drapeaux et se tourner du côté du vainqueur. Toi-même, Scipion, tu vas bientôt livrer les murs de Lucère confiés à tes soins, ces murs défendus par la plus vaillante jeunesse. Enlevée à César dans le temps où l'on redoutait les Parthes, elle vint réparer dans le camp de Pompée ses pertes dans les Gaules. En attendant l'heure de nouveaux combats, il avait donné à son beau-père le droit de faire couler ce sang romain. Corfinium et sa haute enceinte de murs t'occupent, belliqueux Domitius, à tes clairons obéissent les recrues opposées autrefois au condamné Milon. Domitius voyant à travers un nuage de poussière les rayons du soleil réfléchis sur les armures : « A moi, compagnons ! s'écria-t-il, courez au fleuve, coupez le pont. Dieux ! faites que ce torrent lui-même enfle ses eaux pour le briser ; que ce soit ici le terme de la guerre ; qu'ici du moins l'ardeur de l'ennemi se ralentisse et se consume en longs efforts. Retardons ses progrès rapides, ce sera pour nous une victoire que d'avoir les premiers arrêté César. » Il n'en dit pas davantage, et les cohortes à sa voix accourent au fleuve : il n'est plus

   Lentulus Ausculea. Victor cedentibus instat,
   Divertitque acies : solusque ex agmine tanto
   Dux fugit, et nullas ducentia signa cohortes.
   Tu quoque nudatam commissæ deseris arcem,
   Scipio, Luceriæ; quamquam firmissima pubes
   His sedeat castris, jampridem Cæsaris armis
   Parthorum subducta metu : qua gallica damna
   Supplevit Magnus, dumque ipse ad bella vocaret,
   Donavit socero romani sanguinis usum.
   At te Corfini validis circumdata muris
   Tecta tenent, pugnax Domiti; tua classica servat
   Oppositus quondam polluto tiro Miloni.
   Ut procul immensam campo consurgere nubem,
   Ardentesque acies percussis sole corusco
   Conspexit telis : « Socii, decurrite, dixit,
   Fluminis ad ripas, undæque immergite pontem.
   Et tu montanis totus nunc fontibus exi,
   Atque omnes trahe, gurges, aquas, ut spumeus alnos
   Discussa compage feras. Hoc limite bellum
   Hæreat; hac hostis lentus terat otia ripa.
   Præcipitem cohibete ducem : victoria nobis
   Hic primum stans Cæsar erit. »
          Nec plura loquutus,
   Devolvit rapidum nequidquam mœnibus agmen.

temps. César qui s'avance et qui voit de loin qu'on veut lui couper le passage, s'écrie, enflammé de colère : « Hé quoi ! lâches, ce n'est pas assez des murs ténébreux qui vous couvrent, si des fleuves ne nous séparent. Le Gange même, le Gange débordé serait une faible barrière. César a passé le Rubicon ; il n'est plus de fleuve qui l'arrête. Marchez ! que la cavalerie s'élance ! que l'infanterie se précipite sur ce pont qui va s'écrouler ! » A peine il a donné l'ordre, on lâche la bride aux légers coursiers, la plaine fuit sous leurs pas rapides; les bras nerveux des archers font voler au delà du fleuve une grêle de dards. Le pont est abandonné ; César s'en empare et chasse l'ennemi jusque dans ses murs. Il fait construire des machines assez fortes pour lancer d'énormes fardeaux, et des toits sous lesquels ses soldats soient à couvert au pied des murailles. Mais, ô crime ! ô trahison ! les portes s'ouvrent, et les soldats de Domitius le traînent captif aux pieds de César, aux pieds d'un citoyen superbe. Domitius, loin de laisser abattre par le malheur la noble fierté de son âme, présente à la mort un front menaçant. César sait bien qu'il la désire et qu'il ne craint que le pardon. « Vis malgré toi, lui dit-il, et vois le jour que César te laisse. Sois pour les vaincus

Nam prior e campis ut conspicit amne soluto
Rumpi Cæsar iter, calida prælatus ab ira :
« Non satis est muris latebras quæsisse pavori ?
Obstruitis campos, fluviis arcere paratis,
Ignavi ? non, si tumido me gurgite Ganges
Submoveat, stabit jam flumine Cæsar in ullo,
Post Rubiconis aquas. Equitum properate catervæ :
Ite simul, pedites : ruiturum adscendite pontem. »
Hæc ubi dicta, levis totas accepit habenas
In campum sonipes : crebroque simillima nimbo
Trans ripam validi torserunt tela lacerti.
Ingreditur pulsa fluvium statione vacantem
Cæsar. Et ad tutas hostis compellitur arces.
Et jam moturas ingentia pondera turres
Erigit, et mediis subrepsit vinea muris.
Ecce, nefas belli ! reseratis agmina portis
Captivum traxere ducem, civisque superbi
Constitit ante pedes. Vultu tamen alta minaci
Nobilitas recta ferrum cervice poposcit.
Scit Cæsar pœnamque peti, veniamque timeri.
« Vive, licet nolis, et nostro munere, dixit,
Cerne diem : victis jam spes bona partibus esto,

l'exemple et le gage de ma clémence. Tu es libre, tu peux tenter de nouveau contre moi le sort des armes, et s'il me livre jamais en tes mains, je te dispense du retour. » A ces mots il ordonne que ses liens soient rompus.

Quelle honte la fortune eût épargnée à ce Romain, s'il eût obtenu le trépas! Le dernier supplice pour un citoyen fut de s'entendre pardonner d'avoir suivi Pompée et le sénat sous les drapeaux de la patrie.

Domitius dissimule et renferme sa rage, mais en lui-même : « Malheureux! dit-il, irai-je cacher ma honte au sein de Rome, à l'ombre de la paix? Fuirai-je les dangers de la guerre, moi qui rougis de voir le jour? Précipitons-nous à travers mille morts! courons au terme d'une vie odieuse! échappons au bienfait de César! »

Ignorant le malheur de son lieutenant, Pompée se préparait à le soutenir. Résolu de marcher le jour suivant, il crut devoir éprouver le zèle de ses troupes, et d'une voix qui imprimait le respect : « Vengeurs des forfaits, leur dit-il, défenseurs de la bonne cause, seule armée de vrais Romains, vous à qui le sénat a donné à soutenir, non l'ambition d'un homme, mais la liberté de tous, faites des vœux pour le com-

---

Exemplumque mei : vel, si libet, arma retenta,
Et nihil hac venia, si viceris ipse, paciscor. »
Fatur; et adstrictis laxari vincula palmis
Imperat.
  Heu quanto melius, vel cæde peracta
Parcere romano potuit fortuna pudori!
Pœnarum extremum civi, quod castra sequutus
Sit patriæ, Magnumque ducem, totumque senatum,
Ignosci.
  Premit ille graves interritus iras;
Et secum : « Romamne petes pacisque recessus,
Degener? in medios belli non ire furores
Jamdudum moriture paras? Rue certus, et omnes
Lucis rumpe moras, et Cæsaris effuge munus. »
Nescius interea capti ducis arma parabat
Magnus, ut admixto firmaret robore partes.
Jamque sequuturo jussurus classica Phœbo,
Tentandasque ratus moturi militis iras,
Adloquitur tacitas veneranda voce cohortes :
« O scelerum ultores, melioraque signa sequuti,
O vere romana manus, quibus arma senatus
Non privata dedit, votis deposcite pugnam.

bat. Le fer et le feu ravagent l'Hespérie ; les Gaulois descendent furieux du sommet des Alpes ; le sang romain a déjà souillé le glaive impie de César. Grâces aux dieux, c'est nous qui avons reçu les premiers outrages de la guerre ; c'est sur l'agresseur que le crime en retombe ; et Rome qui me confie ses droits nous en demande le châtiment. Ce n'est point un juste ennemi que nous allons combattre, c'est un citoyen rebelle que nous allons punir ; et son attentat mérite aussi peu le nom de guerre, que le complot de Catilina, lorsque, avec Lentulus et Céthégus ses complices, il résolut d'embraser Rome. O César! quelle rage t'aveugle! toi, que les destins appelaient au rang des Métellus et des Camille, tu préfères grossir le nombre des Marius et des Cinna? Viens donc périr comme Lépide a péri sous les coups de Catulus! comme Carbon, qui subit la hache du licteur et qu'ensevelit un tombeau sicilien ; comme Sertorius, qui, exilé, souleva le farouche Espagnol! Mais je rougis de t'associer même à ces noms. Je rougis que Rome occupe mes mains à terrasser un furieux. Que n'est-il revenu vainqueur des Parthes, ce Crassus qui nous délivra de Spartacus : tu périrais sous ses armes. Mais puisque les dieux

Ardent hesperii sævis populatibus agri :
Gallica per gelidas rabies effunditur Alpes :
Jam tetigit sanguis pollutos Cæsaris enses.
Di melius ! belli tulimus quod damna priores ;
Cœperit inde nefas.
 « Jamjam me præside Roma
Supplicium pœnamque petat. Neque enim ista vocari
Prælia justa decet, patriæ sed vindicis iram.
Nec magis hoc bellum est, quam quum Catilina paravit
Arsuras in tecta faces, sociusque furoris
Lentulus, exsertique manus vesana Cethegi.
O rabies miseranda ducis! quum fata Camillis
Te, Cæsar, magnisque velint miscere Metellis,
Ad Cinnas Mariosque venis.
 « Sternere profecto,
Ut Catulo jacuit Lepidus, nostrasque secures
Passus, sicanio tegitur qui Carbo sepulcro,
Quique feros movit Sertorius exsul Iberos.
Quamquam, si qua fides, his te quoque jungere, Cæsar
Invideo, nostrasque manus quod Romà furenti
Opposuit. Parthorum utinam post prælia sospes,
Et scythicis Crassus victor remeasset ab oris,
Ut simili causa caderes, qua Spartacus, hostis.

veulent que ta défaite s'ajoute à mes autres trophées, tu vas éprouver si les ans ont énervé mon bras ou glacé le sang dans mes veines; si, pour avoir souffert la paix, nous sommes effrayés de la guerre. Laissez, laissez dire à César que Pompée est amolli par le repos; l'âge n'a rien d'effrayant dans un capitaine; consolez-vous de marcher sous un vieux chef, contre de vieux soldats. Je suis monté au plus haut point de grandeur auquel un citoyen puisse être élevé par un peuple libre. Au-dessus de moi, je n'ai laissé que la place d'un tyran; celui qui dans l'État veut me surpasser n'aspire plus au rang de citoyen. Voici les deux consuls, voici toute une armée de généraux : César triomphera-t-il du sénat? La Fortune, tout aveugle qu'elle soit, aurait honte de balancer. Et de quoi s'enorgueillit cet audacieux? Est-ce d'avoir employé dix ans à conquérir la Gaule? Est-ce d'avoir abandonné honteusement les bords du Rhin? Est-ce d'avoir été chassé du rivage britannique et d'avoir attribué son mauvais succès aux obstacles d'une mer inconstante et pleine d'écueils? Son audace triomphe-t-elle de voir Rome entière sous les armes s'éloigner du sein de ses dieux? Insensé! on ne te fuit pas, on me suit! on me suit, moi qui dans

Te quoque si superi titulis accedere nostris
Jusserunt, valet in torquendo dextera pilo :
Fervidus hæc iterum circa præcordia sanguis
Incaluit; disces non esse ad bella fugaces,
Qui pacem potuere pati. Licet ille solutum
Defectumque vocet, ne vos mea terreat ætas.
Dux sit in his castris senior, dum miles in illis.
Quo potuit civem populus producere liber,
Adscendi, supraque nihil, nisi regna, reliqui.
Non privata cupit, romana quisquis in urbe
Pompeium transire parat.
                        « Hinc consul uterque,
Hinc acies statura ducum. Cæsarne senatus
Victor erit? non tam cæco trahis omnia cursu,
Teque nihil, Fortuna, pudet! Multisne rebellis
Gallia jam lustris, ætasque impensa labori
Dant animos? Rheni gelidis quod fugit ab undis,
Oceanumque vocans incerti stagna profundi,
Territa quæsitis ostendit terga Britannis?
An vanæ tumuere minæ, quod fama furoris
Expulit armatam patriis e sedibus urbem?
Heu demens! non te fugiunt, me cuncta sequuntur :

deux mois ai purgé la mer des pirates; moi qui, plus heureux que Sylla, ai vu ce Mithridate, qu'on ne pouvait dompter, et qui retardait les destins de Rome, errant dans les déserts du Bosphore et de la Scythie, et réduit à se donner la mort. Le monde entier est plein de moi. Toutes les contrées que le soleil éclaire sont remplies de mes trophées. Le Nord m'a vu triompher sur les rives glacées du Phase; je connais les cieux brûlants de l'Égypte et Syène, où nul objet ne projette son ombre; l'Occident redoute ma puissance; je fais trembler ce fleuve, le plus reculé de tous, l'Hespérien Bétis qui frappe de ses flots la mer fugitive. Tout me connaît : et l'Arabe vaincu, et l'Héniochien belliqueux, et la Colchide, fameuse par sa toison ravie; mes drapeaux font trembler la Cappadoce, le Juif adorateur d'un Dieu mystérieux, et la molle Sophène. Arméniens, Ciliciens farouches, habitants du Taurus, j'ai tout dompté. Que te reste-t-il, César? la guerre civile! »

Cette harangue ne fut point suivie de l'acclamation des cohortes : elles ne demandèrent point le signal du combat qu'on leur promettait. Pompée lui-même intimidé par ce silence, crut devoir s'éloigner plutôt que de courir les risques d'un combat

Qui quum signa tuli toto fulgentia ponto,
Ante bis exactum quam Cynthia conderet orbem,
Omne fretum metuens pelagi pirata reliquit,
Angustaque domum terrarum in sede poposcit.
Idem ego per scythici profugum divortia Ponti
Indomitum regem, romanaque fata morantem,
Ad mortem, Sulla felicior, ire coegi.
Pars mundi mihi nulla vacat : sed tota tenetur
Terra meis, quocumque jacet sub sole, tropæis.
Hinc me victorem gelidas ad Phasidos undas
Arctos habet : calida medius mihi cognitus axis
Ægypto, atque umbras nusquam flectente Syene.
Occasus mea jura timet, Tethynque fugacem
Qui ferit, Hesperius post omnia flumina Bætis.
Me domitus cognovit Arabs, me Marte feroces
Heniochi, notique erepto vellere Colchi.
Cappadoces mea signa timent; et dedita sacris
Incerti Judæa Dei, mollisque Sophene.
Armenios, Cilicasque feros, Taurosque subegi.
Quod socero bellum, præter civile, reliqui ? »
Verba ducis nullo partes clamore sequuntur,
Nec matura petunt promissæ classica pugnæ.
Sensit et ipse metum Magnus, placuitque referri

avec une armée déjà vaincue au seul bruit du nom de César.

Tel qu'un taureau chassé du troupeau à la première rencontre va se cacher au fond des forêts, exilé dans les champs déserts, il essaye ses cornes contre les troncs des arbres, et ne revient au pâturage que lorsque son front s'est armé et que ses muscles ont grossi. Vainqueur alors, c'est à son tour de conduire à sa suite les troupeaux, en dépit du berger : tel Pompée, inférieur à César, lui abandonne l'Italie et se retire à travers les campagnes de la Pouille dans les murs de Brindes.

Cette ville fut jadis habitée par des Crétois, que les vaisseaux athéniens déposèrent sur nos bords, quand leurs voiles menteuses annoncèrent la défaite de Thésée. Elle est située vers la pointe de l'Italie, au bord de la mer Adriatique, sur une langue de terre qui s'avance et se courbe en croissant, comme pour embrasser les flots. Ce serait un port mal assuré, s'il n'était couvert par une île dont les rochers brisent l'effort des tempêtes. Des deux côtés du port, la nature a élevé deux chaînes de montagnes qui repoussent la mer, et qui défendent aux vents orageux de troubler l'asile des vaisseaux, que des câbles tremblants y retiennent à l'ancre. De là on gagne libre-

Signa, nec in tantæ discrimina mittere pugnæ
Jam victum fama non visi Cæsaris agmen.
Pulsus ut armentis primo certamine taurus
Silvarum secreta petit, vacuosque per agros
Exsul in adversis explorat cornua truncis;
Nec redit in pastus, nisi quum cervice repleta
Excussi placuere tori ; mox reddita victor
Quoslibet in saltus comitantibus agmina tauris
Invito pastore trahit : sic viribus impar
Tradidit Hesperiam, profugusque per appula rura
Brundisii tutas concedit Magnus in arces.
Urbs est dictæis olim possessa colonis,
Quos Creta profugos vexere per æquora puppes
Cecropiæ, victum mentitis Thesea velis.
Hanc latus angustum jam se cogentis in arcum
Hesperiæ, tenuem producit in æquora linguam,
Hadriacas flexis claudit quæ cornibus undas.
Nec tamen hoc arctis immissum faucibus æquor
Portus erat, si non violentos insula Coros
Exciperet saxis, lassasque refunderet undas.
Hinc illinc montes scopulosæ rupis aperto
Opposuit natura mari, flatusque removit,
Ut tremulo starent contentæ fune carinæ.

ment la pleine mer, soit qu'on fasse voile vers l'île de Corcyre, soit que du côté de l'Illyrie on veuille arriver au port d'Épidaure, tourné vers les flots ioniens. C'est le refuge des nochers, lorsque tous les flots de la mer Adriatique sont soulevés, que les nuages enveloppent les montagnes de l'Épire et que l'île calabraise de Sason disparaît sous les vagues écumantes. Là, Pompée qui ne pouvait plus compter sur l'Italie ni transporter la guerre chez le sauvage Espagnol dont il était séparé par la chaîne immense des Alpes, dit à l'aîné de ses enfants : « Va, mon fils, parcours le monde, soulève le Nil et l'Euphrate, arme tous les peuples à qui le nom de Pompée est connu, toutes les villes où mes exploits ont rendu Rome recommandable : que les pirates de Cilicie abandonnent les champs que je leur ai donnés et se répandent sur les mers. Appelle à mon secours Ptolémée, dont je suis l'appui, et Tigrane qui me doit sa couronne, et Pharnace; n'oublie ni les habitants vagabonds de l'une et de l'autre Arménie, ni les nations féroces qui occupent les bords de l'Euxin, ni celles qui couvrent les sommets du Riphée, ni celles dont les chariots voyagent sur les glaces du Palus Méotide. Allume la guerre dans tout l'Orient, que tout ce que j'ai vaincu sur la terre embrasse ma défense et que mes

Hinc late patet omne fretum, seu vela ferantur
In portus, Corcyra, tuos, seu læva petatur
Illyris ionias vergens Epidamnus in undas.
Huc fuga nautarum, quum totas Hadria vires
Movit, et in nubes abiere Ceraunia, quumque
Spumoso Calaber perfunditur æquore Sason.
Ergo ubi nulla fides rebus post terga relictis,
Nec licet ad duros Martem convertere Iberos,
Quum mediæ jaceant immensis tractibus Alpes :
Tunc sobole e tanta natum, cui firmior ætas,
Affatur : « Mundi jubeo tentare recessus.
Euphratem, Nilumque move, quo nominis usque
Nostri fama venit, quas est vulgata per urbes
Post me Roma ducem; sparsos per rura colonos
Redde mari Cilicas : Pharios hinc concute reges,
Tigranenque meum. Nec Pharnacis arma relinquas,
Admoneo, nec tu populos utraque vagantes
Armenia, Pontique feras per litora gentes,
Rhipæasque manus, et quas tenet æquore denso
Pigra palus, scythici patiens Mæotica plaustri.
Sed quid plura moror? totos mea, nate, per ortus
Bella feres, totoque urbes agitabis in orbe

triomphes viennent grossir mon camp. Vous, consuls, qui signez de vos noms les fastes romains, au premier souffle de Borée, passez en Épire: allez ramasser de nouvelles forces dans les champs de la Grèce et de la Macédoine, tandis que l'hiver nous laisse respirer. » Il commande, tous lui obéissent et détachent les vaisseaux profonds.

Cependant, César trop ardent pour laisser reposer ses armes, de peur de donner au sort le temps de changer, presse Pompée et le suit pas à pas. Tout autre serait content d'avoir, d'une première course, pris tant de villes, forcé tant de remparts, conquis sans obstacle cette reine du monde, cette Rome, le plus haut prix de la victoire. Mais César qui ne perd jamais un instant et qui compte n'avoir rien fait tant qu'il lui reste à faire, César s'attache avec fureur à son rival. Quoiqu'il possède toute l'Italie, si Pompée en occupe le rivage extrême, il lui semble qu'elle leur soit commune, et sa haine ne peut l'y souffrir. Il veut lui interdire les mers, et pour lui couper le passage, il entreprend d'élever devant le port une barrière de rochers. Ces immenses travaux sont perdus : les rochers tombent, la mer avide les dévore, et des montagnes entassées sont englouties sous le sable. Ainsi,

Perdomitas : omnes redeant in castra triumphi.
At vos, qui latios signatis nomine fastos,
Primus in Epirum Boreas agat : inde per arva
Graiorum Macetumque novas adquirite vires,
Dum paci dat tempus hiems. »
                              Sic fatur : et omnes
Jussa gerunt, solvuntque cavas a litore puppes.
At nunquam patiens pacis, longæque quietis
Armorum, ne quid fatis mutare liceret,
Adsequitur, generique premit vestigia Cæsar.
Sufficerent aliis tot primo mœnia cursu
Rapta, tot oppressæ dejectis hostibus arces;
Ipsa caput mundi, bellorum maxima merces,
Roma capi facilis : sed Cæsar in omnia præceps
Nil actum credens quum quid superesset agendum,
Instat atrox; et adhuc, quamvis possederit omnem
Italiam, extremo sedeat quod litore Magnus,
Communem tamen esse dolet.
                     Nec rursus aperto
Vult hostes errare freto, sed molibus undas
Obstruit, et latum dejectis rupibus æquor.
Cedit in immensum cassus labor; omnia pontus
Haurit saxa vorax, montesque immiscet arenis :

quand la cime de l'Éryx tomberait dans la mer Égée, les rocs engloutis ne dépasseraient pas la surface des flots. Ainsi le Gaudrus disparaîtrait dans les gouffres de l'immobile Averne. César voyant que ces masses énormes ne trouvaient pas de fond qui les soutînt, prit le parti de faire abattre des forêts et de lier les arbres l'un à l'autre par de longues chaînes. L'orgueilleux Xerxès, autrefois, dit-on, se fit sur les flots une route semblable, il joignit l'Europe avec l'Asie, rapprocha Abydos et Sestos par un pont de vaisseaux, et traversa le Bosphore à la tête de son armée tandis que ses voiles passaient au travers du mont Athos. Ainsi les forêts enchaînées et flottantes ferment l'embouchure du port. Les travaux s'avancent, les remparts s'élèvent, et les hautes tours tremblent sur les eaux.

Pompée, étonné de voir une terre nouvelle s'élever entre la mer et lui, cherche avec un mortel effroi le moyen de s'ouvrir un passage et d'étendre la guerre sur des bords éloignés. Il fait avancer contre la digue des navires armés que les vents poussent à pleines voiles : les pierres, les dards, les torches allumées volent au milieu des ténèbres, les ouvrages s'écroulent et la mer est ouverte. Pompée, à la faveur de la nuit, saisit enfin

Ut maris Ægæi medias si celsus in undas
Depellatur Eryx, nullæ tamen æquore rupes
Emineant, vel si convulso vertice Gaurus
Decidat in fundum penitus stagnantis Averni.
Ergo ubi nulla vado tenuit sua pondera moles,
Tunc placuit cæsis innectere vincula silvis,
Roboraque immensis late religare catenis.
Tales fama canit tumidum super æquora Xerxen
Construxisse vias, multum quum pontibus ausus,
Europamque Asiæ, Sestonque admovit Abydo,
Incessitque fretum rapidi super Hellesponti,
Non Eurum Zephyrumque timens ; quum vela, ratesque
In medium deferret Athon. Sic ora profundi
Arctantur casu nemorum. Tunc aggere multo
Surgit opus, longæque tremunt super æquora turres.
Pompeius tellure nova compressa profundi
Ora videns, curis animum mordacibus angit,
Ut reseret pelagus, spargatque per æquora bellum.
Sæpe Noto plenæ, tensisque rudentibus actæ,
Ipsa maris per claustra rates fastigia molis
Discussere salo, spatiumque dedere carinis ;
Tortaque per tenebras validis ballista lacertis
Multifidas jaculata faces. Ut tempora tandem

l'instant de s'échapper : il défend que le son de la trompette, le cri des matelots fassent retentir le rivage, et que l'on donne le signal du départ. La Vierge était à son déclin, le soleil entrait dans le signe de la Balance, lorsque les nefs quittent silencieusement ces bords. On n'entendit pas une seule voix dans le moment qu'on dressa les mâts, qu'on leva l'ancre, et qu'on mit à la voile. Les pilotes glacés de crainte, gardèrent un profond silence; les matelots suspendus aux cordages furent même attentifs à ne pas les agiter, de peur que le bruit excité dans l'air ne décelât l'évasion de la flotte.

O Fortune! il te demande comme une faveur, de lui permettre d'abandonner l'Italie, puisque tu lui défends de la conserver. A peine encore les destins y consentent; l'onde, entr'ouverte et refoulée par tant de vaisseaux, fit entendre un long mugissement. Alors les soldats de César à qui cette ville infidèle, changeant avec la fortune, avait ouvert ses portes et livré ses murs, gagnent l'embouchure du port par les deux bouts de son enceinte, et frémissent de voir que la flotte ennemie s'est échappée et vogue en pleine mer. O honte! la fuite de Pompée est pour César une faible victoire.

   Furtivæ placuere fugæ, ne litora clamor
   Nauticus exagitet, neu buccina dividat horas,
   Neu tuba præmonitos perducat ad æquora nautas,
   Præcepit sociis.   Jam cœperat ultima Virgo
   Phœbum laturas ortu præcedere Chelas,
   Quum taciti solvere rates. Non anchora voces
   Movit, dum spissis avellitur uncus arenis :
   Dum juga curvantur mali, dumque ardua pinus
   Erigitur, pavidi classis siluere magistri :
   Strictaque pendentes deducunt carbasa nautæ,
   Nec quatiunt validos, ne sibilet aura, rudentes.
   Dux etiam votis hoc te, Fortuna, precatur,
   Quam retinere vetas, liceat sibi perdere saltem
   Italiam. Vix fata sinunt; nam murmure vasto
   Impulsum rostris sonuit mare, fluctuat unda,
   Totque carinarum permixtis æquora sulcis.
   Ergo hostes portis, quas omnes solverat urbis
   Cum fato conversa fides, murisque recepti,
   Præcipiti cursu flexi per cornua portus
   Ora petunt, pelagusque dolent contingere classes.
   Heu pudor! exigua est fugiens victoria Magnus.

Le passage des nefs était plus étroit que celui qui sépare l'Eubée de la Béotie ; deux vaisseaux s'y arrêtent ; des mains de fer prêtes pour cet usage les attirent au bord, et là, pour la première fois, les flots de la mer sont rougis du sang de la guerre civile. Le reste de la flotte s'éloigne et abandonne ces deux vaisseaux. Ainsi quand le navire thessalien se dirigeait vers le Phase, la terre vomit à la surface des eaux les rocs de Cyane. Argo, privé de sa poupe, échappa aux écueils, et le rocher impuissant frappa vainement la mer.

Déjà les couleurs dont brille l'Orient annoncent le retour de l'aurore ; sa lumière, teinte d'un rouge vermeil, commence à effacer les étoiles voisines : la pléiade commence à pâlir, l'Ourse languissante se plonge dans l'azur du ciel, et Lucifer lui-même se dérobe à l'éclat du jour. Toi, Pompée, tu vogues en pleine mer, mais tu n'as plus avec toi cette Fortune qui t'accompagnait, lorsque tu forçais les pirates à te céder l'empire des mers ; lasse de tes triomphes, elle t'abandonne. Chassé du sein de ta patrie avec ton épouse et tes enfants, chargé de tes dieux domestiques et traînant la guerre après toi, grand encore dans ton exil, tu vois les peuples marcher à ta suite, le destin

> Angustus puppes mittebat in æquora limes,
> Arctior euboica, qua Chalcida verberat, unda.
> Hic hæsere rates geminæ, cædique paratas
> Excepere manus ; tractoque in litora bello,
> Hic primum rubuit civili sanguine Nereus.
> Cetera classis abit summis spoliata carinis.
> Ut pagasæa ratis peteret quum Phasidos undas,
> Cyaneas tellus emisit in æquora cautes,
> Rapta puppe minor subducta est montibus Argo,
> Vanaque percussit pontum Symplegas inanem,
> Et statura redit. Jam Phœbum urgere monebat
> Non idem Eoi color ætheris, albaque nondum
> Lux rubet, et flammas propioribus eripit astris ;
> Et jam Plias hebet, flexi jam plaustra Bootæ
> In faciem puri redeunt languentia cœli,
> Majoresque latent stellæ, calidumque refugit
> Lucifer ipse diem. Pelagus jam, Magne, tenebas,
> Non ea fata ferens, quæ quum super æquora toto
> Prædonem sequerere mari. Lassata triumphis
> Descivit fortuna tuis. Cum conjuge pulsus,
> Et natis, totosque trahens in bella penates,
> Vadis adhuc ingens, populis comitantibus, exsul.

semble chercher des régions éloignées pour y consommer ta ruine, non que les dieux veuillent te refuser un tombeau dans les murs qui t'ont vu naître ; mais en condamnant l'Égypte à porter l'opprobre de ta mort, ils ont fait grâce à l'Italie.. Ils ordonnent à la Fortune d'aller cacher son crime sous un ciel étranger : ils veulent épargner à Rome la douleur de voir ses campagnes souillées du sang de Pompée.

> Quæritur indignæ sedes longinqua ruinæ :
> Non quia te Superi patrio privare sepulcro
> Maluerint; phariæ busto damnantur arenæ :
> Parcitur Hesperiæ, procul hoc ut in orbe remoto
> Abscondat Fortuna nefas, romanaque tellus
> Immaculata sui servetur sanguine Magni.

LIVRE III

Navigation de Pompée en Épire. Le fantôme de Julie vient s'offrir à lui pendant son sommeil, et lui présage ses malheurs. — Pompée aborde à Dyrrachium. — César, après avoir envoyé Curion en Sicile et en Sardaigne pour chercher des vivres, se dirige sur Rome et y entre au milieu de la terreur et de l'abattement. — Il convoque le sénat sans droit. — Il veut s'emparer du trésor public; le tribun Métellus veut l'en empêcher. — Le tribun cède après un discours de Cotta. — Le temple de Saturne est dépouillé. — Énumération des peuples qui entrent dans la querelle de Pompée. — César sort de Rome et passe les Alpes. — Résistance de Marseille et discours de ses députés à César. — Réponse de César. — Il marche vers Marseille pour en faire le siége; premiers travaux. — Description de la forêt sacrée de Marseille que César fait abattre. — César, impatient de tout retard, se rend en Espagne, et laisse à ses lieutenants la continuation du siége : travaux et combats. — Les Marseillais font une sortie nocturne, et brûlent les machines de l'ennemi. — Les Romains veulent tenter la fortune sur mer; description des deux flottes. — Combat naval, dans lequel les Marseillais sont vaincus; longue et poétique description de la mêlée, de ses accidents terribles et bizarres.

Tandis que l'Auster enflait la voile et poussait la flotte vers la pleine mer, tous les yeux étaient tournés du côté de la mer d'Ionie; Pompée seul ne put détacher ses regards du rivage de l'Italie. Il voit s'évanouir les ports de la patrie, les côtes qu'il

LIBER III

Propulit ut classem velis cedentibus Auster
Incumbens, mediumque rates tenuere profundum,
Omnis in ionios spectabat navita fluctus :
Solus ab hesperia non flexit lumina terra
Magnus, dum patrios portus, dum litora nunquam

salue pour la dernière fois et les montagnes qui s'effacent au sein des nuages.

Épuisé de fatigues, le héros enfin succombe, et se livre au sommeil. Alors une image pleine d'horreur se présente à ses yeux. La pâle Julie sort du sein béant de la terre, et telle qu'une furie, lui apparaît debout sur son bûcher : « Chassée de l'Élysée dans le Tartare, la guerre civile m'a bannie de l'asile des âmes justes au noir séjour des mânes criminels. J'ai vu les Euménides s'armer de torches pour les secouer sur vos armes. Le nocher du brûlant Achéron prépare des barques sans nombre. On agrandit les cachots des enfers. Les Furies suffisent à peine à châtier tant de criminels : les mains des Parques se lassent à trancher les jours de tant de victimes. Il t'en souvient, Pompée ; le temps de notre hymen a été celui de tes triomphes. Tu as changé de fortune en changeant d'épouse. Elle est née pour le malheur de tous ses maris, cette Cornélie, femme sans pudeur, qui n'a pas rougi d'entrer dans mon lit, quand mon bûcher fumait encore. Qu'elle soit donc sans cesse attachée à tes pas, et sur les mers et dans les camps, pourvu que je trouble ton sommeil auprès d'elle et que je dérobe à ton amour tous les moments que tu lui destines. Que

    Ad visus reditura suos, tectumque cacumen
Nubibus, et dubios cernit vanescere montes.
Inde soporifero cesserunt languida somno
Membra ducis : diri tum plena horroris imago,
Visa caput mœstum per hiantes Julia terras
Tollere, et accenso furialis stare sepulcro.
  « Sedibus elysiis, campoque expulsa piorum
Ad stygias, inquit, tenebras, manesque nocentes,
Post bellum civile trahor : vidi ipsa tenentes
Eumenidas, quaterent quas vestris lampadas armis.
Præparat innumeras puppes Acherontis adusti
Portitor : in multas laxantur Tartara pœnas.
Vix operi cunctæ, dextra properante, Sorores
Sufficiunt ; lassant rumpentes stamina Parcas.
Conjuge me, lætos duxisti, Magne, triumphos :
Fortuna est mutata toris ; semperque potentes
Detrahere in cladem fato damnata maritos,
Innupsit tepido pellex Cornelia busto.
Hæreat illa tuis per bella, per æquora signis,
Dum non securos liceat mihi rumpere somnos,
Et nullum vestro vacuum sit tempus amori,

César occupe tes jours et Julie tes nuits. Le Léthé qui donne l'oubli ne t'a point effacé de ma mémoire. Les dieux des enfers m'ont permis de te poursuivre. Tu me verras, au signal du combat, m'élancer entre les deux armées. Mon ombre ne souffrira jamais que tu cesses d'être le gendre de César. Tu crois en vain trancher avec l'épée des nœuds sacrés; la guerre civile va te rendre à moi. » A ces mots l'ombre se dérobe aux embrassements de son époux tremblant.

Il s'éveille. Les menaces du ciel et des enfers, loin de l'abattre, l'élèvent au-dessus de lui-même. Il voit sa perte, et il y court. « Pourquoi, dit-il, m'effrayer d'un vain songe? Ou la mort n'est rien, ou elle ne doit laisser aucun sentiment de la vie. »

Déjà le soleil à son déclin se plongeait au sein de l'onde et nous cachait de son globe enflammé ce que la lune nous dérobe du sien, lorsqu'elle approche de sa plénitude ou qu'elle commence à s'en éloigner. Ce fut alors que la côte d'Illyrie offrit un asile sûr, un accès facile aux vaisseaux de Pompée. On ploie les voiles, on baisse les mâts, et l'on aborde à l'aide des rames.

Dès que César, à qui les vents enlevaient sa proie, se trouva seul aux bords de l'Italie, loin de se réjouir d'en avoir chassé son

---

Sed teneat Cæsarque dies, et Julia noctes.
Me non lethææ, conjux, oblivia ripæ
Immemorem fecere tui, regesque silentum
Permisere sequi : veniam, te bella gerente,
In medias acies; nunquam tibi, Magne, per umbras,
Perque meos manes genero non esse licebit.
Abscidis frustra ferro tua pignora : bellum
Te faciet civile meum. »
     Sic fata, refugit
Umbra per amplexus trepidi dilapsa mariti.
Ille, dei quamvis cladem manesque minentur,
Major in arma ruit, certa cum mente malorum.
Et, « Quid, ait, vani terremur imagine visus?
Aut nihil est sensus animis a morte relictum,
Aut mors ipsa nihil. »
    Titan jam pronus in undas
Ibat et igniferi tantum demerserat orbis,
Quantum deesse solet lunæ, seu plena futura est,
Seu jam plena fuit : tunc obtulit hospita tellus
Puppibus accessus faciles : legere rudentes,
Et posito remis petierunt litora malo.
Cæsar, ut emissas venti rapuere carinas,
Absconditque fretum classes, et litore solus

rival, il gémit de voir qu'il lui eût échappé. Aucun succès ne flatte cette âme impatiente : la victoire elle-même est trop achetée, s'il faut l'attendre. Mais oubliant pour un temps la guerre, et tout occupé des soins de la paix, il cherche à se concilier la légère faveur du peuple : il sait que la disette ou l'abondance décide le plus souvent de sa haine ou de son amour ; que celui qui nourrit son oisiveté en est le maître, et qu'il n'est point de crainte qui retienne un peuple affamé. Il charge Curion d'aller dans les villes de la Sicile, dans ces lieux où la mer engloutit ou bien déchira la terre, et s'en fit un rivage. Là, déployant sa fureur, l'Océan lutte sans cesse pour empêcher que les monts, jadis séparés, se rejoignent aujourd'hui. César répand aussi la guerre sur les rives de la Sardaigne. Ces deux îles sont renommées par la richesse de leurs moissons ; nulle autre contrée de la terre n'a tant de fois répandu l'abondance dans l'Italie et rempli les greniers de Rome. A peine la Lybie est-elle plus fertile dans les années mêmes où les vents du Midi permettent à Borée d'assembler les nuages vers le milieu de l'axe du monde et d'y verser des pluies abondantes.

Dux stetit hesperio, non illum gloria pulsi
Lætificat Magni : queritur quod tuta per æquor
Terga ferant hostes ; neque enim jam sufficit ulla
Præcipiti fortuna viro ; nec vincere tanti,
Ut bellum differret, erat.
      Tunc pectore curas
Expulit armorum, pacique intentus agebat,
Quoque modo vanos populi conciret amores
Gnarus, et irarum causas, et summa favoris
Annona momenta trahi : namque adserit urbes
Sola fames, emiturque metus, quum segne potentes
Vulgus alunt. Nescit plébes jejuna timere.
Curio sicanias transcendere jussus in urbes,
Qua mare tellurem subitis aut obruit undis,
Aut scidit, et medias fecit sibi litora terras.
Vis illic ingens pelagi, semperque laborant
Æquora, ne rupti repetant confinia montes.
Bellaque sardoas etiam sparguntur in oras.
Utraque frugiferis est insula nobilis arvis ;
Nec prius Hesperiam longinquis messibus ullæ,
Nec romana magis complerunt horrea terræ.
Ubere vix glebæ superat, cessantibus Austris,
Quum medium nubes Borea cogente sub axem,
Effusis magnum Libye tulit imbribus annum.

Acquitté de ce premier soin, César marche à Rome en vainqueur. Ses légions le suivent, mais désarmées, et portent sur le front le présage de la paix.

Dieux! s'il revenait dans sa patrie vainqueur seulement des peuples de la Gaule et du Nord, quel triomphe pour lui, quelle pompe! Le Rhin, l'Océan lui-même enchaînés, la Gaule captive derrière son char, ainsi que le Breton aux cheveux blonds! Que de gloire il a perdu en abusant de la victoire! Les habitants des villes n'accourent point sur sa route avec une joie tumultueuse; sa vue leur inspire une muette terreur. En aucun lieu le peuple ne se précipite au-devant de ses pas. César s'applaudit cependant de leur inspirer tant de crainte; à peine eût-il préféré leur amour.

Déjà il a passé la haute citadelle d'Anxur, l'humide chemin qui partage les marais Pontins, et la forêt consacrée à la Diane de Scythie, et la route des faisceaux latins vers Albe-la-Haute; déjà il découvre d'une roche élevée, cette Rome qu'il n'a pas vue depuis la guerre des Gaules. Il s'étonne lui-même de l'état où il l'a réduite, et il lui adresse ces mots : « Est-il possible, ô séjour des dieux, que l'on abandonne tes murs sans y être forcé par la guerre! Et quelle ville méritera qu'on la dé-

Hæc ubi sunt provisa duci, tunc agmina victor
Non armata trahens, sed pacis habentia vultum,
Tecta petit patriæ.
    Proh! si remeasset in Urbem,
Gallorum tantum populis, Arctoque subacta,
Quam seriem rerum longa præmittere pompa,
Quas potuit belli facies! ut vincula Rheno,
Oceanoque daret! celsos ut Gallia currus
Nobilis, et flavis sequeretur mixta Britannis!
Perdidit o qualem vincendo plura triumphum!
Non illum lætis vadentem cœtibus urbes,
Sed tacitæ videre metu. Non constitit usquam
Obvia turba duci : gaudet tamen esse timori
Tam magno populis et se non mallet amari.
Jamque et præcipites superaverat Anxuris arces,
Et qua pomptinas via dividit uda paludes,
Qua sublime nemus, scythicæ qua regna Dianæ,
Quaque iter est latiis ad summam fascibus Albam :
Excelsa de rupe procul jam conspicit Urbem.
Arctoi toto non visam tempore belli;
Miratusque suæ, sic fatur, mœnia Romæ :
« Tene, Deum sedes, non ullo marte coacti
Deseruere viri ! pro qua pugnabitur urbe?

fende? Heureusement ce n'est ni le Parthe, ni le Dace uni au Gète, ni le Sarmate secondé du Pannonien qui te menace : la Fortune n'oppose qu'un citoyen qui t'aime au chef timide qui n'ose te garder. Bénis la guerre civile »

Bientôt César entre dans Rome où règne l'épouvante ; on s'attend qu'il va la livrer aux flammes comme une ville prise d'assaut, ensevelir les dieux sous les ruines. On ne doute pas qu'il ne veuille tout ce qu'il peut ; il n'est rien qu'on ne craigne ; on ne feint même pas de le voir avec joie et de faire des vœux pour lui : à peine la haine peut-elle s'exhaler.

Les sénateurs, du fond de leur retraite, se rendent au temple d'Apollon. C'est la première fois qu'un citoyen ose convoquer le sénat. On n'y voit point briller les insignes des consuls, point de préteurs, point de chaises curules ; César est tout, et c'est pour entendre la volonté d'un homme que le sénat est assemblé. Les pères conscrits prennent place, résolus de consentir à tout, soit qu'il demande un trône ou des autels, l'exil ou la mort du sénat lui-même. Grâces aux dieux, César eut honte d'exiger ce que Rome n'eût pas eu honte de permettre.

Cependant, la liberté indignée osa se révolter encore et

> Di melius, quod non latias Eous in oras
> Nunc furor incubuit, nec juncto Sarmata velox
> Pannonio, Dacisque Getes admixtus : habenti
> Tam pavidum tibi, Roma, ducem Fortuna pepercit,
> Quod bellum civile fuit. »
>   Sic fatur, et Urbem
> Attonitam terrore subit : namque ignibus atris
> Creditur, ut captæ, rapturus mœnia Romæ,
> Sparsurusque deos. Fuit hæc mensura timoris :
> Velle putant, quodcumque potest. Non omina festa,
> Non fictas læto voces simulare tumultu :
> Vix odisse vacat. Phœbea palatia complet
> Turba patrum, nullo cogendi jure senatus,
> E latebris educta suis.
>   Non consule sacræ
> Fulserunt sedes ; non proxima lege potestas,
> Prætor, adest ; vacuæque loco cessere curules.
> Omnia Cæsar erat. Privatæ Curia vocis
> Testis adest. Sedere patres censere parati,
> Si regnum, si templa sibi, jugulumque senatus,
> Exsiliumque petat. Melius, quod plura jubere
> Erubuit, quam Roma pati.
>   Tamen exit in iram,

tenter par l'organe d'un citoyen si les lois pourraient résister à la force. Le fougueux Métellus voyant qu'on allait enlever le trésor du temple de Saturne, accourut, se fit un passage à travers le cortége de César, et se présenta sur le seuil du temple qu'on allait ouvrir. L'avarice est donc la seule passion qui brave le fer et la mort! On foule aux pieds les lois sans que personne s'arme pour elles; et le plus vil de tous les biens, l'or, excite un soulèvement. Métellus s'oppose au pillage du temple, et, d'une voix haute, s'adressant à César : « Tu n'ouvriras ces portes, lui dit-il, qu'après m'avoir percé le sein, et tu n'emporteras les dépouilles du temple que souillé du sang inviolable d'un tribun. Non, les dieux ne laisseront pas impunément souiller cette dignité sainte; les Euménides l'ont vengée de l'impiété de Crassus. Tire ce glaive! et frappe sans rougir! Tu n'as point à craindre les yeux du peuple; nous sommes seuls, Rome est déserte. Que veux-tu? Livrer la patrie en proie à tes soldats? Il te reste encore tant de provinces, tant de villes à ruiner! Qu'as-tu besoin des trésors de la paix? n'as-tu pas tous ceux de la guerre? »

Ce discours alluma la colère du vainqueur. « Tu te flattes en vain, lui dit-il, d'obtenir de moi une mort honorable; non,

>Viribus an possint obsistere jura, per unum
>Libertas experta virum : pugnaxque Metellus
>Ut videt ingenti saturnia templa revelli
>Mole, rapit gressus; et Cæsaris agmina rumpens,
>Ante fores nondum reseratæ constitit ædis :
>(Usque adeo solus ferrum mortemque timere
>Auri nescit amor! pereunt discrimine nullo
>Amissæ leges; sed, pars vilissima rerum,
>Certamen movistis, opes); prohibensque rapina
>Victorem, clara testatur voce tribunus :
>« Non nisi per nostrum vobis percussa patebunt
>Templa latus, nullasque feres, nisi sanguine sacro
>Sparsus, raptor, opes. Certe violata potestas
>Invenit ista deos; Crassumque in bella sequutæ
>Sæva tribunitiæ voverunt prœlia diræ.
>Detege jam ferrum : neque enim tibi turba verenda est
>Spectatrix scelerum : deserta stamus in Urbe.
>Non feret e nostro sceleratus præmia miles.
>Sunt quos prosternas populi, quæ mœnia dones.
>Pacis ad exhaustæ spolium non cogit egestas :
>Bellum, Cæsar, habes. »
>   His magnam victor in iram
>Vocibus accensus : « Vanam spem mortis honestæ

Métellus, ma main ne sera point souillée d'un sang aussi vil que le tien. Il n'est point d'honneur qui te rende digne de mon ressentiment. C'est donc à toi qu'est confiée la défense de la liberté? Certes, le temps a bien changé les choses, si les lois aiment mieux s'appuyer sur Métellus que de fléchir devant César! » Alors impatient de voir que le tribun ne quittait point la porte du temple, il regardait les glaives de ses soldats rangés autour de lui et allait oublier le caractère pacifique dont il s'était revêtu, si Cotta n'eût dissuadé Métellus d'une résistance imprudente.

« Sous l'autorité d'un seul, dit-il, la liberté se détruit par la liberté même; vous en conserverez l'ombre, si, en cédant à la nécessité, vous semblez vouloir tout ce qu'elle exige. Vaincus, nous avons subi tant de lois injustes! La seule excuse que peut avoir une si lâche obéissance, c'est l'impuissance de résister. Qu'ils se hâtent d'emporter loin de nous ces trésors, fatales semences de guerre! La ruine de l'État regarde et intéresse un peuple libre; la misère d'un peuple esclave lui est moins onéreuse qu'à ses tyrans. »

Métellus s'éloigne à ces mots, et la roche Tarpéienne retentissant du bruit des portes annonce à Rome que le temple est

Concipis : haud, inquit, jugulo se polluet isto
Nostra, Metelle, manus. Dignum te Caesaris ira
Nullus honor faciet. Te vindice tuta relicta est
Libertas? non usque adeo permiscuit imis
Longus summa dies, ut non, si voce Metelli
Serventur leges, malint a Caesare tolli. »
Dixerat; et nondum foribus cedente tribuno
Acrior ira subit; saevos circumspicit enses,
Oblitus simulare togam : tum Cotta Metellum
Compulit audaci nimium desistere coepto.
« Libertas, inquit, populi, quem regna coercent,
Libertate perit; cujus servaveris umbram,
Si, quidquid jubeare, velis. Tot rebus iniquis
Paruimus victi : venia est haec sola pudoris
Degenerisque metus, nil jam potuisse negari.
Ocius avertant diri mala semina belli.
Damna movent populos, si quos sua jura tuentur.
Non sibi, sed domino gravis est, quae servit, egestas. »
Protinus abducto patuerunt templa Metello.
Tunc rupes tarpeia sonat, magnoque reclusas
Testatur stridore fores : tunc conditus imo

ouvert. Du fond de ce temple fut alors tiré ce dépôt si longtemps inviolable des revenus du peuple romain : le tribut des Carthaginois, celui de Persée et de Philippe, tout l'or que Pyrrhus fugitif laissa dans tes mains, ô Rome ! cet or, au prix duquel Fabricius avait refusé de te trahir ; ce qu'avait épargné la frugalité de nos pères ; ce que l'opulente Asie avait payé de tributs aux Romains ; ce que Métellus avait rapporté de l'île de Crète et Caton des bords lointains de Chypre, enfin les dépouilles de l'Orient captif et les richesses de tant de rois étalées tout récemment encore dans les triomphes de Pompée, tout fut envahi ; le temple fut livré à la plus affreuse rapine, et dès lors, exemple inouï ! César fut plus riche que Rome.

Cependant la fortune de Pompée soulevait les nations destinées à la même chute que lui. La Grèce qui voyait de plus près la guerre s'empressa d'y contribuer. Des campagnes de la Phocide, de Cyrrha, et des deux sommets du Parnasse, des champs de Béotie que borde le Céphise prophétique, des environs de Thèbes où coule Dircé, de l'Élide qu'arrose l'Alphée, avant de traverser la mer, on voit les peuples accourir.

L'Arcadien quitte le Ménale ; le Thessalien, l'OEta, tombeau

Eruitur templo, multis intactus ab annis
Romani census populi, quem punica bella,
Quem dederat Perses, quem victi præda Philippi ;
Quod tibi, Roma, fuga Pyrrhus trepidante reliquit ;
Quo te Fabricius regi non vendidit auro ;
Quidquid parcorum mores, servastis, avorum ;
Quod dites Asiæ populi misere tributum,
Victorique dedit minoia Creta Metello ;
Quod Cato longinqua vexit super æquora Cypro.
Tunc Orientis opes, captorumque ultima regum
Quæ pompeianis prælata est gaza triumphis
Egeritur : tristi spoliantur templa rapina ;
Pauperiorque fuit tunc primum Cæsare Roma.
Interea totum Magni fortuna per orbem
Secum casuras in prælia moverat urbes.
Proxima vicino dat vires Græcia bello.
Phocaicas Amphissa manus, scopulosaque Cyrrha,
Parnassusque jugo misit desertus utroque.
Bœoti coiere duces, quos impiger ambit
Fatidica Cephissos aqua, cadmeaque Dirce,
Pisææque manus, populisque per æquora mittens
Sicaniis Alpheus aquas.
    Tunc Mænala liquit

d'Hercule. Le Thesprote et le Dryope accourent; les Selles, descendus des montagnes de l'Épire, fuient leurs chênes désormais silencieux; quoique épuisée de soldats, Athènes arme encore quelques vaisseaux dans le port de Phœbus, et trois navires semblent partir pour une nouvelle Salamine. La Crète antique et aimée de Jupiter vient au combat avec ses cent peuples; Gnosse savante à vider le carquois, Gortyne dont la flèche le dispute à celle des Parthes. On voit venir l'habitant de la dardanienne Oricon, et l'Athamas errant et dispersé dans les profondeurs des forêts, Échélée, au nom antique, témoin de la mort de Cadmus et de sa métamorphose, l'habitant de Colchos et d'Absyrte, battue de l'écume des flots adriatiques, et ceux qui cultivent les campagnes du Pénée, et dont les mains laborieuses poussent la charrue thessalienne dans les champs de l'hémonienne Iolcos, Iolcos d'où partit le premier navire qui fendit la mer, quand le grossier Argo mêla des nations inconnues, viola leur rivage, et pour la première fois mit les mortels aux prises avec les vents, les ondes furieuses, et leur apporta un nouveau genre de mort. On déserte l'Hémus de Thrace, et Pholoé, berceau fantastique des Centaures, et le Strymon, qui envoie jus-

Arcas, et herculeam miles Trachinius OEten.
Thesproti, Dryopesque ruunt, quercusque silentes
Chaonio veteres liquerunt vertice Sellæ.
Exhausit totas quamvis delectus Athenas,
Exiguæ Phœbea tenent navalia puppes,
Tresque petunt veram credi Salamina carinæ.
Jam dilecta Jovi centenis venit in arma
Creta vetus populis, Gnososque agitare pharetras
Docta, nec eois pejor Gortyna sagittis.
Tunc qui dardaniam tenet Oricon, et vagus altis
Dispersus silvis Athamas, et nomine prisco
Encheliæ, versi testantes funera Cadmi.
Colchis, et hadriacas spumans Absyrtos in undas,
Et Penei qui rura colunt, quorumque labore
Thessalus hæmoniam vomer proscindit Iolcon :
Unde lacessitum primo mare, quum rudis Argo
Miscuit ignotas, temerato litore, gentes,
Primaque cum ventis pelagique furentibus undis
Composuit mortale genus, fatisque per illam
Accessit mors una ratem.
     Tunc linquitur Hæmus
Thracius, et populum Pholoe mentita biformem.
Deseritur Strymon, tepido committere Nilo

qu'aux tièdes rives du Nil l'oiseau de ses bords, et la barbare Coné, où l'Ister aux cent bouches perd dans la mer ses ondes glacées dont il arrose l'île de Peucé; et la Mysie, et Idalis que féconde l'eau fraîche du Caïque, et Arisbé, aux maigres sillons, et l'habitant de Pitané, et Célène qui maudit tes présents, ô Pallas! et la victoire d'Apollon; et les bords où le rapide Marsyas, courant en ligne droite, rencontre le Méandre vagabond, se mêle à lui et remonte vers sa source; et la terre qui laisse le Pactole sortir de ses mines d'or, et les guérets qu'arrose l'Hermus aussi riche que le Pactole. Les Troyens eux-mêmes, avec leurs tristes présages, accourent sous ces drapeaux, dans ce camp condamné à périr, rien ne les retient, ni la fable de Troie, ni César qui se prétend issu du Phrygien Iule.

Voici venir les peuples de Syrie; on déserte l'Oronte et Ninive l'Heureuse (tel est son nom), et Damas battue des vents, et Gaza, et l'Idumée, riche en palmiers, et la capricieuse Tyr, et Sidon, riche en pourpre; sans faire de détour sur la mer, les vaisseaux de ces ports voguent vers le théâtre de la guerre, conduits sûrement par Cynosure. Les premiers, s'il en faut croire la Renommée, les Phéniciens osèrent figurer par des signes

> Bistonias consuetus aves, et barbara Cone
> Sarmaticas ubi perdit aquas, sparsamque profundo
> Multifidi Peucen unum caput adluit Istri :
> Mysiaque, et gelido tellus perfusa Caico
> Idalis, et nimium glebis exilis Arisbe.
> Quique colunt Pitanen, et quæ tua munera, Pallas,
> Lugent damnatæ Phœbo victore Celenæ :
> Qua celer et rectis descendens Marsya ripis
> Errantem Mæandron adit, mixtusque refertur :
> Passaque ab auriferis tellus exire metallis
> Pactolon : qua culta secat non vilior Hermos.
> Iliacæ quoque signa manus, perituraque castra
> Ominibus petiere suis, nec fabula Trojæ
> Continuit, phrygiique ferens se Cæsar Iuli.
> Accedunt Syriæ populi, desertus Orontes,
> Et felix, sic fama, Ninos : ventosa Damascos,
> Gazaque, et arbusto palmarum dives Idume :
> Et Tyros instabilis, pretiosaque murice Sidon.
> Has ad bella rates non flexo limite ponti,
> Certior haud ullis duxit Cynosura carinis.
> Phœnices primi, famæ si creditur, ausi
> Mansuram rudibus vocem signare figuris.

grossiers la parole désormais fixée; Memphis ne savait pas encore tisser l'écorce née sur les rives du fleuve; des oiseaux, des bêtes gravés sur la pierre conservaient seuls son mystérieux langage. On abandonne les bois du Taurus, Tarse, fille de Persée, l'antre de Corycie aux roches rongées par l'eau; Mallos et la lointaine Æga résonnent du bruit des navires, et le Cilicien, renonçant au métier de pirate, accourt sur un vaisseau régulier. Le bruit de la guerre remue les peuples les plus reculés de l'Orient, et sur les rives du Gange qui, seul de tous les fleuves, ose déboucher dans l'Océan en face du berceau du Soleil et lance ses flots contre l'Eurus qui les repousse; c'est là que le héros de Pella, s'arrêtant, s'avoua vaincu par l'immense univers.

Le même signal retentit sur l'Indus, ce fleuve qui se jetant au sein des mers par deux bouches profondes ne s'aperçoit pas dans sa rapidité que l'Hidaspe se mêle à ses eaux. En même temps s'unissent pour marcher aux combats, les peuples qui boivent sur ces bords la douce liqueur qu'un roseau distille; et ceux qui teignent leur chevelure dans le jaune safran et qui sèment de pierreries le long tissu dont ils s'enveloppent; et ceux qui dressent eux-mêmes leurs bûchers et se jettent vivants au milieu des flammes. O quelle gloire n'est-ce pas pour eux de

Nondum flumineas Memphis contexere biblos
Noverat : et saxis tantum, volucresque feræque,
Sculptaque servabant magicas animalia linguas.
Deseritur Taurique nemus, Perseaque Tarsos,
Coryciumque patens exesis rupibus antrum ;
Mallus, et extremæ resonant navalibus Ægæ :
Itque Cilix justa, jam non pirata, carina.
Movit et eoos bellorum fama recessus,
Qua colitur Ganges, toto qui solus in orbe
Ostia nascenti contraria solvere Phœbo
Audet, et adversum fluctus impellit in Eurum :
Hic ubi Pellæus post Tethyos æquora ductor
Constitit, et magno vinci se fassus ab orbe est.
Quaque ferens rapidum, diviso gurgite, fontem
Vastis Indus aquis mixtum non sentit Hydaspen.
Quique bibunt tenera dulces ab arundine succos,
Et qui tingentes crocco medicamine crinem
Fluxa coloratis adstringunt carbasa gemmis.
Quique suas struxere pyras, vivique calentes
Conscendere rogos. Proh ! quanta est gloria genti,

disposer ainsi d'eux-mêmes, et, rassasiés de la vie, d'en donner les restes aux dieux !

Viennent les farouches Cappadociens, et les hôtes du sauvage Amanus, et l'Arménien répandu le long du Niphate, qui roule des rocs ; les Coastres quittent leurs forêts qui touchent aux nuages ; Arabes, vous passez dans un monde inconnu et vous vous étonnez que l'ombre des bois ne se dessine plus à votre gauche. La fureur romaine soulève le lointain Horète et les chefs Carmanes, dont l'horizon incliné vers l'Auster ne voit pas l'Ourse se plonger entièrement dans les flots ; au sein des nuits courtes, le rapide Bouvier ne brille qu'un instant ; et la terre d'Éthiopie qui ne verrait à cette région du ciel aucune constellation, si, incliné sur son jarret, le Taureau agenouillé ne laissait voir l'extrémité de son pied ; et les lieux où le vaste Euphrate lève sa tête près du Tigre rapide ; la Perse les fait naître tous deux d'une même source, et si la terre mêlait leurs eaux, on ne saurait quel nom donner à leur cours. Débordé dans les plaines, le fertile Euphrate remplit en ces lieux le même rôle que le Nil égyptien ; quant au Tigre, soudainement engouffré dans la terre profonde, il cache sa source mystérieuse, et re-

Injecisse manum fatis, vitaque repletos,
Quod superest donasse Deis !
                  Venere feroces
Cappadoces, duri populus nunc cultor Amani,
Armeniusque tenens volventem saxa Niphatem.
Æthera tangentes silvas liquere Coastræ.
Ignotum vobis, Arabes, venistis in orbem,
Umbras mirati nemorum non ire sinistras.
Tunc furor extremos movit romanus Horetas,
Carmanosque duces, quorum devexus in Austrum
Æther non totam mergi tamen adspicit Arcton ;
Lucet et exigua velox ibi nocte Bootes.
Æthiopumque solum, quod non premeretur ab ulla
Signiferi regione poli, nisi, poplite lapso,
Ultima curvati procederet ungula Tauri.
Quaque caput rapido tollit cum Tigride magnus
Euphrates, quos non diversis fontibus edit
Persis, et incertum, tellus si misceat amnes,
Quod potius sit nomen aquis. Sed sparsus in agros
Fertilis Euphrates Phariæ vice fungitur undæ :
At Tigrim subito tellus absorbet hiatu,
Occultosque tegit cursus, rursusque renatum

naissant par une source nouvelle, il ne refuse pas à la mer le tribut de son onde.

Entre César et les drapeaux ennemis, le Parthe belliqueux balance hésitant, il lui suffit d'avoir fait deux rivaux. Les hordes errantes de Scythie trempent leurs flèches dans le poison, comme font les habitants du Bactre glacé et des forêts immenses d'Hyrcanie. De là, l'Hénioque, issu de Lacédémone, cavalier terrible et redoutable; le Sarmate et le Mosque cruel, son voisin, et l'habitant de Colchos où le Phase roule l'or de ses ondes, et l'Halys fatal à Crésus; là, où tombant du Riphée, le Tanaïs donne à ses rives le nom de deux univers : limite commune entre l'Europe et l'Asie; il sépare ces deux contrées, et selon qu'il fléchit à droite ou à gauche, agrandit chaque région. On s'arme aux lieux où l'Euxin, mer torrentueuse, chassant les ondes méotides, ravit leur gloire aux colonnes d'Hercule, et refuse à Gadès l'honneur de recevoir seule l'Océan. Puis ce sont les nations d'Essédonie, et vous, Arimaspes, qui rattachez vos chevelures avec un nœud d'or; et le vaillant habitant d'Aria, et le Massagète, ennemi du Sarmate, qui dans ses longues guerres apaise sa faim par la chair du cheval qui le porte, et le Gélon rapide comme l'oiseau.

Fonte novo flumen pelagi non abnegat undis.
Inter Caesareas acies, diversaque signa
Pugnaces dubium Parthi tenuere favorem,
Contenti fecisse duos.
Tinxere sagittas
Errantes Scythiae populi, quos gurgite Bactros
Includit gelido, vastisque Hyrcania silvis.
Hinc Lacedaemonii moto gens aspera freno
Heniochi, saevisque adfinis Sarmata Moschis,
Colchorum qua rura secat ditissima Phasis :
Qua Croeso fatalis Halys, qua vertice lapsus
Rhipaeo Tanais diversi nomina mundi
Imposuit ripis, Asiaeque et terminus idem
Europae, mediae dirimens confinia terrae,
Nunc huc, nunc illuc, qua flectitur, ampliat orbem.
Quaque, fretum torrens, maeotidas egerit undas
Pontus, et Herculeis aufertur gloria metis,
Oceanumque negat solas admittere Gades.
Hinc Essedoniae gentes, auroque ligatas
Substringens, Arimaspe, comas : hinc fortis Arius,
Longaque Sarmatici solvens jejunia belli
Massagetes quo fugit equo, volucresque Geloni.

Non, quand Cyrus amenait ses bataillons des rives de l'Aurore, ni quand Xerxès comptait ses soldats par les traits qu'ils lançaient, ni quand le vengeur de Ménélas, de son frère outragé, sillonnait la mer écumante sous ses flottes, jamais on ne vit tant de rois sous un seul chef; jamais on ne vit s'assembler des nations si différentes de mœurs, de costumes et de langage. La Fortune a soulevé tous ces peuples pour les mêler à cette ruine immense, pour faire à Pompée de dignes funérailles. Hammon, le dieu cornu, ne se lassa pas d'envoyer au combat ses bandes africaines, depuis le pays Maurique, à l'occident, et les arides sables de Lybie, jusqu'aux Syrtes parétonniennes, à l'orient de ces rivages. Pour que l'heureux César reçût tout ensemble, Pharsale lui donne à vaincre l'univers entier d'un seul coup.

Dès que César est sorti des murs de Rome consternée, il semble donner à ses légions des ailes pour franchir les Alpes nuageuses. Mais tandis que les autres nations frémissent au nom de César, Marseille, colonie de Phocée, ose rester fidèle à son alliance, garde la foi jurée; et toute grecque qu'elle est, préfère le parti le plus juste au plus heureux. Cependant elle veut essayer par un langage pacifique de fléchir la fureur indomp-

>
> Non, quum Memnoniis deducens agmina regnis
> Cyrus, et effusis numerato milite telis
> Descendit Xerxes, fraternique ultor amoris
> Æquora quum tantis percussit classibus, unum
> Tot reges habuere ducem : coiere nec unquam
> Tam variæ cultu gentes, tam dissona vulgi
> Ora : tot immensæ comites mixtura ruinæ.
> Excivit populos, et dignas funere Magni
> Exsequias Fortuna dedit. Non corniger Hammon
> Mittere Marmaricas cessavit in arma catervas :
> Quidquid ab occiduis Libye patet arida Mauris,
> Usque Parætonias Eoa ad litora Syrtes,
> Acciperet felix ne non semel omnia Cæsar,
> Vincendum pariter Pharsalia præstitit orbem.
> Ille ubi deseruit trepidantis mœnia Romæ,
> Agmine nubiferam rapto superevolat Alpem.
> Quumque alii famæ populi terrore paverent,
> Phocais in dubiis ausa est servare juventus
> Non Graia levitate fidem, signataque jura,
> Et causas, non fata, sequi. Tamen ante furorem
> Indomitum, duramque viri deflectere mentem

table de César et la dureté de cette âme superbe. Ses députés s'avancent, l'olive de Minerve dans les mains, au-devant de César et de ses légions.

« Romains, dirent-ils, vos annales attestent que, dans les guerres du dehors, Marseille a, dans tous les temps, partagé les travaux et les dangers de Rome ; aujourd'hui même, si tu veux, César, chercher dans l'univers de nouveaux triomphes, nos mains vont s'armer et te sont dévouées : mais si dans les combats où vous courez, Rome, ennemie d'elle-même, va se baigner dans son propre sang, nous n'avons à vous offrir que des larmes et un asile. Les coups que Rome va se porter nous seront sacrés. Si les dieux s'armaient contre les dieux, ou si les géants leur déclaraient la guerre, la piété des humains serait insensée d'oser vouloir les secourir par des vœux ou par des armes ; et ce n'est qu'au bruit du tonnerre que l'homme, aveugle sur le destin des dieux, saurait que Jupiter règne encore aux cieux. Ajoutez que des peuples sans nombre accourent de toutes parts, et que ce monde corrompu n'a pas assez le crime en horreur pour que vos guerres domestiques manquent de glaives. Et plût aux dieux que la terre entière pensât comme nous, qu'elle refusât de seconder vos haines, et que nul étranger ne

Pacifico sermone parant, hostemque propinquum
Orant, Cecropiæ prælata fronde Minervæ :
« Semper in externis populo communia vestro
Massiliam bellis testatur fata tulisse,
Comprensa est Latiis quæcumque annalibus ætas.
Et nunc, ignoto si quos petis orbe triumphos,
Accipe devotas externa in prælia dextras.
At si funestas acies, si dira paratis,
Prælia discordes, lacrymas civilibus armis
Secretumque damus. Tractentur vulnera nulla
Sacra manu. Si cœlicolis furor arma dedisset,
Aut si terrigenæ tentarent astra Gigantes,
Non tamen auderet pietas humana vel armis,
Vel votis, prodesse Jovi : sortisque Deorum
Ignarum mortale genus, per fulmina tantum
Sciret adhuc cœlo solum regnare Tonantem.
Adde quod innumeræ concurrunt undique gentes,
Nec sic horret iners scelerum contagia mundus,
Ut gladiis egeant civilia bella coactis.
Sit mens ista quidem cunctis, ut vestra recusent
Fata, nec hæc alius committat prælia miles.

voulût se mêler à vos combattants! Est-il un fils à qui les armes ne tombassent des mains à la rencontre de son père? Est-il des frères capables de lancer le javelot contre leur frère? La guerre est finie, si vous êtes privés du secours de ceux à qui elle est permise. Pour nous, la seule grâce que nous vous demandons, c'est de laisser loin de nos remparts ces drapeaux, ces aigles terribles, de daigner vous fier à nos murs, et de consentir que nos portes soient ouvertes à César et fermées à la guerre. Qu'il reste sur la terre un asile inaccessible et sûr où Pompée et toi, si jamais le malheur de Rome vous touche et vous dispose à un accord, vous puissiez venir désarmés. Du reste, qui peut t'engager, quand la guerre t'appelle en Espagne, à suspendre ici ta marche rapide? Nous ne sommes d'aucun poids dans la balance des destins du monde. Depuis que ce peuple, exilé de son ancienne patrie, a quitté les murs de Phocée livrés aux flammes, quels ont été nos exploits? Enfermés dans d'étroites murailles, et sur un rivage étranger, notre bonne foi seule nous rend illustres. Si tu prétends assiéger nos murs et briser nos portes, nous sommes résolus à braver le fer et la flamme, et la soif et la faim. Si tu nous prives du secours des eaux, nous creuserons, nous lécherons la terre; que le pain

Cui non conspecto languebit dextra parente?
Telaque diversi prohibebunt spargere fratres.
Finis adest rerum, si non committitis illis
Arma, quibus fas est. Nobis hæc summa precandi,
Terribiles aquilas infestaque signa relinquas
Urbe procul, nostrisque velis te credere muris,
Excludique sinas, admisso Cæsare, bellum.
Sit locus exceptus sceleri, Magnoque tibique
Tutus, ut, invictæ fatum si consulat Urbi,
Fœdera si placeant, sit quo veniatis inermes.
Vel, quum tanta vocent discrimina Martis Hiberi,
Quid rapidum deflectis iter? non pondera rerum,
Nec momenta sumus : nunquam felicibus armis
Usa manus, patriæ primis a sedibus exsul,
Et post translatas exustæ Phocidos arces,
Mœnibus exiguis, alieno in litore, tuti,
Illustrat quos sola fides. Si claudere muros
Obsidione paras, et vi perfringere portas,
Excepisse faces tectis et tela parati,
Undarum raptos aversis fontibus haustus
Quærere, et effossam sitientes lambere terram :

nous manque, nous nous réduirons aux aliments les plus immondes. Ce peuple aura le courage de souffrir pour sa liberté tous les maux que supporta Sagonte assiégée par Annibal. Les enfants arrachés des bras de leurs mères, presseront en vain leurs mamelles taries et desséchées par la faim et seront jetés dans les flammes : l'épouse demandera la mort à son époux chéri, les frères se perceront l'un l'autre, et cette guerre domestique leur fera moins d'horreur que celle où tu veux nous forcer. »

Ainsi parlèrent les guerriers grecs; et César dont la colère enflammait les regards, la laisse éclater en ces mots : « Ces Grecs comptent vainement sur la rapidité de ma course. Tout impatient que je suis de me rendre aux extrémités de la terre, j'aurai le temps de raser ces murs. Réjouissez-vous, soldats, le sort met sur votre passage de quoi exercer votre valeur. Comme les vents ont besoin d'obstacles pour ramasser leurs forces dissipées et comme la flamme a besoin d'aliment, ainsi nous avons besoin d'ennemis. Tout ce qui cède nous dérobe la gloire de vaincre que la révolte nous offrirait. Marseille consent à m'ouvrir ses portes, si j'ai la bassesse de m'y présenter seul

>   Et desit si larga Ceres, tunc horrida cerni,
>   Fœdaque contingi maculato carpere morsu.
>   Nec pavet hic populus pro libertate subire,
>   Obsessum Pœno gessit quod Marte Saguntum.
>   Pectoribus rapti matrum, frustraque trahentes
>   Ubera sicca fame, medios mittentur in ignes ;
>   Uxor et a caro poscet sibi fata marito.
>   Vulnera miscebunt fratres, bellumque coacti
>   Hoc potius civile gerent. »
>   Sic Graia juventus
>   Finierat ; quum turbato jam prodita vultu
>   Ira ducis tandem testata est voce dolorem :
>   « Vana movet Graios nostri fiducia cursus.
>   Quamvis Hesperium mundi properemus ad axem,
>   Massiliam delere vacat. Gaudete, cohortes :
>   Obvia præbentur fatorum munere bella.
>   Ventus ut amittit vires, nisi robore densæ
>   Occurrant silvæ, spatio diffusus inani :
>   Utque perit magnus nullis obstantibus ignis,
>   Sic hostes mihi deesse nocet : damnumque putamus
>   Armorum, nisi, qui vinci potuere, rebellent.
>   Sed si solus eam, dimissis degener armis,
>   Tum mihi tecta patent.

et sans armes. C'est peu de m'exclure, elle veut m'enfermer ! Croit-elle se dérober à la guerre qui embrase le monde? Vous serez punis d'avoir osé prétendre à la paix ! et vous apprendrez que du temps de César, il n'y a point d'asile plus sûr au monde que la guerre sous mes drapeaux. » Il dit, et marche vers les murs de Marseille, où nul ne tremble. Il trouve les portes fermées et les remparts couverts d'une armée nombreuse et résolue.

Non loin de la ville est une colline dont le sommet aplani forme un terrain spacieux. Cette hauteur, où il est facile à César de se retrancher par une longue enceinte, lui présente un camp avantageux et sûr. Du côté opposé à cette colline, et à la même hauteur, s'élève un fort qui protége la ville, et dans l'intervalle sont des champs cultivés.

César trouve digne de lui le vaste projet de combler le vallon et de joindre les deux éminences. D'abord, pour investir la ville du côté de la terre, il fait pratiquer un long retranchement du haut de son camp jusqu'à la mer. Un rempart de gazon couvert d'épais créneaux, doit embrasser la ville et lui couper les eaux et les vivres qui lui viennent des champs voisins. Ce sera pour la ville grecque un honneur immortel, un fait mémorable

« Jam non excludere tantum,
Inclusisse volunt. At enim contagia belli
Dira fugant. Dabitis pœnas pro pace petita :
Et nihil esse meo discetis tutius ævo,
Quam duce me bellum. »
　　　　　　　　Sic postquam fatus, ad urbem
Haud trepidam convertit iter : tum mœnia clausa
Conspicit, et densa juvenum vallata corona.
Haud procul a muris tumulus surgentis in altum
Telluris parvum diffuso vertice campum
Explicat : hæc patiens longo munimine cingi
Visa duci rupes, tutisque aptissima castris.
Proxima pars urbis celsam consurgit in arcem
Par tumulo, mediisque sedent convallibus arva.
Tunc res immenso placuit statura labore,
Aggere diversos vasto committere colles.
Sed prius ut totam, qua terra cingitur, urbem
Clauderet, a summis produxit ad æquora castris
Longum Cæsar opus, fontesque et pabula campi
Amplexus fossa, densas tollentia pinnas
Cespitibus, crudaque exstruxit brachia terra.
Jam satis hoc Graiæ memorandum contigit urbi

dans tous les âges, d'avoir soutenu sans abattement les approches de la guerre, d'en avoir suspendu le cours; et tandis que l'impétueux César entraînait tout sur son passage, de n'avoir seule été vaincue que par un siége pénible et lent. Quelle gloire, en effet, de résister aux destins, et de retarder si longtemps la Fortune impatiente de donner un maître à l'univers !

Les forêts tombent de toutes parts et sont dépouillées de leurs chênes; car il fallait que, le milieu du rempart n'étant comblé que de légers faisceaux couverts d'une couche de terre, les deux bords fussent contenus par des pieux et des poutres solidement unies, de peur que ce terrain mal affermi ne s'écroulât sous le poids des tours.

Non loin de la ville était un bois sacré, dès longtemps inviolé, dont les branches entrelacées écartant les rayons du jour, enfermaient sous leur épaisse voûte un air ténébreux et de froides ombres. Ce lieu n'était point habité par les Pans rustiques ni par les Sylvains et les nymphes des bois. Mais il cachait un culte barbare et d'affreux sacrifices. Les autels, les arbres y dégouttaient de sang humain ; et, s'il faut ajouter foi à la superstitieuse antiquité, les oiseaux n'osaient s'arrêter sur ces branches ni les bêtes féroces y chercher un repaire ; la foudre

  Æternumque decus, quod non impulsa, neque ipso
 Strata metu, tenuit flagrantis in omnia belli
 Præcipitem cursum : raptisque a Cæsare cunctis,
 Vincitur una mora. Quantum est quod fata tenentur !
 Quodque virum toti properans imponere mundo
 Hos perdit Fortuna dies !
      Tunc omnia late
 Procumbunt nemora, et spoliantur robore silvæ ;
 Ut, quum terra levis mediam virgultaque molem
 Suspendant, structa laterum compage ligatam
 Arctet humum, pressus ne cedat turribus agger.
 Lucus erat, longo nunquam violatus ab ævo,
 Obscurum cingens connexis aera ramis,
 Et gelidas alte submotis solibus umbras.
 Hunc non ruricolæ Panes, nemorumque potentes
 Silvani Nymphæque tenent, sed barbara ritu
 Sacra deum, structæ diris altaribus aræ ;
 Omnis et humanis lustrata cruoribus arbor.
 Si qua fidem meruit Superos mirata vetustas,
 Illis et volucres metuunt insistere ramis,
 Et lustris recubare feræ ; nec ventus in illas

qui jaillit des nuages évitait d'y tomber, les vents craignaient de l'effleurer. Aucun souffle n'agite leurs feuilles ; les arbres frémissent d'eux-mêmes. Des sources sombres versent une onde impure ; les mornes statues des dieux, ébauches grossières, sont faites de troncs informes ; la pâleur d'un bois vermoulu inspire l'épouvante. L'homme ne tremble pas ainsi devant les dieux qui lui sont familiers. Plus l'objet de son culte lui est inconnu, plus il est formidable. Les antres de la forêt rendaient, disait-on, de longs mugissements ; les arbres déracinés et couchés par terre se relevaient d'eux-mêmes ; la forêt offrait, sans se consumer, l'image d'un vaste incendie ; et des dragons de leurs longs replis embrassaient les chênes. Les peuples n'en approchaient jamais. Ils ont fui devant les dieux. Quand Phébus est au milieu de sa course, ou que la nuit sombre enveloppe le ciel, le prêtre lui-même redoute ces approches et craint de surprendre le maître du lieu.

Ce fut cette forêt que César ordonna d'abattre, elle était voisine de son camp ; et comme la guerre l'avait épargnée, elle restait seule, épaisse et touffue, au milieu des monts dépouillés.

A cet ordre, les plus courageux tremblent. La majesté du lieu

Incubuit silvas, excussaque nubibus atris
Fulgura : non ullis frondem præbentibus auris,
Arboribus suus horror inest.
                          Tum plurima nigris
Fontibus unda cadit, simulacraque mœsta Deorum
Arte carent, cæsisque exstant informia truncis.
Ipse situs, putrique facit jam robore pallor
Attonitos : non vulgatis sacrata figuris
Numina sic metuunt : tantum terroribus addit,
Quos timeant non nosse deos !
                          Jam fama ferebat,
Sæpe cavas motu terræ mugire cavernas,
Et procumbentes iterum consurgere taxos,
Et non ardentis fulgere incendia silvæ,
Roboraque amplexos circumfluxisse dracones.
Non illum cultu populi propiore frequentant,
Sed cessere deis. Medio quum Phœbus in axe est,
Aut cœlum nox atra tenet, pavet ipse sacerdos
Accessus, dominumque timet deprendere luci.
Hanc jubet immisso silvam procumbere ferro :
Nam vicina operi, belloque intacta priori
Inter nudatos stabat densissima montes.
Sed fortes tremuere manus ; motique verenda

les avait remplis d'un saint respect, et dès qu'ils frapperaient ces arbres sacrés, il leur semblait déjà voir les haches vengeresses retourner sur eux-mêmes.

César voyant frémir les cohortes dont la terreur enchaînait les mains, ose le premier se saisir de la hache, la brandit, frappe, et l'enfonce dans un chêne qui touchait aux cieux. Alors leur montrant le fer plongé dans ce bois profané : « Si quelqu'un de vous, dit-il, regarde comme un crime d'abattre la forêt, m'en voilà chargé, c'est sur moi qu'il retombe. » Tous obéissent à l'instant, non que l'exemple les rassure, mais la crainte de César l'emporte sur celle des dieux. Aussitôt les ormes, les chênes noueux, l'arbre de Dodone, l'aune, ami des eaux, les cyprès, arbres réservés aux funérailles des patriciens, virent pour la première fois tomber leur longue chevelure, et entre leurs cimes il se fit un passage à la clarté du jour. Toute la forêt tombe sur elle-même, mais en tombant elle se soutient et son épaisseur résiste à sa chute.

A cette vue tous les peuples de la Gaule gémirent, mais captive dans ses murailles, Marseille s'en applaudit. Qui peut se persuader, en effet, que les dieux se laissent braver impunément? et cependant combien de coupables la Fortune n'a-t-elle pas

Majestate loci, si robora sacra ferirent,
In sua credebant redituras membra secures.
Implicitas magno Cæsar terrore cohortes
Ut vidit, primus raptam librare bipennem
Ausus, et aeriam ferro proscindere quercum,
Effatur merso violata in robora ferro :
« Jam ne quis vestrum dubitet subvertere silvam,
Credite me fecisse nefas. » Tunc paruit omnis
Imperiis, non sublato secura pavore,
Turba, sed expensa Superorum et Cæsaris ira.
Procumbunt orni, nodosa impellitur ilex ;
Silvaque Dodones, et fluctibus aptior alnus,
Et non plebeios luctus testata cupressus,
Tunc primum posuere comas, et fronde carentes
Admisere diem : propulsaque robore denso
Sustinuit se silva cadens.
                    Gemuere videntes
Gallorum populi : muris sed clausa juventus
Exsultat. Quis enim læsos impune putaret
Esse Deos? Servat multos Fortuna nocentes;

sauvés! Il semble que le courroux du ciel n'ait le droit de tomber que sur les misérables.

Quand les bois furent assez abattus, on tira des campagnes voisines des chariots pour les enlever; le laboureur consterné vit dételer ses taureaux, et, obligé d'abandonner son champ, il pleura la perte de l'année.

César trop impatient pour se consumer dans les longueurs d'un siége, tourne ses pas du côté de l'Espagne et ordonne à la guerre de le suivre vers cette extrémité du monde.

Le rempart s'élève sur de solides palissades, et reçoit deux tours de la même hauteur que les murs de la citadelle. Ces tours ne sont point attachées à terre, mais elles roulent sur des essieux obéissant à une force cachée. Les assiégés, du haut de leur fort, voyant ces masses s'ébranler, en attribuèrent la cause à quelque violente secousse qu'avaient donnée à la terre les vents enfermés dans son sein; et ils s'étonnèrent que leurs murailles n'en fussent pas ébranlées; mais tout à coup, du haut de ces tours mouvantes, tombe sur eux une grêle de dards. De leur côté, volent sur les Romains des traits plus terribles encore; car ce n'est point à force de bras que leurs javelots sont lancés : décochés par le ressort de la baliste, ils partent avec la rapidité de la foudre, et au lieu de s'arrêter dans la plaie, ils s'ouvrent une

   Et tantum miseris irasci numina possunt.
   Utque satis cæsi nemoris, quæsita per agros
   Plaustra ferunt : curvoque soli cessantis aratro
   Agricolæ raptis annum flevere juvencis.
   Dux tamen impatiens hæsuri ad mœnia Martis,
   Versus ad Hispanas acies, extremaque mundi,
   Jussit bella geri.
       Stellatis axibus agger
   Erigitur, geminasque æquantes mœnia turres
   Accipit : hæ nullo fixerunt robore terram,
   Sed per iter longum causa repsere latenti.
   Quum tantum nutaret onus, telluris inanes
   Concussisse sinus quærentem erumpere ventum
   Credidit, et muros mirata est stare juventus.
   Illinc tela cadunt excelsas urbis in arces.
   Sed major Graio Romana in corpora ferro
   Vis inerat : neque enim solis excussa lacertis
   Lancea, sed tenso ballistæ turbine rapta,
   Haud unum contenta latus transire quiescit;
   Sed pandens perque arma viam, perque ossa, relicta

large voie à travers l'armure et les os fracassés, y laissent la mort et volent au delà avec la force de la donner encore.

Cette machine formidable lance des pierres d'un poids énorme, et qui, pareilles à des rochers déracinés par le temps et détachés par un orage, brisent tout ce qu'elles rencontrent. C'est peu d'écraser les corps sous leur chute, elles en dispersent au loin les membres ensanglantés.

Mais à mesure que les assiégeants s'approchaient des murs, à couvert sous la tortue, les traits qui de loin auraient pu les atteindre, passaient au-dessus de leurs têtes ; et il n'était pas facile aux ennemis de changer la direction de la machine qui les lançait. Mais la pesanteur des rochers leur suffit pour accabler tout ce qui s'approche ; et ils se contentent de les rouler à force de bras du haut des murailles. Tant que les boucliers des Romains sont unis et qu'ils se soutiennent l'un l'autre, ils repoussent les traits qui les frappent, comme un toit repousse la grêle qui, sans le briser, le fait retentir. Mais sitôt que la force du soldat épuisée laisse rompre cette espèce de voûte, chaque bouclier seul est trop faible pour soutenir tous les coups qu'il reçoit. Alors on fait avancer le mantelet couvert de terre, sous cet abri, sous ce front couvert, on se prépare

Morte fugit : superest telo post vulnera cursus.
At saxum quoties ingenti verberis ictu
Excutitur, qualis rupes quam vertice montis
Abscidit impulsu ventorum adjuta vetustas,
Frangit cuncta ruens : nec tantum corpora pressa
Exanimat ; totos cum sanguine dissipat artus.
Ut tamen hostiles densa testudine muros
Tecta subit virtus, armisque innexa priores
Arma ferunt, galeamque extensus protegit umbo,
Quæ prius ex longo nocuerunt missa recessu,
Jam post terga cadunt : nec Graiis flectere jactum,
Aut facilis labor est longinqua ad tela parati
Tormenti mutare modum ; sed pondere solo
Contenti, nudis evolvunt saxa lacertis.
Dum fuit armorum series, ut grandine tecta
Innocua percussa sonant, sic omnia tela
Respuit : at postquam virtus incerta virorum
Perpetuam rupit, defesso milite, cratem,
Singula continuis cesserunt ictibus arma.
Tunc adoperta levi procedit vinea terra,
Sub cujus pluteis et tecta fronte latentes

à battre les murs et à les ruiner par la base. Bientôt le bélier dont le balancement redouble les forces, frappe et tente de détacher ces longues couches de pierre qu'un dur ciment tient enchaînées et que leur poids même affermit. Mais le toit qui protége les Romains, chargé d'un déluge de feu, ébranlé par les masses qu'on y fait tomber et par les poutres qui, du haut des murs, travaillent sans cesse à l'abattre, ce toit tout à coup s'embrase et s'écroule, et, accablés d'un travail inutile, les soldats regagnent leur camp.

Les assiégés n'avaient d'abord espéré que de défendre leurs murailles, ils osent risquer une attaque au dehors. Une jeunesse intrépide sort à la faveur de la nuit : elle n'a pour armes ni la lance, ni l'arc terrible, ses mains ne portent que la flamme cachée à l'ombre des boucliers.

L'incendie se déclare : un vent impétueux le répand sur tous les travaux de César. Le chêne vert a beau résister, les progrès du feu n'en sont pas moins rapides ; partout où les flambeaux s'attachent, le feu s'élance sur sa proie, et des tourbillons de flamme se mêlent dans l'air à d'immenses colonnes de fumée. Non-seulement les bois entassés, mais les rochers eux-mêmes sont embrasés et réduits en poudre. Tout le rempart s'écroule en même temps, et dans ses débris dispersés, la masse en paraît agrandie.

Moliri nunc ima parant, et vertere ferro
Mœnia : nunc aries suspenso fortior ictu
Incussus densi compagem solvere muri
Tentat, et impositis unum subducere saxis.
Sed super et flammis, et magnæ fragmine molis
Et sudibus crebris, et adusti roboris ictu
Percussæ cedunt crates, frustraque labore
Exhausto fessus repetit tentoria miles.
Summa fuit Graiis, starent ut mœnia, voti :
Ultro acies inferre parant ; armisque coruscas
Nocturni texere faces : audaxque juventus
Erupit : non hasta viris, non letifer arcus ;
Telum flamma fuit, rapiensque incendia ventus
Per Romana tulit celeri munimina cursu.
Nec, quamvis viridi luctetur robore, lentas
Ignis agit vires : tæda sed raptus ab omni
Consequitur nigri spatiosa volumina fumi :
Nec solum silvas, sed saxa ingentia solvit,
Et crudæ putri fluxerunt pulvere cautes.
Procubuit, majorque jacens apparuit agger.

Les Romains, sans ressource du côté de la terre, tentent la fortune sur mer. Déjà Brutus sur le vaisseau *Prétorien*, semblable à une forteresse, avait abordé aux îles Stéchades, accompagné d'une flotte que le Rhône avait vu construire et qu'il avait portée à son embouchure. On y joint des navires faits à la hâte, non de bois peints et décorés, mais de chênes grossièrement taillés, et tels qu'ils tombaient des montagnes ; du reste, fortement unis et formant un plancher solide et commode pour le combat.

Marseille, de son côté, s'est résolue à courir avec toutes ses forces le hasard d'un combat. Les vieillards eux-mêmes ont pris les armes et viennent se ranger parmi les jeunes citoyens. Non-seulement les vaisseaux en état de servir, mais ceux qui dans le port tombaient en ruine et qu'on a réparés, sont chargés de combattants.

Le soleil matinal répandait sur la face des eaux ses rayons brisés par les ondes. Le ciel était sans nuage, les vents en silence laissaient régner dans l'air le calme et la sérénité, et la mer semblait s'aplanir pour la bataille. Alors chaque navire quitte sa place, et d'un mouvement égal, s'avancent des deux côtés ceux de Marseille et ceux des Romains. D'abord, la rame les ébranle, et bientôt à coups redoublés elle les soulève et les fait mouvoir.

Spes victis telluris abit, placuitque profundo
Fortunam tentare mari. Non robore picto
Ornatas decuit fulgens tutela carinas,
Sed rudis, et qualis procumbit montibus, arbor
Conseritur, stabilis navalibus arca bellis.
Et jam turrigeram Bruti comitata carinam
Venerat in fluctus Rhodani cum gurgite classis,
Stœchados arva tenens.
    Nec non et Graia juventus
Omne suum fatis voluit committere robur ;
Grandævosque senes mixtis armavit ephebis.
Accepit non sola viros, quæ stabat in undis,
Classis ; et emeritas repetunt navalibus alnos.
Ut matutinos spargens super æquore Phœbus
Fregit aquis radios, et liber nubibus æther,
Et posito Borea, pacemque tenentibus Austris,
Servatum bello jacuit mare, movit ab omni
Quisque suam statione ratem, paribusque lacertis
Cæsaris hinc puppes, hinc Graio remige classis
Tollitur : impulsæ tonsis tremuere carinæ,

La flotte des Romains était rangée en forme de croissant. Les solides galères et les navires à quatre rangs de rames forment un demi-cercle de bâtiments innombrables. Cette force redoutable fait face à la pleine mer. Au centre du croissant rentrent les vaisseaux liburniens, fiers de leur double rang de rames. Au-dessus de tous s'élevait la poupe du vaisseau de Brutus. Six rangs de rameurs lui faisaient tracer un sillon vaste au sein de l'onde, et ses rames les plus élevées s'étendaient au loin sur la mer.

Dès que les flottes ne sont plus séparées que par l'espace qu'un vaisseau peut parcourir d'un seul coup d'aviron, mille voix remplissent les airs, et l'on n'entend plus à travers ces clameurs ni le bruit des rames, ni le son des trompettes. On voit les rameurs balayer les flots et renversés sur les bancs se frapper la poitrine de leurs rames. Les proues se heurtent à grand bruit, les vaisseaux virent de bord, mille traits lancés se croisent dans l'air, bientôt la mer en est couverte. Déjà les deux flottes se déploient et les vaisseaux divisés se donnent un champ libre pour le combat. Alors, comme dans l'Océan, si le flux et le vent sont opposés, la mer avance et le flot recule ; de même les vaisseaux

Crebraque sublimes convellunt verbera puppes.
Cornua Romanæ classis, validæque triremes,
Quasque quater surgens exstructi remigis ordo
Commovet, et plures quæ mergunt æquora pinus,
Multiplices cinxere rates. Hoc robur aperto
Oppositum pelago : lunata fronte recedunt,
Ordine contentæ gemino crevisse liburnæ.
Celsior at cunctis Bruti prætoria puppis
Verberibus senis agitur, molemque profundo
Invehit, et summis longe petit æquora remis.
Ut tantum medii fuerat maris, utraque classis
Quod semel excussis posset trancurrere tonsis,
Innumeræ vasto miscentur in æthere voces;
Remorumque sonus premitur clamore; nec ulla
Audiri potuere tubæ. Tum cærula verrunt,
Atque in transtra cadunt, et remis pectora pulsant.
Ut primum rostris crepuerunt obvia rostra;
In puppim rediere rates, emissaque tela
Aera texerunt vacuumque cadentia pontum.
Et jam diductis extendunt cornua proris,
Diversæque rates laxata classe receptæ.
Ut, quoties æstus Zephyris Euriskque repugnat,
Huc abeunt fluctus, illuc mare : sic ubi puppes

ennemis sillonnent l'onde en sens contraire, la masse d'eau que l'un chasse est à l'instant repoussée par l'autre. Mais les vaisseaux de Marseille étaient plus propres à l'attaque, plus légers à la fuite, plus faciles à ramener par de rapides évolutions, enfin plus dociles à l'action du gouvernail. Ceux des Romains, au contraire, avaient pour eux l'avantage d'une assiette solide, et l'on y pouvait combattre comme sur la terre ferme.

Brutus dit donc à son pilote assis sur la poupe : « Pourquoi laisser les deux flottes se disperser sur les eaux, est-ce d'adresse que tu veux combattre ? Engage la bataille, et que nos vaisseaux présentent le flanc à la proue ennemie. » Le pilote obéit et présente son vaisseau en travers de l'ennemi. Dès lors chaque vaisseau qui, de sa proue, heurte le flanc des vaisseaux de Brutus, y reste attaché, vaincu par le choc, et retenu captif par le fer qu'il enfonce. D'autres sont arrêtés par des griffes d'airain, ou liés par de longues chaînes. Les rames se tiennent enlacées, et les deux flottes couvrant la mer forment un champ de bataille immobile. Ce n'est plus le javelot, ce n'est plus la flèche qu'on lance; on se joint, on combat l'épée à la main. Chacun du haut de son bord se penche au-devant du fer ennemi; les morts tombent hors du

Sulcato varios duxerunt gurgite tractus,
Quod tulit illa ratis remis, hæc rettulit æquor.
Sed Graiis habiles pugnamque lacessere pinus
Et tentare fugam, nec longo frangere gyro
Cursum, nec tarde flectenti cedere clavo.
At Romana ratis stabilem præbere carinam
Certior, et terræ similem bellantibus usum.
Tunc in signifera residenti puppe magistro
Brutus ait : « Paterisne acies errare profundo ?
Artibus et certas pelagi ? jam consere bellum :
Phocaicis medias rostris oppone carinas. »
Paruit, obliquas et præbuit hostibus alnos.
Tunc quæcumque ratis tentavit robora Bruti,
Ictu victa suo, percussæ capta cohæsit.
Ast alias manicæque ligant, teretesque catenæ,
Seque tenent remis : tecto stetit æquore bellum.
Jam non excussis torquentur tela lacertis,
Nec longinqua cadunt jaculato vulnera ferro,
Miscenturque manus : navali plurima bello
Ensis agit. Stat quisque suæ de robore puppis
Pronus in adversos ictus : nullique perempti

bord qu'ils défendent. Les eaux sont couvertes d'une écume de sang, la mer profonde en est épaissie, et les cadavres suspendus entre les flancs des vaisseaux, rendent impuissants les efforts que fait l'un des deux pour attirer l'autre. Parmi les combattants, les uns qui respirent encore en tombant, boivent leur sang avec l'onde amère; d'autres luttant contre une mort lente, sont tout à coup ensevelis avec leur vaisseau qui s'entr'ouvre. Les traits qui volent en vain ne tombent pas de même, et s'ils ont manqué leur première victime, il s'en trouve mille à frapper sur les eaux. L'une de nos galères, environnée de celles de Marseille, avait déployé ses forces sur ses deux bords et les défendait en même temps avec une égale intrépidité. Ce fut là que le brave Catus, combattant du haut de la poupe et voulant enlever le pavillon ennemi, reçoit deux flèches opposées, qui se croisent en lui perçant le cœur. D'abord son sang hésite, incertain par quelle plaie il va s'écouler; mais repoussant à la fois les deux flèches, il s'ouvre à grands flots l'un et l'autre passage, et semble, en divisant l'âme de ce guerrier, payer un double tribut à la mort.

Dans ce combat s'était engagé le malheureux Télon, celui des Phocéens qui maîtrisait le mieux un navire dans la tempête.

In ratibus cecidere suis. Cruor altus in undis
Spumat, et obducti concrescunt sanguine fluctus.
Et quas immissi traxerunt vincula ferri,
Has prohibent jungi conserta cadavera puppes.
Semianimes alii vastum subiere profundum,
Hauseruntque suo permixtum sanguine pontum :
Hi luctantem animam lenta cum morte trahentes,
Fractarum subita ratium periere ruina.
Irrita tela suas peragunt in gurgite cædes;
Et quodcumque cadit frustrato pondere ferrum,
Exceptum mediis invenit vulnus in undis.
Phocaicis Romana ratis vallata carinis,
Robore diducto dextrum levumque tuetur
Æquo Marte latus : cujus dum pugnat ab alta
Puppe Catus, Graiumque audax aplustre retentat,
Terga simul pariter missis et pectora telis
Transigitur : medio concurrit pectore ferrum,
Et stetit incertus flueret quo vulnere sanguis,
Donec utrasque simul largus cruor expulit hastas,
Divisitque animam, sparsitque in vulnera letum.
Dirigit huc puppim miseri quoque dextra Telonis,
Qua nullæ melius, pelago turbante, carinæ

Jamais pilote n'a mieux prévu les variations de l'air annoncées par le soleil ou par le croissant de la lune ; toujours ses voiles étaient disposées pour le vent qui allait se lever.

Il avait brisé du fer de sa proue le flanc du vaisseau qu'il attaquait. Mais un javelot lui perça le sein ; et le dernier effort de sa main défaillante fut de détourner son vaisseau.

Giarée va pour le remplacer et saute sur sa poupe. Le trait mortel le cloue au moment qu'il s'élance, l'attache et le tient suspendu au navire.

Il y avait deux jumeaux, la gloire de leur féconde mère. Les mêmes flancs les avaient conçus pour des destins bien différents. La cruelle mort distingua ces frères que leurs parents confondaient tous les jours. Hélas ! cette douce erreur est détruite : l'un d'eux a péri, et celui qui leur reste, éternel objet de leurs larmes, nourrit sans cesse leur douleur en leur offrant l'image de celui qui n'est plus. Ce malheureux jeune homme, voyant les rames de son vaisseau entrelacées avec celles d'un vaisseau romain, osa porter la main sur le bord ennemi : un fer pesant tombe sur sa main et la coupe, mais sans lâcher prise, elle se roidit, attachée au bois qu'elle a saisi. Le malheur ne fit qu'irriter le courage du guerrier mutilé. De l'intrépide main

Audivere manum ; nec lux est notior ulli
Crastina, seu Phœbum videat, seu cornua lunæ,
Semper venturis componere carbasa ventis.
Hic Latiæ rostro compagem ruperat alni :
Pila sed in medium venere trementia pectus,
Avertitque ratem morientis dextra magistri.
Dum cupit in sociam Gyareus erumpere puppim,
Excipit immissum suspensa per ilia ferrum,
Adfixusque rati, telo retinente, pependit.
Stant gemini fratres, fecundæ gloria matris,
Quos eadem variis genuerunt viscera fatis :
Discrevit mors sæva viros ; unumque relictum
Adgnorunt miseri, sublato errore, parentes,
Æternis causam lacrymis : tenet ille dolorem
Semper, et amissum fratrem lugentibus offert.
Quorum alter, mixtis obliquo pectine remis,
Ausus Romanæ Graia de puppe carinæ
Injectare manum ; sed eam gravis insuper ictus
Amputat : illa tamen nixu, quo prenderat, hæsit,
Deriguitque tenens strictis immortua nervis.
Crevit in adversis virtus : plus nobilis iræ
Truncus habet ; fortique instaurat prœlia læva,

qui lui reste, il veut reprendre celle qu'il a perdue ; mais un nouveau coup lui détache le bras et la main dont il combattait. Alors, sans bouclier, sans armes, il ne va point se cacher au fond du vaisseau ; mais de son corps exposé aux coups, il fait un rempart à son frère. Percé de flèches, il se tient debout, et après le coup qui suffit à sa mort, il en reçoit mille, qui tous seraient mortels, et qu'il épargne à ses amis. Enfin, comme il sent que son âme va s'échapper par tant de plaies, il la ramasse et la retient dans ce corps défaillant ; il emploie tout le sang qui lui reste à tendre un moment les ressorts de ses membres, et consumant dans un dernier effort tout ce qu'il a de vie et de force, il se précipite sur le bord ennemi pour nuire au moins par le poids de sa chute.

Ce vaisseau, comblé de cadavres, regorgeant de sang, brisé par les coups redoublés des proues, s'entr'ouvre enfin de toutes parts. L'eau perce à travers ses flancs fracassés, et, dès qu'il est plein jusqu'aux bords, il s'engloutit, et dans son tourbillon il enveloppe les flots qui l'entourent. L'onde recule, l'abîme s'ouvre, la mer retombe et le remplit.

Dans ce jour, le sort des combats étala sur la mer ses prodiges. Le fer recourbé que les Romains jetaient sur une galère

Rapturusque suam procumbit in æquora dextram.
Hæc quoque cum toto manus est abscissa lacerto.
Jam clypeo, telisque carens, non conditur ima
Puppe : sed expositus, fraternaque pectore nudo
Arma tegens, crebra confixus cuspide perstat ;
Telaque multorum, leto casura suorum,
Emerita jam morte tenet. Tum vulnere multo
Effugientem animam lassos collegit in artus ;
Membraque contendit, toto quicumque manebat,
Sanguine, et hostilem, defectis robore nervis,
Insiluit, solo nociturus pondere, puppim.
Strage virum cumulata ratis, multoque cruore
Plena, per obliquum crebros latus accipit ictus.
At postquam ruptis pelagus compagibus hausit,
Ad summos repleta foros, desidit in undas,
Vicinum involvens contorto vortice pontum.
Æquora discedunt mersa diducta carina,
Inque locum puppis cecidit mare. Multaque ponto
Præbuit ille dies varii miracula fati.
Ferrea dum puppi rapidos manus inserit uncos,

ennemie atteignit un guerrier nommé Licidas, et il l'entraînait dans les flots. Ses compagnons veulent le retenir; les jambes qu'ils saisissent leur restent ; le haut du corps en est détaché : son sang ne s'écoule pas avec lenteur, comme par une plaie, mais il jaillit à la fois par tous ses canaux brisés, et le mouvement de l'âme qui circule de veine en veine est tout à coup interrompu. Jamais la source de la vie n'eut pour s'épancher une voie aussi vaste. La moitié du corps, qui n'avait que des membres épuisés de sang et d'esprit, fut à l'instant la proie de la mort ; mais celle où le poumon respire, où le cœur répand la chaleur, lutta longtemps avant que de subir le sort de l'autre moitié de lui-même.

Tandis qu'une troupe, obstinée à la défense de son vaisseau, se presse en foule sur le bord qu'on attaque et laisse sans défense le flanc qui n'a point d'ennemis, le navire penché du côté qu'elle appesantit, se renverse, et couvre d'une voûte profonde et la mer et les combattants. Leurs bras ne peuvent se déployer et ils périssent comme enfermés dans une étroite prison.

Alors on ne voit partout que l'affreuse image d'une mort sanglante. Tandis qu'un jeune homme se sauve à la nage, deux vaisseaux qui vont se heurter le percent du bec de leurs proues ;

Adfixit Lycidam : mersus foret ille profundo,
Sed prohibent socii, suspensaque crura retentant.
Scinditur avulsus : nec, sicut vulnere, sanguis
Emicuit lentus ; ruptis cadit undique venis,
Discursusque animæ diversa in membra meantis
Interceptus aquis. Nullius vita perempti
Est tanta dimissa via. Pars ultima trunci
Tradidit in letum vacuos vitalibus artus :
At tumidus qua pulmo jacet, qua viscera fervent,
Hæserunt ibi fata diu ; luctataque multum
Hac cum parte viri vix omnia membra tulerunt.
Dum nimium pugnax unius turba carinæ
Incumbit prono lateri, vacuamque relinquit,
Qua caret hoste, ratem : congesto pondere puppis
Versa, cava texit pelagus nautasque carina :
Brachia nec licuit vasto jactare profundo,
Sed clauso periere mari.
     Tunc unica diri
Conspecta est leti facies, quum forte natantem
Diversæ rostris juvenem fixere carinæ.

et ses os brisés par ce choc terrible n'empêchent pas l'airain de retentir. De ses entrailles écrasées, de la bouche le sang jaillit au loin dans les airs; et lorsque les deux vaisseaux s'éloignent, son corps transpercé tombe au sein des eaux. Une foule de malheureux prêts à périr et se débattant contre la mort tâchent d'aborder une de leurs galères; mais dès qu'ils veulent s'y attacher, comme elle chancelle et va périr sous une charge trop pesante, du haut du bord, un fer impie coupe les bras sans pitié. Ces bras suppliants restent suspendus, les corps s'en détachent et tombent dans l'abîme, car l'eau ne peut plus soutenir le poids de ces corps mutilés.

Déjà les combattants ont épuisé leurs traits, mais leur fureur invente des armes. Les uns chargent l'ennemi à coups de rames, les autres saisissent les antennes et les lancent à force de bras. Les rameurs arrachent leurs bancs et les font voler d'un bord à l'autre. On brise le vaisseau pour combattre. Ceux-ci foulant aux pieds les morts, les dépouillent du fer dont ils sont percés; ceux-là blessés d'un trait mortel, le retirent de la plaie et la ferment d'une main pour que le sang retenu dans les veines

    Discessit medium jam vastos pectus ad ictus :
Nec prohibere valent obtritis ossibus artus,
    Quo minus æra sonent. Eliso ventre, per ora
Ejectat saniem permixtus viscere sanguis.
Postquam inhibent remis puppes, ac rostra reducunt,
Dejectum in pelagus perfosso pectore corpus
    Vulneribus transmisit aquas.
                    Pars maxima turbæ
Naufraga, jactatis morti obluctata lacertis,
Puppis ad auxilium sociæ concurrit; at illi
Robora quum vetitis prensarent arctius ulnis,
Nutaretque ratis, populo peritura recepto,
Impia turba super medios ferit ense lacertos.
Brachia linquentes Graia pendentia puppi,
A manibus cecidere suis : non amplius undæ
Sustinuere graves in summo gurgite truncos.
Jamque omni fusis nudato milite telis,
    Invenit arma furor : remum contorsit in hostem
Alter; at hi tortum validis aplustre lacertis,
Avulsasque rotant, excusso remige, sedes.
In pugnam fregere rates : sidentia pessum
Corpora cæsa tenent, spoliantque cadavera ferro.
Multi inopes teli, jaculum letale revulsum
Vulneribus traxere suis, et viscera læva

donne à l'autre main plus de force ; qu'il s'écoule après que le javelot est parti, c'est assez.

Mais rien ne fit dans ce combat autant de ravage que le feu, cet ennemi de l'Océan. La poix brûlante, le soufre, la cire enflammée répandent l'incendie avec elles. L'onde ne peut vaincre la flamme et des vaisseaux brisés dans le combat, un feu dévorant poursuit et consume les débris épars sur les eaux. L'un ouvre son navire aux ondes, pour éteindre l'incendie, l'autre pour éviter d'être submergé, s'accroche aux poutres brûlantes. De mille genres de mort, le seul que l'on craigne est celui dont on se voit périr. Le naufrage même n'éteint pas la valeur. On voit ceux qui nagent encore ramasser les traits répandus sur la mer et les fournir à leurs compagnons qui combattent sur les vaisseaux, ou, d'une main mal assurée s'efforcer de les lancer eux-mêmes. Si le fer manque, l'onde y supplée, l'ennemi s'attache avec fureur à son ennemi, leurs bras et leurs mains s'entrelacent et chacun d'eux s'enfonce avec joie pour submerger l'autre avec lui.

Il y avait dans ce combat, parmi les Phocéens, un homme exercé à retenir son haleine sous les eaux ; soit qu'il fallût aller

Oppressere manu, validos dum præbeat ictus
Sanguis, et, hostilem quum torserit, exeat, hastam.
Nulla tamen plures hoc edidit æquore clades,
Quam pelago diversa lues. Nam pinguibus ignis
Adfixus tædis, et tecto sulfure vivax
Spargitur : at faciles præbere alimenta carinæ
Nunc pice, nunc liquida rapuere incendia cera.
Nec flammam superant undæ ; sparsisque per æquor
Jam ratibus, fragmenta ferus sibi vindicat ignis.
Hic recipit fluctus, extinguat ut æquore flammas :
Hi, ne mergantur, tabulis ardentibus hærent.
Mille modos inter leti, mors una timori est
Qua cœpere mori.
   Nec cessat naufraga virtus :
Tela legunt dejecta mari, ratibusque ministrant ;
Incertasque manus, ictu languente, per undas
Exercent. Nunc, rara datur si copia ferri,
Utuntur pelago : sævus complectitur hostem
Hostis, et implicitis gaudent subsidere membris,
Mergentesque mori.
   Pugna fuit unus in illa
Eximius Phoceus animam servare sub undis,

dégager l'ancre qui ne cède plus au câble, ou chercher au fond de la mer ce que le sable avait dévoré. Dès que ce plongeur redoutable avait noyé son adversaire, il revenait sur l'eau triomphant. Mais à la fin croyant remonter sans obstacle, sa tête rencontre le fond d'une galère et il reste englouti.

On en vit s'attacher aux rames d'un vaisseau ennemi pour retarder sa fuite; on en vit même se suspendre en mourant à la poupe de leur navire pour rompre le choc d'un navire opposé. Leur plus grand souci était que leur mort ne fût pas perdue.

Un Phocéen, nommé Ligdamus, instruit dans l'art des Baléares, fait partir de sa fronde un plomb rapide. Tyrrhénus qui commandait du haut de sa poupe en est atteint : le plomb mortel lui brise les tempes, et ses yeux dont tous les liens sont rompus, tombent, chassés de leurs orbites par des flots de sang ; immobile et dans l'étonnement de ne plus voir la lumière, il prend ces ténèbres pour celles de la mort, mais bientôt se sentant plein de vie : « Compagnons, dit-il, employez-moi comme une machine à lancer les traits. Allons, Tyrrhénus, abandonnons ce reste de vie aux fureurs de la guerre, et de mon cadavre tirons

Scrutarique fretum, si quid mersisset arenis,
Et nimis adfixos unci convellere morsus,
Adductum quoties non senserat anchora funem.
Hic ubi compressum penitus deduxerat hostem,
Victor et incolumis summas remeabat in undas.
Sed se per vacuos credit dum surgere fluctus,
Puppibus occurrit, tandemque sub æquore mansit.
Hi super hostiles jecerunt brachia remos,
Et ratium tenuere fugam. Non perdere letum
Maxima cura fuit. Multus sua vulnera puppi
Adfixit moriens, et rostris abstulit ictus.
Stantem sublimi Tyrrhenum culmine proræ
Lygdamus excussa Balearis tortor habenæ
Glande petens, solido fregit cava tempora plumbo.
Sedibus expulsi, postquam cruor omnia rupit
Vincula, procumbunt oculi : stat lumine rapto
Attonitus, mortisque illas putat esse tenebras.
At postquam membris sensit constare vigorem :
« Vos, ait, o socii, sicut tormenta soletis,
Me quoque mittendis rectum componite telis.
Egere quod superest animæ, Tyrrhene, per omnes
Bellorum casus. Ingentem militis usum

encore cet avantage de l'exposer aux coups destinés aux vivants. » Il dit, et ses traits aveuglément lancés, ne laissent pas de porter atteinte. Argus, jeune homme d'une naissance illustre, en est frappé à l'endroit où le ventre se courbe vers les entrailles ; et en tombant sur le fer il l'enfonce.

Sur le même vaisseau et à l'extrémité opposée était le malheureux père d'Argus, guerrier illustre dans sa jeunesse, et qui ne le cédait en valeur à aucun des Phocéens. Mais ici, courbé sous le poids des ans et tout consumé de vieillesse, c'était un exemple et non pas un soldat.

Témoin de la mort de son fils, il se traîne à pas chancelants, et, de chute en chute, le long du navire, il arrive jusqu'à la poupe et il y trouve son fils expirant. On ne voit point ses larmes couler ni ses mains frapper sa poitrine ; mais, comme il tend les bras, tout son corps se roidit, ses yeux se couvent d'épaisses ténèbres ; il regarde son fils et il ne le reconnaît plus. Celui-ci, dès qu'il aperçoit son père, soulève sa tête penchée sur son cou languissant. Il veut parler, la voix lui manque, seulement sa bouche muette demande à son père un dernier baiser et invite sa main à lui fermer les yeux. Dès que le vieil-

    Hoc habet ex magna defunctum parte cadaver :
Viventis feriere loco. » Sic fatus, in hostem
Cæca tela manu, sed non tamen irrita, mittit.
Excipit hæc juvenis generosi sanguinis Argus,
Qua jam non medius descendit in ilia venter,
Adjuvitque suo procumbens pondere ferrum.
Stabat diversa victæ jam parte carinæ
Infelix Argi genitor : non ille juventæ
Tempore Phocaicis ulli cessurus in armis ;
Victum ævo robur cecidit ; fessusque senecta,
Exemplum, non miles erat : qui, funere viso,
Sæpe cadens longæ senior per transtra carinæ
Pervenit ad puppim, spirantesque invenit artus.
Non lacrymæ cecidere genis, non pectora tundit ;
Distentis toto riguit sed corpore palmis.
Nox subit, atque oculos vastæ obduxere tenebræ,
Et miserum cernens adgnoscere desinit Argum.
Ille caput labens, et jam languentia colla,
Viso patre, levat : vox fauces nulla solutas
Prosequitur : tacito tantum petit oscula vultu,
Invitatque patris claudenda ad lumina dextram.
Ut torpore senex caruit, viresque cruentus

lard est revenu à lui-même et que la cruelle douleur a repris des forces : « Je ne perdrai point, dit-il, le moment que me laissent les dieux cruels ; je percerai ce cœur vieilli. Argus, pardonne à ton père de fuir tes embrassements et les derniers soupirs de ta bouche. Le sang bout encore dans tes blessures ; tu respires, tu peux me survivre encore. » A ces mots, quoique son épée fût tout entière plongée dans son sein, il se hâte de se précipiter dans les flots, impatient de précéder son fils ; il n'ose se confier à une seule mort.

La victoire n'est plus douteuse, le sort des combats s'est déclaré. La plupart des vaisseaux de Marseille sont abîmés sous les eaux, le reste ayant changé de matelots, reçoit et porte les vainqueurs ; un petit nombre gagnent la mer et cherchent leur salut dans la fuite.

Quelle fut au dedans des murs la désolation des familles ! De quels cris les mères éplorées firent retentir le rivage ! On vit des épouses éperdues, qui, dans les cadavres flottants sur le bord, croyant reconnaître des traits souillés de sang, embrassaient le corps d'un ennemi qu'elles prenaient pour celui d'un époux. On vit de misérables pères se disputer près des bûchers un corps mutilé.

Cœpit habere dolor : « Non perdam tempora, dixit,
A sævis permissa Deis : jugulumque senilem
Confodiam. Veniam misero concede parenti,
Arge, quod amplexus, extrema quod oscula fugi.
Nondum destituit calidus tua vulnera sanguis,
Semianimisque jaces, et adhuc potes esse superstes. »
Sic fatus, quamvis capulum per viscera missi
Polluerat gladii, tamen alta sub æquora tendit
Præcipiti saltu : letum præcedere nati
Festinantem animam morti non credidit uni.
Inclinant jam fata ducum : nec jam amplius anceps
Belli casus erat. Graiæ pars maxima classis
Mergitur ; ast aliæ, mutato remige, puppes
Victores vexere suos : navalia paucæ
Præcipiti tenuere fuga.
     Quis in urbe parentum
Fletus erat ! quanti matrum per litora planctus !
Conjux sæpe sui, confusis vultibus unda,
Credidit ora viri, Romanum amplexa cadaver ;
Accensisque rogis, miseri de corpore trunco
Certavere patres.

Cependant Brutus triomphant sur les mers s'applaudit d'avoir, le premier, joint à l'éclat des armes de César l'honneur d'une victoire navale.

>At Brutus, in æquore victor,
>Primus Cæsareis pelagi decus addidit armis.

LIVRE IV

Guerre d'Espagne contre Pétreius et Afranius, lieutenants de Pompée; description de leur camp auprès d'Hilerda. — César essaye en vain de s'emparer d'une éminence au-dessus d'Hilerda. — Pluies terribles qui menacent de noyer le camp de César. — César passe le Sicoris au moyen d'un pont jeté sur ce fleuve ; Pétréius lève son camp et veut se rendre dans le pays des Celtibériens. — César le poursuit et l'atteint. — Les deux armées, campées l'une près de l'autre et séparées par un étroit retranchement, le franchissent et s'embrassent. — Pétréius trouble cette paix et pousse aux armes ses soldats. — Son discours aux Pompéiens. — Massacre qui suit cet intervalle de paix dans le camp de Pétréius. — Les Pompéiens cherchent à regagner les hauteurs d'Hilerda; César les enferme sur des collines où ils manquent d'eau. — Dévorés de soif et désespérés, ils veulent combattre; mais César leur refuse la bataille. — Tableau de la situation des Pompéiens privés d'eau. — Les chefs se rendent : discours d'Afranius à César. — César fait grâce aux Pompéiens. — Antoine, lieutenant de César, est pressé par la famine au milieu de son camp, dans une île de l'Adriatique. — Il cherche un moyen d'échapper en fuyant par mer, et de rejoindre ceux de son parti. — Des chaînes lâches, cachées sous les eaux par l'ordre du chef des Pompéiens, retiennent un des vaisseaux d'Antoine. — Vultéius, commandant du navire, exhorte ses soldats à se tuer les uns les autres plutôt que de se rendre. — Ils s'égorgent les uns les autres. — Éloge de cette action. — Curion passe en Afrique, et campe sur des roches ruineuses qu'on appelait le royaume d'Antée. — Description du combat de ce géant contre Hercule. — Forces des Pompéiens en Afrique, sous le commandement de Varus et de Juba. — Ressentiment de Juba contre Curion. — Curion attaque Varus et le défait. — Défaite des Césariens par les Numides; Curion se fait tuer. — Épilogue sur cette mort de Curion.

César, aux confins de l'univers, commence une guerre qui coûta peu de sang, mais qui devait être d'un grand poids dans la fortune des deux partis. A la tête des troupes de Pompée, en

LIBER IV

At procul extremis terrarum Cæsar in oris
Martem sævus agit non multa cæde nocentem,
Maxima sed fati ducibus momenta daturum.

Espagne, marchaient Afranius et Pétréius ses lieutenants. Rivaux et compagnons de gloire, ils partageaient d'intelligence le commandement de l'armée, et veillaient tour à tour à la garde du camp. Aux légions romaines qu'ils commandaient, s'étaient joints l'infatigable Astur, le Véton léger et ceux des Celtes qui, transfuges de la Gaule, avaient mêlé leur nom à celui des Ibères.

Sur une colline fertile et d'une pente facile et douce est située l'antique Hilerda. Au pied de ses murs, le Sicoris, l'un des plus beaux fleuves de ces contrées, promène ses tranquilles eaux. Un pont de pierre embrasse le fleuve de son arc immense et résiste aux torrents de l'hiver. Près de la ville et sur une hauteur est situé le camp de Pompée : celui de César occupe une éminence égale, le fleuve sépare les deux camps.

De là s'étend une vaste plaine où l'œil s'égare dans le lointain et que tu termines, rapide Cinga ! Mais tu n'as pas la gloire de garder ton nom jusqu'à la mer et d'y porter le tribut de ton onde. L'Èbre qui préside à ces campagnes te reçoit et t'enlève ton nom.

Le premier jour se passa sans combattre : on l'employa des deux côtés à étaler ses forces et ses innombrables enseignes aux

---

Jure pari rector castris Afranius illis,
Ac Petreius erat : concordia duxit in æquas
Imperium commune vices; tutelaque valli
Pervigil, alterno paret custodia signo.
His præter Latias acies erat impiger Astur,
Vettonesque leves, profugique a gente vetusta
Gallorum Celtæ miscentes nomen Hiberis.
Colle tumet modico, lenique excrevit in altum
Pingue solum tumulo : super hunc fundata vetusta
Surgit Hilerda manu : placidis prælabitur undis
Hesperios inter Sicoris non ultimus amnes,
Saxeus ingenti quem pons amplectitur arcu,
Hibernas passurus aquas. At proxima rupes
Signa tenet Magni : nec Cæsar colle minori
Castra levat : medius dirimit tentoria gurges.
Explicat hinc tellus campos effusa patentes,
Vix oculo prendente modum : camposque coerces,
Cinga rapax, vetitus fluctus et litora cursu
Oceani pepulisse tuo; nam gurgite mixto,
Qui præstat terris aufert tibi nomen Hiberus.
Prima dies belli cessavit marte cruento,
Spectandasque ducum vires, numerosaque signa

yeux de l'ennemi. Les deux partis, à l'aspect l'un de l'autre, frémirent du crime qu'ils allaient commettre. La honte suspendit les armes dans leurs mains; ils donnèrent un jour au respect des lois et à l'amour de la patrie.

Sur le déclin de ce jour, César, pour tromper l'ennemi et lui dérober ses travaux, range en avant ses deux premières lignes et emploie l'autre à creuser à la hâte un fossé autour de son camp.

Aux premiers rayons du soleil il commande que l'on se porte en courant sur une hauteur qui sépare la ville du camp de Pompée. Au même instant l'ennemi que persuadent la honte et la crainte s'en empare et s'y établit avant lui. Ce poste est disputé le fer à la main. La valeur le promet aux uns, l'avantage du lieu l'assure aux autres. Les soldats chargés de leurs armes gravissent les rochers; on les voit prêts à tomber en arrière, se soutenir et se pousser l'un l'autre à l'aide de leurs boucliers. Loin de pouvoir lancer le javelot, chacun d'eux s'en fait un appui pour affermir ses pas chancelants; ils saisissent de l'autre main les pointes du roc, les racines des arbres, et ne se servent de leur épée que pour se frayer un chemin. César qui les voit sur le point d'être précipités fait avancer sa cavalerie qui, tour-

Exposuit : piguit sceleris : pudor arma furentum
Continuit; patriæque et ruptis legibus unum
Donavere diem.
    Prono quum Cæsar Olympo
In noctem subita circumdedit agmina fossa,
Dum primæ perstant acies, hostemque fefellit,
Et prope consertis obduxit castra maniplis.
Luce nova collem subito conscendere cursu,
Qui medius tutam castris dirimebat Hilerdam,
Imperat. Huc hostem pariter terrorque pudorque
Impulit, et rapto tumulum prior agmine cepit.
His virtus ferrumque locum promittit : at illis
Ipse locus. Miles rupes oneratus in altas
Nititur : adversoque acies in monte supina
Hæret, et in tergum casura, umbone sequentis
Erigitur. Nulli telum vibrare vacabat,
Dum labat, et fixo firmat vestigia pilo,
Dum scopulos stirpesque tenent, atque hoste relicto
Cædunt ense viam. Vidit lapsura ruina
Agmina dux, equitemque jubet succedere bello,
Munitumque latus lævo præducere gyro.

nant à gauche, protége leur flanc. Il se retirent ainsi sans que l'on ose les poursuivre. Le vainqueur se voit avec dépit dérober sa victoire.

Jusque-là on n'avait eu à courir que le danger des armes; mais dès lors ce fut la guerre des éléments qu'on eut à soutenir.

L'aride souffle des Aquilons tenait suspendues dans l'air condensé les froides vapeurs de la terre. Les montagnes étaient chargées de neige, les plaines brûlées par les frimats, et dans toutes les régions du couchant l'on voyait la terre endurcie par la sécheresse d'un long hiver.

Mais lorsque le soleil, de retour dans le Bélier, eut égalé le jour et la nuit, et que le jour eut repris l'avantage, à peine Diane traçait dans le ciel le premier trait de son croissant, qu'elle imposa silence à Borée, et le vent de l'Aurore échauffa les airs. Ce vent chasse vers l'Occident tous les nuages de ses climats, et les vapeurs que l'Arabie exhale et celles qui s'élèvent du Gange, et celles qu'attire le soleil naissant et qui défendent l'Indien des traits brûlants de sa lumière; enfin tout ce que les vents ont amassé sur les bords où le jour se lève, se précipite et s'accumule vers les régions du couchant. Là,

Sic pedes ex facili, nulloque urgente receptus,
Irritus et victor subducto Marte pependit.
Hactenus armorum discrimina. Cetera bello
Fata dedit variis incertus molibus aer.
Pigro bruma gelu, siccisque Aquilonibus hærens,
Æthere constricto pluvias in nube tenebat.
Urebant montana nives, camposque jacentes
Non duraturæ conspecto sole pruinæ :
Atque omnis propior mergenti sidera cœlo
Aruerat tellus, hiberno dura sereno.
Sed postquam vernus calidum Titana recepit
Sidera respiciens delapsæ portitor Helles,
Atque iterum æquatis ad justæ pondera Libræ
Temperibus vicere dies; tunc, sole relicto,
Cynthia quo primum cornu dubitanda refulsit,
Exclusit Boream, flammasque accepit ab Euro.
Ille suo nubes quascumque invenit in axe,
Torsit in occiduum Nabatæis flatibus orbem,
Et quas sentit Arabs, et quas Gangetica tellus
Exhalat nebulas, quidquid concrescere primus
Sol patitur, quidquid cœli fuscator Eoi
Impulerat Corus, quidquid defenderat Indos :
Incendere diem nubes oriente remotæ,

comme le ciel se joint à l'Océan, les nuages, arrêtés par les bornes du monde, se roulent sur eux-mêmes en épais tourbillons ; l'étroit espace qui sépare le ciel de la terre et qu'occupe un air ténébreux, contient à peine ce monceau de nues. Affaissées par le poids du ciel, elles s'épaississent en pluie et se répandent à longs flots. Les foudres qu'elles lancent à coups redoublés sont éteintes aussitôt qu'allumées ; l'arc coloré qui embrasse les airs et dont une pâle clarté distingue à peine les faibles nuances, boit l'Océan, grossit les nuages des flots qu'il pompe et qu'il élève, et rend au ciel cette mer flottante qui s'en épanche incessamment. Des neiges que n'avait jamais pu fondre le soleil, coulent du haut des Pyrénées, les rochers de glace sont amollis ; et alors les sources des fleuves n'ont plus où s'épancher, tant leur lit se trouve rempli des eaux qui tombent des deux rives. Le camp de César est inondé ; le flot bat et soulève les tentes. Le retranchement est changé en un lac, on ne sait plus où ravir les troupeaux ; les sillons noyés ne produisent aucun herbage. Le laboureur répandu dans les campagnes désolées, s'égare, et ne reconnait plus les chemins cachés sous les eaux.

Nec medio potuere graves incumbere mundo,
Sed nimbos rapuere fuga. Vacat imbribus Arctos,
Et Notus : in solam Calpen fluit humidus aer.
Hic ubi jam Zephyri fines, et summus Olympi
Cardo tenet Tethyn, vetitæ transcurrere, densos
Involvere globos, congestumque aeris atri
Vix recipit spatium, quod separat æthere terram.
Jamque polo pressæ largos densantur in imbres,
Spissatæque fluunt : nec servant fulmina flammas,
Quamvis crebra micent : exstinguit fulgura nimbus.
Hinc imperfecto complectitur aera gyro
Arcus, vix ulla variatus luce colorem,
Oceanumque bibit, raptosque ad nubila fluctus
Pertulit, et cœlo defusum reddidit æquor.
Jamque Pyrenææ, quas nunquam solvere Titan
Evaluit, fluxere nives, fractoque madescunt
Saxa gelu : tum, quæ solitis e fontibus exit,
Non habet unda viam : tam largas alveus omnis
A ripis accepit aquas. Jam naufraga campo
Cæsaris arma natant, impulsaque gurgite multo
Castra labant : alto restagnant flumina vallo.
Non pecorum raptus faciles, non pabula mersi
Ulla ferunt sulci : tectarum errore viarum
Fallitur occultos sparsus populator in agros.

Compagne inséparable des grandes calamités, l'horrible famine approche : le soldat, sans être assiégé, manque de tout : heureux d'acheter un peu de pain au prix de tout ce qu'il possède! O rage insatiable du gain! l'or trouve encore parmi ces affamés, des vendeurs.

Déjà les collines, les hauteurs se cachent sous les eaux, déjà les fleuves confondus ne forment plus qu'un immense abîme. Les rochers y sont engloutis; les bêtes féroces chassées de leurs antres, nagent en vain : elles sont submergées avec les cavernes qui leur servaient d'asile. Les torrents enlèvent et roulent avec eux les chevaux encore frémissants. L'impétuosité des eaux de la terre repousse celles de l'Océan. La nuit qui couvre ces contrées, ne laisse pas paraître les rayons du soleil, et les ténèbres dont le ciel est couvert, font un chaos de la nature entière. Telle cette partie du monde qu'accable un climat neigeux et d'éternels hivers. Point d'astres dans son ciel, aucune production sous cette zone glacée. Ses rigueurs tempèrent les feux de la zone moyenne.

Dieu de l'Olympe, père du monde, et toi, dieu qui portes le trident, achevez! Que les nuages du ciel et les vagues de l'Océan s'unissent; que ces torrents, au lieu de s'écouler soient refoulés

    Jamque comes semper magnorum prima malorum
Sæva fames aderat; nulloque obsessus ab hoste
Miles eget : toto censu non prodigus emit
Exiguam Cererem. Proh! lucri pallida tabes!
Non deest prolato jejunus venditor auro.
Jam tumuli collesque latent : jam flumina cuncta
Condidit una palus, vastaque voragine mersit.
Absorpsit penitus rupes, ac tecta ferarum
Detulit, atque ipsas hausit, subitisque frementes
Vorticibus contorsit equos; et reppulit æstus
Fortior Oceani; nec Phœbum surgere sentit
Nox subtexta polo : rerum discrimina miscet
Deformis cœli facies, junctæque tenebræ.
Sic mundi pars ima jacet, quam zona nivalis,
Perpetuæque premunt hiemes : non sidera cœlo
Ulla videt, sterili non quidquam frigore gignit,
Sed glacie medios signorum temperat ignes.
Sic, o summe parens mundi, sic, sorte secunda,
Æquorei rector facias, Neptune, tridentis :
Et tu perpetuis impendas aera nimbis :
Tu remeare vetes quoscumque emiseris æstus.
Non habeant amnes declivem ad litora cursum,

par les mers; que la terre ébranlée ouvre aux fleuves une route nouvelle; que le Rhône, que le Rhin viennent inonder les plaines de l'Èbre; que les fleuves détournent leurs ondes; versez ici les neiges de la Thrace, les étangs, les lacs, tous les marais de l'univers, et puissent-ils délivrer la terre des malheurs de la guerre civile.

Mais ce fut assez pour la Fortune d'avoir causé à César quelques moments d'effroi : elle revint plus complaisante encore, et les dieux, comme pour s'excuser, redoublèrent pour lui de faveur.

Le ciel s'épure et s'éclaircit; le soleil, vainqueur des nuages, les dissipe dans l'air en légers flocons; les éléments ont repris leur place, et les eaux longtemps suspendues sont retombées dans leur lit. Les forêts relèvent leur cime touffue; le sommet des collines perce au-dessus des eaux, et le soleil, rendu à la terre, en durcit la surface.

Dès que le Sicoris a découvert les champs et repris ses bords, des barques faites de saules blanchissants et revêtues de la dépouille des taureaux, traversent le fleuve docile tout enflé qu'il est. Ainsi le Vénète passe le Pô débordé, et le Breton l'Océan. Ainsi, lorsque le Nil couvre les plaines de l'Égypte, l'humide

> Sed pelagi referantur aquis; concussaque tellus
> Laxet iter fluviis : hos campos Rhenus inundet,
> Hos Rhodanus : vastos obliquent flumina fontes.
> Rhipæas huc solve nives, huc stagna, lacusque,
> Et pigras, ubicumque jacent, effunde paludes;
> Et miseras bellis civilibus eripe terras.
> Sed parvo Fortuna viri contenta pavore,
> Plena redit, solitoque magis favere secundi
> Et veniam meruere Dei.
>   Jam rarior aer,
> Et par Phœbus aquis, densas in vellera nubes
> Sparserat, et noctes ventura luce rubebant;
> Servatoque loco rerum, discessit ab astris.
> Humor, et ima petit quidquid pendebat aquarum.
> Tollere silva comas, stagnis emergere colles
> Incipiunt, visoque die durescere valles.
> Utque habuit ripas Sicoris, camposque reliquit,
> Primum cana salix madefacto vimine parvam
> Texitur in puppim, cæsoque inducta juvenco
> Vectoris patiens tumidum supernatat amnem.
> Sic Venetus stagnante Pado, fusoque Britannus
> Navigat Oceano : sic quum tenet omnia Nilus,

papyrus porte l'habitant de Memphis. Les soldats de César vont au delà du fleuve abattre des forêts pour élever un pont. Mais dans la crainte d'un nouveau débordement, César ne veut pas que le pont se termine aux deux rives. Il le prolonge au loin dans la campagne, et ouvrant au fleuve divers canaux, il l'affaiblit en le divisant, comme pour le punir d'avoir enflé ses eaux.

Pétréius, qui voit que tout réussit au gré de l'ennemi, et que lui-même n'a rien à attendre des habitants de ces contrées, abandonne les hauteurs d'Hilerda, et va chercher au fond de l'Occident, des nations féroces qui ne respirent que la guerre.

Dès que César s'est aperçu que la colline est abandonnée et le camp désert, il fait courir aux armes, et sans aller chercher ni le pont, ni un gué facile, il commande qu'on passe à la nage; et cette route que le soldat n'eût osé prendre dans sa fuite, il la suit pour voler aux combats. Puis ils réchauffent, en le couvrant de leurs armes, leur corps humide, et se délassent de cette course glacée, jusqu'à ce que l'ombre décroissante laisse reparaître le jour naissant. Déjà la cavalerie atteint l'arrière-garde, incertaine entre la fuite et le combat. Deux collines pierreuses s'élèvent au sein d'une profonde vallée : plus loin

    Conseritur bibula Memphitis cymba papyro.
His ratibus trajecta manus festinat utrimque
Succisum curvare nemus; fluviique ferocis
Incrementa timens, non primis robora ripis
Imposuit : medios pontem distendit in agros.
Ac ne quid Sicoris repetitis audeat undis,
Spargitur in sulcos, et scisso gurgite rivus
Dat pœnas majoris aquæ.
      Postquam omnia fatis
Cæsaris ire videt, celsam Petreius Hilerdam
Deserit ; et noti diffisus viribus orbis,
Indomitos quærit populos, et semper in arma
Martis amore feros, et tendit in ultima mundi.
Nudatos Cæsar colles, desertaque castra
Conspiciens, capere arma jubet; nec quærere pontem,
Nec vada, sed duris fluvium superare lacertis.
Paretur : rupitque ruens in prœlia miles,
Quod fugiens timuisset, iter. Mox uda receptis
Membra fovent armis, gelidosque a gurgite cursu
Restituunt artus, donec decresceret umbra
In medium surgente die. Jamque agmina summa
Carpit eques, dubiique fugæ pugnæque tenentur.
Attollunt campo geminæ juga saxea rupes,

se prolonge une chaîne escarpée dont les détours cachent des routes inattaquables. Que l'ennemi s'en empare, la guerre va s'engager dans une contrée impraticable. César le voit : « Courez sans ordre, dit-il aux siens, arrêtez la victoire qui nous échappe ; précédez l'ennemi dans sa fuite ; présentez-lui un front menaçant ; qu'il soit forcé de voir la mort en face et de périr par d'honorables coups. » Il dit, et devance l'ennemi que les montagnes vont lui dérober.

Les deux armées campent en présence, seulement séparées par un étroit retranchement. Dès qu'elles se virent de près et que de l'un à l'autre camp pères, frères, enfants purent se reconnaître, ils sentirent le crime de la guerre civile. D'abord, la crainte leur imposa silence, et chacun d'eux ne salua les siens que d'un signe de tête ou d'un mouvement de l'épée. Mais bientôt leur amour devenu plus pressant leur fait oublier la discipline ; ils osent franchir le fossé, et courent s'embrasser. L'un prononce le nom de son hôte ; celui-ci, d'un parent. Il n'était pas Romain celui qui ne reconnaissait pas un ennemi. Ils se rappellent leur enfance, leurs liaisons, leur ancienne amitié ; leurs armes sont baignées de pleurs ; des sanglots inter-

> Valle cava mediæ : tellus hinc ardua celsos
> Continuat colles, tutæ quos inter opaco
> Amfractu latuere viæ : quibus hoste potito
> Faucibus, emitti terrarum in devia martem,
> Inque feras gentes Cæsar videt. « Ite sine ullo
> Ordine, ait, raptumque fuga convertite bellum,
> Et faciem pugnæ, vultusque inferte minaces ;
> Nec liceat pavidis ignava occumbere morte :
> Excipiant recto fugientes pectore ferrum. »
> Dixit ; et ad montes tendentem prævenit hostem.
> Illic exiguo paullum distantia vallo
> Castra locant. Postquam spatio languentia nullo
> Mutua conspicuos habuerunt lumina vultus,
> Et fratres, natosque suos videre, patresque,
> Deprensum est civile nefas. Tenuere parumper
> Ora metu : tantum nutu, motoque salutant
> Ense suos. Mox ut stimulis majoribus ardens
> Rupit amor leges, audet transcendere vallum
> Miles, in amplexus effusas tendere palmas.
> Hospitis ille ciet nomen, vocat ille propinquum :
> Admonet hunc studiis consors puerilibus ætas ;
> Nec Romanus erat, qui non agnoverat hostem.
> Arma rigant lacrymis, singultibus oscula rumpunt ;

7.

rompent leurs embrassements, et quoique leurs mains n'aient pas encore trempé dans le sang, ils se reprochent avec effroi celui qu'ils auraient pu répandre.

Insensés! pourquoi frapper vos poitrines? pourquoi gémir et répandre d'inutiles pleurs? pourquoi jurer qu'on vous fait violence, et que vous ne servez le crime qu'à regret? Est-ce à vous de craindre celui que vous seuls rendez redoutable? Que ses trompettes donnent le signal; fermez l'oreille à ces sons funestes. Qu'il déploie ses étendards; ne bougez pas : vous allez voir la furie des guerres civiles tomber d'elle-même, et César simple citoyen redevenir l'ami de Pompée. O toi, qui embrasses l'univers et l'enchaînes de tes liens : toi, le salut et l'amour du monde, viens à nous, Concorde éternelle : voici le moment qui décide du sort des siècles à venir : le crime est dévoilé : ce peuple coupable n'a plus d'excuse: chacun a reconnu ses frères. Vœux impuissants! destins inexorables! une courte trêve redouble nos maux.

La paix régnait dans les deux camps; ils étaient confondus ensemble, les soldats se livrant à la joie, avaient élevé des tables de gazon, et faisaient des libations de vin. Assis autour des mêmes foyers, ou couchés sous les mêmes tentes, ils dérobaient

---

Et quamvis nullo maculatus sanguine miles,
Quæ potuit fecisse, timet. Quid pectora pulsas?
Quid, vesane, gemis? fletus quid fundis inanes?
Nec te sponte tua sceleri parere fateris?
Usque adeone times, quem tu facis ipse timendum?
Classica det bello; sævos tu neglige cantus :
Signa ferat; cessa : jamjam civilis Erinnys
Concidet, et Cæsar generum privatus amabit.
Nunc ades, æterno complectens omnia nexu,
O rerum, mixtique salus, Concordia, mundi,
Et sacer orbis amor ; magnum nunc sæcula nostra
Venturi discrimen habent. Periere latebræ
Tot scelerum : populo venia est erepta nocenti :
Agnovere suos. Pro, numine fata sinistro
Exigua requie tantas augentia clades !
Pax erat, et miles castris permixtus utrisque
Errabat; duro concordes cespite mensas
Instituunt, et permixto libamina Baccho.
Graminei luxere foci; junctoque cubili

cette nuit au sommeil, et la passaient à se raconter leurs marches et leurs premiers exploits. C'est au milieu de ces récits guerriers, dans l'instant même que ces malheureux se donnent une foi mutuelle, et se jurent une amitié qui va rendre leurs crimes désormais plus horribles; c'est là que le sort les attend. Pétréius instruit que la paix est jurée, qu'il est trahi et livré à César, réveille ceux qui lui sont dévoués; et suivi de cette odieuse escorte, il accourt et chasse de son camp les soldats de César qu'il trouve désarmés. Il tranche lui-même à coups d'épée les nœuds de leurs embrassements; la fureur lui inspire ce belliqueux langage :

« Soldat infidèle à la patrie, et déserteur de ses drapeaux, si le sénat ne peut obtenir de vous d'attendre que César soit vaincu, attendez du moins qu'il soit vainqueur. Il vous reste une épée et du sang dans les veines, le sort de la guerre est encore incertain, et vous irez tomber aux pieds d'un maître! et vous irez porter ses étendards condamnés! Il faudra supplier César de daigner vous accepter pour esclaves! Ne lui demanderez-vous pas aussi la grâce de vos chefs? Non, jamais notre vie ne sera le prix d'une lâche trahison. Ce n'est pas de nos jours qu'il s'agit, et que doit décider la guerre civile. Votre

Extrahit insomnes bellorum fabula noctes,
Quo primum steterint campo, qua lancea dextra
Exierit. Dum, quæ gesserunt fortia, jactant,
Et dum multa negant, quod solum fata petebant,
Est miseris renovata fides, atque omne futurum
Crevit amore nefas. Nam postquam fœdera pacis
Cognita Petreio, seque et sua tradita venum
Castra videt, famulas scelerata ad prœlia dextras
Excitat, atque hostes turba stipatus inermes
Præcipitat castris, junctosque amplexibus ense
Separat, et multo disturbat sanguine pacem.
Addidit ira ferox moturas prœlia voces :
« Immemor o patriæ, signorum oblite tuorum,
Non potes hoc causæ, miles, præstare, senatus
Adsertor victo redeas ut Cæsare : certe
Ut vincare, potes. Dum ferrum, incertaque fata,
Quique fluat multo non decrit vulnere sanguis,
Ibitis ad dominum? damnataque signa feretis?
Utque habeat famulos nullo discrimine Cæsar
Exorandus erit? ducibus quoque vita petenda est?
Numquam nostra salus pretium mercesque nefandæ
Proditionis erit : non hoc civilia bella,.

paix n'est qu'une trahison. Ce ne serait pas la peine d'arracher le fer des entrailles de la terre, d'élever des remparts, d'aguerrir des coursiers, d'armer et de lancer des flottes qui couvrent l'Océan, si l'on pouvait sans honte acheter la paix au prix de la liberté. Un coupable serment suffit pour attacher vos ennemis au parti du crime : et vous, parce que votre cause est juste, une foi qui vous lie est plus vile à vos yeux! Mais, direz-vous, on nous permet d'espérer notre pardon. O ruine entière de la pudeur! ô Pompée! dans ce moment même, hélas! ignorant ton malheur, tu lèves des armées par toute la terre, tu fais avancer des extrémités du monde les rois ligués pour ta défense, et l'on traite ici de ta grâce! et peut-être on la promet! » Ces mots ébranlent tous les esprits, et l'ardeur des forfaits se ranime. Ainsi quand les bêtes féroces dans la prison qui les enferme, oubliant les forêts, semblent s'être adoucies; qu'elles ont quitté leur face menaçante, et appris à souffrir l'empire de l'homme qu'un peu de sang par hasard touche leurs lèvres altérées; leur rage, leur fureur se réveille, leur gosier s'enfle avide du sang qu'elles viennent de goûter; elles brûlent de s'assouvir, et leur rage respecte à peine leur maître pâlissant. On court à

Ut vivamus, agunt. Trahimur sub nomine pacis.
Non chalybem gentes penitus fugiente metallo
Eruerent, nulli vallarent oppida muri,
Non sonipes in bella ferox; non iret in æquor
Turrigeras classis pelago sparsura carinas,
Si bene libertas umquam pro pace daretur.
Hostes nempe meos sceleri jurata nefando
Sacramenta tenent : at vobis vilior hoc est
Vestra fides, quod pro causa pugnabitis æqua?
— Sed veniam sperare licet!
« Proh! dira pudoris
Funera! nunc toto fatorum ignarus in orbe,
Magne, paras acies, mundique extrema tenentes
Sollicitas reges, quum forsan fœdere nostro
Jam tibi sit promissa salus! »
Sic fatur, et omnes
Concussit mentes, scelerumque reduxit amorem.
Sic ubi desuetæ silvis in carcere clauso
Mansuevere feræ, et vultus posuere minaces,
Atque hominem didicere pati; si torrida parvus
Venit in ora cruor, redeunt rabiesque furorque,
Admonitæque tument gustato sanguine fauces;
Fervet, et a trepido vix abstinet ira magistro.

tous les crimes. Tout ce qu'une rencontre subite, ménagée par la haine des dieux, eût pu produire de plus atroce dans la nuit d'une mêlée, fut commis au nom du devoir. Autour de ces tables et sur ces mêmes lits où les soldats s'embrassaient, ils s'égorgent. Ils gémissent d'abord de tirer l'épée; mais sitôt que cette arme ennemie de toute justice est dans leur main, tout ce qu'ils frappent leur est odieux; et leur courage chancelant s'affermit dans le meurtre. Le camp est rempli de tumulte, les crimes l'inondent; on tranche la tête à ses proches, et de peur que le parricide ne reste perdu, on en fait trophée aux yeux des chefs; on triomphe de son forfait. Pour toi, César, dans ce carnage de ton armée, tu reconnais les dieux. Jamais la fortune ne te sourit plus dans les plaines de Thessalie, ni sur la mer qui baigne Marseille, ni sur les eaux de Pharos. Grâce à l'impiété sacrilége de tes ennemis, ta cause est devenue la plus juste.

Les lieutenants de Pompée n'osent laisser dans un camp si voisin de l'ennemi des cohortes souillées d'un crime odieux. Ils prennent le parti de la fuite et regagnent les hauteurs d'Hilerda. La cavalerie de César qui les environne leur interdit la plaine, et les cerne sur l'aride sommet des collines. Là, comme il sait

      Itur in omne nefas; et quæ Fortuna, Deorum
Invidia, cæca bellorum in nocte tulisset,
Fecit monstra fides : inter mensasque, torosque,
Quæ modo complexu foverunt pectora, cædunt.
Et quamvis primo ferrum strinxere gementes,
Ut dextræ justi gladius dissuasor adhæsit,
Dum feriunt, odere suos, animosque labantes
Confirmant ictu. Fervent jam castra tumultu,
Et scelerum turba : rapiuntur colla parentum.
Ac velut occultum pereat scelus, omnia monstra
In faciem posuere ducum : juvat esse nocentes.
Tu, Cæsar, quamvis spoliatus milite multo,
Agnoscis Superos : neque enim tibi major in arvis
Emathiis fortuna fuit, nec Phocidos undis
Massiliæ, Phario nec tantum est æquore gestum;
Hoc siquidem solo civilis crimine belli
Dux causæ melioris eris.
             Polluta nefanda
Agmina cæde duces junctis committere castris
Non audent, altæque ad mœnia rursus Hilerdæ
Intendere fugam. Campos eques obvius omnes
Abstulit, et siccis inclusit collibus hostem.

qu'elles vont manquer d'eau, il entoure leur camp d'un fossé profond, dont il défend le bord escarpé, sans leur permettre de s'étendre jusqu'au fleuve, ni d'embrasser dans leur enceinte aucune des sources d'alentour.

Aux approches de la mort qui les menace, leur crainte se change en fureur. D'abord ils tuent les chevaux, secours inutile dans un camp assiégé, ils renoncent même à la fuite; et, n'ayant plus d'espoir de s'échapper, ils courent se jeter eux-mêmes sur le fer de l'ennemi. Dès que César les voit se dévouer à un trépas inévitable : « Soldats, dit-il, retenez vos traits, détournez vos lances, évitez de verser le sang. Celui qui défie la mort, ne la reçoit guère sans la donner. Voici des guerriers désespérés, à qui la lumière est odieuse, et qui, prodigues de leur vie, ne veulent périr qu'à nos dépens. Ils ne sentiront pas les coups; ils vont se précipiter sur vos glaives, et mourir contents, s'ils versent votre sang. Attendez que leur fureur s'apaise, que leur impétuosité se ralentisse, et qu'ils aient perdu l'envie de mourir. » Ce fut ainsi que César laissa ses ennemis s'épuiser en menaces, et leur refusa le combat jusqu'au moment où le soleil plongé dans l'onde céda le ciel aux astres de la nuit.

Les assiégés n'ayant plus le moyen de recevoir ni de donner

Tunc inopes undæ prærupta cingere fossa
Cæsar avet, nec castra pati contingere ripas,
Aut circum largos curvari brachia fontes.
Ut leti videre viam, conversus in iram
Præcipitem timor est. Miles, non utile clausis
Auxilium, mactavit equos : tandemque coactus
Spe posita damnare fugam, casurus in hostes
Fertur.
           Ut effuso Cæsar decurrere passu
Vidit, et ad certam devotos tendere mortem :
« Tela tene jam, miles, ait, ferrumque ruenti
Subtrahe : non ullo constet mihi sanguine bellum :
Vincitur haud gratis, jugulo qui provocat hostem.
En sibi vilis adest invisa luce juventus,
Jam damno peritura meo : non sentiet ictus,
Incumbet gladiis, gaudebit sanguine fuso.
Deserat hic fervor mentes, cadat impetus amens :
Perdant velle mori. » Sic deflagrare minaces
Incassum, et vetito passus languescere bello,
Substituit merso dum Nox sua lumina Phœbo.
Inde ubi nulla data est miscendæ copia mortis,

la mort, leur première ardeur tombe peu à peu, et leurs esprits s'amortissent.

Tel un combattant percé d'un coup mortel, n'en est que plus impétueux, dans le moment que la blessure est vive et la douleur aiguë, et que le sang qui bouillonne encore, donne à ses nerfs plus de ressort ; mais si son ennemi, après l'avoir frappé, suspend ses coups, il le voit bientôt qui chancelle ; un froid mortel se répand dans ses veines, la force diminue, la langueur lui succède, et sa colère et son courage s'épuisent avec son sang.

Déjà l'eau manquait dans le camp de Pompée. Outre la charrue et les durs hoyaux, le fer des armes fut employé à déchirer le sein de la terre, dans l'espoir d'y trouver quelque source. On creusa un puits dont la profondeur s'étendait du haut de la colline au niveau de la plaine. Le pâle chercheur d'or des mines d'Asturies ne pénètre pas si avant, ni si loin de la clarté des cieux. Cependant on n'entendit point le bruit des fleuves souterrains ; on ne vit point de source jaillir des roches qu'on avait percées, ni une goutte de rosée distiller des parois de l'abîme, ni des filets d'eau circuler à travers les lits de gravier. On retire enfin de ces cavernes profondes une jeunesse toute couverte de sueur, qui vient de s'épuiser en vain à briser des rochers que

    Paulatim cadit ira ferox, mentesque tepescunt.
    Saucia majores animos ut pectora gestant
    Dum dolor est, ictusque recens, et mobile nervis
    Conamen calidus præbet cruor, ossaque nondum
    Adduxere cutem : si conscius ensis adacti
    Stat victor, tenuitque manus ; tum frigidus artus
    Adligat atque animum subducto robore torpor,
    Postquam sicca rigens adstrinxit vulnera sanguis.
    Jamque inopes undæ, primum tellure refossa,
    Occultos latices, abstrusaque flumina quærunt :
    Nec solum rastris, durisque ligonibus arva,
    Sed gladiis fodere suis : puteusque cavati
    Montis ad irrigui premitur fastigia campi.
    Non se tam penitus, tam longe luce relicta
    Merserit Asturii scrutator pallidus auri.
    Non tamen aut tectis sonuerunt cursibus amnes,
    Aut micuere novi, percusso pumice, fontes :
    Antra nec exiguo stillant sudantia rore,
    Aut impulsa levi turbatur glarea vena.
    Tunc exhausta super multo sudore juventus

les métaux durcissent. La pénible recherche des eaux leur a rendu plus intolérable l'aridité de l'air qu'ils respirent. Ils n'osent pas même employer le secours des aliments pour réparer leurs forces défaillantes. Ils fuient les tables : pour eux la faim est un soulagement. S'ils aperçoivent quelque humidité sur la terre amollie, ils arrachent à deux mains la glèbe, et ils la pressent sur leurs lèvres desséchées. S'ils trouvent une eau croupissante et couverte d'un noir limon, toute l'armée s'y précipite et se dispute ce breuvage impur. Le soldat expirant boit des eaux dont il n'eût pas voulu pour prolonger sa vie. Ils épuisent la mamelle des troupeaux, et au lieu de lait, ils en tirent du sang. Ils broient les plantes et les feuilles des arbres; et pressant la moelle des bois encore verts, ils en expriment le suc. Heureuses les armées détruites pour avoir bu des eaux qu'un ennemi barbare empoisonnait en s'éloignant! O César, tu peux sans mystère mêler aux fleuves d'alentour ce qu'il y a de plus immonde, de plus infect dans la nature, les plantes même les plus vénéneuses que l'on recueille sur le Dicté; cette jeunesse, sûre d'en mourir, va s'en abreuver. La flamme dévore leurs entrailles; leur langue aride et raboteuse se durcit dans leur bouche em-

Extrahitur, duris silicum lassata metallis.
Quoque minus possent siccos tolerare vapores,
Quæsitæ, fecistis, aquæ. Nec languida fessi
Corpora sustentant epulis, mensasque perosi
Auxilium fecere famem. Si mollius arvum
Prodidit humorem, pingues manus utraque glebas
Exprimit ora super. Nigro si turbida limo
Colluvies immota jacet, cadit omnis in haustus
Certatim obscenos miles; moriensque recepit,
Quas nollet victurus, aquas; rituque ferarum
Distentas siccant pecudes, et lacte negato,
Sordidus exhausto sorbetur ab ubere sanguis.
Tunc herbas frondesque terunt, et rore madentes
Destringunt ramos, et si quos palmite crudo,
Arboris aut tenera succos pressere medulla.
O fortunati, fugiens quos barbarus hostis
Fontibus immixto stravit per rura veneno!
Hos licet in fluvios saniem, tabemque ferarum,
Pallida Dictæis, Cæsar, nascentia saxis
Infundas aconita palam; Romana juventus
Non decepta bibet. Torrentur viscera flamma,
Oraque sicca rigent squamosis aspera linguis.

brasée; leurs veines sont taries; leur poumon qu'aucune liqueur n'arrose, laisse à peine un étroit passage au flux et au reflux de l'air; leur haleine brûlante déchire leur palais que la sécheresse a fendu. Leur bouche haletante, dans l'ardeur de la soif, aspire avidement les vapeurs de la nuit. Ils rappellent ces pluies abondantes dont ils ont vu naguère la campagne inondée, et leurs yeux restent sans cesse attachés aux nuages arides. Ce qui redouble leur supplice, c'est de se voir, non sous le ciel brûlant de Méroé ou du Cancer, dans les champs que laboure le Garamante au corps nu, mais entre l'impétueux Ibère et le tranquille Sicoris; de voir couler ces fleuves sous leurs yeux, et de périr de soif à leur vue.

Les chefs cèdent enfin à la nécessité : Afranius, détestant la guerre, se résout à demander la paix. Il s'avance lui-même en suppliant, traînant aux pieds de César ses cohortes mourantes. Il parait devant le vainqueur, mais avec une majesté que le malheur n'a point abattue. Son maintien rappelle sa première fortune et son désastre présent. On reconnaît en lui un vaincu, mais un chef, et il demande grâce avec un visage intrépide.

« Si le sort, dit-il, m'eût fait succomber sous un ennemi sans vertu, ma mort eût prévenu ma honte, et cette main m'eût dé-

Jam marcent venæ, nulloque humore rigatus
Aeris alternos angustat pulmo meatus,
Rescissoque nocent suspiria dura palato.
Pandunt ora tamen, nocturnumque aera captant.
Exspectant imbres, quorum modo cuncta natabant
Impulsu, et siccis vultus in nubibus hærent.
Quoque magis miseros undæ jejunia solvant,
Non super arentem Meroen, Cancrique sub axe,
Qua nudi Garamantes arant, sedere : sed inter
Stagnantem Sicorim, et rapidum deprensus Hiberum
Spectat vicinos sitiens exercitus amnes.
Jam domiti cessere duces, pacisque petendæ
Auctor damnatis supplex Afranius armis,
Semianimes in castra trahens hostilia turmas,
Victoris stetit ante pedes. Servata precanti
Majestas, non fracta malis, interque priorem
Fortunam casusque novos, gerit omnia victi,
Sed ducis, et veniam securo pectore poscit.
« Si me degeneri stravissent fata sub hoste,
Non deerat fortis rapiendo dextera leto :
At nunc sola mihi est orandæ causa salutis,

livré. Nous venons, César, te demander la vie, parce que nous te croyons digne de nous l'accorder. Ce n'est ni l'esprit de faction ni la haine qui nous a mis les armes à la main. La guerre civile nous a trouvés à la tête de ces légions ; nous lui sommes restés fidèles tant que nous l'avons pu. C'en est fait, nous ne retardons plus tes destins, nous t'abandonnons les bords du Couchant, nous te laissons le chemin de l'Orient, nous te délivrons du danger d'avoir derrière toi tout l'univers armé. Cette guerre ne t'a pas coûté beaucoup de sang ni de fatigues. Pardonne à tes ennemis ta victoire, leur seul crime. Nous demandons peu de chose : nous sommes épuisés, donne-nous le repos. Laisse-nous passer loin de la guerre la vie que tu nous accordes. Suppose nos légions détruites et couchées dans la poussière. Il ne serait pas digne de toi d'associer nos armes avec les tiennes, et de partager ton triomphe avec de malheureux captifs. Nous avons rempli nos destins ; pour toute grâce, n'oblige pas les vaincus à vaincre avec toi. »

Il dit ; César qui l'écoutait avec un visage serein, fut généreux et facile à fléchir. Il fit grâce à ses ennemis, et les dispensa de la guerre. Dès que la paix est acceptée, les soldats accourent aux fleuves ouverts maintenant devant eux ; ils se couchent sur le rivage, et troublent ces eaux dont ils peuvent

Dignum donanda, Cæsar, te credere vita.
Non partis studiis agimur, nec sumpsimus arma
Consiliis inimica tuis. Nos denique bellum
Invenit civile duces : causæque priori,
Dum potuit, servata fides : nil fata moramur.
Tradimus Hesperias gentes, aperimus Eoas,
Securumque orbis patimur post terga relicti.
Nec cruor effusus campis tibi bella peregit,
Nec ferrum, lassæque manus : hoc hostibus unum,
Quod vincas, ignosce tuis. Nec magna petuntur :
Otia des fessis, vitam patiaris inermes
Degere, quam tribuis : campis prostrata jacere
Agmina nostra putes ; nec enim felicibus armis
Misceri damnata decet, partemque triumphi
Captos ferre tui : turba hæc sua fata peregit.
Hoc petimus, victos ne tecum vincere cogas. »
Dixerat : at facilis Cæsar, vultuque serenus
Flectitur, atque usum belli pœnamque remittit.
Ut primum justæ placuerunt fœdera pacis,
Incustoditos decurrit miles ad amnes,
Incumbit ripis, permissaque flumina turbat.

enfin s'abreuver. Il en est qui s'étouffent par trop d'avidité, sans pouvoir éteindre la soif qui les dévore. Le feu qui les consume ne cède pas encore : il épuiserait, pour s'éteindre, le fleuve entier. Peu à peu les forces leur reviennent, l'armée se ranime.

O prodigue débauche! ô faste insensé de l'opulence! désir ambitieux des mets les plus rares! vaine gloire des somptueux festins! venez apprendre avec quoi l'homme soutient et prolonge sa vie, à quoi la nature a réduit ses besoins. Pour ranimer ces malheureux, il n'a pas fallu un vin fameux recueilli sous un consul inconnu et versé dans l'or ou dans la myrrhe. Ils puisent la vie au sein d'une onde pure. Hélas! telle est la condition de tous les peuples qui font la guerre : un fleuve et Cérès, c'est assez pour eux.

Dès ce moment le soldat pose les armes et les abandonne au vainqueur. Il est sans crainte dès qu'il est sans défense. Exempt de crime et libre de soins, il va se répandre dans les villes d'où la guerre l'avait tiré. Oh! qu'en jouissant des douceurs de la paix, il se repentit d'avoir lancé le javelot, souffert la soif, et demandé aux dieux de coupables succès! Ceux même que la

Continuus multis subitarum tractus aquarum
Aera non passus vacuis discurrere venis,
Arctavit, clausitque animam : nec fervida pestis
Cedit adhuc; sed morbus egens jam gurgite, plenis
Visceribus, sibi poscit aquas : mox robora nervis,
Et vires rediere viris.
     O prodiga rerum
Luxuries, numquam parvo contenta paratu,
Et quæsitorum terra pelagoque ciborum
Ambitiosa fames, et lautæ gloria mensæ,
Discite, quam parvo liceat producere vitam,
Et quantum natura petat! Non erigit ægros
Nobilis ignoto diffusus consule Bacchus;
Non auro, murrhaque bibunt : sed gurgite puro
Vita redit. Satis est populis fluviusque Ceresque.
Heu! miseri, qui bella gerunt!
       Tunc arma relinquens
Victori miles, spoliato pectore tutus,
Innocuusque suas, curarum liber, in urbes
Spargitur. O quantum donata pace politos
Excussis umquam ferrum vibrasse lacertis
Pœnituit, tolerasse sitim, frustraque rogasse
Prospera bella Deos! Nempe usis Marte secundo

victoire seconde, ont encore tant de dangers, tant de travaux à soutenir, avant de fixer la fortune inconstante; ils ont tant de sang à répandre dans toute la terre, et César à suivre à travers tant de hasards.

Heureux celui qui voyant le monde sur le penchant de sa ruine, sait en quel lieu passer une tranquille nuit! il se délasse et dort en sûreté, sans craindre que le son de la trompette interrompe son sommeil. Il rêve à sa femme, à ses enfants, à son foyer rustique, à ses champs qui ne sont pas la proie des étrangers.

Un autre avantage de leur retraite, c'est de ne plus tenir à aucun parti dont l'intérêt les agite. Pompée les a défendus, César les a sauvés : ainsi dégagés, ils sont tranquilles spectateurs de la guerre civile.

Cependant la fortune ne fut pas la même partout, elle osa se déclarer un moment contre César aux lieux où la mer Adriatique bat les murs de Salone, où le tiède Iader coule au-devant des zéphyrs.

Antoine, comptant sur la foi des belliqueux Curètes, avait choisi leur plage pour y établir son camp : inaccessible aux dangers de la guerre, s'il avait pu en écarter la faim, contre

---

Tot dubiæ restant acies, tot in orbe labores ;
Ut numquam fortuna labet successibus anceps,
Vincendum toties : terras fundendus in omnes
Est cruor, et Cæsar per tot sua fata sequendus.
Felix, qui potuit, mundi nutante ruina,
Quo jaceat, jam scire, loco ! Non prœlia fessos
Ulla vocant, certos non rumpunt classica somnos.
Jam conjux, natique rudes, et sordida tecta,
Et non deductos recipit sua terra colonos.
Hoc quoque securis oneris fortuna remisit,
Sollicitus menti quod abest favor : ille salutis
Est auctor, dux ille fuit. Sic prælia soli
Felices nullo spectant civilia voto.
Non eadem belli totum fortuna per orbem
Constitit ; in partes aliquid sed Cæsaris ausa est,
Qua maris Hadriaci longas ferit unda Salonas,
Et tepidum in molles Zephyros excurrit Iader.
Illic bellaci confisus gente Curetum,
Quos alit Hadriaco tellus circumflua ponto,
Clauditur extrema residens Antonius ora,
Cautus ab incursu belli, si sola recedat,
Expugnat quæ tuta, fames. Non pabula tellus

laquelle il n'est point de rempart. Cette île ne produisait ni pâturages, ni moissons ; et les soldats réduits à brouter l'herbe, après en avoir dépouillé la campagne, n'avaient plus pour nourriture que les gazons secs du retranchement, lorsqu'ils aperçurent sur le rivage opposé un corps de troupes que Bazilus amenait à leur secours. Antoine inventa pour fuir un nouveau moyen de traverser les eaux.

Au lieu de vaisseaux construits selon l'usage, à la haute poupe, à la carène allongée, il établit sur deux files de tonnes vides, liées ensemble par de longues chaînes, une vaste rangée de poutres. Le rameur n'y est point exposé aux traits de l'ennemi : à couvert, dans les intervalles des bois qui forment ce pont flottant, ils ne sillonnent que les eaux enfermées au milieu des barques, et donnent ainsi le merveilleux spectacle d'une machine qui vogue sans voiles, et sans secours extérieur. On observa le flux et le reflux, et dans l'instant que la mer se reployant sur elle-même, abandonnait le rivage, on lança ce navire immense avec deux galères pour l'accompagner. Ces vaisseaux s'avancent, et au milieu s'élève une forteresse mouvante, dont le sommet couronné de créneaux se balance sur les flots.

    Pascendis submittit equis, non proscrit ullam
Flava Ceres segetem : spoliabat gramine campum
Miles, et attonso miseris jam dentibus arvo
Castrorum siccas de cespite vulserat herbas.
Ut primum adversæ socios in litore terræ
Et Basilum videre ducem, nova furta per æquor
Exquisita fugæ : neque enim de more carinas
Extendunt, puppesque levant, sed firma gerendis
Molibus insolito contexunt robora ductu.
Namque ratem vacuæ sustentant undique cupæ,
Quarum porrectis series constricta catenis
Ordinibus geminis obliquas excipit alnos.
Nec gerit expositum telis in fronte patenti
Remigium ; sed, quod trabibus circumdedit æquor
Hoc ferit, et taciti præbet miracula cursus,
Quod nec vela ferat, nec apertas verberet undas.
Tunc freta servantur, dum se declivibus undis
Æstus agat, refluoque mari nudentur arenæ.
Jamque relabenti crescebant litora ponto ;
Missa ratis prono defertur lapsa profundo,
Et geminæ comites : cunctas super ardua turris
Eminet, et tremulis tabulata minantia pinnis.

Octave qui gardait ce passage, ne voulut pas attaquer d'abord; il retint l'ardeur de sa flotte, et il attendit que sa proie, attirée par l'espoir d'un trajet facile, vint se livrer tout entière à lui. Le calme trompeur qui régnait sur la mer invitait ses ennemis à s'engager dans leur folle entreprise.

Ainsi tant que le chasseur n'a pas enfermé le cerf qu'épouvante la plume odorante, tant qu'il ne l'a pas investi de ses filets, il impose silence à ses légers molosses, et les retient muets à la chaîne. Aucun d'eux ne court à la forêt, si ce n'est celui qui, le museau baissé, démêle et reconnaît la trace, qui sait se taire en découvrant la proie, et n'indiquer le lieu où elle repose que par un léger tremblement. On s'entasse en toute hâte sur ces lourdes machines. On fuit la terre sur ces radeaux en bois, à l'heure où les dernières lueurs du jour combattent contre la nuit croissante.

Un Cilicien de la flotte d'Octave mit en usage un vieil artifice des pirates de son pays, pour tendre à l'ennemi des piéges sous les eaux. Il laisse la surface libre, mais au-dessous il tient suspendues des chaînes lâches, dont les deux bouts sont attachés au rivage. Ni le premier, ni le second navire ne s'y arrête ; mais

> Noluit Illyricæ custos Octavius undæ
> Confestim tentare ratem, celeresque carinas
> Continuit, cursu crescat dum præda secundo ;
> Et temere ingressos repetendum invitat ad æquor
> Pace maris.
>   Sic dum pavidos formidine cervos
> Claudat odoratæ metuentes aera pennæ :
> Aut dum dispositis attollat retia varis
> Venator, tenet ora levis clamosa Molossi ;
> Spartanos Cretasque ligat : nec creditur ulli
> Silva cani, nisi qui presso vestigia rostro
> Colligit, et præda nescit latrare reperta,
> Contentus tremulo monstrasse cubilia loro.
> Nec mora ; complentur moles, avideque petitis
> Insula deseritur ratibus, quo tempore primas
> Impedit ad noctem jam lux extrema tenebras.
> At Pompeianus fraudes innectere ponto
> Antiqua parat arte Cilix, passusque vacare
> Summa freti, medio suspendit vincula ponto,
> Et laxas fluitare sinit religatque catenas
> Rupis ab Illyricæ scopulis. Nec prima, nec illa
> Quæ sequitur, tardata ratis : sed tertia moles

le troisième est retenu au passage, et les chaînes se reployant, l'attirent parmi les écueils.

Près de là une voute de rochers suspendus et menaçants couvre la mer, ô merveille! d'une forêt sombre. C'est dans ces antres ténébreux que la vague ensevelit souvent les débris des vaisseaux brisés par l'aquilon, et les corps de ceux qui ont péri sur les eaux. La mer repoussée par les rochers, les laisse à découvert; et lorsque ces cavernes profondes vomissent les eaux mugissantes, les tourbillons d'écume qui s'élancent des gouffres de Charybde n'ont rien de plus effrayant. C'est vers l'entrée de ce gouffre que fut attiré le navire qui portait les Opitergiens, et dans l'instant il est environné d'un côté par les vaisseaux qui se détachent du rivage, de l'autre par une multitude de combattants, dont les rochers et les bords sont couverts.

Vulteius qui commandait ce navire, s'aperçut des pièges qu'on lui avait tendus. Mais ayant tenté vainement de rompre les chaînes à coups de hache, il se résolut au combat, sans aucun espoir de salut, sans savoir même de quel côté il ferait face à l'ennemi. Cependant tout ce que peut la valeur assiégée et environnée de périls, fut exécuté dans ce moment terrible. Un seul navire avec une cohorte, investi d'un nombre infini de vaisseaux et de combattants, se défendit et soutint leur attaque. Le choc, il est vrai, ne fut pas long; la faible lumière qui

Hæsit, et ad cautes adducto fune sequuta est.
Impendent cava saxa mari; ruituraque semper
Stat (mirum) moles, et silvis æquor inumbrat.
Huc fractas Aquilone rates, submersaque pontus
Corpora sæpe tulit, cæcisque abscondit in antris :
Restituit raptus tectum mare, quumque cavernæ
Evomuere fretum, contorti vorticis undæ
Tauromenitanam vincunt fervore Charybdim.
Hic Opiterginis moles onerata colonis
Constitit : hanc omni puppes statione solutæ
Circueunt; alii rupes, ac litora complent.
Vulteius tacitas sensit sub gurgite fraudes;
Dux erat ille ratis : frustra qui vincula ferro
Rumpere conatus, poscit spe prœlia nulla,
Incertus qua terga daret, qua pectora bello.
Hoc tamen in casu, quantum deprensa valebat,
Effecit virtus : inter tot millia captæ
Circumfusa rati, et plenam vix inde cohortem,
Pugna fuit, non longa quidem; nam condidit atra

l'éclairait fit place aux ombres de la nuit; la paix régna dans les ténèbres.

La troupe consternée aux approches d'une mort inévitable, s'abandonnait au désespoir, quand Vulteius d'une voix magnanime relève en ces mots les esprits : « Romains, nous n'avons plus pour être libres que le court espace d'une nuit : employez donc ce peu d'instants à voir, dans cette extrémité, quel est le parti à prendre. La vie n'est jamais trop courte quand il en reste assez pour choisir sa mort. Et ne croyez pas qu'il y ait moins de gloire à prévenir la mort, quand on la voit de près; nul homme, en abrégeant ses jours, ne sait le temps qu'il eût pu vivre. Il faut le même courage pour renoncer à des moments ou à des années : l'honneur consiste à disposer de soi et à prévenir ses destins. On n'est jamais forcé à vouloir mourir. La fuite nous est interdite; nous sommes environnés d'ennemis prêts à nous égorger. Décidons-nous ; loin d'ici la crainte ; cédons à la nécessité, en hommes libres, non en esclaves. Ce n'est pourtant pas dans l'obscurité qu'il faut périr; et comme des troupes qui dans les ténèbres s'accablent de traits lancés au hasard. Sur un champ de bataille et dans un tas de morts, le plus beau trépas se perd dans la foule, la vertu y reste ensevelie et sans honneur, il n'en sera pas ainsi de la nôtre. Les dieux

>Nox lucem dubiam, pacemque habuere tenebræ.
>Tunc sic attonitam, venturaque fata paventem
>Rexit magnanima Vulteius voce cohortem :
>« Libera non ultra parva quam nocte, juventus,
>Consulite extremis angusto in tempore rebus.
>Vita brevis nulli superest, qui tempus in illa
>Quærendæ sibi mortis habet : nec gloria leti
>Inferior, juvenes, admoto occurrere fato.
>Omnibus incerto venturæ tempore vitæ
>Par animi laus est, et quos speraveris annos
>Perdere et extremæ momentum abrumpere lucis,
>Accersas dum fata manu : non cogitur ullus
>Velle mori. Fuga nulla patet; stant undique nostris
>Intenti cives jugulis. Decernite letum,
>Et metus omnis abest : cupias quodcumque necesse est.
>Non tamen in cæca bellorum nube cadendum est,
>Ut quum permixtis acies sua tela tenebris
>Involvunt : conserta jacent quum corpora campo,
>In medium mors omnis abit; perit obruta virtus.
>Nos in conspicua sociis hostique carina

ont voulu l'exposer sur ce théâtre aux yeux de nos amis et de nos ennemis. Ce rivage, cette mer, les rochers de l'île que nous avons quittée seront couverts de spectateurs. De l'un et de l'autre rivage, les deux partis vont nous contempler. O Fortune! tu te prépares à faire de nous je ne sais quel exemple grand et mémorable. Tout ce que la fidélité, le dévouement des troupes a laissé de monuments illustres dans tous les siècles, cette brave jeunesse va l'effacer. Oui, César, c'est faire peu pour toi, nous le savons, que de nous immoler nous-mêmes; mais assiégés comme nous le sommes, nous n'avons pas de plus grand témoignage à te donner de notre amour. Le sort envieux a sans doute beaucoup retranché de notre gloire en ne permettant pas que nos vieillards et nos enfants se soient trouvés pris avec nous, mais que l'ennemi sache du moins qu'il est des hommes qu'on ne peut dompter; qu'il apprenne à craindre des furieux résolus et prompts à mourir; qu'il bénisse le ciel de n'en avoir retenu dans ses piéges qu'un petit nombre. Il essayera de nous tenter en parlant de paix et d'accord; il tâchera de nous corrompre par l'offre d'une vie honteuse. Ah! plût aux dieux qu'il nous fît grâce, et que le salut nous fût assuré! notre mort en serait bien plus belle, et en nous voyant déchirer nous-mêmes nos entrailles, on ne croirait pas que ce fût la

Constituere Dei : præbebunt æquora testes,
Præbebunt terræ, summis dabit insula saxis.
Spectabunt geminæ diverso e litore partes.
Nescio quod nostris magnum et memorabile fatis
Exemplum, Fortuna, paras. Quæcumque per ævum
Exhibuit monumenta fides, servataque ferro
Militiæ pietas, transibit nostra juventus.
Namque suis pro te gladiis incumbere, Cæsar,
Esse parum scimus ; sed non majora supersunt
Obsessis, tanti quæ pignora demus amoris.
Abscidit nostræ multum sors invida laudi,
Quod non cum senibus capti natisque tenemur.
Indomitos sciat esse viros, timeatque furentes,
Et morti faciles animos, et gaudeat hostis
Non plures hæsisse rates.
                  « Tentare parabunt
Fœderibus, turpique volent corrumpere vita.
O utinam, quo plus habeat mors unica famæ,
Promittant veniam, jubeant sperare salutem :
Ne nos, quum calido fodiemus viscera ferro,

ressource du désespoir. Il faut, amis, il faut mériter par un courage sans exemple, que César, entre tant de milliers d'hommes qui lui restent, regarde la perte de ce petit nombre comme un désastre pour lui. Oui, quand le sort m'offrirait le moyen de m'échapper, je refuserais. Romains, j'ai rejeté la vie. Mon cœur n'est plus aiguillonné que du désir d'un beau trépas. Ce désir va jusqu'à la fureur. Il n'y a que ceux qui touchent à leur terme, qui sentent combien il est doux de mourir. Les dieux le cachent à ceux qu'ils condamnent à vivre, afin qu'ils se résignent à vivre. »

Ce fut ainsi que l'ardeur du héros releva l'âme de ses soldats, et ces mêmes hommes qui avant de l'entendre, mesuraient d'un œil mouillé de larmes le cours de l'Ourse, désirèrent ce jour terrible.

La nuit alors n'était pas lente à se cacher dans l'Océan : le soleil allait sortir du signe brillant des enfants de Léda, il s'approchait du Cancer, et il voyait en se levant les flèches du Centaure se plonger dans l'onde. La lumière du jour découvrit les Istriens sur le rivage, et sur la mer la flotte des Grecs, jointe aux Liburniens belliqueux. D'abord on suspendit l'attaque, pour voir si Vulteius et les siens se laisseraient désarmer,

Desperasse putent. Magna virtute merendum est,
Cæsar, ut, amissis inter tot millia paucis,
Hoc damnum cladeinque voces. Dent fata recessum,
Emittantque licet, vitare instantia nolim.
Projeci vitam, comites, totusque futuræ
Mortis agor stimulis; furor est. Agnoscere solis
Permissum est, quos jam tangit vicinia fati,
Victurosque Dei celant, ut vivere durent,
Felix esse mori. »
    Sic cunctas extulit ardor
Nobilium mentes juvenum : quum sidera cœli,
Ante ducis voces, oculis humentibus omnes
Adspicerent, flexoque Ursæ temone paverent;
Idem, quum fortes animos præcepta subissent,
Optavere diem. Nec segnis mergere ponto
Tunc erat astra polus; nam sol Ledæa tenebat
Sidera, vicino quum lux altissima Cancro est :
Nox tum Thessalicas urgebat parva sagittas.
Detegit orta dies stantes in rupibus Histros,
Pugnacesque mari Graia cum classe Liburnos.
Tentavere prius suspenso vincere bello
Fœderibus, fieret captis si dulcior ipsa

et si, en retardant leur mort, on leur ferait aimer la vie. Mais cette jeunesse héroïque se tint ferme en son dévouement, fière d'avoir renoncé au jour, et sûre de sortir du combat avec gloire, en s'immolant de ses propres mains. Rien ne peut plus ébranler ces âmes déterminées au suprême effort. Une poignée d'hommes soutient les assauts d'une multitude répandue sur la mer et sur le rivage : tant on est fort quand on sait mourir !

Enfin las de verser du sang et croyant avoir assez vendu leur vie, ils abandonnent l'enhemi, et leur fureur se tourne contre eux-mêmes. Vulteius, le premier, se découvrant le sein et tendant la gorge au coup mortel : « Qui de vous, amis, leur dit-il, est digne de plonger sa main dans mon sang et de prouver par là qu'il veut mourir ? » Il n'eut pas besoin d'en dire davantage; cent glaives lui percent le sein. Il loue tous ceux qui le frappent, mais à celui qui a donné l'exemple, il prête à son tour sa main reconnaissante et le tue avant d'expirer. Tout le reste s'égorge à l'envi, et dans un seul parti, s'exercent toutes les fureurs de la guerre. Ainsi s'égorgeaient devant Thèbes cette foule d'hommes armés que vit naître Cadmus, des dents terribles qu'il avait semées, présage fatal pour les fils d'Œdipe. Ainsi périrent au bord du Phase, ces enfants de la dent vigilante du

    Mortis vita mora. Stabat devota juventus,
Damnata jam luce ferox, securaque pugnæ
Promisso sibi fine manu : nullique tumultus
Excussere viris mentes ad summa paratas ;
Innumerasque simul pauci terraque marique
Sustinuere manus : tanta est fiducia mortis.
Utque satis bello visum est fluxisse cruoris,
Versus ab hoste furor, primus dux ipse carinæ
Vulteius, jugulo poscens jam fata retecto :
« Ecquis, ait, juvenes, cujus sit dextra cruore
Digna meo, certaque fide per vulnera nostra
Testetur se velle mori ? »
                      Nec plura loquuto
Viscera non unus jamdudum transigit ensis.
Collaudat cunctos : sed eum, cui vulnera prima
Debebat, grato moriens interficit ictu.
Concurrunt alii, totumque in partibus unis
Bellorum fecere nefas. Sic semine Cadmi
Emicuit Dircæa cohors, ceciditque suorum
Vulneribus, dirum Thebanis fratribus omen.
Phasidos et campis insomni dente creati

dragon, que Médée, par des enchantements nouveaux, dont elle-même pâlit d'effroi, força de s'immoler entre eux et d'engraisser de leur sang les sillons qui venaient de les engendrer. Tel fut le massacre de cette jeunesse intrépide qui a juré de périr. Il ne leur coûte rien de mourir. En recevant le trépas, ils le donnent. Aucun des glaives ne frappe en vain quoique poussé d'une main défaillante. Ce n'est pas le fer qui s'enfonce, c'est le sein qui frappe le fer, c'est la gorge qui va au-devant de l'épée et qui la force de s'y plonger. Quoique le frère le présente à son frère, le père à son fils, dans ce carnage affreux, leurs coups n'en sont pas moins assurés ; tout ce qu'ils donnent à la tendresse c'est de ne pas les redoubler. On les voit traîner leurs entrailles déchirées sur le navire et rougir la mer de leur sang. Ils regardent avec mépris la lumière qui leur échappe ; ils tournent contre l'ennemi un front superbe, et ils s'applaudissent de sentir la mort. Le navire n'est bientôt plus qu'un monceau de cadavres que les vainqueurs honorent du bûcher ; saisis d'étonnement de voir que la nature ait produit un homme capable d'inspirer une semblable résolution.

Jamais la Renommée n'a rien publié dans l'univers avec tant

    Terrigenæ, missa magicis e cantibus ira,
Cognato tantos impleruut sanguine sulcos :
Ipsaque, inexpertis quod primum fecerat herbis,
Expavit Medea nefas. Sic mutua pacti
    Fata cadunt juvenes ; minimumque in morte virorum
Mors virtutis habet : pariter sternuntque, caduntque
Vulnere letali ; nec quemquam dextra fefellit,
Quum feriat moriente manu : nec vulnus adactis
Debetur gladiis : percussum est pectore ferrum,
Et jugulis pressere manum. Quum sorte cruenta
Fratribus incurrant fratres, natusque parenti ;
Haud trepidante tamen toto cum pondere dextra
Exegere enses : pietas ferientibus una,
Non repetisse, fuit. Jam latis viscera lapsa
Semianimes traxere foris, multumque cruoris
Infudere mari. Despectam cernere lucem,
Victoresque suos vultu spectare superbo,
Et mortem sentire juvat. Jam strage cruenta
Conspicitur cumulata ratis ; bustisque remittunt
Corpora victores, ducibus mirantibus ulli
Esse ducem tanti. Nullam majore loquuta est
Ore ratem totum discurrens fama per orbem.
    Non tamen ignavæ post hæc exempla virorum

d'éclat et de gloire ; mais les nations, même après cet exemple, sont trop timides pour concevoir combien il est aisé de s'affranchir de l'esclavage. On craint le glaive dans la main des tyrans : la liberté tremble sous les armes qui l'oppriment. L'homme ne sait pas que le fer ne lui a été donné que pour se sauver de la servitude. O mort! que n'es-tu refusée aux lâches! Que n'es-tu réservée à la vertu!

La guerre n'était pas moins vive aux champs de la Libye. L'audacieux Curion avait mouillé au rivage de Lilibée, et de là, secondé par l'Aquilon, il avait passé en Afrique et abordé entre Clupée et les ruines de Carthage, lieu que nos armes ont rendu fameux. Il va d'abord camper loin de la mer écumante, sur la rive du Bagrada, qui traverse lentement des sables arides. Bientôt il gagne des hauteurs, et les rochers rongés de toutes parts, que l'antiquité, digne de foi, dit avoir été le royaume d'Antée. Voici ce qu'un rustique habitant du pays en avait appris de ses pères et lui raconta :

« La terre ayant enfanté les géants n'était pas épuisée. Elle conçut dans les antres de Libye le formidable Antée. Elle en eut plus d'orgueil que d'avoir produit Typhon, Tityes, ou le farouche Briarée, et il fut heureux pour le ciel qu'il ne fût pas

Percipient gentes, quam sit non ardua virtus
Servitium fugisse manu. Sed regna timentur
Ob ferrum, et sævis libertas uritur armis;
Ignorantque datos, ne quisquam serviat, enses.
Mors, utinam pavidos vitæ subducere nolles,
Sed virtus te sola daret!
　　　　　　　　Non segnior illo
Marte fuit, qui tunc Libycis exarsit in arvis.
Namque rates audax Lilybæo litore solvit
Curio : nec forti velis Aquilone recepto
Inter semirutas magnæ Carthaginis arces,
Et Clupeam, tenuit stationis litora notæ :
Primaque castra locat cano procul æquore, qua se
Bagrada lentus agit, siccæ sulcator arenæ.
Inde petit tumulos, exesasque undique rupes,
Antæi quæ regna vocat non vana vetustas.
Nominis antiqui cupientem noscere causas,
Cognita per multos docuit rudis incola patres.
« Nondum post genitos Tellus effeta Gigantas,
Terribilem Libycis partum concepit in antris.
Nec tam justa fuit terrarum gloria Typhon,
Aut Tityos, Briareusque ferox ; cœloque pepercit,

né dans les champs de Phlégra. Pour surcroît à ses forces immenses, dès que son corps touchait la terre, il prenait une nouvelle vigueur. Il avait cet antre pour demeure, une roche élevée lui servait de toit. Les lions pris à la chasse étaient sa pâture; il se couchait non sur la dépouille des bêtes fauves, ni sur les débris des forêts, mais sur le sein nu de sa mère. C'est là qu'il se fortifiait. D'abord tout périt sous ses coups, et les habitants des campagnes de l'Afrique et les étrangers que les flots jetaient sur ce bord. Longtemps même la valeur du géant dédaigna le secours de la Terre. Quoique debout, il était invincible. Enfin le bruit de ses fureurs attire en Libye le magnanime Alcide, Alcide qui purgeait de monstres la terre et la mer. Le héros dépouille la peau du lion de Némée; le géant celle d'un lion de Libye. L'un, selon l'usage des jeux olympiques, arrose d'huile ses membres nerveux; l'autre, ne se croyant pas assez fort, s'il ne touchait que du pied sa mère, se couvre d'un sable brûlant et secourable. Leurs bras et leurs mains s'entrelacent de mille nœuds. Longtemps leurs pesantes mains attaquent vainement leurs robustes cous. Leur tête reste inébranlable, leur front superbe n'est point incliné. Chacun d'eux s'étonne de trouver son

Quod non Phlegræis Antæum sustulit arvis.
Hoc quoque tam vastas cumulavit munere vires
Terra sui fetus, quod, quum tetigere parentem,
Jam defecta vigent, renovato robore, membra.
Hæc illi spelunca domus; latuisse sub alta
Rupe ferunt, epulas raptos habuisse leones.
Ad somnos non terga feræ præbere cubile
Adsuerunt, non silva torum : viresque resumit
In nuda tellure jacens. Periere coloni
Arvorum Libyes; pereunt, quos adpulit æquor.
Auxilioque diu virtus non usa cadendi,
Terræ spernit opes : invictus robore cunctis,
Quamvis staret, erat. Tandem vulgata cruenti
Fama mali, terras monstris æquorque levantem,
Magnanimum Alciden Libycas excivit in oras.
Ille Cleonæi projecit terga leonis,
Antæus Libyci : perfudit membra liquore
Hospes, Olympiacæ servato more palæstræ.
Ille parum fidens pedibus contingere matrem,
Auxilium membris calidas infundit arenas.
Conseruere manus, et multo brachia nexu.
Colla diu gravibus frustra tentata lacertis;
Immotumque caput fixa cum fronte tenetur;
Miranturque habuisse parem.

égal. Alcide en ménageant ses forces au début de la lutte épuise celles du géant. Il le voit hors d'haleine et couvert d'une sueur glacée : il lui secoue la tête, il presse sa poitrine contre la sienne et frappe de coups obliques ses jambes mal assurées. Déjà se croyant vainqueur, il enveloppe ses reins qui fléchissent, étreint ses flancs, et du pied forçant ses jambes à s'écarter, il le jette étendu sur le sol. La Terre altérée boit la sueur de son fils ; et il sent ses veines se remplir d'un sang qui le vivifie. Ses muscles se tendent, ses nerfs se roidissent, son corps renouvelé se dégage des nœuds dont l'enveloppe Alcide. Alcide est interdit de voir qu'il ait repris tant de vigueur. Jadis, dans sa jeunesse, aux marais d'Argos, l'hydre et ses têtes menaçantes l'avaient beaucoup moins étonné. Ils luttent, l'un avec ses forces, l'autre avec celles de la Terre, et le combat est douteux. Jamais la cruelle marâtre ne conçut de plus justes espérances. Elle voit la sueur inonder ce corps infatigable, et ce dos qui, sans fléchir, a soutenu le poids du ciel. Dès que le fils de Jupiter veut de nouveau serrer Antée entre ses bras, celui ci se laisse tomber de lui-même et se relève plus vigoureux : tout ce que la Terre a de vie et de force passe dans le corps de son fils. Elle

« Nec viribus uti
Alcides primo voluit certamine totis,
Exhausitque virum : quod creber anhelitus illi
Prodidit, et fesso gelidus de corpore sudor.
Tunc cervix lassata quati ; tunc pectore pectus
Urgeri ; tunc obliqua percussa labare
Crura manu. Jam terga viri cedentia victor
Alligat, et medium, compressis ilibus, arctat :
Inguinaque insertis pedibus distendit, et omnem
Explicuit per membra virum. Rapit arida tellus
Sudorem, calido complentur sanguine venæ.
Intumuere tori, totosque induruit artus,
Herculeosque novo laxavit corpore nodos.
Constitit Alcides stupefactus robore tanto :
Nec sic Inachiis, quamvis rudis esset, in undis
Desectam timuit, reparatis anguibus, hydram.
Conflixere pares, Telluris viribus ille,
Ille suis. Numquam sævæ sperare novercæ
Plus licuit : videt exhaustos sudoribus artus
Cervicemque viri, siccam quum ferret Olympum.
Utque iterum fessis injecit brachia membris,
Non exspectatis Antæus viribus hostis,
Sponte cadit, majorque, accepto robore, surgit.
Quisquis inest terris, in fessos spiritus artus

se lasse à lutter contre un homme. Alcide enfin s'étant aperçu du secours qu'Antée puisait dans la Terre : Debout, lui dit-il ; tu ne toucheras plus le sol et je t'empêcherai bien de t'étendre à terre. Tu périras écrasé contre mon sein. C'est là que tu vas tomber. A ces mots, il enlève le géant dont les pieds s'attachent au sol ; la Terre séparée de son fils ne peut lui redonner la vie. Alcide le tient par le milieu du corps, et quoiqu'il le sentît glacé, il fut longtemps sans oser le rendre à sa mère.

« L'antiquité, admiratrice d'elle-même et gardienne du passé, a tiré de là le nom qui reste à ces montagnes. Mais la gloire de Scipion les rendit encore plus célèbres lorsqu'il força les Africains à quitter les citadelles italiennes et à repasser les mers. Ce fut là d'abord qu'il établit son camp, et ce fut aussi le premier théâtre de nos victoires en Afrique. Voici les restes du retranchement. Ici fut la première conquête des Romains. »

Curion flatté de ce présage, comme si le bonheur de nos armes était attaché à ce lieu, et comme si la fortune de Scipion l'y attendait lui-même, fait dresser dans ce poste heureux un camp qui ne devait pas l'être. Il donne quelque trêve à ses troupes, et avec des forces trop inégales, il ose défier un superbe ennemi.

Egeritur ; tellusque viro luctante laborat.
Ut tandem auxilium tactæ prodesse parentis
Alcides sensit : — Standum est tibi, dixit, et ultra
Non credere solo, sternique vetabere terra :
Hærebis pressis intra mea pectora membris :
Huc, Antæe, cades. — Sic fatus, sustulit alte
Nitentem in terras juvenem : morientis in artus
Non potuit nati Tellus permittere vires.
Alcides medium tenuit : jam pectora pigro
Stricta gelu, terrisque diu non credidit hostem.
Hinc, ævi veteris custos, famosa vetustas,
Miratrixque sui, signavit nomine terras.
Sed majora dedit cognomina collibus istis,
Pœnum qui Latiis revocavit ab arcibus hostem
Scipio : nam sedes Libyca tellure potito
Hæc fuit. En veteris cernis vestigia valli.
Romana hos primum tenuit victoria campos. »
Curio lætatus, tamquam fortuna locorum
Bella regat, servetque ducum sibi fata priorum,
Felici non fausta loco tentoria ponens,
Indulsit castris, et collibus abstulit omen.
Sollicitatque ferox non æquis viribus hostes.

Toute la puissance de Rome en Afrique était alors dans les mains de Varus. Celui-ci, bien qu'il se confiât en ce qu'il avait de milice romaine, ne laissa pas d'appeler à lui toutes les forces du roi ; de Libye et des extrémités du monde, tous les peuples soumis à Juba s'avançaient sous les drapeaux de leur roi. Jamais prince ne posséda un plus vaste empire. Dans sa plus grande longueur, il a pour bornes à l'occident l'Atlas, voisin de Gadès, au midi, Ammon, voisin des Syrtes. Il occupait l'espace de la zone brûlante, et pour enceinte il avait l'Océan. Les peuples qui suivent Juba sont l'habitant du mont Atlas, le Numide errant, le Gétule prêt à s'élancer sur des coursiers sans frein, le Maure dont la couleur est celle des peuples de l'Inde, le Nasamon qui vit dans les sables stériles, le Garamante brûlé par le soleil, le Marmaride léger à la course, le Mazax dont le dard le dispute à la flèche du Mède, le Massyle qui monte des chevaux nus, et les fait obéir à une simple baguette qui remplace le frein ; tous les peuples chasseurs des déserts de l'Afrique, qui abandonnent leurs cabanes pour courir après les lions, et qui, ne se confiant point à leurs flèches, provoquent ces animaux terribles et les enveloppent de leurs vêtements.

Omn's Romanis quæ cesserat Africa signis,
Tunc Vari sub jure fuit : qui robore quamquam
Confisus Latio, regis tamen undique vires
Excivit.
  Libycæ gentes, extremaque mundi
Signa suum comitata Jubam. Non fusior ulli
Terra fuit domino : qua sunt longissima regna,
Cardine ab occiduo vicinus Gadibus Atlas
Terminat ; a medio, confinis Syrtibus Hammon.
At qua lata jacet, vasti plaga fervida regni
Distinet Oceanum, zonæque exusta calentis
Sufficiunt spatio.
  Populi tot castra sequuntur,
Autololes, Numidæque vagi, semperque paratus
Inculto Gætulus equo : tum concolor Indo
Maurus, inops Nasamon, mixti Garamante perusto
Marmaridæ volucres, æquaturusque sagittas
Medorum, tremulum quum torsit missile, Mazax :
Et gens, quæ nudo residens Massylia dorso
Ora levi flectit frenorum nescia virga :
Et solitus vacuis errare mapalibus Afer
Venator, ferrique simul fiducia non est,
Vestibus iratos laxis operire leones.

Juba ne défendait pas seulement la cause de Pompée ; il vengeait la sienne. La même année qu'en allumant la guerre civile Curion s'était rendu coupable envers les hommes et les dieux, il avait voulu, par une loi du peuple, chasser Juba du trône de ses pères, et arracher la Libye à un tyran à l'heure où il te livrait, ô Rome, à la tyrannie ; et Juba, plein de son ressentiment, regarde cette guerre comme le plus beau droit du sceptre qu'il a conservé. Curion tremble au bruit de son approche. Les troupes qu'il commande ne sont pas de celles qu'il a éprouvées sur les bords du Rhin, et qui, dévouées à César, ne connaissent que ses enseignes. Ce sont les troupes infidèles qui ont livré Corfinium, aussi peu attachées au chef qu'elles suivent qu'à celui qu'elles ont quitté, et pour qui, sans zèle et sans choix, il est égal de servir l'un ou l'autre. Mais les voyant déserter la nuit les barrières du camp, Curion se dit à lui-même : « Rien ne cache mieux la frayeur que l'audace. Je veux présenter le combat, et tandis qu'elles sont à moi, faire avancer mes troupes dans la plaine. C'est dans le repos que les esprits changent. Dès que le glaive, une fois tiré, allume la fureur, et que le casque couvre la honte, qui songe alors à balancer ou le talent des chefs, ou le droit des partis ? On obéit à celui

Nec solum studiis civilibus arma parabat,
Privatæ sed bella dabat Juba concitus iræ.
Hunc quoque, quo Superos humanaque polluit anno,
Lege tribunitia solio depellere avorum
Curio tentarat, Libyamque auferre tyranno,
Dum regnum te, Roma, facit. Memor ille doloris
Hoc bellum sceptri fructum putat esse retenti.
Hac igitur regis trepidat jam Curio fama,
Et quod Cæsareis numquam devota juventus
Illa nimis castris, nec Rheni miles in undis
Exploratus erat, Corfini captus in arce,
Infidusque novis ducibus, dubiusque priori,
Fas utrumque putat. Sed postquam languida segni
Cernit cuncta metu, nocturnaque munia valli
Desolata fuga, trepida sic mente profatur :
« Audendo magnus tegitur timor : arma capessam
Ipse prior. Campum miles descendat in æquum,
Dum meus est. Variam semper dant otia mentem.
Eripe consilium pugna : quum dira voluntas
Ense subit prenso, et galeæ texere pudorem,
Quis conferre duces meminit? quis pendere causas?

qui commande, on sert la cause où l'on est engagé. Le soldat ressemble au gladiateur dans l'arène; pour l'irriter, il suffit qu'on lui oppose son égal. »

En se parlant ainsi, Curion déploie son armée en pleine campagne; et la fortune, par un succès léger, semble vouloir l'aveugler sur le revers qui l'attend : car il chasse devant lui l'armée de Varus, et le carnage qu'il en fait ne cesse qu'au camp.

Juba instruit de la défaite funeste de Varus, s'applaudit de voir dépendre de lui seul l'événement de cette guerre. Il accourt sans bruit avec son armée, et le silence qu'il fait garder dérobe sa marche à l'ennemi. Sa seule crainte est d'en inspirer, et que les Romains ne l'évitent. Il détache en avant Saburra son lieutenant, avec une troupe légère, pour engager une première attaque, et pour attirer l'ennemi. Saburra doit laisser croire qu'il commande seul, que Juba ne vient point, et que ce corps de troupes est tout ce qu'il envoie. Cependant Juba se tient caché dans une vallée profonde avec toutes ses forces. Tel l'ichneumon rusé agite sa queue trompeuse devant l'aspic égyptien, et provoque sa colère par cette ombre insaisissable, puis obliquement s'élance sur le reptile, le mord à la gorge au-des-

> Qua stetit, inde favet : veluti fatalis arenæ
> Muneribus non ira vetus concurrere cogit
> Productos; odere pares. » Sic fatus, apertis
> Instruxit campis acies : quem blanda futuris
> Deceptura malis belli fortuna recepit;
> Nam pepulit Varum campo, nudataque fœda
> Terga fuga, donec vetuerunt castra, cecidit.
> Tristia sed postquam superati prœlia Vari
> Sunt audita Jubæ, lætus quod gloria belli
> Sit rebus servata suis, rapit agmina furtim,
> Obscuratque suam per jussa silentia famam;
> Hoc solum metuens incautus ab hoste timeri.
> Mittitur, exigua qui prœlia prima lacessat,
> Eliciatque manu, Numidis a rege secundus,
> Ut sibi commissi simulator Sabura belli :
> Ipse cava regni vires in valle retentat.
> Aspidas ut Pharias cauda solertior hostis
> Ludit, et iratas incerta provocat umbra;
> Obliquusque caput, vanas serpentis in auras
> Effusæ tuto comprendit guttura morsu,
> Letiferam citra saniem : tunc irrita pestis

sous du poison ; alors la bête pernicieuse lance le venin, qui coule inutilement de sa gueule. L'artifice lui réussit. Curion dédaignant de s'instruire des forces secrètes des Africains, oblige sa cavalerie à sortir la nuit de son camp, et à se répandre au loin dans un pays inconnu. Ce fut en vain qu'on l'exhorte à se défier d'un ennemi chez qui l'art de la guerre n'était que piéges, sa destinée l'entrainait à la mort, et l'auteur de la guerre civile en devait être la victime. Par un chemin escarpé, il conduit son armée sur les rochers élevés. Sitôt que le Numide, de ces hauteurs, aperçoit les Romains, il s'éloigne selon sa coutume, et feint de reculer, afin d'engager l'ennemi à descendre dans la plaine. Curion, qui prend pour une fuite cette retraite simulée, se précipite en vainqueur sur ses pas. L'artifice alors se découvre, et, cessant de fuir, les Africains, répandus sur les collines d'alentour, enveloppent l'armée romaine. Le chef et les soldats se voyant perdus, restent glacés d'étonnement. Le lâche n'ose penser à la fuite, ni le valeureux au combat ; car au lieu de voir leurs chevaux émus au son de la trompette, dresser l'oreille, agiter leurs crins, ronger le mors qui les déchire, et

> Exprimitur, faucesque fluunt, pereunte veneno.
> Fraudibus eventum dederat fortuna : feroxque,
> Non exploratis occulti viribus hostis,
> Curio nocturnum castris erumpere cogit,
> Ignotisque equitem late discurrere campis.
> Ipse sub Auroræ primos excedere motus
> Signa jubet castris, multum frustraque rogatus
> Ut Libycas metuat fraudes, infectaque semper
> Punica bella dolis. Leti fortuna propinqui
> Tradiderat fatis juvenem ; bellumque trahebat
> Auctorem civile suum.
>   Super ardua ducit
> Saxa, super cautes, abrupto limite, signa.
> Quum procul e summis conspecti collibus hostes,
> Fraude sua cessere parum, dum colle relicto
> Effusam patulis aciem committeret arvis.
> Ille fugam credens, simulatæ nescius artis,
> Ut victor, medios aciem dejecit in agros.
> Tunc primum patuere doli ; Numidæque fugaces
> Undique completis clauserunt montibus agmen.
> Obstupuit dux ipse simul, perituraque turba.
> Non timidi petiere fugam, non prœlia fortes :
> Quippe ubi non sonipes motus clangore tubarum
> Saxa quatit pulsu, rigidos vexantia frenos
> Ora terens, spargitque jubas, et subrigit aures,

d'un pied rebelle frappant la terre, et brisant les cailloux, s'indigner du repos; on les voit la tête baissée, le corps tout fumant de sueur, la langue pendante, la bouche embrasée du feu de leur haleine. Leurs flancs s'élèvent et s'abaissent avec un violent effort, et une écume sèche et brûlante couvre leurs mors ensanglantés. En vain le fouet ou l'aiguillon les presse, en vain l'éperon leur déchire le flanc, aucun ne s'emporte, aucun ne prend sa course; ils n'ont pas même la force de doubler le pas, et le peu qu'ils avancent, ne sert qu'à exposer de plus près leur guide aux coups de l'ennemi.

Mais dès que le Numide eut lâché ses coursiers sur les Romains, la terre s'ébranle et résonne; un tourbillon de poussière, pareil à ceux que soulève le vent de Thrace, forme dans l'air un nuage épais, et dérobe aux yeux la lumière. Comme leur choc impétueux tombait sur de l'infanterie, ce funeste et sanglant combat ne fut pas douteux un moment; il ne dura que le temps d'égorger; car les Romains n'avaient la liberté ni d'avancer, ni de combattre de près ou de loin, de front ou sur les flancs. Il tombe sur eux une grêle de flèches, dont le poids seul les eût accablés, sans parler des plaies et du sang versé. Les bataillons

Incertoque pedum pugnat non stare tumultu :
Fessa jacet cervix ; fumant sudoribus artus ;
Oraque projecta squalent arentia lingua :
Pectora rauca gemunt, quæ creber anhelitus urget;
Et defecta gravis longe trahit ilia pulsus ;
Siccaque sanguineis durescit spuma lupatis.
Jamque gradum neque verberibus stimulisque coacti,
Nec, quamvis crebris jussi calcaribus, addunt :
Vulneribus coguntur equi, nec profuit ulli
Cornipedis rupisse moras; neque enim impetus illis
Incursusque fuit : tantum profertur ad hostes,
Et spatium jaculis oblato vulnere donat.
At vagus Afer equos ut primum emisit in agmen,
Tunc campi tremuere sono; terraque soluta,
Quantus Bistonio torquetur turbine pulvis,
Aera nube sua texit, traxitque tenebras.
Ut vero in pedites fatum miserabile belli
Incubuit, nullo dubii discrimine Martis
Ancipites steterunt casus; sed tempora pugnæ
Mors tenuit. Neque enim licuit procurrere contra,
Et miscere manus. Sic undique septa juventus
Cominus obliquis, et rectis eminus hastis
Obruitur : non vulneribus, nec sanguine; solum
Telorum nimbo peritura, et pondere ferri.

romains se pressent dans un cercle étroit. Si quelqu'un, poussé par la crainte, se précipite au milieu des siens, il peut à peine se tourner sans péril au milieu des épées de ses compagnons. A mesure que les premiers reculent, le bataillon s'épaissit. Faute d'espace, ils ne peuvent plus agir, ni remuer leurs armes : leurs bras se froissent en se heurtant ; le choc des cuirasses écrase le fer et le sein qui le porte. Le Maure ne put jouir du spectacle de sa victoire : il ne vit ni des flots de sang, ni un vaste champ de carnage : il ne vit qu'un monceau de cadavres, debout tant ils sont pressés.

Mânes des Carthaginois, ombre d'Annibal, ombre maudite de Carthage, accourez : ce sacrifice est digne de vous. Voilà le sang dont vous êtes avides : venez vous en rassasier, et ne demandez plus vengeance. Grands dieux ! se peut-il que le massacre des Romains en Libye soit un triomphe pour Pompée, un triomphe pour le sénat ? Ah ! qu'il serait bien moins affreux que l'Afrique eût vaincu pour elle !

Dès que la poussière abattue par le sang ne s'éleva plus en nuage, et que Curion vit ses troupes étendues autour de lui, il ne put ni survivre à son malheur, ni penser à la fuite. Il a re-

Ergo acies tantæ parvum spissantur in orbem :
Ac, si quis metuens medium correpsit in agmen,
Vix impune suos inter convertitur enses :
Densaturque globus, quantum pede prima relato
Constrinxit gyros acies. Non arma movendi
Jam locus est pressis, stipataque membra teruntur ;
Frangitur armatum colliso pectore pectus.
Non tam læta tulit victor spectacula Maurus,
Quam fortuna dabat : fluvios non ille cruoris,
Membrorumque videt lapsum, et ferientia terram
Corpora : compressum turba stetit omne cadaver.
Excitet invisas diræ Carthaginis umbras
Inferiis Fortuna novis : ferat ista cruentus
Annibal, et Pœni tam dira piacula manes.
Romanam, Superi, Libyca tellure ruinam
Pompeio prodesse nefas, votisque senatus.
Africa nos potius vincat sibi.
     Curio fusas
Ut vidit campis acies, et cernere tantas
Permisit clades compressus sanguine pulvis,
Non tulit afflictis animam producere rebus,
Aut sperare fugam ; cecidit que in strage suorum

cours à une mort prompte, et, courageux par nécessité, il se perce, et tombe au milieu des cadavres de ses soldats.

Malheureux! de quoi t'ont servi tant de troubles excités du haut de la tribune, lorsque, porte-drapeau du peuple, tu lui donnais des armes? et ta révolte contre le sénat? et ton ardeur à soulever le beau-père contre le gendre? Tu meurs avant que Pharsale ait décidé de leur sort. Tu n'auras pas même le plaisir de contempler les horreurs de la guerre civile. Tribuns puissants, ainsi vous expiez les malheurs de votre patrie; ainsi vos armes parricides sont lavées dans votre sang. Oh! que Rome serait heureuse et ses citoyens fortunés, si les dieux défendaient notre liberté avec autant de soin qu'ils la vengent! Te voilà, superbe cadavre, en proie aux vautours de Libye. Curion n'obtient pas même un bûcher. Nous te rendons pourtant ce juste témoignage, ô malheureux jeune homme (car à quoi bon dissimuler ce que la renommée attesterait sans nous?); tant que tu suivis les sentiers du devoir, jamais Rome n'avait vu un meilleur citoyen, une plus belle âme, un plus zélé défenseur des lois; et si l'ambition, le luxe, le dangereux appât des richesses ont pu t'égarer, que Rome en accuse la corruption du siècle dont tu n'as fait que suivre le torrent. Le

> Impiger ad letum, et fortis virtute coacta.
> Quid nunc rostra tibi prosunt turbata, forumque,
> Unde tribunitia, plebeius signifer, arce
> Arma dabas populis? quid prodita jura senatus,
> Et gener atque socer bello concurrere jussi?
> Ante jaces, quam dira duces Pharsalia confert :
> Spectandumque tibi bellum civile negatum est.
> Has urbi miseræ vestro de sanguine pœnas
> Ferre datis; luitis jugulo sic arma, potentes.
> Felix Roma quidem, civesque habitura beatos,
> Si libertatis Superis tam cura placeret,
> Quam vindicta placet! Libycas en nobile corpus
> Pascit aves, nullo contectus Curio busto.
> At tibi nos (quando non proderit ista silere,
> A quibus omne ævi senium sua fama repellit),
> Digna damus, juvenis, meritæ præconia vitæ.
> Haud alium tanta civem tulit indole Roma,
> Aut cui plus leges deberent recta sequenti.
> Perdita nunc urbi nocuerunt secula, postquam
> Ambitus, et luxus, et opum metuenda facultas
> Transverso mentem dubiam torrente tulerunt :

changement de Curion, ébloui par les riches dépouilles de la Gaule, et corrompu par l'or de César, entraîna la chute de Rome. Il est vrai : nous avons senti sur notre gorge l'épée du tout-puissant Sylla, du farouche Marius, du cruel Cinna et de toute la maison des Césars ; mais qui d'entre eux fut aussi puissant que Curion ? Ils achetèrent Rome : Curion la vendit.

> Momentumque fuit mutatus Curio rerum,
> Gallorum captus spoliis, et Cæsaris auro.
> Jus licet in jugulos nostros sibi fecerit ense
> Sylla potens, Mariusque ferox, et Cinna cruentus,
> Cæsareæque domus series : cui tanta potestas
> Concessa est ? emere omnes, hic vendidit urbem.

LIVRE V

Au commencement de l'hiver le sénat est convoqué en Épire. — Discours du consul Lentulus, qui propose de donner à Pompée la conduite de la guerre civile. — Le sénat choisit Pompée, et décerne des honneurs et des récompenses aux rois et aux peuples qui ont bien mérité de la république. — On se prépare au combat. — Appius consulte l'oracle de Delphes sur l'issue de la guerre et sur son propre sort. — Détails géographiques et réflexions philosophiques sur le temple et sur l'oracle d'Apollon. — Appius fait ouvrir le temple, et le prêtre fait entrer dans le sanctuaire la jeune Phémonoé, qui veut se soustraire à l'obligation de répondre. — Appius découvre sa ruse, et la force de parler. Elle parle, mais le dieu n'est pas entré dans son sein. — Elle monte enfin sur le trépied, et prédit, sous l'inspiration du dieu, mais en termes obscurs, le résultat de la guerre civile. — Elle meurt quand le dieu s'est retiré d'elle. — Révolte dans l'armée de César. — Plaintes et menaces des soldats. — César se présente hardiment aux séditieux. — Son discours. — Les chefs de la révolte sont punis, et l'armée rentre dans le devoir. — César envoie son armée à Brindes pour rallier sa flotte ; lui-même se rend seul à Rome, où il se fait donner la dictature et le consulat. — Vaine représentation des comices populaires. Plaintes du poëte sur la profanation du consulat. Célébration des fériés latines. — César arrive à Brindes, où il veut mettre sa flotte en mer, malgré les tempêtes. — Son discours à ce sujet. — Le vent tombe et la flotte court le risque de rester en pleine mer ; mais enfin elle touche la côte d'Épire. — Les deux rivaux sont en présence. — César presse Antoine de lui amener le reste de son armée demeurée à Brindes. — Son impatience. Il sort pendant la nuit de son camp, et va réveiller un pauvre batelier nommé Amyclas, auquel il ordonne de le passer en Italie. — Amyclas y consent. — En voyant la force de la tempête, le batelier se trouble. — César le rassure. — Description de la tempête. — Paroles de César. — Il arrive sain et sauf en Épire. — Plaintes de son armée, qui lui reproche sa téméraire entreprise. — Antoine arrive avec le reste de sa flotte. — Pompée, voyant arriver l'instant de la bataille, envoie son épouse à Lesbos : son discours. — Réponse de Cornélie. — Leur triste séparation.

C'était ainsi qu'entre les deux chefs, affaiblis l'un et l'autre par des pertes sanglantes, la fortune, partageant les bons et les

LIBER V

Sic alterna duces bellorum vulnera passos
In Macetum terras, miscens adversa secundis,

mauvais succès, leur ménageait des forces égales pour les champs de la Thessalie.

L'Hémus était couvert de la neige de l'hiver, les Pléiades descendaient des voûtes glacées de l'Olympe, et ce jour qui change le titre de nos fastes, la fête de Janus approchait.

Les consuls, dont l'année expire, en emploient les derniers moments à rassembler en Épire les membres du sénat, que les fonctions de la guerre ont tenu dispersé. Un indigne toit, refuge des voyageurs, reçut les sénateurs de Rome. Des murs étrangers entendirent les conseils de cet ordre auguste. Ce n'est pas un camp, c'est le sénat lui-même : ses haches, ses faisceaux, sa majesté l'annoncent; la réunion de cette assemblée vénérable apprend au peuple qu'il n'y a pas un parti de Pompée, mais un parti où se trouve Pompée.

Dès que les Pères sont rangés dans un grave et triste silence, le consul Lentulus se lève du siége éminent qu'il occupe, et il leur adresse ces mots : « Si vous avez tous dans le cœur l'antique vertu de vos pères et un courage digne du sang de ces illustres Romains, n'examinez ni quel lieu vous rassemble, ni à quelle distance vous siégez de notre ville captive. Voyez la patrie partout où vous êtes; et avant d'exercer l'autorité suprême, décidez d'abord, Pères conscrits, ce que l'univers recon-

Servavit fortuna pares.
      Jam sparserat Hæmo
Bruma nives, gelidoque cadens Atlantis Olympo :
Instabatque dies, qui dat nova nomina fastis,
Quique colit primus ducentem tempora Janum.
Dum tamen emeriti remanet pars ultima juris,
Consul uterque vagos belli per munia Patres
Elicit Epirum. Peregrina ac sordida sedes
Romanos cepit proceres; secretaque rerum
Hospes in externis audivit curia tectis :
Nam quis castra vocet tot strictas jure secures,
Tot fasces? docuit populos venerabilis ordo
Non Magni partes, sed Magnum in partibus esse.
Ut primum mœstum tenuere silentia cœtum,
Lentulus excelsa sublimis sede profatur :
 « Indole si dignum Latia, si sanguine prisco
Robur inest animis, non qua tellure coacti,
Quamque procul tectis captæ sedeamus ab urbis
Cernite : sed vestræ faciem cognoscite turbæ;
Cunctaque jussuri primum hoc decernite, Patres,

naît, que c'est en vous que le sénat réside. Que le sort nous envoie sous les astres glacés du nord, ou sous le ciel du midi aux brûlantes vapeurs où les jours et les nuits ne cessent pas d'être égaux, nous serons partout le centre de l'État, et le droit de le gouverner nous accompagnera sans cesse. Quand les torches gauloises mirent le Capitole en cendre, Véies, où se rendit Camille, devint Rome dans ce moment. Le siége du sénat peut changer, son pouvoir est immuable. César s'est emparé de nos murs désolés, de nos maisons abandonnées; les lois sont muettes, le Forum en deuil est fermé, la Curie ne voit plus dans son enceinte que le rebut du sénat et de Rome; tous ceux que l'exil n'a pas écartés sont ici. Exempts de crimes et vieillis ensemble dans le calme d'une longue paix, il a fallu pour nous disperser toutes les fureurs de la guerre. Mais ce corps est vivant et ses membres se réunissent. Les forces du monde entier, voilà ce que les dieux nous donnent en échange de l'Italie perdue. La mer d'Illyrie vient de submerger une partie des rebelles; Curion, l'âme du sénat de César, est couché sur les bords poudreux de l'Afrique. Levez vos étendards; précipitez le cours de nos destins; secondez les dieux par votre espoir : que le succès vous inspire au moins la confiance que vous ins-

Quod regnis populisque liquet, nos esse senatum.
Nam, vel hyperboreæ plaustrum glaciale sub Ursæ,
Vel plaga qua torrens claususque vaporibus axis
Nec patitur noctes, sed iniquos crescere soles,
Si fortuna ferat, rerum nos summa sequetur,
Imperiumque comes. Tarpeia sede perusta
Gallorum facibus, Veiosque habitante Camillo,
Illic Roma fuit. Non umquam perdidit ordo
Mutato sua jura solo. Mœrentia tecta
Cæsar habet, vacuasque domos, legesque silentes,
Clausaque justitio tristi fora. Curia solos
Illa videt Patres, plena quos urbe fugavit.
Ordine de tanto quisquis non exsulat, hic est.
Ignaros scelerum, longaque in pace quietos,
Bellorum primus sparsit furor : omnia rursus
Membra loco redeunt. En totis viribus orbis
Hesperiam pensant Superi : jacet hostis in undis
Obrutus Illyricis : Libyæ squalentibus arvis
Curio Cæsarei cecidit pars magna senatus.
Tollite signa duces : fatorum impellite cursum :
Spem vestram præstate Deis; fortunaque tantos
Det vobis animos, quantos fugientibus hostem

pirait, même dans le malheur, la justice de votre cause. Notre consulat expire avec l'année; mais vous, dont l'autorité n'a point de terme, délibérez, Pères conscrits, et décernez le commandement à Pompée. »

Au nom de Pompée, tout le sénat répondit par des acclamations, et chargea ce grand homme du soin de son salut et des destins de la patrie. Ensuite on distribua des honneurs aux rois et aux peuples qui, par leur zèle, s'en étaient rendus dignes. On combla de présents la reine de la mer, Rhodes, consacrée à Phébus; la jeunesse inculte du Taygète glacé; l'antique Athènes est nommée avec éloge; Marseille vaut à la Phocide le don de sa liberté. On célèbre Sadales, et le vaillant Cotys, et le fidèle Déjotarus, et Rhascupolis, roi d'une région glacée. Un décret confirme à Juba la possession du royaume de Libye; et toi, Ptolémée, ô fatalité! toi, digne chef d'un peuple perfide, toi la honte de la Fortune et le crime des dieux, on couronne ton front du diadème d'Alexandre; on arme ta main de ce glaive qui doit frapper ton peuple. Ton peuple!... plaise au ciel que tu ne frappes que lui! L'héritage de Lagus sera payé par l'assassinat de Pompée. C'est ainsi qu'on dérobe un sceptre à Cléopâtre, un crime à César.

Causa dabat. Nostrum exacto jus clauditur anno :
Vos, quorum finem non est sensura potestas,
Consulite in medium, patres, Magnumque jubete
Esse ducem. »
   Læto nomen clamore senatus
Excipit : et Magno fatum patriæque suumque
Imposuit. Tunc in reges, populosque merentes
Sparsus honos : pelagique potens Phœbeia donis
Exornata Rhodos, gelidique inculta juventus
Taygeti : fama veteres laudantur Athenæ;
Massiliæque suæ donatur libera Phocis.
Tunc Sadalen, fortemque Cotyn, fidumque per arma
Dejotarum, et gelidæ dominum Rhascupolin oræ
Collaudant; Libyamque jubent auctore senatu
Sceptrifero parere Jubæ : pro, tristia fata!
Et tibi, non fidæ gentis dignissime regno,
Fortunæ, Ptolemæe, pudor, crimenque Deorum,
Cingere Pellæo pressos diademate crines
Permissum : sævum in populos, puer, accipis ensem :
Atque utinam in populos! donata est regia Lagi;
Accessit Magni jugulus; regnumque sorori
Ereptum est, soceroque nefas.

Après l'assemblée, le sénat prend les armes ; et tandis que les peuples et les chefs, se livrent au sort de la guerre, le timide Appius est le seul qui n'ose en courir les hasards. Appius, pour s'assurer des événements, consulte les dieux et se fait ouvrir le sanctuaire de l'oracle de Delphes, fermé depuis longtemps aux mortels.

Au milieu du monde, et à distance égale des rives de l'aurore et des bords du couchant s'élève le double sommet du Parnasse, célèbre par les deux cultes de Bacchus et d'Apollon. dont les Ménades thébaines confondent la divinité dans les fêtes triennales de Delphes. Ce fut la seule des montagnes qui dans le déluge domina sur les eaux, et qui servit de borne entre le ciel et l'onde ; encore ne laissait-elle voir que la cime de ses rochers : ses flancs se cachaient dans l'abîme. Ce fut là qu'Apollon, jeune encore, essaya ses premières flèches contre Python, Apollon vengeur de sa mère exilée du ciel, et pressée des douleurs de l'enfantement.

C'était alors le règne de Thémis : Delphes en rendait les oracles. Mais Apollon, voyant ces cavernes profondes exhaler un souffle prophétique et se remplir d'un esprit divin, s'y enferma lui-même, et caché dans ces antres, il y devint prophète.

Jam turba soluto
Arma petit cœtu ; quæ quum populique ducesque
Casibus incertis, et cæca sorte pararent,
Solus in ancipites metuit descendere Martis
Appius eventus ; finemque expromere rerum
Sollicitat Superos, multosque obducta per annos
Delphica fatidici reserat penetralia Phœbi.
Hesperio tantum, quantum semotus Eoo
Cardine, Parnasus gemino petit æthera colle,
Mons Phœbo Bromioque sacer : cui numine mixto
Delphica Thebanæ referunt trieterica Bacchæ.
Hoc solum, fluctu terras mergente, cacumen
Eminuit, pontoque fuit discrimen et astris.
Tu quoque vix summam seductus ab æquore rupem
Extuleras, unoque jugo, Parnase, latebas.
Ultor ibi expulsæ, premeret quum viscera partus,
Matris, adhuc rudibus Pæan Pythona sagittis
Explicuit, quum regna Themis tripodasque teneret.
Ut vidit Pæan vastos telluris hiatus
Divinam spirare fidem, ventosque loquaces
Exhalare solum, sacris se condidit antris,
Incubuitque adyto, vates ibi factus, Apollo.

Quelle divinité se cache si mystérieusement? Quel est celui des dieux qui possède les secrets du sombre avenir, qui prévoit l'ordre éternel des choses, et qui du ciel daigne descendre dans les entrailles de la terre, y souffrir l'approche de l'homme, et se communiquer à lui? Grande et puissante divinité sans doute, soit qu'elle ne fasse qu'annoncer ce qui doit être, soit qu'elle ordonne ce qu'elle annonce, et que sa volonté devienne le destin! Peut-être qu'enfermée dans le sein de la terre qu'elle gouverne, soutien de ce monde qui se balance dans le vide des airs, l'essence universelle, Jupiter, s'échappe par les antres de Cyrrha, et va se réunir au roi du ciel et de la foudre.

Dès que cet esprit s'est emparé du chaste sein de la prêtresse, le bruit de l'impulsion divine retentit au fond de son cœur, et le souffle prophétique s'exhale de sa bouche, comme la flamme s'élance à flots pressés du sommet brûlant de l'Etna, comme Typhée embrasse les rochers de Campanie frémissant sous le poids éternel d'Inarime, son tombeau. Jamais le dieu ne se refuse aux mortels : il répond à qui l'interroge ; mais ce qu'il annonce est irrévocable : il n'est pas même permis de demander qu'il change. Il rejette les vœux du crime ; les sourdes prières des méchants ne pénètrent point jusqu'à lui ; mais favo-

>Quis latet hic Superum ? quod numen ab æthere pressum
>Dignatur cæcas inclusum habitare cavernas?
>Quis terram cœli patitur Deus, omnia cursus
>Æterni secreta tenens, mundique futuri
>Conscius, ac populis sese proferre paratus,
>Contactumque ferens hominis, magnusque, potensque,
>Sive canit fatum, seu quod jubet ipse canendo
>Fit fatum? Forsan terris inserta regendis,
>Aere libratum vacuo quæ sustinet orbem,
>Totius pars magna Jovis Cirrhæa per antra
>Exit, et ætherio trahitur connexa Tonanti.
>Hoc ubi virgineo conceptum est pectore numen,
>Humanam feriens animam sonat, oraque vatis
>Solvit, ceu Siculus flammis urgentibus Ætnam
>Undat apex : Campana fremens ceu saxa vaporat
>Conditus Inarimes æterna mole Typhœus.
>Hoc tamen expositum cunctis, nullique negatum
>Numen, ab humani solum se labe furoris
>Vindicat. Haud illic tacito mala vota susurro
>Concipiunt; nam fixa canens, mutandaque nulli,
>Mortales optare vetat : justisque benignus

rable aux justes, il leur apprit souvent, comme aux Tyriens, à changer de patrie; il leur apprit, comme aux Athéniens à Salamine, à vaincre un ennemi puissant; il enseigne les moyens de faire cesser, en apaisant les dieux, la stérilité des campagnes, ou la contagion de l'air.

Le plus grand malheur de notre siècle fut la perte de cet oracle, lorsque les rois, qu'effrayait l'avenir, imposèrent silence aux dieux. Les prêtresses de Delphes, loin de s'affliger de ce long repos, en jouissent au fond de leur temple interdit. Car une mort soudaine est pour le mortel qui visite le dieu la peine ou le prix de l'enthousiasme. Dans l'accès de la fureur divine, tous les ressorts du corps humain s'ébranlent, et les efforts du dieu qui l'obsède dégagent l'âme de ses liens fragiles.

Ainsi les voutes de l'antre étaient muettes et les trépieds dès longtemps immobiles, lorsque Appius, pour approfondir les secrets du destin de Rome, va réveiller ces profondeurs. Il ordonne au ministre d'Apollon d'ouvrir le temple et de livrer au dieu la Pythonisse pâlissante.

La chaste Phémonoé, libre de soin, se promenait alors à l'ombre des forêts, au bord des ondes de Castalie. Le pontife la saisit, l'entraîne et la précipite jusqu'au vestibule du temple.

> Sæpe dedit sedem notas mutantibus urbes,
> Ut Tyriis : dedit ille minas impellere belli,
> Ut Salaminiacum meminit mare : sustulit iras
> Telluris sterilis, monstrato fine : resolvit
> Aera tabificum.
>   Non ullo sæcula dono
> Nostra carent majore Deum, quam Delphica sedes
> Quod siluit, postquam reges timuere futura,
> Et Superos vetuere loqui. Nec voce negata
> Cyrrhææ mœrent vates, templique fruuntur
> Justitio ; nam si qua Deus sub pectora venit,
> Numinis aut pœna est mors immatura recepti,
> Aut pretium ; quippe stimulo fluctuque furoris
> Compages humana labat, pulsusque Deorum
> Concutiunt fragiles animas. Sic tempore longo
> Immotos tripodas, vastæque silentia rupis
> Appius Hesperii scrutator ad ultima fati
> Sollicitat. Jussus sedes laxare verendas
> Antistes, pavidamque Deis immittere vatem,
> Castalios circum latices nemorumque recessus
> Phemonoen errore vagam, curisque vacantem
> Corripuit, cogitque fores irrumpere templi.

Mais tremblant de toucher le seuil redoutable, elle a recours à la feinte pour dissuader Appius du désir de l'interroger. Inutile artifice.

« O Romain! quelle funeste espérance de vérité t'entraîne? Cet antre est dès longtemps muet, ses gouffres se taisent et le dieu n'y réside plus : soit que l'esprit qui l'animait ait abandonné ces lieux, soit que depuis que les torches des barbares ont mis Delphes en cendres, Apollon ne daigne plus s'y cacher parmi les ruines; soit que le ciel le fasse taire et qu'il juge que c'est assez des vers de l'antique Sibylle pour vous révéler vos destins; soit que ce dieu, qui dans tous les temps a banni de son temple les coupables, ne trouve plus dans nos jours malheureux de bouche assez pure pour lui servir d'organe. »

Appius démêla l'artifice de la prêtresse; et, par ses menaces, il lui fit avouer que le dieu était encore présent. Alors elle ceignit son front des bandelettes entrelacées, se mit un voile blanc sur la tête, entrelaça de lauriers ses cheveux épars et flottants. Le ministre, qui la voit hésiter et pâlir, la pousse dans l'intérieur du temple. Mais frémissant de pénétrer jusque dans le sanctuaire, elle se tint sous la première voûte, et par un froid enthousiasme imitant l'inspiration, elle rendit un faux

    Limine terrifico metuens consistere Phœbas,
    Absterrere ducem noscendi ardore futura
    Cassa fraude parat : « Quid spes, ait, improba veri
    Te, Romane, trahit? muto Parnasus hiatu
    Conticuit, pressitque Deum : seu spiritus istas
    Destituit fauces, mundique in devia versum
    Duxit iter : seu barbarica quum lampade Pytho
    Arsit, in immensas cineres abiere cavernas,
    Et Phœbi tenuere viam : seu sponte Deorum
    Cirrha silet, fatique sat est arcana futuri
    Carmina longævæ vobis commissa sibyllæ :
    Seu Pæan solitus templis arcere nocentes,
    Ora quibus solvat nostro non invenit ævo. »
    Virginei patuere doli, fecitque, negatis
    Numinibus, metus ipse fidem. Tum torta priores
    Stringit vitta comas, crinesque in terga solutos
    Candida Phocaica complectitur infula lauro.
    Hærentem dubiamque premens in templa sacerdos
    Impulit. Illa pavens adyti penetrale remoti
    Fatidicum, prima templorum in parte resistit :
    Atque Deum simulans, sub pectore ficta quieto
    Verba refert, nullo confusæ murmure vocis

oracle : ruse offensante pour Appius, mais plus encore pour Apollon et les sacrés trépieds. Ce n'était point cette sainte fureur qui annonce que le dieu possède sa prêtresse ; ce n'était point ce murmure confus d'une voix étouffée et tremblante, ces paroles obscures et entrecoupées, ni ces sons effrayants dont l'éclat eût rempli la vaste profondeur de l'antre. On ne vit point ses cheveux hérissés secouer le laurier qui couronnait sa tête ; les voûtes du temple ne tremblèrent point, la forêt d'alentour demeura immobile ; tout annonça que la Pythie avait craint de se livrer au dieu qu'elle faisait parler.

Appius qui ne voit pas les trépieds émus, s'irrite, et dit à la prêtresse : « Impie, ta mort va me venger, et venger les dieux dont tu te joues, si à l'instant même tu ne consens à t'enfoncer dans l'antre prophétique, et si, interrogée sur le sort d'une guerre dont l'univers est menacé, tu ne cesses de me parler en ton nom. » La vierge épouvantée s'enfuit vers le trépied. D'abord son sein se remplit à regret du dieu. Elle hésite. Tout ce que l'antre recélait de cet esprit, qui depuis tant de siècles ne s'en était point exhalé, la pénètre et se répand en elle avec un impétueux effort. Jamais Apollon ne s'était emparé si pleinement du corps d'une mortelle. L'âme, unie à ce corps fragile en est

    Instinctam sacro mentem testata furore,
    Haud æque læsura ducem, cui falsa canebat,
    Quam tripodas, Phœbique fidem. Non rupta trementi
    Verba sono, nec vox antri complere capacis
    Sufficiens spatium, nulloque horrore comarum
    Excussæ laurus, immotaque culmina templi.
    Securumque nemus, veritam se credere Phœbo
    Prodiderant.
       Sensit tripodas cessare, furensque
    Appius : « Et nobis meritas dabis, impia, pœnas,
    Et Superis, quos fingis, ait, nisi mergeris antris,
    Deque orbis trepidi tanto consulta tumultu
    Desinis ipsa loqui. »
       Tandem conterrita virgo
    Confugit ad tripodas, vastisque abducta cavernis
    Hæsit, et invito concepit pectore numen,
    Quod non exhaustæ per tot jam sæcula rupis
    Spiritus ingessit vati : tandemque potitus
    Pectore Cirrhæo, non umquam plenior artus
    Phœbados irrupit Pæan : mentemque priorem
    Expulit, atque hominem toto sibi cedere jussit
    Pectore.

chassée : le dieu la force à le lui céder. Éperdue et hors d'elle-même, la Pythie errait dans son antre, roulant sa tête échevelée, et secouant sur son front hérissé les bandelettes sacrées, les lauriers de Phébus. Elle renverse les trépieds qu'elle rencontre sur son passage, le feu divin bouillonne dans ses veines; elle porte dans son sein Apollon furieux; et tandis qu'il emploie à l'irriter ses fouets invisibles, ses aiguillons de flamme, il lui met un frein qui la dompte, et il s'en faut bien qu'il lui laisse prédire tout ce qu'il lui laisse prévoir. Les âges se présentent en foule, et ce long amas d'événements accable ses faibles esprits : tant ce tableau de l'avenir est vaste, et tant les siècles accumulés s'empressent de paraître au jour. Les destins semblent lutter au passage, et se disputer la voix qui doit les annoncer. Rien n'échappe à la science de la Pythie, ni le premier jour du monde, ni le dernier, ni l'étendue de l'Océan, ni le nombre de ses grains de sable. Mais telle qu'on vit autrefois dans l'antre d'Eubée, la Sibylle de Cume, dédaignant de répondre à la foule des peuples qui l'interrogeaient, se borner aux destins de Rome, les détacher de l'avenir, et les tracer d'une main superbe; telle Phémonoé, se bornant à prédire le sort d'Appius, le cherche longtemps, et le démêle à peine dans la multitude innombrable des

        Bacchatur demens aliena per antrum
Colla ferens, vittasque Dei, Phœbeaque serta
Erectis discussa comis, per inania templi
Ancipiti cervice rotat, spargitque vaganti
Obstantes tripodas, magnoque exæstuat igne,
Iratum te, Phœbe, ferens : nec verbere solo
Uteris, et stimulis; flammas in viscera mergis.
Accipit et frenos : nec tantum prodere vati,
Quantum scire, licet. Venit ætas omnis in unam
Congeriem; miserumque premunt tot sæcula pectus :
Tanta patet rerum series, atque omne futurum
Nititur in lucem; vocemque petentia fata
Luctantur : non prima dies, non ultima mundi,
Non modus Oceani, numerus non deerat arenæ.
Talis in Euboico vates Cumana recessu,
Indignata suum multis servire furorem
Gentibus, ex tanta fatorum strage superba
Excerpsit Romana manu. Sic plena laborat
Phemonoe Phœbo, dum te, consultor operti
Castalia tellure Dei, vix invenit, Appi,
Inter fata diu quærens tam magna latentem.

grands destins qui lui sont offerts. L'écume alors découle de ses lèvres; elle s'exhale en gémissements; bientôt elle éclate en murmures aigus; ses tristes hurlements font retentir les voûtes de l'antre sacré, et succombant au dieu qui la domine, elle prononce enfin ces mots : « Romain, je te vois échapper aux coups menaçants de cette guerre. Seul à l'abri de ces grands revers, au fond d'un vallon de l'Eubée, tu jouiras d'un plein repos. » Elle supprima tout le reste, et Apollon lui ferma la bouche.

Trépieds dépositaires des destins, confidents des secrets du monde; et toi, Pæan gardien de la vérité, toi, à qui le ciel n'a pas voulu cacher un seul jour du sombre avenir, pourquoi craindre de révéler le décret de notre ruine, la mort des rois, le massacre des chefs, le carnage de tant de peuples de qui le sang va se mêler avec des flots de sang romain? Est-ce que les dieux n'ont pas encore résolu ces grands attentats? Est-ce que les astres qui balancent à condamner la tête de Pompée tiennent les destins en suspens? Ou bien veux-tu par ton silence favoriser le crime vengeur du crime, l'expiation des forfaits et le retour du pouvoir légitime aux mains vengeresses des Brutus?

La Pythie heurte de son sein les portes du temple et s'élance. Comme elle n'a pas tout révélé, sa fureur n'est point

    Spumea tunc primum rabies vesana per ora
    Effluit, et gemitus, et anhelo clara meatu
    Murmura : tunc mœstus vastis ululatus in antris,
    Extremæque sonant, domita jam virgine, voces :
    « Effugis ingentes, tanti discriminis expers,
    Bellorum, Romane, minas : solusque quietem
    Euboici vasta lateris convalle tenebis. »
    Cætera suppressit, faucesque obstruxit Apollo.
    Custodes tripodes fatorum, arcanaque mundi,
    Tuque potens veri, Pæan, nullumque futuri
    A Superis celate diem, suprema ruentis
    Imperii, cæsosque duces, et funera regum,
    Et tot in Hesperio collapsas sanguine gentes
    Cur aperire times? an nondum numina tantum
    Decrevere nefas? et adhuc dubitantibus astris
    Pompeii damnare caput, tot fata tenentur?
    Vindicis an gladii facinus, pœnasque furorum,
    Regnaque ad ultores iterum redeuntia Brutos,
    Ut peragat fortuna, taces?
                     Tunc pectore vatis
    Impulsæ cessere fores, exclusaque templis
    Prosiluit : perstat rabies, nec cuncta loquutæ,

épuisée; le dieu qu'elle n'a pu chasser, la possède encore. Sous sa puissance, elle roule des yeux furibonds, et son regard se perd dans l'espace du ciel. Tantôt son visage est glacé, tantôt menaçant et terrible; il n'est pas deux instants le même, tour à tour couvert d'une pâleur livide et d'une brûlante rougeur. Mais sa pâleur n'est pas celle que cause l'effroi; elle est effrayante elle-même. Son sein soulevé par de violents soupirs, ressemble aux vagues qui se balancent avec bruit longtemps après que le fougueux Borée a fait enfler les eaux de l'Océan. Et tandis qu'elle repasse, de cette lumière céleste qui l'éclairait sur le sort du monde, à la clarté faible et commune qui conduit les mortels, elle se sent enveloppée de ténèbres : Apollon verse le Léthé dans son âme et en efface les secrets de l'avenir. La vérité chassée du sein de la Pythie se retire vers les trépieds; et à peine Phémonoé a repris ses sens, qu'elle tombe.

Mais toi, Appius, trompé par l'oracle ambigu, tu n'es pas effrayé par la mort qui est proche ; tu ne songes qu'à t'établir aux champs de l'Eubée, dans les murs de Chalcis, et loin des troubles qui partagent le monde. Insensé! quel est ton espoir? et quel autre dieu que la mort peut te garantir du choc de cette guerre et te mettre à l'abri des maux dont tout l'univers gémit?

> Quem non emisit, superest Deus. Ille feroces
> Torquet adhuc oculos, totoque vagantia cœlo
> Lumina : nunc vultu pavido, nunc torva minaci,
> Stat numquam facies : rubor igneus inficit ora,
> Liventesque genas ; nec, qui solet esse timenti,
> Terribilis sed pallor inest ; nec fessa quiescunt
> Corda : sed ut tumidus Boreæ post flamina pontus
> Rauca gemit; sic multa levant suspiria vatem :
> Dumque a luce sacra, qua vidit fata, refertur
> Ad vulgare jubar, mediæ venere tenebræ.
> Immisit Stygiam Pæan in viscera Lethen,
> Quæ raperet secreta Deum. Tum pectore verum
> Fugit, et ad Phœbi tripodas rediere futura :
> Vixque refecta cadit.
>   Nec te vicinia leti
> Territat ambiguis frustratum sortibus, Appi :
> Jure sed incerto mundi, subsidere regnum
> Chalcidos Euboicæ, vana spe rapte, parabas.
> Heu! demens, nullum belli sentire fragorem,
> Tot mundi caruisse malis, præstare Deorum,

Oui, tu reposeras en paix, mais le tombeau sera ton asile ; il t'attend aux bords écartés d'Eubée, là où Caryste resserre les gorges de l'Océan, où Rhamnis adore les divinités qui châtient l'orgueil, où la mer bouillonne dans son gouffre rapide, où l'Euripe perfide entraîne les vaisseaux de Chalcis vers l'Aulide funeste aux flottes.

Cependant César revenait vainqueur des plaines de l'Ibérie et portait ses aigles triomphantes en de nouveaux climats ; lorsqu'au milieu de ses prospérités il vit le moment où les dieux en allaient rompre à jamais le cours. Ce chef, que la guerre n'avait pu dompter, fut prêt à perdre, au milieu de son camp, le fruit de tous ses attentats. Le soldat, longtemps fidèle, mais rassasié de sang, avait résolu de l'abandonner, soit que le silence des trompettes eût donné aux esprits le temps de se calmer et que l'épée refroidie dans le fourreau se refusât aux horreurs de la guerre, soit que l'avarice des troupes demandant un plus haut salaire leur eût fait répudier et le chef et sa cause et mettre à prix leurs glaives déjà souillés de sang.

Jamais César mieux que dans cette crise n'avait éprouvé combien peu solide et peu stable était le faîte des grandeurs, d'où il voyait à ses pieds le monde, et quels faibles appuis étayaient son

    Excepta quis Morte potest ! secreta tenebis
    Litoris Euboici, memorando condite busto,
    Qua maris angustat fauces saxosa Carystos,
    Et tumidis infesta colit qua numina Rhamnus,
    Arctatus rapido fervet qua gurgite pontus,
    Euripusque trahit, cursum mutantibus undis,
    Chalcidicas puppes ad iniquam classibus Aulim.
    Interea domitis Cæsar remeabat Hiberis,
    Victrices aquilas alium laturus in orbem ;
    Quum prope fatorum tantos per prospera cursus
    Avertere Dei : nullo nam marte subactus
    Intra castrorum timuit tentoria ductor
    Perdere successus scelerum ; quum pæne fideles
    Per tot bella manus, satiatæ sanguine tandem,
    Destituere ducem : seu mœsto classica paulum
    Intermissa sono, claususque et frigidus ensis,
    Expulerat belli furias ; seu præmia miles
    Dum majora petit, damnat causamque, ducemque,
    Et scelere imbutos etiam nunc venditat enses.
    Haud magis expertus discrimine Cæsar in ullo est,
    Quam non e stabili, tremulo sed culmine cuncta
    Despiceret, staretque super titubantia fultus.

pouvoir. Semblable à un corps mutilé dont on a retranché les membres et réduit presque à son épée, lui qui venait de voir marcher tant de peuples sous ses drapeaux, il apprit que les glaives une fois tirés, appartenaient aux soldats et non pas au chef. Ce n'est pas un murmure timide ni un ressentiment caché au fond des cœurs : cette crainte qui réprime les mouvements séditieux d'une populace irritée, et qui la fait trembler devant ceux qui devant elle auraient tremblé; la crainte de se trouver seul révolté contre le tyran n'arrête pas ici les mutins ; toute l'armée avec la même audace a secoué le frein de l'obéissance; et quand le crime est celui du grand nombre, il est sûr de l'impunité. Les soldats se répandirent en menaces. « Laisse-nous, César, dirent-ils, laisse-nous enfin nous soustraire à cette rage impie. Tu ne cherches par mer et par terre que des mains pour nous égorger. Tu nous abandonnes comme une vile proie au premier ennemi qui se présente. La Gaule t'a enlevé une partie de nos légions; une autre partie a succombé aux durs travaux de la guerre d'Espagne; une autre est couchée dans l'Hespérie : dans tous les pays du monde nous te faisons vaincre en périssant. Que nous revient-il d'avoir arrosé de notre sang les campagnes du Nord et fait couler le Rhône et le Rhin sous tes lois? Pour récompense de tant de guerres, tu nous donnes la guerre civile! Quand nous t'avons livré notre

Tot raptis truncus manibus, gladioque relictus
Pæne suo, qui tot gentes in bella trahebat,
Scit non esse ducis strictos, sed militis, enses.
Non pavidum jam murmur erat, nec pectore tecto
Ira latens : nam quæ dubias constringere mentes
Causa solet, dum quisque pavet, quibus ipse timori est,
Seque putat solum regnorum injusta gravari,
Haud retinet : quippe ipsa metus exsolverat audax
Turba suos. Quidquid multis peccatur, inultum est.
Effudere minas : « Liceat discedere, Cæsar,
A rabie scelerum. Quæris terraque marique
His ferrum jugulis, animasque effundere viles
Quolibet hoste paras : partem tibi Gallia nostri
Eripuit; partem duris Hispania bellis :
Pars jacet Hesperia : totoque exercitus orbe
Te vincente perit. Terris fudisse cruorem
Quid juvat Arctois, Rhodano Rhenoque subactis?
Tot mihi pro bellis bellum civile dedisti.

patrie, après en avoir chassé le sénat, de quel temple nous as-tu permis le pillage? Il n'est point de forfaits que nous n'ayons commis : nos armes, nos mains sont criminelles; notre pauvreté seule nous déclare innocents. Où tendent tes armes? et quand diras-tu c'est assez, si pour toi c'est trop peu de Rome? Vois nos cheveux blanchis; vois nos mains épuisées, nos bras amaigris; le peu de vie qui nous reste se consume dans les combats. Permets à des vieillards d'aller mourir en paix. Que te demandons-nous enfin? De ne pas tomber expirants sur le revers d'une tranchée; de chercher une main qui nous ferme les yeux; d'expirer sur le sein d'une épouse, arrosés de ses larmes et sûrs d'avoir chacun notre bûcher. Laisse la maladie terminer notre vieillesse; qu'il y ait sous César une autre mort que celle que donne le fer. Sous quels appas crois-tu nous cacher les forfaits auxquels tu nous destines? Et de tous les crimes de la guerre civile, ne savons-nous pas quel est celui qui serait payé le plus cher? Tu nous as vus dans les combats; tu sais de quoi nous sommes capables. Faut-il encore t'apprendre qu'il n'est rien de sacré pour nous? pas un lien, pas un devoir qui nous retienne? Sur le Rhin, César fut notre chef; il est ici notre complice. Le crime rend égaux tous ceux qu'il souille. Et à quoi bon nous

Cepimus expulso patriæ quum tecta senatu,
Quos hominum, vel quos licuit spoliare Deorum?
Imus in omne nefas, manibus ferroque nocentes,
Paupertate pii.
 « Finis quis quæritur armis?
Quid satis est, si Roma parum? jam respice canos,
Invalidasque manus, et inanes cerne lacertos.
Usus abit vitæ : bellis consumpsimus ævum.
Ad mortem dimitte senes. En improba vota :
Non duro liceat morientia cespite membra
Ponere, non anima glebam fugiente ferire,
Atque oculos morti clausuram quærere dextram,
Conjugis illabi lacrymis, unique paratum
Scire rogum. Liceat morbis finire senectam.
Sit præter gladios aliquod sub Cæsare fatum.
Quid, velut ignaros ad quæ portenta paremur,
Spe trahis? usque adeo soli civilibus armis
Nescimus cujus sceleris sit maxima merces?
Nil actum est bellis, si nondum comperit istas
Omnia posse manus. Nec fas, nec vincula juris
Hoc audere vetant. Rheni mihi Cæsar in undis
Dux erat, hic socius. Facinus, quos inquinat, æquat.

sacrifier pour un ingrat qui méconnaît la valeur et le zèle? Tout ce que nous faisons, il l'attribue au destin. Qu'il sache que c'est nous qui sommes pour lui le destin. Tu as beau te flatter, César, que tous les dieux te seront soumis, la révolte de tes soldats irrités te dicte la paix. »

Après ce discours, ils commencent à se répandre dans le camp, et profèrent des cris de mort contre César. Justes dieux, faites qu'ils persistent! puisqu'il n'y a plus dans les cœurs ni piété ni bonne foi, et que la perte des mœurs est notre unique ressource ; faites que la révolte termine la guerre civile.

Quel chef n'eût pas été effrayé d'une semblable rébellion? Mais César, qui se fait une joie de suivre sa destinée à travers des précipices, et d'exercer sa fortune à vaincre les plus grands périls, César se présente, et sans attendre que l'emportement des soldats s'apaise, il se hâte de les surprendre dans l'excès de leur fureur. Si son armée lui eût demandé le pillage des villes, des temples, du Capitole même; si elle eût voulu qu'on lui livrât les mères et les femmes des sénateurs, César y eût consenti : tout ce qui est violent et cruel lui convient; c'est le droit, c'est le prix de la guerre. Il ne craint de trouver dans les âmes que la raison et l'équité. Quoi! César, tu n'as

Adde, quod ingrato meritorum judice virtus
Nostra perit. Quidquid gerimus, fortuna vocatur.
Nos fatum sciat esse suum. Licet omne Deorum
Obsequium speres, irato milite, Cæsar,
Pax erit. »
    Hæc fatus, totis discurrere castris
Cœperat, infestoque ducem deposcere vultu.
Sic est, o Superi, quando pietasque fidesque
Destituunt, moresque malos sperare relictum est;
Finem civili faciat discordia bello.
Quem non ille ducem potuit terrere tumultus!
Fata sed in præceps solitus demittere Cæsar,
Fortunamque suam per summa pericula gaudens
Exercere, venit; nec, dum desæviat ira,
Exspectat; medios properat tentare furores.
Non illis urbes, spoliandaque templa negasset,
Tarpeiamque Jovis sedem, matresque senatus,
Passurasque infanda nurus. Vult omnia certe
A se sæva peti, vult præmia Martis amari :
Militis indomiti tantum mens sana timetur!
Non pudet, heu! Cæsar, soli tibi bella placere

point de honte de chérir une guerre que tes soldats détestent!
Ils seront plutôt que toi rassasiés de sang! Le droit de l'épée
leur est odieux; et toi seul, par toutes les voies, tu suis tes
violents projets! Commence à te lasser du crime; consens à te
voir désarmé. Qu'espères-tu, cruel? A quoi veux-tu forcer ces
soldats qui te résistent? C'est la guerre civile qui t'échappe.

César parut appuyé sur le retranchement, avec un visage
intrépide; et inaccessible à la crainte, il mérita de l'inspirer.
Il parle, et adresse aux soldats ces mots dictés par la colère.

« Celui qu'absent vous menaciez de l'œil et de la main, soldats, il est présent : le voici sans défense, et le sein découvert,
il s'expose à vos coups. Si vous voulez finir la guerre, frappez;
c'est ici qu'en fuyant il faut laisser vos épées. Une sédition qui
n'ose rien de grand, n'annonce que des lâches, qui sont las de
marcher sous un chef invincible, et ne demandent qu'à s'enfuir. Retirez-vous, et me laissez accomplir sans vous mes destins. Bientôt ces armes trouveront des mains dignes de les porter. A peine vous aurai-je chassés, que la fortune va m'offrir
autant de soldats qu'il vaquera de glaives. Pompée trouve dans
sa fuite des peuples nombreux empressés à le suivre; et à moi
la victoire ne me donnerait pas une foule d'hommes obscurs,

Jam manibus damnata tuis? hos ante pigebit
Sanguinis? his ferri grave jus erit? ipse per omne
Fasque nefasque ruis? lassare, et disce sine armis
Posse pati : liceat scelerum tibi ponere finem.
Sæve, quid insequeris? quid jam nolentibus instas?
Bellum te civile fugit.
        Stetit aggere fultus
Cespitis, intrepidus vultu, meruitque timeri
Non metuens : atque hæc, ira dictante, profatur :
« Qui modo in absentem vultu dextraque furebas,
Miles, habes nudum, promptumque ad vulnera pectus.
Hic fuge, si belli finis placet, ense relicto.
Detegit imbelles animos nil fortiter ausa
Seditio, tantumque fugam meditata juventus,
Ac ducis invicti rebus lassata secundis.
Vadite, meque meis ad bella relinquite fatis :
Invenient hæc arma manus, vobisque repulsis
Tot reddet Fortuna viros, quot tela vacabunt.
Anne, fugam Magni lauta cum classe sequuntur
Hesperiæ gentes, nobis victoria turbam
Non dabit, impulsi tantum quæ præmia belli

pour recueillir les fruits d'une guerre dont le succès est décidé ! On les verra, sans avoir reçu de blessures, chargés des dépouilles qui devaient être le prix de vos travaux, suivre mes chars couverts de lauriers. Et vous, vieillards blanchis sous mes enseignes, et dont la guerre a épuisé le sang, confondus avec la populace de Rome, vous serez, comme elle, spectateurs oisifs de mon entrée triomphante. Vous flattez-vous, par votre fuite, de retarder le cours de mes succès? Si tous les fleuves menaçaient l'Océan de lui dérober le tribut de leurs eaux, l'Océan ne serait pas plus diminué qu'il n'est aujourd'hui gonflé par eux. Croyez-vous avoir donné quelque poids à ma fortune? Non, non, les dieux ne s'abaissent pas jusqu'à s'occuper de votre salut ou de votre perte. Le monde est subordonné au destin des grands, et le genre humain ne vit que pour un petit nombre d'hommes. Les mêmes soldats qui sous moi ont fait trembler le couchant et le nord, seraient en fuite sous Pompée. Labiénus était un héros dans mes armées, à présent c'est un vil transfuge qui parcourt la terre et les mers avec le chef qu'il m'a préféré. Et ne croyez pas que je vous sache gré d'être moins parjures que lui, en ne portant les armes ni pour ni contre moi. Celui qui abandonne mes drapeaux, qu'il suive ou non les drapeaux de Pompée, ne sera jamais un des miens. Ah ! je recon-

Auferat, et vestri rapta mercede laboris,
Lauriferos nullo comitetur vulnere currus ?
Vos despecta, senes, exhaustaque sanguine turba
Cernetis nostros, jam plebs Romana, triumphos.
Cæsaris an cursus vestræ sentire putatis
Damnum posse fugæ? veluti si cuncta minentur
Flumina, quos miscent pelago, subducere fontes,
Non magis ablatis umquam decresceret æquor,
Quam nunc crescit, aquis. An vos momenta putatis
Ulla dedisse mihi? numquam sic cura Deorum
Se premit, ut vestræ morti, vestræque saluti
Fata vacent. Procerum motus hæc cuncta sequuntur.
Humanum paucis vivit genus. Orbis Hiberi
Horror et Arctoi, nostro sub nomine miles
Pompeio certe fugeres duce. Fortis in armis
Cæsareis Labienus erat : nunc transfuga vilis
Cum duce prælato terras atque æquora lustrat.
Nec melior mihi vestra fides, si bella, nec hoste,
Nec duce me, geritis. Quisquis mea signa reliquit,
Nec Pompeianis tradit sua partibus arma,
Hic numquam vult esse meus.

nais la protection des dieux, ils ne veulent pas m'exposer à de nouveaux combats avant d'avoir changé d'armée. Et de quel poids ils me soulagent en me donnant lieu de désarmer, et de renvoyer sans aucun salaire, des hommes qui devaient tout attendre de moi, et que la dépouille du monde aurait à peine récompensés ! C'est pour moi désormais que je ferai la guerre. Sortez de mon camp, quirites ; laissez porter mes drapeaux à des hommes. Je ne retiens que le petit nombre des auteurs de la trahison, et je les retiens, non pour me servir, mais pour subir la peine de leur crime. A genoux, perfides, dit-il à ceux-ci ; prosternez-vous, et tendez la tête au fer vengeur. Et vous, jeune milice qu'on n'a point corrompue, et qui dès à présent faites la force de mes armes, regardez le supplice des traîtres : apprenez à frapper, apprenez à mourir. »

Toute l'armée immobile tremble à sa voix menaçante. Cette multitude craint un homme, qu'il dépend d'elle de rendre son égal. Il semble qu'il commande aux épées, et que le fer dans la main des soldats lui obéisse en dépit d'eux. Un moment il craignit que les troupes ne s'opposassent au châtiment qu'il ordonnait ; mais leur soumission passa son espérance. Il ne demandait que leurs glaives, ils lui présentèrent leur sein. César

« Sunt ista profecto
Curæ castra Deis, qui me committere tantis,
Non nisi mutato voluerunt milite, bellis.
Heu, quantum Fortuna humeris jam pondere fessis
Amolitur onus ! sperantes omnia dextras
Exarmare datur, quibus hic non sufficit orbis.
Jam certe mihi bella geram : discedite castris ;
Tradite nostra viris, ignavi, signa, Quirites.
At paucos, quibus hæc rabies auctoribus arsit,
Non Cæsar, sed pœna tenet. Procumbite terræ,
Infidumque caput, feriendaque tendite colla.
Et tu, quo solo stabunt jam robore castra,
Tiro rudis, specta pœnas, et disce ferire,
Disce mori. »
Tremuit sæva sub voce minantis
Vulgus iners : unumque caput tam magna juventus,
Privatum factura, timet : velut ensibus ipsis
Imperet, invito moturus milite ferrum.
Ipse pavet, ne tela sibi dextræque negentur
Ad scelus hoc, Cæsar : vicit patientia sævi
Spem ducis, et jugulos, non tantum præstitit enses.

n'avait garde de vouloir perdre des hommes endurcis au crime : il n'en fit mourir qu'un petit nombre. Leur sang fut le sceau de la paix : et la révolte fut apaisée.

César ordonne à ses troupes de se rendre à Brundusium en dix jours, et d'y rassembler tous les vaisseaux répandus dans les eaux de l'Hydrus et de l'antique Taras, sur les rivages de Leuca, dans les marais Salapiens, à l'abri des montagnes de Sépus, aux lieux où le Garganus fertile, exposé à Borée du côté de la Dalmatie, à l'Auster du côté de la Calabre, s'allonge sur les ondes adriatiques sur cette côte de l'Italie. Cependant il marche vers Rome. Quoique sans escorte, il est sans peur. Rome avait appris à fléchir devant la toge. Il se montre facile et bon envers le peuple qui l'implore ; mais il se nomme dictateur lui-même, et marque nos fastes par son consulat. Et quel titre eût mieux désigné l'an du désastre de Pharsale ? Pour que rien ne manque au droit des armes, il réunit dans ses mains les haches et l'épée, les aigles et les faisceaux ; et sous le vain nom d'*empereur*, il s'attribue tout le pouvoir d'un maître. Ce fut pour lui qu'on inventa tous ces titres menteurs dont nous avons flatté l'orgueil de nos tyrans. On feint, pour

   Nil magis, adsuetas sceleri quam perdere mentes,
Atque perire timet. Tam diro fœderis ictu
Parta quies, pœnaque redit placata juventus.
Brundusium decimis jubet hanc attingere castris,
Et cunctas revocare rates, quas avius Hydrus,
Antiquusque Taras, secretaque litora Leucæ,
Quas recipit Salapina palus, et subdita Sipus
Montibus : Ausoniam qua torquens frugifer oram,
Dalmatico Boreæ, Calabroque obnoxius Austro,
Appulus Hadriacas exit Garganus in undas.
Ipse petit trepidam tutus sine milite Romam
Jam doctam servire togæ : populoque precanti
Scilicet indulgens, summum dictator honorem
Contigit, et lætos fecit, se consule, fastos.
Namque omnes voces, per quas jam tempore tanto
Mentimur dominis, hæc primum repperit ætas,
Qua sibi ne ferri jus ullum, Cæsar, abesset,
Ausonias voluit gladiis miscere secures.
Addidit et fasces aquilis, et nomen inane
Imperii rapiens, signavit tempora digna
Mœsta nota. Nam quo melius Pharsalicus annus
Consule notus erit ?
    Fingit solennia campus,

son élection, de tenir les comices, d'assembler les tribus, et de recueillir les noms dans l'urne mensongère. Mais il défend de consulter le ciel. Il a beau tonner, l'oracle est sourd ; il donne même pour un heureux auspice le vol du sinistre hibou. Dès lors tomba sans force et sans honneur cette dignité consulaire si révérée chez nos aïeux. Le consulat ne servit plus qu'à distinguer l'année dans nos fastes. Un consul d'un mois lui donne son nom. On ne laissa pas de célébrer avec la pompe accoutumée la fête de Jupiter Latin ; et Rome qu'il avait si mal protégée, ne lui en offre pas moins ses sacrifices et ses vœux dans une nuit resplendissante.

César, après cette solennité, prend sa course à travers les campagnes de la Pouille, que le laboureur fugitif a livrées aux ronces et aux herbes sauvages. Il les traverse avec la rapidité de la flamme du ciel ou d'une tigresse qui a perdu ses petits.

En arrivant à Brundusium, fondée par les fils de Minos, qui lui donnèrent la forme du croissant, il trouve la mer fermée par les vents fougueux du nord, et sa flotte épouvantée par les constellations orageuses. Il parut honteux à César de perdre le temps de la guerre dans une lâche oisiveté et de se tenir enfermé dans un port tandis que la mer était praticable même pour des vaisseaux moins heureux que les siens. Pour encou-

Et non admissæ dirimit suffragia plebis,
Decantatque tribus, et vana versat in urna.
Nec cœlum servare licet : tonat augure surdo,
Et lætæ jurantur aves, bubone sinistro.
Inde perit primum quondam veneranda potestas
Juris inops : tantum careat ne nomine tempus,
Menstruus in fastos distinguit sæcula consul.
Nec non Iliacæ numen quod præsidet Albæ,
Haud meritum Latio solennia sacra subacto,
Vidit flammifera confectas nocte Latinas.
Inde rapit cursus, et, quæ piger Appulus arva
Deseruit rastris, et inerti tradidit herbæ,
Ocior et cœli flammis et tigride feta
Transcurrit ; curvique tenens Minoia tecta
Brundusii, clausas ventis brumalibus undas
Invenit, et pavidas hiberno sidere classes.
Turpe duci visum est rapiendi tempora belli
In segnes exisse moras, portuque teneri,
Dum pateat tutum vel non felicibus æquor.

rager ses soldats qui n'étaient point faits à ces dangers, il leur dit : « Si les vents d'hiver s'emparent du ciel et de l'onde avec plus de force, ils y règnent aussi avec plus de constance que les vents du printemps qui suivent les caprices de cette perfide saison. Nous n'avons pas à suivre les détours d'une plage sinueuse, notre route est droite et ne demande que le souffle de l'Aquilon. Que ce vent se lève et fasse ployer nos mâts, il va nous porter sur les bords de la Grèce, sans donner aux vaisseaux ennemis le temps de surprendre nos voiles paresseuses. Hâtons-nous de rompre les liens qui nous enchaînent sur ces bords. Ce temps orageux nous est favorable, nous le perdons dans le repos. »

Le soleil s'était plongé dans l'onde; les premières étoiles se montraient au ciel, et les corps éclairés par la lune commençaient à jeter leur ombre, quand toute la flotte à la fois dénoue ses câbles et déploie ses voiles. Le nocher courbe les vergues, les tourne au vent qui vient de gauche, et tend les hautes voiles dont les plis recueillent les souffles qui bientôt vont l'abandonner. A peine un souffle léger commence à soulever les voiles, quand tout à coup elles s'affaissent et retombent sur les mâts. Le navire quitte la terre, et le vent qui l'a poussé peut à peine

Expertes animos pelagi sic robore complet :
« Fortius hiberni flatus, cœlumque fretumque
Quum cepere, tenent, quam quos incumbere certos
Perfida nubiferi vetat inconstantia veris.
Nec maris anfractus, lustrandaque litora nobis,
Sed recti fluctus, soloque Aquilone secandi.
Hic utinam summi curvet carchesia mali,
Incumbatque furens, et Graia ad mœnia perflet,
Ne Pompeiani Phæacum e litore toto
Languida jactatis comprendant carbasa remis :
Rumpite, quæ retinent felices vincula proras.
Jamdudum nubes et sævas perdimus undas. »
Sidera prima poli Phœbo labente sub undas
Exierant, et luna suas jam fecerat umbras :
Quum pariter solvere rates, totosque rudentes
Laxavere sinus : et flexo navita cornu
Obliquat lævo pede carbasa, summaque pandens
Suppara velorum perituras colligit auras.
Ut primum levior propellere lintea ventus
Incipit, exiguumque tument ; mox reddita malo
In mediam cecidere ratem : terraque relicta
Non valet ipsa sequi puppes, quæ vexerat, aura.

le suivre. Les flots sont enchaînés dans un calme profond. L'eau des marais est moins dormante. On croit voir la surface immobile du Bosphore scythique, quand l'hiver suspend le cours du Danube, que la glace couvre le vaste sein de l'onde, et que l'Hellespont, impraticable aux voiles, offre un chemin solide aux coursiers de la Thrace et aux chars sur lesquels les peuples de l'Hémus vont chercher de plus doux climats. Au silence affreux de ces eaux languissantes, on dirait que la nature engourdie a perdu ses forces et que l'élément liquide a oublié son mouvement. On ne voit pas même frémir la surface des eaux ni trembler l'image du soleil qui s'y réfléchit.

La flotte ainsi retenue était exposée à mille dangers. Les galères ennemies pouvaient l'environner et l'assaillir en sillonnant l'onde à la rame. La faim, plus redoutable encore, pouvait l'assiéger dans ce long repos. Ce nouveau genre de périls produit des vœux non moins étranges : on va jusqu'à souhaiter que les vents se déchaînent et que les flots s'irritent, pourvu qu'ils se dégagent de ce morne engourdissement. On veut bien retrouver une mer furieuse, pourvu que ce soit une mer. Pas de nuage au ciel, pas un murmure sur la mer. Dans les airs, sur les eaux, une triste langueur ne laisse pas même espérer un

Æquora lenta jacent, alto torpore ligata.
Pigrius immotis hæsere paludibus undæ.
Sic stat iners Scythicas adstringens Bosporos undas
Quum, glacie retinente, fretum non impulit Hister,
Immensumque gelu tegitur mare : comprimit unda,
Deprendit quascumque, rates ; nec pervia velis
Æquora frangit eques, fluctuque latente sonantem
Orbita migrantis scindit Mæotida Bessi.
Sæva quies pelagi, mœstoque ignava profundo
Stagna jacentis aquæ, veluti deserta rigente
Æquora natura cessant : pontusque vetustas
Oblitus servare vices non commeat æstu,
Non horrore tremit, non Solis imagine vibrat.
Casibus innumeris fixæ patuere carinæ.
Illinc infestæ classes, et inertia tonsis
Æquora moturæ ; gravis hinc languore profundi
Obsessis ventura fames.
    Nova vota timori
Sunt inventa novo, fluctus nimiasque precari
Ventorum vires, dum se torpentibus unda
Excutiat stagnis, et sit mare. Nubila nusquam,
Undarumque minæ : cœlo languente, fretoque

naufrage. Mais quand la nuit fit place à la lumière, un nuage obscurcit le soleil naissant : la mer s'ébranle dans ses profondeurs. Les monts acrocérauniens semblent s'agiter aux yeux des matelots, la flotte commence à se mouvoir, et à la faveur des vents et des ondes, elle aborde auprès des sables de Paleste.

Le premier champ de bataille où Pompée et César furent en présence, est environné par le tranquille Apsus et le rapide Genuse. L'Apsus, alimenté par l'eau d'un marais, porte de légères barques. Le Genuse est gonflé par les neiges que fond le soleil ou bien accru par les pluies ; mais ni l'un ni l'autre ne fait de longs détours. Ils n'ont à parcourir qu'un très-petit espace depuis leur source jusqu'à la mer. Ce fut dans ces lieux que la fortune mit aux prises deux fameux rivaux. Ce malheureux monde espérait qu'en se voyant à si peu de distance, ils détesteraient leurs fureurs; car de l'un à l'autre camp l'on pouvait distinguer les traits du visage et les sons de la voix; et César depuis la mort de sa fille et de son petit-fils, ne vit jamais de si près son gendre, si ce n'est, hélas ! sur les sables du Nil.

Quelque ardeur que César eût pour les combats, ce qu'il avait laissé de son armée en Italie, l'obligea de suspendre le

Naufragii spes omnis abit. Sed nocte fugata
Læsum nube dies jubar extulit; imaque sensim
Concussit pelagi, movitque Ceraunia nautis.
Inde rapi cœpere rates, atque æquora classem
Curva sequi, quæ jam vento fluctuque secundo
Lapsa Palæstinas uncis confixit arenas.
Prima duces vidit junctis consistere castris
Tellus, quam volucer Genusus, quam mollior Apsus
Circueunt ripis. Apso gestare carinas
Causa palus; leni quam fallens egerit unda.
At Genusum nunc sole nives, nunc imbre solutæ
Præcipitant : neuter longo se gurgite lassat,
Sed minimum terræ, vicino litore, novit.
Hoc fortuna loco tantæ duo nomina famæ
Composuit : miserique fuit spes irrita mundi,
Posse duces, parva campi statione diremptos,
Admotum damnare nefas : nam cernere vultus,
Et voces audire datur; multosque per annos
Dilectus tibi, Magne, socer post pignora tanta,
Sanguinis infausti sobolem, mortemque nepotis,
Te, nisi Niliaca, propius non vidit arena.
Cæsaris attonitam miscenda ad prœlia mentem
Ferre moras scelerum partes jussere relictæ.

cours de ses fureurs. Ces troupes avaient à leur tête l'audacieux Antoine, qui, dans cette guerre, méditait déjà le combat de Leucade. César, impatient, l'appelle avec prières, avec menaces : « O toi! la cause des malheurs du monde, pourquoi tenir en suspens les dieux et les destins? La rapidité de ma course a tout accompli; cette guerre que j'ai poussée par les plus grands succès, n'attend que toi pour l'achever. Est-ce en Libye que je t'ai laissé? Sommes-nous séparés par les écueils des Syrtes? Personne avant toi n'a-t-il osé franchir cet étroit passage? Et te fais-je courir des dangers inconnus? Lâche! César ne te demande pas de le devancer, mais de le suivre. Je te trace la route : j'aborde le premier sur une plage étrangère, au milieu de mes ennemis. Et toi, tu crains mon camp! Je parle en vain, mes vœux se perdent à travers les vents et les eaux. Le moment de remplir mes destins m'échappe. Ah! du moins, cesse de retenir mes troupes, qui ne demandent qu'à passer les mers. Si je connais bien ces braves guerriers, ils voudraient, fût-ce par un naufrage, se jeter aux bords où je suis. Laisse parler ma douleur, le monde n'est pas également partagé entre nous; le sénat tout entier me dispute l'Épire : l'Italie est à toi. » Trois et quatre fois il l'appelle ainsi : vœux stériles. Les dieux sont propices à

Ductor erat cunctis audax Antonius armis,
Jam tum civili meditatus Leucada bello.
Illum sæpe minis Cæsar precibusque morantem
Evocat : « O mundo tantorum causa malorum,
Quid Superos et fata tenes? sunt cætera cursu
Acta meo : summam rapti per prospera belli
Te poscit Fortuna manum. Num rupta vadosis
Syrtibus incerto Libye nos dividit æstu?
Numquid inexperto tua credimus arma profundo,
Inque novos traheris casus? Ignave, venire
Te Cæsar, non ire, jubet. Prior ipse per hostes
Percussi medias alieni juris arenas.
Tu mea castra times? pereuntia tempora fati
Conqueror : in ventos impendo vota, fretumque.
Ne retine dubium cupientes ire per æquor :
Si bene nota mihi est, ad Cæsaris arma juventus
Naufragio venisse volet. Jam voce doloris
Utendum est : non ex æquo divisimus orbem.
Epirum Cæsarque tenet, totusque senatus :
Ausoniam tu solus habes. »
                              His terque, quaterque
Vocibus excitum postquam cessare videbat,

10.

César, mais César fait défaut aux dieux. Alors il prend la résolution de risquer lui-même, au milieu de la nuit, le passage qu'Antoine et les siens n'osent tenter. Il a souvent éprouvé que le ciel favorise les téméraires; et cette mer que redoutent les flottes, il espère la franchir sur un frêle esquif.

Le calme de la nuit a dissipé les soins accablants des combats. Cette foule de malheureux à qui leur humble fortune permet le sommeil, goûtent les douceurs du repos. Tout le camp est silencieux, et la troisième heure a vu renouveler la garde de la nuit. César, dans son inquiétude, marche au milieu de ce vaste silence, et va faire lui-même ce que n'eût point osé un esclave. Il n'emmène personne, et ne veut pour compagne que sa fortune. Il s'avance au delà des tentes, et sautant par dessus les gardes endormis, il gémit de voir qu'on puisse les surprendre. Il suit les détours du rivage, et rencontre une barque attachée aux rocs rongés par la vague. Non loin de là, le tranquille conducteur, le maître de la barque avait sa cabane. Le bois n'en compose pas l'humble structure; mais le stérile jonc entrelacé au roseau des marais. Une barque renversée protège son flanc nu. César frappe à coups redoublés; Amyclas se lève du lit

Dum se deesse Deis, at non sibi numina, credit ;
Sponte per incautas audet tentare tenebras,
Quod jussi timuere, fretum; temeraria prono
Expertus cessisse Deo; fluctusque verendos
Classibus, exigua sperat superare carina.
Solverat armorum fessas nox languida curas :
Parta quies miseris, in quorum pectora somno
Dat vires fortuna minor : jam castra silebant;
Tertia jam vigiles commoverat hora secundos ;
Cæsar sollicito per vasta silentia gressu
Vix famulis audenda parat; cunctisque relictis,
Sola placet Fortuna comes. Tentoria postquam
Egressus, vigilum somno cedentia membra
Transiluit, questus tacite quod fallere posset ;
Litora curva legit, primisque invenit in undis
Rupibus exesis hærentem fune carinam.
Rectorem dominumque ratis secura tenebat
Haud procul inde domus, non ullo robore fulta,
Sed sterili junco, cannaque intexta palustri,
Et latus inversa nudum munita phaselo.
Hæc Cæsar bis terque manu quassantia tectum
Limina commovit. Molli consurgit Amyclas,

d'algue où il reposait paisiblement. « Qui frappe ? dit-il. Est-ce quelqu'un qui a fait naufrage ou que son malheur oblige à chercher refuge dans ma cabane ? » En disant ces mots, il découvre un câble sous un monceau de cendre chaude, et son souffle en tire une flamme étincelante. Que lui fait la guerre ? il sait que les cabanes ne sont point un appas pour la guerre civile. O doux avantage de la pauvreté, ô sûreté d'un humble asile ! présent des dieux dont les mortels n'ont pas encore senti le prix. Quel est le rempart, quel est le temple où César eût frappé sans y jeter l'effroi ? Amyclas ouvre, et César lui dit : « Forme des vœux, étends tes espérances au delà de ta condition : mes bienfaits passeront encore tes espérances si tu fais ce que j'attends de toi, si tu me portes au bord de l'Italie. Tu ne seras plus réduit à tirer ta subsistance de ta barque, et à traîner ta vieillesse indigente dans un dur travail. Confie-toi aux soins d'un dieu qui vient dans ton chétif asile verser tout à coup l'abondance. » Ce langage ne convenait pas au vêtement plébéien que César avait pris ; mais il ne pouvait parler en homme du commun. Le pauvre Amyclas lui répond : « Bien des signes défendent de s'exposer cette nuit sur la mer. Le soleil n'a pas plongé avec lui dans la mer des nuages étincelants, et ses rayons n'étaient pas d'accord ;

Quem dabat alga, toro : « Quisnam mea naufragus, inquit,
Tecta petit ? aut quem nostræ Fortuna coegit
Auxilium sperare casæ ? » Sic fatus, ab alto
Aggere, jam tepidæ sublato fune favillæ,
Scintillam tenuem commotos pavit in ignes,
Securus belli : prædam civilibus armis
Scit non esse casas. O vitæ tuta facultas
Pauperis, angustique lares ! o munera nondum
Intellecta Deum ! quibus hoc contingere templis,
Aut potuit muris, nullo trepidare tumultu,
Cæsarea pulsante manu ?
      Tum poste recluso,
Dux ait : « Exspecta votis majora modestis,
Spesque tuas laxa, juvenis, si jussa sequutus
Me vehis Hesperiam ; non ultra cuncta carinæ
Debebis, manibusque inopem duxisse senectam.
Ne cessa præbere Deo tua fata, volenti
Angustos opibus subitis implere penates. »
Sic fatur, quamquam plebeio tectus amictu,
Indocilis privata loqui. Tum pauper Amyclas :
« Multa quidem prohibent nocturno credere ponto.
Nam sol non rutilas deduxit in æquora nubes,

épars dans leur lumière, les uns appelaient le Notus, les autres Borée; le milieu de son disque languissait, dans son morne déclin, et sa pâle lumière souffrait le regard de l'homme. La lune ne montrait pas à son lever son mince et lumineux croissant. Son globe semblait rongé et la pureté de sa forme altérée ; elle n'allongeait pas ses cornes en ligne droite, et son rouge éclat annonçait le vent; ensuite, pâle et livide, elle a caché sous les nuages son front sinistre. Je n'aime pas non plus le bruit des forêts agitées, le choc des vagues sur la rive, les bonds capricieux du dauphin qui semble provoquer l'orage, le plongeon cherchant la terre, le héron osant s'élancer dans les airs, confiant dans son aile qui sait nager ; la corneille cachant sa tête sous les flots, comme pour devancer la pluie, et mesurant d'un pas inquiet le rivage; pourtant si de grands intérêts vous appellent sur l'autre bord, vous pouvez disposer de moi. Je vous passerai, ou les vents et les flots ne l'auront pas souffert. » A ces mots il détache la barque et livre la voile aux vents. Leur violence précipite les astres qui sillonnent le vide des airs; elle ébranle les astres mêmes qui sont attachés au sommet des cieux !

Concordesque tulit radios : Noton altera Phœbi,
Altera pars Boream diducta luce vocabat.
Orbe quoque exhaustus medio, languensque recessit,
Spectantes oculos infirmo lumine passus :
Lunaque non gracili surrexit lucida cornu,
Aut orbis medii puros exesa recessus ;
Nec duxit recto tenuata cacumina cornu,
Ventorumque nota rubuit : tum lurida pallens
Ora tulit vultu sub nubem tristis ituro.
Sed mihi nec motus nemorum, nec litoris ictus,
Nec placet incertus, qui provocat æquora, Delphin ;
Aut siccum quod mergus amat ; quodque ausa volare
Ardea sublimis, pennæ confisa natanti :
Quodque caput spargens undis, velut occupet imbrem,
Instabili gressu metitur litora cornix.
Sed si magnarum poscunt discrimina rerum,
Haud dubitem præbere manus : vel litora tangam
Jussa, vel hoc potius pelagus flatusque negabunt. »
Hæc fatur, solvensque ratem dat carbasa ventis :
Ad quorum motus non solum lapsa per altum
Aera dispersos traxere cadentia sulcos
Sidera ; sed summis etiam quæ fixa tenentur
Astra polis, sunt visa quati. Niger inficit horror

D'épaisses ténèbres couvrent le sein des eaux, la vague, à longs replis s'élève et bouillonne, la mer ne sait plus à quel vent obéir, et la tourmente annonce qu'elle a conçu les vents dans son sein. « Voyez-vous, dit Amyclas, quel horrible temps nous menace? Le Zéphyr, l'Eurus, tous les vents vont se déchaîner : la barque est ballottée par la mer ; le Notus règne au ciel ; les murmures de la mer présagent le Corus. Nous n'avons pas même l'espoir d'aller échouer aux côtes d'Italie. Le seul qui nous reste est de regagner le bord d'où nous sommes partis. Laissez-moi retourner en arrière, de peur que le port, qui est encore assez proche, ne soit trop loin de nous dans un moment. »

Certain de dompter les périls, César répond : « Méprise les menaces de la mer et livre ta voile au vent déchaîné. Le ciel te défend de gagner l'Italie, et moi je le veux : marche. Ta terreur n'a qu'une excuse : tu ignores qui tu conduis. C'est un homme que les dieux n'abandonnent jamais, et que la fortune trahit quand elle ne prévient pas ses vœux. Affronte sans pâlir la tempête, je te protége. Le désordre des cieux et des flots n'atteint pas notre barque. Elle porte César, et ce fardeau la défendra de l'orage. La fureur des vents ne durera guère. Cette

Terga maris; longo per multa volumina tractu
Æstuat unda minax; flatusque incerta futuri,
Turbida testautur conceptos æquora ventos.
Tunc rector trepidæ fatur ratis : « Adspice sævum
Quanta paret pelagus : Zephyros intendat, an Euros,
Incertum est : puppim dubius ferit undique pontus.
Nubibus et cœlo Notus est; si murmura ponti
Consulimus, Cori verrent mare. Gurgite tanto,
Nec ratis Hesperias tanget, nec naufragus, oras.
Desperare viam, et vetitos convertere cursus
Sola salus. Liceat vexata litora puppe
Prendere, ne longe nimium sit proxima tellus. »
Fisus cuncta sibi cessura pericula Cæsar :
« Sperne minas, inquit, pelagi, ventoque furenti
Trade sinum. Italiam si cœlo auctore recusas,
Me pete. Sola tibi causa hæc est justa timoris,
Vectorem non nosse tuum; quem numina numquam
Destituunt; de quo male tunc Fortuna meretur,
Quum post vota venit : medias perrumpe procellas,
Tutela secure mea. Cœli iste fretique;
Non puppis nostræ labor est; hanc Cæsare pressam
A fluctu defendet onus. Nec longa furori

barque sera utile à la mer. Fuis le rivage voisin; persuade-toi que nous sommes aux ports de Calabre quand nous n'aurons plus d'autre asile à espérer. Tu ignores la cause de ce bouleversement; en troublant le ciel et la mer, la fortune essaye ce qu'elle peut sur moi. » Il achevait à peine, un tourbillon rapide ébranle la poupe, rompt les cordages, enlève et fait voltiger la voile au-dessus du fragile mât. La barque gémit sous le coup. Alors tous les périls ensemble fondent sur le héros, tous les vents viennent l'assaillir. Ce fut toi, Corus, qui le premier, élevas ta tête du sein de la mer Atlantique. Le volume immense des flots soulevés t'obéissait, et allait se briser contre le rivage, quand le froid Borée s'élance et les repousse : la mer entre vous suspendue, ne sait auquel des deux céder. Mais vient l'Aquilon furieux, qui emporte les flots roulés sur eux-mêmes, et laisse le sable à découvert. Aucun de ces vents ne parvient à pousser jusqu'au bord les vagues qu'il entraîne; elles se brisent contre les vagues que pousse le vent opposé; et quand les vents s'apaiseraient soudain, les flots se heurteraient encore. Il semble que des fougueux enfants d'Éole, aucun ne soit resté

<pre>
Ventorum sævo dabitur mora : proderit undis
Ista ratis. Ne flecte manum; fuge proxima velis
Litora : tum Calabro portu te crede potitum,
Quum jam non poterit puppi, nostræque saluti
Altera terra dari. Quid tanta strage paretur
Ignoras : quærit pelagi cœlique tumultu
Quid præstet Fortuna mihi. » Non plura loquuto
Avulsit laceros, percussa puppe, rudentes
Turbo rapax, fragilemque supervolitantia malum
Vela tulit : sonuit, victis compagibus, alnus.
Inde ruunt toto concita pericula mundo.
Primus ab Oceano caput exseris Atlanteo,
Core, movens æstus : jam, te tollente, furebat
Pontus, et in scopulos totas crexerat undas.
Occurrit gelidus Boreas, pelagusque retundit;
Et dubium pendet, vento cui concidat, æquor.
Sed Scythici vicit rabies Aquilonis, et undas
Torsit, et abstrusas penitus vada fecit arenas.
Nec perfert pontum Boreas ad saxa, suumque
In fluctus Cori frangit mare ; motaque possunt
Æquora subductis etiam concurrere ventis.
Non Euri cessasse minas, non imbribus atrum
Æolii jacuisse Notum sub carcere saxi
Crediderim : cunctos solita de parte ruentes
Defendisse suas violento turbine terras :
</pre>

dans ses antres profonds. Chacun d'eux défend ses rivages ; et grâce à leurs efforts contraires, la mer se contient dans son lit. Jamais les rochers qui la bordent n'avaient vu ses eaux s'élever avec tant de fureur et de violence. On croit revoir le temps où le Dieu souverain du ciel, las de lancer la foudre sur la terre, remit nos crimes à punir au Trident du dieu des eaux, et lui céda pour quelques jours une partie de son empire. La mer alors ne reconnut d'autres limites que les cieux. Peu s'en fallut qu'il n'en fût de même dans cette nuit, dont les ténèbres rappelaient la nuit des enfers. L'air s'affaisse, la mer s'élance, et le flot va dans les nuages se grossir de nouvelles eaux. Cette horreur profonde n'est pas même éclairée par les terribles feux de la foudre ; ils sont éteints aussitôt qu'allumés dans l'humide épaisseur de l'air. Au bruit du tonnerre et des flots, au choc des vents et des tempêtes, les voûtes du ciel sont ébranlées, et du monde chancelant sur son axe les deux pôles semblent fléchir. La nature bouleversée frémit de rentrer dans le chaos. On eût dit que les éléments avaient rompu leur alliance, et qu'on allait revoir ce ténébreux désordre où étaient confondus les cieux et les enfers.

>Sic pelagus mansisse loco. Nec parva procellis
>Æquora rapta ferunt. Ægæas transit in undas
>Tyrrhenum : sonat Ionio vagus Hadria ponto.
>Ah! quoties frustra pulsatos æquore montes
>Obruit illa dies! quam celsa cacumina pessum
>Tellus victa dedit! non ullo litore surgunt
>Tam validi fluctus, alioque ex orbe voluti
>A magno venere mari, mundumque coercens
>Monstriferos agit unda sinus. Sic rector Olympi
>Cuspide fraterna lassatum in sæcula fulmen
>Adjuvit, regnoque accessit terra secundo,
>Quum mare convolvit gentes, quum litora Tethys
>Noluit ulla pati, cœlo contenta teneri.
>Nunc quoque tanta maris moles crevisset in astra,
>Ni Superum rector pressisset nubibus undas.
>Non cœli nox illa fuit : latet obsitus aer
>Infernæ squalore domus, nimbisque gravatus
>Deprimitur, fluctusque in nubibus accipit imbrem.
>Lux etiam metuenda perit, nec fulgura currunt
>Clara, sed obscurum nimbosus dissilit aer.
>Tunc Superum convexa tremunt, atque arduus axis
>Intonuit, motaque poli compage laborant.
>Extimuit Natura chaos : rupisse videntur
>Concordes elementa moras, rursusque redire

Le seul espoir de salut qui reste à César, c'est de voir qu'il n'a pas encore péri dans ce combat des éléments. Quand la barque est portée sur la croupe des flots, le pâle matelot voit l'abîme au-dessous de lui ; et lorsque la barque se précipite dans le vaste sillon des ondes, à peine la cime du mât paraît-elle au-dessus des eaux. Tantôt les voiles sont dans les nuages, et tantôt la carène touche au sable de la mer, car toute la masse des eaux divisée en monceaux d'écume, laisse leur intervalle à sec.

Le nocher tremblant a bientôt épuisé toutes les ressources de l'art. Il ne sait plus auquel des vents il doit résister ou obéir. Heureusement leur discorde même rendait leurs efforts inutiles. Les flots qui auraient renversé la barque trouvaient un obstacle dans les flots contraires. Si une vague la fait pencher, une autre vague la relève; ils ne craignent ni les bas-fonds de Sasone, ni les roches tarpéiennes, ni les rives trompeuses d'Ambracie; les hautes cimes des Acrocérauniens les effrayent seules.

César reconnut enfin des dangers dignes de son courage. « Hé quoi ! dit-il, est-ce pour les dieux un si grand travail que de perdre un homme? et faut-il soulever les mers pour sub-

>   Nox manes mixtura Deis. Spes una salutis,
>   Quod tanta mundi nondum periere ruina.
>   Quantum Leucadio placidus de vertice pontus
>   Despicitur ; tantum nautæ videre trementes
>   Fluctibus e summis præceps mare : quumque tumentes
>   Rursus hiant undæ, vix eminet æquore malus.
>   Nubila tanguntur velis, et terra carina.
>   Nam pelagus, qua parte sedet, non celat arenas
>   Exhaustum in cumulos, omnisque in fluctibus unda est.
>   Artis opem vicere metus : nescitque magister
>   Quam frangat, cui cedat aquæ. Discordia ponti
>   Succurrit miseris, fluctusque evertere puppim
>   Non valet in fluctus : victum latus unda repellens
>   Erigit, atque omni surgit ratis ardua vento.
>   Non humilem Sasona vadis, non litora curvæ
>   Thessaliæ saxosa pavent, oræque malignos
>   Ambraciæ portus : scopulosa Ceraunia nautæ
>   Summa timent. Credit jam digna pericula Cæsar
>   Fatis esse suis :
>   « Tantusne evertere, dixit,
>   Me Superis labor est : parva quem puppe sedentem

merger un fragile esquif? Si je dois trouver sous les eaux la mort que j'affrontais dans les combats, je la reçois d'un visage intrépide, telle que le ciel me l'envoie; et quoique ma fin prématurée interrompe de grands desseins, j'ai assez fait pour ma gloire. J'ai dompté les peuples du Nord, la crainte a mis à mes pieds les armes de mes ennemis; Rome m'a vu au-dessus de Pompée; vainqueur, j'ai forcé le peuple à m'accorder les faisceaux longtemps refusés. L'État n'a point de dignité dont les titres ne me décorent. O Fortune, seule confidente de mes vœux, fais que personne que toi ne sache que César au comble des honneurs, César dictateur et consul, est mort comme un homme privé! Non, grands dieux! je ne veux point de funérailles; retenez au milieu des flots les débris de mon corps déchiré. Je renonce aux honneurs du bûcher et de la sépulture, pourvu qu'on me craigne sans cesse, et que sans cesse on tremble de me voir reparaître de tous les bouts de l'univers. » Comme il parlait ainsi, ô prodige incroyable! une vague énorme enlève la barque, et au lieu de l'engloutir, la dépose au bord de l'Épire, sur une plage unie et sans écueils. En touchant la terre, il recouvre à la fois ses conquêtes et sa fortune, et tant de villes qu'il avait prises, et tant d'États qu'il avait soumis.

Tam magno petiere mari? Si gloria leti
Est pelago donata mei, bellisque negamur;
Intrepidus, quamcumque datis mihi, numina, mortem
Accipiam. Licet ingentes abruperit actus
Festinata dies fatis, sat magna peregi.
Arctoas domui gentes : inimica subegi
Arma metu : vidit Magnum mihi Roma secundum.
Jussa plebe, tuli fasces per bella negatos :
Nulla meis aberit titulis Romana potestas.
Nesciat hoc quisquam, nisi tu, quæ sola meorum
Conscia votorum es, me, quamvis plenus honorum,
Et dictator eam Stygias, et consul, ad umbras,
Privatum, Fortuna, mori. Mihi funere nullo
Est opus, o Superi : lacerum retinete cadaver
Fluctibus in mediis; desint mihi busta rogusque,
Dum metuar semper, terraque exspecter ab omni. »
Hæc fatum decimus, dictu mirabile, fluctus
Invalida cum puppe levat : nec rursus ab alto
Aggere dejecit pelagi, sed pertulit unda,
Scruposisque angusta vacant ubi litora saxis,
Imposuit terræ. Pariter tot regna, tot urbes
Fortunamque suam tacta tellure recepit.

Mais alors le jour commençait à luire, et le retour de César dans son camp ne fut pas inaperçu comme sa fuite. Ses soldats l'environnent les yeux en larmes, et lui adressent des plaintes dont il n'est pas offensé : « Cruel, lui dirent-ils, où t'emportait une audace si téméraire ; et à quoi nous réservais-tu, nous dont la vie est si peu de chose, quand tu donnais à la mer en furie le corps de César à déchirer? Non, ce n'est pas vertu, c'est inhumanité, d'exposer une vie d'où dépend celle de tant de peuples, et de dévouer à la mort le chef que s'est donné le monde. Est-ce qu'aucun des tiens n'a mérité de ne pas te survivre? Quoi, tandis que la mer t'emportait, tu nous laissais plongés dans un lâche sommeil! nous ne pouvons y penser sans honte. Ce qui t'avait déterminé, c'est que tu trouvais trop cruel d'exposer un autre que toi à une mer si furieuse. L'excès du malheur peut engager les hommes dans les entreprises les plus hardies, dans les périls les plus évidents ; mais toi, vainqueur et maître du monde, te rendre le jouet de la fureur des eaux, n'est-ce pas défier les dieux? C'est sans doute un gage bien certain de la faveur du ciel, et du soin que prend de toi la Fortune, que de te voir reporté par les flots sur le bord que tu avais quitté; mais est-ce à te sauver d'un naufrage que tu

Sed non tam remeans Cæsar jam luce propinqua,
Quam tacita sua castra fuga comitesque fefellit.
Circumfusa duci flevit, gemituque suorum,
Et non ingratis incessit turba querelis.
« Quo te, dure, tulit virtus temeraria, Cæsar?
Aut quæ nos, viles animas, in fata relinquens,
Invitis spargenda dabas tua membra procellis?
Quum tot in hac anima populorum vita, salusque
Pendeat, et tantus caput hoc sibi fecerit orbis,
Sævitia est voluisse mori. Nullusne tuorum
Emeruit comitum, fatis non posse superstes
Esse tuis? Quum te raperet mare, corpora segnis
Nostra sopor tenuit. Pudet heu! tibi causa petendæ
Hæc fuit Hesperiæ? visum est committere quemquam
Tam sævo crudele mari? Sors ultima rerum
In dubios casus et prona pericula mortis
Præcipitare solet : mundi jam summa tenentem
Permisisse mari ! tantum quid numina fassas?
Sufficit ad fatum belli favor iste, laborque
Fortunæ, quod te nostris impegit arenis?
Hinc usus placuere Deum, non rector ut orbis,

dois employer le secours des dieux, ce secours qui doit t'élever à l'empire du monde ?.»

Dans le moment même, le soleil achevant de chasser les ombres de la nuit, amène un jour serein, et les vents, calmés par sa présence, laissent la mer apaiser ses flots. Dès qu'Antoine et les siens les virent aplanis et que Borée épurant les airs allait seul dominer sur l'onde, ils levèrent l'ancre ; et, la rame en cadence, secondant la voile, la flotte s'avançait rangée sur la mer, comme une armée dans une vaste plaine ; mais la nuit qui fut orageuse, ne permit pas aux vaisseaux de se tenir ensemble et dans l'ordre qu'ils avaient pris.

Telle, quand les grues chassées par l'hiver quittent le Strymon pour voler sur le Nil aux tièdes ondes, la phalange qu'elles forment dans l'air prend mille figures diverses. Mais si un vent trop violent frappe leurs ailes étendues, elles se dispersent et se rallient par groupes confusément épars; et la lettre qu'elles traçaient se dissipe comme un nuage.

Le vent devenu plus fort au lever du soleil, prit la flotte en poupe, et rendant inutile l'effort qu'elle fit pour aborder à Lisse, la poussa dans le port de Nymphée. L'Auster avait chassé

> Nec dominus rerum, sed felix naufragus esses ? »
> Talia jactantes, discussa nocte, serenus
> Oppressit cum sole dies, fessumque tumentes
> Composuit pelagus, ventis patientibus, undas.
> Nec non Hesperii lassatum fluctibus æquor
> Ut videre duces, purumque insurgere cœlo
> Fracturum pelagus Boream, solvere carinas,
> Quas ventus, doctæque pari moderamine dextræ
> Permixtas habuere diu : latumque per æquor,
> Ut terrestre, coit consertis puppibus agmen.
> Sed nox sæva modum venti, velique tenorem
> Eripuit nautis, excussitque ordine puppes.
> Strymona sic gelidum, bruma pellente, relinquunt
> Poturæ te, Nile, grues, primoque volatu
> Effingunt varias, casu monstrante, figuras.
> Mox ubi percussit densas Notus altior alas,
> Confusos temere immixtæ glomerantur in orbes,
> Et turbata perit dispersis littera pennis.
> Quum primum, redeunte die, violentior aer
> Puppibus incubuit, Phœbeo concitus ortu,
> Prætereunt frustra tentati litora Lissi,
> Nymphæumque tenent : nudas Aquilonibus undas

l'Aquilon de cette plage, et, succédant à Borée, en avait fait un port.

Pompée voyant que César avait rassemblé toutes ses forces et qu'ils touchaient au moment fatal d'une bataille sanglante et décisive, résolut de mettre en sûreté sa femme, dont la présence le fait trembler. Il envoie Cornélie à Lesbos, loin du tumulte des armes. Ah! qu'un saint amour a de pouvoir sur deux âmes vertueuses! Oui, Pompée, le danger de ton épouse te rendait timide et tremblant à l'approche des combats. Ce fut elle qui te fit craindre de t'exposer au même coup du sort qui menaçait Rome et le monde. Ton âme est préparée à de tristes adieux, mais ta voix s'y refuse encore. Tu te plais même à les différer, à dérober quelques instants au sort cruel.

Ce fut vers la fin de la nuit, quand le sommeil quittait leurs yeux et que Cornélie pressait contre son sein le cœur troublé de son époux, ce fut alors qu'elle s'aperçut que, se refusant à ses chastes baisers, il détournait en soupirant son visage inondé de larmes. Frappée jusqu'au fond de l'âme, elle n'ose paraître l'avoir surpris versant des pleurs; mais il lui dit en gémissant : « Épouse plus chère pour moi que la vie, je ne dis pas aujourd'hui que la vie m'est odieuse, mais dans mes jours les plus heureux, voici le

---

Succedens Boreæ jam portum fecerat Auster.
Undique collatis in robur Cæsaris armis,
Summa videns duri Magnus discrimina Martis
Jam castris instare suis, seponere tutum
Conjugii decrevit onus, Lesboque remotam
Te procul a sævi strepitu, Cornelia, belli
Occulere. Heu quantum mentes dominatur in æquas
Justa Venus! dubium trepidumque ad prœlia, Magne,
Te quoque fecit amor : quod nolles stare sub ictu
Fortunæ, quo mundus erat, Romanaque fata,
Conjux sola fuit. Mentem jam verba paratam
Destituunt, blandæque juvat ventura trahentem
Indulgere moræ, et tempus subducere fatis.
Nocte sub extrema, pulso torpore quietis,
Dum fovet amplexu gravidum Cornelia curis
Pectus, et adversi petit oscula grata mariti :
Humentes mirata genas, percussaque cæco
Vulnere, non audet flentem deprendere Magnum.
Ille gemens : « Vita non nunc mihi dulcior, inquit,
Quum tædet vitæ, læto sed tempore, conjux,
Venit mœsta dies, et quam nimiumque, parumque,

moment fatal que j'ai trop et trop peu différé. César avec toutes ses forces vient me présenter le combat. Il faut s'y résoudre. Pour vous, Lesbos est un sûr asile. Épargnez-vous d'inutiles prières. Je me suis déjà refusé moi-même. Vous n'aurez pas longtemps à souffrir de mon absence; tout va bientôt se décider. Quand les choses sont à leur comble, la chute en est rapide; c'est assez pour vous du bruit de mes dangers sans en être témoin vous-même. Si vous pouviez en soutenir la vue, j'aurais mal connu votre cœur. J'aurais honte à la veille du combat de passer avec vous de douces nuits; j'aurais honte si les trompettes qui donneront l'alarme et le signal au monde me surprenaient entre vos bras. Pompée aurait trop à rougir d'être seul heureux au milieu des calamités de la guerre. Allez m'attendre loin des périls qui menacent tant de peuples et tant de rois. Soyez assez loin pour ne pas ressentir tout le poids de ma chute. Si je péris dans ma défaite, que la meilleure partie de moi-même me survive, et si le malheur m'oblige à fuir, pressé par un cruel vainqueur, qu'il me reste au moins un refuge. »

La faible Cornélie eut à peine la force de l'entendre et de soutenir l'excès de sa douleur. D'abord frappée comme de la foudre, elle perdit l'usage de ses sens. Enfin, dès que sa voix put se faire

Distulimus : jam totus adest in prœlia Cæsar.
Cedendum est bellis; quorum tibi tuta latebra
Lesbos erit. Desiste preces tentare; negavi
Jam mihi : non longos a me patiere recessus.
Præcipites aderunt casus : properante ruina,
Summa cadunt. Satis est audisse pericula Magni;
Meque tuus decepit amor, civilia bella
Si spectare potes : nam me, jam Marte parato,
Securos cepisse pudet cum conjuge somnos,
Eque tuo, miserum quatient quum classica mundum,
Surrexisse sinu. Vereor civilibus armis
Pompeium nullo tristem committere damno.
Tutior interea populis et tutior omni
Rege, late; positamque procul fortuna mariti
Non tota te mole premat. Si numina nostras
Impulerint acies, maneat pars optima Magni;
Sitque mihi, si fata premant victorque cruentus,
Quo fugisse velim. »
    Vix tantum infirma dolorem
Cepit, et attonito cesserunt pectore sensus.
Tandem ut vox mœstas potuit proferre querelas :

entendre : « O Pompée, je ne me plains, dit-elle, ni des dieux ni du sort. Ce n'est ni leur rigueur, ni celle de la mort qui rompt les nœuds d'un saint amour. C'est mon époux lui-même qui me chasse comme une femme répudiée; c'est la loi du divorce que je parais subir. Oui, hâtons-nous de nous séparer à l'approche de l'ennemi, apaisons par là ton beau-père. O Pompée! est-ce ainsi que ma foi t'est connue? Crois-tu qu'il y ait pour moi au monde d'autre sûreté que la tienne? Mon sort n'est-il pas dès longtemps inséparable du tien? Tu veux, cruel, qu'en m'éloignant de toi, je laisse ma tête exposée à la foudre et à cette ruine effroyable dont l'univers est menacé! Tu parles d'un asile assuré pour moi, dans le moment même où je t'entends faire des vœux pour cesser de vivre! Quelque résolue que je sois à ne pas me voir l'esclave de tes ennemis et à te suivre dans la nuit du tombeau, ne vois-tu pas qu'en m'éloignant de toi tu me forces à te survivre, au moins le temps d'apprendre ton trépas? Tu fais plus, tu m'accoutumes à souffrir la vie; tu as la cruauté de m'apprendre à vaincre ma douleur! Pardonne, je crains d'y résister et de supporter la lumière. Que si les dieux daignent m'entendre, si le succès répond à mes souhaits, veux-tu que ta femme soit la dernière à se réjouir du bonheur de tes armes? Tu seras vainqueur! et moi, errante et désolée sur le rivage

« Nil mihi de fatis thalami Superisque relictum est,
Magne, queri : nostros non rumpit funus amores,
Nec diri fax summa rogi ; sed sorte frequenti
Plebeiaque nimis careo dimissa marito.
Hostis ad adventum rumpamus fœdera tædæ ;
Placemus socerum.
     « Sic est tibi cognita, Magne,
Nostra fides? credisne aliquid mihi tutius esse,
Quam tibi? nonne olim casu pendemus ab uno?
Fulminibus me, sæve, jubes, tantæque ruinæ
Absentem præstare caput? secura videtur
Sors tibi, quum facias etiam nunc vota, perisse !
Ut nolim servire malis, sed morte parata,
Te sequar ad manes ; feriat dum mœsta remotas
Fama procul terras, vivam tibi nempe superstes.
Adde, quod adsuescis fatis, tantumque dolorem,
Crudelis, me ferre doces : ignosce fatenti,
Posse pati, timeo : quod si sunt vota, Deisque
Audior, eventus rerum sciet ultima conjux.
Sollicitam rupes jam te victore tenebunt ;

de Lesbos, je frémirai de voir arriver le vaisseau qui m'en portera la nouvelle! Que dis-je? ta victoire même pourra-t-elle me rassurer? n'aurai-je pas à craindre encore que, dans un lieu isolé, sans défense, César en fuyant ne vienne m'enlever? Le rivage qui servira d'exil à la femme du grand Pompée, ne sera que trop célèbre. Qui ne saura que c'est à Lesbos que tu auras voulu me cacher? Ah! je t'en conjure, pour ma dernière grâce, si le sort des armes ne te laisse d'autre ressource que la fuite, en cherchant ton salut sur les mers, éloigne-toi des bords où je serai et choisis un plus sûr asile. » En parlant ainsi, elle se lève éperdue; et pour ne pas prolonger le tourment de son départ, elle s'arrache des bras de Pompée et se refuse la douceur de le presser encore une fois dans les siens. Ce dernier fruit d'un si constant amour fut perdu pour l'un et pour l'autre. Ils abrègent leurs plaintes, ils étouffent leurs soupirs, et aucun des deux en s'éloignant n'a la force de dire adieu. Ce fut le plus triste jour de leur vie, car leur âme endurcie au malheur soutint courageusement tout le reste.

Cornélie tombe entre les bras de ses esclaves. Ses esclaves la portent jusqu'au bord de la mer. Mais là, se jetant sur le sable, elle embrasse en pleurant ce rivage. On l'entraîne enfin sur le

---

Et puppim, quæ fata feret tam læta, timebo :
Nec solvent audita metus mihi prospera belli,
Quum vacuis projecta locis a Cæsare possim
Vel fugiente capi. Notescent litora clari
Nominis exsilio, positaque ibi conjuge Magni,
Quis Mityleuæas poterit nescire latebras?
Hoc precor extremum, si nil tibi victa relinquent
Tutius arma fuga, quum te commiseris undis,
Quolibet infaustam potius deflecte carinam :
Litoribus quærere meis. »
    Sic fata, relictis
Exsiluit stratis amens, tormentaque nulla
Vult differre mora : non mœsti pectora Magni
Sustinet amplexu dulci, non colla tenere ;
Extremusque perit tam longi fructus amoris :
Præcipitantque suos luctus : neuterque recedens
Sustinuit dixisse, Vale ; vitamque per omnem
Nulla fuit tam mœsta dies : nam cætera damna
Durata jam mente malis firmaque tulerunt.
Labitur infelix, manibusque excepta suorum
Fertur ad æquoreas, ac se prosternit, arenas,
Litoraque ipsa tenet, tandemque illata carinæ est,

vaisseau. Hélas! ce n'était pas ainsi qu'elle avait quitté sa patrie, dont César s'était emparé. Fidèle compagne de Pompée, tu t'en vas seule; tu le laisses; lui-même il t'oblige à le fuir. Oh! quelle nuit va suivre son départ! Pour la première fois, seule, et sans époux, dans un lit baigné de ses larmes, peut-elle y trouver le repos qu'elle goûtait à ses côtés! Combien de fois dans le sommeil ses mains errantes et trompées, croyant l'embrasser, n'embrassèrent qu'une ombre! Combien de fois, oubliant sa fuite, elle le chercha vainement! Car malgré le feu secret qui la dévore, elle n'ose s'agiter dans tout son lit, et lui garde sa place. Elle ne prévoit que les maux de l'absence. Ah! malheureuse Cornélie! d'autres malheurs t'attendent, les dieux ne vont que trop presser l'instant qui doit te réunir à Pompée!

Non sic infelix patriam, portusque reliquit
Hesperios, sævi premerent quum Cæsaris arma.
Fida comes Magni vadit duce sola relicto,
Pompeiumque fugit. Quæ nox tibi proxima venit,
Insomnis! viduo tum primum frigida lecto,
Atque insueta quies uni, nudumque marito
Non hærente latus : somno quam sæpe gravata
Deceptis vacuum manibus complexa cubile est,
Atque oblita fugæ quæsivit nocte maritum!
Nam, quamvis flamma tacitas urente medullas,
Non juvat in toto corpus jactare cubili :
Servatur pars illa tori. Caruisse timebat
Pompeio : sed non Superi tam læta parabant.
Instabat, miseræ Magnum quæ redderet, hora.

LIVRE VI

Les deux rivaux sont en présence. — César appelle de tous ses vœux l'heure fatale qui va décider de sa fortune. — Ne pouvant forcer Pompée d'en venir à une bataille, il lève son camp, et marche sur Dyrrachium (aujourd'hui *Durazzo*); mais Pompée l'a prévenu. — Fortification de cette ville. — Pompée campe sur une hauteur qui protége la ville ; César, pour assiéger son ennemi, trace au loin l'enceinte d'un immense retranchement. — Description de ces travaux. — Cause première de la contagion. — Elle désole le camp de Pompée; la famine, celui de César. — Pompée résout aussitôt de forcer les barrières dont l'a su envelopper son ennemi. — Attaque du fort Minutium. — Un centurion, du nom de Scéva, soutient seul le choc. — Éloge du guerrier. — Il harangue ses compagnons qu'il ramène au combat. — Sa bravoure, ses blessures, son stratagème, sa mort. — Nouvelle attaque de Pompée dirigée sur les forts voisins de la mer : il en chasse l'ennemi. — Efforts impuissants de César, qui est accouru au secours des siens. — Pompée pouvait accabler son rival : trop généreux, il laisse échapper la victoire; regrets du poëte. — César passe en Thessalie. — Pompée l'y suit, et refuse de se rendre à l'avis de ceux de ses amis qui l'engagent à revenir à Rome. — Description de la Thessalie : les monts Ossa, Pélion, Othrys, Pinde, Olympe. — La vallée de Tempé, les champs de Phylacée, Ptélée, Dotion, Trachine, Mélibée, Larisse, Argos, Thèbes; les fleuves Éas, Inachus, Achéloüs, Évène, etc. — Habitants : Bébrices, Lélèges, Dolopes, Centaures. — Art de fondre les métaux; monnaie. — Campé sur cette terre, chaque parti s'agite dans l'attente du combat. — Sextus, le plus jeune des deux fils de Pompée, veut connaître l'arrêt du destin; il va consulter une enchanteresse. — Art magique des Hémonides ou femmes de l'Hémus. — Discours de Sextus à l'enchanteresse. — Réponse d'Érichtho. — L'antre de l'enchanteresse. — Charmes magiques. — Un cadavre répond à sa voix. — Destins de Pompée. — Le cadavre est rendu au bûcher. — Sextus, guidé par Érichtho, rentre au camp de son père.

Dès que les chefs, résolus d'en venir à une bataille, se furent établis sur les hauteurs voisines, et que les dieux tinrent dans

LIBER VI

Postquam castra duces, pugnæ jam mente propinqui,
Imposuere jugis, admotaque cominus arma,

la lice ces deux rivaux qu'ils voulaient voir aux mains, César dédaigna de s'occuper à prendre les villes de la Grèce. Il ne veut plus devoir à sa fortune d'autre victoire que sur Pompée. Tous ses vœux ne tendent qu'à voir l'heure fatale qui entraînera la chute de l'un des deux partis. Il aime à penser qu'un seul coup du sort anéantira l'un ou l'autre.

Trois fois il déploie son armée sur les collines qu'il occupe, et fait lever ses étendards, signal menaçant des combats, pour annoncer qu'il est toujours prêt à consommer le malheur de Rome. Mais rien ne peut attirer Pompée, il refuse la bataille et ne se confie que dans les retranchements de son camp; César quitte le sien, et à travers les bois, il cache sa route, et s'avance d'un pas rapide vers les murs de Dyrrachium, qu'il espère enlever d'assaut. Pompée, qui suit le rivage de la mer, le devance, et va s'établir sur une éminence appelée Pétra, d'où il protége la ville. Cette ville, fondée par les Corinthiens, est par elle-même imprenable. Ce qui la défend n'est pas l'ouvrage de ses fondateurs : ce n'est point un rempart élevé par l'industrie et les efforts de l'homme. Les travaux des humains, quelque hardis et solides qu'ils soient, cèdent sans peine au ravage des guerres et des ans qui renversent tout. La force de cette place est telle que le fer ne peut l'ébranler : c'est l'assiette du lieu,

Parque suum videre Dei, capere omnia Cæsar
Mœnia Graiorum spernit, Martemque secundum
Jam nisi de genero fatis debere recusat.
Funestam mundo votis petit omnibus horam,
In casum quæ cuncta ferat. Placet alea fati
Alterutrum mensura caput. Ter collibus omnes
Explicuit turmas, et signa minantia pugnam,
Testatus numquam Latiæ se deesse ruinæ.
Ut videt ad nullos exciri posse tumultus
In pugnam generum, sed clauso fidere vallo,
Signa movet, tectusque via dumosa per arva
Dyrrachii præceps rapiendas tendit ad arces.
Hoc iter æquoreo præcepit limite Magnus,
Quemque vocat collem Taulantius incola Petram,
Insedit castris; Ephyreaque mœnia servat,
Defendens tutam vel solis turribus urbem.
Non opus hanc veterum, nec moles structa tuetur,
Humanusque labor, facilis, licet ardua tollat,
Cedere vel bellis, vel cuncta moventibus annis.
Sed munimen habet nullo quassabile ferro,

c'est la nature même. Elle est environnée d'une mer profonde, et de rochers où se brisent les flots. Sans une colline étroite qui la joint à la terre, Dyrrachium serait une île. Des écueils formidables aux matelots sont les fondements de ses murs; et lorsque la mer d'Ionie est soulevée par le rapide vent du midi, la vague ébranle les maisons et les temples, l'écume s'élance jusqu'au faîte des toits.

L'impatience et l'ardeur de César le détournèrent d'une entreprise douteuse et lente. Il résolut d'assiéger lui-même ses ennemis à leur insu, en s'emparant des hauteurs d'alentour, et en élevant au loin un rempart dont l'enceinte embrasserait leur camp. Il mesure des yeux la campagne; il ne se contente pas d'y construire à la hâte un fragile mur de gazon; il fait tirer d'énormes rochers des entrailles de la terre, il fait démolir et transporter les murailles des villes voisines, et de leurs débris il bâtit un rempart à l'épreuve du bélier, et des efforts de l'art destructeur de la guerre. Les montagnes sont aplanies, les abîmes comblés, et l'ouvrage de César se prolonge à travers les hauteurs et les précipices. Un fossé profond règne au pied du rempart, et sur les sommets les plus escarpés on établit des forts. Dans une vaste enceinte, il enferme des champs cultivés, des déserts stériles et de vastes forêts dont il enveloppe les fauves habitants.

>Naturam, sedemque loci : nam clausa profundo
>Undique præcipiti, scopulisque vomentibus æquor,
>Exiguo debet, quod non est insula, colli.
>Terribiles ratibus sustentant mœnia cautes,
>Ioniumque furens rapido quum tollitur Austro,
>Templa domosque quatit, spumatque in culmina pontus.
>Hinc avidam belli rapuit spes improba mentem
>Cæsaris, ut vastis diffusum collibus hostem
>Cingeret ignarum, ducto procul aggere valli.
>Metitur terras oculis : nec cespite tantum
>Contentus fragili subitos attollere muros,
>Ingentes cautes, avulsaque saxa metallis,
>Graiorumque domos, direptaque mœnia transfert.
>Exstruitur, quod non aries impellere sævus,
>Quod non ulla queat violenti machina belli.
>Franguntur montes, planumque per ardua Cæsar
>Ducit opus : pandit fossas, turritaque summis
>Disponit castella jugis, magnoque recessu
>Amplexus fines, saltus, nemorosaque tesqua,
>Et silvas, vastaque feras indagine claudit.

Ni les moissons, ni les pâturages ne manquent à Pompée ; et dans les limites que César lui trace, il a la liberté de changer de camp. On voit des fleuves commencer, poursuivre et finir leur cours dans cet enclos immense ; et César ne saurait parcourir toute l'étendue de ses travaux sans se reposer dans sa course. Que la Fable nous vante à présent les murs de Troie qu'elle attribue aux dieux ; que le Parthe fuyard admire les murs de Babylone environnés d'une brique fragile ; autant de pays qu'en abreuve le Tigre et le rapide Oronte, autant en contient le royaume assyrien, autant en renferme cet enclos, construit subitement et dans le tumulte des armes. Tant de travaux, qui sont perdus, auraient suffi pour combler le Bosphore et réunir les bords de l'Hellespont, pour couper l'isthme de Corinthe, et pour épargner aux vaisseaux le tour pénible et dangereux du promontoire de Malée, ou pour changer utilement la face de tel autre lieu de la terre, quelque obstacle que la nature eût opposé aux efforts de l'art.

Le guerre s'enferme en champ clos. Ici s'amasse tout le sang qui doit bientôt inonder le monde, ici sont rassemblées toutes les victimes que la Thessalie et l'Afrique doivent dans peu voir égorger. Toute la rage de la guerre civile fermente retenue dans cette arène étroite.

Non desunt campi, non desunt pabula Magno,
Castraque Cæsareo circumdatus aggere mutat.
Flumina tot cursus illic exorta fatigant,
Illic mersa suos ; operumque ut summa revisat,
Defessus Cæsar mediis intermanet agris.
Nunc vetus Iliacos attollat fabula muros
Adscribatque Deis : fragili circumdata testa
Mœnia mirentur refugi Babylonia Parthi.
En quantum Tigris, quantum celer ambit Orontes,
Assyriis quantum populis telluris Eoæ
Sufficit in regnum, subitum bellique tumultu
Raptum clausit opus. Tanti periere labores.
Tot potuere manus aut jungere Seston Abydo,
Ingestoque solo Phryxeum elidere pontum ;
Aut Pelopis latis Ephyren abrumpere regnis,
Et ratibus longæ flexus donare Maleæ ;
Aut aliquem mundi, quamvis natura negasset,
In melius mutare locum. Coit area belli :
Hic alitur sanguis terras fluxurus in omnes,
Hic et Thessalicæ clades, Libycæque tenentur.
Æstuat angusta rabies civilis arena.

Les premiers travaux avaient trompé la vigilance de Pompée. Tel au milieu des champs de la Sicile, le laboureur repose en sûreté, et n'entend pas le mugissement des flots contre les rochers de Pelore ; tels les Bretons de la Calédonie, au centre de leur île, ne sont point frappés du bruit de l'Océan qui se brise contre leurs bords. Mais lorsque Pompée aperçoit le terrain investi d'un immense rempart, il quitte le camp de Pétra, et répand son armée sur plusieurs éminences, pour engager César à diviser ses troupes, et pour le fatiguer en lui donnant sans cesse toute son enceinte à garder. De son côté, il se retranche ; et du terrain que César lui laisse, il se réserve un espace égal à celui qui sépare le Capitole altier de l'humble bois d'Aricie où Diane est adorée, égal au cours du Tibre, depuis les murs de Rome jusqu'à sa chute dans la mer, s'il ne faisait aucun détour.

On n'entend point le son des trompettes ; les traits se croisent dans les airs ; mais c'est de plein gré que le soldat les lance ; et des Romains, pour s'exercer, percent le cœur à des Romains. Un soin plus pressant que celui de la guerre occupe les chefs, et leur ôte l'envie de mesurer leurs armes. La terre épuisée ne donnait plus d'herbages ; les prairies foulées aux pieds des chevaux, et endurcies sous leurs pas rapides sont dépouil-

---

Prima quidem surgens operum structura fefellit
Pompeium : veluti mediæ qui tutus in arvis
Sicaniæ rabidum nescit latrare Pelorum :
Aut vaga quum Tethys, Rutupinaque litora fervent,
Unda Caledonios fallit turbata Britannos.
Ut primum vasto septas videt aggere terras ;
Ipse quoque a tuta deducens agmina Petra
Diversis spargit tumulis, ut Cæsaris arma
Laxet, et effuso claudentem milite tendat.
Ac tantum septi vallo sibi vindicat agri,
Parva Mycenææ quantum sacrata Dianæ
Distat ab excelsa nemoralis Aricia Roma ;
Quoque modo Romæ præplapsus mœnia Tibris
In mare descendit, si nusquam torqueat amnem.
Classica nulla sonant, injussaque tela vagantur :
Et fit sæpe nefas, jaculum tentante lacerto.
Major cura ducem miscendis abstrahit armis
Pompeium, exhaustæ præbenda ad pabula terræ,
Quæ currens obtrivit eques, gradibusque citatis
Ungula frondentem discussit cornea campum.

lées de leur vert gazon. Ces coursiers belliqueux périssaient de langueur dans les campagnes dépouillées : leurs jarrets tremblants fléchissaient ; ils s'abattaient au milieu de leur course, ou devant des crèches pleines d'un chaume aride, ils tombaient mourants de faiblesse, la bouche ouverte, et demandant en vain un herbage frais qui leur rendît la vie.

La corruption dissout les cadavres infects. L'air croupissant se remplit de mortelles exhalaisons, qui, condensées en nuage, couvrirent le camp de Pompée. Telle est la vapeur infernale qui s'élève des rochers fumants de Nésis, ou des cavernes d'où Tiphon exhale sa rage et souffle la mort. Les soldats tombent en langueur ; l'eau, plus facile encore et plus prompte que l'air à contracter un mélange impur, porte dans les entrailles contractées un poison dévorant. La peau se sèche et se noircit, les yeux sortent de leurs orbites enflammés, un rouge ardent colore les joues ; la tête, lasse et appesantie, refuse de se soutenir. Le ravage que fait le mal est à chaque instant plus rapide. Il n'y a plus aucun intervalle de la pleine vie à la mort. Dès qu'on se sent frappé, on expire. La contagion se nourrit et s'accroît par le nombre de ses victimes ; les vivants sont confondus avec les morts, et l'unique sépulture accordée à ces malheureux, c'est de les traîner hors des tentes.

>
> Belliger attonsis sonipes defessus in arvis,
> Advectos quum plena ferant præsepia culmos,
> Ore novas poscens moribundus labitur herbas,
> Et tremulo medios abrumpit poplite gyros.
> Corpora dum solvit tabes, et digerit artus,
> Traxit iners cœlum fluidæ contagia pestis
> Obscuram in nubem. Tali spiramine Nesis
> Emittit Stygium nebulosis aera saxis,
> Antraque letiferi rabiem Typhonis anhelant.
> Inde labant populi, cœloque paratior unda
> Omne pati virus, duravit viscera cœno.
> Jam riget atra cutis, distentaque lumina rumpit :
> Igneaque in vultus, et sacro fervida morbo
> Pestis abit, fessumque caput se ferre recusat.
> Jam magis atque magis præceps agit omnia fatum :
> Nec medii dirimunt morbi vitamque, necemque :
> Sed languor cum morte venit, turbaque cadentum
> Aucta lues, dum mixta jacent incondita vivis
> Corpora : nam miseros ultra tentoria cives

Cependant ces souffrances eurent un terme quand le vent de la mer s'éleva derrière le camp, que l'aquilon purifia l'air, et que des vaisseaux apportèrent des grains étrangers.

L'ennemi, libre sur des collines spacieuses, n'avait à souffrir ni de la corruption d'une eau dormante, ni de la pesante inertie d'un air infect. Mais il était tourmenté d'une famine aussi cruelle que s'il eût été resserré par le siége le plus étroit. Avant que les épis ne soient élevés sur leur tige grandissante, on voit les hommes, pressés par la faim, disputer la pâture aux animaux, brouter la feuille des buissons, et mordre à l'écorce des arbres. On les voit déraciner les plantes dont la nature leur est inconnue, et qui peuvent être des poisons mortels. Tout ce que le feu peut amollir, tout ce qui cède à une dent avide, tout ce qui peut passer dans les viscères, même en déchirant le palais, des mets jusqu'alors inconnus à l'homme, les soldats se les arrachent; et ils ne laissent pas de tenir assiégé un ennemi chez qui tout abonde.

Dès que Pompée vit le moment de forcer les barrières qui l'environnaient et de se rendre la terre libre, il ne prit pas, comme pour s'échapper, une heure où la nuit l'eût couvert de ses ombres; il dédaigne une fuite dérobée à César et un chemin frayé sans le secours des armes. Il veut sortir, mais à tra-

Spargere, funus erat. Tamen hos minuere labores
A tergo pelagus, pulsusque Aquilonibus aer,
Litoraque, et plenæ peregrina messe carinæ.
At liber terræ spatiosis collibus hostis
Aere non pigro, nec inertibus angitur undis :
Sed patitur sævam, veluti circumdatur arcta
Obsidione, famem. Nondum surgentibus altam
In segetem culmis, cernit miserabile vulgus
In pecudum cecidisse cibos, et carpere dumos,
Et foliis spoliare nemus, letumque minantes
Vellere ab ignotis dubias radicibus herbas :
Quæ mollire queunt flamma, quæ frangere morsu,
Quæque per abrasas utero demittere fauces,
Plurimaque humanis ante hoc incognita mensis,
Diripiens miles, saturum tamen obsidet hostem.
Ut primum libuit ruptis evadere claustris
Pompeio, cunctasque sibi permittere terras ;
Non obscura petit latebrosæ tempora noctis,
Et raptum furto soceri cessantibus armis,
Dedignatur iter : latis exire ruinis

vers de vastes ruines, sur les débris du rempart et des tours, s'ouvrir un passage au milieu des glaives et par le carnage et par la mort. Il choisit pour l'attaque un endroit du rempart qui, depuis, s'est appelé le fort Minutius et qu'environne un bois épais sur une colline escarpée. Il y fait marcher son armée en silence et sans qu'il s'élève aucun nuage de poussière qui le trahisse, et soudain il arrive au pied du rempart. A l'instant toutes ses trompettes sonnent, toutes ses aigles brillent, et sans donner au fer le temps de hâter leur défaite, la frayeur et la surprise les ont déjà vaincus. Leur plus grand effort de courage est de tomber, percés de coups, dans le poste où ils sont placés. La flèche qui vole sur les murs n'y rencontre plus de victimes. Des nuages de traits se perdent dans les airs. Alors les torches de bitume portent le feu de toutes parts. Les tours embrasées chancellent et menacent de s'écrouler; le boulevard retentit des coups redoublés du bélier qui l'ébranle. Déjà sur le haut du rempart on voyait les aigles du sénat arborées : l'univers rentrait dans ses droits.

Mais ce poste que mille légions n'auraient pas gardé, que César et sa fortune eussent peut-être mal défendu, un seul homme le dispute à l'ennemi; tant qu'il est vivant et qu'il a les armes à la main, la victoire n'est pas décidée. Ce brave s'ap-

Quærit, et impulsu turres confringere valli,
Perque omnes gladios, et qua via cæde paranda est.
Opportuna tamen valli pars visa propinqui,
Quam Minuti castella vocant, et confraga densis
Arboribus dumeta tegunt. Huc pulvere nullo
Proditus agmen agit, subitusque ad mœnia venit.
Tot simul e campis Latiæ fulsere volucres;
Tot cecinere tubæ. Ne quid victoria ferro
Deberet, pavor attonitos confecerat hostes.
Quod solum valuit virtus, jacuere perempti,
Debuerant quo stare loco : qui vulnera ferrent
Jam deerant, et nimbus agens tot tela peribat.
Tum piceos volvunt immissæ lampadis ignes :
Tum quassæ nutant turres, lapsumque minantur.
Roboris impacti crebros gemit agger ad ictus.
Jam Pompeianæ celsi super ardua valli
Exierant aquilæ : jam mundi jura patebant.
Quem non mille simul turmis, nec Cæsare toto
Auferret Fortuna locum, victoribus unus
Eripuit, vetuitque capi : seque arma tenente,
Ac nondum strato, Magnum vicisse negavit.

pelait Scæva. Il avait langui dans la foule obscure des légions, jusqu'à la conquête des Gaules, où il avait obtenu, par son courage et au prix de son sang, le cep de vigne du centurion : homme voué à tous les forfaits, et qui ne savait pas que contre son pays la valeur est un crime. Sitôt qu'il vit ses compagnons renoncer au combat et chercher leur salut dans la fuite : « Romains ! s'écrie-t-il, où vous porte une terreur impie, une frayeur inconnue dans les armées de César? Vils fugitifs! troupeau d'esclaves! quoi! sans verser une goutte de sang vous présentez le dos à la mort? Quoi! vous supporterez la honte de n'être pas au nombre de ces braves qu'on entasse sur le même bûcher, qu'on cherche dans la foule des morts? Si le zèle ne peut vous retenir, que l'indignation vous retienne ! De tous les postes que l'ennemi pouvait attaquer, c'est le nôtre qu'il a choisi. Non! ce jour ne passera point sans coûter du sang à Pompée. Il eût été plus heureux pour moi de mourir aux yeux de César; mais si la fortune m'envie un témoin si cher, j'emporterai chez les morts les éloges de son rival. Que les traits s'émoussent sur l'airain qui nous couvre et que la pointe des épées se brise dans notre sein. Déjà la poussière s'élève et se répand, déjà le bruit de ces ruines retentit jusqu'aux oreilles

Scæva viro nomen : castrorum in plebe merebat
Ante feras Rhodani gentes : ibi sanguine multo
Promotus Latiam longo gerit ordine vitem.
Pronus ad omne nefas, et qui nesciret, in armis
Quam magnum virtus crimen civilibus esset.
Hic ubi quærentes socios jam Marte relicto
Tuta fugæ cernit : « Quo vos pavor, inquit, abegit
Impius, et cunctis ignotus Cæsaris armis ?
O famuli turpes, servum pecus, absque cruore
Terga datis morti ? cumulo vos deesse virorum
Non pudet et bustis, interque cadavera quæri ?
Non ira saltem, juvenes, pietate remota,
Stabitis ? e cunctis, per quos erumperet hostis,
Nos sumus electi. Non parvo sanguine Magni
Ista dies ierit. Peterem felicior umbras
Cæsaris in vultu : testem hunc Fortuna negavit;
Pompeio laudante cadam. Confringite tela
Pectoris incursu, jugulisque retundite ferrum.
Jam longinqua petit pulvis, sonitusque ruinæ,
Securasque fragor concussit Cæsaris aures.

de César. Il nous entend. Amis! la victoire est à nous! Le voilà; tandis que nous mourons, il vient nous venger! »

Jamais le premier son de la trompette au moment d'une bataille n'excita plus d'ardeur que la voix de Scæva. Ses compagnons, frappés de son audace, l'admirent et brûlent de le suivre; impatients de voir par eux-mêmes, si, enfermé dans un lieu étroit, accablé par le nombre, un homme vaillant peut gagner plus que le trépas. Pour Scæva, du haut du rempart qui s'écroule, il commence par rouler les cadavres dont les tours sont déjà comblées; et à mesure que les ennemis se succèdent, il les accable sous le poids des morts. Les ruines, les débris, les masses de bois et de pierre, tout devient une arme entre ses mains. Il va jusqu'à menacer les assaillants de sa propre chute. Tantôt il les repousse à coups de pieux et de leviers, tantôt il tranche à coups d'épée les mains qu'il voit s'attacher aux murs. Aux uns il écrase la tête sous la pierre, et, à travers les débris des os qu'il enfonce, le cerveau rejaillit au loin; à d'autres, il présente des torches allumées; leurs cheveux s'enflamment, leur visage brûle, et leurs yeux en sont dévorés. Dès que la foule des morts entassés et qui s'accumulent sans cesse a égalé la hauteur du mur, Scæva se précipite au milieu des armes avec la rapidité d'un léopard qui s'élance sur les

---

Vincimus, o socii; veniet, qui vindicet arces,
Dum morimur. »
   Movit tantum vox illa furorem,
Quantum non primo succendunt classica cantu :
Mirantesque virum, atque avidi spectare, sequuntur
Scituri juvenes, numero deprensa, locoque,
An plus quam mortem virtus daret. Ille ruenti
Aggere consistit, primumque cadavera plenis
Turribus evolvit, subeuntesque obruit hostes
Corporibus; totæque viro dant tela ruinæ,
Roboraque, et moles; hosti seque ipse minatur.
Nunc sude, nunc duro contraria pectora conto
Detrudit muris, et valli summa tenentes
Amputat ense manus : caput obterit ossaque saxo,
Ac male defensum fragili compage cerebrum
Dissipat : alterius flamma crinesque, genasque
Succendit; strident oculis ardentibus ignes.
Ut primum, cumulo crescente, cadavera murum
Admovere solo; non segnior extulit illum
Saltus, et in medias jecit super arma catervas,

épieux. Pressé par d'épais bataillons, enveloppé par une armée entière, partout où il jette les yeux, il porte la mort. Déjà son glaive est émoussé par le sang qui s'y fige : il ne blesse plus, il meurtrit et il brise. Tous les traits de l'ennemi s'adressent à lui seul. Toutes les mains sont sûres, tous les dards vont au but, et les dieux se donnent le spectacle nouveau d'un combat entre un seul homme et la guerre. Son épais bouclier retentit de coups redoublés. Son casque brisé meurtrit sa tête, et son sein se fait une armure des traits dont il est hérissé. Cessez, insensés, de prétendre à lui percer le cœur : le dard, le javelot n'y peuvent plus atteindre ; il faut l'écraser sous la phalarique tournoyant sous l'effort du câble, et sous les débris des remparts ; c'est au bélier pesant, c'est à la baliste à renverser ce nouveau mur qui protége César et résiste à Pompée. Scéva ne daigne plus se couvrir de ses armes, et, soit pour ne pas laisser oisive la main qui porterait le bouclier, soit pour éviter le reproche d'avoir voulu prolonger sa vie, il s'abandonne sans défense à tous les coups des assaillants. Enfin accablé sous le poids des flèches dont il est couvert, comme il sent que ses genoux fléchissent, il ne songe plus qu'à choisir un ennemi sur qui tomber.

> Quam per summa rapit celerem venabula pardum.
> Tunc densos inter cuneos compressus, et omni
> Vallatus bello, vincit, quem respicit, hostem.
> Jamque hebes, et crasso non asper sanguine, mucro
> Percussum Scævæ frangit, non vulnerat, hostem.
> Perdidit ensis opus, frangit sine vulnere membra.
> Illum tota premit moles, illum omnia tela ;
> Nulla fuit non certa manus, non lancea felix :
> Parque novum Fortuna videt concurrere, bellum,
> Atque virum. Fortis crebris sonat ictibus umbo,
> Et galeæ fragmenta cavæ compressa perurunt
> Tempora : nec quidquam nudis vitalibus obstat
> Jam, præter stantes in summis ossibus hastas.
> Quid nunc, vesani, jaculis levibusque sagittis
> Perditis hæsuros numquam vitalibus ictus ?
> Hunc aut tortilibus vibrata phalarica nervis
> Obruat, aut vasti muralia pondera saxi ;
> Hunc aries ferro, ballistaque limine portæ
> Promoveat : stat non fragilis pro Cæsare murus,
> Pompeiumque tenet : jam pectora non tegit armis ;
> Ac veritus credi clypeo, lævaque vacasse,
> Aut culpa vixisse sua, tot vulnera belli
> Solus obit, densamque ferens in pectore silvam,
> Jam gradibus fessis, in quem cadat, eligit hostem,

Tel l'éléphant dans les champs de Libye, percé de lances et de dards, qui n'ont pu pénétrer à travers sa dure enveloppe, les secoue en ridant sa peau ou les brise en repliant sa trompe. Ainsi tant de traits, tant de blessures ne peuvent accomplir une seule mort.

Voilà cependant qu'un Crétois tend son arc et vise Scæva : sa flèche part, et trop fidèle aux vœux de celui qui l'a décochée, atteint Scæva et lui perce l'œil gauche. Scæva rompant tous les liens qui attachent le globe sanglant et arrachant d'une intrépide main la flèche et l'œil qu'elle tient suspendu, les foule aux pieds l'un et l'autre. Ainsi, une ourse de Pannonie, furieuse de se sentir blessée du dard qu'un chasseur lui a lancé, se replie sur sa blessure, pour arracher le trait qui la suit en tournant avec elle.

Le front de Scæva avait perdu sa férocité, une pluie de sang inondait son visage ; les cris de joie des vainqueurs remplissaient l'air, à peine eussent-ils marqué plus d'allégresse si le sang plébéien qu'ils voyaient couler eût été celui de César. Mais Scæva tenant sa douleur renfermée au fond de son âme : « Citoyens, » dit-il d'un air plein de douceur et comme ayant

---

Par pelagi monstris. Libycæ sic bellua terræ,
Sic Libycus densis elephas oppressus ab armis
Omne repercussum squalenti missile tergo
Frangit, et hærentes mota cute discutit hastas :
Viscera tuta latent penitus, citraque cruorem
Confixæ stant tela feræ. Tot facta sagittis,
Tot jaculis, unam non explent vulnera mortem.
Dictæa procul ecce manu Gortynis arundo
Tenditur in Scævam, quæ voto certior omni
In caput, atque oculi lævum descendit in orbem.
Ille moras ferri, nervorum et vincula rumpit,
Adfixam vellens oculo pendente sagittam
Intrepidus, telumque suo cum lumine calcat.
Pannonis haud aliter post ictum sævior ursa,
Quum jaculum parva Libys amentavit habena,
Se rotat in vulnus ; telumque irata receptum
Impetit, et secum fugientem circuit hastam.
Perdiderat vultus rabiem ; stetit imbre cruento
Informis facies : lætus fragor æthera pulsat
Victorum ; majora viris e sanguine parvo
Gaudia non facerct conspectum in Cæsare vulnus.
Ille tegens alta suppressum mente dolorem,
Mitis, et a vultu penitus virtute remota :

perdu courage, « citoyens, je vous demande grâce, détournez de moi le fer homicide ; il n'est pas besoin pour m'ôter la vie de me lancer de nouveaux traits ; il vous suffit d'arracher de mon sein ceux dont il est déjà percé. Emportez-moi vivant dans le camp de Pompée ; faites cette offrande à votre chef, il vaut mieux pour lui que l'exemple de Scæva montre à renoncer à César, qu'à mourir d'une mort honorable. »

Le malheureux Aulus ajoute foi à ce langage plein d'artifice, et sans s'apercevoir que Scæva tient son épée par la pointe, il se courbe pour l'enlever et l'emporter avec ses armes. Soudain, aussi prompt que la foudre, le glaive de Scæva est plongé dans son sein. La force revient à Scæva, et ranimé par ce nouvel exploit : « Ainsi périsse, dit-il, quiconque osera croire avoir réduit Scæva. Si Pompée veut obtenir la paix de cette épée, qu'il rende les armes à César, qu'il prosterne devant lui ses aigles. Lâches! me croyez-vous timide et tremblant comme vous à l'aspect de la mort? Sachez que le parti de Pompée et du sénat vous est moins cher qu'à moi l'honneur de mourir. » Comme il disait ces mots, un tourbillon de poussière annonce que César arrive avec ses cohortes ; son approche épargne à Pompée le plus accablant des affronts, la honte d'avoir cédé à un seul homme et d'avoir vu son armée entière

« Parcite, ait, cives : procul hinc avertite ferrum :
Collatura meæ nil sunt jam vulnera morti ;
Non eget ingestis, sed vulsis pectore telis.
Tollite, et in Magni viventem ponite castris :
Hoc vestro præstate duci : sit Scæva relicti
Cæsaris exemplum potius, quam mortis honestæ. »
Credidit infelix simulatis vocibus Aulus ;
Nec vidit recto gladium mucrone tenentem :
Membraque captivi pariter laturus, et arma,
Fulmineum mediis excepit faucibus ensem.
Incaluit virtus ; atque una cæde refectus :
« Solvat, ait, pœnas, Scævam quicumque subactum
Speravit : pacem gladio si quærit ab isto
Magnus, adorato submittat Cæsare signa.
An similem vestri, segnemque ad fata putatis ?
Pompeii vobis minor est, causæque senatus,
Quam mihi mortis amor. » Simul hæc effatur, et altus
Cæsareas pulvis testatur adesse cohortes.
Dedecus hic belli Magno, crimenque remisit,
Ne solum totæ fugerent te, Scæva, catervæ :

reculer devant Scæva. Celui-ci que la chaleur du combat avait soutenu, tombe en défaillance dès que le combat cesse. Ses compagnons l'environnent en foule et le reçoivent. C'est à qui sera chargé de ce glorieux fardeau. Il leur semble qu'une divinité se cache dans ce corps mutilé : ils adorent en lui la vivante image de la plus sublime vertu. Chacun s'empresse de retirer les flèches de ses blessures ; et les temples des dieux, les autels de Mars sont ornés de tes armes, ô Scæva ! O nom glorieux à jamais, si devant lui avait fui l'Espagnol indompté, ou le Cantabre au court javelot, ou le Teuton à la longue pique ! O Scæva ! tu ne suspendras point aux murs du Capitole les monuments de ta victoire. Rome ne retentira point du bruit de ton triomphe. Malheureux ! fallait-il employer tant de vertu à te donner un maître !

Pompée repoussé sur ce point ne veut pas de trêve : il repousse un lâche sommeil ; telle la mer, quand les vents furieux l'agitent et qu'elle se brise contre ses écueils, ou que minant les flancs d'une haute montagne, elle en prépare la chute prochaine dans les flots. Il embarque une partie de ses troupes, leur fait tourner les forts les plus voisins, enlève ces postes par une double attaque, et reculant les bornes de son camp, se déploie dans la

Subducto qui Marte ruis ; nam sanguine fuso
Vires pugna dabat. Labentem turba suorum
Excipit, atque humeris defectum imponere gaudet.
Ac velut inclusum perfosso in pectore numen,
Et vivam magnæ speciem Virtutis adorant :
Telaque confixis certant evellere membris,
Exornantque Deos, ac nudum pectore Martem
Armis, Scæva, tuis : felix hoc nomine famæ,
Si tibi durus Hiber, aut si tibi terga dedisset
Cantaber exiguis, aut longis Teutonus armis.
Non tu bellorum spoliis ornare Tonantis
Templa potes, non tu lætis ululare triumphis.
Infelix, quanta dominum virtute parasti !
Nec magis hac Magnus castrorum parte repulsus
Intra claustra piger dilato Marte quievit,
Quam mare lassatur, quum se tollentibus Euris
Frangentem fluctus scopulum ferit, aut latus alti
Montis adest, seramque sibi parat unda ruinam.
Hinc vicina petens placido castella profundo
Incursu gemini Martis rapit ; armaque late
Spargit, et effuso laxat tentoria campo ;

campagne et s'applaudit de pouvoir changer de position. Tel l'Éridan, lorsqu'il enfle ses eaux, surmonte les digues qui protégent ses bords et se répand au loin dans les campagnes ravagées. S'il rencontre dans son cours quelque endroit faible qui n'ait pu soutenir l'effort de ses rapides flots, il sort tout entier de sa couche profonde et à travers des terres inconnues va se creuser un nouveau lit. Les laboureurs des champs inondés s'en éloignent, et de nouveaux possesseurs s'emparent du fond que le fleuve a quitté.

A peine César est averti par la lumière allumée sur une tour, il accourt, et trouve ses remparts renversés, la poussière même abattue, et le même silence qui régnerait parmi des ruines antiques. Le calme du lieu, la tranquillité de Pompée, le sommeil qu'on ose goûter après avoir vaincu César, l'enflamment de fureur. Il court, dût-il hâter sa perte, troubler ce repos insultant. Plein de menaces, il se jette sur Torquatus. Celui-ci découvre César qui s'avance; et aussitôt, avec la même célérité qu'un nocher habile replie ses voiles et les dérobe à la tempête qui le menace, ce guerrier prudent se retire à l'abri d'un moindre rempart, et va regagner le camp de Pompée pour ramasser toutes ses forces, et se former dans un espace étroit. Dès que Pompée

Mutandæque juvat permissa licentia terræ.
Sic pleno Padus ore tumens super aggere tutas
Excurrit ripas, et totos concutit agros.
Succubuit si qua tellus, cumulumque furentem
Undarum non passa, ruit; tum flumine toto
Transit, et ignotos aperit sibi gurgite campos.
Illos terra fugit dominos; his rura colonis
Accedunt, donante Pado.
     Vix prœlia Cæsar
Senserat, elatus specula quæ prodidit ignis :
Invenit impulsos presso jam pulvere muros,
Frigidaque, ut veteris, deprendit signa ruinæ ;
Accendit pax ipsa loci, movitque furorem
Pompeiana quies, et victo Cæsare somnus.
Ire vel in clades properat, dum gaudia turbet.
Torquato ruit inde minax ; qui Cæsaris arma
Segnius haud vidit, quam malo nauta tremente
Omnia Circææ subducit vela procellæ :
Agminaque interius muro breviore recepit,
Densius ut parva disponeret arma corona.

voit que César a passé la première enceinte, il fait descendre toutes ses troupes des collines qu'elles occupent, les déploie autour de César, et l'investit de son armée entière. Lorsque l'Etna, où s'agite Encelade, ouvre tout à coup ses cavernes brûlantes, et se répand lui-même en torrents de feu dans les campagnes d'alentour, l'habitant de ces campagnes en est moins effrayé que ne le fut le soldat de César à cette irruption soudaine. Vaincu, même avant le combat, par la seule poussière qu'il voyait s'élever, dans le trouble et l'aveuglement de sa frayeur il voulait fuir, il se précipitait au-devant de l'ennemi, et, saisi d'épouvante, il courait à sa perte.

Il dépendait de Pompée d'étouffer dans le sang jusqu'aux semences de la guerre civile. Il retint ses glaives altérés de carnage. Rome aujourd'hui serait heureuse, libre, maîtresse d'elle-même, et rétablie dans tous ses droits, si l'impitoyable Sylla se fût trouvé à la place du généreux Pompée ; et c'est un malheur à jamais déplorable que César ait dû son salut à ce qui mettait le comble à ses crimes, à l'injustice d'être en guerre avec un gendre qui l'aime. Sort cruel ! L'Afrique n'eût pas vu le désastre d'Utique, ni l'Espagne celui de Munda ; le Nil, souillé d'un meurtre abominable, n'eût pas promené sur ses ondes un cadavre plus sacré que ses rois égyptiens ; Juba n'eût pas cou-

Transierat primi Cæsar munimina valli,
Quum super e totis emisit collibus agmen,
Effuditque acies obseptum Magnus in hostem.
Non sic Ætnæis habitans in vallibus horret
Enceladum, spirante Noto, quum tota cavernas
Egerit, et torrens in campos defluit Ætna ;
Cæsaris ut miles glomerato pulvere victus
Ante aciem, cæci trepidus sub nube timoris
Hostibus occurrit fugiens, inque ipsa pavendo
Fata ruit. Totus mitti civilibus armis
Usque vel in pacem potuit cruor : ipse furentes
Dux tenuit gladios.   Felix, ac libera regum,
Roma fores, jurisque tui, vicisset in illo
Si tibi Sulla loco. Dolet heu, semperque dolebit,
Quod scelerum, Cæsar, prodest tibi summa tuorum
Cum genero pugnasse pio. Pro tristia fata !
Non Uticæ Libye clades, Hispania Mundæ
Flesset, et infando pollutus sanguine Nilus
Nobilius Phario gestasset rege cadaver ;

vert le sable de Libye de son cadavre dépouillé ; le sang d'un Scipion n'eût pas apaisé les mânes des Carthaginois ; et l'univers n'eût pas pleuré la mort du vertueux Caton. O Rome ! ce jour pouvait être le dernier jour de tes malheurs. Pharsale pouvait s'effacer du livre de tes destinées.

César abandonne un pays où le sort des armes lui a été contraire ; et avec les débris de son armée, il passe dans la Thessalie.

Les amis de Pompée firent tous leurs efforts pour le détourner du dessein de suivre César, et pour l'engager à retourner à Rome, et à regagner l'Italie où il n'avait plus d'ennemis. « Non, leur dit-il, je ne veux point, à l'exemple de César, porter la guerre au sein de ma patrie ; et Rome ne me reverra qu'après que j'aurai renvoyé mes armées. Lorsque ces troubles se sont élevés, il ne tenait qu'à moi de garder l'Italie, si j'avais voulu faire des places de Rome un champ de bataille, voir assiéger les temples de nos dieux et ensanglanter le Forum. Pourvu que j'éloigne la guerre, je consens à passer au delà des Scythes, dans les climats glacés du Nord, ou à suivre César à travers les régions brûlantes du Midi. Moi, Rome, troubler ton repos après ma victoire, moi qui, pour t'épargner les horreurs des combats, ai pu me résoudre à te fuir ! Ah ! que plutôt, pour

---

Nec Juba Marmaricas nudus pressisset arenas,
Pœnorumque umbras placasset sanguine fuso
Scipio ; nec sancto caruisset vita Catone.
Ultimus esse dies potuit tibi, Roma, malorum :
Exire e mediis potuit Pharsalia fatis.
Deserit averso possessam numine sedem
Cæsar, et Emathias lacero petit agmine terras.
Arma sequuturum soceri, quacumque fugasset,
Tentavere sui comites devertere Magnum,
Hortati, patrias sedes atque hoste carentem
Ausoniam peteret. « Numquam me Cæsaris, inquit,
Exemplo reddam patriæ, uumquamque videbit
Me, nisi dimisso redeuntem milite, Roma.
Hesperiam potui, motu surgente, tenere,
Si vellem patriis aciem committere templis,
Ac medio pugnare foro. Dum bella relegem,
Extremum Scythici transcendam frigoris orbem,
Ardentesque plagas. Victor tibi, Roma, quietem
Eripiam, qui, ne premerent te prœlia, fugi ?

ta sûreté, César se flatte que tu es à lui ! » Après ce discours, il prit sa route vers les contrées de l'Orient ; et par des chemins qu'il se fraya lui-même, à travers les montagnes qui séparent l'Illyrie et la Macédoine, il arriva dans la Thessalie, où la Fortune avait marqué le théâtre de la guerre.

La Thessalie, du côté où le soleil se lève environné des frimas de l'hiver, est ombragée par le mont Ossa ; mais lorsque l'été promène le char de Phébus au milieu et au plus haut du ciel, c'est le mont Pélion qui s'oppose aux premiers traits de sa lumière. Au midi s'élève l'Othrix couronné d'épaisses forêts, qui défendent cette contrée de la rage du Lion. Le Pinde lui sert de barrière contre le Zéphyre et l'Iapix ; et les peuples qui vers le nord habitent au pied de l'Olympe, sont à couvert des Aquilons, et ne savent pas que les étoiles de l'Ourse brillent toute la nuit au ciel. Les plaines que ces monts environnent étaient jadis cachées sous les eaux avant qu'à travers le vallon de Tempé les fleuves se fussent ouvert un passage pour se jeter au sein des mers. Ils ne formaient qu'un lac immense : leurs eaux s'accumulaient au lieu de s'écouler. Mais quand le bras d'Hercule eut séparé l'Ossa de l'Olympe, et que Nérée entendit la chute de ces torrents nouveaux, alors sortit des eaux cette

Ah ! potius, ne quid bello patiaris in isto,
Te Cæsar putet esse suam. » Sic fatus, in ortus
Phœbeos convertit iter, terræque sequutus
Devia, qua vastos aperit Candavia saltus,
Contigit Emathiam, bello quam fata parabant.
Thessaliam, qua parte diem brumalibus horis
Attollit Titan, rupes Ossæa coercet.
Quum per summa poli Phœbum trahit altior æstas,
Pelion opponit radiis nascentibus umbras.
At medios ignes cœli, rabidique Leonis
Solstitiale caput nemorosus submovet Othrys.
Excipit adversos Zephyros, et Iapyga Pindus,
Et maturato præcidit vespere lucem.
Nec metuens imi Borean habitator Olympi
Lucentem totis ignorat noctibus Arcton.
Hos inter montes media qui valle premuntur
Perpetuis quondam latuere paludibus agri,
Flumina dum campi retinent, nec pervia Tempe
Dant aditus pelago, stagnumque implentibus undis
Crescere cursus erat. Postquam discessit Olympo
Herculea gravis Ossa manu, subitæque ruinam
Sensit aqua Nereus ; melius mansura sub undis,

Pharsale que les dieux auraient dû laisser à jamais submergée. On vit paraître les champs de Philacé, où régna le premier des Grecs qui descendit au rivage troyen ; et ceux de Ptéléos, et ceux de Dotion, qui depuis ont été célèbres par le malheur de Thamiris, le rival des Muses ; et Trachine, et Mélibée, que protégent les flèches d'Hercule ; et Larisse, autrefois puissante ; et ces campagnes où la charrue laboure maintenant la noble Argos ; et cette Thèbes fabuleuse, dont on nous montre encore la place, Thèbes où la malheureuse Agavé ensevelit la tête de Panthée, de ce fils qu'elle-même elle avait immolé dans un accès de ses fureurs.

Les eaux de ce marais immense s'écoulèrent donc par divers canaux, et formèrent autant de fleuves ; le pur et faible Æas qui, de son humble lit, coule au couchant dans la mer d'Ionie ; et l'Inachus, père d'Isis, qui n'est pas plus fort que l'Æas ; et l'Achéloüs, qui se vit au moment d'être l'époux de Déjanire ; et l'Évène, qui fut teint du sang de Nessus et qui traverse Calydon, patrie de Méléagre ; et le Sperchius qui va se briser dans les flots du golfe maliaque ; et l'Amphrise, dont les claires eaux arrosent les prairies où Apollon, berger, garda les troupeaux ; et l'Anaurus, d'où jamais ne s'élève aucun nuage humide et que les

Emathis æquorei regnum Pharsalos Achillis
Eminet, et prima Rhœteia litora pinu
Quæ tetigit Phylace, Pteleosque, et Dotion ira
Flebile Pieridum ; Trachin, pretioque nefandæ
Lampados Herculeis fortis Melibœa pharetris :
Atque olim Larissa potens : ubi nobile quondam
Nunc super Argos arant : veteres ubi fabula Thebas
Monstrat Echionias, ubi quondam Pentheos exsul
Colla caputque ferens supremo tradidit igni,
Questa, quod hoc solum nato rapuisset, Agave.
Ergo abrupta palus multos discessit in amnes.
Purus in occasus, parvi sed gurgitis, Æas
Ionio fluit inde mari : nec fortior undis
Labitur avectæ pater Isidis, et tuus, OEneu,
Pene gener crassis oblimat Echinadas undis :
Et Meleagream maculatus sanguine Nessi
Evenos Calydona secat. Ferit amne citato
Maliachas Sperchios aquas : et flumine puro
Irrigat Amphrysos famulantis pascua Phœbi.
Quique nec humentes nebulas, nec rore madentem
Aera, nec tenues ventos suspirat Anaurus.

vents n'osent troubler; et nombre de fleuves inconnus à l'Océan qui rendent au Pénée le tribut de leur onde. L'Apidane se jette à flots précipités dans l'Énipe, qui ne devient rapide qu'en s'unissant à lui ; l'Asope reçoit dans son sein le Phénix et le Mélas ; seul le Titarèse se joint au Pénée, mais sans se confondre avec lui, et glisse sur sa surface comme sur le sable de son lit; on croit qu'il prend sa source dans les marais du Styx ; fier de son origine, il dédaigne de mêler ses eaux avec celles d'un fleuve obscur et conserve la vénération des dieux.

Dès que ces fleuves écoulés laissèrent à sec les campagnes, le sillon fertile s'ouvrit sous le soc du Bébryce; bientôt sous la main du Lélège pénétra la charrue. Les Éolides, les Dolopes brisèrent le sol, avec eux les Magnètes, célèbres par leurs coursiers, les Minyens, par leurs rames. C'est dans les antres de Thessalie que la nue fécondée par les embrassements d'Ixion engendra les centaures. Toi, Monychus, qui brisais les durs rochers du mont Pholoé; toi, fier Rhétus, qui du haut de l'OEta lançais des chênes arrachés du sommet de cette montagne et que Borée à peine aurait déracinés; et Pholus, qui se glorifiait d'être l'hôte du grand Alcide; et toi, Nessus, perfide ravisseur, que perça la flèche empoisonnée; et toi, sage Chiron, qu'on voit

Et quisquis pelago per se non cognitus amnis
Peneo donavit aquas. It gurgite rapto
Apidanos; numquamque celer, nisi mixtus, Enipeus.
Accipit Asopos cursus, Phœnixque, Melasque.
Solus, in alterius nomen quum venerit undæ,
Defendit Titaresus aquas, lapsusque superne
Gurgite Penei pro siccis utitur arvis.
Hunc fama est Stygiis manare paludibus amnem,
Et capitis memorem, fluvii contagia vilis
Nolle pati, Superumque sibi servare timorem.
Ut primum emissis patuerunt amnibus arva,
Pinguis Bœbrycio discessit vomere sulcus;
Mox Lelegum dextra pressum descendit aratrum.
Æolidæ Dolopesque solum fregere coloni,
Et Magnetes equis, Minyæ gens cognita remis.
Illic semiferos Ixionidas Centauros
Fœta Pelethroniis nubes effudit in antris;
Aspera te Pholoes frangentem, Monyche, saxa;
Teque sub OEtæo torquentem vertice vulsas,
Rhœte ferox, quas vix Boreas inverteret, ornos;
Hospes et Alcidæ magni, Phole; teque per amnem
Improbe Lernæas vector passure sagittas;

briller au ciel vers le pôle glacé de l'Ourse, l'arc tendu vers le Scorpion. Cette même terre a produit toutes les semences de guerre : ce fut là que du sein du roc, frappé du trident de Neptune, s'élança le coursier thessalien, présage des combats ; ce fut là qu'il reçut de la main du Lapithe, le premier frein qui le dompta, qu'il rongea le mors pour la première fois, et couvrit d'écume les rênes. Ce fut des rives de Pagase que le premier vaisseau qui jamais ait fendu les ondes, emporta l'homme audacieux loin de la terre, son élément, sur l'abîme inconnu des mers. Ce fut encore un roi de Thessalie, Itonus, qui apprit aux humains à fondre les métaux dans d'immenses fournaises, à façonner leur masse brute sous les coups des marteaux brûlants, à réduire l'or en monnaie, à calculer la valeur des richesses : secret fatal qui fut pour les peuples une source de malheurs et de crimes. La Thessalie avait aussi engendré le monstrueux Python qui rampa vers les cavernes de Delphes, c'est pourquoi les jeux pythiens demandent les lauriers de Thessalie, et ces deux enfants d'Aloée, dont l'impiété seconda la révolte des Titans, lorsque sur Pélion, qui touchait presque au ciel, Ossa fut encore entassé et ferma la route des astres.

A peine les deux chefs sont campés dans ces champs pros-

Teque, senex Chiron, gelido qui sidere fulgens
Impetis Hæmonio majorem Scorpion arcu.
Hac tellure feri micuerunt semina Martis.
Primus ab æquorea percussis cuspide saxis
Thessalicus sonipes, bellis feralibus omen,
Exsiluit; primus chalybem, frenosque momordit,
Spumavitque novis Lapithæ domitoris habenis.
Prima fretum scindens Pagasæo litore pinus,
Terrenum ignotas hominem projecit in undas.
Primus Thessalicæ rector telluris Itonus
In formam calidæ percussit pondera massæ,
Fudit et argentum flammis, aurumque moneta
Fregit, et immensis coxit fornacibus æra.
Illic, quod populos scelerata impegit in arma,
Divitias numerare datum est. Hinc maxima serpens
Descendit Python, Cyrrhæaque fluxit in antra ;
Unde et Thessalicæ veniunt ad Pythia laurus.
Impius hinc prolem Superis immisit Aloeus,
Inseruit celsis prope se quum Pelion astris,
Sideribusque vias incumbens abstulit Ossa.
Hac ubi damnata fatis tellure locarunt

crits par les dieux, le pressentiment du combat agite l'une et l'autre armée. Tout annonce que le moment d'une action décisive, ce moment si grave et si terrible, approche, les esprits faibles et timides tremblent d'y toucher de si près et ne voient que désastres dans l'avenir. D'autres, mais c'est le petit nombre, s'armant de force contre l'événement, portent dans les hasards un courage mêlé d'espérance et de crainte. Du nombre des lâches était Sextus, l'indigne fils du grand Pompée, qui, dans la suite, échappé des combats et vagabond sur les mers de Sicile, fit le métier infâme de pirate et obscurcit la gloire que son illustre père avait acquise sur ces mers.

L'effroi dont il était saisi dans l'attente de l'avenir lui fit chercher à le connaître. Mais ce ne fut ni Delphes, ni Délos, ni Dodone qu'il consulta : Dodone, nourrice féconde des premiers mortels. Il ne chercha point un devin qui sût lire les destinées dans les entrailles des victimes, dans le vol des oiseaux, dans les feux de la foudre, ni observer le cours des étoiles comme les savants Chaldéens. S'il est encore quelque moyen caché, mais innocent, d'interroger le sort, ce n'est pas celui qu'il emploie; c'est un art abhorré du ciel, c'est la magie qu'il met en usage. Il porte ses vœux aux autels lugubres des Furies; il évoque les ombres et les dieux des enfers. Ce malheureux se persuade que

```
Castra duces, cunctos belli præsaga futuri
Mens agitat, summique gravem discriminis horam
Adventare palam est. Propius jam fata moveri
Degeneres trepidant animi, pejoraque versant.
Ad dubios pauci, præsumpto robore, casus
Spemque metumque ferunt.
                         Turbæ sed mixtus inerti
Sextus erat, Magno proles indigna parente,
Qui mox Scyllæis exsul grassatus in undis,
Polluit æquoreos Siculus pirata triumphos.
Qui, stimulante metu fati prænoscere cursus,
Impatiensque moræ, venturisque omnibus æger,
Non tripodas Deli, non Pythia consulit antra,
Nec quæsisse libet, primis quid frugibus altrix
Ære Jovis Dodona sonet, quis noscere fibra
Fata queat, quis prodat aves, quis fulgura cœli
Servet, et Assyria scrutetur sidera cura,
Aut si quid tacitum, sed fas, erat. Ille supernis
Detestanda Deis sævorum arcana Magorum
Noverat, et tristes sacris feralibus aras,
Umbrarum Ditisque fidem : miseroque liquebat
```

les dieux du ciel ne sont pas assez clairvoyants. Ce qui achève de le décider dans son délire, c'est le voisinage des peuples de l'Hémus. L'art des femmes de cette contrée passe toute croyance. C'est l'assemblage de tout ce qu'on peut imaginer et feindre de plus monstrueux. La Thessalie leur fournit des plantes vénéneuses en abondance et ses rochers comprennent le mystère infernal de leurs enchantements. Partout on y rencontre de quoi faire violence aux dieux. Il y croît des herbes que Médée chercha vainement dans la Colchide.

Ces dieux qui ne daignent pas écouter les vœux du reste des mortels, obéissent aux enchantements de la Thessalienne maudite. Ses accents magiques pénètrent seuls au fond des demeures célestes. Les immortels n'y peuvent résister, le soin même du monde, les révolutions du ciel ne peuvent les en distraire. Quand le murmure d'une Hémonide a frappé les astres, Babylone et la majestueuse Memphis ouvrent en vain tous les sanctuaires de leurs mages antiques; il n'est point d'autel qu'un dieu n'abandonnât pour celui de l'enchanteresse. Ses charmes inspirent l'amour à des cœurs qui jamais n'auraient été sensibles. Par elle, de sages vieillards brûlent d'une flamme insensée : cette vertu n'appartient pas seulement aux breuvages

Scire parum Superos. Vanum sævumque furorem
Adjuvat ipse locus, vicinaque mœnia castris
Hæmonidum, ficti quas nulla licentia monstri
Transierat; quarum, quidquid non creditur, ars est.
Thessala quin etiam tellus herbasque nocentes
Rupibus ingenuit, sensuraque saxa canentes
Arcanum ferale Magos. Ibi plurima surgunt
Vim factura Deis; et terris hospita Colchis
Legit in Hæmoniis, quas non advexerat, herbas.
Impia tot populis, tot surdas gentibus aures
Cœlicolum diræ convertunt carmina gentis.
Una per ætherios exit vox illa recessus,
Verbaque ad invitum perfert cogentia numen,
Quod non cura poli, cœlique volubilis umquam
Avocat. Infandum tetigit quum sidera murmur,
Tunc Babylon Persea licet, secretaque Memphis
Omne vetustorum solvat penetrale Magorum :
Abducit Superos alienis Thessalis aris.
Carmine Thessalidum dura in præcordia fluxit
Non fatis adductus amor; flammisque severi
Illicitis arsere senes. Nec noxia tantum
Pocula proficiunt, aut quum turgentia succo

funestes, ou à l'épaisse caruncule ravie sur le front de la jeune cavale que doit aussitôt aimer sa mère, sans filtre ni poison, ses paroles suffisent pour jeter les esprits dans un délire affreux. Deux époux, que ni le penchant, ni le devoir, ni la douce puissance de la beauté n'attire, un nœud magique les enchaîne, et rien ne peut les en dégager. A la voix d'une Thessalienne, l'ordre des choses est renversé, les lois de la nature sont interrompues; le monde, emporté par son cours rapide, reste tout à coup immobile, et le Dieu qui imprime le mouvement aux sphères est tout étonné de sentir que leurs pôles sont arrêtés. Par ces mêmes enchantements, la terre est inondée, le soleil obscurci; le ciel tonne à l'insu de Jupiter. L'Hémonide, en secouant ses cheveux, remplit l'air de noires vapeurs et répand au loin les orages; la mer s'irrite quoique les vents se taisent; les flots sont retenus dans un calme profond, quoique les vents soient déchaînés; les airs et les eaux se combattent, les vaisseaux voguent contre les vents; les torrents qui tombent du haut des rochers demeurent suspendus au milieu de leur chute; les fleuves remontent vers leur source; l'été ne soulève plus le Nil; le Méandre court droit vers son embouchure; l'Arare presse le Rhône paresseux; le sommet

---

Frontis amaturæ subducunt pignora fetæ :
Mens, hausti nulla sanie polluta veneni,
Excantata perit. Quos non concordia mixti
Alligat ulla tori, blandæque potentia formæ,
Traxerunt torti magica vertigine fili.
Cessavere vices rerum; dilataque longa
Hæsit nocte dies : legi non paruit æther,
Torpuit et præceps, audito carmine, mundus;
Axibus et rapidis impulsos Jupiter urgens
Miratur non ire polos. Nunc omnia complent
Imbribus, et calido producunt nubila Phœbo;
Et tonat ignaro cœlum Jove : vocibus isdem
Humentes late nebulas, nimbosque solutis
Excussere comis. Ventis cessantibus, æquor
Intumuit; rursus vetitum sentire procellas
Conticuit, turbante Noto : puppimque ferentes
In ventum tumuere sinus. De rupe pependit
Abscissa fixus torrens; amnisque cucurrit
Non qua pronus erat. Nilum non extulit æstas;
Mæander direxit aquas; Rhodanumque morantem
Præcipitavit Arar. Submisso vertice montes

des monts s'aplanit; l'Olympe s'abaisse au-dessous des nuages; les neiges de Scythie fondent au milieu de l'hiver sans que le soleil y darde ses rayons; la mer repoussée loin du rivage, résiste au poids de l'astre qui la presse; la terre est ébranlée sur son axe incliné, sa masse pesante est poussée hors du centre de son repos et laisse à découvert le ciel qui l'environne.

Tous les animaux dévorants ennemis de l'homme tremblent devant l'enchanteresse : leur sang et leur venin lui servent à composer ses poisons. Le tigre altéré et le fier lion lèchent ses mains et la caressent. La froide couleuvre rampe à ses pieds et se déploie sur la neige; la vipère se replie autour d'elle et l'enveloppe de ses nœuds; les serpents savent que de sa bouche le souffle humain leur est mortel.

Quel pénible soin pour les dieux que d'obéir à ces enchantements! Qu'ont-ils à craindre s'il les méprisent? Quelle est la loi qui les enchaîne? Est-ce de force ou de plein gré qu'ils cèdent? Est-ce par un culte qui nous est inconnu que l'Hémonide se les concilie, ou bien sont-ils intimidés des menaces qu'elle leur fait? A-t-elle cet empire sur tous les dieux, ou ne l'a-t-elle que sur un seul qui peut sur le monde ce qu'elle peut sur

Explicuere jugum; nubes suspexit Olympus :
Solibus et nullis Scythicæ, quum bruma rigeret,
Dimaduere nives. Impulsam sidere Tethyn
Reppulit Hæmonidum, defenso litore, carmen.
Terra quoque immoti concussit ponderis axem,
Et medium vergens nisu titubavit in orbem :
Tantæ molis onus percussum voce recessit,
Perspectumque dedit circumlabentis Olympi.
Omne potens animal leti, genitumque nocere,
Et pavet Hæmonias, et mortibus instruit artes.
Has avidæ tigres, et nobilis ira leonum
Ore fovent blando : gelidos his explicat orbes,
Inque pruinoso coluber distenditur arvo.
Viperei coeunt, abrupto corpore, nodi;
Humanoque cadit serpens adflata veneno.
Quis labor hic Superis, cantus herbasque sequendi,
Spernendique timor? cujus commercia pacti
Obstrictos habuere Deos? parere necesse est,
An juvat? ignota tantum pietate merentur?
An tacitis valuere minis? hoc juris in omnes
Est illis Superos? an habent hæc carmina certum
Imperiosa Deum, qui mundum cogere, quidquid
Cogitur ipse, potest? Illis et sidera primum

lui? Les étoiles se détachent de la voûte azurée; la lune, en pleine sérénité, se colore d'un rouge obscur, comme quand l'ombre de la terre lui dérobe l'aspect de l'astre dont elle emprunte ses rayons : le tourment que lui cause le charme ne cesse qu'au moment où elle descend du ciel et vient aux pieds de la Thessalienne écumer sur l'herbe qui la reçoit.

La farouche Érichtho avait abandonné, comme trop doux encore, les rits criminels, les noirs enchantements usités parmi ses compagnes; elle avait porté les secrets de son art à un plus haut degré d'horreur. Elle s'était interdit la demeure des vivants, et pour être plus chère aux dieux des morts, elle habitait parmi des tombeaux dans l'asile même des ombres chassées de leurs couches. Ni l'air qu'elle respire, ni le ciel dont elle jouit, ne l'empêchent d'entendre ce qui se passe chez les mânes et dans le conseil infernal. Sur le visage de cette femme impie, qu'un jour serein n'éclaira jamais, une maigreur hideuse se joint à la pâleur de la mort. Ses cheveux mêlés sur sa tête sont noués comme des serpents. C'est lorsque la nuit est la plus noire et le ciel le plus orageux qu'elle sort des tombes désertes et qu'elle court dans les champs déserts pour aspirer les feux de la foudre. Ses pas imprimés sur la terre brûlent le germe

Præcipiti deducta polo; Phœbeque serena
Non aliter, diris verborum obsessa venenis,
Palluit, et nigris terrenisque ignibus arsit,
Quam si fraterna prohiberet imagine tellus,
Insereretque suas flammis cœlestibus umbras :
Et patitur tantos cantu depressa labores,
Donec suppositas propior despumet in herbas.
Hos scelerum ritus, hæc diræ carmina gentis
Effera damnarat nimiæ pietatis Erichtho,
Inque novos ritus pollutam duxerat artem.
Illi namque nefas urbis submittere tecto
Aut laribus ferale caput : desertaque busta
Incolit, et tumulos expulsis obtinet umbris,
Grata Deis Erebi. Cœtus audire silentum,
Nosse domos Stygias, arcanaque Ditis operti,
Non Superi, non vita vetat. Tenet ora profanæ
Fœda situ macies, cœloque ignota sereno.
Terribilis Stygio facies pallore gravatur,
Impexis onerata comis. Si nimbus, et atræ
Sidera subducunt nubes, tunc Thessala nudis
Egreditur bustis, nocturnaque fulgura captat.
Semina fecundæ segetis calcata perussit,

des moissons fécondes. Elle souffle, et l'air qu'elle respire en est empoisonné. Elle ne daigne pas adresser aux dieux du ciel des vœux suppliants : aux premiers accents de sa voix, ils se hâtent de l'exaucer sans jamais lui donner le temps de redoubler le chant magique. Ses autels ne sont éclairés que par des torches funéraires, et son encens ne fume que sur des brasiers qu'elle a pris aux bûchers des morts. Elle ensevelit des vivants que l'âme anime encore; le destin leur devait de longues années; la mort s'en empare à regret. Recommençant à rebours la cérémonie des funérailles, elle rappelle les morts de la tombe et leur fait quitter leur couche. Elle va dérober les os brûlants encore d'un fils, et les flambeaux que des parents ont portés aux funérailles, et les débris à demi-consumés du lit où le mort reposait, et les lambeaux de ses voiles funèbres, et ses cendres qui exhalent l'odeur de la chair. Mais a-t-on conservé dans la pierre ces corps dont le principe humide est tari, et dont la substance est durcie et desséchée, elle exerce sa fureur sur eux, plonge ses mains dans leurs yeux, arrache leurs prunelles glacées, ronge la pâle dépouille de leurs mains décharnées; elle rompt avec ses dents le nœud fatal et le lacet des pendus; dé-

Et non letiferas spirando perdidit auras.
Nec Superos orat, nec cantu supplice numen
Auxiliare vocat, nec fibras illa litantes
Novit : funereas aris imponere flammas
Gaudet, et accenso rapuit quæ tura sepulcro.
Omne nefas Superi prima jam voce precantis
Concedunt, carmenque timent audire secundum.
Viventes animas, et adhuc sua membra regentes,
Infodit busto; fatis debentibus annos
Mors invita subit : perversa funera pompa
Rettulit a tumulis; fugere cadavera lectum.
Fumantes juvenum cineres, ardentiaque ossa
E mediis rapit ipsa rogis, ipsamque, parentes
Quam tenuere, facem; nigroque volantia fumo
Feralis fragmenta tori, vestesque fluentes
Colligit in cineres, et olentes membra favillas.
Ast ubi servantur saxis, quibus intimus humor
Ducitur, et tracta durescunt tabe medullæ
Corpora; tunc omnes avide desævit in artus,
Immergitque manus oculis; gaudetque gelatos
Effodisse orbes; et siccæ pallida rodit
Excrementa manus : laqueum, nodosque nocentes
Ore suo rupit; pendentia corpora carpsit,

vore les cadavres, ronge la croix, déchire les chairs battues par l'orage ou brûlées par les feux du soleil. Elle arrache les clous des mains des crucifiés, boit le sang corrompu qui dégoutte de leurs plaies, et si la chair résiste aux morsures, elle s'y suspend. Si on laisse étendu sur la terre un mort privé de sépulture, elle accourt avant les oiseaux, avant les bêtes féroces; mais elle n'a garde d'employer ses mains ou le fer à déchirer sa proie; elle attend que les loups la dévorent, et c'est de leur gosier avide qu'elle se plaît à l'arracher. Le meurtre ne lui coûte rien, sitôt qu'elle a besoin d'un sang qui fume encore et qui jaillisse de la plaie, ou qu'elle veut pour ses sacrifices, pour ses rites funèbres une chair vive et un cœur palpitant. Elle déchire les entrailles d'une mère et en arrache un fruit prématuré pour l'offrir à ses dieux sur un autel brûlant. S'il lui faut des ombres plus terribles, elle choisit parmi les vivants et fait des mânes à son gré. Toute mort est à son usage : de la joue éteinte des adolescents, elle enlève le duvet tendre; de celui qui meurt dans la virilité, ce sont les cheveux qu'elle ravit. Elle assiste à la mort de ses proches, et sans pitié pour ce qu'elle a de plus cher, elle se jette sur le mourant, feint de lui donner le dernier baiser et lui tranche la tête, ou lui entr'ouvre la bouche, et

> Abrasitque cruces; percussaque viscera nimbis
> Vulsit, et incoctas admisso sole medullas.
> Insertum manibus chalybem, nigramque per artus
> Stillantis tabi saniem, virusque coactum
> Sustulit, et, nervo morsus retinente, pependit.
> Et quodcumque jacet nuda tellure cadaver,
> Ante feras, volucresque sedet; nec carpere membra
> Vult ferro manibusque suis, morsusque luporum
> Exspectat, siccis raptura e faucibus artus.
> Nec cessant a cæde manus, si sanguine vivo
> Est opus, erumpat jugulo qui primus aperto.
> Nec refugit cædes, vivum si sacra cruorem,
> Extaque funereæ poscunt trepidantia mensæ :
> Vulnere sic ventris, non qua Natura vocabat,
> Extrahitur partus, calidis ponendus in aris.
> Et quoties sævis opus est, ac fortibus umbris,
> Ipsa facit manes : hominum mors omnis in usu est.
> Illa genæ florem primævo corpore vulsit,
> Illa comam læva morienti abscidit ephebo.
> Sæpe etiam caris, cognato in funere, dira
> Thessalis incubuit membris; atque oscula figens,
> Truncavitque caput, compressaque dentibus ora

d'une dent impie lui mordant la langue déjà glacée et presque attachée au palais, elle murmure sur ses lèvres éteintes et lui confie les noirs secrets qu'elle fait passer aux enfers.

Dès que la Renommée a fait connaître au fils de Pompée cette exécrable enchanteresse, il se met en marche au milieu de la nuit, à l'heure même où le soleil est à son midi sous notre hémisphère; et il traverse d'affreux déserts. Ses amis, ministres assidus de tous ses vices, après avoir longtemps erré parmi les tombeaux entr'ouverts et sur les débris des bûchers, aperçurent de loin Érichtho assise dans le creux d'un rocher, du côté où le mont Hémus s'abaisse et se joint aux plaines de Pharsale. Elle essayait des paroles inconnues aux magiciens et aux dieux mêmes de la magie, et composait de nouveaux charmes pour des sortiléges nouveaux; car dans la crainte que le dieu vagabond qui préside aux armes n'entraînât les Romains en de nouveaux climats, et que la Thessalie ne fût privée de tout le sang qui s'allait répandre, elle jetait sur les champs de Philippes, qu'elle arrosait de ses poisons, un charme assez fort pour y fixer la guerre : à elle cet ample carnage, à elle de disposer à son gré de tout le sang de l'univers. Elle s'applaudit d'avance de pouvoir mettre en pièces les cadavres des rois égorgés; amasser les cendres de l'Italie entière; recueillir les ossements de tant d'il-

<pre>
            Laxavit; siccoque hærentem gutture linguam
          Præmordens, gelidis infudit murmura labris,
          Arcanumque nefas Stygias mandavit ad umbras.
          Hanc ut fama loci Pompeio prodidit, alta
          Nocte poli, Titan medium quo tempore ducit
          Sub nostra tellure diem, deserta per arva
          Carpit iter. Fidi scelerum suetique ministri,
          Effractos circum tumulos, ac busta vagati,
          Conspexere procul prærupta in caute sedentem,
          Qua juga devexus Pharsalica porrigit Hæmus.
          Illa Magis, magicisque Deis incognita verba
          Tentabat, carmenque novos fingebat in usus.
          Namque timens, alium ne Mars vagus iret in orbem,
          Emathis et tellus tam multa cæde careret;
          Pollutos cantu, dirisque venefica succis
          Conspersos, veluit transmittere bella Philippos,
          Tot mortes habitura suas, usuraque mundi
          Sanguine : cæsorum truncare cadavera regum
          Sperat, et Hesperiæ cineres avertere gentis,
</pre>

lustres morts et commander à de si grandes ombres. Son plus ardent désir, sa seule inquiétude est de savoir ce qu'on lui laissera du corps de Pompée jeté sur le sable ou du cadavre de César. Le lâche Sextus l'aborde et lui parle le premier en ces termes :

« O toi ! la gloire des Hémonides, toi, qui peux révéler ou changer l'avenir, je te conjure de me laisser voir sans nuage quelle sera l'issue de cette guerre. Celui qui t'implore n'est pas le moins considérable d'entre les Romains. Le nom de Pompée est assez illustre : tu vois son fils, et l'héritier de sa ruine ou du trône du monde. Mon esprit, dans l'incertitude, est saisi d'un mortel effroi, et je me sens plus de courage pour soutenir un malheur certain. Ote aux hasards le droit de me surprendre et de m'accabler tout à coup ; force les dieux à s'expliquer, ou, sans leur faire violence, tire la vérité de la nuit des tombeaux ; ouvre-moi le séjour des mânes et contrains la mort à t'apprendre quelles seront ses victimes. Ce soin n'a rien qui t'humilie, et l'événement qui se prépare est digne que tu cherches à découvrir, ne fût-ce que pour toi, ce qu'en décidera le sort. »

La Thessalienne impie s'applaudit de voir son nom devenu célèbre. « Jeune homme, répondit-elle, s'il ne s'agissait que de quelques destins obscurs, il me serait facile d'obtenir des dieux,

    Ossaque nobilium, tantosque adquirere manes.
Hic ardor, solusque labor, quid corpore Magni
Projecto rapiat, quos Cæsaris involet artus.
Quam prior adfatur Pompeii ignava propago :
« O decus Hæmonidum, populis quæ pandere fata,
Quæque suo ventura potes devertere cursu,
Te precor, ut certum liceat mihi noscere finem,
Quem belli fortuna parat. Non ultima turbæ
Pars ego Romanæ, Magni clarissima proles ;
Vel dominus rerum, vel tanti funeris hæres.
Mens dubiis percussa pavet, rursusque parata est
Certos ferre metus. Hoc casibus eripe juris,
Ne subiti cæcique ruant ; vel numina torque,
Vel tu parce Deis, et Manibus exprime verum.
Elysias resera sedes, ipsamque vocatam,
Quos petat e nobis, Mortem tibi coge fateri.
Non humilis labor est ; dignum, quod quærere cures
Vel tibi, quo tanti præponderet alea fati. »
Impia lætatur vulgatæ nomine famæ
Thessalis, et contra : « Si fata minora moveres,
Pronum erat, o juvenis, quos velles, inquit, in actus

en dépit d'eux-mêmes, tout ce que tu demanderais. Il est accordé à mon art de prolonger une vie dont les astres pressent la fin ou de trancher des jours qu'ils veulent prolonger jusque dans l'extrême vieillesse. Mais les événements publics forment une chaîne qui, dès l'origine du monde, les tient liés et indépendants. Si l'on y veut changer quelque chose, l'ordre universel en est ébranlé, et tout l'univers s'en ressent. Alors, nous, magiciens de Thessalie, nous avouons que la Fortune est plus forte que nous. Si tu te contentes de prévoir l'avenir, mille routes faciles te seront ouvertes pour arriver à la vérité. La terre, les airs, le chaos, les mers, les campagnes, les rochers de Rodope, tout va parler. Mais puisqu'un carnage récent nous fournit des morts en abondance, enlevons-en un qui n'ait pas perdu toute la chaleur de la vie et dont les organes encore flexibles forment des sons à pleine voix : n'attendons pas que ses fibres desséchées par le soleil ne puissent plus nous rendre que des accents faibles et confus. »

Elle dit, et redoublant par ses charmes les ténèbres de la nuit, elle s'enveloppe la tête d'un nuage impur et va courant sur un champ de morts qui n'étaient point ensevelis. A son aspect, les loups prennent la fuite, les oiseaux détachent leurs

   Invitos præbere Deos. Conceditur arti,
   Unam quum radiis presserunt sidera mortem,
   Inseruisse moras : et, quamvis fecerit omnis
   Stella senem, medios herbis abrumpimus annos.
   At simul a prima descendit origine mundi
   Causarum series, atque omnia fata laborant,
   Si quidquam mutare velis, unoque sub ictu
   Stat genus humanum : tunc, Thessala turba fatemur,
   Plus Fortuna potest. Sed si prænoscere casus
   Contentus, facilesque aditus multique patebunt
   Ad verum : tellus nobis, ætherque, chaosque,
   Æquoraque, et campi, Rhodopeaque saxa loquentur.
   Sed pronum, quum tanta novæ sit copia mortis,
   Emathiis unum campis attollere corpus,
   Ut modo defuncti tepidique cadaveris ora
   Plena voce sonent : ne, membris sole perustis,
   Auribus incertum feralis strideat umbra. »
   Dixerat : et noctis geminatis arte tenebris,
   Mœstum tecta caput squalenti nube, pererrat
   Corpora cæsorum, tumulis projecta negatis.
   Continuo fugere lupi, fugere revulsis

griffes de la proie, même avant d'y avoir goûté. Cependant la Thessalienne, parmi ces cadavres glacés, en choisit un, dont le poumon, n'ayant reçu aucune atteinte, lui rende les sons de la voix. Elle en trouve plusieurs, et son choix suspendu tient une foule de morts dans l'attente : lequel d'entre eux va revoir la clarté ? Si elle eût voulu relever à la fois toutes ces troupes égorgées et les renvoyer aux combats, les lois de la mort auraient fléchi, et par un prodige de son art puissant, un peuple rappelé des rivages du Styx aurait reparu sous les armes. A la fin, elle choisit parmi ces morts un interprète des destinées ; et traînant à travers des rochers aigus ce malheureux condamné à revivre, elle va le cacher au fond d'une montagne consacrée à ses mystères ténébreux. Cette caverne se prolonge et descend presque jusqu'aux enfers. Une sombre forêt la couvre de ses rameaux courbés vers la terre et dont aucun jamais ne se dirigea vers le ciel : l'if au noir feuillage la rend impénétrable au jour. Au dedans croupissent d'immobiles ténèbres, et l'intérieur de l'antre est revêtu d'une humide moisissure qu'engendre une éternelle nuit. Jamais ce lieu ne fut éclairé que d'une lumière magique : l'air n'est pas plus pesant et plus noir au fond de l'antre du Ténare, sur les confins de ce monde

Unguibus impastæ volucres, dum Thessala vatem
Eligit, et, gelidas leto scrutata medullas,
Pulmonis rigidi stantes sine vulnere fibras
Invenit, et vocem defuncto in corpore quærit.
Fata peremptorum pendent jam multa virorum,
Quem Superis revocasse velit. Si tollere totas
Tentasset campis acies, et reddere bello ;
Cessissent leges Erebi, monstroque potenti
Extractus Stygio populus pugnasset Averno.
Electum tandem trajecto gutture corpus
Ducit, et inserto laqueis feralibus unco,
Per scopulos miserum trahitur, per saxa cadaver
Victurum : montisque cavi, quem tristis Erichtho
Damnarat sacris, alta sub rupe locatur.
Haud procul a Ditis cæcis depressa cavernis
In præceps subsedit humus : quam pallida pronis
Urget silva comis, et nullo vertice cœlum
Suspiciens, Phœbo non pervia taxus opacat.
Marcentes intus tenebræ, pallensque sub antris
Longa nocte situs, numquam, nisi carmine factum,
Lumen habet. Non Tænariis sic faucibus aer
Sedit iners, mæstum mundi confine latentis,

et de l'empire des morts. Aussi les dieux des enfers ne craignent-ils pas d'envoyer les mânes dans la caverne d'Érichtho, car quoiqu'elle fasse violence aux destins, l'ombre qu'elle évoque peut douter elle-même si elle sort des enfers ou si elle y entre. L'enchanteresse était vêtue comme les Furies, d'un voile peint de couleurs bizarres. Elle découvre son visage et rejette sa chevelure de vipères entrelacées; et voyant que les compagnons de Sextus et Sextus lui-même, tremblants à son aspect, avaient la pâleur sur le front et les yeux fixés à terre : « Revenez, leur dit-elle, de la frayeur dont vous êtes atteints; ce corps va reprendre la vie, et ses traits vont se rétablir dans un état si naturel, que les plus timides pourront sans crainte le voir et l'entendre parler. Je vous pardonnerais de trembler si je vous faisais voir les noires eaux du Styx et les bords où le Phlégéton roule ses ondes enflammées; si je paraissais moi-même au milieu des Furies, si je vous montrais Cerbère secouant sous ma main sa crinière de serpents, et les géants enchaînés par le milieu du corps et frémissants de rage; mais ici, lâches que vous êtes, que craignez-vous devant des mânes, tremblants eux-mêmes devant moi? »

Alors faisant au cadavre de nouvelles blessures, elle versa dans ses veines un sang nouveau plein de chaleur. Elle a eu

Ac nostri : quo non metuant emittere Manes
Tartarei reges. Nam quamvis Thessala vates
Vim faciat fatis, dubium est, quod traxerit illuc,
Adspiciat Stygias, an quod descenderit, umbras.
Discolor, et vario furialis cultus amictu
Induitur, vultusque aperitur crine remoto,
Et coma vipereis substringitur horrida sertis.
Ut pavidos juvenis comites, ipsumque trementem
Conspicit, exanimi defixum lumina vultu :
« Ponite, ait, trepida conceptos mente timores :
Jam nova, jam vera reddetur vita figura,
Ut quamvis pavidi possint audire loquentem.
Si vero Stygiosque lacus ripamque sonantem
Ignibus ostendam; si me præsente videri
Eumenides possunt, villosaque colla colubris
Cerberus excutiens, et vincti terga Gigantes ;
Quis timor, ignavi, metuentes cernere Manes? »
Pectora tunc primum ferventi sanguine supplet
Vulneribus laxata novis: taboque medullas

soin d'y mêler des flots de l'écume lunaire. Elle y mêle toutes les horreurs de la nature : l'écume du chien qui a l'onde en horreur, les entrailles du lynx, les vertèbres noueuses de l'hyène, la moelle du cerf nourri de serpents, le rémora qui retient le navire, malgré le souffle de l'Eurus gonflant la voile, les yeux du dragon, la pierre sonore que l'aigle couve et réchauffe, le serpent ailé des Arabes, la vipère de la mer Rouge, la membrane du céraste encore vivant, la cendre du Phénix sur l'autel de l'Orient. Ayant aussi mêlé les vils poisons et les poisons fameux, elle ajoute des herbes magiques, souillées dans leur germe par sa bouche impure, et tous les venins qu'elle-même a créés.

Alors sa voix plus puissante que tous les philtres se fait entendre aux dieux des morts. Ce n'est d'abord qu'un murmure confus et qui n'a rien de la voix humaine. C'est à la fois l'aboiement du chien, le hurlement du loup, le cri lugubre du hibou, le sifflement des serpents : il tient aussi du gémissement des ondes qui se brisent contre un écueil, du mugissement des vents dans les forêts, et du bruit du tonnerre en déchirant la nue. Tous

Abluit ; et virus large lunare ministrat.
Huc quidquid fetu genuit Natura sinistro
Miscetur. Non spuma canum, quibus unda timori est,
Viscera non lyncis, non duræ nodus hyænæ
Defuit, et cervi, pasti serpente, medullæ ;
Non puppim retinens, Euro tendente rudentes,
In mediis echeneis aquis, oculique draconum,
Quæque sonant feta tepefacta sub alite saxa ;
Non Arabum volucer serpens, innataque rubris
Æquoribus custos pretiosæ vipera conchæ,
Aut viventis adhuc Libyci membrana cerastæ,
Aut cinis Eoa positi Phœnicis in ara.
Quo postquam viles, et habentes nomina pestes
Contulit ; infando saturatas carmine frondes,
Et, quibus os dirum nascentibus inspuit, herbas
Addidit, et quidquid mundo dedit ipsa veneni :
Tunc vox, Lethæos cunctis pollentior herbis
Excantare Deos, confundit murmura primum
Dissona, et humanæ multum discordia linguæ.
Latratus habet illa canum, gemitusque luporum,
Quod trepidus bubo, quod strix nocturna queruntur,
Quod strident ululantque feræ, quod sibilat anguis,
Exprimit, et planctus illisæ cautibus undæ,
Silvarumque sonum, fractæque tonitrua nubis.

ces sons divers n'en font qu'un. Elle y ajoute le chant magique et ces paroles qui pénètrent jusque dans le fond des enfers.

« Euménides, dit-elle, et vous, crimes et tourments du Tartare ; et toi, Chaos, toujours avide d'engloutir des mondes sans nombre ; et toi, monarque des enfers, que tourmente sans cesse ton immortalité ; effroyable Styx ; et vous, Champs-Élysées, que moi ni mes compagnes nous ne verrons jamais ; toi, Proserpine, qui, pour l'enfer, as quitté le ciel et ta mère ; toi, qu'on adore là-bas, sous le nom d'Hécate, et par qui les mânes et moi nous communiquons en secret ; et toi, gardien des portes de l'enfer, toi, qui jettes à Cerbère nos entrailles pour l'apaiser ; et vous, Parques, qui allez reprendre un fil que vous avez coupé ; et toi, nocher de l'onde infernale, qui, sans doute, es las de repasser de l'un à l'autre bord les ombres que j'évoque ; noires divinités, écoutez ma prière, et si ma bouche est assez impure, assez criminelle pour vous implorer, si jamais elle ne vous nomma sans s'être remplie de sang humain, si j'ai égorgé tant de fois sur vos autels et la mère et l'enfant qu'elle avait dans ses flancs, si j'ai rempli les vases de vos sacrifices des membres déchirés de tant d'innocents qui auraient vécu, soyez propices à mes vœux. Je ne demande point une ombre dès longtemps enfermée dans vos cachots et accoutumée aux ténè-

> Tot rerum vox una fuit. Mox cetera cantu
> Explicat Hæmonio, penetratque in Tartara lingua :
> « Eumenides, Stygiumque nefas, pœnæque nocentum,
> Et Chaos innumeros avidum confundere mundos ;
> Et rector terræ, quem longa in sæcula torquet
> Mors dilata Deum ; Styx, et quos nulla meretur
> Thessalis Elysios ; cœlum, matremque perosa
> Persephone, nostræque Hecates pars ultima, per quam
> Manibus et mihi sunt tacitæ commercia linguæ ;
> Janitor et sedis laxæ, qui viscera sævo
> Spargis nostra cani ; repetitaque fila sorores
> Fracturæ ; tuque o flagrantis portitor undæ,
> Jam lassate senex ad me redeuntibus umbris :
> Exaudite preces : si vos satis ore nefando
> Pollutoque voco, si numquam hæc carmina fibris
> Humanis jejuna cano, si pectora plena
> Sæpe dedi, et lavi calido prosecta cerebro,
> Si quis, qui vestris caput extaque lancibus infans
> Imposuit, victurus erat : parete precanti.
> Non in Tartareo latitantem poscimus antro,

bres. A peine celle que j'évoque a-t-elle quitté la lumière, elle descend, elle est encore à l'entrée du noir séjour, et la rappeler par mes charmes ce ne sera point l'obliger à passer deux fois chez les morts. Souffrez donc, si la guerre civile est de quelque prix à vos yeux, que l'ombre d'un soldat qui, dans le parti de Pompée, se signalait il y a quelques instants, instruise le fils de ce héros et lui annonce le sort de leurs armes. »

Après qu'elle a proféré ces paroles, elle relève la tête, la bouche écumante, et voit debout devant ses yeux l'ombre du mort étendu à ses pieds qui, tremblante elle-même à la vue de ce corps livide et glacé, le considère et frémit de rentrer dans cette odieuse prison. Ces veines rompues, ce sein déchiré, ces plaies profondes l'épouvantent. Le malheureux! on lui enlève le plus grand bienfait de la mort, l'avantage de ne plus mourir.

Érichtho s'étonne que l'enfer soit si lent à lui obéir. Elle s'irrite contre la mort, et d'un fouet de couleuvres vivantes, elle frappe à coups redoublés le cadavre encore immobile. Alors, par les mêmes fentes de la terre ouverte à sa voix, elle hurle après les mânes et trouble le silence de l'éternelle nuit.

« O Tisiphone! et toi, Mégère, vous demeurez tranquilles à ma voix! Vous ne chassez pas avec vos fouets vengeurs cette âme rebelle à travers les noirs espaces de l'Érèbe! Tremblez,

Adsuetamque diu tenebris, modo luce fugata
Descendentem animam : primo pallentis hiatu
Hæret adhuc Orci. Licet has exaudiat herbas
Ad Manes ventura semel. Ducis omina nato
Pompeiana canat nostri modo militis umbra,
Si bene de vobis civilia bella merentur. »
Hæc ubi fata, caput spumantiaque ora levavit,
Adspicit adstantem projecti corporis umbram,
Exanimes artus invisaque claustra timentem
Carceris antiqui. Pavet ire in pectus apertum,
Visceraque, et ruptas letali vulnere fibras.
Ah miser, extremum cui mortis munus iniquæ
Eripitur, non posse mori !
                Miratur Erichtho
Has fatis licuisse moras, irataque Morti
Verberat immotum vivo serpente cadaver :
Perque cavas terræ, quas egit carmine, rimas
Manibus illatrat, regnique silentia rumpit.
« Tisiphone, vocisque meæ secura Megæra,
Non agitis sævis Erebi per inane flagellis

chiennes d'enfer! que je ne vous appelle par les noms que vous méritez! que je ne vous traîne hors des enfers, à la clarté des cieux, et que je ne vous y retienne! Je vous poursuivrai à travers les bûchers et les funérailles dont je vous défendrai l'approche ; je vous chasserai des tombeaux ; je vous écarterai des urnes. Et toi, Hécate, je souillerai, je rendrai livide et sanglante la face que tu prends pour te montrer aux dieux du ciel ; je te forcerai à garder celle que tu as dans les enfers. Toi, Proserpine, je dirai à quel indigne appât tu t'es laissé prendre et retenir dans les royaumes sombres ; par quel incestueux amour tu t'es livrée au morne roi des morts, et que ta mère, après ton infamie, n'a pas voulu te rappeler. Pour toi, le plus injuste, le plus méchant des dieux, tremble que je n'entr'ouvre les voûtes infernales ! Oui, j'y ferai pénétrer le jour ! Tu seras tout à coup frappé de sa lumière...... M'obéirez-vous ? ou faut-il que j'appelle celui dont la terre n'entend jamais prononcer le nom sans frémir ; celui qui d'un œil assuré regarde en face la Gorgone ; celui qui châtie Érinnys tremblante sous ses fouets sanglants ; celui qui siége au-dessous de vous et aussi loin que vous l'êtes du ciel, dans les abîmes du Tartare, dont vos yeux mêmes n'ont jamais mesuré la profondeur ; le seul enfin de tous les dieux qui, après avoir juré par le Styx, peut être impunément parjure ? »

Infelicem animam ? jam vos ego nomine vero
Eliciam, Stygiasque canes in luce superna
Destituam : per busta sequar, per funera custos,
Expellam tumulis, abigam vos omnibus urnis.
Teque Deis, ad quos alio procedere vultu
Ficta soles, Hecate, pallenti tabida forma,
Ostendam, faciemque Erebi mutare vetabo.
Eloquar, immenso terræ sub pondere quæ te
Contineant, Ennæa, dapes, quo fœdere mœstum
Regem noctis ames, quæ te contagia passam
Noluerit revocare Ceres.
« Tibi, pessime mundi
Arbiter, immittam ruptis Titana cavernis,
Et subito ferire die. Paretis ? an ille
Compellandus erit, quo numquam terra vocato
Non concussa tremit, qui Gorgona cernit apertam,
Verberibusque suis trepidam castigat Erinnyn,
Indespecta tenet vobis qui Tartara ; cujus
Vos estis Superi ; Stygias qui pejerat undas ? »

A peine elle achevait, une chaleur soudaine pénètre le sang du cadavre; et ce sang commence à couler dans toutes les veines du corps. Dans son sein glacé jusqu'alors, les fibres tremblantes palpitent, et la vie rendue à ce corps qui en avait oublié l'usage, en s'y glissant, se mêle avec la mort. Les muscles ont repris leur vigueur, les nerfs leur ressort; le cadavre ne se lève point peu à peu, et en s'appuyant sur ses membres, il est repoussé par la terre et il se dresse tout à la fois. Ses yeux ouverts sont immobiles : ce n'est pas le visage d'un homme vivant, mais d'un homme qui va mourir; la roideur de la mort et sa pâleur lui restent. Il paraît stupide d'étonnement de se voir rendu au monde. Mais aucun son ne sort de sa bouche, l'usage de la voix et de la langue ne lui est rendu que pour répondre à la Thessalienne : « Révèle-moi, lui dit-elle, ce que je veux savoir, et sois sûr de ta récompense; car si tu me dis vrai, je t'exempte à jamais d'obéir aux évocations de l'Hémus. Je composerai ton bûcher, je charmerai ta tombe de telle sorte que ton ombre ne sera plus obsédée par les enchantements. Tu revis pour la dernière fois, et ni les paroles, ni les herbes magiques ne troubleront pour toi le sommeil du Léthé quand je t'aurai rendu la mort. Les oracles des dieux du ciel ne montrent

Protinus adstrictus caluit cruor, atraque fovit
Vulnera, et in venas extremaque membra cucurrit.
Percussæ gelido trepidant sub pectore fibræ;
Et nova desuetis subrepens vita medullis,
Miscetur morti. Tunc omnis palpitat artus :
Tenduntur nervi; nec se tellure cadaver
Paullatim per membra levat; terraque repulsum est,
Erectumque simul. Distento lumina rictu
Nudantur. Nondum facies viventis in illo,
Jam morientis erat : remanet pallorque rigorque;
Et stupet illatus mundo. Sed murmure nullo
Ora adstricta sonant : vox illi linguaque tantum
Responsura datur.
                « Dic, inquit Thessala, magna,
Quod jubeo, mercede mihi; nam vera loquutum
Immunem toto mundi præstabimus ævo
Artibus Hæmoniis : tali tua membra sepulcro,
Talibus exuram, Stygio cum carmine, silvis,
Ut nullos cantata magos exaudiat umbra.
Sit tanti vixisse iterum; nec verba, nec herbæ
Audebunt longæ somnum tibi solvere Lethes,
A me morte data. Tripodas vatesque Deorum

l'avenir qu'à travers un nuage ; mais celui qui cherche la vérité chez les dieux des enfers, s'en va sûr de l'avoir trouvée. Ce sont les oracles de la mort que l'homme courageux consulte : ne ménage donc pas celui qui t'ose interroger ; ne déguise rien, je t'en conjure ; nomme les choses et les lieux et que la voix qui t'est rendue soit la voix même des destins. »

Elle finit par un nouveau charme, qui a la vertu d'instruire une ombre de tout ce qu'elle veut qui lui soit révélé. Alors le cadavre accablé de tristesse et le visage baigné de pleurs, lui répondit : « Quand tu m'as rappelé du séjour du silence, je n'ai pas eu le temps d'examiner le travail des Parques ; mais ce que j'ai pu savoir des ombres, c'est qu'une discorde effroyable agite celles des Romains, et que la fureur qui les anime trouble le repos des enfers. Les uns ont quitté les ombrages de l'Élysée, les autres ayant brisé leurs fers se sont échappés du Tartare, et c'est par eux que l'on a su ce que les destins préparaient. Les ombres heureuses paraissent consternées ; j'ai vu les deux Décius, victimes expiatoires de la patrie ; j'ai vu Camille et Curius pleurer sur le malheur de Rome. Sylla se plaint de toi, ô Fortune. Scipion donne des larmes à son malheureux fils qui va périr dans la Libye ; le vieux Caton, l'ennemi de Carthage, prévoit, en gémissant, le sort de son neveu

---

Ars obscura decet : certus discedat, ab umbris
Quisquis vera petit, duræque oracula Mortis
Fortis adit. Ne parce, precor : da nomina rebus,
Da loca, da vocem, qua mecum fata loquantur. »
Addidit et carmen, quo, quidquid consulit umbram,
Scire dedit. Mœstum, fletu manante, cadaver :
« Tristia non equidem Parcarum stamina, dixit,
Adspexi, tacitæ revocatus ab aggere ripæ :
Quod tamen e cunctis mihi noscere contigit umbris,
Effera Romanos agitat discordia Manes,
Impiaque infernam ruperunt arma quietem.
Elysias alii sedes, ac Tartara mœsta
Diversi liquere duces : quid fata pararent,
Hi fecere palam. Tristis felicibus umbris
Vultus erat : vidi Decios, natumque patremque,
Lustrales bellis animas, flentemque Camillum,
Et Curios ; Sullam, de te, Fortuna, querentem.
Deplorat Libycis perituram Scipio terris
Infaustam sobolem. Major Carthaginis hostis,
Non servituri mœret Cato fata nepotis.

qui ne vivra point sous un maître. Toi seul, ô Brutus! ô généreux consul! qui chassas nos premiers tyrans, toi seul entre les justes, tu montres de la joie. Le farouche Catilina, les cruels Marius, Céthégus aux bras nus, rompent leurs chaînes et bondissent de joie. J'ai vu se réjouir aussi les Drusus, ces hardis partisans du peuple, et les Gracques, ces fiers tribuns dont le zèle ne connut aucun frein. Des mains chargées d'éternelles chaînes font retentir d'applaudissements les noirs cachots de Pluton. La foule coupable demande qu'on lui ouvre le champ des justes. Le monarque du sombre empire fait élargir les prisons du Tartare; il fait préparer des rochers aigus et des chaînes de diamant, et des tortures pour les vainqueurs. O jeune homme! emporte avec toi la consolation de savoir que les mânes heureux attendent Pompée et ses amis, et que, dans le lieu le plus serein des enfers, on garde une place à ton père. Qu'il n'envie point à son rival la gloire de lui survivre. Bientôt viendra l'heure où les deux partis seront confondus chez les morts. Hâtez-vous de mourir! et d'un humble bûcher descendez parmi nous avec de grandes âmes, foulant aux pieds la fortune de ces dieux de Rome. Ce qu'on agite à présent entre les deux chefs, c'est de savoir lequel périra sur le Nil, lequel périra sur le Tibre. Pompée et César ne se disputent que le lieu de leurs

  Solum te, consul depulsis prime tyrannis,
  Brute, pias inter gaudentem vidimus umbras.
  Abruptis Catilina minax fractisque catenis.
  Exsultat, Mariique truces, nudique Cethegi.
  Vidi ego lætantes, popularia nomina, Drusos;
  Legibus immodicos, ausosque ingentia Gracchos.
  Æternis Chalybum nodis, et carcere Ditis
  Constrictæ plausere manus, camposque piorum
  Poscit turba nocens. Regni possessor inertis
  Pallentes aperit sedes, abruptaque saxa
  Asperat, et durum vinclis adamanta, parataque
  Pœnam victori. Refer hæc solatia tecum,
  O juvenis, placido Manes patremque domumque
  Exspectare sinu, regnique in parte serena
  Pompeiis servare locum. Nec gloria parvæ
  Sollicitet vitæ : veniet, quæ misceat omnes
  Hora duces. Properate mori, magnoque superbi
  Quamvis e parvis animo descendite bustis,
  Et Romanorum Manes calcate Deorum.
  Quem tumulum Nili, quem Tibridis adluat unda,
  Quæritur, et ducibus tantum de funere pugna est.

funérailles. Pour toi, Sextus, ne cherche pas à t'éclairer sur ton sort, les Parques l'accompliront sans que je te l'annonce. Pompée t'apprendra ce que tu dois savoir dans les champs Siciliens : il est pour toi le plus sûr des oracles. Mais, hélas! il ne saura lui-même où t'envoyer, d'où t'éloigner, quel climat, quel rivage tu dois chercher à fuir. Malheureux, craignez l'Europe, l'Asie et l'Afrique ; la fortune disperse vos tombeaux comme vos triomphes. O malheureuse famille! vous n'avez pas dans l'univers d'asile plus sûr que les champs de Pharsale. »

Après que ce corps ranimé eut fait ce qui lui était prescrit, il se tint muet, immobile ; et la tristesse sur le visage, le fantôme redemandait la mort ; mais pour la lui rendre, il fallut un nouvel enchantement, de nouvelles herbes, car les destins ayant exercé leurs droits ne pouvaient plus rien sur sa vie. Érichtho compose un bûcher magique où ce corps vivant va se placer lui-même. Elle y met le feu, se retire et l'y laisse mourir pour ne ressusciter jamais.

Elle accompagne Sextus jusqu'au camp de son père ; et comme la lumière naissante commençait à éclairer le ciel, pour donner le temps au fils de Pompée et aux siens de regagner leurs tentes, elle ordonne à la nuit de repousser le jour et de les couvrir de ses ombres.

> Tu fatum ne quære tuum ; cognoscere Parcæ,
> Me reticente, dabunt : tibi certior omnia vates
> Ipse canet Siculis genitor Pompeius in arvis ;
> Ille quoque incertus, quo te vocet, unde repellat,
> Quas jubeat vitare plagas, quæ sidera mundi.
> Europam miseri, Libyamque, Asiamque timete :
> Distribuit tumulos vestris fortuna triumphis.
> O miseranda domus, toto nihil orbe videbis
> Tutius Emathia. » Sic postquam fata peregit,
> Stat vultu mœstus tacito, mortemque reposcit.
> Carminibus magicis opus est herbisque, cadaver
> Ut cadat, et nequeunt animam sibi reddere fata,
> Consumpto jam jure semel. Tum robore multo
> Exstruit illa rogum : venit defunctus ad ignes.
> Accensa juvenem positum strue liquit Erichtho,
> Tandem passa mori, Sextoque ad castra parentis
> It comes : et cœlo lucis ducente colorem,
> Dum ferrent tutos intra tentoria gressus,
> Jussa tenere diem densas nox præstitit umbras.

LIVRE VII

Le soleil levant semble vouloir dérober sa clarté aux champs de Pharsale. — Songe de Pompée avant la bataille ; souvenir de ses triomphes, des acclamations du peuple romain. — Plaintes et regrets du poëte. — On demande la bataille dans le camp de Pompée : on accuse sa lenteur, sa timidité. — Cicéron vient lui demander, au nom du sénat et de l'armée, de marcher à l'ennemi : paroles de l'orateur. — Réflexions du poëte. — Réponse de Pompée : il cède à regret à la volonté de tous. — On donne l'ordre du combat. — Impatiente fureur des soldats. — Apprêts de la bataille. — Signes effrayants ; pronostics. — Un devin de Padoue annonce ce qui se passe en Thessalie. — Réflexions du poëte. — Pompée, dans la postérité, réunira tous les vœux. — Description de l'armée de Pompée qui s'avance au combat. — César s'applaudit de l'occasion, souhaitée tant de fois, de tout décider par le fer. — Son audace, toutefois, doute un moment du succès. — Il harangue ses soldats. — Joie dans le camp de César. — Pompée, qui s'efforce de dissimuler ses craintes, se montre à cheval sur le front de son armée ; son discours à ses soldats. — Les phalanges, des deux côtés, s'avancent animées d'une égale fureur. — Le poëte gémit sur le désastre qui s'annonce ; ses résultats déplorables pour Rome, pour tout l'univers. — Bientôt les deux armées sont en présence, et les traits sont prêts à partir. — Crastinus, le premier, lance son javelot. — Description de la bataille. — La cavalerie de Pompée enveloppe les légions de César ; mais elle cède à leurs efforts. — César presse, anime ses soldats ; il est partout ; il indique lui-même où il faut frapper. — Brutus. — Mort de Domitius. — Déroute complète : regrets du poëte. — Pompée est réduit à fuir. — Il arrive à Larisse : accueil qu'il y reçoit. — Nouvelle harangue de César à ses soldats après la bataille : il les envoie piller le camp des vaincus. — Leur sommeil ; leurs terreurs. — César contemple sa fortune dans cet océan de sang. — Reproches amers du poëte. — Tableau du champ de carnage. — La Thessalie, terre trop funeste aux Romains.

Jamais, obéissant à l'éternelle loi, le soleil n'avait été si lent à se lever du sein de l'onde ; jamais avec un front si pâle il n'avait commencé sa course ni poussé avec moins d'ardeur ses

LIBER VII

Segnior Oceano, quam lex æterna vocabat,
Luctificus Titan nunquam magis æthera contra
Egit equos, currumque polo rapiente retorsit ;

coursiers vers le haut des cieux. Il aurait voulu s'éclipser pour ne pas luire sur la Thessalie, et il attira d'épais nuages dans lesquels il s'enveloppa.

Mais la nuit, la dernière nuit des prospérités de Pompée avait charmé, par une douce erreur, les soins cruels qui agitaient son sommeil. Il crut se voir assis sur les degrés de son théâtre, environné d'un peuple innombrable qui élevait son nom jusqu'au ciel et qui remplissait l'enceinte d'applaudissements redoublés. Il le voyait, ce peuple, tel que dans ces beaux jours où jeune encore, vainqueur des nations qu'entoure l'Ibère rapide, et de tous les peuples qu'avait armés le rebelle Sertorius, maître et pacificateur de l'Occident, il rentra victorieux dans Rome, et qu'aussi vénérable sous la robe blanche que s'il eût été revêtu de la pourpre, il parut, simple chevalier, au milieu des applaudissements du sénat. Soit que son âme inquiète de l'avenir se rejetât sur le passé et cherchât dans ses jours heureux de quoi dissiper ses alarmes, soit que le sommeil qui toujours enveloppe et déguise la vérité sous des apparences contraires, lui fit de la publique joie le présage de la douleur; soit que ne devant plus revoir sa patrie, ô Pompée, le sort voulût encore une fois te la montrer, du moins, en songe. Vous qui

Defectusque pati voluit, raptæque labores
Lucis ; et attraxit nubes, non pabula flammis,
Sed ne Thessalico purus luceret in orbe.
At nox felicis Magno pars ultima vitæ
Sollicitos vana decepit imagine somnos.
Nam Pompeiani visus sibi sede theatri
Innumeram effigiem Romanæ cernere plebis,
Attollique suum lætis ad sidera nomen
Vocibus, et plausu cuneos certare sonantes.
Qualis erat populi facies, clamorque faventum,
Olim quum juvenis primique ætate triumphi,
Post domitas gentes, quas torrens ambit Hiberus,
Et quæcumque fugax Sertorius impulit arma,
Vespere pacato, pura venerabilis æque,
Quam currus ornante, toga, plaudente senatu,
Sedit adhuc Romanus eques.
     Seu fine bonorum
Anxia venturis ad tempora læta refugit ;
Sive per ambages solitas contraria visis
Vaticinata quies, magni tulit omina planctus :
Seu vetito patrias ultra tibi cernere sedes,
Sic Romam Fortuna dedit. Ne rumpite somnos,

veillez autour de lui, respectez son rêve, que la trompette ne frappe l'air d'aucun son; le silence de la nuit prochaine sera cruel pour ce héros, et le jour ne va lui offrir qu'une guerre affreuse et funeste. Ah! si les peuples avaient de pareils songes et une nuit si fortunée! O Pompée! ce serait pour Rome et pour toi un bienfait des dieux, qu'un seul jour, où même assuré de votre ruine, vous pussiez vous donner l'un à l'autre un dernier gage de votre amour. Tu as quitté Rome avec l'espérance de venir mourir dans son sein; et Rome qui n'a jamais fait pour toi que des vœux bientôt exaucés, n'a pu attendre du sort qu'il lui enviât jusqu'aux cendres de son bien-aimé. Sur ton tombeau, les jeunes et les vieux confondant leur deuil, les enfants mêmes auraient versé des larmes; les femmes romaines, les cheveux épars, se seraient déchiré le sein comme aux funérailles de Brutus; et lors même qu'ils trembleront devant un injuste vainqueur, que ce soit César en personne qui leur annonce ta mort, ils pleureront; mais, hélas! en pleurant ils porteront au Capitole l'encens et les lauriers du vainqueur. Malheureux! dont les gémissements ont dévoré la douleur, et ils ne t'ont pas moins pleuré dans l'amphithéâtre où ton rival occupe ta place.

Castrorum vigiles; nullas tuba verberet aures.
Crastina dira quies, et imagine mœsta diurna
Undique funestas acies feret, undique bellum.
Unde pares somnos populis, noctemque beatam?
O felix, si te vel sic tua Roma videret!
Donassent utinam Superi patriæque, tibique
Unum, Magne, diem, quo fati certus uterque
Extremum tanti fructum caperetis amoris!
Tu velut Ausonia vadis moriturus in urbe :
Illa, rati semper de te sibi conscia voti,
Hoc scelus haud unquam fatis hærere putavit,
Sic se dilecti tumulum quoque perdere Magni.
Te mixto flesset luctu juvenisque, senexque,
Injussusque puer : lacerasset crine soluto
Pectora femineum, ceu Bruti funere, vulgus.
Nunc quoque tela licet paveant victoris iniqui,
Nuntiet ipse licet Cæsar tua funera, flebunt;
Sed dum tura ferunt, dum laurea serta Tonanti.
O miseri, quorum gemitus edere dolorem,
Qui te non pleno pariter planxere theatro!

Le soleil avait effacé l'éclat des astres, un murmure confus s'éleva dans le camp, et toute l'armée en tumulte cédant à la fatalité qui entraînait l'aveugle univers, demanda hautement le signal du combat. Cette foule de malheureux, dont le plus grand nombre ne doit pas voir la fin du jour, environnent les tentes du général, et enflammés d'une ardeur insensée pressent l'heure fatale qui s'avance et qui leur apporte la mort. Une rage cruelle s'empare des esprits, chacun veut voir décider son sort et celui du monde. On accuse Pompée d'être lent et timide, trop patient avec son beau-père. On dit qu'il se plaît à régner, qu'il aime à voir sous ses drapeaux tant de nations rassemblées, qu'il craint la paix. Les rois, les peuples de l'Orient se plaignent qu'on prolonge la guerre et qu'on les retienne loin de leur pays. O dieux! quand vous voulez nous perdre, vous disposez tout pour que notre malheur soit notre ouvrage et devienne notre crime : nous courons à notre ruine, nous cherchons les combats où nous devons périr. C'est dans le camp de Pompée qu'on fait des vœux pour Pharsale!

Le plus éloquent des Romains, Tullius, qui, sous la toge consulaire, avait fait trembler le fier Catilina devant ses pacifiques faisceaux, Tullius fut chargé de porter la parole. Plein

    Vicerat astra jubar, quum mixto murmure turba
Castrorum fremuit, fatisque trahentibus orbem,
Signa petit pugnæ. Miseri pars maxima vulgi
Non totum visura diem, tentoria circum
Ipsa ducis queritur, magnoque accensa tumultu
Mortis vicinæ properantes admovet horas.
Dira subit rabies; sua quisque ac publica fata
Præcipitare cupit : segnis, pavidusque vocatur,
Ac nimium patiens soceri Pompeius, et orbis
Indulgens regno, qui tot simul undique gentes
Juris habere sui vellet, pacemque timeret.
Nec non et reges, populique queruntur Eoi
Bella trahi, patriaque procul tellure teneri.
Hoc placet, o Superi, quum vobis vertere cuncta
Propositum, nostris erroribus addere crimen.
Cladibus irruimus, nocituraque poscimus arma.
In Pompeianis votum est Pharsalia castris.
Cunctorum voces Romani maximus auctor
Tullius eloquii, cujus sub jure togaque
Pacificas sævus tremuit Catilina secures,

d'aversion pour une guerre qui l'éloignait de la tribune et impatient du long silence que lui imposaient les combats, il appuya de toute son éloquence la témérité d'une mauvaise cause.

« La Fortune, dit-il à Pompée, ne vous demande pour prix de sa longue faveur, que de vouloir en user encore. Les grands de Rome, les rois de la terre, le monde à vos pieds, nous vous conjurons tous de nous laisser vaincre César. César est-il fait pour tenir si longtemps tout l'univers en armes? Il est honteux pour les nations que Pompée qui les a vaincues avec tant de rapidité soit si lent à vaincre avec elles. Qu'est devenue cette ardeur, cette foi dans les destins? Ingrat! craignez-vous que les dieux ne se rangent du parti du crime? N'osez-vous leur fier la cause du sénat? Vos légions, n'en doutez pas, enlèveront d'elles-mêmes leurs étendards et s'élanceront au combat. Rougissez de vaincre par contrainte. Si vous ne commandez ici qu'au nom du sénat, si c'est pour nous que se fait la guerre, dès que nous demandons la bataille c'est à vous de la livrer. Pourquoi détourner de César tant de glaives qui le menacent? Voyez déjà partir les traits de mille mains impatientes. A peine chacun se contient dans l'attente du signal. Hâtez-vous, avant que vos trompettes ne le donnent malgré vous. Le sénat veut savoir si vous voyez en lui vos soldats ou votre escorte. »

Pertulit, iratus bellis, quum rostra Forumque
Optaret, passus tam longa silentia miles.
Addidit invalidæ robur facundia causæ.
« Hoc pro tot meritis solum te, Magne, precatur,
Uti se, Fortuna, velis; proceresque tuorum
Castrorum, regesque tui cum supplice mundo
Adfusi, vinci socerum patiare rogamus.
Humani generis tam longo tempore bellum
Cæsar erit? merito, Pompeium vincere lente,
Gentibus indignum est a transcurrente subactis.
Quo tibi fervor abit? aut quo fiducia fati?
De Superis, ingrate, times? causamque senatus
Credere Dis dubitas? ipsæ sua signa revellent,
Prosilientque acies : pudeat vicisse coactum.
Si duce te jusso, si nobis bella geruntur,
Sit juris quocumque velint concurrere campo.
Quid mundi gladios a sanguine Cæsaris arces?
Vibrant tela manus : vix signa morantia quisquam
Exspectat : propera, ne te tua classica linquant.
Scire senatus avet, miles te, Magne, sequatur,

Pompée gémit profondément, il vit le piége de la fortune et que les destins s'opposaient à la sagesse de ses conseils. « Si c'est, dit-il, le vœu de tous et l'intérêt de la cause commune, que Pompée dans ce moment cesse d'être chef et devienne soldat, j'y consens. Que la Fortune se hâte d'envelopper tous les peuples dans la même ruine, et que ce soit ici le tombeau d'une partie nombreuse du genre humain. Cependant, Rome, je t'atteste que l'on m'impose ce jour de la destruction. Tu pouvais soutenir la guerre sans qu'il t'en eût coûté du sang ; tu pouvais voir, sans tirer l'épée, César vaincu et pris lui-même, réduit à souscrire à la paix dont il a violé les lois. Les insensés ! quelle est leur ardeur pour le crime ! Ils ont peur qu'une guerre civile ne soit pas assez meurtrière? Ne voit-on pas que nous avons enlevé à l'ennemi des pays immenses ; que nous l'avons chassé de toutes les mers ; que nous avons réduit ses troupes affamées à ravager les moissons en herbes ; qu'il en est au point de désirer périr par le glaive plutôt que par la faim et qu'un même champ de bataille soit couvert de ses combattants confondus avec les miens? Ne voit-on pas que cette guerre est déjà très-avancée par les succès qui ont aguerri notre jeune milice au point de ne pas craindre le signal du combat? Si toutefois je dois attribuer cette impatience au courage; car la crainte

---

An comes. » Ingemuit rector, sensitque Deorum
Esse dolos, et fata suæ contraria menti.
« Si placet hòc, inquit, cunctis, si milite Magno,
Non duce tempus eget, nil ultra fata morabor :
Involvat populos una Fortuna ruina,
Sitque hominum magnæ lux ista novissima parti.
Testor, Roma, tamen, Magnum, quo cuncta perirent,
Accepisse diem. Potuit tibi vulnere nullo
Stare labor belli; potuit sine cæde subactum,
Captivumque ducem violatæ tradere paci.
Quis furor, o cæci, scelerum? Civilia bella
Gesturi, metuunt ne non cum sanguine vincant.
Abstulimus terras, exclusimus æquore toto,
Ad præmaturas segetum jejuna rapinas
Agmina compulimus, votumque effecimus hosti
Ut mallet sterni gladiis, mortesque suorum
Permiscere meis. Belli pars magna peracta est
Iis quibus effectum est ne pugnam tiro paveret;
Si modo virtutis stimulis, iræque calore

même du péril fait souvent qu'on s'y précipite. L'homme courageux est celui qui brave le danger s'il le faut, et qui l'évite s'il est possible. Et nous, c'est dans la plus heureuse situation des choses que nous voulons tout abandonner au caprice de la Fortune! Il y va du sort du monde, et on le livre au hasard d'un moment? Ces peuples aiment mieux me voir les mener au carnage que leur assurer la victoire. Fortune! tu m'as donné le destin de Rome à gouverner, je te le remets plus grand que je ne l'ai reçu. Veille sur lui dans les horreurs de la mêlée. Cette guerre ne sera ni à ma gloire, ni à ma honte. César, tes vœux impies l'emportent : combien ce jour coûtera de crimes et de malheurs au monde! Que de trônes vont tomber! Quel déluge de sang romain va troubler les eaux de l'Énipe! Ah! plût aux dieux, si cette tête n'est plus utile à ma patrie, que la première flèche qu'on lancera vînt la frapper! car la victoire sera pour moi sans charme. Ou la défaite de César me dévoue à la haine du peuple, ou le nom de Pompée, après cette bataille, ne sera qu'un objet de compassion; et dans ce désastre, le malheur au vaincu et le crime au vainqueur. »

Il dit, permet le combat, et l'impatiente fureur des troupes n'eut plus de barrière. Tel un pilote vaincu par la violence des

> Signa petunt. Multos in summa pericula misit
> Venturi timor ipse mali : fortissimus ille est,
> Qui promptus metuenda pati, si cominus instent,
> Et differre potest. Placet hæc tam prospera rerum
> Tradere fortunæ? gladio permittere mundi
> Discrimen? pugnare ducem, quam vincere, malunt.
> Res mihi Romanas dederas, Fortuna, regendas :
> Accipe majores, et cæco in Marte tuere.
> Pompeii nec crimen erit, nec gloria bellum.
> Vincis apud Superos votis me, Cæsar, iniquis :
> Pugnatur. Quantum scelerum, quantumque malorum
> In populos lux ista feret! quot regna jacebunt!
> Sanguine Romano quam turbidus ibit Enipeus!
> Prima velim caput hoc funesti lancea belli,
> Si sine momento rerum partisque ruina
> Casurum est, feriat; neque enim victoria Magno
> Lætior. Aut populis invisum, hac clade peracta,
> Aut hodie Pompeius erit miserabile nomen.
> Omne malum victi, quod sors feret ultima rerum;
> Omne nefas victoris erit. » Sic fatur, et arma
> Permittit populis, frenosque furentibus ira
> Laxat; et ut victus violento navita Coro

vents abandonne le gouvernail et se laisse emporter, immobile fardeau, sur la poupe, que son art ne dirige plus.

Le tumulte et le bruit règnent dans tout le camp; des mouvements opposés suspendent et précipitent tour à tour les battements de ces cœurs féroces; plusieurs portent sur le visage la pâleur de la mort qui les attend, et sur leur front se peint leur destinée. C'en est fait : les armes vont régler le destin du monde et décider pour l'avenir du sort de Rome. Chacun oublie ses propres dangers, frappé d'un objet plus terrible. Quand l'Océan couvre le rivage, quand la vague inonde la cime des monts, que le soleil quitte le ciel, et que le ciel heurte la terre, dans cette ruine universelle, comment craindre pour soi-même? Rome et Pompée les occupent tous : ce n'est pas pour soi, c'est pour eux que chacun tremble.

Pour être plus sûr de ses coups, on aiguise la lance sur la pierre, on prépare l'épée, on renouvelle la corde de l'arc, on remplit le carquois de flèches acérées. On ajuste les mors et les rênes, on se munit d'éperons. Ainsi quand les géants attaquèrent les dieux (s'il est permis de comparer les travaux des hommes à ceux des immortels), le glaive de Mars fut remis brûlant sur les enclumes de Sicile, le trident de Neptune rougit

Dat regimen ventis, ignavumque arte relicta
Puppis onus trahitur. Trepido confusa tumultu
Castra fremunt, animique truces sua pectora pulsant
Ictibus incertis. Multorum pallor in ore
Mortis venturæ est, faciesque simillima leto.
Advenisse diem, qui fatum rebus in ævum
Conderet humanis, et quæri Roma quid esset,
Illo Marte palam est : sua quisque pericula nescit,
Attonitus majore metu. Quis litora ponto
Obruta, quis summis cernens in montibus æquor,
Ætheraque in terras, dejecto sole, cadentem,
Tot rerum finem, timeat sibi? non vacat ullos
Pro se ferre metus : Urbi, Magnoque timetur.
Nec gladiis habuere fidem, nisi cotibus asper
Exarsit mucro : tunc omnis lancea saxo
Erigitur; tendunt nervis melioribus arcus;
Cura fuit lectis pharetras implere sagittis.
Auget eques stimulos, frenorumque aptat habenas.
Si liceat Superis hominum conferre labores,
Non aliter, Phlegra rabidos tollente Gigantas,
Martius incaluit Siculis incudibus ensis,
Et rubuit flammis iterum Neptunia cuspis,

dans la fournaise, Apollon fit tremper de nouveau les flèches dont il avait blessé Python, Pallas étala sur son égide les cheveux de la Gorgone, et le Cyclope forgea de nouvelles foudres à Jupiter.

La Fortune ne manqua pas d'annoncer par divers prodiges les revers qu'elle préparait : dès que les troupes de Pompée entrèrent dans la Thessalie, tout le ciel, pour les arrêter, s'arma de foudres et d'éclairs, de colonnes de feu, de tourbillons de flammes. On croyait voir voler des torches allumées ; la nuée éclatait dans les yeux des soldats, et les éclairs qui en jaillissaient leur faisaient baisser la paupière. La foudre consuma les aigrettes des casques, fondit la lame des épées, fit couler la pointe des dards, et le fer même qui n'en fut pas dissous fut pénétré d'une vapeur de soufre. Les enseignes furent couvertes d'un nuage d'essaims d'abeilles ; la main qui les avait plantées dans la terre ne pouvait plus les en arracher ; une rosée de larmes baignait les étendards, qui seront jusqu'à Pharsale les étendards de la patrie. Un taureau amené aux autels pour y être immolé, s'échappe et s'enfuit à travers les champs de Thessalie. Pompée ne trouve point de victime pour ses malheureux sacrifices.

Mais toi, César, quels sont les dieux que tu invoques ? Les

Spiculaque extenso Pæan Pythone recoxit,
Pallas Gorgoneos diffudit in ægida crines,
Pallenæa Jovi mutavit fulmina Cyclops.
Non tamen abstinuit venturos prodere casus
Per varias Fortuna notas : nam Thessala rura
Quum peterent, totus venientibus obstitit æther :
Inque oculis hominum fregerunt fulmina nubes :
Adversasque faces, immensoque igne columnas,
Et trabibus mixtis avidos siphonas aquarum
Detulit, atque oculos ingesto fulgure clausit ;
Excussit cristas galeis, capulosque solutis
Perfudit gladiis, ereptaque pila liquavit ;
Æthereoque nocens fumavit sulfure ferrum.
Nec non innumero cooperta examine signa,
Vixque revulsa solo ; majori pondere pressum
Signiferi mersere caput, rorantia fletu,
Usque ad Thessaliam Romana et publica signa.
Admotus Superis discussa fugit ab ara
Taurus, et Emathios præceps se jecit in agros ;
Nullaque funestis inventa est victima sacris.
At tu, quos scelerum Superos, quas rite vocasti

noires déités du Styx, les Euménides, les forfaits, les fureurs, tous les dieux du crime? Car tu sacrifiais à l'heure où, furieux, tu courais à ce combat impie.

Plusieurs crurent voir le sommet du Pinde et de l'Olympe se heurter, l'Hémus se changer en abîmes, un rapide fleuve de sang traverser le lac Bœbéis, qui baigne les pieds de l'Ossa.

On crut entendre, la nuit, dans les airs, les cris des combattants et le fracas des armes. Les soldats sont épouvantés de se distinguer clairement l'un l'autre au milieu des ténèbres, et de voir en plein jour la lumière pâlir, une noire vapeur envelopper leur tête, et les simulacres de leurs parents voltiger devant leurs yeux. Ce qui les rassure, c'est de penser que ces prodiges sont eux-mêmes les présages de leurs forfaits : car ils savent bien qu'ils ont à verser le sang de leurs frères et de leurs pères; et le trouble et l'égarement qui précède ces parricides leur répond qu'ils seront commis.

Et pourquoi s'étonner que des hommes qui voyaient la lumière pour la dernière fois fussent frappés du pressentiment d'une mort si prochaine, s'il est vrai que l'âme humaine sache prévoir le malheur? Les Romains mêmes qui se trouvaient alors aux rives de Gadès, ou sur l'Araxe, ou sur d'autres bords

Eumenidas, Cæsar? Stygii quæ numina regni,
Infernumque nefas, et mersos nocte furores?
Impia tam sæve gesturus bella litasti.
Jam dubium, monstrisne Deum, nimione pavori
Crediderint : multis concurrere visus Olympo
Pindus, et abruptis mergi convallibus Hæmus;
Edere nocturnas belli Pharsalia voces;
Ire per Ossæam rapidus Bœbeida sanguis :
Inque vicem vultus tenebris mirantur opertos,
Et pallere diem, galeisque incumbere noctem,
Defunctosque patres, et cunctas sanguinis umbras
Ante oculos volitare suos.
     Sed mentibus unum
Hoc solamen erat, quod voti turba nefandi
Conscia, quæ patrum jugulos, quæ pectora fratrum
Sperabat, gaudet monstris, mentisque tumultu,
Atque omen scelerum subitos putat esse furores.
Quid mirum, populos, quos lux extrema manebat,
Lymphato trepidasse metu, præsaga malorum
Si data mens homini est? Tyriis qui Gadibus hospes
Adjacet, Armeniumque bibit Romanus Araxem,

éloignés furent saisis d'une noire tristesse. Ils ignorent la cause de leur abattement, ils se reprochent de s'affliger : ils ne savent pas ce qu'ils vont perdre en Thessalie. S'il faut en croire la renommée, assis sur le mont Euganin, aux lieux où jaillit en fumant l'Aponus, où le Timave répand ses ondes, un augure s'écria : « Voilà le jour suprême; le sort du monde se décide; Pompée et César heurtent leurs glaives sacriléges; » soit qu'il eût tiré ses présages des éclats du tonnerre et des traits de la foudre, soit qu'il eût observé la Discorde qui s'élevait parmi les astres, ou l'obscure pâleur du soleil et l'éclipse de sa lumière. Il est vrai du moins que la nature marqua ce jour par des caractères que nul autre jour n'avait eus; et si les hommes avaient tous eu le don d'expliquer les signes du ciel, de tous les lieux du monde on aurait vu Pharsale.

O combien supérieur au reste des mortels un peuple que la Fortune donne en spectacle à l'univers, et dont tout le ciel est occupé à prédire la destinée! Dans l'avenir le plus éloigné, chez la postérité la plus reculée, soit que la seule renommée transmette ces événements, soit que ce pénible fruit de mes veilles contribue à sauver les grands noms de l'oubli; en lisant le récit de cette guerre, la crainte, l'espoir, le doute impatient se

Sub quocumque die, quocumque est sidere mundi,
Mœret, et ignorat causas, animumque dolentem
Corripit, Emathiis quid perdat nescius arvis.
Euganeo, si vera fides memorantibus, Augur
Colle sedens, Aponus terris ubi fumifer exit,
Atque Antenorei dispergitur unda Timavi :
« Venit summa dies, geritur res maxima, dixit :
Impia concurrunt Pompeii et Cæsaris arma. »
Seu tonitrus, ac tela Jovis præsaga notavit;
Aera seu totum discordi obsistere cœlo,
Perspexitque polos; seu lumen in æthere mœstum
Solis in obscuro pugnam pallore notavit.
Dissimilem certe cunctis, quos explicat, egit
Thessalicum Natura diem : si cuncta perito
Augure mens hominum cœli nova signa notasset,
Spectari toto potuit Pharsalia mundo.
O summos hominum, quorum Fortuna per orbem
Signa dedit, quorum fatis cœlum omne vacavit !
Hæc et apud seras gentes, populosque nepotum,
Sive sua tantum venient in secula fama,
Sive aliquid magnis nostri quoque cura laboris
Nominibus prodesse potest, quum bella legentur,

saisiront de tous les cœurs ; on attendra l'événement comme s'il était à venir. On ne croira pas lire des disgraces passées ; et c'est toi, Pompée, qui réuniras les vœux des races futures.

Bientôt les troupes resplendissantes aux rayons naissants du soleil descendent dans la plaine, et les collines étincellent de la lumière qu'y répand l'acier des armes. Ce ne fut pas au hasard que cette malheureuse armée s'étendit et se développa ; Pompée en régla l'ordre et le mouvement. C'est toi, Lentulus, qui commandais l'aile gauche avec la première légion, qui est aussi la plus brave et qu'appuie la quatrième ; à toi, vaillant et malheureux Domitius, la droite de l'armée ; Scipion comme un solide rempart est au centre avec toutes les forces qu'il avait amenées de Cilicie : il n'était là que soldat, il fut bientôt chef en Libye. Sur l'humide bord de l'Énipe étaient placés les montagnards de Cappadoce et les cavaliers du Pont aux rênes flottantes ; plus loin, était rangée cette foule de rois, de Tétrarques dont la pourpre s'abaisse devant le fer latin. D'ici devaient partir les flèches des Numides et des Crétois, de là celles des Syriens. D'un côté marchaient les Gaulois sanguinaires et aguerris contre César ; de l'autre s'avançait le belliqueux Ibère qui agite son étroit bouclier. Dérobe les nations

    Spesque metusque simul, perituraque vota movebunt ;
Attonitique omnes veluti venientia fata,
Non transmissa legent, et adhuc tibi, Magne, favebunt.
Miles ut adverso Phœbi radiatus ab ictu
Descendens totos perfudit lumine colles,
Non temere immissus campis ; stetit ordine certo
Infelix acies. Cornus tibi cura sinistri
Lentule, cum prima, quæ tum fuit optima bello,
Et quarta legione, datur : tibi numine pugnax
Adverso, Domiti, dextri frons tradita Martis.
At medii robur belli fortissima densant
Agmina, quæ Cilicum terris deducta tenebat
Scipio, miles in hoc, Libyco dux primus in orbe.
At juxta fluvios, et stagna undantis Enipei,
Cappadocum montana cohors, et largus habenæ
Ponticus ibat eques. Sicci sed plurima campi
Tetrarchæ, regesque tenent, magnique tyranni,
Atque omnis Latio quæ servit purpura ferro.
Illuc et Libye Numidas, et Creta Cydonas
Misit ; Ituræis cursus fuit inde sagittis ;
Inde, truces Galli, solitum prodistis in hostem ;
Illic pugnaces commovit Iberia cetras.

au vainqueur, Pompée, et dans le sang du monde entier efface tous tes triomphes.

Ce jour-là, César détachait une partie de son armée pour enlever les moissons. Tout à coup il voit l'ennemi descendre dans la plaine, il voit le moment souhaité mille fois de tout décider par le fer. Dès longtemps dévoré d'ambition, brûlant d'arriver à l'empire, il se reprochait comme un crime le peu de lenteur et de délai que la guerre civile avait souffert. Mais lorsqu'il se vit avec Pompée sur le bord du précipice, et qu'il sentit que sa grandeur chancelante et prête à tomber dépendait de cette journée, son ardeur se ralentit; il douta un moment du succès de ses armes; si la fortune lui faisait tout espérer, celle de Pompée lui donnait tout à craindre. Mais renfermant ce trouble au dedans de lui-même, il ne fait voir à son armée que la noble assurance qu'il lui veut inspirer.

« Soldats, dit-il, vainqueurs du monde, auteurs de mes prospérités, la voilà, cette occasion que vous avez tant de fois demandée. Nous n'avons plus de vœux à faire, et notre sort dépend de nos épées. Vous tenez dans vos mains César, sa fortune et sa gloire. C'est ce grand jour, il m'en souvient, que vous m'avez promis au bord du Rubicon; ce fut pour lui que nous prîmes les

   Eripe victori gentes, et sanguine mundi
   Fuso, Magne, semel totos consume triumphos.
   Illo forte die Cæsar statione relicta,
   Ad segetum raptus moturus signa, repente
   Conspicit in planos hostem descendere campos,
   Oblatumque videt votis sibi mille petitum
   Tempus, in extremos quo mitteret omnia casus.
   Æger quippe moræ, flagransque cupidine regni,
   Cœperat exiguo tractu civilia bella
   Ut lentum damnare nefas. Discrimina postquam
   Adventare ducum, supremaque prœlia vidit,
   Casuram et fati sensit nutare ruinam,
   Illa quoque in ferrum rabies promptissima paullum
   Languit, et casus audax spondere secundos
   Mens stetit in dubio, quam nec sua fata timere,
   Nec Magni sperare sinunt : formidine mersa,
   Prosilit; hortando melior fiducia vulgo.
   « O domitor mundi, rerum fortuna mearum,
   Miles, adest toties optatæ copia pugnæ.
   Nil opus est votis; jam fatum arcessite ferro.
   In manibus vestris, quantus sit Cæsar, habetis.
   Hæc est illa dies, mihi quam Rubiconis ad undas

armes. C'est de lui que nous attendons ces triomphes qu'on nous refuse; c'est lui qui vous rendra vos enfants, vos foyers et les terres dont le partage doit récompenser vos travaux. C'est lui qui va prouver par le témoignage du sort quel est le parti le plus juste, et déclarer coupable le vaincu. Si c'est pour moi que vous avez porté la flamme et le fer dans le sein de votre patrie, combattez aujourd'hui pour absoudre vos épées, changez l'arbitre du combat, aucune main n'est pure. Ce n'est plus de moi qu'il s'agit : c'est de vous, c'est vous, Romains, que je conjure de vouloir être un peuple libre et souverain de l'univers. Pour moi, je borne mon ambition au repos d'une vie privée, à me voir dans Rome simple citoyen, vêtu de la robe du peuple. Oui, pourvu que vous soyez tout, je consens à n'être plus rien. Régnez aux dépens de ma gloire. Reprenez ce pouvoir suprême; il vous coûtera peu de sang. Devant vous est une jeunesse recrutée dans les écoles de la Grèce, et qui ne connaît de combats que ses jeux, une foule de nations barbares qui ne s'entendent pas entre elles, dont la mollesse asiatique soutient à peine le poids des armes, et qui vont prendre l'épouvante au premier signal de la bataille, au premier cri des combattants. Ce qu'il peut y avoir de nos citoyens dans cette armée, est peu de chose. C'est

> Promissam memini, cujus spe movimus arma,
> In quam distulimus vetitos remeare triumphos.
> Hæc eadem est hodie, quæ pignora, quæque penates
> Reddat, et emerito faciat vos Marte colonos.
> Hæc, fato quæ teste probet, quis justius arma
> Sumpserit; hæc acies victum factura nocentem est.
> Si pro me patriam ferro flammisque petistis,
> Nunc pugnate truces, gladiosque exsolvite culpa.
> Nulla manus, belli mutato judice, pura est.
> Non mihi res agitur; sed vos, ut libera sitis
> Turba, precor gentes ut jus habeatis in omnes.
> Ipse ego, privatæ cupidus me reddere vitæ,
> Plebeiaque toga modicum componere civem;
> Omnia dum vobis liceant, nihil esse recuso.
> Invidia regnate mea. Nec sanguine multo
> Spem mundi petitis : Graiis delecta juventus
> Gymnasiis aderit, studioque ignava palæstræ,
> Et vix arma ferens, et mixtæ dissona turbæ
> Barbaries; non illa tubas, non agmine moto
> Clamorem latura suum.
> « Civilia paucæ
> Bella manus facient : pugnæ pars magna levabit

de cent peuples étrangers, tous ennemis du nom romain, que se fera le plus grand carnage. Fondez sur ces peuples timides, écrasez l'orgueil de leurs rois; d'un seul coup terrassez toutes les puissances du monde, et faites voir que ces nations que Pompée, avec tant de faste, a promenées après son char, ne valaient pas ensemble les honneurs d'un seul triomphe. Du reste, pensez-vous qu'aucun de ces étrangers voulût donner une goutte de son sang pour ranger l'Italie sous les lois de Pompée? Pensez-vous que l'Arménien s'intéresse à voir la puissance romaine aux mains de l'un ou de l'autre chef? Ils détestent Rome et tous les Romains, et ceux de leurs maîtres qu'ils ont vus de plus près sont ceux qu'ils abhorrent le plus. Pour moi, grâces au ciel, je vois mes intérêts entre les mains de mes amis, de ceux qui dans la guerre des Gaules m'ont eu pour témoin de leurs exploits. En est-il un seul dont l'épée ne me soit connue? en est-il un dont je ne sois presque assuré de distinguer le javelot sifflant dans les airs? Si j'en crois des signes auxquels jamais je ne me suis trompé, si j'en crois ces visages terribles, et ces yeux menaçants, amis, la victoire est à nous. Je vois couler des flots de sang, je vois les rois foulés aux pieds, le sénat lui-même épars sur la poussière, et dans un immense carnage les peuples nageant confondus. Mais je retarde nos des-

His orbem populis, Romanumque obteret hostem.
Ite per ignavas gentes, famosaque regna,
Et primo ferri motu prosternite mundum;
Sitque palam, quas tot duxit Pompeius in urbem
Curribus, unius gentes non esse triumphi.
Armeniosne movet, Romana potentia cujus
Sit ducis? aut emptum minimo vult sanguine quisquam
Barbarus Hesperiis Magnum præponere rebus?
Romanos odere omnes, dominosque gravantur,
Quos novere, magis. Sed me Fortuna meorum
Commisit manibus, quarum me Gallia testem
Tot fecit bellis : cujus non militis ensem
Agnoscam? cœlumque tremens quum lancea transit,
Dicere non fallar quo sit vibrata lacerto.
Quod si signa ducem numquam fallentia vestrum
Conspicio, faciesque truces, oculosque minaces,
Vicistis : videor fluvios spectare cruoris,
Calcatosque simul reges, sparsumque senatus
Corpus, et immensa populos in cæde natantes.
Sed mea fata moror, qui vos in tela ruentes

tins, je vous occupe à m'écouter quand vous brûlez de combattre. Pardonnez-moi ce retard. Vous me voyez tressaillir de joie et de l'espoir que vous m'inspirez. Jamais les dieux ne m'ont promis de si grandes choses et ne sont venus si près de moi. Je touche au terme de mes vœux, je n'ai qu'un pas à faire pour y atteindre. Ce combat livré, la guerre est finie, et alors c'est moi qui donnerai tout ce que ces peuples et ces rois possèdent. O Thessalie, de quels intérêts les destins te rendent l'arbitre ! mais si ce jour porte avec lui les récompenses de la guerre, il en prépare aussi les châtiments. Amis, si nous sommes vaincus, voyez les chaînes de César, les instruments de son supplice ; voyez sa tête exposée sur la tribune, et tous ses membres dispersés ; voyez surtout l'exécution sanglante qui vous attend au champ de Mars. Pompée a pris les leçons de Sylla, et c'est pour vous que cet exemple m'épouvante ; mon sort à moi est décidé, et ma main seule me l'assure. Ceux de vous qui, dans le combat, regarderaient en arrière, me verraient me plonger mon épée dans le sein. O dieux, dont les malheurs de Rome attirent les regards, accordez la victoire à celui qui en usera le mieux, et qui, désarmé par la clémence, ne fera point un crime aux vaincus d'avoir porté les armes contre lui ! Romains, vous savez si Pompée, lorsqu'il nous a tenus enfermés dans un lieu où la

Vocibus his teneo : veniam date bella trahenti ;
Spe trepido : haud unquam vidi tam magna daturos,
Tam prope me Superos : camporum limite parvo
Absumus a votis. Ego sum cui, Marte peracto,
Quæ populi regesque tenent donare licebit.
Quone poli motu, quo cœli sidere verso,
Thessalicæ tantum, Superi, permittitis oræ ?
Aut merces hodie bellorum, aut pœna paratur.
Cæsareas spectate cruces, spectate catenas,
Et caput hoc positum rostris, effusaque membra,
Septorumque nefas, et clausi prœlia campi :
Cum duce Sullano gerimus civilia bella.
Vestri cura movet : nam me secura manebit
Sors quæsita manu ; fodientem viscera cernet
Me mea, qui nondum victo respexerit hoste.
Di, quorum curas abduxit ab æthere tellus,
Romanusque labor, vincat, quicumque necesse
Non putat in victos sævum destringere ferrum,
Quique suos cives, quod signa adversa tulerunt,
Non credit fecisse nefas. Pompeius in arcto

valeur ne pouvait agir, vous savez s'il nous a fait grâce, s'il a ménagé notre sang. Loin de l'imiter, je vous conjure d'épargner tout ce qui fuira devant vous; dans un fuyard ne voyez plus qu'un citoyen. Mais tant qu'on vous résistera, que rien ne vous retienne, pas même la vue d'un père dans les rangs ennemis; sous les armes, il n'est plus de force respectable. Frappez sans voir quel est le sang où votre main va se plonger. L'ennemi regardera comme un sacrilége le meurtre d'un inconnu. Allons, rasez ce retranchement, comblez le fossé qui l'entoure, afin de sortir tous ensemble sans vous rompre et vous désunir. Ne ménagez pas votre camp; ce soir vous camperez sur le champ de bataille, dans cette enceinte où vos ennemis viennent périr sous vos coups. »

A peine il achevait de parler, chacun va prendre son poste, et se met sous les armes. Ils ont avidement saisi ses paroles comme autant d'oracles; et foulant aux pieds les débris de leur camp, ils se répandent dans la plaine, troupe sans discipline, et s'abandonnent à leurs destins. Si cette armée eût été composée de rivaux de Pompée et de prétendants à l'empire, ils n'auraient pas volé au combat avec plus d'ardeur.

Dès que Pompée les voit marcher droit vers lui, et qu'il n'y

>Agmina vestra loco, vetita virtute moveri,
>Quum tenuit, quanto satiavit sanguine ferrum !
>Vos tamen hoc oro, juvenes, ne cædere quisquam
>Hostis terga velit : civis, qui fugerit, esto.
>Sed dum tela micant, non vos pietatis imago
>Ulla, nec adversa conspecti fronte parentes
>Commoveant : vultus gladio turbate verendos.
>Sive quis infesto cognata in pectora ferro
>Ibit, seu nullum violabit vulnere pignus,
>Ignoti jugulum, tamquam scelus, imputet hostis.
>Sternite jam vallum, fossasque implete ruina,
>Exeat ut plenis acies non sparsa maniplis.
>Parcite ne castris : vallo tendetis in illo,
>Unde acies peritura venit. » Vix cuncta loquuto
>Cæsare, quemque suum munus trahit, armaque raptim
>Sumpta, Ceresque viris : capiunt præsagia belli;
>Calcatisque ruunt castris : stant ordine nullo,
>Arte ducis nulla; permittunt omnia fatis.
>Si totidem Magni soceros, totidemque petentes
>Urbis regna suæ, funesto in Marte locasset,
>Non tam præcipiti ruerent in prœlia cursu.
>Vidit ut hostiles in rectum exire catervas

a plus moyen de différer la bataille, mais que les dieux en ont eux-mêmes marqué le jour, la frayeur dont il est saisi le glace jusqu'au fond de l'âme ; et cette faiblesse, dans un si grand homme, est un présage malheureux. Mais il dissimule sa crainte, et se montrant à son armée monté sur un coursier superbe : « Votre valeur, dit-il, ne demandait qu'une bataille, terme des guerres civiles, nous y touchons ; déployez toutes vos forces ; c'est le dernier de nos travaux. Le sort des nations sera décidé dans une heure. Que celui qui aime sa patrie et ses dieux, qui veut revoir sa femme, ses enfants, sa famille, les cherche l'épée à la main. C'est au milieu de ce champ de bataille que le ciel a mis tout ce qui vous est cher. La bonne cause a les dieux pour elle. C'est leur main qui conduira vos traits dans le cœur de César. C'est de son sang qu'ils cimenteront l'autorité des lois romaines. S'ils avaient résolu de donner l'empire à César, ils m'auraient épargné le malheur de vieillir ; ce n'est ni pour Rome ni pour le monde une marque de leur colère que d'avoir prolongé mes jours. Tout ce qui assure la victoire se réunit en notre faveur. Une foule d'hommes illustres sont venus partager nos périls ; nous comptons parmi nos soldats les descendants de ces anciens Romains, dont nous révérons les

Pompeius, nullasque moras permittere bello,
Sed Superis placuisse diem ; stat corde gelato
Attonitus ; tantoque duci sic arma timere
Omen erat : premit inde metus, totumque per agmen
Sublimi prævectus equo : « Quem flagitat, inquit,
Vestra diem virtus, finis civilibus armis,
Quem quæsistis, adest : totas effundite vires ;
Extremum ferri superest opus ; unaque gentes
Hora trahit. Quisquis patriam, carosque penates,
Qui sobolem ac thalamos, desertaque pignora quærit,
Ense petat : medio posuit Deus omnia campo.
Causa jubet melior Superos sperare secundos :
Ipsi tela regent per viscera Cæsaris ; ipsi
Romanas sancire volent hoc sanguine leges.
Si socero dare regna meo, mundumque pararent,
Præcipitare meam fatis potuere senectam.
Non iratorum populis Urbique Deorum est
Pompeium servare ducem.
« Quæ vincere possent
Omnia contulimus : subiere pericula clari
Sponte viri, sacraque antiquus imagine miles.

images. Si les destins rendaient au monde les Curius, les Camilles, les Décius, tous ces héros de la patrie qui se sont dévoués pour elle, ils seraient de notre côté. Tous les peuples de l'Orient, des cités, des États sans nombre, des forces telles que la guerre n'en a jamais tant rassemblé, se réunissent sous nos drapeaux. Tout l'univers sert notre cause. Tous ceux qu'embrassent les signes célestes, depuis le midi jusqu'au nord, tous nous avons pris les armes. Il suffit que les ailes de notre armée se déploient pour envelopper l'ennemi; César n'a pas de quoi nous faire face; et tandis qu'un petit nombre des nôtres va combattre, le reste n'aura qu'à pousser des clameurs pour épouvanter l'ennemi. Voyez du haut des murs vos mères éplorées et les cheveux épars se pencher vers vous, et vous tendant les bras, vous exhorter à les défendre; voyez ces vieux sénateurs, que leur grand âge empêche de nous suivre, incliner à vos pieds leurs têtes vénérables et couvertes de cheveux blancs. Voyez Rome entière à genoux, et qui tremble d'avoir un maître. Représentez-vous la race vivante et la race future qui vous demandent l'une à mourir libre, et l'autre à ne pas naître esclave. Après de si grands intérêts, si Pompée osait vous parler des siens, et que la majesté du commandement lui permît de s'abaisser à la prière, vous le verriez lui-même suppliant à vos

Si Curios his fata darent, reducesque Camillos
Temporibus, Deciosque caput fatale voventes,
Hinc starent. Primo gentes Oriente coactæ,
Innumeræque urbes, quantas in prœlia numquam
Excivere manus : toto simul utimur orbe.
Quidquid signiferi compressum limite cœli
Sub Noton, et Borean hominum sumus, arma movemus.
Nonne superfusis collectum cornibus hostem
In medium dabimus? paucas victoria dextras
Exigit : at plures tantum clamore catervæ
Bella gerent; Cæsar nostris non sufficit armis.
Credite pendentes e summis mœnibus Urbis,
Crinibus effusis, hortari in prœlia matres :
Credite grandævum, vetitumque ætate senatum
Arma sequi, sacros pedibus prosternere canos,
Atque ipsam domini metuentem occurrere Romam :
Credite, qui nunc est populus, populumque futurum
Permixtas adferre preces : hæc libera nasci,
Hæc vult turba mori. Si quis post pignora tanta
Pompeio locus est, cum prole et conjuge supplex,

pieds avec sa femme et ses enfants. Oui, Romains, si vous n'êtes vainqueurs, Pompée est exilé, proscrit, le jouet de César et votre propre honte. C'est tout l'honneur de ma vieillesse et de ma mort que je vous conjure de sauver. Ne me réduisez pas, sur le bord de la tombe, au malheur d'apprendre à servir. »

A ce triste discours, tous les cœurs sont enflammés de zèle. La vertu romaine se ranime ; la mort n'a plus rien d'effrayant, puisque Pompée l'affronte. Les deux partis s'avancent donc avec une fureur égale, l'un dans la crainte d'avoir un maître, l'autre dans l'espoir de le devenir.

Leurs mains meurtrières vont causer au monde des pertes que jamais le temps ni la paix ne pourront réparer. Dans ce carnage seront enveloppées même les nations futures. Dans l'avenir la puissance romaine sera mise au nombre des fables : de tant de villes florissantes, Gabies, Veïes, Cora, Albe, et les pénates de Laurente, à peine l'Italie conservera-t-elle quelques ruines qu'on cherchera sous la poussière ; nos campagnes ne seront plus qu'un immense désert, où le sénat viendra, la nuit, pour les rites obligatoires imposés par Numa. Ce n'est pas le temps destructeur qui a dévoré ces villes, réduit en poudre ces monuments. Non, tant de villes que nous voyons désertes sont

Imperii salva si majestate liceret,
Volverer ante pedes. Magnus, nisi vincitis, exsul,
Ludibrium soceri, vester pudor, ultima fata
Deprecor, ac turpes extremi cardinis annos,
Ne discam servire senex. » Tam mœsta loquuti
Voce ducis flagrant animi, Romanaque virtus
Erigitur, placuitque mori, si vera timeret.
Ergo utrimque pari concurrunt agmina motu
Irarum ; metus hos regni, spes excitat illos.
Hæ facient dextræ, quidquid non expleat ætas
Ulla, nec humanum reparet genus omnibus annis,
Ut vacet a ferro : gentes Mars iste futuras
Obruet, et populos ævi venientis in orbem
Erepto natale feret. Tunc omne Latinum
Fabula nomen erit ; Gabios, Veiosque, Coramque
Pulvere vix tectæ poterunt monstrare ruinæ,
Albanosque lares, Laurentinosque penates
Rus vacuum, quod non habitet, nisi nocte coacta,
Invitus, questusque Numam jussisse, senatus.
Non ætas hæc carpsit edax, monumentaque rerum
Putria destituit : crimen civile videmus,

le fruit de la guerre civile. Dans quel épuisement n'a-t-elle pas laissé le genre humain! Tout ce que la nature a fait depuis pour le renouveler n'a pas suffi pour repeupler nos villes. Rome seule nous contient tous; l'Hespérie n'est cultivée que par des esclaves; les toits de nos pères peuvent accomplir leur chute imminente, ils n'écraseront personne; au lieu de citoyens, Rome n'a plus que la lie du monde; et cette calamité l'a réduite au point de ne pouvoir, un siècle après, avoir une guerre civile. Cannes, Allia, noms funestes, les revers que vous rappelez sont peu de chose auprès de celui-ci. Rome vous a inscrits dans ses fastes; mais Pharsale n'y sera point nommée. O cruelles destinées! L'air empoisonné, la peste, la faim, l'incendie, les tremblements de terre qui ébranlent les cités, il n'est point de fléau dont le monde n'eût pu réparer les ravages avec le sang que ce jour vit couler. La fortune, ô Rome! semble avoir voulu étaler à tes yeux tous les dons qu'elle t'avait faits, et rassembler dans un même champ les peuples et les rois qu'elle t'avait soumis, pour te faire voir en tombant toute la hauteur de ta chute, et contempler dans tes ruines l'étendue de ta grandeur. Elle semble n'avoir élevé si rapidement ta puis-

Tot vacuas urbes. Generis quo turba redacta est
Humani? toto populi qui nascimur orbe,
Nec muros implere viris, nec possumus agros.
Urbs nos una capit: vincto fossore coluntur
Hesperiæ segetes: stat tectis putris avitis
In nullos ruitura domus, nulloque frequentem
Cive suo Romam, sed mundi fæce repletam,
Cladis eo dedimus, ne tanto in tempore bellum
Jam posset civile geri: Pharsalia tanti
Causa mali: cedant feralia nomina Cannæ,
Et damnata diu Romanis Allia fastis.
Tempora signavit leviorum Roma malorum;
Hunc voluit nescire diem.
            Pro tristia fata!
Aera pestiferum tractu, morbosque fluentes,
Insanamque famem, permissasque ignibus urbes,
Mœniaque in præceps laturos plena tremores
Hi possent explere viri, quos undique traxit
In miseram Fortuna necem, dum munera longi
Explicat eripiens ævi, populosque ducesque
Constituit campis: per quos tibi, Roma, ruenti,
Ostendat quam magna cadas. Quo latius orbem
Possedit, citius per prospera fata cucurrit.

sance que pour la renverser avec plus d'éclat. Tous les ans la guerre avait étendu tes conquêtes et ton empire; les deux pôles du monde avaient vu la victoire suivre tes aigles. Il ne te restait plus a soumettre qu'un coin de l'Orient, alors la nuit, le jour, l'air ne tournaient plus que pour toi, les astres n'éclairaient plus que des provinces romaines. Mais un jour fait rétrograder tes destins, et seul il détruit l'ouvrage de tant d'années. Ce jour affreux est cause que l'Indien ne redoute plus nos faisceaux; que le Scythe et le Sarmate errant n'ont point vu la charrue de nos consuls leur tracer l'enceinte des villes où ils devaient se renfermer, et que le Parthe jouit impuni de la défaite de Crassus. Le même jour a vu la liberté, épouvantée de la guerre civile, s'éloigner de nous, et se retirer au delà du Tigre et du Rhin. Le Scythe, le Germain en jouissent; et nous qui tant de fois l'avons redemandée à la hache du bourreau, nous avons beau la rappeler, elle ne daigne pas même tourner les yeux vers l'Italie. Plût aux dieux que Rome ne l'eût jamais connue, depuis le jour où Romulus, docile aux présages indiqués par le vol du vautour, éleva ses remparts dans le bois infâme, jusqu'au jour du désastre de Pharsale! O Fortune, tu nous réduis à nous plaindre de Brutus! Pourquoi

Omne tibi bellum gentes dedit omnibus annis :
Te geminum Titan procedere vidit in axem.
Haud multum terræ spatium restabat Eoæ,
Ut tibi nox, tibi tota dies, tibi curreret æther,
Omniaque errantes stellæ Romana viderent.
Sed retro tua fata tulit par omnibus annis
Emathiæ funesta dies.
     Hac luce cruenta
Effectum, ut Latios non horreat India fasces,
Nec vetitos errare Daas in mœnia ducat,
Sarmaticumque premat succinctus consul aratrum :
Quod semper sævas debet tibi Parthia pœnas,
Quod fugiens civile nefas, redituraque numquam
Libertas, ultra Tigrim Rhenumque recessit,
Ac, toties nobis jugulo quæsita, negatur,
Germanum Scythicumque bonum ; nec respicit ultra
Ausoniam ; vellem, populis incognita nostris !
Vulturis ut primum lævo fundata volatu
Romulus infami complevit mœnia luco,
Usque ad Thessalicas servisses, Roma, ruinas !
De Brutis, Fortuna, queror. Quid tempora legum

avons-nous si longtemps vécu sous le juste empire des lois, et vu ces années qui portent le nom de nos consuls? Plus heureux l'Arabe et le Mède, et tous les peuples de l'Orient, de ne connaître que la tyrannie! De toutes les nations qui servent sous un maître, Rome est la plus malheureuse, puisqu'elle a honte de servir. Non, il n'est point de dieu qui veille sur les hommes. C'est le hasard qui préside à tout; et nous mentons en attribuant le soin du monde à Jupiter. Quoi! la foudre en main, il sera du haut des cieux tranquille spectateur des crimes de Pharsale! Il lancera ses traits vengeurs sur Pholoé, sur l'OEta et sur le Rodope qui n'ont jamais pu l'irriter; il exercera son courroux sur de hauts pins, sur de vieux chênes, et laissera à Cassius le soin de frapper César! Il refusa, dit-on, la lumière du jour au festin de Thyeste; il répandit sur Argos une soudaine et profonde nuit; et ces champs qui vont être couverts de mille parricides, où le père, le fils, le frère vont s'égorger, il peut souffrir que le jour les éclaire! Non, les dieux sont insensibles au sort des malheureux humains. Mais autant qu'on peut être vengé des immortels, nous le serons : la guerre civile placera nos tyrans à côté d'eux sur les autels. Il y aura des mânes couronnés de lumière; ils auront la foudre à la main; et dans les temples de ses dieux Rome jurera par des ombres.

Egimus, aut annos a consule nomen habentes?
Felices Arabes, Medique, Eoaque tellus,
Quam sub perpetuis tenuerunt fata tyrannis!
Ex populis, qui regna ferunt, sors ultima nostra est,
Quos servire pudet.
  Sunt nobis nulla profecto
Numina; quum cæco rapiantur sæcula casu,
Mentimur regnare Jovem : spectabit ab alto
Æthere Thessalicas, teneat quum fulmina, cædes?
Scilicet ipse petet Pholoen? petet ignibus OEten,
Immeritæque nemus Rhodopes, pinusque Mimantis?
Cassius hoc potius feriet caput? astra Thyestæ
Intulit, et subitis damnavit noctibus Argos :
Tot similes fratrum gladios, patrumque gerenti
Thessaliæ dabit ille diem? mortalia nulli
Sunt curata Deo.
  Cladis tamen hujus habemus
Vindictam, quantam terris dare numina fas est :
Bella pares Superis facient civilia divos;
Fulminibus manes, radiisque ornabit, et astris,
Inque Deum templis jurabit Roma per umbras.

Quand les deux armées eurent franchi l'espace qui les séparait, et qu'il ne resta plus qu'un étroit intervalle, chacun tâchait de reconnaître l'ennemi qui lui faisait face, de voir à qui s'adressait le javelot qu'il allait lancer, de quelle main partirait celui dont il était menacé lui-même. Le père se trouve en présence du fils, le frère en présence du frère, sans qu'ils osent changer de place. Cependant une soudaine horreur les saisit ; et au fond de leur cœur, où frémit la nature, leur sang se retire glacé. On vit les cohortes, le bras tendu, suspendre immobile le javelot prêt à partir.

Que les dieux te punissent, non par le trépas, qui est la peine commune à tous, mais en te laissant, après la vie, le sentiment et le remords, ô Crastinus, toi dont la lance en partant donna le signal du carnage, et la première rougit la Thessalie de sang romain. O rage impatiente! quoi, César même retient ses traits, et une autre main que la sienne donne l'exemple! Alors les trompettes sonnent la charge, le son perçant des clairons fend les airs ; un bruit effroyable s'élève jusqu'aux cieux et va frapper la voûte lointaine de l'Olympe qui ne connaît ni les nuages, ni les fracas de la foudre ; les vallons de l'Hémus, les ca-

Ut rapido cursu fati suprema morantem
Consumpsere locum ; parva tellure dirempti,
Inde manus spectant, vultusque agnoscere quærunt,
Quo sua pila cadant, aut quam sibi fata minentur.
Facturi quæ monstra forent, videre parentes
Frontibus adversis, fraternaque cominus arma,
Nec libuit mutare locum : tamen omnia torpor
Pectora constrinxit ; gelidusque in viscera sanguis
Perculsa pietate coit ; totæque cohortes
Pila parata diu tensis tenuere lacertis.
Di tibi non mortem, quæ cunctis pœna paratur,
Sed sensum post fata tuæ dent, Crastine, morti,
Cujus torta manu commisit lancea bellum,
Primaque Thessaliam Romano sanguine tinxit.
O præceps rabies! quum Cæsar tela teneret,
Inventa est prior ulla manus! tunc stridulus aer
Elisus lituis, conceptaque classica cornu ;
Tunc ausæ dare signa tubæ ; tunc æthera tendit,
Extremique fragor convexa irrumpit Olympi,
Unde procul nubes, quo nulla tonitrua durant.
Excepit resonis clamorem vallibus Hæmus,
Peliacisque dedit rursus geminare cavernis :

vernes du Pélion, les rochers du Pinde, de l'Œta et du Pangée en retentissent ; et ce cri de fureur, mille fois redoublé, revient plus effrayant encore aux oreilles des combattants. Des flèches innombrables volent des deux côtés ; les unes désirent frapper, les autres en tombant ne percent que la terre, et les mains qui les ont lancées sont encore innocentes, tout marche au hasard et la fortune fait à son gré des coupables. Mais le fer volant n'exécute que la moindre partie du carnage. L'épée seule est assez meurtrière pour assouvir la rage des deux partis ; elle conduit la main qui l'enfonce dans le flanc fraternel.

Du côté de Pompée, les rangs pressés se tiennent à couvert de leurs boucliers unis ensemble. Cette armée reste immobile, ayant à peine assez d'espace pour remuer ses armes, et le glaive est oisif dans la main du soldat qui en craint la blessure. Mais ceux de César, comme des forcenés, se précipitent sur ces masses profondes. Ils s'efforcent de rompre ces épais bataillons, et malgré l'airain qui les couvre, l'épée et la lance pénètrent, et la pointe homicide va jusque sous l'armure se tremper dans le sang et porter la mort. L'une des deux armées livre le combat, et l'autre le soutient. D'un côté l'épée est immobile et froide, de l'autre elle est fumante et trempée de sang. La for-

Pindus agit fremitus, Pangæaque saxa resultant,
Œtææque gemunt rupes ; vocesque furoris
Expavere sui tota tellure relatas.
Spargitur innumerum diversis missile votis.
Vulnera pars optat, pars terræ figere tela,
Ac puras servare manus : rapit omnia casus ;
Atque incerta facit, quos vult, Fortuna nocentes.
Sed quota pars cladis jaculis ferroque volanti
Exacta est ? odiis solus civilibus ensis
Sufficit, et dextras Romana in viscera ducit.
Pompeii densis acies stipata catervis,
Junxerat in seriem nexis umbonibus arma,
Vixque habitura locum dextras ac tela movendi
Constiterat, gladiosque suos compressa timebat.
Præcipiti cursu vesanum Cæsaris agmen
In densos agitur cuneos : perque arma, per hostem
Quærit iter, qua torta graves lorica catenas
Opponit, tutoque latet sub tegmine pectus.
Hac quoque perventum est ad viscera ; totque per arma
Extremum est, quod quisque ferit. Civilia bella
Una acies patitur, gerit altera : frigidus inde
Stat gladius ; calet inde nocens a sanguine ferrum.

tune ne balance pas longtemps d'aussi grands intérêts, et le torrent du destin entraîne de vastes ruines. Mais la cavalerie de Pompée, secondée de ses alliés, se déploie sur l'une des ailes pour attaquer en flanc et pour envelopper l'aile opposée de l'armée ennemie. Ce fut là qu'on vit toutes les nations étrangères réunir leurs forces contre les Romains. De toutes parts volent les flèches, les cailloux, les torches et les globes de plomb qui, par leur rapidité, deviennent brûlants dans les airs. Là, les Syriens, les Mèdes, les Arabes sans ordre et sans frein décochent leurs dards sans viser au but ; c'est vers le ciel qu'ils les dirigent, et ils font pleuvoir sur l'ennemi une grêle de traits mortels. Mais ces traits, lancés par des mains étrangères, se trempent sans crime dans le sang romain ; l'atrocité de la guerre civile n'est attachée qu'à nos propres armes. Cependant l'air paraît tissu de flèches, et l'épais nuage qu'elles forment pèse sur la plaine.

César craignant que sa première ligne ne s'ébranlât sous le choc, fait avancer d'un pas oblique, et derrière ses étendards six cohortes qui tout à coup, sans déranger le front de son armée, chargent la cavalerie de Pompée déjà éparse dans la plaine, et rompue par escadrons. Tous les alliés de Pompée re-

Nec Fortuna diu rerum tot pondera vergens,
Abstulit ingentes fato torrente ruinas.
Ut primum toto diduxit cornua campo
Pompeianus eques, bellique per ultima fudit,
Sparsa per extremos levis armatura manipulos
Insequitur, sævasque manus immittit in hostem.
Illic quæque suo miscet gens prœlia telo ;
Romanus cunctis petitur cruor : inde sagittæ,
Inde faces, et saxa volant, spatioque solutæ
Aeris, et calido liquefactæ pondere glandes.
Tunc et Ituræi, Medique, Arabesque soluti,
Arcu turba minax, nusquam rexere sagittas ;
Sed petitur solus, qui campis imminet, aer.
Inde cadunt mortes : sceleris sed crimine nullo
Externum maculant chalybem ; stetit omne coactum
Circa pila nefas : ferro subtexitur æther,
Noxque super campos telis conserta pependit.
Quum Cæsar metuens, ne frons sibi prima labaret
Incursu, tenet obliquas post signa cohortes :
Inque latus belli, qua se vagus hostis agebat,
Immittit subitum, non motis cornibus, agmen.

nonçant au combat et perdant toute honte, prirent la fuite comme des lâches, et firent voir qu'il ne fallait jamais confier à des étrangers le sort des guerres civiles.

Dès qu'on vit les chevaux mortellement blessés jeter à bas leurs maîtres, et se rouler sur eux ou les fouler aux pieds, toute la cavalerie éperdue tourne le dos, et les premiers rangs, repliés l'un sur l'autre en tumulte, se précipitent sur les derniers, qu'ils rompent eux-mêmes en fuyant. Dès lors la déroute est entière; c'est un massacre, et non pas un combat. D'un côté, on tendait la gorge, de l'autre, on enfonçait le fer. Une armée suffit à peine à frapper tout ce qui dans l'autre se présente à ses coups. Et plût aux dieux, Pharsale, que ce sang étranger fût le seul qui engraissât tes plaines, et que des flots d'un sang plus précieux ne dussent pas les inonder! Qu'il te suffise d'être couverte des ossements de ces Barbares, ou, si tu aimes mieux que tes champs soient engraissés du meurtre des Latins, épargne au moins tant d'autres peuples; laisse vivre les Galates, les Syriens, les Cappadociens, les Gaulois et les Ibères relégués aux confins du monde, et les Arméniens et les Ciliciens; après la guerre civile, ces nations seront le peuple Romain.

L'alarme une fois donnée, la terreur se répand, et les destins déclarés pour César ont pris le cours le plus rapide. On arrive

Immemores pugnæ, nulloque pudore timendi
Præcipites, fecere palam civilia bella
Non bene barbaricis umquam commissa catervis.
Ut primum sonipes transfixus pectora ferro,
In caput effusi calcavit membra regentis,
Omnis eques cessit campis, glomerataque pubes
In sua conversis præceps ruit agmina frenis.
Perdidit inde modum cædes, ac nulla sequuta est
Pugna : sed hinc jugulis, hinc ferro, bella geruntur.
Nec valet hæc acies tantum prosternere, quantum
Inde perire potest. Utinam, Pharsalia, campis
Sufficiat cruor iste tuis, quem barbara fundunt
Pectora; non alio mutentur sanguine fontes!
Hic numerus totos tibi vestiat ossibus agros :
Aut si Romano compleri sanguine mavis,
Istis parce, precor ; vivant Galatæque, Syrique,
Cappadoces, Gallique, extremique orbis Hiberi,
Armenii, Cilices; nam post civilia bella
Hic populus Romanus erit. Semel ortus in omnes
It timor, et fatis datus est pro Cæsare cursus.

au centre des forces de Pompée, au milieu de ses légions. C'est ici que s'arrête la guerre, et que la fortune de César hésite au moins quelques instants. Ce n'est plus cet amas de peuples et de rois qui ont si mal défendu Pompée, c'est Rome et le Sénat qui combattent. Ici les frères, les pères, les enfants se joignent ; ici se rassemblent la fureur, la rage et tous les crimes de César. O ma pensée, écarte loin de toi ce moment affreux de la guerre ! que les ténèbres l'ensevelissent ; que l'avenir n'apprenne pas de moi à quel excès peut se porter la fureur des guerres civiles. Ah! périssent plutôt mes larmes, périssent mes plaintes. Oui, Rome, je veux taire ce que tu as fait dans cette bataille. On y voit César animant la fureur du peuple pour ne rien perdre de ses forfaits, voler autour des bataillons, et verser encore un nouveau feu dans les esprits échauffés au carnage ; son œil observe et distingue, parmi cette forêt de glaives, ceux qui se sont plongés tout entiers dans le sang, et ceux dont la pointe seule en est rougie, et l'épée qui tremble dans la main, et celle qui frappe sans hésiter, et les traits lancés mollement, et ceux qui partent d'un vol rapide, et ceux d'entre les soldats qui combattent avec joie, et ceux qui ne font qu'obéir et qui sont cruels à regret, et qui changent de visage en voyant tomber à

    Ventum erat ad robur Magni, mediasque catervas :
    Quod totos errore vago perfuderat agros,
    Constitit hic bellum, fortunaque Cæsaris hæsit.
    Non illic regum auxiliis collecta juventus
    Bella gerit, ferrumque manus movere rogatæ :
    Ille locus fratres habuit, locus ille parentes.
    Hic furor, hic rabies, hic sunt tua crimina, Cæsar.
    Hanc fuge, mens, partem belli, tenebrisque relinque,
    Nullaque, tantorum, discat, me vate malorum,
    Quam multum bellis liceat civilibus, ætas.
    Ah! potius pereant lacrymæ, pereantque querelæ !
    Quidquid in hac acie gessisti, Roma, tacebo.
    Hic Cæsar, rabies populi, stimulusque furorum,
    Ne qua parte sui pereat scelus, agmina circum
    It vagus, atque animis ignes flagrantibus addit.
    Inspicit et gladios, qui toti sanguine manent,
    Qui niteant primo tantum mucrone cruenti ;
    Quæ presso tremat ense manus ; quis languida tela,
    Quis contenta ferat ; quis præstet bella jubenti,
    Quem pugnare juvet ; quis vultum cive perempto

leurs pieds les citoyens percés de coups. Il parcourt les cadavres épars dans cette vaste plaine; il ferme lui-même les plaies de ceux des siens qui respirent encore et qui perdent leur sang; il est partout, il erre au fond de la mêlée, comme on nous peint Bellone secouant son fouet, ou Mars au milieu des Thraces qu'il irrite, Mars aiguillonnant ses coursiers que la vue de l'Égide épouvante.

Ce n'est plus qu'un chaos de meurtres et de crimes, un vaste et long mugissement. A cette immense et lugubre plainte se mêle le bruit des épées et le fracas des armes des combattants qui tombent, et qui du sein frappent la terre. L'épée brise l'épée. Dans ce tumulte, on voit César ramassant lui-même les glaives et les traits qu'il tend à ses soldats, en leur criant de frapper au visage. Il presse, excite ses troupes; il les pousse en avant, et du bois de sa lance il réveille le soldat engourdi. Il défend de toucher les plébéiens; c'est au sénat qu'il veut qu'on s'attache. Il sait trop où réside la vie de l'État, l'âme des lois; il sait par quel endroit il faut attaquer Rome et quels seront les coups mortels pour la patrie et pour la liberté. L'ordre consulaire tombe confondu avec celui des chevaliers; le fer tranche les têtes sacrées. On égorge les Lépidus, les Métellus, les Corvinus, les Torquatus, ces défenseurs des lois et les plus grands des

Mutet : obit latis projecta cadavera campis.
Vulnera multorum totum fusura cruorem
Opposita premit ipse manu. Quacumque vagatur,
Sanguineum veluti quatiens Bellona flagellum,
Bistonas aut Mavors agitans, si verbere sævo
Palladia stimulet turbatos ægide currus.
Nox ingens scelerum, et cædes oriuntur, et instar
Immensæ vocis gemitus, et pondere lapsi
Pectoris arma sonant, confractique ensibus enses.
Ipse manu subicit gladios, ac tela ministrat,
Adversosque jubet ferro confundere vultus.
Promovet ipse acies; impellit terga suorum;
Verbere conversæ cessantes excitat hastæ.
In plebem vetat ire manus, monstratque senatum.
Scit cruor imperii qui sit, quæ viscera rerum;
Unde petat Romam; libertas ultima mundi
Quo steterit ferienda loco. Permixta secundo
Ordine nobilitas, venerandaque corpora ferro
Urgentur : cædunt Lepidos, cæduntque Metellos,
Corvinosque simul, Torquataque nomina, regum

hommes après toi, Pompée. O Brutus! ô toi, le dernier de ce nom à jamais illustre, toi, l'honneur de la république et l'unique espoir du sénat, ici, le visage caché sous le casque d'un légionnaire, inconnu aux yeux de l'ennemi, quelle épée tu tiens dans ta main vengeresse! Ah! garde-toi de te jeter en téméraire au milieu de ces bataillons. La Thessalie sera ton tombeau; mais il n'est pas temps, ménage-toi jusqu'à Philippes. Ici tu chercherais en vain à percer le cœur de César. Il n'est pas encore arrivé au comble de la tyrannie; il faut, pour mériter de mourir de ta main, qu'il franchisse les bornes de la grandeur humaine, qu'il vive et qu'il règne pour être une victime digne de Brutus.

Là périt l'élite de la noblesse romaine; les cadavres des Pères Conscrits sont entassés avec ceux du peuple. Dans le massacre de tant d'hommes illustres, on distingua la mort de ce vaillant Domitius, que sa fatale destinée traînait de défaite en défaite. On eût dit que sa présence était partout funeste aux armes de Pompée; tant de fois vaincu par César, il a du moins l'avantage de mourir libre. Percé de coups, il succombe, avec la joie de n'avoir pas une seconde grâce à recevoir. César qui le voit se rouler dans son sang, l'insulte et lui dit : « Eh bien! Domitius,

Sæpe duces, summosque hominum, te, Magne, remoto,
Illic plebeia contectus casside vultus,
Ignotusque hosti, quod ferrum, Brute, tenebas!
O decus imperii, spes o suprema senatus,
Extremum tanti generis per sæcula nomen!
Ne rue per medios nimium temerarius hostes,
Nec tibi fatales admoveris ante Philippos,
Thessalia periture tua. Nil proficis istic
Cæsaris intentus jugulo : nondum attigit arcem
Juris, et humanum culmen, quo cuncta premuntur,
Egressus, meruit fatis tam nobile letum :
Vivat, et, ut Bruti procumbat victima, regnet.
Hic patriæ perit omne decus : jacet aggere magno
Patricium campis, commixta plebe, cadaver.
Mors tamen eminuit clarorum in strage virorum
Pugnacis Domiti; quem clades fata per omnes
Ducebant : nusquam Magni fortuna sine illo
Succubuit : victus toties a Cæsare, salva
Libertate perit : tunc mille in vulnera lætus
Labitur, ac venia gaudet caruisse secunda.
Viderat in crasso versantem sanguine membra
Cæsar, et increpitans : « Jam Magni deseris arma,

mon successeur, tu désertes les drapeaux de Pompée, et la guerre se fera sans toi. » Un souffle de vie qui reste à Domitius, lui suffit pour se faire entendre; sa bouche expirante s'entr'ouvre, et il répond à César : « En descendant chez les morts, libre, irréprochable et fidèle à Pompée, j'ai la consolation, César, de te laisser, non pas jouissant du fruit de tes forfaits, mais encore incertain de ton sort et au-dessous de ton rival. Il m'est permis, en mourant, d'espérer que Pompée et les siens obtiendront des dieux ton supplice et notre vengeance. » En achevant ces mots, la vie l'abandonne, et les ténèbres éternelles s'appesantissent sur ses yeux.

Dans ces funérailles du monde j'aurais honte de donner des larmes à ces morts innombrables, d'observer d'un œil curieux chacun des mourants, et de dire comment et de quels coups tel ou tel est frappé; quel soldat foule aux pieds ses propres entrailles éparses sur le sol; quel autre rejette avec le souffle vital le trait enfoncé dans sa gorge; qui tombe sous le coup; qui reste encore debout quand tombent ses membres mutilés; quelles poitrines sont percées par le dard ou clouées sur le sol par la flèche; quelle veine rompue laisse le sang jaillir dans l'air et arroser les armes de l'ennemi; qui perce le sein de son frère,

Successor Domiti; sine te jam bella geruntur. »
Dixerat : ast illi suffecit pectora pulsans
Spiritus in vocem, morientiaque ora resolvit :
« Non te funesta scelerum mercede potitum,
Sed dubium fati, Cæsar, generoque minorem
Adspiciens, Stygias, Magno duce, liber ad umbras
Et securus eo : te sævo Marte subactum,
Pompeioque graves pœnas nobisque daturum,
Quum moriar, sperare licet. » Non plura loquutum,
Vita fugit, densæque oculos pressere tenebræ.
Impendisse pudet lacrymas in funere mundi
Mortibus innumeris, ac singula fata sequentem
Quærere letiferum per cujus viscera vulnus
Exierit; quis fusa solo vitalia calcet ;
Ore quis adverso demissum faucibus ensem
Expulerit moriens anima; quis corruat ictu,
Quis steterit, dum membra cadunt; qui pectore tela
Transmittant, aut quos campis adfixerit hasta ;
Quis cruor emissus perruperit aera venis,
Inque hostis cadat arma sui : quis pectora fratris

lui tranche la tête et la jette au loin, pour le dépouiller comme un inconnu ; qui déchire le visage de son père, de peur qu'on n'aperçoive que c'est son père qu'il égorge : aucun de ces excès de rage, aucun de ces genres de mort n'est digne d'occuper nos plaintes, et ce n'est pas sur quelques hommes que nous devons gémir. Pharsale ne ressemble point à tant d'autres batailles funestes. Là, Rome ne comptait ses pertes que par le nombre des soldats ; ici, elle compte par le nombre des peuples ; là c'était la mort des citoyens ; ici, c'est la mort d'une nation entière. Au lieu du sang de quelques provinces, Achaïe, Pont, Assyrie, c'est tout le sang des nations qui coule, et celui des Romains se mêlant à ses flots, les grossit et presse leur cours. Ce combat seul excède les pertes qu'un siècle pouvait soutenir ; ses coups s'étendent au delà des vivants ; le monde à naître en est frappé lui-même, et le glaive y range au nombre des vaincus cette longue suite d'esclaves qui, dans tous les âges, serviront nos tyrans. O Romains ! comment vos enfants, comment vos neveux ont-ils mérité de naître pour la servitude ? Est-ce nous qui avons combattu lâchement à Pharsale ? est-ce nous qui avons reculé devant les glaives de César ? Hélas ! ce joug mérité par la lâcheté de nos aïeux s'est appesanti sur nos têtes. O Fortune ! en donnant un maître aux fils des vaincus, que ne leur laissais-tu la guerre !

   Cædat, et, ut notum possit spoliare cadaver,
   Abscissum longe mittat caput ; ora parentis
   Quis laceret, nimiaque probet spectantibus ira,
   Quem jugulat, non esse patrem. Mors nulla querela
   Digna sua est, nullosque hominum lugere vacamus.
   Non istas habuit pugnæ Pharsalia partes,
   Quas aliæ clades : illic per fata virorum,
   Per populos hic Roma perit : quod militis illic,
   Mors hic gentis erat : sanguis ibi fluxit Achæus,
   Ponticus, Assyrius ; cunctos hærere cruores
   Romanus, campisque vetat consistere, torrens.
   Majus in hac acie, quam quod sua sæcula ferrent,
   Vulnus habent populi : plus est, quam vita salusque,
   Quod perit ; in totum mundi prosternimur ævum.
   Vincimur his gladiis omnis, quæ serviat, ætas.
   Proxima quid soboles, aud quid meruere nepotes
   In regnum nasci ? pavidi num gessimus arma ?
   Teximus aut jugulos ? alieni pœna timoris
   In nostra cervice sedet. Post prælia natis
   Si dominum, Fortuna, dabas, et bella dedisses !

Déjà Pompée a reconnu que les dieux et les destins de Rome ont changé de camp, mais à peine sa défaite le force-t-elle à renoncer à sa fortune. Il s'arrête sur une éminence d'où il découvre ce qu'il n'a pu voir dans le tumulte du combat, toutes ses légions rompues et dispersées dans les campagnes. Il voit combien de têtes il a fallu abattre avant d'arriver à la sienne; combien d'hommes ont péri pour un seul; combien de sang sa ruine a coûté. Mais loin de s'applaudir, comme il arrive aux malheureux, d'entraîner tout dans son naufrage et d'envelopper dans sa perte tant de peuples et tant de rois, pour obtenir que le plus grand nombre de ses défenseurs lui survive, il se résout encore à adresser des vœux aux dieux cruels qui l'ont trahi; et pour toute consolation, il leur demande le salut du monde. « Grands dieux! dit-il, épargnez ces peuples! Pompée peut être malheureux sans que Rome et l'univers périssent. Si vous voulez me frapper encore, j'ai une femme, j'ai des enfants, otages livrés aux destins. N'est-ce pas assez de moi et des miens pour assouvir la guerre civile? Notre perte, sans celle des nations, sera-t-elle trop peu pour vous? O Fortune, pourquoi t'obstiner à tout détruire? rien au monde n'est plus à moi. »

Il dit, et parcourant ses troupes battues et dispersées, il les

---

Jam Magnus transisse Deos Romanaque fata
Senserat infelix, tota vix clade coactus
Fortunam damnare suam. Stetit aggere campi
Eminus, unde omnes, sparsas per Thessala rura,
Adspiceret clades, quæ, bello obstante, latebant.
Tot telis sua fata peti, tot corpora fusa,
Ac se tam multo pereuntem sanguine vidit.
Nec, sicut mos est miseris, trahere omnia secum
Mersa juvat, gentesque suæ miscere ruinæ :
Ut Latiæ post se vivat pars maxima turbæ,
Sustinuit dignos etiam nunc credere votis
Cœlicolas, volvitque sui solatia casus :
« Parcite, ait, Superi, cunctas prosternere gentes :
Stante potest mundo, Romaque superstite, Magnus
Esse miser. Si plura juvant mea vulnera, conjux
Est mihi, sunt nati; dedimus tot pignora fatis.
Civiline parum est bello, si meque meosque
Obruat? exiguæ clades sumus, orbe remoto?
Omnia quid laceras? quid perdere cuncta laboras?
Jam nihil est, Fortuna, meum. » Sic fatur : et arma

rappelle du combat où elles courent à une mort certaine. Il dit hautement que c'en est trop pour lui. Il ne manquait à ce héros ni la volonté, ni la force de se jeter au milieu des glaives, la gorge et le sein découverts; mais il craignait qu'en le voyant tomber son armée ne pût se résoudre à la fuite et que le monde tombât sur le corps de son général. Peut-être voulait-il dérober sa mort aux yeux de César; mais en vain : le malheureux, dans quelque lieu qu'il meure, sa tête sera livrée à son beau-père qui en repaîtra ses regards. Toi-même contribues à sa fuite, ô Cornélie ! il doit te voir encore, le sort veut qu'il meure près de toi, près de toi, absente à Pharsale.

Le coursier que monte Pompée l'éloigne du combat; le héros se retire, mais sans appréhender les traits qui volent après lui; et conservant dans le malheur extrême une âme plus forte que le malheur, il ne lui échappe ni larmes, ni gémissements, c'est une douleur vénérable qui lui laisse toute sa majesté, une douleur telle, Pompée, que tu la devais aux calamités de Rome. Pharsale ne t'a point vu changer de visage; et autant l'infidèle Fortune t'a vu au-dessus d'elle durant le cours de tes triomphes, autant tu lui es supérieur encore au comble de l'adversité. Tu t'en vas libre et délivré du poids d'une grandeur qui t'accablait.

Signaque, et adflictas omni jam parte catervas
Circuit, et revocat matura in fata ruentes,
Seque negat tanti. Nec deerat robur in enses
Ire duci, juguloque pati, vel pectore letum :
Sed timuit, strato miles ne corpore Magni
Non fugeret, supraque ducem procumberet orbis :
Cæsaris aut oculis voluit subducere mortem.
Nequidquam : infelix! socero spectare volenti
Præstandum est ubicumque caput! Sed tu quoque, conjux,
Causa fugæ, vultusque tui : fatisque probatum
Te præsente mori.
    Tunc Magnum concitus aufert
A bello sonipes, non tergo tela paventem,
Ingentesque animos extrema in fata ferentem.
Non gemitus, non fletus erat, salvaque verendus
Majestate dolor, qualem te, Magne, decebat
Romanis præstare malis. Non impare vultu
Adspicis Emathiam : nec te videre superbum
Prospera bellorum, nec fractum adversa videbunt.
Quamque fuit læto per tres infida triumphos,
Tam misero Fortuna minor. Jam pondere fati
Deposito securus abis : nunc tempora læta

C'est à présent que tu peux tout à loisir te rappeler tes jours prospères. Cette espérance qui ne devait jamais se remplir, t'abandonne, et l'ambition de ce que tu voulais être ne t'empêche plus de voir tout ce que tu as été.

Fuis, Pompée, fuis les sanglants combats, et prends les dieux à témoin que désormais, si l'on poursuit la guerre, ce n'est plus pour toi. Le reste de cette bataille, après ta fuite, doit aussi peu s'imputer à toi, que les nouveaux revers que Rome éprouvera dans l'Afrique, à Munda, sur le Nil. Le nom de Pompée volant de bouche en bouche, ne sera plus dans l'univers le cri d'alarme, le signal des batailles; les deux champions désormais seront César et la Liberté : la guerre entre eux est implacable ; et le Sénat, en ton absence, prouvera en mourant que ce n'est pas pour toi, mais pour lui qu'il a combattu. Ô Pompée, n'es-tu pas heureux de t'éloigner par l'exil de ce carnage? de n'avoir pas sous les yeux ces forfaits, et de ne pas voir ces cohortes écumant de rage? Regarde ces fleuves dont les eaux sont rougies et fumantes, et porte compassion à César. De quel cœur le malheureux va rentrer dans Rome, après ce coupable succès! Compare son sort avec le tien; et l'abandon, l'exil chez des peuples barbares, le complot même d'un roi perfide et son exécrable attentat, tout ce te qui reste à souffrir te paraîtra une faveur des dieux. Tout cela vaut mieux qu'une telle victoire.

Respexisse vacat; spes numquam implenda recessit ;
Quid fueris, nunc scire licet. Fuge prælia dira,
Ac testare Deos nullum qui perstet in armis,
Jam tibi, Magne mori : ceu flebilis Africa damnis,
Et ceu Munda nocens, Pharioque a gurgite clades,
Sic et Thessalicæ post te pars maxima pugnæ.
Non jam Pompeii nomen populare per orbem,
Nec studium belli; sed par, quod semper habemus,
Libertas et Cæsar erunt : teque inde fugato
Ostendet moriens, sibi se pugnasse, senatus.
Nonne juvat pulsum bellis cessisse, nec istud
Perspectasse nefas, spumantes cæde catervas?
Respice turbatos incursu sanguinis amnes,
Et soceri miserere tui. Quo pectore Romam
Intrabit factus campis felicior istis ?
Quidquid in ignotis solus regionibus exsul,
Quidquid sub Phario positus patiere tyranno;
Crede Deis, longo fatorum crede favori :

Défends aux peuples de te donner des larmes, apprends à l'univers à respecter en toi les revers comme les succès ; aborde les rois d'un visage tranquille, et qui n'ait rien d'un suppliant ; parcours les villes que tu as possédées, les royaumes que tu as donnés, l'Égypte, la Libye ; et choisis la terre où tu veux mourir.

Larisse la première, témoin de ta chûte, voit cette tête auguste, dont le malheur n'a point abattu la fierté. Dans cette ville, qui lui est fidèle encore, les citoyens se répandent en foule, et volent au-devant de lui comme s'il était triomphant. Ils lui apportent en pleurant leurs richesses ; ils lui ouvrent leurs maisons et leurs temples ; ils demandent à partager ses périls : il lui reste encore, disent-ils, assez de la splendeur de son nom, et Pompée, tout malheureux qu'il est, ne se voit inférieur qu'à lui-même. Il ne tient qu'à lui de ramener les nations au combat, de lutter de nouveau contre les destinées. « Que me servirait, dit-il, dans l'état où je suis, ce zèle généreux que vous me témoignez ? Peuples, donnez-vous au vainqueur. » O César ! dans le moment même que sur des monceaux de morts, tu achèves de déchirer les entrailles de ta patrie, ton gendre te cède l'univers ; mais bientôt il s'éloigne sur son coursier, accompagné des gémissements et des larmes d'un peuple qui re-

    Vincere pejus erat. Prohibe lamenta sonare,
Flere veta populos ; lacrymas luctusque remitte ;
Tam mala Pompeii quam prospera mundus adoret.
Adspice securus vultu non supplice reges ;
Adspice possessas urbes, donataque regna,
Ægyptum, Libyamque ; et terras elige morti.
Vidit prima tuæ testis Larissa ruinæ
Nobile, nec victum fatis, caput : omnibus illa
Civibus effudit totas per mœnia vires,
Obvia ceu læto : promittunt munera flentes ;
Pandunt templa, domos ; socios se cladibus optant.
    « Scilicet immenso superest ex nomine multum ;
Teque minor solo, cunctas impellere gentes
Rursus in arma potes, rursusque in fata redire. » —
    « Sed quid opus victo populis, aut urbibus, inquit ?
Victori præstate fidem. » Tu, Cæsar, in alto
Cædis adhuc cumulo patriæ per viscera vadis :
At tibi jam populos donat gener. Avehit inde
Pompeium sonipes : gemitus lacrymæque sequuntur,

proche aux dieux leur rigueur. C'est là, Pompée, que tu l'éprouves dans toute sa pureté, cet amour du monde, que tu as dans tous les temps recherché avec tant de soin ; c'est à présent que tu en goûtes les fruits : l'homme heureux ne sait pas si on l'aime.

Lorsque César croit avoir fait couler assez de sang latin dans la Thessalie, pour laisser reposer le glaive dans les mains de ses soldats, il laisse la vie au reste de l'armée, comme à une multitude vile qui périrait inutilement. Mais de peur que le camp ne rassemble les fugitifs, et que le calme de la nuit ne fasse cesser l'épouvante, il se hâte de s'emparer des retranchements ennemis, tandis que la fortune le seconde et que la terreur lui livre le vaincu. Il ne craint pas que ses soldats, lassés de la bataille, soient rebutés de ce nouvel ordre ; il n'a pas même besoin d'une longue harangue pour les mener au butin. « Compagnons, dit-il, la victoire est complète : il ne reste plus qu'à payer votre sang ; car je n'appelle pas vous donner, ce que chacun va se donner lui-même. Voici un camp ouvert et abandonné, qui regorge de trésors : là, se trouve amassé tout l'or de l'Italie ; sous ces tentes sont accumulées toutes les richesses de l'Orient. La fortune de vingt rois et celle de Pompée réunies attendent des maîtres. Hâtez-vous de prévenir ceux que

Plurimaque in sævos populi convicia Divos.
Nunc tibi vera fides quæsiti, Magne, favoris
Contigit, ac fructus. Felix se nescit amari.
Cæsar ut Hesperio vidit satis arva natare
Sanguine, parcendum ferro manibusque suorum
Jam ratus, ut viles animas, perituraque frustra
Agmina permisit vitæ. Sed castra fugatos
Ne revocent, pellatque quies nocturna pavorem,
Protinus hostili statuit succedere vallo,
Dum fortuna calet, dum conficit omnia terror ;
Non veritus grave ne fessis, aut Marte subactis
Hoc foret imperium. Non magno hortamine miles
In prædam ducendus erat.
                « Victoria nobis
Plena, viri, dixit : superest pro sanguine merces,
Quam monstrare meum est : nec enim donare vocabo,
Quod sibi quisque dabit. Cunctis en plena metallis
Castra patent : raptum Hesperiis e gentibus aurum
Hic jacet ; Eoasque premunt tentoria gazas.
Tot regum fortuna simul Magnique coacta
Exspectat dominos : propera præcedere, miles,

vous chassez devant vous. Ne laissez pas aux vaincus le temps de vous enlever leurs dépouilles. »

Il n'en fallut pas davantage pour engager ces furieux, que dévorait la soif de l'or, à se précipiter à travers les débris des armes, et sur les corps sanglants des sénateurs et des chefs qu'ils foulaient aux pieds. Quelle tranchée ou quel rempart arrêterait ces hommes, qui courent à leur proie, et au salaire de leurs forfaits? Ils brûlent de savoir à quel prix ils se sont rendus coupables. Ils trouvèrent à la vérité de grandes richesses dont on avait dépouillé le monde, pour fournir aux frais de la guerre; mais ce n'était pas assez pour assouvir leur cupidité; et en ravissant tout l'or qu'ont produit les mines de l'Ibère, tout celui qu'a produit le Tage, et que l'Arimaspe a laissé sur ses bords, le soldat se plaint que c'est peu pour récompenser tant de crimes. César a promis, s'il était vainqueur, de leur livrer le Capitole, et de mettre Rome entière au pillage; il les trompe en ne leur donnant que le camp à saccager.

Des cohortes impies dorment sous les tentes des sénateurs; de vils soldats occupent les couches des rois; le soldat parricide repose sur le lit de son père et de ses frères. Mais leur repos est un affreux délire, leur sommeil un accès de fureur. Les

Quos sequeris : quascumque tuas Pharsalia fecit,
A victis rapiuntur opes. »
    Nec plura loquutus
Impulit amentes, aurique cupidine cæcos
Ire super gladios, supraque cadavera patrum,
Et cæsos calcare duces. Quæ fossa, quis agger
Sustineat pretium belli scelerumque petentes?
Scire ruunt, quanta fuerint mercede nocentes.
Invenere quidem spoliato plurima mundo
Bellorum in sumptus congestæ pondera massæ :
Sed non implevit cupientes omnia mentes.
Quidquid fodit Hiber, quidquid Tagus expulit auri,
Quodque legit dives summis Arimaspus arenis,
Ut rapiant, parvo scelus hoc venisse putabunt :
Quum sibi Tarpeias victor desponderit arces,
Quum spe Romanæ promiserit omnia prædæ,
Decipitur, quod castra rapit.
    Capit impia plebes
Cespite patricio somnos; stratumque cubile
Regibus infandus miles premit; inque parentum,
Inque toris fratrum posuerunt membra nocentes :
Quos agitat vesana quies, somnique furentes,

malheureux roulent dans leur esprit toutes les horreurs de Pharsale. Le crime atroce veille au fond de leur âme. Ils se battent en songe, et leur main serre la poignée du glaive qu'elle croit tenir. On dirait que ces campagnes gémissent, que cette terre coupable enfante des ombres, que l'air est souillé par les mânes, et que l'effroyable nuit des enfers s'est répandue dans le ciel. La victoire tourmente et punit les vainqueurs. Le sommeil ne leur fait entendre que le sifflement des serpents des Furies, ne leur fait voir que leurs flambeaux. L'ombre des citoyens qu'ils viennent d'égorger, leur apparaît; chacun a sur lui sa victime qui le presse. L'un reconnaît les traits d'un vieillard, l'autre ceux d'un jeune homme. L'un est poursuivi par le cadavre de son frère, l'autre a son père dans le cœur; et tous ces spectres réunis assiégent l'âme de César. Le Pélopide Oreste, Penthée dans sa fureur, Agave revenue de son délire, n'étaient pas plus effrayés à l'aspect des Euménides vengeresses. Tous les glaives qu'a vu tirer Pharsale, tous ceux que le jour de la vengeance verra briller dans le Sénat, César les voit cette nuit en songe. Il se sent déchiré par les fouets vengeurs des furies. Ah! si, du vivant de Pompée tel est pour lui le tourment des remords, s'il a déjà tout l'enfer dans le cœur, quel sera bientôt son supplice!

> Thessalicam miseris versant in pectore pugnam.
> Invigilat cunctis sævum scelus, armaque tota
> Mente agitant, capuloque manus absente moventur.
> Ingemuisse putem campos, terramque nocentem
> Inspirasse animas, infectumque aera totum
> Manibus, et superam Stygia formidine noctem.
> Exigit a meritis tristes victoria pœnas;
> Sibilaque et flammas infert sopor : umbra perempti
> Civis adest; sua quemque premit terroris imago.
> Ille senum vultus, juvenum videt ille figuras;
> Hunc agitant totis fraterna cadavera somnis ;
> Pectore in hoc pater est; omnes in Cæsare Manes.
> Haud alios nondum Scythica purgatus in ara
> Eumenidum vidit vultus Pelopeus Orestes;
> Nec magis attonitos animi sensere tumultus,
> Quum fureret Pentheus, aut quum desisset Agave.
> Hunc omnes gladii, quos aut Pharsalia vidit,
> Aut ultrix visura dies, stringente senatu,
> Illa nocte premunt; hunc infera monstra flagellant.
> Et quantum pœnæ misero mens conscia donat,
> Quod Styga, quod Manes, ingestaque Tartara somnis,
> Pompeio vivente, videt!

Mais enfin délivré des tourments du sommeil, dès que la lumière du jour éclaire les champs de Pharsale, il y promène ses regards que n'effraient pas ces spectacles d'horreurs. Il voit les fleuves qui roulent du sang, des tas de cadavres amoncelés jusqu'au sommet des collines, ces morts en pourriture, il compte les peuples de Pompée; il fait préparer pour le festin un lieu d'où il pourra reconnaître le visage des victimes; joyeux, il ne voit plus l'Émathie, les cadavres lui cachent la vue de la plaine. Il reconnaît dans le sang sa fortune et ses dieux. Il va jusqu'à leur refuser les honneurs de la sépulture. L'exemple même d'Annibal, qui avait rendu ces devoirs funèbres au consul, ne le touche point. Il excepte ses concitoyens d'un droit commun à tous les hommes. Cruel, nous ne demandons pas autant de bûchers qu'il y a de morts, mais un seul qui consume à la fois tous ces peuples. Fais seulement entasser sur eux les forêts de l'OEta ou du Pinde; et si tu veux encore ajouter au malheur de Pompée, qu'il en découvre la flamme du milieu des mers. Quelle vengeance veux-tu tirer des morts? Il est égal pour eux que ce soit l'air ou le feu qui les consume. Tout ce qui périt est reçu

Tamen omnia passo,
Postquam clara dies Pharsalica damna retexit,
Nulla loci facies revocat feralibus arvis
Hærentes oculos. Cernit propulsa cruore
Flumina, et excelsos cumulis æquantia colles
Corpora, sidentes in tabem spectat acervos,
Et Magni numerat populos : epulisque paratur
Ille locus, vultus ex quo faciesque jacentum
Agnoscat. Juvat Emathiam non cernere terram,
Et lustrare oculis campos sub clade latentes.
Fortunam, Superosque suos in sanguine cernit :
Ac ne læta furens scelerum spectacula perdat,
Invidet igne rogi miseris, cœloque nocenti
Ingerit Emathiam. Non illum Pœnus humator
Consulis, et Libyca succensæ lampade Cannæ
Compellunt, hominum ritus ut servet in hoste :
Sed meminit, nondum satiata cædibus ira,
Cives esse suos. Petimus non singula busta,
Discretosque rogos : unum da gentibus ignem;
Non interpositis urantur corpora flammis.
Aut generi si pœna juvat, nemus exstruc Pindi ;
Erige congestas OEtæo robore silvas :
Thessalicam videat Pompeius ab æquore flammam.
Nil agis hac ira : tabesne cadavera solvat,

dans le sein paisible de la nature, et les corps subissent d'eux-mêmes la loi de leur dissolution. Si ce n'est pas aujourd'hui qu'ils brûlent, ce sera quand la terre et les eaux brûleront, dans cet embrasement du monde, où la poussière de nos ossements et la cendre des globes célestes se mêleront dans un même bûcher. Les mânes de tes ennemis et les tiens n'auront qu'un même asile; tu ne t'élèveras pas plus haut vers le ciel; tu n'auras pas une meilleure place que les vaincus dans l'éternelle nuit. La mort n'est point esclave de la fortune. La terre engloutit tout ce qu'elle engendre, et celui des morts qui n'a point d'urne, repose sous la voûte du ciel. Mais, toi, qui punis tant de nations en les privant de la sépulture, d'où vient que tu t'éloignes? que ne demeures-tu dans ces champs empestés? Bois, si tu l'oses, ces eaux sanglantes; respire cet air, si tu le peux. Ces cadavres te forcent à leur céder Pharsale. Le champ de bataille leur reste : ils en ont chassé le vainqueur.

L'odeur de cette proie immense attire les loups de la Thrace et les lions de Pholoé. L'air impur qui sème la contagion appelle toutes les bêtes à l'odorat subtil. Les ours quittent leurs tanières, les chiens sinistres, leurs toits domestiques. Les oiseaux voraces qui avaient suivi les camps des deux armées, se

An rogus, haud refert; placido Natura receptat
Cuncta sinu, finemque sui sibi corpora debent.
Hos, Cæsar, populos si nunc non usserit ignis,
Uret cum terris, uret cum gurgite ponti.
Communis mundo superest rogus, ossibus astra
Mixturus. Quocumque tuam Fortuna vocabit,
Hæ quoque eunt animæ. Non altius ibis in auras,
Non meliore loco Stygia sub nocte jacebis.
Libera Fortunæ mors est : capit omnia tellus
Quæ genuit : cœlo tegitur, qui non habet urnam.
Tu, cui dant pœnas inhumato funere gentes,
Quid fugis hanc cladem? quid olentes deseris agros?
Has trahe, Cæsar, aquas; hoc, si potes, utere cœlo.
Sed tibi tabentes populi Pharsalica rura
Eripiunt, camposque tenent victore fugato.
Non solum Hæmonii funesta ad pabula belli
Bistonii venere lupi, tabemque cruentæ
Cædis odorati Pholoen liquere leones.
Tunc ursi latebras, obscæni tecta domosque
Deseruere canes, et quidquid nare sagaci
Aera non sanum, motumque cadavere sentit.
Jamque diu volucres civilia castra sequutæ

rassemblent. Et vous, voyageurs ailés, qui fuyez pour le Nil, la Thrace et ses frimas, vous retardez votre course vers les tièdes rives du Sud. Jamais de si épaisses nuées d'aigles et de vautours n'avaient pressé l'air de leurs ailes, ni obscurci la lumière du ciel. Des légions d'oiseaux ravisseurs s'élancent des forêts voisines, et une rosée de sang distille de tous les arbres où s'est reposé leur ongle sanglant; souvent même sur les enseignes et sur la tête des vainqueurs, ils laissent tomber du haut des airs des lambeaux sanglants, dont leurs griffes se lassent de porter le poids, et pourtant il ne reste de ce peuple d'autres débris que les os décharnés. Les bêtes ne suffisent pas à cette pâture, elles dédaignent de fouiller les entrailles, et d'épuiser le cœur sous leur lèvre avide; elles savourent les membres; une foule de cadavres gisent abandonnés. Le soleil, la pluie, le temps, les mêlent, en pleine dissolution, aux champs Émathiens.

O malheureuse Thessalie ! par quel crime as-tu irrité les dieux, pour être chargée de tant d'horreurs ? Combien de siècles s'écouleront, avant que l'avenir te pardonne les malheurs de cette guerre ? Peux-tu produire des moissons qui ne soient pas empoisonnées, et souillées de taches de sang ? Le soc peut-il ouvrir ton sein, sans troubler le repos des mânes ? Hélas ! avant

Conveniunt : vos, quæ Nilo mutare soletis
Threicias hiemes, ad mollem serius Austrum
Istis, aves : numquam se tanto vulture cœlum
Induit, aut plures presserunt aera pennæ.
Omne nemus misit volucres, omnisque cruenta
Alite sanguineis stillavit roribus arbor.
Sæpe super vultus victoris, et impia signa
Aut cruor, aut alto defluxit ab æthere tabes,
Membraque dejecit jam lassis unguibus ales.
Sic quoque non omnis populus pervenit ad ossa,
Inque feras discerptus abit : non intima curant
Viscera, nec totas avide sorbere medullas;
Degustant artus. Latiæ pars maxima turbæ
Fastidita jacet; quam sol, nimbique, diesque
Longior Emathiis resolutam miscuit arvis.
Thessalia infelix, quo tanto crimine, tellus,
Læsisti Superos, ut te tot mortibus unam,
Tot scelerum fatis premerent? quod sufficit ævum,
Immemor ut donet belli tibi damna vetustas?
Quæ seges infecta surget non decolor herba?
Quo non Romanos violabis vomere Manes?

que tes campagnes inondées de sang soient desséchées, une nouvelle guerre va les en arroser. Quand Rome rassemblerait les cendres que renferment tous ses tombeaux, cet amas n'égalerait point les monceaux de cendres romaines, que sillonne ici la charrue, ni les tas d'ossements blanchis que brise le fer du laboureur. Jamais aucun vaisseau n'eût osé aborder à ce rivage malheureux ; jamais le soc n'eût soulevé cette abominable terre ; les peuples auraient abandonné ces champs habités par les mânes ; aucun pasteur n'eût laissé paître à ses troupeaux des herbages engraissés de sang ; et pareille à ces contrées que les feux brûlants du soleil, ou que les glaces d'un éternel hiver rendent inhabitables, la Thessalie serait déserte, si ces campagnes étaient les seules que la guerre civile eût souillées. Mais les dieux n'ont pas voulu donner au reste de la terre le droit de les détester ; ils égalent tous les climats en les chargeant des mêmes crimes, et Munda, Mutine, Actium, nouveaux théâtres de nos malheurs, feront pardonner aux champs de Philippes.

Ante novæ venient acies, scelerique secundo
Præstabis nondum siccos hoc sanguine campos.
Omnia majorum vertamus busta licebit,
Et stantes tumulos, et qui radice vetusta
Effudere suas, victis compagibus, urnas :
Plus cinerum Hæmoniæ sulcis telluris aratur,
Pluraque ruricolis feriuntur dentibus ossa.
Nullus ab Emathio religasset litore funem
Navita, nec terram quisquam movisset arator,
Romani bustum populi ; fugerentque coloni
Umbrarum campos ; gregibus dumeta carerent ;
Nullusque auderet pecori permittere pastor
Vellere surgentem de nostris ossibus herbam ;
Ac, velut impatiens hominum, vel solis iniqui
Limite, vel glacie, nuda atque ignota jaceres,
Si non prima nefas belli, sed sola tulisses.
O Superi, liceat terras odisse nocentes.
Quid totum premitis, quid totum absolvitis orbem ?
Hesperiæ clades, et flebilis unda Pachyni,
Et Mutina, et Leucas puros fecere Philippos.

LIVRE VIII

Fuite de Pompée; il franchit les vallons de Tempé : il s'épouvante du bruit qui se fait sur ses pas. — Sa pensée se reporte vers l'époque de ses triomphes : sa félicité passée s'est changée en opprobre. — Il arrive aux bords de la mer; il se jette dans une barque et fait voile vers Lesbos. — Cornélie; ses mortelles inquiétudes. — Le navire aborde, Cornélie s'élance aussitôt et tombe en défaillance. — Enfin, elle reprend ses sens. — Discours du héros. — Cornélie laisse tomber quelques plaintes entrecoupées de sanglots. — Pompée est attendri : tous les assistants fondent en pleurs. — Bon accueil du peuple de Mitylène. — Offres de service; Pompée refuse et remet à la voile. — On voit s'éloigner avec douleur Cornélie : son éloge. — Navigation de Pompée; ses entretiens avec le pilote. — Il est rejoint par son fils, par la foule des grands qui lui est restée fidèle. — Discours qu'il adresse à Déjotarus, en lui prescrivant d'aller au fond de l'Asie chercher de nouveaux secours. — Déjotarus part. — Pompée poursuit sa course; il arrive à Syédra; il y délibère sur le parti qu'il doit prendre : son discours aux grands assemblés. — On improuve son dessein. — Lentulus ouvre un second avis : son discours. — Il entraîne tous les esprits. — On décide d'aller en Égypte. — Enfin, on touche au rivage de Péluse. — Effroi de Ptolémée à la nouvelle de l'arrivée de Pompée. — Son conseil délibère. — Achorée rappelle les bienfaits de Pompée; mais Pothin ose proposer le meurtre du héros : son discours. — On applaudit au crime. — Apostrophe véhémente du poète à Ptolémée. — Le héros s'apprête à descendre; une barque s'avance au devant de lui, chargée de ses assassins : on l'invite à y descendre. — Pompée cède à ses funestes destins : il préfère la mort à la crainte. — Reproches de Cornélie. — Sa prière n'est point écoutée. — Septimius, Achillas. — Le héros tombe frappé. — Cornélie est témoin de l'affreux spectacle : ses douleurs. — Le vaisseau s'éloigne emportant Cornélie. — La tête de son époux est mise au bout d'une lance et présentée à Ptolémée. — Funérailles de Pompée. — Cordus. — Discours des généraux romains. — Apostrophe du poète à Cordus : il le rassure contre le châtiment qu'il redoute. — L'exiguïté du tombeau de Pompée ne nuira point à sa mémoire. — L'Égypte redira, au sujet de sa sépulture, les merveilles que la Crète raconte du tombeau de Jupiter.

A travers les bois de Tempé, au delà de l'étroit passage ouvert par Alcide, gagnant les gorges désertes de la forêt d'Hémo-

LIBER VIII

Jam super Herculeas fauces, nemorosaque Tempe,
Hæmoniæ deserta petens dispendia silvæ,

nie, Pompée excite son coursier déjà excédé de fatigue, et s'efforce par de longs détours de dérober les traces de sa fuite au vainqueur. Le bruit des vents dans les forêts, le pas de ses compagnons l'épouvante, le met hors de lui. Quoique déchu de sa grandeur, il sait de quel prix est encore sa vie, et ne doute pas que César ne payât sa tête aussi cher qu'il payerait celle de César. Mais il a beau chercher des routes solitaires, c'est un nom trop célèbre que celui de Pompée. Les peuples d'alentour, qui accourent à son camp, et à qui la renommée n'a pas encore annoncé sa défaite, le rencontrent, s'étonnent, ne peuvent concevoir un renversement si rapide dans la fortune de ce grand homme, et ont peine à le croire lui-même, quand il leur dit ses désastres. Dans l'état où il est réduit, les témoins l'importunent; il aimerait mieux être inconnu partout, et pouvoir traverser le monde en sûreté à la faveur d'un nom obscur. Mais la Fortune punit de ses propres bienfaits les malheureux qu'elle abandonne; elle surcharge l'adversité du poids d'une renommée éclatante, et insulte au bonheur passé. A présent, Pompée reconnaît que ses prospérités ont été trop rapides, il se plaint de l'éclat de ses premiers triomphes sous les drapeaux de

> Cornipedem exhaustum cursu stimulisque negantem
> Magnus agens, incerta fugæ vestigia turbat,
> Implicitasque errore vias. Pavet ille fragorem
> Motorum ventis nemorum; comitumque suorum
> Qui post terga redit, trepidum laterique timentem
> Exanimat : quamvis summo de culmine lapsus,
> Nondum vile sui pretium scit sanguinis esse,
> Seque, memor fati, tantæ mercedis habere
> Credit adhuc jugulum, quantam pro Cæsaris ipse
> Avulsa cervice daret. Deserta sequentem
> Non patitur tutis fatum celare latebris
> Clara viri facies. Multi Pharsalica castra
> Quum peterent, nondum fama prodente ruinas,
> Occursu stupuere ducis, vertigine rerum
> Attoniti; cladisque suæ vix ipse fidelis
> Auctor erat. Gravis est Magno, quicumque malorum
> Testis adest : cunctis ignotus gentibus esse
> Mallet, et obscuro tutus transire per urbes
> Nomine; sed pœnas longi Fortuna favoris
> Exigit a misero, quæ tanto pondere famæ
> Res premit adversas, fatisque prioribus urget.
> Nunc festinatos nimium sibi sentit honores,
> Actaque lauriferæ damnat Sullana juventæ :

Sylla; aujourd'hui, les flottes battues à Corycc et les trophées du Pont pèsent à sa grandeur déchue. C'est ainsi que le malheur d'avoir trop vécu a obscurci la gloire de tant de grands hommes. Si le dernier jour du bonheur n'est pas aussi le dernier de la vie, et si la mort ne prévient les revers, la félicité passée se change en opprobre. Et qui jamais, après cet exemple, osera se livrer à la prospérité sans avoir préparé sa mort?

Arrivé au bord où le Pénée, rougi du sang versé dans les champs de Pharsale, se précipite dans la mer, Pompée se jette dans une barque à peine assez solide pour aller sur un fleuve, et trop fragile pour résister au choc des vents et des flots. C'est sur ce faible esquif que s'échappe, passager tremblant, celui dont les flottes couvrent encore les mers de Corcyre et de Leucade, celui que la Liburnie et la Cilicie reconnaissent pour leur vainqueur. Il ordonne qu'on fasse voile vers le rivage de Lesbos, vers cette île dépositaire de ce qu'il a de plus cher au monde. C'est là, Cornélie, que tu vivais cachée, et dans une inquiétude aussi cruelle que si tu avais été au milieu des champs de Pharsale. De noirs présages t'agitent sans cesse; ton sommeil est troublé par de violentes frayeurs; tes nuits se passent en Thessalie, et dès que le jour chasse les ténèbres, errante sur la cime

---

Nunc et Corycias classes, et Pontica signa
Dejectum meminisse pudet. Sic longius ævum
Destruit ingentes animos, et vita superstes
Imperio : nisi summa dies cum fine bonorum
Adfuit, et celeri prævertit tristia leto,
Dedecori est fortuna prior. Quisquamne secundis
Tradere se fatis audet, nisi morte parata?
Litora contigerat, per quæ Peneius amnis
Emathia jam clade rubens exibat in æquor.
Inde ratis trepidum, ventis et fluctibus impar,
Flumineis vix tuta vadis, evexit in altum :
Cujus adhuc remis quatitur Corcyra, sinusque
Leucadii, Cilicum dominus terræque Liburnæ,
Exiguam vector pavidus correpsit in alnum.
Conscia curarum secretæ in littora Lesbi
Flectere vela jubet, qua tum tellure latebas
Mœstior, in mediis quam si, Cornelia, campis
Emathiæ stares. Tristes præsagia curas
Exagitant : trepida quatitur formidine somnus ;
Thessaliam nox omnis habet; tenebrisque remotis,
Rupis in abruptæ scopulos extremaque currens

des rochers qui bordent la mer, les yeux attachés sur les flots, tu es la première à découvrir dans le lointain les voiles flottantes d'un vaisseau qui s'avance; mais tu n'oses demander des nouvelles de ton époux. Tu vois une barque voguer vers toi voiles déployées; tu ne sais pas ce qu'elle t'apporte, mais dans un moment toutes tes craintes vont se réaliser. O Cornélie, celui qui vient t'annoncer le malheur de nos armes, la défaite et la fuite de ton époux, c'est ton époux lui-même. Pourquoi dérober ces instants au deuil. Il n'est plus temps de craindre ; il est temps de pleurer.

Le navire aborde; Cornélie s'élance, et reconnaît Pompée ; elle voit le crime des dieux marqué sur le front pâle du héros, sur cette face vénérable qu'il couvre de ses cheveux blancs, et sur ses vêtements tout souillés de poussière. A cette vue, elle chancelle, l'infortunée; un nuage répandu sur ses yeux lui dérobe la lumière du ciel, l'excès de la douleur lui ôte le sentiment, tout son corps tombe en défaillance, son cœur reste longtemps immobile et glacé, et la mort qu'elle a invoquée semble avoir exaucé ses vœux.

Pompée descend du navire attaché par un câble au rivage, et s'avance sur cette plage solitaire. A son approche, les fidèles servantes de Cornélie retiennent leurs cris, et ne se permettent d'accuser le ciel que par des gémissements étouffés. Elles s'ef-

Littora, prospiciens fluctus, nutantia longe
Semper prima vides venientis vela carinæ,
Quærere nec quidquam de fato conjugis audes.
En ratis, ad vestros quæ tendit carbasa portus,
Quid ferat ignoras : sed nunc tibi, summa pavoris,
Nuntius armorum tristis, rumorque sinister,
Victus adest conjux. Quid perdis tempora luctus?
Quum possis jam flere, times. Tunc puppe propinqua
Prosiluit, crimenque Deum crudele notavit,
Deformem pallore ducem, vultusque prementem
Canitie, atque atro squalentes pulvere vestes.
Obvia nox miseræ cœlum, lucemque tenebris
Abstulit, atque animam clausit dolor : omnia nervis
Membra relicta labant; riguerunt corda, diuque
Spe mortis decepta jacet. Jam fune ligato
Littoribus, lustrat vacuas Pompeius arenas.
Quem postquam propius famulæ videre fideles,
Non ultra gemitus tacitos incessere fatum

forcent en vain de relever leur maîtresse évanouie sur la terre. Mais son époux l'embrasse, et pressant sur son sein son corps saisi d'un froid mortel, lui rend la chaleur et la vie. Cornélie, dont le sang recommence à couler, reconnaît la main qui la presse, et ses yeux ont la force de soutenir la tristesse profonde qu'elle voit peinte sur son visage. Il lui défend de se laisser abattre par l'infortune, et réprime en ces mots l'excès de sa douleur. « Femme de Pompée, oubliez-vous de quels aïeux vous êtes née ? Est-ce à une âme si courageuse de succomber sous les premiers revers ? Voici le moment d'éterniser la mémoire de vos vertus. La magnanimité de votre sexe n'est point attachée au maintien des lois ni aux travaux des armes ; le malheur d'un époux en est l'unique épreuve. Élevez, affermissez votre âme ; que votre piété envers moi combatte et surmonte le sort. Aimez votre époux d'autant plus qu'il est vaincu. C'est à présent surtout que je fais votre gloire. Les faisceaux, le sénat, une foule de rois, tout s'éloigne. Commencez à vous regarder comme mon unique compagne, et à me tenir lieu de tout. Il serait honteux, votre mari vivant, de montrer une douleur extrême. Réservez vos larmes pour mon trépas, ce sera le dernier gage de votre foi. Jusque-là, vous n'avez rien perdu ; je respire ; ma fortune seule a péri, et si c'est elle que vous pleurez, c'est elle que vous avez aimée. »

Permisere sibi, frustraque attollere terra
Semianimem conantur heram : quam pectore Magnus
Ambit, et adstrictos refovet complexibus artus.
Cœperat in summum revocato sanguine corpus
Pompeii sentire manus, mœstamque mariti
Posse pati faciem : prohibet succumbere fatis
Magnus, et immodicos castigat voce dolores :
« Nobile cur robur Fortunæ vulnere primo,
Femina, tantorum titulis insignis avorum,
Frangis? Habes aditum mansuræ in sæcula famæ.
Laudis in hoc sexu, non legum jura, nec arma,
Unica materia est conjux miser. Erige mentem,
Et tua cum fatis pietas decertet, et ipsum,
Quod sum victus, ama ; nunc sum tibi gloria major,
A me quod fasces, et quod pia turba senatus,
Tantaque discessit regum manus : incipe Magnum
Sola sequi. Deformis, adhuc vivente marito,
Summus, et augeri vetitus dolor : ultima debet
Esse fides, lugere virum. Tu nulla tulisti
Bello damna meo : vivit post prœlia Magnus,
Sed fortuna perit ; quod defles, illud amasti. »

A ce reproche de son époux, Cornélie soulève à peine sa tête languissante, et son cœur laisse échapper ces plaintes entrecoupées de sanglots. « O née pour le malheur de ceux à qui mon sort se lie, que ne suis-je entrée dans le lit de César! J'ai coûté deux fois des larmes au monde. Celles qui présidèrent à mon hyménée furent Érinnys et les ombres des Crassus. Vouée à ces mânes, j'ai porté dans le camp de la guerre civile les destins de l'Assyrie. J'ai entraîné tous les peuples dans ta ruine, j'ai éloigné tous les dieux du plus juste parti. O mon illustre époux! héros dont je n'étais pas digne! quoi, le sort a eu le droit de t'opprimer! Pourquoi formai-je les nœuds impies qui t'allaient rendre malheureux? Reçois ma mort, que je demande en expiation de mon crime : et pour te rendre la mer plus facile, les rois plus fidèles, l'univers plus soumis, jette dans les flots ta compagne; plus heureuse si elle s'était dévouée avant les malheurs de tes armes pour en obtenir le succès, qu'elle te serve au moins à expier tous les maux qu'elle cause au monde. O Julie! ombre que j'irritais, où que tu sois, te voilà vengée de mon hymen par les malheurs de la guerre civile. Viens jouir encore de mon supplice, et, apaisée par le trépas de ton odieuse rivale, pardonne à ton époux. »

Vocibus his correpta viri, vix ægra levavit
Membra solo, tales gemitu rumpente querelas :
« O utinam in thalamos invisi Cæsaris issem
Infelix conjux, et nulli læta marito!
Bis nocui mundo : me pronuba duxit Erinnys,
Crassorumque umbræ; devotaque manibus illis
Assyrios in castra tuli civilia casus;
Præcipitesque dedi populos, cunctosque fugavi
A causa meliore Deos. O maxime conjux,
O thalamis indigne meis, hoc juris habebat
In tantum Fortuna caput? cur impia nupsi,
Si miserum factura fui ? nunc accipe pœnas,
Sed quas sponte luam. Quo sit tibi mollius æquor,
Certa fides regum, totusque paratior orbis,
Sparge mari comitem. Mallem felicibus armis
Dependisse caput ; nunc clades denique lustra,
Magne, tuas. Ubicumque jaces, civilibus armis
Nostros ulta toros, ades huc, atque exige pœnas,
Julia, crudeles, placataque pellice cæsa,
Magno parce tuo. »

LA PHARSALE, LIVRE VIII. 279

A ces mots, elle tomba une seconde fois dans les bras de Pompée, et sa douleur arracha des larmes à tous les yeux. La grande âme de Pompée en fut elle-même attendrie ; et ce héros qui d'un œil sec avait vu les champs de Pharsale, versa des larmes à Lesbos.

Alors le peuple de Mitylène accourant en foule au rivage, lui dit : « Si notre île fait à jamais sa gloire d'avoir eu en dépôt la digne moitié d'un si grand homme, daignez aussi, Pompée, nous vous en conjurons, daignez vous-même, ne fût-ce qu'une nuit, prendre pour asile nos murs, et vous reposer au sein de nos dieux domestiques, sur la foi sainte et inviolable d'un peuple qui vous est dévoué. Faites de Lesbos un lieu mémorable qu'on vienne voir dans tous les siècles, et qui excite la vénération de tous les voyageurs romains. Vous n'avez pas de refuge plus assuré dans votre fuite ; toute autre ville peut espérer de trouver grâce auprès du vainqueur ; Lesbos ne peut plus s'attendre qu'à sa haine. D'ailleurs César n'a point de flottes, et nous sommes entourés de mers. Les sénateurs, sachant où vous êtes, viendront vous retrouver ; il faut un lieu connu pour rallier vos forces. Nos richesses, les trésors mêmes de nos temples vous sont offerts ; et que ce soit sur mer ou sur terre que vous veuilliez employer notre brave jeunesse, elle est prête à vous suivre ; disposez de Lesbos et de tout ce qui est en son

Sic fata iterumque refusa
Conjugis in gremium, cunctorum lumina solvit
In lacrymas : duri flectuntur pectora Magni,
Siccaque Thessaliæ confudit lumina Lesbos.
Tunc Mitylenæum pleno jam littore vulgus
Adfatur Magnum : « Si maxima gloria nobis
Semper erit tanti pignus servasse mariti,
Tu quoque devotos sacro tibi fœdere muros,
Oramus, sociosque lares dignare vel una
Nocte tua : fac, Magne, locum, quem cuncta revisant
Sæcula ; quem veniens hospes Romanus adoret.
Nulla tibi subeunda magis sunt mœnia victo.
Omnia victoris possunt sperare favorem :
Hæc jam crimen habent. Quid, quod jacet insula ponto ;
Cæsar eget ratibus : procerum pars magna coibit
Certa loci : noto reparandum est litore fatum.
Accipe templorum cultus, aurumque Deorum
Accipe : si terris, si puppibus ista juventus
Aptior est, tota, quantum valet, utere Lesbo.

pouvoir. Enfin, épargnez à un peuple qui croit avoir bien mérité de vous, l'humiliation de laisser croire que vous n'avez compté sur lui que lorsque vous étiez heureux, et que vous avez douté de sa foi dès que le sort vous a été contraire. » Pompée ne fut point insensible à la joie de trouver dans les Lesbiens un zèle si pur et si noble ; il s'applaudit pour l'humanité de voir que l'honneur et la foi n'étaient pas encore exilés du monde.

« Non, leur dit-il, il n'est aucun lieu de la terre qui me soit plus cher que Lesbos. Je n'en veux qu'un témoignage : c'est à Lesbos que j'ai confié toutes les affections de mon âme ; c'est ici que j'ai retrouvé ma maison, mes dieux, une seconde Rome : aussi, dans ma fuite, n'ai-je pas cherché à gagner un autre rivage ; et quoique vous eussiez à craindre les ressentiments de César, je n'ai pas hésité à vous livrer en moi le moyen le plus sûr d'apaiser sa colère. Mais c'est assez de vous avoir rendus coupables une fois ; je dois poursuivre ma fortune dans tout l'univers. Adieu, Lesbos, peuple à jamais heureux d'avoir acquis par ta vertu une renommée éternelle ; soit que ton exemple engage les nations et les rois à me secourir, soit que tu aies la gloire d'être le seul qui dans mon malheur me soit resté fidèle, car j'ai résolu d'éprouver en quels lieux de la terre la justice règne, et en quels lieux le crime fait la loi. Dieu, qui veilles sur

(Accipe : ne Cæsar rapiat, tu victus habeto.)
Hoc solum crimen meritæ bene detrahe terræ,
Ne nostram videare fidem felixque secuutus,
Et damnasse miser. »
    Tali pietate virorum
Lætus, in adversis, et mundi nomine gaudens
Esse fidem : « Nullum toto mihi, dixit, in orbe
Gratius esse solum, non parvo pignore vobis
Ostendi : tenuit nostros hac obside Lesbos
Adfectus ; hic sacra domus carique penates,
Hic mihi Roma fuit. Non ulla in littora puppim
Ante dedi fugiens, sævi quum Cæsaris iram
Jam scirem meritam, servata conjuge, Lesbon,
Non veritus tantam veniæ committere vobis
Materiam. Sed jam satis est fecisse nocentes :
Fata mihi totum mea sunt agitanda per orbem.
Heu nimium felix æterno nomine Lesbos !
Sive doces populos regesque admittere Magnum,
Seu præstas mihi sola fidem : nam quærere certum est
Fas quibus in terris, ubi sit scelus. Accipe, Numen,

mes destins (s'il en est encore un seul qui me protége), reçois le dernier de mes vœux : fais-moi trouver partout des peuples comme le peuple de Lesbos, qui, tout malheureux que je suis, aiment mieux s'exposer à la colère de César que d'insulter à ma disgrâce, ou d'attenter à ma liberté. »

Il dit, et il fit porter la triste Cornélie sur le vaisseau qui l'attendait. A la désolation de ce peuple, on eût dit qu'on le forçait lui-même à quitter ses pénates et sa patrie. On n'entendait sur le rivage que des gémissements et des plaintes ; on ne voyait que des mains élevées vers le ciel, et quoique le malheur de Pompée eût affligé tous les cœurs, c'était moins ce héros qu'on plaignait que celle avec qui ce peuple était accoutumé à vivre comme avec une de ses citoyennes, et qu'il voyait avec douleur s'éloigner. Quand même elle irait joindre un époux triomphant, les femmes de Lesbos en lui disant adieu auraient peine à retenir leurs larmes : tant sa pudeur, sa dignité, la modestie répandue sur son chaste visage lui ont attiré leur amour. Ce qui les a le plus touchées, c'est que loin de se rendre incommode à ses hôtes, et loin d'humilier même les plus petits, elle a vécu à Mitylène dans le temps des prospérités et de la gloire de Pompée comme s'il eût été vaincu.

Le soleil était à demi plongé sous l'horizon ; et s'il est vrai qu'il y ait des peuples pour lesquels il se lève en se couchant

Si quod adhuc mecum es, votorum extrema meorum :
Da similes Lesbo populos, qui Marte subactum
Non intrare suos infesto Cæsare portus,
Non exire vetent. »
         Dixit, mœstamque carinæ
Imposuit comitem. Cunctos mutare putares
Tellurem, patriæque solum : sic littore toto
Plangitur ; infestæ tenduntur in æthera dextræ ;
Pompeiumque minus, cujus fortuna dolorem
Moverat, est illam, quam toto tempore belli
Ut civem videre suam, discedere cernens
Ingemuit populus : quam vix, si castra mariti
Victoris peteret, siccis dimittere matres
Jam poterant oculis : tanto devinxit amore
Hos pudor, hos probitas, castique modestia vultus,
Quod submissa nimis, nulli gravis, hospita turbæ,
Stantis adhuc fati vixit quasi conjuge victo.
Jam pelago medios Titan demissus ad ignes,

pour nous, chacun des deux mondes ne voyait alors que la moitié de son globe de flamme. La nuit vient, et les soucis cruels et vigilants dont l'âme de Pompée est remplie, lui font parcourir de la pensée les villes et les peuples alliés des Romains, les cours de l'Orient, leurs mœurs, leur différent génie, et ces régions du midi qu'une chaleur intolérable défend seule contre César. Souvent l'âme accablée de ces pénibles soins, et rebutée de l'affligeante image que lui présente l'avenir, il écarte, pour respirer, ces idées tumultueuses; et l'abattement de ses esprits, qu'un trouble si violent épuise, lui laisse un moment de relâche. Il questionne alors le pilote sur tous les astres; comment on reconnaît les rivages; quel moyen le ciel lui donne de mesurer l'espace parcouru de la mer; quel astre lui montre la Syrie; quels feux du Chariot le font se diriger vers la Libye. L'observateur habile du taciturne Olympe lui répond : « Nous ne suivons pas ces astres qui lentement déclinent dans le ciel étoilé et abusent le pauvre matelot. Non. L'axe sans couchant qui ne se plonge jamais dans les ondes et qu'éclaire le double Arctos, voilà notre guide. Ce point se dresse-t-il au sommet de l'horizon, la petite Ourse domine-t-elle l'extrémité des antennes, nous marchons vers le Bosphore et la mer de Scythie. Mais que l'Arctophylax descende de la cime du mât et que Cynosure se

<pre>
        Nec quibus abscondit, nec si quibus exserit orbem,
     Totus erat : vigiles Pompeii pectore curæ
    'Nunc socias adeunt Romani fœderis urbes,
     Et varias regum mentes, nunc invia mundi
     Arva super nimios soles Austrumque jacentis.
     Sæpe labor mœstus curarum, odiumque futuri
     Projecit fessos incerti pectoris æstus;
     Rectoremque ratis de cunctis consulit astris,
     Unde notet terras, quæ sit mensura secandi
     Æquoris in cœlo, Syriam quo sidere servet,
     Aut quotus in Plaustro Libyam bene dirigat ignis.
     Doctus ad hæc fatur taciti servator Olympi :
     « Signifero quæcumque fluunt labentia cœlo,
     Numquam stante polo, miseros fallentia nautas
     Sidera non sequimur : sed qui non mergitur undis
     Axis inocciduus, gemina clarissimus Arcto,
     Ille regit puppes. Hic quum mihi semper in altum
     Surget, et instabit summis minor Ursa ceruchis;
     Bosporon, et Scythiæ curvantem litora pontum
     Spectamus. Quidquid descendet ab arbore summa
     Arctophylax, propiorque mari Cynosura feretur,
</pre>

penche à la surface des mers, le vaisseau marche vers la Syrie, de là vous parvenez au Canope, content d'errer sous le ciel austral; poussez à gauche, au delà de Pharos, le navire touchera les Syrtes. Mais ordonnez où je dois tourner ma voile, incliner mes vergues. » Pompée encore irrésolu répond : « N'importe où, sur la mer sans fin : le plus loin, le plus loin possible des bords thessaliens; loin des mers et du ciel d'Italie. Le reste au gré des vents. Naguère confiée à Lesbos, maintenant Cornélie est avec moi; tout à l'heure je savais quel rivage désirer : maintenant, que la fortune me choisisse un port. »

Alors le pilote, au lieu de présenter la pleine voile au vent, l'incline; le navire penche vers la gauche, afin de diriger sa route entre les écueils de la côte d'Asie et du rivage de Chio. On relâche les agrès de la proue, on tend ceux de la poupe. La mer ressentit le mouvement de la voile, et la proue annonça par le bruit des ondes qu'il s'y traçait un sillon nouveau. Tel et avec moins d'adresse, dans la course des chars, un écuyer habile, obligeant ses coursiers à décrire le tour le plus étroit du cirque, effleure la borne et l'évite.

Le soleil revient éclairer la terre, et sa lumière efface les as-

In Syriæ portus tendet ratis. Inde Canopos
Excipit australi cœlo contenta vagari,
Stella timens Borean : illa quoque perge sinistra,
Trans Pharon; in medio tanget ratis æquore Syrtim.
Sed quo vela dari, quo nunc pede carbasa tendi
Nostra jubes? » Dubio contra cui pectore Magnus :
« Hoc solum toto, respondit, in æquore serva,
Ut sit ab Emathiis semper tua longius oris
Puppis, et Hesperiam pelago cœloque relinquas :
Cetera da ventis. Comitem pignusque recepi
Depositum : tunc certus eram, quæ littora vellem;
Nunc portum fortuna dabit. » Sic fatur : at ille
Justo vela modo pendentia cornibus æquis
Torsit, et in lævum puppim dedit, utque secaret,
Quas Asiæ cautes, et quas Chios asperat, undas,
Hos dedit in proram, tenet hos in puppe rudentes.
Æquora senserunt motus, aliterque secante
Jam pelagus rostro, nec idem spectante carina,
Mutavere sonum. Non sic moderator equorum,
Dexteriore rota lævum quum circuit orbem,
Cogit inoffensæ currus accedere metæ.
Ostendit terras Titan, et sidera texit.

tres de la nuit. Bientôt tout ce qui est échappé au naufrage de Thessalie se rassemble auprès de Pompée. Son fils fut le premier qui, du rivage de Lesbos, suivit ses traces sur les mers. Après lui vinrent une foule fidèle de patriciens; car même depuis sa ruine et la défaite de son armée, la Fortune ne put l'empêcher d'avoir des esclaves couronnés; et dans sa déroute, il traînait après lui tous les rois de la terre, tous les sceptres de l'Orient. Déjotarus, ayant découvert çà et là les signes épars de sa fuite, venait enfin de le joindre; Pompée l'envoie au fond de l'Asie lui chercher de nouveaux secours. « O le plus fidèle de tous les rois, lui dit-il, j'ai perdu tout ce qui sur la terre était au pouvoir des Romains; mais il me reste à éprouver le zèle des peuples du Tigre et de l'Euphrate, où ne s'étend point encore la domination de César. Allez en mon nom soulever l'Orient et le Nord; pénétrez jusque dans le fond des États du Mède et du Scythe; allez dans un monde qu'un autre soleil éclaire; rendez au superbe Arsacide ces paroles que je lui adresse: Si l'ancienne alliance que nous avons jurée, moi par Jupiter Latin, vous par le culte de vos mages, subsiste encore entre Rome et vous, Parthes, remplissez vos carquois, tendez vos arcs, souvenez-vous qu'en chassant devant moi les

Sparsus ab Emathia fugit quicumque procella,
Adsequitur Magnum : primusque a litore Lesbi
Occurit natus, procerum mox turba fidelis.
Nam neque dejecto fatis, acieque fugato
Abstulerat Magno reges fortuna ministros :
Terrarum dominos, et sceptra Eoa tenentes
Exsul habet comites. Jubet ire in devia mundi
Dejotarum, qui sparsa ducis vestigia legit.
« Quando, ait, Emathiis amissus cladibus orbis
Qua Romanus erat, superest, fidissime regum,
Eoam tentare fidem, populosque bibentes
Euphraten, et adhuc securum a Caesare Tigrim :
Ne pigeat, Magno quaerentem fata, remotas
Medorum penetrare domos, Scythicosque recessus,
Et totum mutare diem, vocesque superbo
Arsacidae perferre meas :
 « Si fœdera nobis
Prisca manent, mihi per Latium jurata Tonantem,
Per vestros adstricta magos, implete pharetras,
Armeniosque arcus Geticis intendite nervis :
Si vos, o Parthi, peterem quum Caspia claustra,

peuples du Caucase, je vous laissai la liberté d'errer en paix dans vos campagnes, sans vous réduire à chercher dans les murs de Babylone un asile contre moi. J'avais déjà franchi les bornes du vaste empire de Cyrus; et vers le fond de la Chaldée, je touchais aux bords où l'Hydaspe et le Gange vont se jeter au sein des mers. Cependant lorsque la victoire me soumettait tout l'Orient, je voulus bien excepter le Parthe du nombre des peuples que je rangeais sous les lois de Rome, et leur roi fut le seul que je traitai d'égal. Ce n'est pas une fois seulement que les Arsacides m'ont dû la conservation de leur empire; et, après la sanglante défaite de Crassus en Assyrie, quel autre que moi eût apaisé le ressentiment des Romains engagés par tant de bienfaits? O Parthes! voici le moment de passer l'Euphrate qui devait à jamais vous servir de barrière. Courez sur cette rive que vous interdit le fondateur de Zeugma. Venez vaincre en faveur de Pompée; et Rome elle-même consent à être vaincue à ce prix. »

Quelque difficile que fût ce message, Déjotarus voulut bien s'en charger. Il dépose les marques de la royauté et part sous l'habit d'un esclave. Dans les périls, on voit souvent pour sa sûreté, un roi se donner l'apparence d'un homme indigent;

> Et sequerer duros æterni Martis Alanos,
> Passus Achæmeniis late decurrere campis,
> In tutam trepidos numquam Babylona coegi :
> Arva super Cyri, Chaldæique ultima regni,
> Qua rapidus Ganges, et qua Nysæus Hydaspes
> Accedunt pelago, Phœbi surgentis ab igne
> Jam propior, quam Persis, eram : tamen omnia vincens
> Sustinui nostris vos tantum deesse triumphis,
> Solusque e numero regum telluris Eoæ,
> Ex æquo me Parthus adit.
> « Nec munere Magni
> Stant semel Arsacidæ : quis enim post vulnera cladis
> Assyriæ, justas Latii compescuit iras?
> Tot meritis obstricta meis, nunc Parthia ruptis
> Excedat claustris vetitam per sæcula ripam,
> Zeugmaque Pellæum. Pompeio vincite, Parthi ;
> Vinci Roma volet. » Regem parere jubenti
> Ardua non piguit, positisque insignibus aulæ
> Egreditur famuli raptos indutus amictus.
> In dubiis tutum est inopem simulare tyranno :
> Quanto igitur mundi dominis securius ævum

tant il est vrai que la vie du pauvre est plus tranquille que celle des maîtres du monde.

Pompée ayant jeté Déjotarus sur le rivage de l'Asie, poursuit sa route, entre les écueils d'Icare. Il laisse derrière lui Éphèse et Colophon à la rade paisible; et à la faveur d'un vent léger, que l'île de Cos lui envoie, il passe devant Gnide, rase l'île de Rhodes, dorée par le soleil, coupe le golfe de Telmesse, et la côte de Pamphilie se présente devant lui; mais n'y voyant pas encore d'asile assuré, il gagne l'humble ville de Phaselis, où il n'a point à craindre le peu d'habitants que la guerre y a laissés, et qui, tous ensemble, n'égalent pas le nombre des Romains qu'il a sur son vaisseau. Il s'avance et passe à la vue du mont Taurus, d'où tombent les eaux du Dipsante. Pompée eût-il jamais pu croire, dans le temps qu'il chassait de ces mers les pirates de Cilicie, qu'un jour, exposé sur un faible navire, il aurait besoin d'y trouver lui-même un passage tranquille? Une grande partie du sénat se rallie auprès de son chef fugitif; enfin il arrive au port de Syédra, où le Sélinus accueille et renvoie les navires. Là, sa voix, qu'une douleur profonde avait tenue longtemps muette, rompt enfin le silence, et il parle en ces mots :

« Compagnons de mes travaux et de ma fuite, vous qui êtes

> Verus pauper agit ! Dimisso in littore rege,
> Ipse per Icariæ scopulos, Ephesumque relinquens,
> Et placidi Colophona maris, spumantia parvæ
> Radit saxa Sami : spirat de littore Coo
> Aura fluens ; Gnidon inde fugit, claramque relinquit
> Sole Rhodon, magnosque sinus Telmessidos undæ
> Compensat medio pelagi. Pamphylia puppi
> Occurrit tellus : nec se committere muris
> Ausus adhuc ullis, te primum, parva Phaselis,
> Magnus adit; nam te metui vetat incola rarus,
> Exhaustæque domus populis; majorque carinæ
> Quam tua turba fuit : tendens hinc carbasa rursus
> Jam Taurum, Tauroque videt Dipsanta cadentem.
> Crederet hoc Magnus, pacem quum præstitit undis,
> Et sibi consultum? Cilicum per littora tutus
> Parva puppe fugit; sequitur pars magna senatus
> Ad profugum collecta ducem ; parvisque Syedris,
> Quo portu mittitque rates recipitque Selinus,
> In procerum cœtu tandem mœsta ora resolvit
> Vocibus his Magnus : « Comites bellique fugæque,

Rome pour moi, quoique nous soyons assemblés sur une plage solitaire, sur les bords de la Cilicie, où je me vois sans secours et sans armes abandonné de tout l'univers; j'ose former de nouveaux desseins pour changer la face des choses. Rappelez toutes les forces de vos grandes âmes. Je n'ai pas péri tout entier à Pharsale, et mon malheur ne m'a point tellement abattu, que je ne puisse relever ma tête et me dégager du milieu des ruines où l'on me croit enseveli. Marius errant et caché entre les débris de Carthage ne s'est-il pas relevé de sa chute? Ne l'a-t-on pas revu dans Rome précédé des faisceaux? Ne l'a-t-on pas vu encore une fois inscrire son nom dans nos fastes? Et si la main de la Fortune s'est moins appesantie sur moi que sur lui, me tiendra-t-elle terrassé? J'ai mille vaisseaux sur les mers de la Grèce, mille chefs sont sous mes drapeaux; Pharsale a plutôt dispersé que renversé mes forces. La seule réputation que mes anciens travaux m'ont faite dans tout l'univers et un nom longtemps cher au monde suffiraient pour me soutenir. Ce que je vous laisse à examiner, c'est à qui nous aurons recours : de l'Égyptien, du Parthe ou du Numide, et sur les forces et la fidélité duquel on peut le plus compter. Pour moi, je vais vous confier mes inquiétudes secrètes et quelle serait ma résolution. L'enfance du roi d'Égypte m'est suspecte;

Atque instar patriæ, quamvis in littore nudo,
In Cilicum terra, nullis circumdatus armis
Consultem, rebusque novis exordia quæram,
Ingentes præstate animos : non omnis in arvis
Emathiis cecidi, nec sic mea fata premuntur,
Ut nequeam relevare caput, cladesque receptas
Excutere. An Libycæ Marium potuere ruinæ
Erigere in fasces, plenis et reddere fastis;
Me pulsum leviore manu Fortuna tenebit?
Mille meæ Graio volvuntur in æquore puppes,
Mille duces : sparsit potius Pharsalia nostras,
Quam subvertit, opes : sed me vel sola tueri
Fama potest rerum, toto quas gessimus orbe,
Et nomen, quod mundus amat. Vos pendite regna
Viribus, atque fide, Libyen, Parthosque, Pharonque,
Quænam Romanis deceat succurrere rebus.
Ast ego curarum vobis arcana mearum
Expromam, mentisque meæ quo pondera vergant.
Ætas Niliaci nobis suspecta tyranni est :

pour lutter contre le malheur, le zèle a besoin d'un courage affermi par toute la vigueur de l'âge. Juba n'a pas oublié son origine. D'un autre côté, l'artificieuse duplicité du Maure m'épouvante. Ce peuple a hérité de la haine de Carthage contre les Romains. Le Numide qui occupe le trône a dans le cœur tout l'orgueil d'Annibal, qui par sa souche oblique souille de son sang ses aïeux Numides. Il n'est déjà que trop fier d'avoir vu Varus suppliant et d'avoir protégé nos armes. Le parti le plus sûr est donc de nous retirer vers l'Orient. L'immense Euphrate. partage le monde en deux empires; et les portes Caspiennes servent de barrières à ces vastes contrées qu'un autre ciel éclaire et qu'entoure un Océan d'une autre couleur que le nôtre. Vaincre et dominer sont les plaisirs de ces peuples fiers : leurs coursiers sont superbes; leur arc est terrible, dès l'enfance et jusque dans la vieillesse ils le tendent avec vigueur ; le trait décoché par leur main porte une mort inévitable; ils furent les seuls qui arrêtèrent l'impétuosité d'Alexandre ; ils soumirent Bactres et Babylone, le Mède et l'Assyrien; nos javelots les intimident peu; et depuis le malheur de Crassus, ils savent trop qu'avec les carquois des Scythes, leurs aïeux, ils peuvent défier nos armes. C'est peu pour eux d'aiguiser leurs

---

Ardua quippe fides robustos exigit annos.
Hinc anceps dubii terret solertia Mauri ;
Namque memor generis, Carthaginis impia proles
Imminet Hesperiæ, multusque in pectore vano est
Annibal, obliquo maculat qui sanguine regnum,
Et Numidas contingit avos : jam supplice Varo
Intumuit, viditque loco Romana secundo.
Quare agite, Eoum, comites, properemus in orbem.
Dividit Euphrates ingenti gurgite mundum,
Caspiaque immensos seducunt claustra recessus,
Et polus Assyrias alter noctesque, diesque
Vertit, et abruptum est nostro mare discolor unda,
Oceanusque suus. Regnandi sola voluptas.
Celsior in campis sonipes et fortior arcus;
Nec puer, aut senior letales tendere nervos
Segnis, et a nulla mors est incerta sagitta.
Primi Pellæas arcu fregere sarissas,
Bactraque Medorum sedem, murisque superbam,
Assyrias, Babylona, domos. Nec pila timentur
Nostra nimis Parthis, audentque in bella venire,
Experti Scythicas, Crasso pereunte, pharetras.
Spicula nec solo spargunt fidentia ferro ;

flèches, ils savent les empoisonner : la plus légère blessure en est fatale, et dès que la pointe pénètre jusqu'au sang, elle y laisse la mort. Et que ne puis-je moins compter sur la valeur des Arsacides? Leurs destins qui balancent les nôtres ne leur inspirent que trop d'audace, et la faveur des dieux ne les a que trop secondés. Je ferai donc sortir ces peuples des régions où naît le jour, je les ferai marcher vers nos climats et y porter la guerre. Je lancerai l'Orient hors de ses retraites. S'ils me manquent de foi, s'ils trahissent l'alliance jurée, au delà des bornes du monde habité, je consommerai mon naufrage; on ne me verra point implorer les rois que j'ai faits, mais sur cette terre éloignée j'aurai la consolation de mourir sans coûter un nouveau crime à César, sans rien devoir à sa pitié. Cependant, plus je me rappelle ma vie passée, plus j'ose croire que mon nom est respecté dans l'Orient. Quelle gloire nos armes n'ont-elles pas acquise au-dessus de l'Euxin, aux bords du Tanaïs, alors que je me montrai à tout l'Orient? En quelle partie du monde avons-nous eu des succès plus rapides? des triomphes plus éclatants? O Rome! fais des vœux pour le dessein que je médite. Et que peuvent jamais les dieux t'accorder de plus favorable, que d'engager le Parthe dans tes guerres civiles, d'y

    Stridula sed multo saturantur tela veneno.
Vulnera parva nocent, fatumque in sanguine summo est.
O utinam non tanta mihi fiducia sævis
Esset in Arsacidis! fatis nimis æmula nostris
Fata movent Medos, multumque in gente Deorum est.
Effundam populos alia tellure revulsos,
Excitosque suis immittam sedibus ortus.
Quod si nos Eoa fides, et barbara fallunt
Fœdera; vulgati supra commercia mundi
Naufragium Fortuna ferat. Non regna precabor,
Quæ feci; sat magna feram solatia mortis
Orbe jacens alio, nil hæc in membra cruente,
Nil socerum fecisse pie.
        « Sed cuncta revolvens
Vitæ fata meæ, semper venerabilis illa
Orbis parte fui : quantus Mæotida supra,
Quantus apud Tanain toto conspectus in ortu!
Quas magis in terras nostrum felicibus actis
Nomen abit, aut unde redit majore triumpho?
Roma, fave cœptis : quid enim tibi lætius unquam
Præstiterint Superi, quam, si civilia Partho

consumer ses forces redoutables et de l'envelopper dans tes malheurs? Si le Parthe et César croisant leur glaive en viennent aux mains, quel que soit le vainqueur, il faut que la Fortune ou me venge ou venge Crassus! »

Au murmure qui s'éleva dans l'assemblée, il fut facile à Pompée de juger qu'on désapprouvait son dessein. Lentulus se distingua dans ce conseil par la chaleur de son zèle et la majesté de sa douleur. Il se lève et il fait entendre ces paroles dignes d'un homme, naguère consul :

« Hé quoi, Pompée, le malheur de Thessalie a-t-il jusque-là consterné votre âme? un jour a-t-il tout renversé? Pharsale a-t-elle vu périr jusqu'au dernier espoir de la république? La plaie enfin est-elle si profonde, et le mal est-il incurable au point qu'il ne vous reste d'autre ressource que d'aller implorer le Parthe, et vous prosterner à ses pieds? Pourquoi, transfuge de ce monde, aller chercher un ciel nouveau, des astres inconnus, une terre étrangère? Voulez-vous, esclave du Parthe, vous ranger sous ses lois, vous soumettre à son culte, aller avec les Chaldéens adorer le feu de leurs foyers? Vous, qui prétendez n'avoir pris les armes que pour l'amour de la liberté, pourquoi, si vous pouvez endurer l'esclavage, en avoir imposé à ce malheureux univers? Le Parthe, qui frémit d'effroi quand il

---

Milite bella geras, tantam consumere gentem,
Et nostris miscere malis? Quum Cæsaris arma
Concurrent Medis, aut me Fortuna necesse est
Vindicet, aut Crassos. » Sic fatus, murmure sentit
Consilium damnasse viros : quos Lentulus omnes
Virtutis stimulis, et nobilitate dolendi
Præcessit, dignasque tulit modo consule voces :
« Siccine Thessalicæ mentem fregere ruinæ?
Una dies mundi damnavit fata? secundum
Emathiam lis tanta datur? jacet omne cruenti
Vulneris auxilium? solos tibi, Magne, reliquit
Parthorum Fortuna pedes? Quid transfuga mundi
Terrarum totos tractus, cælumque perosus,
Aversosque polos, alienaque sidera quæris,
Chaldæos culture focos et barbara sacra,
Parthorum famulus? quid causa obtenditur armis
Libertatis amor? miserum quid decipis orbem,
Si servire potes?
« Te, quem Romana regentem

apprit que Rome vous avait mis à la tête de ses armées ; le Parthe, qui vous a vu des forêts de l'Hircanie et du rivage de l'Inde traîner les rois captifs après vous ; le Parthe vous verra, triste rebut du sort, humilié, tremblant, consterné devant lui ! Quels projets son orgueil ne va-t-il pas fonder sur notre puissance abattue, en se comparant avec Rome, qu'il croira voir en vous suppliante à ses pieds ? Et que lui direz-vous qui soit digne de votre courage et du rang que vous occupez ? Le barbare ignore votre langue, il faudra que vos larmes, les larmes de Pompée implorent sa compassion. Qu'il vous l'accorde ; quelle honte pour Rome d'avoir besoin du Parthe pour venger ses malheurs ? Est-ce pour subir cet affront qu'elle vous a fait notre chef ? Pourquoi répandre chez ces barbares le bruit de vos calamités ? Pourquoi leur découvrir des plaies qu'il eût fallu tenir cachées ? Pourquoi leur apprendre à franchir les barrières de leur empire ? La seule consolation de Rome, dans son malheur, était d'écarter tous les rois, et de ne servir qu'un citoyen ; et vous, traversant l'univers, vous voulez attirer jusqu'au sein de Rome des peuples qui ne demandent qu'à la déchirer ! Vous reviendrez des bords de l'Euphrate, à la suite des étendards que le Parthe enleva au malheureux Crassus ! Le seul de tous les rois qui, dans le temps que la fortune ne se déclarait point en-

Horruit auditu, quem captos ducere reges
Vidit ab Hyrcanis, Indoque a litore, silvis,
Dejectum fatis, humilem fractumque videbit,
Extolletque animos Latium vesanus in orbem,
Se simul et Romam, Pompeio supplice, mensus?
Nil animis fatisque tuis effabere dignum :
Exiget, ignorans Latiæ commercia linguæ,
Ut lacrymis se, Magne, roges.
              « Patimurne pudoris
Hoc vulnus, clades ut Parthia vindicet ante
Hesperias, quam Roma suas? civilibus armis
Elegit te nempe ducem : quid vulnera nostra
In Scythicos spargis populos, cladesque latentes?
Quid Parthos transire doces? solatia tanti
Perdit Roma mali, nullos admittere reges,
Sed civi servire suo. Juvat ire per orbem,
Ducentem sævas Romana in mœnia gentes,
Signaque ab Euphrate cum Crassis capta sequentem?
Qui solus regum, fato celante favorem,

core, s'est exempté de cette guerre, osera-t-il, instruit de la victoire et des forces de César, s'associer à vos disgrâces et marcher contre lui? N'en attendez pas ce courage. Les peuples nés dans les frimats du Nord sont belliqueux et indomptables; mais ceux du Levant sont amollis par la douceur de leur climat. Ces robes longues et flottantes dont les hommes y sont vêtus, annoncent-elles des guerriers? Dans les campagnes de la Médie, dans les champs du Sarmate, dans les vastes plaines qu'arrose le Tigre, le Parthe ayant la liberté de fuir et de se rallier, est un ennemi invincible; mais dans un pays hérissé de montagnes, lui fera-t-on gravir des rochers escarpés? Surpris, attaqué dans la nuit, quel usage ses mains feront-elles de son arc? S'il faut passer à la nage un fleuve rapide et profond, est-il accoutumé à vaincre l'impétueux courant des eaux? Et dans les chaleurs de l'été, au milieu des flots de poussière, couvert de sang et de sueur, soutiendra-t-il sous un soleil brûlant tout le poids d'un jour de bataille? Il ne connaît ni le bélier, ni aucune machine de guerre. Une tranchée à combler est un travail au-dessus de ses forces; poursuit-il l'ennemi, tout ce qui s'oppose au vol d'une flèche est un rempart contre lui. De légers combats, une guerre fugitive, des escadrons volants, des soldats plus propres à quitter

Defuit Emathiæ, nunc tantas ille lacesset
Auditi victoris opes, aut jungere fata
Tecum, Magne, volet? non hæc fiducia genti est.
Omnis in Arctois populus quicumque pruinis
Nascitur, indomitus bellis, et mortis amator.
Quidquid ad Eoos tractus, mundique teporem
Labitur, emollit gentes clementia cœli.
Illic et laxas vestes, et fluxa virorum
Velamenta vides. Parthus per Medica rura,
Sarmaticos inter campos, effusaque plano
Tigridis arva solo, nulli superabilis hosti est
Libertate fugæ : sed non, ubi terra tumebit,
Aspera conscendet montis juga; nec per opacas
Bella geret tenebras incerto debilis arcu,
Nec franget nando violenti vorticis amnem,
Nec tota in pugna perfusus sanguine membra
Exiget æstivum calido sub pulvere solem.
Non aries illis, non ulla est machina belli :
Haud fossas implere valent; Parthoque sequenti
Murus erit, quodcumque potest obstare sagittæ.
Pugna levis, bellumque fugax, turmæque vagantes,

leur poste qu'à chasser l'ennemi du sien : voilà le Parthe ; il est réduit au lâche expédient d'empoisonner ses flèches ; il n'ose approcher l'ennemi ; mais du plus loin qu'il peut l'atteindre, il tend son arc, et laisse au vent le soin de diriger ses coups. L'épée impose la vaillance, et c'est l'arme de tous les peuples vraiment belliqueux. Voyez les Parthes dans les combats : désarmés dès la première charge, sitôt que leur carquois est vide, ils sont obligés de s'enfuir ; leurs bras n'ont aucune vigueur : toute leur confiance est au venin dans lequel ils trempent leurs flèches. Et vous, Pompée, vous comptez sur un peuple, à qui, dans les combats, le fer ne peut suffire ! Un si honteux secours vaut-il que vous alliez mourir loin de votre patrie, à l'autre bout de l'univers ? qu'une terre barbare vous couvre, et qu'on vous y accorde une pierre étroite et sans gloire, grâce encore digne d'envie, dans un pays où Crassus est privé de la sépulture ? Toutefois votre sort n'est pas le plus malheureux ; car le trépas est le dernier des maux, et il n'a rien d'effrayant pour des hommes de courage ? Mais que deviendra Cornélie ? Ce n'est pas la mort qui l'attend chez les Parthes. Ignorez-vous comment ces peuples dissolus traitent les plaisirs de l'amour ? Leur usage est l'instinct des bêtes. Un même lit reçoit des épouses sans nombres ; les lois, les nœuds de l'hymé-

---

Et melior cessisse loco, quam pellere, miles.
Illita tela dolis, nec Martem cominus unquam
Ausa pati virtus, sed longe tendere nervos,
Et, quo ferre velint, permittere vulnera ventis.
Ensis habet vires, et gens quæcumque virorum est,
Bella gerit gladiis : nam Medos prælia prima
Exarmant, vacuæque jubent remeare pharetræ.
Nulla manus illis, fiducia tota veneni est.
Credis, Magne, viros, quos in discrimina belli
Cum ferro misisse parum est ? tentare pudendum
Auxilium tanti est, toto divisus ut orbe
A terra moriare tua ? tibi barbara tellus
Incumbat ? te parva tegant ac vilia busta,
Invidiosa tamen, Crasso quærente sepulcrum ?
Sed tua sors levior, quoniam mors ultima pœna est,
Nec metuenda viris : at non Cornelia letum
Infando sub rege timet : num barbara nobis
Est ignota Venus, quæ ritu cæca ferarum
Polluit innumeris leges et fœdera tædæ

née y sont souillés par ce mélange impur; ses mystères les plus secrets y sont célébrés sans pudeur, en présence de mille femmes. Cette cour plongée dans l'ivresse et dans les délices des festins, ne s'interdit aucun excès de licence et de volupté. Les nuits se passent entre ces rivales à rallumer sans cesse les désirs d'un homme, et à les combler tour à tour. Les sœurs, les mères, noms sacrés, partagent la couche des rois. La fable d'OEdipe, quelque involontaire que fût son crime, le rendit horrible aux nations; combien de fois, avec pleine lumière, un pareil commerce a donné des héritiers aux Arsacides! que ne se permet pas un roi, qui se croit permis de donner des enfants à sa mère! L'illustre fille des Scipions sera donc la millième femme destinée au lit d'un barbare, et la plus exposée sans doute aux outrages d'un amour qu'elle irritera par sa fière sévérité, et par le nom de ses époux; car un nouvel attrait pour les désirs du Parthe ce sera de savoir que votre femme fut celle de Crassus. C'est une captive qui lui est échappée dans la défaite des Romains, et qu'il croira que le sort lui ramène. Rappelez-vous, Pompée, ce carnage affreux de nos légions dans l'Assyrie; et vous rougirez, non-seulement d'implorer le secours de ce roi funeste, mais d'avoir, à toute chose, préféré la

Conjugibus? thalamique patent secreta nefandi
Inter mille nurus : epulis vesana meroque
Regia, non ullos exceptos legibus horret
Concubitus : tot femineis complexibus unum
Non lassat nox tota marem. Jacuere sorores
In regum thalamis, sacrataque pignora, matres.
Damnat apud gentes sceleris non sponte peracti
OEdipodionias infelix fabula Thebas :
Parthorum domitus quoties sic sanguine mixto
Nascitur Arsacides? cui fas implere parentem,
Quid rear esse nefas? proles tam clara Metelli
Stabit barbarico conjux millesima lecto.
Quamquam non ulli plus regia, Magne, vacabit
Sævitia stimulata Venus titulisque virorum.
Nam quo plura jurent Parthum portenta, fuisse
Hanc sciet et Crassi : ceu pridem debita fatis
Assyriis, trahitur cladis captiva vetustæ.
Hæreat Eoæ vulnus miserabile sortis;
Non solum auxilium funesto a rege petisse,
Sed gessisse prius bellum civile pudebit.

guerre civile. Et quel plus grand crime aux yeux des nations dans le gendre et dans le beau-père, que d'avoir laissé, pour se détruire entre eux, Crassus et les siens sans vengeance! Il fallait que Rome, avec toutes ses forces et tous ses chefs, fondît à la fois sur Bactres; et que, de peur de n'avoir pas assez d'armes pour l'accabler, laissant l'empire à découvert du côté du Germain et du Dace, elle abandonnât ses frontières, jusqu'à ce que la perfide Suze et Babylone eussent caché sous leurs ruines les tombeaux de nos guerriers. O fortune, c'est la guerre avec l'Assyrie que nous te demandons. Si Pharsale a consommé la guerre civile, que le vainqueur marche contre le Parthe : c'est le seul peuple de l'univers dont nous puissions voir avec joie César triomphant. Vous, Pompée, dès le moment que vous aurez passé l'Araxe glacé, attendez-vous à voir le morne fantôme du vieux Crassus, tout percé des flèches du Parthe, vous apparaître et vous parler ainsi : *O toi, qu'après ma mort mon ombre errante regardait comme le vengeur de l'outrage fait à ma cendre; tu viens ici parler d'alliance et de paix!* alors à chaque pas, vous trouverez des monuments de la honte de Rome. Les villes vous offriront les têtes de nos chefs qu'on y a portées en triomphe; l'Euphrate vous rappellera tous ces morts, dont il a roulé les cadavres; le Tigre, tous ceux qu'il a engloutis.

Nam quod apud populos crimen socerique tuumque
Majus erit, quam quod vobis miscentibus arma,
Crassorum vindicta perit? incurrere cuncti
Debuerant in Bactra duces, et ne qua vacarent
Arma, vel Arctoum Dacis, Rhenique catervis
Imperii nudare latus, dum perfida Susa
In tumulos prolapsa ducum, Babylonque jaceret.
Assyriæ paci finem, Fortuna, precamur :
Et, si Thessalia bellum civile peractum est,
Ad Parthos, qui vicit, eat. Gens unica mundi est,
De qua Cæsareis possim gaudere triumphis.
Non tibi, quum primum gelidum transibis Araxem,
Umbra senis mœsti Scythicis confixa sagittis
Ingeret has voces? « Tu, quem post funera nostra
« Ultorem cinerum nudæ speravimus umbræ,
« Ad fœdus pacemque venis ! » Tum plurima cladis
Occurrent monumenta tibi; quæ mœnia trunci
Lustrarunt cervice duces; ubi nomina tanta
Obruit Euphrates, et nostra cadavera Tigris

sous la terre, et qu'il a revomis en reprenant son cours. Si vous pouvez aller à travers ces objets, implorer l'amitié du Parthe, allez donc implorer celle de César jusque sur le champ de Pharsale. Mais pourquoi ne pas préférer des peuples amis des Romains? Si le Numide vous est suspect, si la mauvaise foi de Juba nous effraye, cherchons un asile en Égypte, dans l'héritage de Lagus. D'un côté, les écueils des Syrtes; de l'autre, les sept bouches du Nil, dont les eaux repoussent la mer, défendent l'Égypte. Cette terre fertile est contente des richesses qu'elle produit, elle n'attend rien ni du commerce du monde, ni de l'influence du ciel : elle a mis toute sa confiance dans le Nil. Ptolémée, encore enfant, vous doit le sceptre qu'il possède, le royaume et le roi sont sous votre tutelle; qui peut craindre un fantôme de roi? Son âge est l'âge de l'innocence; ce n'est pas dans de vieilles cours qu'il faut chercher la justice, la bonne foi, le respect des dieux : l'habitude de tout pouvoir fait perdre la honte de tout oser; et on distingue les jeunes rois à la douceur de leur empire. »

Ces paroles de Lentulus entraînèrent tous les esprits. Son avis l'emporta sur celui de Pompée, tant l'extrémité du péril rétablit d'égalité entre les hommes. Ils quittent la côte de Cilicie et vont aborder à l'île de Chypre, séjour favori de la

Detulit in terras, ac reddidit. Ire per ista
Si potes, in media socerum quoque, Magne, sedentem
Thessalia placare potes. Quin respicis orbem
Romanum? si regna times projecta sub Austro,
Infidumque Jubam, petimus Pharon, arvaque Lagi.
Syrtibus hinc Libycis tuta est Ægyptus : at inde
Gurgite septeno rapidus mare submovet amnis :
Terra suis contenta bonis, non indiga mercis,
Aut Jovis; in solo tanta est fiducia Nilo!
Sceptra puer Ptolemæus habet tibi debita, Magne,
Tutelæ commissa tuæ. Quis nominis umbram
Horreat? innocua est ætas : ne jura, fidemque,
Respectumque Deum veteris speraveris aulæ.
Nil pudet adsuetos sceptris : mitissima sors est
Regnorum sub rege novo. » Non plura loquutus
Impulit huc animos. Quantum, spes ultima rerum,
Libertatis habes ! victa est sententia Magni.
Tunc Cilicum liquere solum, Cyproque citatas
Immisere rates, nullas cui prætulit aras

déesse à qui la mer de Paphos a donné le jour (si l'on peut croire que les dieux soient nés, et s'il est possible que jamais aucun d'eux ait commencé d'être).

Pompée quitte ces rivages, mesure les roches de Chypre, tournées vers l'Auster, et se laisse entraîner par l'oblique courant de la vaste mer. Sans jeter l'ancre au pied du phare, cher aux matelots, il lutte contre le vent et touche à grand'peine aux rives basses de l'Égypte, aux lieux où le Nil divisé s'épand près de Peluse par la septième et la plus large de ses bouches.

C'était le temps où la Balance ne tient qu'un moment en équilibre les heures du jour et celles de la nuit, et va rendre aux nuits de l'automne l'avantage que le Bélier a donné aux jours du printemps. Le jeune roi était sur le mont Casius. Pompée s'y dirige. Ni le soleil, ni les voiles ne languissent. Déjà le cavalier en sentinelle sur le rivage, accouru à la hâte, avait jeté l'alarme en apprenant la venue de Pompée. A peine avait-on le temps de tenir conseil ; cependant tous les infâmes courtisans de Ptolémée s'assemblent dans le palais d'Alexandre. Il se trouve parmi eux un homme juste, un vieillard dont les ans ont mûri la sagesse, éteint les passions. Achorée est son nom, Memphis l'a vu naître, Memphis qui du haut de ses murs observe les progrès du Nil lorsqu'il inonde les campagnes, Memphis si fier

Undæ Diva memor Paphiæ, si numina nasci
Credimus, aut quemquam fas est cœpisse Deorum.
Hæc ubi deseruit Pompeius litora, totos
Emensus Cypri scopulos, quibus exit in Austrum,
Inde maris vasti transverso vertitur æstu :
Nec tenuit gratum nocturno lumine montem,
Infimaque Ægypti pugnaci litora velo
Vix tetigit, qua dividui pars maxima Nili
In vada decurrit Pelusia septimus amnis.
Tempus erat, quo Libra pares examinat horas
Non uno plus æqua die, noctique rependit
Lux minor hibernæ verni solatia damni.
Comperit ut regem Casio se monte tenere,
Flectit iter : nec Phœbus adhuc, nec carbasa languent.
Jam rapido speculator eques per litora cursu
Hospitis adventu pavidam compleverat aulam.
Consilii vix tempus erat : tamen omnia monstra
Pellææ coiere domus : quos inter Achoreus
Jam placidus senio, fractisque modestior annis
(Hunc genuit custos Nili crescentis in arva
Memphis vana sacris ; illo cultore Deorum

de ses dieux! Ce sage avait vu plusieurs fois, dans le cours d'un long sacerdoce, s'accomplir le nombre des révolutions lunaires que doit vivre le bœuf Apis. Il fut le premier qui donna sa voix dans le conseil; il rappela les bienfaits de Pompée, son amitié pour le père du roi et la sainteté de leur alliance; mais Pothin, plus habile à démêler le caractère d'un mauvais prince, et plus instruit dans l'art de le persuader, osa proposer le meurtre de Pompée. « Ptolémée, dit-il, la justice et le droit tiennent souvent lieu de crime; et si la foi qu'on garde à ceux que trahit la fortune obtient des éloges, elle attire des châtiments. Rangez-vous du parti des dieux et du sort; honorez les heureux, et repoussez les misérables. Il y a moins de distance entre les astres et la terre, entre le feu et l'eau de la mer qu'entre l'utile et le juste. Toute la force des sceptres s'anéantit dès qu'on pèse leurs droits au poids de l'équité. La pudeur et l'honnêteté renversent les empires. L'autorité ne se soutient que par la liberté du crime et par l'usage illimité du glaive. Le droit d'user de violence ne se conserve qu'en s'exerçant. Que celui qui veut être juste descende du trône. L'absolu pouvoir ne peut jamais s'accorder avec la vertu, et qui rougit de tout violer aura sans cesse tout à craindre. Punissez Pompée d'avoir méprisé la faiblesse de votre âge, et d'avoir pensé que tout vaincu qu'il est,

Lustra suæ Phœbes non unus vixerat Apis),
Consilii vox prima fuit, meritumque, fidemque,
Sacraque defuncti jactavit pignora patris.
Sed melior suadere malis, et nosse tyrannos,
Ausus Pompeium leto damnare Pothinus :
« Jus et fas multos faciunt, Ptolemæe, nocentes.
Dat pœnas laudata fides, quum sustinet, inquit,
Quos Fortuna premit : fatis accede Deisque,
Et cole felices, miseros fuge. Sidera terra
Ut distant, et flamma mari, sic utile recto.
Sceptrorum vis tota perit, si pendere justa
Incipit : evertitque arces respectus honesti.
Libertas scelerum est, quæ regna invisa tuetur,
Sublatusque modus gladiis. Facere omnia sæve
Non impune licet, nisi quum facis. Exeat aula
Qui volet esse pius; virtus et summa potestas
Non coeunt : semper metuet quem sæva pudebunt.
Non impune tuos Magnus contempserit annos;
Qui te nec vitios arcere a litore nostro

nous n'oserions lui fermer nos ports. Si vous êtes las de régner, ce n'est pas à lui qu'il faut livrer l'héritage de vos pères; vous avez une sœur à qui vous le devez; rappelez-la au trône d'où vous l'avez bannie. Mettons l'Égypte à couvert des armes romaines ; tout ce qui n'aura point été au vaincu sera épargné par le vainqueur. Chassé du monde entier, perdu sans ressource, Pompée cherche avec qui tomber. Les mânes des Romains qu'il a fait périr le poursuivent. Ce n'est pas seulement son beau-père qu'il fuit, il fuit les regards du sénat, dont le plus grand nombre est la proie des vautours de la Thessalie; il craint les nations qu'il a laissées nageant ensemble dans les flots de leur sang ; il craint cette foule de rois qu'il a entraînés dans son naufrage. Chargé du crime de la Thessalie, rebuté partout, il se jette dans le seul pays qu'il n'ait pas encore ruiné, et c'est ce qui le rend plus coupable envers vous. Pourquoi, Pompée, venir souiller et rendre suspecte à César cette Égypte qui s'est tenue en paix? Pourquoi la choisir pour le lieu de ta chute, et y transporter les destins de Pharsale et ton propre malheur? Nous avons déjà un crime à expier par ta mort : c'est de te devoir le sceptre, et d'avoir fait des vœux pour

Posse putat. Neu te sceptris privaverit hospes,
Pignora sunt propiora tibi : Nilonque, Pharonque,
Si regnare piget, damnatæ redde sorori.
Ægyptum certe Latiis tueamur ab armis.
Quidquid non fuerit Magni, dum bella geruntur,
Nec victoris erit. Toto jam pulsus ab orbe,
Postquam nulla manet rerum fiducia, quærit
Cum qua gente cadat : rapitur civilibus umbris.
Nec soceri tantum arma fugit; fugit ora senatus,
Cujus Thessalicas saturat pars magna volucres;
Et metuit gentes, quas uno in sanguine mixtas
Deseruit ; regesque timet, quorum omnia mersit :
Thessaliæque reus, nulla tellure receptus,
Sollicitat nostrum, quem nondum perdidit, orbem.
Justior in Magnum nobis, Ptolemæe, querelæ
Causa data est : quid sepositam, semperque quietam
Crimine bellorum maculas Pharon, arvaque nostra
Victori suspecta facis? cur sola cadenti
Hæc placuit tellus, in quam Pharsalica fata
Conferres, pœnasque tuas? Jam crimen habemus
Purgandum gladio : quod nobis sceptra senatus,
Te suadente, dedit, votis tua fovimus arma.

toi. Ce glaive que le sort nous force de tirer était destiné, non pas à toi, mais au vaincu. C'est toi, Pompée, qu'il va percer ; nous aurions voulu que ce fût ton beau-père ; nous sommes emportés par le torrent qui entraîne l'univers. Tu offres ta tête au glaive, pouvons-nous ne pas frapper? Malheureux! quelle confiance te livre à nous? Ne vois-tu pas un peuple sans armes occupé à cultiver ses campagnes encore humides, aussitôt que le Nil a retiré ses eaux? Il faut savoir mesurer ses forces, et avouer son impuissance. Êtes-vous, Ptolémée, un assez ferme appui pour un homme dont la ruine écrase Rome elle-même? Irons-nous remuer les cendres de Pharsale, et attirer la guerre sur nos bords? Avant le combat de Thessalie, nous n'avons embrassé aucun parti; et à présent nous suivrions des drapeaux que le monde entier abandonne! Nous oserions défier un vainqueur dont la puissance et la destinée se déclarent impérieusement! Il est honteux d'abandonner celui qui tombe dans l'infortune, mais ce n'est qu'autant qu'on l'a suivi dans la prospérité; et personne n'attend, pour choisir ses amis, l'instant où ils sont malheureux. »

Tout le conseil applaudit au crime, et le roi, encore dans l'enfance, fut flatté de voir que ses ministres lui déféraient l'honneur, nouveau pour lui, de décider ce grand coup. Achillas est chargé de l'exécution. Aux lieux où la plage perfide se pro-

> Hoc ferrum, quod fata jubent proferre, paravi
> Non tibi, sed victo : feriam tua viscera, Magne ;
> Malueram soceri : rapimur, quo cuncta feruntur.
> Tene mihi dubitas an sit violare necesse,
> Quum liceat ? quæ te nostri fiducia regni
> Huc agit, infelix? populum non cernis inermem,
> Arvaque vix refugo fodientem mollia Nilo ?
> Metiri sua regna decet, viresque fateri.
> Tu, Ptolemæe, potes Magni fulcire ruinam,
> Sub qua Roma jacet? bustum, cineresque movere
> Thessalicos audes, bellumque in regna vocare ?
> Ante aciem Emathiam nullis accessimus armis :
> Pompeii nunc castra placent, quæ deserit orbis ?
> Nunc victoris opes et cognita fata lacessis?
> Adversis non deesse decet, sed læta sequutos.
> Nulla fides umquam miseros elegit amicos. »
> Adsensere omnes sceleri. Lætatur honore
> Rex puer insueto, quod jam sibi tanta jubere
> Permittunt famuli : sceleri delectus Achillas.

longe en laissant le Casius, où les sables égyptiens montrent que les Syrtes y sont unies, il monte avec ses satellites sur une barque qui les contient à peine. O dieux! c'est l'Égypte, c'est la barbare Memphis, c'est la foule énervée des habitants de Canope qui a cette audace! Est-ce ainsi que la fatalité des guerres civiles accable le monde? que Rome succombe? L'Égypte compte pour quelque chose dans ces désastres? Un glaive égyptien contribue à notre perte? Discorde civile, sois fidèle à tes promesses, interdis du moins le parricide aux mains étrangères; arme celles d'un parent. La tête de Pompée ne vaut-elle pas un crime de César? Quoi! Ptolémée, tu ne crains point d'être accablé sous sa chute? Le ciel tonne, et toi, être impur, moitié d'homme, tu oses porter ici tes mains profanes! Respecte en lui non le vainqueur du monde, non celui que le Capitole a vu trois fois traînant les rois après son char, non le vengeur de Rome et du sénat, non le gendre de César enfin; mais ce qui doit suffire à un roi, respecte un Romain dans Pompée. Quels fruits attends-tu de ce parricide? Tu ne sais plus, prince cruel, ce que tu vas devenir; tu n'as plus aucun droit au sceptre de l'Égypte, c'est de Pompée que tu le tiens; sa mort te laisse sans appui.

Perfida qua tellus Casiis excurrit arenis,
Et vada testantur junctas Ægyptia Syrtes,
Exiguam sociis monstri, gladiisque carinam
Instruit. O Superi, Nilusne, et barbara Memphis,
Et Pelusiaci tam mollis turba Canopi
Hos animos! sic fata premunt civilia mundum!
Sic Romana jacent! ullusne in cladibus istis
Est locus Ægypto? Phariusque admittitur ensis?
Hanc certe servate fidem, civilia bella;
Cognatas præstate manus, externaque monstra
Pellite, si meruit tam claro nomine Magnus
Cæsaris esse nefas. Tanti, Ptolemæe, ruinam
Nominis haud metuis? cœloque tonante profanas
Inseruisse manus, impure ac semivir, audes?
Non domitor mundi, nec ter Capitolia curru
Invectus, regumque potens, vindexque senatus,
Victorisque gener; Phario satis esse tyranno
Quod poterat, Romanus erat. Quid viscera nostra
Scrutaris gladio? nescis, puer improbe, nescis
Quo tua sit fortuna loco : jam jure sine ullo
Nili sceptra tenes! cecidit civilibus armis,
Qui tibi regna dedit.

Le héros avait refusé les voiles au vent, et la rame poussait son vaisseau vers ce détestable rivage; alors s'avance au-devant de lui la barque qui porte ses assassins. Ils l'assurent en l'abordant que l'Égypte lui est ouverte; mais accusant les bancs de sable qui rendent l'abord difficile aux vaisseaux étrangers, ils l'invitent à descendre de son navire dans leur barque. Si les lois de la destinée et l'irrévocable décret de sa mort ne l'eussent pas entraîné vers les bords où il devait périr, il lui eût été facile de prévoir le complot tramé contre lui, car s'il y avait eu de la bonne foi dans l'accueil qu'on lui faisait, si un zèle sincère eût ouvert le palais de Ptolémée à son bienfaiteur, ce roi lui-même, avec toute sa flotte, ne fût-il pas venu le recevoir? Mais Pompée cède à son mauvais destin; il descend dans la barque, il laisse ses vaisseaux, il préfère la mort à la crainte.

Cornélie allait se précipiter avec son époux sur la barque ennemie, d'autant plus résolue à ne le pas quitter qu'elle avait un pressentiment de sa perte. « Demeurez, lui dit-il, épouse téméraire, et vous, mon fils, je vous en conjure; éloignez-vous du rivage, attendez mon sort. Ce n'est qu'au péril de ma tête que je veux éprouver la foi de cette cour. »

> Jam vento vela negarat
> Magnus, et auxilio remorum infanda petebat
> Litora : quem contra non longa vecta biremi
> Adpulerat scelerata manus; Magnoque patere
> Fingens regna Phari; celsæ de puppe carinæ
> In parvam jubet ire ratem, litusque malignum
> Incusat, bimaremque vadis frangentibus æstum,
> Qui vetet externas terris advertere classes.
> Quod nisi fatorum leges, intentaque jussu
> Ordinis æterni miseræ vicinia mortis
> Damnatum leto traherent ad litora Magnum;
> Non ulli comitum sceleris præsagia deerant :
> Quippe fides si pura foret, si regia Magno
> Sceptrorum auctori vera pietate pateret,
> Venturum tota Pharium cum classe tyrannum.
> Sed cedit fatis, classemque relinquere jussus
> Obsequitur, letumque juvat præferre timori.
> Ibat in hostilem præceps Cornelia puppim,
> Hoc magis impatiens egresso deesse marito,
> Quod metuit clades. « Remane, temeraria conjux,
> Et tu, nate, precor, longeque e litore casus
> Exspectate meos : et in hac cervice tyranni
> Explorate fidem. »

Il dit, mais sourde à sa prière, Cornélie éperdue lui tendait les bras. « Où vas-tu sans moi, cruel ? lui-dit-elle, veux-tu m'abandonner une seconde fois comme aux jours funestes de Thessalie ? Jamais, tu le sais, nous ne nous séparons que sous de malheureux auspices. Ah ! si tu voulais m'écarter de tous les bords où tu descends, pourquoi venir me chercher à Lesbos ? Que ne m'y laissais-tu cachée ? Quoi ! n'est-ce donc que sur les mers que tu me permets de t'accompagner ? »

Quoique ses plaintes ne soient pas écoutées, Cornélie n'en demeure pas moins sur le bord du vaisseau, penchée et prête à s'élancer ; et dans l'égarement où la frayeur la jette, elle ne peut ni détourner ses yeux de la barque, ni les fixer sur son époux. La flotte de Pompée se tient à l'ancre dans l'inquiétude, et dans l'attente du succès. Elle craignait non la violence ou la trahison de Ptolémée, mais que Pompée ne s'abaissât jusqu'à la prière, et ne fléchît devant un sceptre que lui-même il avait donné.

Comme le héros se prépare à descendre, Septime vient le saluer ; Septime, soldat romain, qui avait servi sous ses enseignes, et qui depuis, rougissez, dieux du ciel ! avait quitté les aigles pour les drapeaux d'un roi dont il était le satellite : homme cruel, violent, atroce, et plus affamé de carnage que les bêtes

                Dixit ; sed surda vetanti
Tendebat geminas amens Cornelia palmas :
« Quo sine me, crudelis, abis ? iterumque relinquor
Thessalicis submota malis ? numquam omine læto
Distrahimur miseri. Poteras non flectere puppim,
Quum fugeres alio, latebrisque relinquere Lesbi,
Omnibus a terris si nos arcere parabas ?
An tantum in fluctus placeo comes ? »
                              Hæc ubi frustra
Effudit, prima pendet tamen anxia puppe :
Attonitoque metu nec quoquam avertere visus,
Nec Magnum spectare potest. Stetit anxia classis
Ad ducis eventum, metuens non arma nefasque,
Sed ne submissis precibus Pompeius adoret
Sceptra sua donata manu.
                    Transire parentem
Romanus Pharia miles de puppe salutat
Septimius : qui, pro Superum pudor ! arma satelles
Regia gestabat posito deformia pilo,
Immanis, violentus, atrox, nullaque ferarum

féroces. O Fortune, qui n'eût pas cru que tu avais voulu épargner le sang des peuples en dérobant cette main meurtrière à la guerre civile, et en l'éloignant de Pharsale; mais, non, tu as disposé les glaives, de sorte qu'aucun pays du monde ne manque d'être souillé de sang, et que Rome t'offre partout des meurtriers et des victimes. O honte éternelle pour les vainqueurs! ô souvenir dont à jamais rougissent les dieux! Ce fut de l'épée d'un Romain qu'un roi se servit pour ce meurtre! ce fut, Pompée, sous l'un de tes glaives que Ptolémée fit tomber ta tête! Quelle sera chez la postérité la mémoire de ce perfide? et comment appeler l'attentat de Septime, si l'on donne le nom de parricide à l'action de Brutus?

Pompée touchait à sa dernière heure; emporté dans la barque, il était tombé au pouvoir de ses ennemis. Les assassins tirent l'épée, et le héros voyant le fer levé sur lui, s'enveloppe le visage de sa robe; il s'indigne d'offrir au sort sa tête nue; il ferme les yeux, et retient son haleine, de peur qu'il ne lui échappe en mourant quelques plaintes ou quelques larmes qui ternissent l'éclat immortel de son nom. Mais sitôt que le perfide Achillas lui a enfoncé l'épée dans le sein, il se laisse tomber sous le coup sans pousser un gémissement. Plein de mépris pour le

Mitior in cædes. Quis non, Fortuna, putasset
Parcere te populis, quod bello hæc dextra vacasset,
Thessaliaque procul tam noxia tela fugasses?
Disponis gladios, ne quo non fiat in orbe,
Heu! facinus civile tibi. Victoribus ipsis
Dedecus, et nunquam Superum caritura pudore
Fabula; Romanus regi sic paruit ensis,
Pellæusque puer gladio tibi colla recidit,
Magne, tuo.
   Qua posteritas in sæcula mittet
Septimium fama? scelus hoc quo nomine dicent,
Qui Bruti dixere nefas? Jam venerat horæ
Terminus extremæ, Phariamque ablatus in alnum
Perdiderat jam jura sui : tum stringere ferrum
Regia monstra parant. Ut vidit cominus enses,
Involvit vultus; atque indignatus apertum
Fortunæ præbere caput, tunc lumina pressit,
Continuitque animam, ne quas effundere voces
Posset, et æternam fletu corrumpere famam.
At postquam mucrone latus funestus Achillas
Perfodit, nullo gemitu consensit ad ictum :

crime, immobile, il veut que sa mort témoigne de sa grandeur et il roule ces pensées dans son cœur : « Tout l'univers a les yeux sur toi ; l'avenir même est attentif à ce qui se passe dans cette barque et juge la foi de l'Égypte ; prends soin de ta gloire, Pompée. Ta longue vie s'est écoulée dans les prospérités ; le monde ignore, à moins que ta mort ne le prouve, si tu sais soutenir les revers. Ne conçois ni honte ni regret de périr sous les coups d'un lâche : de quelque main que tu sois frappé, crois que c'est la main de César. Qu'ils déchirent mon corps, qu'ils dispersent mes membres ; je suis heureux, grands dieux : ma vertu me reste, et il n'est au pouvoir d'aucun de vous de m'enlever ce bien. Le malheur n'est attaché qu'à la vie ; le trépas va m'en délivrer. Cornélie et mon fils Sextus sont témoins de ce meurtre... O ma douleur, garde-toi d'éclater ; s'ils admirent ma mort, c'est le garant de leur amour. »

C'est ainsi que Pompée mourant maîtrise son âme, et la défend de tout ce qui peut la troubler. Mais Cornélie qui a moins de courage pour voir mourir son époux qu'elle n'en aurait pour mourir elle-même, remplit l'air de ses cris douloureux. « O mon époux ! dit-elle, c'est moi qui t'assassine : le détour que tu as fait pour venir à Lesbos a donné à César le temps de te

Despexitque nefas, servatque immobile corpus,
Seque probat moriens, atque hæc in pectore volvit :
« Sæcula, Romanos numquam tacitura labores,
Adtendunt, ævumque sequens speculatur ab omni
Orbe ratem, Phariamque fidem : nunc consule famæ.
Fata tibi longæ fluxerunt prospera vitæ :
Ignorant populi, si non in morte probaris,
An scieris adversa pati. Ne cede pudori,
Auctoremque dole fati : quacumque feriris,
Crede manum soceri. Spargant lacerentque licebit,
Sum tamen, o Superi, felix, nullique potestas
Hoc auferre Deo : mutantur prospera vita ;
Non fit morte miser. Videt hanc Cornelia cædem,
Pompeiusque meus ; tanto patientius, oro,
Claude, dolor, gemitus ; natus conjuxque peremptum
Si mirantur, amant. » Talis custodia Magno
Mentis erat : jus hoc animi morientis habebat.
At non tam patiens Cornelia cernere sævum,
Quam perferre, nefas, miserandis æthera complet
Vocibus : « O conjux, ego te scelerata peremi :
Letiferæ tibi causa moræ fuit avia Lesbos,

devancer sur le Nil; car quel autre que lui eût ordonné ce crime ? Qui que tu sois, toi que le ciel envoie pour arracher la vie à mon époux, soit que tu serves la rage de César ou que tu assouvisses la tienne, tu ne sais pas où ta main doit frapper pour déchirer l'âme de Pompée. Tu te hâtes de lui donner le coup mortel ! c'est tout ce qu'un vaincu demande. Que ma mort précède la sienne, et qu'il en soit témoin : voilà son vrai supplice. Si la guerre est son crime, je n'en suis pas exempte : je suis la seule Romaine qu'on ait vue suivre son époux et sur les mers et dans les camps : aucun de ses dangers ne m'a intimidée; j'ai fait ce que les rois n'ont osé faire, j'ai tendu les bras au proscrit. Est-ce donc ainsi que ta femme, ô Pompée, a mérité d'être laissée sur un vaisseau, loin des dangers que tu courais ? Homme injuste, tu m'as fait l'outrage de ménager ma vie en exposant la tienne. Je trouverai la mort sans qu'un roi me l'envoie. Laissez-moi, matelots, me jeter dans les flots, ou me servir de l'un de ces cordages. Pompée n'a-t-il pas un ami qui daigne me plonger son épée dans le sein ? Ce qu'un tel service aura de cruel sera imputé à César. Mais quoi ! vous m'empêchez de finir mes déplorables jours ? O mon époux, tu respires encore, et Cornélie n'est déjà plus libre ! on me défend de me

Et prior in Nili pervenit litora Cæsar.
Nam cui jus alii sceleris ?
          « Sed quisquis in istud
A Superis immisse caput, vel Cæsaris iræ,
Vel tibi prospiciens, nescis, crudelis, ubi ipsa
Viscera sunt Magni; prosperas, atque ingeris ictus,
Qua votum est victo : pœnas non morte minores
Pendat, et ante meum videat caput. Haud ego culpa
Libera bellorum, quæ matrum sola per undas,
Et per castra comes, nullis absterrita fatis,
Victum, quod reges etiam timuere, recepi.
Hoc merui, conjux, in tuta puppe relinqui ?
Perfide, parcebas ? te fata extrema petente,
Vita digna fui ? moriar, nec munere regis.
Aut mihi præcipitem, nautæ, permittite saltum,
Aut laqueum collo tortosque aptare rudentes ;
Aut aliquis Magno dignus comes exigat ensem.
Pompeio præstare potest, quod Cæsaris armis
Imputet. O sævi, properantem in fata tenetis ?
Vivis adhuc, conjux, et jam Cornelia non est
Juris, Magne, sui : prohibent accersere mortem :

donner la mort; on me garde pour le vainqueur! » A peine a-t-elle achevé ces mots, qu'elle tombe dans les bras des siens; et le vaisseau plein d'épouvante gagne la haute mer.

Pompée en expirant avait conservé sur son visage vénérable l'empreinte de la majesté; on n'y voyait que de l'indignation contre les dieux, l'effort même de l'agonie n'avait point altéré ses traits : c'est le témoignage de ceux qui virent sa tête séparée du tronc; Septime ajoutant le sacrilége au parricide, avait arraché le voile qui couvrait la face auguste du héros expirant. Il saisit cette tête palpitante, la tranche et la place toute livide sur les bancs des rameurs. Les nerfs, les veines, les vertèbres noueuses se brisent sous ses coups; il n'avait pas l'art de faire voler une tête d'un seul coup. Dès que la tête tombe séparée du tronc, les soldats égyptiens s'en disputent la possession. Romain dégénéré, ministre subalterne du crime, cette tête sacrée que tranche ton glaive impie, un autre que toi la portera. O honte! ô destinée! pour te reconnaître, Pompée, le sacrilége enfant presse cette chevelure auguste, objet du respect des rois, ornement d'un front généreux. Tandis que la face vit encore, que des sanglots crispent convulsivement sa bouche, que son regard devient fixe, on porte sur une lance

---

Servor victori. » Sic fata, interque suorum
Lapsa manus, rapitur, trepida fugiente carina.
At Magni quum terga sonent et pectora ferro,
Permansisse decus sacræ venerabile formæ,
Iratamque Deis faciem, nihil ultima mortis
Ex habitu, vultuque viri mutasse, fatentur
Qui lacerum videre caput : nam sævus in ipso
Septimius sceleris majus scelus invenit actu;
Ac retegit sacros, scisso velamine, vultus
Semianimis Magni, spirantiaque occupat ora,
Collaque in obliquo ponit languentia transtro.
Tunc nervos, venasque secat, nodosaque frangit
Ossa diu : nondum artis erat caput ense rotare.
At postquam trunco cervix abscisa recessit,
Vindicat hoc Pharius dextra gestare satelles.
Degener, atque operæ miles Romane secundæ,
Pompeii diro sacrum caput ense recidis,
Ut non ipse feras? O summi fata pudoris!
Impius ut Magnum nosset puer, illa veranda
Regibus hirta coma, et generosa fronte decora
Cæsaries compressa manu est; Pharioque veruto,

égyptienne cette tête qui commandait la guerre, agitait les lois, le champ de mars, le forum ; ô fortune romaine, c'est sous ses traits que tu aimais à te voir toi-même. C'est peu de chose pour le tyran : il veut perpétuer la mémoire du crime. A l'aide d'un art impie, on enlève le sang desséché autour de la tête, on vide la cervelle, on sèche la peau, et quand toute l'humeur souillée est épuisée, on verse le suc qui conserve et raffermit la face.

Dernier rejeton de la race de Lagus, prince indigne du jour que tu vas perdre et du sceptre qui va passer aux mains de ton impudique sœur ; quoi ! tandis qu'Alexandre a sur le Nil un vaste et superbe tombeau, que des pyramides immenses couvrent les cendres des Ptolémées, et d'une foule de rois qui ont été la honte du trône ; le corps de Pompée est le jouet des flots, et poussé d'écueil en écueil, se brise contre le rivage ! T'en eût-il coûté tant de soins de le conserver tout entier, ne fût-ce que pour l'offrir aux yeux de son beau-père ? Voilà donc ce que réservait à Pompée cette fortune qui élevait si haut ses destins, et de quel coup elle devait le frapper au comble des grandeurs humaines ! La cruelle assemble en un

Dum vivunt vultus, atque os in murmura pulsant
Singultus animæ, dum lumina nuda rigescunt,
Suffixum caput est, quo numquam bella jubente
Pax fuit : hoc leges, Campumque, et Rostra movebat :
Hac facie, Fortuna, tibi, Romana, placebas.
Nec satis infando fuit hoc vidisse tyranno ;
Vult sceleris superesse fidem. Tunc arte nefanda
Submota est capiti tabes, raptoque cerebro
Exsiccata cutis, putrisque effluxit ab alto
Humor, et infuso facies solidata veneno est.
Ultima Lageæ stirpis perituraque proles,
Degener, incestæ sceptris cessure sorori,
Quum tibi sacrato Macedon servetur in antro,
Et regum cineres exstructo monte quiescant,
Quum Ptolemæorum Manes seriemque pudendam
Pyramides claudant, indignaque Mausolea :
Litora Pompeium feriunt, truncusque vadosis
Huc illuc jactatur aquis. Adeone molesta
Totum cura fuit socero servare cadaver ?
Hac Fortuna fide Magni tam prospera fata
Pertulit ; hac illum summo de culmine rerum
Morte petit : cladesque omnes exegit in uno

seul jour tous les maux dont elle l'a exempté durant le cours d'une longue vie. Il n'est plus ce héros qui ne connut jamais le mélange des succès et des revers. Heureux, aucun dieu ne le troubla ; malheureux, aucun ne lui fit grâce. Leur main suspendue sur lui ne l'a frappé qu'une fois ; le voilà jeté sur le sable, brisé par les écueils, et le misérable jouet des eaux qui se mêlent avec son sang. Son corps est si défiguré, que la seule marque à laquelle il soit reconnaissable est d'être séparé de sa tête. Le sort voulut bien cependant lui accorder en secret une humble sépulture ; soit pour qu'il n'en fût pas absolument privé, soit pour qu'il n'en obtînt pas une plus honorable.

De sa retraite, Cordus accourt tremblant vers la mer. Questeur, il avait quitté le rivage de Cypre, misérable compagnon de la fuite de Pompée. Il ose s'avancer à travers les ombres ; la pitié refoule la crainte dans son cœur, il va chercher le cadavre au milieu des flots, et attire à la rive les restes de Pompée. La lune répandait à peine à travers les nuages une triste et faible clarté ; mais à la lueur de ses rayons, le cadavre flottant sur les eaux blanchissantes frappe les yeux du vieillard ; il le serre étroitement entre ses bras, et le dispute à la mer qui l'entraîne. Mais trop faible pour l'enlever, il attend que

> Sæva die, quibus immunes tot præstitit annos :
> Pompeiusque fuit, qui nunquam mixta videret
> Læta malis ; felix nullo turbante Deorum,
> Et nullo parcente miser ! Semel impulit illum
> Dilata Fortuna manu ; pulsatur arenis,
> Carpitur in scopulis, hausto per vulnera fluctu,
> Ludibrium pelagi ; nullaque manente figura,
> Una nota est Magno capitis jactura revulsi.
> Ante tamen Pharias victor quam tangat arenas,
> Pompeio raptim tumulum Fortuna paravit,
> Ne jaceat nullo, vel ne meliore sepulcro.
> E latebris pavidus decurrit ad æquora Cordus.
> Quæstor ab Idalio Cinyrææ litore Cypri
> Infaustusque fugæ fuerat comes. Ille per umbras
> Ausus ferre gradum, victum pietate timorem
> Compulit, ut mediis quæsitum corpus in undis
> Duceret ad terram, traheretque ad litora Magnum.
> Lucis mœsta parum per densas Cynthia nubes
> Præbebat ; cano sed discolor æquore truncus
> Conspicitur. Tenet ille ducem complexibus arctis,
> Eripiente mari : nunc victus pondere tanto

la vague le pousse, et secondé par elle, il l'amène au bord ; lorsqu'il le voit étendu sur le sable, il se jette lui-même sur le sein de Pompée, arrose de larmes toutes ses blessures, et se plaint au ciel en ces mots : « O Fortune! ce Pompée, qui te fut si cher, ne te demande point l'encens et les parfums que Rome brûlerait sur son bûcher; il ne demande point que sa pompe funèbre rappelle ses anciens triomphes ; que des chants lugubres retentissent à son passage; que les citoyens, avec un saint respect, le portent comme leur père, et qu'une armée en deuil, et la lance baissée, environne son cercueil. Accorde seulement à ce héros la sépulture d'un homme du peuple, et un bûcher simple, où son corps mutilé se consume sans parfum. Donne à l'infortuné un peu de bois et un pauvre homme pour l'allumer. C'est bien assez, grands dieux! de le priver des larmes de Cornélie. Si elle était ici je la verrais étendue sur le sable, et les cheveux épars, auprès du corps de son époux qu'elle presserait dans ses bras; mais quoiqu'elle ne soit pas encore bien éloignée, elle ne peut se joindre à moi pour lui rendre les derniers devoirs. »

Comme il parlait ainsi, il découvrit de loin le bûcher d'un jeune homme, qui, négligé par ses amis, brûlait sans qu'aucun

Exspectat fluctus, pelagoque juvante cadaver
Impellit. Postquam sicco jam litore sedit,
Incubuit Magno, lacrymasque effudit in omne
Vulnus, et ad Superos obscuraque sidera fatur.
« Non pretiosa petit cumulato ture sepulcra
Pompeius, Fortuna, tuus : non pinguis ad astra
Ut ferat e membris Eoos fumus odores,
Ut Romana suum gestent pia colla parentem,
Præferat ut veteres feralis pompa triumphos,
Ut resonent cantu tristi fora, totus ut ignem
Projectis mœrens exercitus ambiat armis.
Da vilem Magno plebeii funeris arcam,
Quæ lacerum corpus siccos effundat in ignes.
Robora non desint misero, nec sordidus ustor.
Sit satis, o Superi, quod non Cornelia fuso
Crine jacet, subicique facem complexa maritum
Imperat; extremo sed abest a munere busti
Infelix conjux, nec adhuc a litore longe est. »
Sic fatus, parvos juvenis procul adspicit ignes,
Corpus vile suis, nullo custode cremantes.

d'eux veillât auprès de lui. Il en va dérober la flamme, et dérobant au cadavre quelques bois à demi brûlés : « Qui que tu sois, dit-il, ombre délaissée et sans doute peu chère aux tiens, mais moins malheureuse que celle de Pompée, pardonne à une main étrangère de violer ton bûcher. S'il reste encore quelque sentiment au delà de la vie, cède toi-même ta place, et loin de te plaindre qu'on te dérobe une partie de ce bûcher, tu aurais honte d'en jouir, tandis que les mânes errants de Pompée en seraient privés. »

Il dit, remplit sa robe de cendre ardente, et revient auprès du cadavre, qui presque emporté par les flots, pendait sur le bord. Il écarte la surface du sable, ramasse les débris épars d'une barque brisée, et les dépose sur cet étroit espace. La noble dépouille n'est pas couverte de branches de chêne, ses membres ne s'élèvent pas sur un amas de bois; le feu est allumé autour de son corps, et non pas dessous. Cordus se prosterne : « O grand homme, dit-il, ô toi qui fis la gloire du nom Romain, s'il est plus triste pour toi d'être réduit à ces indignes funérailles que d'être le jouet des flots, puisse ton ombre détourner les yeux des devoirs que je te vais rendre. L'iniquité du sort autorise les soins que je prends pour empêcher que tu

Inde rapit flammas, semiustaque robora membris
Subducens : « Quæcumque es, ait, neglecta, nec ulli
Cara tuo, sed Pompeio felicior umbra,
Quod jam compositum violat manus hospita bustum,
Da veniam : si quid sensus post fata relictum est,
Cedis et ipsa rogo, paterisque hæc damna sepulcri,
Teque pudet, sparsis Pompeii manibus, uri. »
Sic fatur : plenusque sinus ardente favilla
Pervolat ad truncum, qui fluctu pæne relatus
Litore pendebat. Summas dimovit arenas,
Et collecta procul laceræ fragmenta carinæ
Exigua trepidus posuit scrobe. Nobile corpus
Robora nulla premunt, nulla strue membra recumbunt :
Admotus Magnum, non subditus, accipit ignis.
Ille sedens juxta flammas :
           « O maxime, dixit,
Ductor, et Hesperii majestas nominis una,
Si tibi jactatu pelagi, si funere nullo
Tristior iste rogus ; Manes animamque potentem
Officiis averte meis; injuria fati
Hoc fas esse jubet; ne ponti bellua quidquam,

ne sois en proie aux animaux dévorants du ciel, de l'onde et de la terre, ou exposé aux outrages de la haine de César. Contente-toi, s'il est possible, de cet indigne bûcher; une main romaine te l'élève. Si le ciel me permet jamais de retourner dans l'Italie, tes cendres sacrées ne resteront point dans ce profane lieu. Cornélie les recevra de ma main, et les déposera dans une urne. En attendant, laissons sur ce rivage quelque marque qui enseigne le lieu de ta sépulture, et si quelqu'un veut apaiser tes mânes et les honorer dignement, qu'il sache où retrouver tes cendres, de ce tronc mutilé qu'il sache où rapporter la tête. » Ainsi parlait le vieillard; et de son souffle, il excitait la flamme et le corps du héros se consumait lentement dans le feu qu'alimente sa substance.

Dès que le jour commence à luire, dès que les astres pâlissent, Cordus, tremblant d'être surpris, s'éloigne et va se cacher. Malheureux, quel châtiment crains-tu? Ce crime fera éternellement répéter ton nom par l'infatigable renommée! César, l'impie César te rendra grâce pour la sépulture rendue à son gendre. Va donc sans peur, avoue ces funérailles et réclame la tête; mais sa piété ne lui permet pas de laisser les funérailles imparfaites. Il

Ne fera, ne volucres, ne sævi Cæsaris ira
Audeat : exiguam, quantum potes, accipe flammam,
Romana succense manu. Fortuna recursus
Si det in Hesperiam, non hac in sede quiescent
Tam sacri cineres : sed te Cornelia, Magne,
Accipiet, nostraque manu transfundet in urnam.
Interea parvo signemus litora saxo,
Ut nota sit busti; si quis placare peremptum
Forte volet, plenos et reddere mortis honores;
Inveniat trunci cineres, et norit arenas,
Ad quas, Magne, tuum referat caput. »
　　　　　　　　　　　Hæc ubi fatus,
Excitat invalidas admoto fomite flammas.
Carpitur, et lentum Magnus destillat in ignem,
Tabe fovens bustum. Sed jam percusserat astra
Auroræ promissa dies; ille, ordine rupto
Funeris, attonitus latebras in litore quærit.
Quam metuis, demens, isto pro crimine pœnam,
Quo te fama loquax omnes accepit in annos?
Condita laudabit Magni socer impius ossa.
I modo securus veniæ, fassusque sepulcrum
Posce caput. Cogit pietas imponere finem
Officio : semiusta rapit resolutaque nondum

revient, retire des flammes le corps à demi consumé, et l'ensevelit sous le sable. De peur que le vent n'en disperse les cendres, il les couvre d'une pierre ; et pour qu'un matelot ne l'ébranle pas en y attachant son câble, sur un pieu à demi brûlé, il grave ces mots : *Ici repose le grand Pompée.*

O Fortune ! voilà ce que tu veux qu'on appelle le tombeau de Pompée, asile misérable où César aime mieux le voir que privé de sépulture. Main téméraire, pourquoi ce tombeau, pourquoi cette prison aux mânes errants de Pompée ? La terre entière est leur asile, jusqu'aux lieux où les rives du monde pendent sur l'Océan. Le nom romain, l'empire entier, telle est la mesure du tombeau de Pompée. Enfouis cette pierre, témoignage accusateur du crime des dieux. L'Œta tout entier est le tombeau d'Hercule, Bacchus a toutes les hauteurs de Nysa, et Pompée n'a dans l'Égypte qu'une pierre ? Il peut occuper tous les domaines de Ptolémée. Ah ! que du moins aucune marque n'indique sa sépulture. Alors toute l'Égypte lui sera consacrée ; et incertains du lieu où il repose, les peuples ne fouleront qu'avec respect la terre qui peut le couvrir. Si tu veux, Cordus, graver un nom si sacré sur la pierre, ajoutes-y tous ses hauts

> Ossa satis, nervis et inustis plena medullis
> Æquorea restinguit aqua, congestaque in unum
> Parva clausit humo : tum ne levis aura retectos
> Auferret cineres, saxo compressit arenam :
> Nautaque ne bustum religato fune moveret,
> Inscripsit sacrum semiusto stipite nomen :
> Hic situs est Magnus.   Placet hoc, Fortuna, sepulcrum
> Dicere Pompeii, quo condi maluit illum,
> Quam terra caruisse socer ? Temeraria dextra,
> Cur obicis Magno tumulum, Manesque vagantes
> Includis ? situs est, qua terra extrema refuso
> Pendet in Oceano : Romanum nomen, et omne
> Imperium Magno est tumuli modus. Obrue saxa
> Crimine plena Deum : si tota est Herculis Œte,
> Et juga tota vacant Bromio Nyseia ; quare
> Unus in Ægypto est Magni lapis ? omnia Lagi
> Rura tenere potest. Si nullo cespite nomen
> Hæserit, erremus populi, cinerumque tuorum
> Magne, metu, nullas Nili calcemus arenas.
> Quod si tam sacro dignaris nomine saxum ;
> Adde actus tantos, monumentaque maxima rerum :

18

faits. Joins-y la révolte du cruel Lépide, les guerres alpestres. Sertorius vaincu après le rappel du consul, le char de triomphe où il monta simple chevalier, le commerce du monde assuré, les Ciliciens chassés de la mer; joins-y les barbares vaincus, ainsi que tant de nations nomades et tous les royaumes de l'Orient et du Nord. Dis que toujours au retour de la guerre il reprit la toge du citoyen, que satisfait de trois triomphes, il fit hommage à la patrie de ses mille trophées. Quel tombeau contiendra tant de hauts faits? Un misérable bûcher, c'est tout ce qu'obtient Pompée, sans titres, sans la liste de ses aïeux. Ce nom que Rome lisait au fronton de tous ses temples et sur les arcs décorés des dépouilles des nations, ce nom est à peine gravé plus haut que le sable, sur une pierre que l'étranger ne peut lire sans se baisser, et que le Romain passerait inaperçue s'il n'était prévenu. Égypte! terre souillée par nos guerres civiles, que la prêtresse de Cumes était bien inspirée quand elle défendait au soldat romain de toucher à la rive du Nil, à ses bords gonflés par l'été. Terre cruelle, quel malheur te voue pour un pareil crime? Que le Nil fasse retourner ses eaux aux lieux qui le voient naître, que tes campagnes stériles appellent en vain les pluies d'hiver; qu'elles se changent en poussière plus impal-

> Adde trucis Lepidi motus, Alpinaque bella,
> Armaque Sertori, revocato consule, victa,
> Et currus, quos egit eques; commercia tuta
> Gentibus, et pavidos Cilicas maris : adde subactam
> Barbariem, gentesque vagas, et quidquid in Euro
> Regnorum, Boreaque jacet. Dic semper ab armis
> Civilem repetisse togam; ter curribus actis
> Contentum patriæ multos donasse triumphos.
> Quis capit hæc tumulus? surgit miserabile bustum
> Non ullis plenum titulis, non ordine tanto
> Fastorum : solitumque legi super alta Deorum
> Culmina, et exstructos spoliis hostilibus arcus,
> Haud procul est ima Pompeii nomen arena,
> Depressum tumulo, quod non legat advena rectus,
> Quod nisi monstratum Romanus transeat hospes.
> Noxia civili tellus Ægyptia fato,
> Haud equidem immerito Cumanæ carmine vatis
> Cautum, ne Nili Pelusia tangeret ora
> Hesperius miles, ripasque æstate tumentes.
> Quid tibi, sæva, precer pro tanto crimine, tellus?
> Vertat aquas Nilus, quo nascitur orbe, retentus,
> Et steriles egeant hibernis imbribus agri,

pable que celle de l'Éthiopie. Tandis que Rome reçoit dans ses temples ton Isis et tes chiens demi-dieux, et ton sistre qui commande le deuil, et cet Osiris dont les pleurs trahissent la nature mortelle, tu laisses les mânes de Pompée dans la poussière! Mais toi, Rome, qui as consacré des temples à ton tyran, tu n'as pas encore daigné faire apporter dans tes murs les restes de ton défenseur! Son ombre est encore exilée! Tu as pu craindre autrefois d'irriter son vainqueur; mais aujourd'hui qui peut t'empêcher de remplir un devoir si juste? Et si la mer n'a point submergé le tombeau de Pompée, qui craindra de profaner ses cendres, qui ne prendra soin de les recueillir dans une urne digne de lui? Que Rome commande ce crime et m'ordonne de les recueillir dans mon sein! Heureux, s'il m'était donné d'aller les arracher à la terre pour les rendre à l'Italie et profaner la sépulture du héros! Un jour peut-être, Rome demandant aux dieux la fin d'une disette, d'un vent meurtrier, d'un incendie sans mesure, d'un tremblement de terre, par le conseil des dieux, Pompée, tu reviendras dans Rome, ta conquête, et le grand prêtre portera ta cendre.

Et quel voyageur se rendant à Syène, brûlée par le Cancer,

Totaque in Æthiopum putres solvaris arenas.
Nos in templa tuam Romana recepimus Isin,
Semideosque canes, et sistra jubentia luctus,
Et quem tu plangens hominem testaris Osirim :
Tu nostros, Ægypte, tenes in pulvere Manes.
Tu quoque, quum sævo dederis jam templa tyranno,
Nondum Pompeii cineres, o Roma, petisti :
Exsul adhuc jacet umbra ducis. Si sæcula prima
Victoris timuere minas; nunc excipe saltem
Ossa tui Magni, si nondum subruta fluctu
Invisa tellure sedent. Quis busta timebit?
Quis sacris dignam movisse verebitur urnam?
Imperet hoc nobis utinam scelus, et velit uti
Nostro Roma sinu : satis o nimiumque beatus,
Si mihi contingat Manes transferre revulsos
Ausoniam, si tale ducis violare sepulcrum.
Forsitan aut sulco sterili quum poscere finem
A Superis, aut Roma volet feralibus Austris,
Ignibus aut nimiis, aut terræ tecta moventi :
Consilio, jussuque Deum transibis in urbem,
Magne, tuam, summusque feret tua busta sacerdos.
Nam quis ad exustam, Cancro torrente, Syenen
Ibit, et imbrifera siccas sub Pleiade Thebas

visitera la stérile Thèbes, sous la pléiade pluvieuse; quel marchand traversant les eaux profondes et dormantes de la mer Rouge, abordera aux ports des Arabes, sans visiter aussi la pierre vénérable de ton tombeau et ton auguste cendre, ô Pompée, confondue peut-être avec le sable du désert; sans apaiser tes mânes dont la majesté égale celle de Jupiter Casien? L'indignité de ce tombeau ne nuira point à ta mémoire; tes cendres placées dans nos temples et enfermées dans un vase d'or, imprimeraient moins de respect. Cette pierre, battue par la mer de Libye, a quelque chose de plus auguste, de plus imposant que des autels. Souvent, tel qui refuse son encens aux dieux du Capitole, adore le monceau de terre où sont cachés les débris de la foudre. Ce sera même dans l'avenir un avantage pour toi, Pompée, de n'avoir pas eu pour tombeau un marbre superbe et durable. Dans peu, cet amas de poussière sera dissipé; dans peu, la pierre où ton nom est gravé sera ensevelie; il ne restera plus aucun vestige de ta mort, et ce que l'Égypte racontera de ta sépulture paraîtra peut-être aussi fabuleux que ce que la Crète raconte de celle de Jupiter.

Spectator Nili; quis rubri stagna profundi,
Aut Arabum portus mercis mutator Eoæ,
Magne, petet, quem non tumuli venerabile saxum,
Et cinis in summis forsan turbatus arenis
Advertet? Manesque tuos placare jubebit,
Et Casio præferre Jovi?
      Nil ista nocebunt
Famæ busta tuæ; templis, auroque sepultus
Vilior umbra fores : nunc est pro numine summo,
Hoc tumulo Fortuna jacens : augustius aris
Victoris Libyco pulsatur ab æquore saxum.
Tarpeiis qui sæpe Deis sua tura negarunt,
Inclusum Thusco venerantur cespite fulmen.
Proderit hoc olim, quod non mansura futuris
Ardua marmoreo surrexit pondere moles.
Pulveris exigui sparget non longa vetustas
Congeriem, bustumque cadet, mortisque peribunt
Argumenta tuæ. Veniet felicior ætas,
Qua sit nulla fides saxum monstrantibus illud;
Atque erit Ægyptus populis fortasse nepotum
Tam mendax Magni tumulo, quam Creta Tonantis.

LIVRE IX

Apothéose de Pompée. — Caton devient l'appui de la patrie chancelante; il ranime les courages, se rend à Corcyre, recueille les débris de Pharsale et passe en Afrique. — Plaintes amères de Cornélie en s'éloignant du rivage de l'Égypte, où ses yeux ont vu brûler la dépouille de son infortuné époux. — Son discours au fils de Pompée. — Son affliction, son désespoir. — Elle et Sextus rejoignent Caton. — Cnéius, le fils aîné de Pompée, a reconnu du rivage les compagnons de son père. — Son frère est avec eux. — Il demande où est son père. — Sextus lui raconte le sanglant sacrifice. — Fureurs de Cnéius contre les assassins du héros. — Il veut venger sur-le-champ sa mort. — Honneurs funèbres rendus dans le camp à la mémoire du héros. — Hommage de Caton. — Cependant la discorde frémit dans le camp; Tarchondimotus donne le signal de la désertion. — Reproches amers de Caton. — Discours du chef des Ciliciens qui veut se justifier. — Les Romains eux-mêmes sont entraînés dans la révolte. — Harangue de Caton qui les ramène au devoir. — Politique de Caton pour tenir occupés les soldats. — Il décide d'aller aux confins du pays des Maures, dans les États de Juba. — Description des Syrtes. — Il tente le trajet par mer. — Une tempête le force d'y renoncer. — Il résout de faire le tour des Syrtes à travers les sables de la Libye. — Discours qu'il adresse à ses soldats avant de se mettre en marche. — Description de l'Afrique, et en particulier de la Libye. — Hordes sauvages. — Le Nasamon, le Garamante. — Tempête élevée sur le sable. — L'armée est près de s'ensevelir sous des monceaux de poussière. — Une étouffante chaleur succède : un soldat découvre un imperceptible filet d'eau; il recueille quelques gouttes qu'il vient offrir à Caton. — Reproches sévères du héros. — On arrive au temple d'Ammon : description du site; notions astronomiques ou sphériques. — Discours de Labienus à Caton pour l'engager à consulter le dieu. — Réponse de Caton. — Fermeté, constance du héros. — Caton est le dieu digne des autels de Rome. — Caton, pour donner l'exemple à ses soldats, s'abreuve à une source peut-être empoisonnée. — Pourquoi la Libye est-elle peuplée de serpents? — Fable de Méduse. — Persée vainqueur de la Gorgone. — Son retour, ou plutôt son vol au travers de la Libye. — Cette contrée arrosée du sang que distille la tête de Méduse. — De là le germe, l'origine des reptiles. — Dénombrement et caractère de chacun. — Mort du jeune Aulus; ses fureurs. — Sabellus succombe à son tour, mordu par un seps. — Symptômes de son mal. — Autres victimes : Nasidius périt de l'atteinte du prester; Tullus, de celle de l'hémorrhoïs : éloge du jeune guerrier. — Lévus meurt, à son tour, mordu par l'aspic. — Le jaculus. —

Murrus perce un basilic du fer de sa lance. — Il est forcé aussitôt de se couper le bras. — Plaintes des guerriers; leurs regrets, leurs vœux. — Fermeté d'âme de Caton. — Histoire des Psylles : la nature les a rendus invulnérables. — Services qu'ils rendent aux Romains. — Enfin le désert est franchi : arrivée à Leptis. — César, après la bataille de Pharsale, était passé en Phrygie : il visite les ruines de Troie. — Le poëte promet à César l'immortalité. — Prière de César aux dieux de ses pères. — Il regagne sa flotte et fait voile pour l'Égypte. — On lui présente la tête de Pompée. — Sa feinte indignation en recevant ce présent. — Nul ne croit à ses regrets.

Les mânes de Pompée ne restèrent point ensevelis dans la poussière de l'Égypte. Un peu de cendre ne saurait retenir une si grande ombre. Ils se détachent de son corps à demi-consumé, fuient l'indigne bûcher et s'élancent vers les régions éthérées. C'est entre le ciel étoilé et l'air ténébreux qui enveloppe la terre qu'habitent les demi-dieux. Cette incorruptible vertu qui, dans le cours de leur vie mortelle a conservé leur âme innocente, l'élève au ciel dans les sphères éternelles. Ce n'est point l'encens qui parfume les morts, ni l'urne d'or qui enferme leur cendre qui les fait arriver dans ce lieu fortuné. Dès que Pompée y est parvenu, qu'il s'est pénétré de la vraie lumière et qu'il a contemplé tous ces globes étincelants, dont les uns roulent sur nos têtes, et les autres sont fixes aux deux pôles des cieux; il regarde le jour d'ici-bas comme une lueur qui se perd au sein d'une profonde nuit et sourit de l'outrage fait à sa dépouille.

LIBER IX

At non in Pharia Manes jacuere favilla,
Nec cinis exiguus tantam compescuit umbram :
Prosiluit busto, semiustaque membra relinquens,
Degeneremque rogum, sequitur convexa Tonantis.
Qua niger astriferis connectitur axibus aer,
Quodque patet terras inter lunæque meatus,
Semidei Manes habitant, quos ignea virtus
Innocuos vitæ, patientes aetheris imi
Fecit, et æternos animam collegit in orbes.
Non illuc auro positi, nec ture sepulti
Perveniunt.
      Illic postquam se lumine vero
Implevit, stellasque vagas miratus, et astra
Fixa polis, vidit quanta sub nocte jaceret
Nostra dies, risitque sui ludibria trunci.

De là, il plane sur les champs de la Thessalie, sur les drapeaux sanglants de César et sur les mers où sont encore répandues toutes ses flottes. Ce génie vengeur du crime se repose au sein du vertueux Brutus et va se fixer dans l'âme de l'inflexible Caton.

Tandis que le sort de la guerre était en suspens et qu'on pouvait douter quel maître la victoire allait donner au monde, Caton avait haï Pompée, quoiqu'il eût suivi ses drapeaux sous les auspices de la patrie et à l'exemple du sénat ; mais depuis le malheur de Pharsale, toute l'âme de Caton s'était livrée au vaincu. Il embrassa la patrie désolée et sans appui ; il réchauffa les cœurs des peuples, que la frayeur avait glacés ; il remit l'épée dans les mains tremblantes qui l'avaient laissé tomber et soutint la guerre civile, sans désir de régner, sans crainte de servir. Caton ne fit rien, sous les armes, pour sa propre cause, et depuis la mort de Pompée son parti fut uniquement le parti de la liberté. Les forces en étaient dispersées et la rapidité du vainqueur pouvait les enlever; Caton se hâte de les recueillir. Il se rend à Corcyre, et sur mille vaisseaux, il emporte avec lui les débris de Pharsale. Sur cette flotte immense dont la mer, trop étroite, est couverte, qui croirait voir une armée en fuite ? Il se dirige vers la dorienne Malée, vers Ténare, qui

Hinc super Emathiæ campos, et signa cruenti
Cæsaris, ac sparsas volitavit in æquore classes ;
Et scelerum vindex in sancto pectore Bruti
Sedit, et invicti posuit se mente Catonis.
Ille, ubi pendebant casus, dubiumque manebat,
Quem mundi dominum facerent civilia bella,
Oderat et Magnum, quamvis comes isset in arma,
Auspiciis raptus patriæ, ductuque senatus.
At post Thessalicas clades jam pectore toto
Pompeianus erat. Patriam tutore carentem
Excepit, populi trepidantia membra refovit,
Ignavis manibus projectos reddidit enses :
Nec regnum cupiens gessit civilia bella,
Nec servire timens : nil causa fecit in armis
Ipse sua ; totæ post Magni funera partes
Libertatis erant. Quas ne per litora fusas
Colligeret rapido victoria Cæsaris actu,
Corcyræ secreta petit, ac mille carinis
Abstulit Emathiæ secum fragmenta ruinæ.
Quis ratibus tantis fugientia crederet ire
Agmina ? quis pelagus victas arctasse carinas ?
Dorida tunc Maleam, et apertam Tænaron umbris,

communique au séjour des morts. De là, il aborde à Cythère, et Borée qui enfle ses voiles lui fait raser l'île de Crète dont le rivage paraît s'enfuir. Phycunte ose lui fermer son port, il l'assiége et lui inflige le châtiment du pillage. Bientôt à la faveur d'un vent paisible, quittant la haute mer, il gagne la côte de Palinure (car l'Ausonie n'est pas la seule où ce pilote des Troyens ait laissé son nom, la Libye a des témoignages qu'il se plaisait dans ses tranquilles ports). Là, des vaisseaux qu'on découvre de loin et qui voguent à pleines voiles, tiennent les esprits dans le doute : apportent-ils des ennemis ou des compagnons d'infortune ? L'activité du vainqueur fait tout craindre, dans chaque navire on tremble de voir César; mais ceux-ci ne sont pleins que de deuil, de gémissements et de maux capables d'arracher des larmes, même à l'inflexible Caton.

Cornélie ayant engagé inutilement Sextus et sa flotte à retarder leur fuite pour voir si le corps de Pompée poussé vers le rivage de l'Égypte ne serait pas ramené par les flots, et la flamme d'un bûcher lui annonçant de loin une humble sépulture : « O ciel! dit-elle, je n'étais donc pas digne d'allumer le bûcher de mon époux, de tomber moi-même sur son corps glacé, de le serrer entre mes bras, d'arroser ses plaies de mes larmes,

Inde Cythera petit : Boreaque urgente carinas,
Creta fugit : Dictæa legit, cedentibus undis,
Litora. Tunc ausum classi præcludere portus
Impulit, ac sævas meritum Phycunta rapinas
Sparsit : et hinc placidis alto delabitur auris
In litus, Palinure, tuum (neque enim æquore tantum
Ausonio monumenta tenes ; portusque quietos
Testatur Libye Phrygio placuisse magistro) :
Quum procul ex alto tendentes vela carinæ
Ancipites tenuere animos, sociosne malorum,
An veherent hostes : præceps facit omne timendum
Victor, et in nulla non creditur esse carina.
Ast illæ puppes luctus, planctusque ferebant,
Et mala vel duri lacrymas motura Catonis.
Nam postquam frustra precibus Cornelia nautas
Privignique fugam tenuit, ne forte repulsus
Litoribus Phariis remearet in æquora truncus,
Ostenditque rogum non justi flamma sepulcri :
« Ergo indigna fui, dixit, Fortuna, marito
Accendisse rogum, gelidos effusa per artus
Incubuisse viro, laceros exurere crines,

de le placer au-dessus des flammes, d'y brûler mes cheveux arrachés de ma main et de recueillir dans les plis de ma robe ses cendres brûlantes encore pour distribuer dans nos temples tout ce qui resterait de lui. Son corps brûle dénué de tous les honneurs funèbres : c'est peut-être un Égyptien qui rend à ses mânes ce devoir odieux! Ombre de Crassus! réjouis-toi d'être privée de la sépulture! celle qu'on accorde à Pompée est un nouveau trait de la haine des dieux. Quoi! mon malheur est donc partout le même? jamais il ne me sera permis d'ensevelir mes époux et jamais je ne pleurerai sur une urne pleine de leurs cendres! Que dis-tu, Cornélie? te faut-il un tombeau pour entretenir ta douleur? ton cœur n'est-il pas tout rempli de Pompée? son image n'est-elle pas gravée au fond de ton âme? Ah! que celle qui veut survivre à son époux cherche des cendres qui la consolent. Cependant cette faible lueur que j'aperçois de loin, Pompée, c'est la flamme de ton bûcher, c'est quelque chose de toi encore! Hélas! ce feu se dérobe à moi, la fumée qui emporte Pompée s'évanouit dans l'air aux rayons du soleil naissant. Les vents contraires à mes vœux enflent la voile qui m'éloigne. Les lieux témoins de ses victoires, le Capitole même où il a triomphé me seraient moins chers que

Membraque dispersi pelago componere Magni?
Vulneribus cunctis largos infundere fletus?
Ossibus, et tepida vestes implere favilla
Quidquid ab exstincto licuisset tollere busto,
In templis sparsura Deum? Sine funeris ullo
Ardet honore rogus : manus hoc Ægyptia forsan
Obtulit officium grave Manibus. O bene nudi
Crassorum cineres! Pompeio contigit ignis
Invidia majore Deum. Similisne malorum
Sors mihi semper erit? numquam dare justa licebit
Conjugibus ; nunquam plenas plangemus ad urnas?
Quid porro tumulis opus est, aut ulla requiris
Instrumenta, dolor? non toto pectore portas,
Impia, Pompeium? non imis hæret imago
Visceribus? quærat cineres victura superstes.
Nunc tamen hic, longe qui fulget luce maligna,
Ignis, adhuc aliquid, Phario de litore surgens,
Ostendit mihi, Magne, tui... : jam flamma resedit
Pompeiumque ferens vanescit solis ad ortus
Fumus, et invisi tendunt mihi carbasa venti.
Non mihi nunc tellus Pompeio si qua triumphos
Victa dedit, non alta terens Capitolia currus

ces bords : Pompée heureux est oublié de moi, je le veux tel que le Nil le possède. Je ne me plaindrai point de rester sur une terre coupable; le crime a consacré ces lieux. Sextus, c'est à toi de tenter le sort des combats. Porte par tout l'univers les étendards de ton père; écoute ce qu'il m'a chargée de dire à ses enfants : « Dès que mon heure sera venue et que j'aurai fermé les yeux, mes fils, prenez tous deux en mains les flambeaux de la guerre civile; et tant qu'il restera sur la terre quelque rejeton de ma race, qu'il ne soit pas permis aux Césars de régner. Soulevez au bruit de mon nom tout ce qu'il peut y avoir au monde de rois indépendants et de cités libres. Voilà le parti que je vous laisse, les armes que je vous remets. Quiconque portera sur les mers le nom de Pompée, y trouvera des flottes. Il n'est aucun peuple qui ne consente à suivre mon héritier dans les combats. Conservez seulement une âme indomptable et n'oubliez jamais quel père vous vengez. Il n'y a sous le ciel qu'un seul homme à qui vous puissiez obéir s'il prend la défense de la liberté : c'est Caton. » C'en est fait, Pompée, j'ai acquitté ma foi, j'ai accompli ta volonté dernière. Ton piége a réussi. Je n'ai pas voulu emporter au tombeau tes paroles. Je suis libre enfin de te suivre à travers l'éternelle nuit et aux enfers, s'il

Gratior : elapsus felix de pectore Magnus;
Hunc volumus quem Nilus habet, terræque nocenti
Non hærere queror; crimen commendat arenas.
[Linquere, si qua fides, Pelusia litora nolo.]
Tu pete bellorum casus, et signa per orbem,
Sexte, paterna move : namque hæc mandata reliquit
Pompeius vobis, in nostra condita cura :
« Me quum fatalis leto damnaverit hora,
« Excipite, o nati, bellum civile, nec unquam,
« Dum terris aliquis nostra de stirpe manebit,
« Cæsaribus regnare vacet. Vel sceptra, vel urbes
« Libertate sua validas, impellite fama
« Nominis : has vobis partes, hæc arma relinquo.
« Inveniet classes, quisquis Pompeius in undas
« Venerit; et noster nullis non gentibus hæres
« Bella dabit : tantum indomitos, memoresque paterni
« Juris habete animos. Uni parere decebit,
« Si faciet partes pro libertate, Catoni. »
Exsolvi tibi, Magne, fidem; mandata peregi.
Insidiæ valuere tuæ, deceptaque vixi,
Ne mihi commissas auferrem perfida voces.
Jam nunc te per inane chaos, per Tartara, conjux,

y a des enfers. J'ignore combien durera cette mort lente; mais si mon âme tarde à rompre ses liens, si elle a pu te voir expirer sans voler après toi, elle en sera cruellement punie. Consumée par la tristesse, étouffée par les sanglots, c'est avec mes larmes qu'il faut qu'elle s'écoule. Je n'aurai recours ni au fer, ni au lien fatal, ni au précipice. Il serait honteux pour moi de ne pouvoir mourir de ma seule douleur. » En parlant ainsi, elle s'enveloppe la tête de lugubres voiles; et se dévouant aux ténèbres, elle se jette au fond du vaisseau. Là, elle embrasse étroitement la peine qui la dévore, s'abreuve et jouit de ses larmes, et sa chère douleur lui tient lieu d'époux. Ni le mugissement des flots, ni le bruit des vents à travers les cordages, ni le cri d'effroi qui s'élève dans le vaisseau prêt à périr, rien ne l'émeut. Elle attend la mort, déjà étendue comme dans un cercueil, et au milieu de la tempête, elle fait pour elle-même des vœux contraires aux vœux des matelots.

Ce fut d'abord au rivage de Chypre, que la poussa la mer écumante. Mais bientôt s'élève du côté de l'aurore un vent plus doux, qui la conduit aux bords de la Libye, vers le camp même de Caton.

L'aîné des enfants de Pompée, plongé dans une tristesse morne, l'esprit frappé du noir pressentiment qui annonce les

Si sunt ulla, sequar; quam longo tradita leto
Incertum est; pœnas animæ vivacis ab ipsa
Ante feram. Potuit cernens tua vulnera, Magne,
Non fugere in mortem; planctu contusa peribit;
Effluet in lacrymas : nunquam veniemus ad enses,
Aut laqueos, aut præcipites per inania jactus.
Turpe mori post te solo non posse dolore. »
Sic ubi fata, caput ferali obduxit amictu,
Decrevitque pati tenebras, puppisque cavernis
Delituit : sævumque arcte complexa dolorem
Perfruitur lacrymis, et amat pro conjuge luctum.
Illam non fluctus, stridensque rudentibus Eurus
Movit, et exsurgens ad summa pericula clamor :
Votaque sollicitis faciens contraria nautis,
Composita in mortem jacuit, favitque procellis.
Prima ratem Cypros spumantibus accipit undis :
Inde tenens pelagus, sed jam moderatior, Eurus
In Libycas egit sedes, et castra Catonis.
Tristis, ut in multo mens est præsaga timore,
Adspexit patrios comites a litore Magnus,

grands malheurs, reconnaît du haut du rivage les compagnons de son père, et voyant son frère avec eux, il s'élance sur leur vaisseau : « Sextus, lui dit-il, où est mon père? l'appui de Rome, le chef des nations est-il vivant? ou Rome, en le perdant, a-t-elle tout perdu? » Son frère lui répond : « Que vous êtes heureux d'avoir abordé loin de l'Égypte, et de n'avoir que la douleur d'entendre le crime dont mes yeux ont été les témoins! Pompée est mort, et ce n'est ni par le glaive de César, ni par une main digne de ce grand parricide. L'infâme roi du Nil en est l'auteur. Pompée s'était livré à lui sous la garde des dieux garants de l'hospitalité, et sur la foi de ses bienfaits prodigués à cette indigne race. Il est mort victime d'un roi qu'il avait couronné, j'ai vu de lâches meurtriers déchirer le sein de mon père, et ne pouvant me persuader que le tyran de l'Égypte eût pris sur lui cet attentat, je croyais que César nous y avait devancés. Mais j'ai été moins saisi d'horreur de voir assassiner ce vieillard auguste, que de voir sa tête portée en triomphe au palais du tyran. Sans doute il attend le vainqueur pour la lui offrir, et il la garde pour attester son crime. A l'égard du corps du héros, nous ignorons s'il est en proie aux oiseaux du ciel et aux chiens voraces de l'Égypte, ou

---

Et fratrem : medias præceps tunc fertur in undas :
« Dic ubi sit, germane, parens : stat summa caputque
Orbis, an occiduus? Romanaque Magnus ad umbras
Abstulit? » Hæc fatur : quem contra talia frater :
« O felix, quem sors alias dispersit in oras,
Quique nefas audis : oculos, germane, nocentes
Spectato genitore fero. Non Cæsaris armis
Occubuit, dignoque perit auctore ruinæ.
Rege sub impuro Nilotica rura tenente,
Hospitii fretus Superis, et munere tanto
In proavos, cecidit donati victima regni.
Vidi ego magnanimi lacerantes pectora patris :
Nec credens Pharium tantum potuisse tyrannum,
Litore Niliaco socerum jam stare putavi.
Sed me nec sanguis, nec tantum vulnera nostri
Adfecere senis, quantum gestata per urbes
Ora ducis, quæ transfixo sublimia pilo
Vidimus : hæc fama est oculis victoris iniqui
Servari, scelerisque fidem quæsisse tyrannum.
Nam corpus Phariæne canes, avidæque volucres

si c'était lui que consumait dans le silence de la nuit un bûcher que nous avons vu allumé sur le rivage. Quelque injure que ce corps ait reçue, je pardonne ce crime aux dieux, je les accuse pour ce qu'ils ont conservé. »

Cnéius à ce récit ne répandit point sa douleur en gémissements et en larmes ; mais sa piété se changeant en fureur : « Éloignez les vaisseaux du rivage, lancez-les sur les mers ; que la flotte, à force de rames, lutte et vogue contre les vents. Chefs, suivez-moi. La guerre n'eut jamais une plus digne cause. Allons ensevelir les cendres de ce héros ; allons rassasier Pompée du sang d'un vil meurtrier. Quoi! je ne démolirai point les temples, les palais, les tombeaux de l'Égypte ? je ne plongerai pas le cadavre d'Alexandre dans le lac qui baigne ses murs ? je ne ferai pas traîner dans le Nil les membres d'Amasis et de ses successeurs, arrachés du fond de leurs pyramides? Oui, mon père, je vengerai sur eux tes mânes privés de la sépulture ; je renverserai les statues de leur Isis, je déchirerai le voile de lin de leur Osiris ; c'est sur leurs débris enflammés que je ferai brûler la tête de Pompée, et le bœuf Apis, tout sacré qu'il est, sera immolé sur son tombeau. Pour punir cette odieuse terre, je dévasterai ses campagnes. Le Nil aura beau s'y

Distulerint, an furtivus, quem vidimus, ignis
Solverit ignoro. Quæcumque injuria fati
Abstulit hos artus, Superis hæc crimina dono :
Servata de parte queror. »
     Quum talia Magnus
Audisset, non in gemitus lacrymasque dolorem
Effudit ; justaque furens pietate profatur :
« Præcipitate rates e sicco litore, nautæ ;
Classis in adversos erumpat remige ventos :
Ite, duces, mecum : numquam civilibus armis
Tanta fuit merces, inhumatos condere Manes,
Sanguine semiviri Magnum satiare tyranni.
Non ego Pellæas arces, adytisque retectum
Corpus Alexandri pigra Mareotide mergam ?
Non mihi Pyramidum tumulis evulsus Amasis,
Atque alii reges Nilo torrente natabunt ?
Omnia dent pœnas nudo tibi, Magne, sepulcra :
Evolvam busto jam numen gentibus Isin,
Et tectum lino spargam per vulgus Osirim,
Et sacer in Magni cineres mactabitur Apis,
Suppositisque Deis uram caput. Has mihi pœnas
Terra dabit : linquam vacuos cultoribus agros ;

répandre, nul ne cultivera ses dons. O mon père, tu posséderas seul l'Égypte, après en avoir vu chasser les hommes et les dieux. » Il dit, et veut que la flotte s'élance sur le sein des mers irritées. Mais Caton, témoin de sa fureur, en la louant, sut l'apaiser.

Cependant le bruit de la mort de Pompée s'étant répandu dans le camp, tout le rivage retentit de gémissements et de plaintes. La terre n'avait jamais vu d'exemple d'un si grand deuil ; jamais tant de peuples ensemble n'avaient pleuré la mort d'un seul homme. Mais lorsqu'on vit Cornélie, les yeux épuisés de larmes, le visage couvert de ses cheveux épars, sortir du fond du vaisseau, alors les cris et les sanglots redoublèrent. Dès qu'elle est descendue sur une terre amie, elle ramasse les vêtements et les riches dépouilles de Pompée, ses armes, ses robes de pourpre, cette parure triomphale que le Capitole avait vue trois fois, elle les fait brûler sur un bûcher funèbre. Malheureuse! voilà les cendres qui lui restent de son époux. Sa piété servit d'exemple à celle de toute l'armée, et le rivage fut bientôt couvert de bûchers, consacrés aux mânes de ceux qui avaient péri dans la Thessalie. Tel quand le laboureur appulien s'apprête à répandre la semence dans ses champs que les troupeaux ont dépouillés, et à renouveler les herbes d'hiver, il ré-

Nec, Nilus cui crescat, erit : solusque tenebis
Ægyptum, genitor, populis Superisque fugatis. »
Dixerat, et classem sævas rapiebat in undas.
Sed Cato laudatam juvenis compescuit iram.
Interea totis audito funere Magni
Litoribus sonuit percussus planctibus æther :
Exemploque carens, et nulli cognitus ævo
Luctus erat, mortem populos deflere potentis.
Sed magis, ut visa est lacrymis exhausta, solutas
In vultus effusa comas, Cornelia puppe
Egrediens, rursus geminato verbere plangunt.
Ut primum in sociae pervenit litora terræ,
Collegit vestes, miserique insignia Magni,
Armaque, et impressas auro, quas gesserat olim
Exuvias, pictasque togas, velamina summo
Ter conspecta Jovi, funestoque intulit igni.
Ille fuit miseræ Magni cinis. Accipit omnis
Exemplum pietas, et toto litore busta .
Surgunt, Thessalicis reddentia Manibus ignem.
Sic, ubi depastis submittere gramina campis,
Et renovare parans hibernas Appulus herbas,

chauffe la terre avec le feu, et le Garganus, et le Vultur, et les pâturages du Matinum brillent des mêmes feux. Mais les regrets de cette multitude, et les reproches qu'elle faisait aux dieux touchèrent moins vivement l'ombre de Pompée que les paroles de Caton; courtes paroles, mais qui partaient d'un cœur plein de la vérité.

« Un citoyen est mort, dit-il, qui, sans approcher de l'austère équité de nos pères, était cependant un exemple utile dans un temps où les droits les plus saints sont méconnus. Puissant, il respecta la liberté. Le peuple eût consenti à l'avoir pour maître, et il vécut en homme privé: Il gouvernait le sénat, mais le sénat régnait. Il ne s'attribua rien par le droit de la guerre; ce qu'il voulait qu'on lui accordât, il voulait qu'on fût libre de le lui refuser. Il posséda d'excessives richesses, mais il en donna plus à l'État qu'il n'en réserva pour lui. Prompt à saisir le glaive, il savait le quitter. Il a préféré les armes à la toge, mais dans les camps mêmes il a chéri la paix. Chef des armées, il aimait le pouvoir suprême, il aimait à le déposer. Sa maison fut chaste, fermée au luxe, incorruptible à la prospérité. Son nom fut illustre et révéré chez les nations, glorieux pour Rome. Sous Marius et Sylla, la liberté réelle avait péri; avec Pompée, l'om-

---

Igne fovet terras, simul et Garganus, et arva
Vulturis, et calidi lucent buceta Matini.
Non tamen ad Magni pervenit gratius umbram,
Omne quod in Superos audet convicia vulgus,
Pompeiumque Deis obicit, quam pauca Catonis
Verba, sed a pleno venientia pectore veri.
« Civis obit, inquit, multo majoribus impar
Nosse modum juris, sed in hoc tamen utilis ævo,
Cui non ulla fuit justi reverentia : salva
Libertate potens, et solus plebe parata
Privatus servire sibi, rectorque senatus,
Sed regnantis, erat. Nil belli jure poposcit :
Quæque dari voluit, voluit sibi posse negari.
Immodicas possedit opes; sed plura retentis
Intulit : invasit ferrum; sed ponere norat.
Prætulit arma togæ; sed pacem armatus amavit.
Juvit sumpta ducem, juvit dimissa potestas.
Casta domus luxuque carens, corruptaque numquam
Fortuna domini : clarum et venerabile nomen
Gentibus, et multum nostræ quod proderat urbi.
Olim vera fides, Sulla Marioque receptis,
Libertatis obit; Pompeio rebus adempto

bre même s'évanouit. On n'aura plus honte de régner; plus de vestiges de république, plus d'apparence de sénat. Heureux, toi qui trouvas la mort après ta défaite, à qui le crime de Pharos offrit le glaive qu'il t'eût fallu chercher; tu aurais pu peut-être vivre sujet de César. Savoir mourir est le premier bien d'un homme de cœur; le second, d'y être forcé. O Fortune! s'il faut que Rome subisse le joug d'un tyran, fais pour moi de Juba un nouveau Ptolémée? Qu'il me garde pour César, j'y consens, pourvu qu'il commence par me trancher la tête. »

L'ombre généreuse de Pompée entendit ces paroles, et ce fut pour lui un plus grand honneur que si la tribune romaine eût retenti de ses louanges.

Cependant la discorde s'élève dans le camp. Le soldat, découragé par la mort de Pompée, demande à quitter les armes; et Tarchondimotus donne le signal de la désertion. Caton qui le vit prêt à s'échapper avec sa flotte, accourut au rivage et le flétrit par ces reproches : « Cilicien qui jamais n'as renoncé au brigandage, vas-tu de nouveau infester les mers? Pompée n'est plus, tu redeviens pirate. » En disant ces mots, il regardait tous ces séditieux en tumulte. L'un d'eux alors, sans dissimuler la résolution de s'enfuir : « Pardonne, Caton, lui dit-il,

    Nunc et ficta perit. Non jam regnare pudebit;
Nec color imperii, nec frons erit ulla senatus.
O felix, cui summa dies fuit obvia victo,
Et cui quærendos Pharium scelus obtulit enses !
Forsitan in soceri potuisses vivere regno.
Scire mori, sors prima viris, sed proxima cogi.
Et mihi, si fatis aliena in jura venimus,
Da talem, Fortuna, Jubam : non deprecor hosti
Servari, dum me servet cervice recisa. »
Vocibus his major, quam si Romana sonarent
Rostra ducis laudes, generosam venit ad umbram
Mortis honos. Fremit interea discordia vulgi,
Castrorum bellique piget post funera Magni;
Quum Tarchondimotus linquendi signa Catonis
Sustulit. Hunc rapta fugientem classe sequutus
Litus in extremum, tali Cato voce notavit :
« O numquam pacate Cilix ! iterumne rapinas
Vadis in æquoreas? Magnum Fortuna removit :
Jam pelago pirata redis. »
                  Tunc respicit omnes
In cœtu motuque viros : quorum unus aperta
Mente fugæ, tali compellat voce regentem :

c'est pour Pompée que nous avons pris les armes et non pour la guerre civile. Celui que l'univers préférait à la paix ne vit plus ; sa cause devient étrangère pour nous. Permets-nous d'aller revoir nos dieux domestiques, notre foyer désert, nos chers enfants. Quel sera le terme de cette guerre, si Pharsale, si la mort même de Pompée n'en est pas la fin ? Le temps de vivre est passé pour nous ; laisse-nous chercher une mort tranquille et assurer à notre vieillesse un tombeau. A peine la guerre civile promet-elle la sépulture à ses chefs. Les vaincus sont-ils condamnés à subir le joug d'un barbare ? Est-ce au pouvoir du Scythe ou de l'Arménien que la fortune nous fait tomber ? Non : c'est au pouvoir d'un simple citoyen. Celui qui, du vivant de Pompée, fut le second, est aujourd'hui le premier pour nous. Fidèles à la mémoire de Pompée, nous lui rendons cet honneur insigne de souffrir après lui le maître que le sort nous donne, mais de n'avoir plus de chef de notre choix. O Pompée ! tu seras le seul que nous aurons suivi dans les combats, après toi, c'est au destin que nous nous laisserons conduire. Tout est soumis, tout est livré à la fortune de César. Sa victoire a dissipé nos forces. Les malheureux n'ont point d'amis, tous les cœurs leur sont fermés. César est donc dans l'univers le seul assez puissant pour

« Nos, Cato, da veniam, Pompeii duxit in arma
Non belli civilis amor, partesque favore
Fecimus. Ille jacet, quem paci prætulit orbis,
Causaque nostra periit : patrios permitte penates,
Desertamque domum, dulcesque revisere natos.
Nam quis erit finis, si nec Pharsalia, pugnæ,
Nec Pompeius erit ? Perierunt tempora vitæ,
Mors eat in tutum ; justas sibi nostra senectus
Prospiciat flammas : bellum civile sepulcra
Vix ducibus præstare potest. Non barbara victos
Regna manent ; non Armenium mihi sæva minatur,
Aut Scythicum Fortuna jugum : sub jura togati
Civis eo.

« Quisquis Magno vivente secundus,
Hic mihi primus erit : sacris præstabitur umbris
Summus honor ; dominum, quem clades cogit, habebo :
Nullum, Magne, ducem, te solum in bella sequutus,
Post te, fata sequar ; neque enim sperare secunda
Fas mihi nec liceat. Fortuna cuncta tenentur
Cæsaris : Emathium sparsit victoria ferrum.
Clausa fides miseris, et toto solus in orbe est.

être le refuge et le salut des vaincus. Sous Pompée, la guerre civile était pour nous un devoir; à présent elle serait un crime. Toi, Caton, si c'est le parti des lois et de la patrie que tu veux suivre, imite-nous, et viens te ranger sous les drapeaux d'un consul romain. »

En parlant ainsi, il s'élance sur la poupe, et une bruyante jeunesse s'y jette en foule sur ses pas. C'en était fait de Rome, et sur tout le rivage s'agitait la foule avide d'un maître. Ces paroles sortent de la poitrine sacrée de Caton :

« Et vous aussi, Romains, vous n'avez combattu que pour le choix d'un maître! C'est donc le drapeau de Pompée et non celui de Rome que vous avez suivi? Quoi! dès l'instant que vous cessez de travailler à vous donner des chaînes, que vous vivez pour vous et non plus pour un chef, qu'en mourant, du moins, vous n'avez plus à craindre d'avoir acquis au prix de votre sang l'empire du monde à un homme, et que vous êtes sûrs, si vous venez à vaincre, de n'avoir vaincu que pour vous, vous vous rebutez de la guerre! votre tête à peine est délivrée du joug, qu'elle veut le reprendre, et vous ne pouvez plus vous passer d'un roi! Ah! c'est à présent, si vous êtes des hommes, qu'il est digne de vous d'affronter les dangers. Pompée lui-même pouvait abuser de votre sang; désormais c'est pour la patrie que

---

Qui velit ac possit victis præstare salutem.
Pompeio, scelus est bellum civile, perempto,
Quo, fuerat, vivente, fides. Si publica jura,
Si semper patriam sequeris, Cato, signa petamus
Romanus quæ consul habet. »
      Sic ille profatus
Insiluit puppi, juvenum comitante tumultu.
Actum Romanis fuerat de rebus, et omnis
Indiga servitii fervebat litore plebes :
Erupere ducis sacro de pectore voces :
« Ergo pari voto gessisti bella, juventus,
Tu quoque pro dominis; et Pompeiana fuisti,
Non Romana manus? quod non in regna laboras,
Quod tibi, non ducibus, vivis morerisque, quod orbem
Adquiris nulli, quod jam tibi vincere tutum est,
Bella fugis, quærisque jugum cervice vacante,
Et nescis sine rege pati. Nunc causa pericli
Digna viris : potuit vestro Pompeius abuti
Sanguine ; nunc patriæ jugulos ensesque negatis,

vous refusez de tirer l'épée et de braver la mort quand la liberté est près de vous. De trois tyrans, un seul vous reste, et vous aurez la honte de souffrir que l'Égyptien, que le Parthe avec son arc ait plus fait pour vos lois que vous-mêmes! Allez! cœurs dégradés, rendez le crime de Ptolémée inutile! On n'aura garde de vous accuser d'avoir trempé vos mains dans le sang; César croira bien plutôt que c'est vous qui, les premiers, avez tourné le dos dans la déroute de Pharsale. Allez en toute sûreté vous présenter à César, il est juste qu'il vous laisse la vie, puisque vous vous rendez à lui sans avoir soutenu ni siége, ni combat. O vils esclaves! en perdant votre maître vous courez vers son héritier! Que ne méritez-vous de lui plus que la vie et le pardon? Vous avez en vos mains la fille de Métellus, la femme et les fils de Pompée; traînez-les aux pieds de César, renchérissez sur le présent que Ptolémée lui prépare. Celui qui portera ma tête au tyran peut en attendre aussi un prix considérable, et cette récompense vous prouvera du moins qu'il était bon de suivre mes drapeaux. Prenez courage, et par un illustre crime signalez-vous aux yeux de César. La fuite seule ne serait qu'une lâcheté! » Il dit, et ces paroles ramènent au rivage les vaisseaux qui gagnaient la mer.

<pre>
         Quum prope libertas. Unum Fortuna reliquit
      Jam tribus e dominis : pudeat! plus regia Nili
      Contulit in leges, et Parthi militis arcus.
      Ite, o degeneres, Ptolemæi munus, et arma
      Spernite. Quis vestras ulla putet esse nocentes
      Cæde manus? credet faciles sibi terga dedisse,
      Credet ab Emathiis primos fugisse Philippis.
      Vadite securi; meruistis judice vitam
      Cæsare, non armis, non obsidione subacti.
      O famuli turpes, domini post fata prioris
      Itis ad heredem. Cur non majora mereri,
      Quam vitam veniamque, libet? rapiatur in undas
      Infelix Magni conjux, prolesque Metelli;
      Ducite Pompeios; Ptolemæi vincite munus.
      Nostra quoque inviso quisquis feret ora tyranno,
      Non parva mercede dabit : sciat ista juventus
      Cervicis pretio bene se mea signa sequutam.
      Quin agite, et magna meritum cum cæde parate :
      Ignavum scelus est tantum fuga. »
                                          Dixit : et omnes
      Haud aliter medio revocavit ab æquore puppes,
</pre>

Tels on voit des essaims d'abeilles en quittant les cellules où elles sont écloses oublier leur premier asile, et au lieu d'entrelacer leurs ailes, voler sans guide et chacune à son gré; les fleurs n'ont plus d'attraits pour elles; elles dédaignent d'y goûter. Mais si le son de l'airain phrygien se fait entendre, saisies d'étonnement, elles suspendent leur essor; l'ardeur du travail, l'amour des fleurs, le désir d'en extraire le miel se réveille en elles; et le pasteur rassuré, tranquille sur le gazon du mont Hybla, se réjouit d'avoir conservé la richesse de sa cabane. De même, la voix de Caton leur inspire le courage de souffrir tous les maux d'une juste guerre.

Dès lors, il se proposa de tenir sans cesse occupés aux durs exercices des armes une multitude d'hommes qui n'avaient point appris à supporter le repos.

Il commença par les fatiguer sur les sables de ce rivage, et le siége de Cyrènes fut le premier de leurs travaux. Quoique cette ville eût d'abord été fermée au parti de Caton, il n'en tira aucune vengeance : sa victoire est la seule peine qu'il fait subir aux vaincus.

De là, il veut aller vers les confins du Maure, se joindre avec le roi Juba. Les Syrtes s'opposent à son passage; mais quel que soit l'obstacle, sa vertu courageuse espère le surmonter.

Quand la nature donna au monde sa première forme, elle

Quam, simul effetas linquunt examina ceras,
Atque oblita favi non miscent nexibus alas,
Sed sibi quæque volat, nec jam degustat amarum
Desidiosa thymum : Phrygii sonus increpet æris,
Attonitæ posuere fugam, studiumque laboris
Floriferi repetunt, et sparsi mellis amorem :
Gaudet in Hyblæo securus gramine pastor
Divitias servasse casæ : sic voce Catonis
Inculcata viris justi patientia Martis.
Jamque actu belli non doctas ferre quietem
Constituit mentes, serieque agitare laborum.
Primum litoreis miles lassatur arenis.
Proximus in muros et mœnia Cyrenarum
Est labor : exclusus nulla se vindicat ira;
Pœnaque de victis sola est vicisse Catoni.
Inde peti placuit Libyci contermina Mauris
Regna Jubæ ; sed iter mediis Natura vetabat
Syrtibus : has audax sperat sibi cedere virtus.
Syrtes, vel, primam mundo Natura figuram

laissa les Syrtes indécises entre la terre et l'onde; car elles ne sont absolument ni sous les eaux, ni au-dessus. Limite incertaine, élément douteux, et des deux côtés inaccessible, c'est une mer interrompue par des écueils, c'est une terre sillonnée par les courants d'une mer profonde. La nature a laissé inutile cette partie d'elle-même. Peut-être aussi qu'autrefois les Syrtes étaient pleinement inondées; mais le rapide soleil qui nourrit dans la mer ses dévorantes flammes, épuise sans cesse les eaux qui sont le plus près de la zone brûlante, et la mer lui dispute encore les terres qu'il veut dessécher. Le temps viendra cependant que les Syrtes seront une terre ferme, car dès à présent même, le fond n'en est couvert que d'une légère surface d'eau; et cette mer qui doit tarir un jour commence à disparaître.

Dès que la rame, en sillonnant les ondes, a lancé la flotte loin du port, le vent du midi se lève environné de nuages et déchaîné contre ses propres domaines. Ce vent soulève la mer, et la chasse loin des sables de la Libye, dont il lui fait un rivage nouveau. Malheur aux vaisseaux dont il saisit la voile : malgré tout l'effort des cordages, il la fait voler par-dessus la proue,

    Quum daret, in dubio pelagi terræque reliquit
(Nam neque subsedit penitus, quo stagna profundi
Acciperet, nec se defendit ab æquore tellus;
Ambigua sed lege loci jacet invia sedes :
Æquora fracta vadis, abruptaque terra profundo.
Et post multa sonant projecti litora fluctus;
Sic male deseruit, nullosque exegit in usus
Hanc partem Natura sui) : vel plenior alto
Olim Syrtis erat pelago, penitusque natabat :
Sed rapidus Titan ponto sua lumina pascens,
Æquora subduxit zonæ vicina perustæ;
Et nunc pontus adhuc, Phœbo siccante, repugnat.
Mox ubi damnosum radios admoverit ævum,
Tellus Syrtis erit : nam jam brevis unda superne
Innatat, et late periturum deficit æquor.
Ut primum remis actum mare propulit omne
Classis onus, densis fremuit niger imbribus Auster,
In sua regna furens : tentatum classibus æquor
Turbine defendit, longeque a Syrtibus undas
Egit, et illato confregit litore pontum.
Tum quarum recto deprendit carbasa malo
Eripuit nautis, frustraque rudentibus ausis

et la tient enflée au delà. Que le nocher la ploie et l'attache aux antennes. Prévoyance inutile; les antennes mêmes se brisent, et le mât reste dépouillé. Plus heureux sont les vaisseaux que la tempête emporte en pleine mer et qui luttent contre les flots ordinaires. Ceux des vaisseaux qui ont perdu leurs mâts, échappés à la fureur du vent, deviennent le jouet de l'onde, et sont jetés sur les écueils. Là, tandis que la proue appuie sur le sable, la poupe est suspendue et flotte sur les eaux; et le navire, entre deux périls, a d'un côté la terre qui menace de le briser, de l'autre, la vague irritée qui s'efforce de l'engloutir. C'est alors que l'onde plus violemment agitée se brise contre l'obstacle qu'elle rencontre. Quoique repoussé par l'Auster, le flot ne peut vaincre ces amas de sable. Sur la face de la mer s'élève au loin une montagne de poussière que l'onde ne peut entamer. Le malheureux matelot reste immobile, sa carène est engagée dans le sol, il ne voit plus de rivage. C'est ainsi que s'égare une partie de la flotte. Le plus grand nombre des vaisseaux, guidés par de sages pilotes, et sûrs de leur route avec des matelots à qui ce rivage est connu, vont aborder au marais dormant de Triton. Le dieu dont la trompe fait retentir

Vela negare Noto, spatium vicere carinæ,
Atque ultra proram tumuit sinus. Omnia si quis
Providus antennæ suffixit lintea summæ,
Vincitur, et nudis avertitur armamentis.
Sors melior classi, quæ fluctibus incidit altis,
Et certo jactata mari. Quæcumque levatæ
Arboribus cæsis flatum effudere prementem;
Abstulit has ventis liber contraria volvens
Æstus, et obnixum victor detrusit in Austrum.
Has vada destituunt, atque interrupta profundo
Terra ferit puppes : dubioque obnoxia fato
Pars sedet una ratis, pars altera pendet in undis.
Tunc magis impactum brevibus mare, terraque sævit
Obvia consurgens : quamvis elisus ab Austro,
Sæpe tamen cumulos fluctus non vincit arenæ :
Eminet in tergo pelagi procul omnibus arvis,
Inviolatus aqua, sicci jam pulveris agger.
Stant miseri nautæ, terræque hærente carina
Litora nulla vident. Sic partem intercipit æquor :
Pars ratium major regimen clavumque sequuta est,
Tuta fuga, nautasque loci sortita peritos,
Torpentem Tritonos adit illæsa paludem.
Hanc, ut fama, Deus, quem toto litore pontus

tous les rivages de la mer, se plaît, dit-on, dans ce lac paisible, qui n'est pas moins cher à Pallas. Quand cette déesse fut née de la tête de Jupiter, elle vint sur la terre, et ce fut en Lybie (de tous les climats, c'est le plus près du ciel, comme le prouve sa chaleur), ce fut là qu'elle descendit. Elle se vit pour la première fois dans le cristal de ces tranquilles eaux; son pied se posa sur leur rive; et ce lieu fut si agréable à la déesse, qu'elle en prit elle-même le nom de Tritonide.

Non loin de là serpente le Léthé taciturne : on dit qu'il puise l'oubli aux sources infernales. Sur ces mêmes bords fleurissait le jardin des Hespérides, qui, sous la garde d'un vigilant dragon, portait jadis des fruits dorés; aujourd'hui il est pauvre et dépouillé de son feuillage. Que l'envie dispute à l'antiquité ses prodiges, et à la poésie son merveilleux; elle fut, oui, elle fut cette forêt aux rameaux chargés d'or et de jaunes bourgeons. Le soin en était confié à une troupe de jeunes vierges : et un dragon, dont jamais le sommeil n'appesantit la paupière, embrassant la tige des arbres, gardait ce jardin précieux. Ce fut Alcide qui en enleva les fruits, devenus sa conquête, et qui laissant la forêt dépouillée de ses trésors, les apporta au tyran d'Argos.

La flotte, repoussée de ces bords et chassée des Syrtes, ne

Audit ventosa perflantem murmura concha,
Hanc et Pallas amat; patrio quæ vertice nata
Terrarum primam Libyen (nam proxima cœlo est.
Ut probat ipse calor) tetigit : stagnique quieta
Vultus vidit aqua, posuitque in margine plantas,
Et se dilecta Tritonida dixit ab unda.
Quam juxta Lethon tacitus prælabitur amnis,
Infernis, ut fama, trahens oblivia venis;
Atque insopiti quondam tutela draconis,
Hesperidum pauper spoliatis frondibus hortus.
Invidus, annoso famam qui derogat ævo,
Qui vates ad vera vocat ! Fuit aurea silva,
Divitiisque graves, et fulvo germine rami,
Virgineusque chorus, nitidi custodia luci,
Et numquam somno damnatus lumina serpens,
Robora complexus rutilo curvata metallo.
Abstulit arboribus pretium nemorique laborem
Alcides; passusque inopes sine pondere ramos,
Rettulit Argolico fulgentia poma tyranno.
His igitur depulsa locis, ejectaque classis

s'exposa point au delà des Garamantes ; mais sous le fils aîné de Pompée, elle se tint dans les ports de la côte la plus riche de la Libye. Mais la vertu de Caton ne pouvant demeurer oisive, il ose se frayer une route par des régions inconnues ; et se confiant à ses armes, il veut tourner du côté de la terre les Syrtes qu'il n'a pu franchir. L'hiver même l'y détermine, car il lui interdit la mer : les pluies qu'il fait espérer, rassurent ceux que les chaleurs effrayent ; ni le soleil, ni les frimas ne rendent la route difficile dans cette saison, et sous le ciel de Libye, la chaleur et le froid mutuellement se tempèrent.

Caton, avant de s'engager dans ces stériles sables, tient ce discours à son armée. « O vous qui en suivant mes drapeaux ne demandez qu'à mourir libres, et la tête haute, tenez vos âmes préparées aux grands efforts de la vertu et aux grands travaux. Nous allons traverser des déserts brûlés par l'ardeur dévorante du soleil, où l'on trouve à peine quelques sources d'eau, et qui sont peuplés de serpents venimeux. Le voyage est pénible, mais il mène au secours des lois et de la patrie expirante. Que ceux-là viennent avec moi, à travers les sables infranchissables ceux qui n'ont pas fait vœu d'échapper, ceux pour qui c'est assez d'aller ; car je ne veux tromper personne, ni engager

Syrtibus, haud ultra Garamántidas attigit undas ;
Sed duce Pompeio Libyæ melioris in oris
Mansit. At impatiens virtus hærere Catonis
Audet in ignotas agmen committere gentes,
Armorum fidens ; et terra cingere Syrtim.
Hæc eadem suadebat hiems, quæ clauserat æquor.
Et spes imber erat nimios metuentibus ignes ;
Ut neque sole viam, nec duro frigore sævam,
Inde polo Libyes, hinc bruma temperet annus :
Atque ingressurus steriles, sic fatur, arenas :
« O quibus una salus placuit mea castra sequutis
Indomita cervice mori, componite mentes
Ad magnum virtutis opus summosque labores.
Vadimus in campos steriles, exustaque mundi,
Qua nimius Titan, et raræ in fontibus undæ,
Siccaque letiferis squalent serpentibus arva :
Durum iter ad leges, patriæque ruentis amorem.
Per mediam Libyen veniant, atque invia tentent,
Si quibus in nullo positum est evadere voto,
Si quibus ire sat est, neque enim mihi fallere quemquam
Est animus, tectoque metu perducere vulgus ;

une foule timide à me suivre en cachant ma crainte au fond du cœur. Je ne veux pour compagnons que ceux dont le courage s'accroît dans les dangers, et qui, sur ma foi, ne connaissent rien de plus beau ni de plus romain que de souffrir les plus grands maux. Mais si quelqu'un a besoin qu'on lui réponde de son salut, s'il tient aux douceurs de la vie, qu'il s'en aille chercher un maître par un chemin plus facile. Dès que j'aurai mis le pied sur le sable, que le soleil darde sur moi ses feux, que des serpents gonflés de venin m'environnent; je veux éprouver le premier tous les périls qui vous menaceront. Si quelqu'un me voit boire avant lui, qu'il se plaigne de souffrir la soif; qu'il se plaigne de la chaleur s'il me voit chercher un ombrage; qu'il tombe sans haleine s'il me voit aller à cheval à la tête de mes cohortes, ou si on distingue à quelque marque le chef entre les soldats. Les serpents, la soif, la chaleur, l'aridité de ces vastes plaines sont des délices pour la vertu. C'est dans les dures extrémités que la patience triomphe. L'honneur a plus de charme étant payé d'un plus haut prix. Il fallait tous les maux de la Libye pour excuser notre fuite. »

Ainsi Caton remplit tous les cœurs du feu de sa vertu, et de l'amour des travaux pénibles. A l'instant même il prend sa

> Hi mihi sint comites, quos ipsa pericula ducent,
> Qui, me teste, pati vel quæ tristissima, pulchrum
> Romanumque putant : at qui sponsore salutis
> Miles eget, capiturque animæ dulcedine, vadat
> Ad dominum meliore via.
> « Dum primus arenas
> Ingrediar, primusque gradus in pulvere ponam,
> Me calor æthereus feriat, mihi plena veneno
> Occurrat serpens ; fatoque pericula vestra
> Prætentate meo : sitiat, quicumque bibentem
> Viderit ; aut umbras nemorum quicumque petentem,
> Æstuet ; aut equitem peditum præcedere turmas,
> Deficiat ; si quo fuerit discrimine notum
> Dux, an miles eam. Serpens, sitis, ardor, arenæ,
> Dulcia virtuti : gaudet patientia duris.
> Lætius est, quoties magno sibi constat, honestum.
> Sola potest Libye turba præstare malorum,
> Ut deceat fugisse viros. »
> Sic ille paventes
> Incendit virtute animos, et amore laborum,

route sur ce rivage qu'il ne doit plus revoir; et la Libye, où ce grand homme va être enseveli dans un humble tombeau, s'empare sans pâlir de sa destinée.

Si l'on en croit l'opinion commune, l'Afrique est la troisième partie du monde; mais, par ses vents et son ciel, elle fait partie de l'Europe. Car le Nil n'est pas plus éloigné que le Tanaïs de cette pointe de Gadès, où l'Europe se sépare de la Libye, où les rivages fléchissent pour faire place à l'Océan. L'Asie à elle seule forme un plus vaste monde. Elle partage avec l'une les climats du Midi, les climats du Nord avec l'autre; et tandis qu'elles deux s'unissent pour embrasser l'Occident, tout l'Orient est occupé par elle.

La Libye n'est fertile que sur sa rive occidentale, encore n'a-t-elle point de sources qui l'arrosent; quelquefois les aquilons y vont répandre en pluie les nuages du Nord, et la sérénité de notre ciel fait la richesse de cette terre. Elle ne produit rien de pernicieux : ni l'or, ni le fer ne germent dans son sein. Innocente et pure, elle ne contient que les éléments de la végétation. Ce qu'a de plus précieux le Maure, ce sont ses forêts de citronniers, dont même il ignore l'usage. Pour lui, le feuillage et l'ombre de ces bois en faisaient toute la valeur. Ce furent nos mains qui

Irreducemque viam deserto limite carpit;
Et sacrum parvo nomen clausura sepulcro
Invasit Libye securi fata Catonis.
Tertia pars rerum Libye, si credere famæ
Cuncta velis : at si ventos cœlumque sequaris,
Pars erit Europæ; neque enim plus litora Nili,
Quam Scythicus Tanais primis a Gadibus absunt :
Unde Europa fugit Libyen, et litora flexu
Oceano fecere locum : sed major in unam
Orbis abit Asiam. Nam quum communiter istæ
Effundat Zephyrum, Boreæ latus illa sinistrum
Contingens, dextrumque Noti, discedit in ortus,
Eurum sola tenens. Libycæ quod fertile terræ est.
Vergit in occasus; sed et hæc non fontibus ullis
Solvitur : Arctoos raris Aquilonibus imbres
Accipit, et nostris reficit sua rura serenis.
In nullas vitiatur opes; non ære, nec auro
Excoquitur; nullo glebarum crimine, pura,
Et penitus terra est. Tantum Maurusia genti
Robora divitiæ, quarum non noverat usum;
Sed citri contenta comis vivebat, et umbra.

portèrent la hache dans ces forêts inconnues, quand notre luxe alla chercher aux extrémités du monde des tables pour nos festins. Mais la côte qui embrasse les Syrtes, placée sous un ciel trop ardent, et voisine de la brûlante zone, étouffe sous un sable aride les dons de Cérès et de Bacchus. Aucune racine n'y trouve à s'attacher : cette terre a perdu les germes de la vie ; le ciel ne prend aucun soin de lui rendre la fécondité. La nature y languit dans un stérile engourdissement, et l'influence des saisons ne se fait point sentir à ces sables arides. Seulement il y naît çà et là quelques plantes sauvages dont le Nazamon se nourrit. Ce peuple dur et farouche habite nu aux environs des Syrtes ; il fait son butin des débris des vaisseaux qui sont jetés sur les écueils. Du haut des sables du rivage, ces brigands attendent leur proie, et sans que jamais aucun vaisseau arrive au port, ils connaissent les richesses. C'est ainsi que, par des naufrages, le Nazamon est en commerce avec l'univers.

Telle est la route que l'austère vertu ordonne à Caton de suivre. C'est là qu'une jeunesse, qui se croyait en sûreté du côté des vents et des tempêtes, retrouva tous les périls, toutes les frayeurs de la mer : car le vent du midi est bien plus furieux sur ce rivage que sur les flots, et il y fait bien plus de ravages.

> In nemus ignotum nostræ venere secures ;
> Extremoque epulas mensasque petivimus orbe.
> At quæcumque vagam Syrtim complectitur ora
> Sub nimio projecta die, vicina perusti
> Ætheris, exurit messes, et pulvere Bacchum
> Enecat, et nulla putris radice tenetur.
> Temperies vitalis abest ; et nulla sub illa
> Cura Jovis terra est ; natura deside torpet
> Orbis, et immotis annum non sentit arenis.
> Hoc tam segne solum raras tamen exserit herbas,
> Quas Nasamon, gens dura, legit, qui proxima ponto
> Nudus rura tenet, quem mundi barbara damnis
> Syrtis alit ; nam litoreis populator arenis
> Imminet, et, nulla portus tangente carina,
> Novit opes : sic cum toto commercia mundo
> Naufragiis Nasamones habent. Hac ire Catonem
> Dura jubet virtus. Illic secura juventus
> Ventorum, nullasque timens tellure procellas,
> Æquoreos est passa metus : nam litore sicco,
> Quam pelago, Syrtis violentius excipit Austrum,
> Et terræ magis ille nocet.

La Libye n'a point de montagne qui s'oppose à sa violence, ni de rocher qui rompe et qui dissipe ses tourbillons impétueux. Il n'y rencontre point de forêts sur lesquelles ses efforts se brisent, et où il se lasse à tordre et à déraciner des chênes antiques. Sa course est libre dans ces vastes plaines, et il y exerce sans obstacle toute la rage qu'Éole inspire à ses enfants. Il ne mêle point de nuages chargés de pluie aux tourbillons de sable dont il obscurcit l'air. C'est une colonne de poussière qu'il élève et tient suspendue, sans en laisser échapper ni retomber le sommet. Le malheureux Nazamon voit le sol qu'il habite enlevé, et ses cabanes renversées; le toit qui couvre le Garamante vole dispersé dans les airs. La flamme ne lance pas plus haut l'étincelle qu'elle fait éclater; et autant qu'on voit s'élever les flots de fumée qui éclipsent le jour, autant s'élèvent vers le ciel ces noirs tourbillons de poussière. Cette tempête qui assaillit les Romains fut plus violente que jamais. Le soldat ne peut plus se tenir debout; le sable même qu'il foule aux pieds s'échappe et fuit sous ses pas chancelants. On aurait vu la terre ébranlée si la Libye eût été formée de durs rochers qui, dans leurs flancs, eussent emprisonné ce vent furieux. Mais comme le moindre souffle bouleverse ses sables mobiles, elle doit

<pre>
             Non montibus ortum
   Adversis frangit Libye, scopulisque repulsum
   Dissipat, et liquidas e turbine solvit in auras :
   Nec ruit in silvas, annosaque robora torquens
   Lassatur : patet omne solum, liberque meatu
   Æoliam rabiem totis exercet arenis.
   At non imbriferam contorto pulvere nubem
   In flexum violentus agit : pars plurima terræ
   Tollitur, et numquam resoluto vertice pendet.
   Regna videt pauper Nasamon errantia vento,
   Discussasque domos ; volitantque a culmine raptæ,
   Detecto Garamante, casæ. Non altius ignis
   Rapta vehit ; quantumque licet consurgere fumo,
   Et violare diem, tantum tenet aera pulvis.
   Tum quoque Romanum solito violentior agmen
   Aggreditur, nullusque potest consistere miles,
   Instabilis raptis etiam, quas calcat, arenis.
   Concuteret terras, orbemque a sede moveret,
   Si solida Libye compage, et pondere duro
   Clauderet exesis Austrum scopulosa cavernis :
   Sed quia mobilibus facilis turbatur arenis,
</pre>

de rester stable à ce qu'elle ne résiste pas, et elle demeure fixe en ses profondeurs grâce aux ondulations de sa surface. Un tourbillon rapide emporte et roule dans les airs les casques, les boucliers, les lances. Qui sait même à quelle distance il les fit voler; si ce ne fut pas un prodige de voir ces armes tomber du ciel; et si on ne reçut pas comme un présent des dieux cette dépouille des hommes? Ainsi peut-être un vent du midi ou du nord avait arraché à quelque peuple de l'Ausonie ces boucliers qui tombèrent aux pieds des autels de Numa, et que l'élite de la jeunesse patricienne porte dans nos solennités. Toute l'armée s'étend sur la terre dont la surface est bouleversée; et le soldat, de peur d'être enlevé, ramassant les plis de sa robe, se tient, non-seulement couché, mais des deux mains ancré sur le sable, à peine encore est-ce assez d'efforts; et dès qu'il se croit affermi, des flots de sable l'ensevelissent. C'est pour lui un travail à chaque instant nouveau, que de s'en dégager, et forcé enfin de se lever debout, il se trouve encore investi par un monceau de poussière.

Dès que le vent s'est apaisé et que les nuages de sable qui obscurcissaient l'air se dissipent, l'armée romaine ne voit plus

Nusquam luctando stabilis manet ; imaque tellus
Stat, quia summa fugit. Galeas, et scuta virorum,
Pilaque contorsit violento spiritus actu,
Intentusque tulit magni per inania cœli.
Illud in extrema forsan longeque remota
Prodigium tellure fuit ; delapsaque cœlo
Arma timent gentes, hominumque erepta lacertis
A Superis demissa putant. Sic illa profecto
Sacrifico cecidere Numæ, quæ lecta juventus
Patricia cervice movet : spoliaverat Auster
Aut Boreas populos ancilia nostra ferentes.
Sic orbem torquente Noto, Romana juventus
Procubuit, metuensque rapi, constrinxit amictus,
Inseruitque manus terræ : nec pondere solo,
Sed nisu jacuit, vix sic immobilis Austro,
Qui super ingentes cumulos involvit arenæ,
Atque operit tellure viros. Vix tollere miles
Membra valet, multo congestu pulveris hærens.
Adligat et stantes adfusæ magnus arenæ
Agger, et immoti terra surgente tenentur.
Saxa tulit penitus discussis proruta muris,
Effuditque procul miranda sorte malorum :

dans cette solitude immense aucune trace de sa route et n'a plus pour indices des lieux que les astres qu'on a pour guides sur la vaste plaine des mers. L'horizon de la Libye laissa même au dessous de lui nombre d'étoiles qui, vers le pôle, dirigent les matelots. La sérénité d'un ciel brûlant est pour le soldat un nouveau supplice. Son corps est trempé de sueur et sa bouche embrasée d'une soif dévorante. Alors on découvre de loin un filet d'eau qui filtre à peine à travers le sable. Un soldat creusant cette faible source y puise un peu d'eau dans son casque et va l'offrir au général. Ils avaient tous la gorge desséchée d'une brûlante poussière, et cette eau dans les mains de Caton excitait l'envie de toute l'armée. Mais Caton, au soldat qui la lui présentait : « Quoi! dit-il, me crois-tu le seul sans vertu parmi tant d'hommes de courage, et m'as-tu vu si amolli, si peu capable de soutenir ces premières chaleurs? Homme indigne, tu mériterais que, pour te punir, je te fisse boire cette eau en présence de tous ces gens qui éprouvent la soif. » Alors, avec indignation, il jette le casque par terre, et l'eau répandue leur suffit à tous.

On approchait de ce temple élevé dans les déserts du grossier Garamante et le seul qui fût en Libye. Il est consacré à Jupiter,

 Qui nullas videre domos, videre ruinas.
Jamque iter omne latet : nec sunt discrimina terræ
Ulla, nisi ætheriæ, medio velut æquore, flammæ.
Sideribus novere viam : nec sidera tota
Ostendit Libycæ finitor circulus oræ,
Multaque devexo terrarum margine celat.
Utque calor solvit, quem torserat aera ventus,
Incensusque dies, manant sudoribus artus ;
Arent ora siti. Conspecta est parva maligna
Unda procul vena ; quam vix e pulvere miles
Corripiens, patulum galeæ confudit in orbem,
Porrexitque duci. Squalebant pulvere fauces
Cunctorum : minimumque tenens dux ipse liquoris
Invidiosus erat. « Mene, inquit, degener, unum,
Miles, in hac turba vacuum virtute putasti ?
Usque adeo mollis, primisque caloribus impar
Sum visus ? quanto pœna tu dignior ista,
Qui populo sitiente bibas ! » Sic concitus ira
Excussit galeam, suffecitque omnibus unda.
Ventum erat ad templum, Libycis quod gentibus unum
Inculti Garamantes habent : stat sortiger illic

mais le dieu n'y est pas représenté la foudre à la main, comme sur nos autels : il a des cornes de bélier, on l'appelle Ammon. La structure de ce temple n'étale point une profane magnificence ; ni le rubis, ni l'or de l'Orient n'éclatent dans les offrandes qu'on y suspend ; et quoique seul adoré des peuples de l'Éthiopie, de l'Arabie, et de l'Inde, ce dieu est pauvre, son temple est pur ; il y garde inviolablement la simplicité de son premier culte ; et depuis tant de siècles, il se défend encore de l'or des Romains.

Une forêt, la seule verdoyante dans toute la Libye, atteste qu'un dieu y réside ; car les sables qui s'étendent depuis les murs brûlants de Bérénice, jusqu'à la ville de Leptis, n'ont jamais produit un feuillage ; et la forêt d'Ammon est une merveille unique dans ces climats. Une fontaine qui coule près du temple est la cause de ce prodige. Le limon qui se mêle au sable qu'elle arrose le lie en l'humectant. La forêt cependant n'est pas assez touffue pour faire obstacle aux traits du jour lorsqu'il se balance au plus haut du ciel. L'arbre à peine alors en défend sa tige, tant les rayons qui l'environnent chassent l'ombre vers le centre et l'abrègent de tous côtés. On a reconnu que c'est là que le cercle du solstice touche à celui des signes du ciel. Ici leur marche n'est pas oblique ; le Scorpion monte et

    Jupiter, ut memorant, sed non aut fulmina vibrans,
    Aut similis nostro, sed tortis cornibus Hammon.
    Non illic Libycæ posuerunt ditia gentes
    Templa, nec Eois splendent donaria gemmis.
    Quamvis Æthiopum populis, Arabumque beatis
    Gentibus, atque Indis unus sit Jupiter Hammon,
    Pauper adhuc Deus est, nullis violata per ævum
    Divitiis delubra tenens : morumque priorum
    Numen romano templum defendit ab auro.
    Esse locis Superos testatur silva per omnem
    Sola virens Libyen ; nam quidquid pulvere sicco
    Separat ardentem tepida Berenicida Lepti,
    Ignorat frondes : solus nemus abstulit Hammon.
    Silvarum fons causa loco, qui putria terræ
    Adligat, et domitas unda connectit arenas.
    Sic quoque nil obstat Phœbo, quum cardine summo
    Stat librata dies : truncum vix protegit arbor ;
    Tam brevis in medium radiis compellitur umbra !
    Deprensum est hunc esse locum, qua circulus alti
    Solstitii medium signorum percutit orbem.

descend en équilibre avec le Taureau ; le Bélier ne cède pas ses heures à la Balance ; Astrée ne commande pas aux Poissons de descendre avec lenteur ; Chiron reste égal aux Gémeaux, et le brûlant Cancer au pluvieux Capricorne ; le Lion ne s'élève pas plus haut que le Verseau. Vous tous, peuples séparés de nous par les feux de la Libye, votre ombre se projette vers le Sud ; la nôtre sur le Nord. A vos yeux, Cynosure se meut lentement ; le Chariot paraît se plonger dans la mer ; aucun astre ne luit sur vos fronts qui ne se couche dans l'Océan, et les constellations, dans leur fuite, semblent entraîner tout dans le ciel.

Les peuples de l'Orient assiégeaient les portes du temple et demandaient à consulter l'oracle de Jupiter au front de Bélier. La foule s'ouvrit avec respect devant le général romain. Les amis de Caton le conjuraient d'éprouver la vérité de cet oracle, si célèbre dans l'univers, et de juger s'il méritait sa renommée antique. Labiénus était celui qui le pressait le plus d'interroger le ciel sur les événements cachés dans l'avenir. « Le hasard, disait-il, ou notre bon destin fait trouver sur notre passage l'oracle du plus grand des dieux ; il peut nous conduire au delà des Syrtes, et nous éclairer sur les succès divers que cette

<pre>
Non obliqua meant, nec Tauro Scorpius exit
Rectior, aut Aries donat sua tempora Libræ,
Aut Astræa jubet lentos descendere Pisces.
Par Geminis Chiron, et idem quod Carcinos ardens
Humidus Ægoceros : nec plus Leo tollitur Urna.
At tibi, quæcumque es Libyco gens igne dirempta,
In Noton umbra cadit, quæ nobis exit in Arcton.
Te segnis Cynosura subit ; tu sicca profundo
Mergi Plaustra putas, nullumque in vertice semper
Sidus habes immune maris, procul axis uterque est,
Et fuga signorum medio rapit omnia cœlo.
Stabant ante fores populi, quos miserat Eos,
Cornigerique Jovis monitu nova fata petebant :
Sed Latio cessere duci : comitesque Catonem
Orant, exploret Libycum memorata per orbem
Numina, de fama tam longi judicet ævi.
Maximus hortator scrutandi voce Deorum
Eventus Labienus erat.
          « Sors obtulit, inquit,
Et fortuna viæ, tam magni numinis ora,
Consiliumque Dei : tanto duce possumus uti
Per Syrtes, bellique datos cognoscere casus.
</pre>

guerre doit avoir ; car à qui les dieux confieraient-ils plus intimement leurs secrets, qu'à la sainteté de Caton ? Votre vie a toujours eu pour règle leur suprême loi. Un dieu vous éclaire et vous guide. Voici pour vous une occasion de communiquer avec Jupiter. Demandez-lui quel sera le sort de l'odieux César et le destin de Rome ? si les peuples rentrés dans leurs droits verront leur liberté et leurs lois rétablies, ou si le fruit de la guerre civile sera perdu ? Remplissez-vous de l'esprit divin, et passionné pour l'austère vertu, demandez aux dieux en quoi elle consiste ; demandez-leur la règle de l'honnêteté. » Caton, plein de la divinité qui résidait au fond de son âme, prononça ces paroles dignes de l'antre prophétique : « Que veux-tu, Labiénus, que je demande ? Si j'aime mieux mourir libre, les armes à la main, que de vivre sous un tyran ; si cette vie n'est rien ; si la plus longue diffère de la plus courte ; s'il y a quelque force au monde qui puisse nuire à l'homme de bien ; si la Fortune perd ses menaces quand elle s'attaque à la Vertu ; s'il suffit de vouloir ce qui est louable, et si le succès ajoute à ce qui est honnête ? Nous savons tout cela ; Ammon ne le graverait pas plus profondément dans nos cœurs. Tous nous tenons aux dieux ; et que leur oracle se taise, ce n'est

Nam cui crediderim Superos arcana daturos,
Dicturosque magis, quam sancto vera Catoni ?
Certe vita tibi semper directa supernas
Ad leges, sequerisque Deum. Datur ecce loquendi
Cum Jove libertas : inquire in fata nefandi
Cæsaris, et patriæ venturos excute mores :
Jure suo populis uti, legumque licebit,
An bellum civile perit. Tua pectora sacra
Voce reple : duræ saltem virtutis amator,
Quære quid est virtus, et posce exemplar honesti. »
Ille Deo plenus, tacita quem mente gerebat,
Effudit dignas adytis e pectore voces :
« Quid quæri, Labiene, jubes ? an liber in armis
Occubuisse velim potius quam regna videre ?
An sit vita nihil ? si longa, an differat ætas ?
An noceat vis ulla bono ? Fortunaque perdat
Opposita virtute minas, laudandaque velle
Sit satis, et numquam successu crescat honestum ?
Scimus, et hoc nobis non altius inseret Hammon.
Hæremus cuncti Superis, temploque tacente
Nil facimus non sponte Dei : nec vocibus ullis

pas moins leur volonté que nous accomplissons. La divinité n'a pas besoin de paroles ; celui qui nous a fait naître nous dit, quand nous naissons, tout ce que nous devons savoir. Il n'a point choisi des sables stériles pour ne s'y communiquer qu'à un petit nombre d'hommes ; ce n'est point dans cette poussière qu'il a enfoui la vérité. La divinité a-t-elle d'autre demeure que la terre, l'onde, le ciel, et le cœur de l'homme juste? Pourquoi chercher si loin des dieux? Jupiter est tout ce que tu vois, tout ce que tu sens en toi-même? Que ceux qui, dans un avenir douteux, portent une âme irrésolue, aillent interroger le sort ; pour moi, ce n'est point la certitude des oracles qui me rassure, mais la certitude de la mort. Timide ou courageux, il faut que l'homme meure. Voilà ce que Jupiter a dit, et c'est assez. »

Telle fut la réponse de Caton ; et sans chercher à affaiblir la foi qu'on avait à ce temple, il s'éloigne, laissant aux peuples leur Ammon, qu'il n'a pas voulu éprouver.

Il marche à la tête de ses troupes une lance à la main. Dans les travaux qu'ils ont à soutenir, son exemple est l'ordre qu'il donne. On ne le voit ni porté sur les épaules de ses braves, ni traîné sur un char. Forcé de céder au sommeil, il plaint le peu de moments qu'il ne peut lui refuser. Si, après une longue marche, on trouve une eau salutaire, il est le der-

      Numen eget ; dixitque semel nascentibus auctor
      Quidquid scire licet. Sterilesne elegit arenas,
      Ut caneret paucis, mersitque hoc pulvere verum ?
      Estne Dei sedes, nisi terra, et pontus, et aer,
      Et cœlum, et virtus ? Superos quid quærimus ultra ?
      Jupiter est quodcumque vides, quodcumque moveris.
      Sortilegis egeant dubii, semperque futuris
      Casibus ancipites : me non oracula certum,
      Sed mors certa facit : pavido fortique cadendum est.
      Hoc satis est dixisse Jovem. »
                    Sic ille profatur,
      Servataque fide templi discedit ab aris,
      Non exploratum populis Hammona relinquens.
      Ipse manu sua pila gerit ; præcedit anheli
      Militis ora pedes : monstrat tolerare vapores,
      Non jubet ; et nulla vehitur cervice supinus,
      Carpentove sedens : somni parcissimus ipse est ;
      Ultimus haustor aquæ ; quum tandem, fonte reperto,

nier à soulager sa soif; il se tient sur le bord et fait boire avant lui jusqu'aux valets de son armée.

Si la plus grande gloire est due au plus vraiment homme de bien, et si l'on considère la vertu en elle-même, sans aucun égard aux succès, ceux de nos ancêtres que nous vantons le plus, ne sont, près de Caton, que des hommes heureux. Qui jamais ou par ses victoires ou par le sang répandu, a mérité un si grand nom? J'aimerais mieux avoir fait cette marche triomphante autour des Syrtes, à travers la Libye, que de monter trois fois au Capitole sur le char de Pompée, ou que de marcher, comme Marius, sur la tête de Jugurtha. Le voici, Rome, le voici, le vrai père de la patrie, le héros digne de tes autels, celui par qui, dans aucun temps, tu n'auras honte de jurer; celui dont un jour, si jamais ta tête se relève libre du joug, tu feras sûrement un Dieu.

A mesure qu'on avançait sous cette zone que la nature a interdite aux humains, les rayons du soleil devenaient plus ardents, les sources d'eau beaucoup plus rares. Cependant on rencontra au milieu des sables une fontaine abondante, mais si remplie de serpents, qu'elle avait peine à les contenir. Le froid aspic se dressait sur ses bords, et la dipsade brûlante au milieu des eaux n'y pouvait éteindre sa soif. Caton, qui vit que son

    Indiga cogatur latices potare juventus,
Stat, dum lixa bibat. Si veris magna paratur
Fama bonis, et si successu nuda remoto
Inspicitur virtus, quidquid laudamus in ullo
Majorum, fortuna fuit. Quis Marte secundo,
Quis tantum meruit populorum sanguine nomen ?
Hunc ego per Syrtes, Libyæque extrema triumphum
Ducere maluerim, quam ter Capitolia curru
Scandere Pompeii, quam frangere colla Jugurthæ.
Ecce parens verus patriæ, dignissimus aris,
Roma, tuis; per quem numquam jurare pudebit,
Et quem, si steteris umquam cervice soluta,
Nunc olim factura Deum. Jam spissior ignis;
Et plaga, quam nullam Superi mortalibus ultra
A medio fecere die, calcatur; et unda
Rarior : inventus mediis fons unus arenis
Largus aquæ; sed quem serpentum turba tenebat,
Vix capiente loco. Stabant in margine siccæ
Aspides, in mediis sitiebant dipsades undis.

armée allait périr, si elle s'abstenait de boire à cette source :
« Amis, dit-il, votre frayeur est vaine, la morsure des serpents
est venimeuse ; le poison que leur dent distille est mortel, quand
il se mêle avec le sang ; leur morsure est funeste, mais l'eau
dans laquelle ils nagent ne l'est pas. » En disant ces mots, il
puise de cette eau peut-être empoisonnée, et dans tous les sables de la Libye, cette fontaine fut la seule dont il voulut boire
le premier.

D'où vient que l'air de la Libye si fertile en venins mortels
peuple ces climats de serpents ? Quels germes la nature a-t-elle
déposés dans son sein ? Ce n'est pas à nous d'en chercher la
cause ; mais une fable répandue à ce sujet dans l'univers a tenu
lieu de la vérité.

Aux confins de la Libye, aux lieux où la terre brûlante reçoit
l'Océan qui bouillonne sous les rayons du couchant, règnent
les tristes campagnes de Méduse, fille de Phorcys. Là, point de
forêts ombrageant la terre, point de sucs dans les sillons ; mais
d'âpres rochers, nés du regard de la déesse. C'est dans son
corps que la nature malfaisante enfanta pour la première fois
ces cruels fléaux. C'est de sa bouche que les serpents dardèrent
leurs langues en sifflant, et flottant sur ses épaules comme les

Ductor, ut adspexit perituros fonte relicto,
Adloquitur : « Vana specie conterrite leti,
Ne dubita, miles, tutos haurire liquores :
Noxia serpentum est, admixto sanguine, pestis :
Morsu virus habent, et fatum in dente minantur :
Pocula morte carent. » Dixit ; dubiumque venenum
Hausit ; et in tota Libyæ fons unus arena
Ille fuit, de quo primus sibi posceret undam.
Cur Libycus tantis exundet pestibus aer
Fertilis in mortes, aut quid secreta nocenti
Miscuerit Natura solo, non cura laborque
Noster scire valet : nisi quod vulgata per orbem
Fabula pro vera decepit sæcula causa.
Finibus extremis Libyes, ubi fervida tellus
Accipit Oceanum, demisso sole calentem,
Squalebant late Phorcynidos arva Medusæ,
Non nemorum protecta coma, non mollia succo,
Sed dominæ vultu conspectis aspera saxis.
Hoc primum Natura nocens in corpore sævas
Eduxit pestes : illis e faucibus angues
Stridula fuderunt vibratis sibila linguis,
Femineæ qui more comæ per terga soluti,

cheveux d'une femme, fouettèrent le cou de Méduse enivrée. Sur le devant de son front se dressent des couleuvres, et leur affreux venin coule sous le peigne. Méduse a cela de terrible, qu'on peut la regarder sans effroi. Car, qui jamais eut le temps de craindre la gueule et la face du monstre? Qui donc, l'ayant regardée en face, s'est senti mourir? Elle hâte la mort hésitante et prévient la crainte. L'âme demeure dans les membres pétrifiés, et les mânes captifs s'engourdissent sous les os. La chevelure des Euménides n'excite que la fureur; Cerbère, aux accents d'Orphée, adoucit ses sifflements. Hercule, vainqueur de l'hydre, soutint impunément ses regards. La monstrueuse Méduse fit trembler Phorcys, son père, la seconde divinité des eaux, et Céto, sa mère, et ses sœurs elles-mêmes, les Gorgones. Elle menaça le ciel et la mer d'un engourdissement soudain, et put envelopper le ciel et la terre. Devant elle les oiseaux tombent soudain du ciel, masse pesante. Les bêtes sauvages font corps avec les rochers, et les nations voisines de l'Éthiopie prennent la rigidité du marbre. Nul être animé ne soutient son regard. Les serpents de Gorgone se rejettent en arrière pour éviter sa face. Elle change en roc le Titan Atlas debout près des colonnes hespériennes. Quand les dieux redou-

Ipsa flagellabant gaudentis colla Medusæ.
Surgunt adversa subrectæ fronte colubræ,
Vipereumque fluit depexo crine venenum.
Hoc habet infelix, cunctis impune, Medusa,
Quod spectare licet; nam rictus, oraque monstri
Quis timuit? quem, qui recto se lumine vidit,
Passa Medusa mori est? rapuit dubitantia fata,
Prævenitque metus : anima periere retenta
Membra ; nec emissæ riguere sub ossibus umbræ.
Eumenidum crines solos movere furores :
Cerberus Orpheo lenivit sibila cantu ;
Amphitryoniades vidit, quum vinceret, Hydram :
Hoc monstrum timuit genitor, numenque secundum
Phorcys aquis, Cetoque parens, ipsæque sorores
Gorgones : hoc potuit cœlo pelagoque minari
Torporem insolitum, mundoque obducere terram.
E cœlo volucres subito cum pondere lapsæ ;
In scopulis hæsere feræ ; vicina colentes
Æthiopum totæ riguerunt marmore gentes.
Nullum animal visus patiens, ipsique retrorsum
Effusi faciem vitabant Gorgonos angues.
Illa sub Hesperiis stantem Titana columnis

taient les fils de Phlégra, aux pieds de serpents, c'est elle qui les changea en montagnes; et Gorgone, placée sur la poitrine de Pallas, termina cette guerre redoutée des dieux.

Quand le fils de Danaé et de la pluie d'or, Persée, s'avança, porté sur les ailes que lui prêta Mercure, auteur de la lyre et de la palestre onctueuse; quand il parut, armé de la faux de Cyllène, cette faux, toute teinte du sang d'un autre monstre, du gardien de la génisse, aimée de Jupiter, alors la chaste Pallas porta secours à son frère ailé, et en retour, exigea qu'il lui promît la tête du monstre. Arrivé aux confins de la Libye, elle lui dit de regarder vers l'Orient, en détournant la tête des royaumes de la Gorgone. Elle remit dans sa main gauche un bouclier d'or étincelant, où comme dans un miroir, il devait voir la face pétrifiante de Méduse. Le sommeil qui la livrerait à la mort ne l'occupe jamais tout entière. La plupart des vipères dont elle est coiffée veillent, et défendent sa tête comme un rempart. Les autres pendent, languissantes, sur sa face et ses yeux obscurcis. Pallas dirige elle-même le bras tremblant de son frère; celui-ci tourne le dos, et sa faux tranche la tête hérissée de serpents.

In cautes Atlanta dedit : cœloque timente
Olim Phlegræos, stantes serpente, Gigantas,
Erexit montes, bellumque immane Deorum
Pallados e medio confecit pectore Gorgon.
Quo postquam partu Danaes, et divite nimbo
Ortum Parrhasiæ vexerunt Persea pennæ
Arcados, auctoris citharæ, liquidæque palæstræ,
Et subitus præpes Cyllenida sustulit harpen,
Harpen alterius monstri jam cæde rubentem,
A Jove dilectæ fuso custode juvencæ :
Auxilium volucri Pallas tulit innuba fratri,
Pacta caput monstri : terræque in fine Libyssæ
Persea Phœbeos converti jussit ad ortus,
Gorgonis averso sulcantem regna volatu :
Et clypeum lævæ fulvo dedit ære nitentem,
In quo saxificam jussit spectare Medusam,
Quam sopor æternam tracturus morte quietem
Obruit haud totam. Vigilat pars magna comarum,
Defenduntque caput protenti crinibus hydri :
Pars jacet in medios vultus, oculique tenebras.
Ipsa regit trepidum Pallas, dextraque trementem
Perseos aversi Cyllenida dirigit harpen,
Lata colubriferi rumpens confinia colli.

Quel horrible aspect présente le front de la Gorgone, tranché par le croissant du fer! Quel venin elle vomit de sa gueule! Combien de morts furent causées par ses derniers regards! Pallas même ne peut la regarder. Persée, tout détourné qu'il était, eût été pétrifié, si Pallas n'eût étalé son épaisse chevelure et couvert ses yeux de ses couleuvres. Meurtrier de la Gorgone, Persée remonte en volant vers le ciel!

Déjà mesurant sa route et pressé de fendre les airs par le plus court chemin, il allait traverser les villes de l'Europe. Pallas lui dit de respecter ces terres fertiles, d'épargner leurs peuples. Quel mortel, en effet, n'eût levé les yeux vers cet oiseau démesuré? Le souffle du zéphyr le détourne vers la Libye, dont les terres incultes sont faites pour être brûlées par les astres. Le soleil, dans son cours, presse et brûle ce sol. Aucune région ne jette sur le ciel une plus profonde nuit et n'arrête plus le cours de la lune; quand cet astre, renonçant à ses détours, suit les signes réguliers et ne fuit l'ombre écliptique ni vers le Notus, ni vers Borée. Cependant, cette terre stérile, ces sillons qui ne produisent rien de bon, reçoivent le poison qui dégoutte de la tête de Méduse et cette fu-

> Quos habuit vultus, lunati vulnere ferri
> Cæsa caput, Gorgon! quanto spirasse veneno
> Ora rear! quantumque oculos effundere mortis!
> Nec Pallas spectare potest; vultusque gelassent
> Perseos aversi, si non Tritonia densos
> Sparsisset crines, texissetque ora colubris.
> Aliger in cœlum sic rapta Gorgone fugit.
> Ille quidem pensabat iter, propiusque secabat
> Æthera, si medias Europæ scinderet urbes;
> Pallas frugiferas jussit non lædere terras,
> Et parci populis. Quis enim non præpete tanto
> Æthera respiceret? Zephyro convertitur ales,
> Itque super Libyen, quæ, nullo consita cultu,
> Sideribus Phœboque vacat : premit orbita solis
> Exuritque solum ; nec terra celsior ulla
> Nox cadit in cœlum, lunæque meatibus obstat,
> Si flexus oblita vagi per recta cucurrit
> Signa, nec in Borean, aut in Noton effugit umbram.
> Illa tamen sterilis tellus, fecundaque nullo
> Arva bono, virus stillantis tabe Medusæ
> Concipiunt, dirosque fero de sanguine rores,

neste rosée de sang que la chaleur empoisonne davantage, et son sable poudreux s'en nourrit.

Le premier monstre qui leva la tête de cette poudre empoisonnée, ce fut l'aspic somnifère, au cou gonflé. Un sang plus abondant, une goutte de poison plus épaisse tomba sur lui. Nul serpent n'en reçut davantage. Avide de chaleur, il ne va pas de lui-même dans les régions froides, et parcourt jusqu'au Nil les sables du désert. Mais quand rougirons-nous d'un honteux commerce! Nous allons chercher ces reptiles de Libye pour nos morts raffinées; l'aspic est un objet de commerce! L'hœmorrhoïs, autre serpent qui ne laisse pas aux malheureux une goutte de leur sang, déroule ses anneaux écailleux. Puis, c'est le chersydre destiné aux plaines des Syrtes perfides, et le chélydre qui laisse une trace fumante, et le cenchris qui glisse toujours tout droit et dont le ventre est tacheté comme l'ophite thébain; l'hammodyte, dont la couleur ressemble, à s'y méprendre, à celle du sable; et le céraste vagabond et tortueux; et le scytale, qui seul, durant les frimas épars, s'apprête à jeter sa dépouille; et la brûlante dipsade; et le terrible amphisbœne aux deux têtes; et le natrix, fléau des ondes; et le

---

Quos calor adjuvit, putrique incoxit arenæ.
Hic, quæ prima caput movit de pulvere tabes,
Aspida somniferam tumida cervice levavit.
Plenior huic sanguis, et crassi gutta veneni
Decidit; in nulla plus est serpente coactum.
Ipsa caloris egens gelidum non transit in orbem
Sponte sua, Niloque tenus metitur arenas.
Sed quis erit nobis lucri pudor? inde petuntur
Huc Libycæ mortes, et fecimus aspida mercem.
At non stare suum miseris passura cruorem,
Squamiferos ingens hæmorrhois explicat orbes;
Natus et ambiguæ coleret qui Syrtidos arva
Chersydros, tractique via fumante chelydri;
Et semper recto lapsurus limite cenchrys;
Pluribus ille notis variatam pingitur alvum,
Quam parvis tinctus maculis Thebanus Ophites;
Concolor exustis atque indiscretus arenis
Hammodytes; spinaque vagi torquente cerastæ;
Et scytale sparsis etiam nunc sola pruinis
Exuvias positura suas; et torrida dipsas;
Et gravis in geminum surgens caput amphisbæna;
Et natrix violator aquæ, jaculique volucres;

jaculus ailé; et le paréas dont la queue marque sa route; et l'avide prester, qui ouvre sa gueule écumante et béante; et le seps venimeux, qui dissout les chairs et les os; et celui dont le sifflement fait trembler toutes ces bêtes terribles, celui qui tue avant de mordre; le basilic, terreur des autres serpents, roi des déserts poudreux.

Vous aussi, qui rampez dans les campagnes, dieux inoffensifs, dragons aux reflets d'or, l'ardente Afrique vous fait venimeux. Fendant l'air de vos ailes, vous suivez les troupeaux, et dans vos replis vous étouffez les puissants taureaux. La masse de l'éléphant ne le défend pas contre vous : vous faites tout périr, et pour tuer vous n'avez pas besoin de poison.

Parmi ces fléaux, Caton, avec ses durs soldats, mesure la route aride : il voit périr les siens de blessures invisibles. Aulus, du sang tyrrhénien, jeune porte-enseigne, marche sur une dipsade qui le mord par derrière en redressant la tête. A peine sent-il la douleur de cette blessure. Sa face n'est point altérée par l'injure de la mort. La plaie n'a rien de menaçant. Le poison subtil se glisse insensiblement, un feu rongeur dévore ses os, et ses entrailles en sont consumées. Ses intestins se dessè-

Et contentus iter cauda sulcare pareas;
Oraque distendens avidus spumantia prester;
Ossaque dissolvens cum corpore tabificus seps.
Sibilaque effundens cunctas terrentia pestes,
Ante venena nocens, late sibi submovet omne
Vulgus, et in vacua regnat basiliscus arena.
Vos quoque, qui cunctis innoxia numina terris
Serpitis, aurato nitidi fulgore dracones,
Pestiferos ardens facit Africa : ducitis altum
Aera cum pennis, armentaque tota sequuti
Rumpitis ingentes amplexi verbere tauros.
Nec tutus spatio est elephas; datis omnia leto;
Nec vobis opus est ad noxia fata veneno.
Has inter pestes duro Cato milite siccum
Emetitur iter ; tot tristia fata suorum,
Insolitasque videns parvo cum vulnere mortes.
Signiferum juvenem Tyrrheni sanguinis Aulum
Torta caput retro dipsas calcata momordit.
Vix dolor, aut sensus dentis fuit; ipsaque leti
Frons caret invidia; nec quidquam plaga minatur.
Ecce subit virus tacitum, carpitque medullas
Ignis edax, calidaque incendit viscera tabe.
Ebibit humorem circum vitalia fusum

chent, sa langue brûle dans son palais aride; point de sueur sur ses membres accablés de fatigue, point de larmes dans ses yeux. Ni l'honneur de l'empire, ni la voix de Caton que son supplice afflige, rien ne retient ce guerrier dévoré de soif : il jette son enseigne, et furieux, cherche dans la campagne l'onde que réclame le poison qui le dévore. Jetez-le dans le Tanaïs, dans le Rhône, ou le Pô, il brûlerait encore. En vain on lui donnerait à boire toute l'onde du Nil débordé. La Libye ajoute aux horreurs de son trépas; et dans ces climats torrides la dipsade n'a pas tout l'honneur de sa mort. Il fouille profondément les entrailles du sable poudreux, puis revient aux Syrtes et boit les flots de la mer. Il aime ces flots salés, mais ils ne peuvent le désaltérer. Il ne sent pas la mort qui le tue, le poison qui le consume. Il croit qu'il a soif, et ouvrant avec son épée ses veines enflées, il inonde sa bouche de son sang.

Caton ordonne de lever les drapeaux. Il ne veut pas que l'on sache ce que fait faire la soif. Mais une mort plus douloureuse se présente à lui. Un seps subtil mord Sabellus à la cuisse. Celui-ci l'arrache, si fort qu'il tienne de sa dent recourbée, et le cloue sur le sable avec son javelot. Le seps est de petite taille, mais c'est le plus mortel des reptiles. Autour de la morsure, la

Pestis, et in sicco linguam torrere palato
Cœpit : defessos iret qui sudor in artus
Non fuit, atque oculos lacrymarum vena refugit.
Non decus imperii, non mœsti jura Catonis
Ardentem tenuere virum, quin spargere signa
Auderet, totisque furens exquireret agris,
Quas poscebat aquas sitiens in corde venenum.
Ille vel in Tanain missus, Rhodanumque, Padumque,
Arderet, Nilumque bibens per rura vagantem.
Accessit morti Libye, fatique minorem
Famam dipsas habet terris adjuta perustis.
Scrutatur venas penitus squalentis arenæ :
Nunc redit ad Syrtes, et fluctus accipit ore;
Æquoreusque placet, sed non et sufficit, humor :
Nec sentit fatique genus, mortemque veneni;
Sed putat esse sitim : ferroque aperire tumentes
Sustinuit venas, atque os implere cruore.
Jussit signa rapi propere Cato : discere nulli
Permissum est hoc posse sitim. Sed tristior illa
Mors erat ante oculos : miserique in crure Sabelli
Seps stetit exiguus, quem flexo dente tenacem

peau se retire et découvre les os pâlissants. Puis la blessure gagne, s'agrandit, et couvre le corps d'une seule plaie. Les membres nagent dans le pus; les mollets tombent; le jarret se dépouille, les muscles des cuisses se fondent, l'aine distille une noire humeur, la peau du ventre éclate, les intestins se répandent; mais le corps ne rend pas tout ce qu'il devrait contenir. Le cruel venin consume ses membres, il les contracte et les resserre. Les liens des nerfs, les jointures des flancs, les cavités de la poitrine, tout ce que cachent les fibres vitales, l'homme enfin tout entier se découvre sous l'action du fléau fatal. La mort profane dévoile la nature : les épaules, les bras robustes se fondent; la tête et le col se dissolvent; moins vite se fond la neige au souffle tiède de l'Auster, moins vite la cire exposée au soleil. Que parlai-je d'un corps ruisselant et liquéfié? La flamme en fait autant. Mais quel bûcher a jamais consumé les os! Le poison les détruit, il les réduit en poussière avec la moelle : il ne reste aucune trace de ce rapide trépas. De tous les reptiles qui infestent le Cinyphe, à toi la palme, ô seps malfaisant! Tous enlèvent la vie; toi, tu fais disparaître jusqu'au cadavre.

Avulsitque manu piloque adfixit arenis.
Parva modo serpens; sed qua non ulla cruentæ
Tantum mortis habet : nam plagæ proxima circum
Fugit rapta cutis, pallentiaque ossa retexit.
Jamque sinu laxo nudum est sine corpore vulnus.
Membra natant sanie; suræ fluxere; sine ullo
Tegmine poples erat; femorum quoque musculus omnis
Liquitur, et nigra distillant inguina tabe.
Dissiluit stringens uterum membrana, fluuntque
Viscera : nec, quantum toto de corpore debet,
Effluit in terras; sævum sed membra venenum
Decoquit : in minimum mors contrahit omnia virus.
Vincula nervorum, et laterum textura, cavumque
Pectus, et abstrusum fibris vitalibus; omne
Quidquid homo est, aperit pestis : natura profana
Morte patet : manant humeri, fortesque lacerti;
Colla caputque fluunt
     Calido non ocius Austro
Nix resoluta cadit, nec solem cera sequetur.
Parva loquor; corpus sanie stillasse perustum :
Hoc et flamma potest : sed quis rogus abstulit ossa?
Hæc quoque discedunt, putresque sequuta medullas
Nulla manere sinunt rapidi vestigia fati.
Cinyphias inter pestes tibi palma nocendi est :
Eripiunt omnes animam, tu sola cadaver.

A cette mort liquéfiante succède un autre genre de mort. Nasidius, habitant des campagnes Marsiennes, est atteint par la dent enflammée d'un prester. Une rougeur de feu allume son visage ; sa peau se tend, ses traits s'effacent, une tumeur couvre et confond toutes les formes de son corps. Ses membres, gonflés de pus, dépassent la taille humaine. Le poison les agrandit ; il disparaît englouti sous cette masse épaisse. Sa cuirasse ne peut contenir le progrès de ses chairs tuméfiées. L'onde écumante dilate moins sa surface dans l'airain chauffé par la flamme, et la voile déploie ses plis moins vastes au souffle du Corus. Déjà ce globe informe ne contient plus ses membres : son corps n'offre plus qu'une masse confuse. Objet d'horreur pour les oiseaux de proie, dangereux aux bêtes fauves qui déchireront sa chair, ses compagnons n'osent le livrer au bûcher ; ils abandonnent son cadavre dont le volume ne cesse de croître.

Les fléaux libyens préparent de plus affreux spectacles. L'hœmorrhoïs imprime sa dent cruelle dans le jeune Tullus, guerrier généreux, admirateur de Caton. Comme on voit, au théâtre, jaillir de toutes les statues la pluie odorante du safran, ainsi de tous ses membres en même temps s'échappe, au lieu de sang, un vermeil poison. Ses larmes sont de sang, tous les

---

Ecce subit facies leto diversa fluenti.
Nasidium Marsi cultorem torridus agri
Percussit prester. Illi rubor igneus ora
Succendit, tenditque cutem, pereunte figura,
Miscens cuncta tumor toto jam corpore major :
Humanumque egressa modum super omnia membra
Efflatur sanies, late tollente veneno :
Ipse latet penitus congesto corpore mersus ;
Nec lorica tenet distenti corporis auctum.
Spumeus accenso non sic exundat aheno
Undarum cumulus ; nec tantos carbasa Goro
Curvavere sinus. Tumidos jam non capit artus
Informis globus, et confuso pondere truncus.
Intactum volucrum rostris, epulasque daturum
Haud impune feris, non ausi tradere busto,
Nondum stante modo, crescens fugere cadaver.
Sed majora parant Libycæ spectacula pestes.
Impressit dentes hæmorrhois aspera Tullo,
Magnanimo juveni, miratorique Catonis.
Utque solet pariter totis se effundere signis
Corycii pressura croci, sic omnia membra
Emisere simul rutilum pro sanguine virus.

pores ouverts aux humeurs laissent couler du sang ; sa bouche le vomit ainsi que ses narines dilatées; sa sueur est rouge ; tous ses membres coulent à pleines veines, son corps n'est bientôt qu'une plaie.

Quant à toi, malheureux Lévus, mordu par l'aspic des rives du Nil, tout ton sang est figé dans tes veines. Nulle douleur n'accompagne la morsure. Un brouillard glacé, avant-coureur de la mort, t'envahit, et le sommeil t'envoie rejoindre les ombres de tes compagnons. Moins prompte est la mort que verse dans la coupe le magicien arabe, cueillant sur sa tige funeste l'herbe mensongère qui imite l'encens. Ailleurs, un jaculus (c'est le nom que l'Africain lui donne) se tortille sur le tronc stérile d'un chêne, s'élance, frappe Paulus à la tête et transperce ses deux tempes. Ici le poison n'a que faire. La blessure seule donne la mort. Auprès de lui, la fronde ne lance la pierre qu'avec lenteur; la flèche du Scythe fait languissamment siffler les airs. Que sert à l'infortuné Murrus de percer un basilic avec son javelot? Le poison rapide court sur sa pique et attaque sa main. Il tire son glaive, la coupe, et la sépare du bras ; et contemplant cette image déplorable de son trépas, il demeure vi-

Sanguis erant lacrymæ : quæcumque foramina novit
Humor, ab his largus manat cruor : ora redundant,
Et patulæ nares ; sudor rubet ; omnia plenis
Membra fluunt venis : totum est pro vulnere corpus.
At tibi, Leve miser, fixus præcordia pressit
Niliaca serpente cruor : nulloque dolore
Testatus morsus subita caligine mortem
Accipis, et socias somno descendis ad umbras.
Non tam veloci corrumpunt pocula leto
Stipite quæ diro virgas mentita Sabæas
Toxica fatilegi carpunt matura Sabæi.
Ecce procul sævus sterilis se robore trunci
Torsit, et immisit (jaculum vocat Africa) serpens :
Perque caput Paulli transactaque tempora fugit.
Nil ibi virus agit : rapuit cum vulnere fatum.
Deprensum est, quæ funda rotat, quam lenta volarent,
Quam segnis Scythicæ strideret arundinis aer.
Quid prodest miseri basiliscus cuspide Murri
Transactus ? velox currit per tela venenum,
Invaditque manum : quam protinus ille retecto
Ense ferit, totoque simul demittit ab armo :
Exemplarque sui spectans miserabile leti,

vant, tandis que sa main est frappée de mort. Qui croirait le scorpion maître de nos destins et assez fort pour donner la mort? Il menace de ses nœuds et frappe directement. Au ciel brille le glorieux témoignage de la défaite d'Orion. Qui craindrait, salpuga, de fouler aux pieds ta retraite? Et pourtant les Parques t'ont donné des droits sur leurs fuseaux.

Ainsi, ni le jour serein, ni la nuit obscure ne leur laissent un repos tranquille. Infortunés! la terre où ils se couchent leur est suspecte! Ils n'ont pour lit ni chaume, ni feuillage, ils se roulent sur le sable exposés à mille morts. La chaleur de leur corps attire les serpents que saisit la fraîcheur des nuits.

Ce qui les désespère, c'est que n'ayant pour guide que le ciel, ils ne connaissent de leur route ni la mesure, ni le terme : « O dieux! s'écriaient-ils souvent, rendez-nous les combats que nous fuyons, rendez-nous les champs de Pharsale. Pourquoi faire périr indignement des hommes de courage qui ont juré de mourir les armes à la main? Ici, c'est le dispe et le céraste qui font la guerre civile et qui combattent pour César. Qu'on nous mène plutôt sous la zone torride, sous le char du soleil, nous y périrons, mais victimes des astres du ciel, non des reptiles de la terre. Ce n'est pas de toi, Afrique, ce n'est pas de

> Stat vivus pereunte manu. Quis fata putaret
> Scorpion, aut vires maturæ mortis habere?
> Ille minax nodis et recto verbere sævus,
> Teste tulit cœlo victi decus Orionis.
> Quis calcare tuas metuat, salpuga, latebras?
> Et tibi dant Stygiæ jus in sua fila sorores.
> Sic nec clara dies, nec nox dabat atra quietem,
> Suspecta miseris in qua tellure jacebant.
> Nam neque congestæ struxere cubilia frondes,
> Nec culmis crevere tori : sed corpora fatis
> Expositi volvuntur humo, calidoque vapore
> Adliciunt gelidas nocturno frigore pestes;
> Innocuosque diu rictus torpente veneno
> Inter membra fovent : nec, quæ mensura viarum,
> Quisve modus norunt, cœlo duce. Sæpe querentes :
> « Reddite, Di, clamant, miseris, quæ fugimus, arma,
> Reddite Thessaliam. Patimur cur segnia fata
> In gladios jurata manus? pro Cæsare pugnant
> Dipsades, et peragunt civilia bella cerastæ.
> Ire libet, qua zona rubens, atque axis inustus
> Solis equis : juvat ætheriis adscribere causis
> Quod peream, cœloque mori. Nil, Africa, de te,

toi, Nature, que nous nous plaignons. En livrant cette terre aux serpents, tu l'avais interdite aux hommes. Tu la rendis stérile en dons de Cérès pour les en écarter et pour les garantir des poisons qu'elle engendre. C'est nous qui sommes venus malgré toi habiter parmi les serpents. Qu'il nous voit bien punis, celui des dieux qui, pour rendre ces champs de la mort inaccessibles aux humains, a placé d'un côté les écueils des Syrtes, et de l'autre la zone brûlante ; qu'il nous voit bien punis d'avoir enfreint ses lois ! Peut-être approchons-nous des barrières du monde et allons-nous pénétrer dans les retraites les plus cachées, les plus profondes de la nature. De plus grands maux peut-être nous y sont réservés. N'est-ce point là que l'élément du feu se mêle en pétillant avec celui des eaux et que le ciel pèse sur la nature ? Car nous ne connaissons rien au delà des sables de la Libye, et nous regretterons peut-être ce désert rempli de serpents ; en eux du moins la vie existe. Hélas ! nous ne demandons point à revoir les champs de notre patrie ; le doux climat de l'Europe ; le beau ciel de l'Asie est trop loin de nous : Mais l'Afrique, où est-elle ? où l'avons-nous laissée ? Quand nous avons quitté Cyrène, le froid de l'hiver s'y faisait sentir. Dans le peu de chemin que nous avons fait, l'ordre des saisons

Nec de te, Natura, queror : tot monstra ferentem,
Gentibus ablatum dederas serpentibus orbem ;
Impatiensque solum Cereris, cultore negato,
Damnasti, atque homines voluisti deesse venenis.
In loca serpentum nos venimus : accipe pœnas,
Tu quisquis Superum commercia nostra perosus
Hinc torrente plaga, dubiis hinc Syrtibus orbem
Abrumpens, medio posuisti limite mortes.
Per secreta tui bellum civile recessus
Vadit ; et arcani miles tibi conscius orbis
Claustra petit mundi. Forsan majora supersunt
Ingressis : coeunt ignes stridentibus undis,
Et premitur natura polo. Sed longius ista
Nulla jacet tellus, quam fama cognita nobis
Tristia regna Jubæ. Quæremus forsitan istas
Serpentum terras : habet hoc solatia cœlum ;
Vivit adhuc aliquid.
« Patriæ non arva requiro,
Europamque, alios soles, Asiamque videntem.
Qua te parte poli, qua te tellure reliqui,
Africa ? Cyrenis etiam nunc bruma rigebat.
Exiguane via legem convertimus anni ?

est-il renversé? Nous avons sans doute passé le milieu du ciel, nous avançons vers l'autre pôle, nous tournons hors de la terre. Peut-être Rome en ce moment est-elle sous nos pieds? Ah! pour toute consolation de nos peines nous demandons que nos ennemis, que César lui-même osent nous poursuivre par où nous les fuyons! »

Ainsi leur dure patience se soulage par des plaintes. Ce qui leur fait supporter ces travaux, c'est la vertu de leur chef qui, couché comme eux sur le sable, défie à toute heure la Fortune. Il partage seul tous les maux qui désolent son armée. Partout où il est appelé, il y vole, et il y apporte plus que la vie : la force de souffrir la mort. En expirant devant lui, on n'oserait laisser échapper une plainte. Et quel pouvoir auraient les plus grands maux sur l'âme de celui qui sait les vaincre, même dans l'âme des autres, et dont le seul aspect leur apprend que la douleur ne peut rien? La Fortune, enfin, lasse d'éprouver ces malheureux, leur offrit un secours longtemps attendu.

Il y a parmi les Marmarides un peuple qu'on nomme les Psylles. C'est le seul dans toute la Libye pour qui les serpents ne soient point à craindre. Il joint contre eux la vertu des herbes à la force des enchantements, et il semble avoir fait un pacte

---

Imus in adversos axes; evolvimur orbe;
Terga damus ferienda Noto : nunc forsitan ipsa est
Sub pedibus jam Roma meis. Solatia fati
Hæc petimus : veniant hostes, Cæsarque sequatur
Qua fugimus. »
    Sic dura suos patientia questus
Exonerat : cogit tantos tolerare labores
Summa ducis virtus, qui nuda fusus arena
Excubat, atque omni Fortunam provocat hora.
Omnibus unus adest fatis : quocumque vocatus
Advolat, atque ingens meritum, majusque salute
Contulit, in letum vires; puduitque gementem
Illo teste mori. Quod jus habuisset in ipsum
Ulla lues? casus alieno in pectore vincit,
Spectatorque docet magnos nil posse dolores.
Vix miseris serum tanto lassata periclo
Auxilium Fortuna dedit. Gens unica terras
Incolit a sævo serpentum innoxia morsu
Marmaridæ Psylli : par lingua potentibus herbis :
Ipse cruor tutus, nullumque admittere virus,
Vel cantu cessante, potest. Natura locorum

avec la mort. Ce peuple est si persuadé que son sang est incorruptible au venin, qu'aussitôt que ses enfants viennent au jour, il les expose à la morsure de l'aspic, pour éprouver si en eux ce sang n'a point souffert de mélange adultère. Ainsi l'oiseau de Jupiter, dès qu'il a fait éclore ses petits au tendre duvet, les présente au soleil levant; et ceux dont l'œil fixe a la force de soutenir l'éclat de ses rayons sont réservés pour être les ministres de l'Olympe : mais ceux que la lumière blesse sont abandonnés. L'épreuve de la naissance est la même parmi les Psylles, ils ne reconnaissent pour leur enfant que celui qui, sans être effrayé, joue avec les serpents qu'on lui met dans les mains. Le don que ce peuple a de les enchanter, ne lui est pas seulement utile à lui-même, il l'emploie encore au salut de ses hôtes, il veille à leur défense; et sa pitié est l'unique refuge de l'étranger dans ces climats. Ce fut elle qui sauva l'armée de Caton. Ce peuple suivait sa marche, et lorsque le chef ordonnait de dresser les tentes, les Psylles prenaient soin de purifier le camp par des chants magiques qui mettent en fuite les serpents. Ils brûlent à l'entour des herbes odorantes. Dans cette flamme pétille l'hyèble, suinte le galbanum exotique, le tamarin au triste feuillage, le costus oriental, la souveraine

Jussit ut immunes mixti serpentibus essent.
Profuit in mediis sedem posuisse venenis;
Pax illis cum morte data est. Fiducia tanta est
Sanguinis : in terra parvus quum decidit infans,
Ne qua sit externæ Veneris mixtura timentes,
Lethifica dubios explorant aspide partus.
Utque Jovis volucer, calido quum protulit ovo
Implumes natos, solis convertit ad ortus :
Qui potuere pati radios, et lumine recto
Sustinuere diem, cœli servantur in usus ;
Qui Phœbo cessere, jacent : sic pignora gentis
Psyllus habet, si quis tactos non horruit angues,
Si quis donatis lusit serpentibus infans:
Nec solum gens illa sua contenta salute ;
Excubat hospitibus, contraque nocentia monstra
Psyllus adest populis. Qui tunc Romana sequutus
Signa, simul jussit statui tentoria ductor,
Primum quas valli spatium comprendit arenas
Expurgat cantu, verbisque fugantibus angues.
Ultima castrorum medicatus circuit ignis :
Hic ebulum stridet, peregrinaque galbana sudant,
Et tamarix non læta comis, Eoaque costos,

panacée, la centaurée thessalienne, le peucedanum, le thapson d'Érix, le mélèse et l'abrotonum, dont la fumée tue le reptile, et la corne du cerf né loin d'ici.

Ainsi le soldat passait des nuits tranquilles ; mais si durant le jour, l'un d'eux reçoit une atteinte mortelle, c'est alors que le Psylle use des charmes les plus forts. Alors commence la lutte du Psylle et du poison qu'il arrête. D'abord sur le membre atteint, il fait une trace avec sa salive qui retient le virus et refoule le mal dans la plaie. Puis, avec un continuel murmure, il marmotte dans sa bouche écumante mille chants magiques; l'activité du poison l'empêche de reprendre haleine; la mort prête à venir ne souffre pas qu'il se taise une minute. Souvent le mal qui a pénétré jusque dans la moelle, fuit devant les paroles enchantées. Mais s'il tarde à les entendre et refuse de sortir aux ordres du Psylle, celui-ci se penche sur le blessé, suce sa plaie livide, aspire le venin, l'exprime avec ses dents, crache la mort, et reconnaît au goût le serpent qu'il a vaincu.

Soulagée par leur secours, l'armée s'avançait à travers ces campagnes; et la lune avait déjà renouvelé, perdu et repris sa

Et panacea potens, et Thessala centaurea :
Peucedanumque sonat flammis, Erycinaque thapsos,
Et larices, fumoque gravem serpentibus urunt
Abrotonum, et longe nascentis cornua cervi.
Sic nox tuta viris. At si quis peste diurna
Fata trahit, tunc sunt magicæ miracula gentis,
Psyllorumque ingens et rapti pugna veneni.
Nam primum tacta designat membra saliva,
Quæ cohibet virus, retinetque in vulnere pestem.
Plurima tum volvit spumanti carmina lingua,
Murmure continuo, nec dat suspiria cursus
Vulneris, aut minimum patiuntur fata tacere.
Sæpe quidem pestis nigris inserta medullis
Excantata fugit ; sed si quod tardius audit
Virus, et elicitum jussumque exire repugnat;
Tunc superincumbens pallentia vulnera lambit,
Ore venena trahens, et siccat dentibus artus,
Extractamque tenens gelido de corpore mortem
Exspuit ; et cujus morsus superaverit anguis,
Jam promptum Psyllis vel gustu nosse veneni.
Hoc igitur levior tandem Romana juventus
Auxilio, late squalentibus errat in arvis.
Bis positis Phœbe flammis, bis luce recepta,

clarté depuis qu'elle voyait Caton errer dans ces sables stériles.

Cependant, la terre sous leurs pas commençait à s'affermir, et le sol d'Afrique redevient de la terre. Déjà même on voyait de loin s'élever des arbres peu touffus encore, déjà l'on découvrait quelques cabanes couvertes de chaume. Quelle joie pour ces malheureux, lorsque pour présage d'un plus heureux climat, ils virent pour la première fois de fiers lions venir à leur rencontre. Leptis était la ville la plus prochaine ; et ce fut dans ce séjour tranquille qu'ils passèrent un hiver exempt des chaleurs du Midi et des frimats du Nord.

Dès que César rassasié de sang se fut éloigné de Pharsale, il écarta tous les autres soins pour s'attacher à poursuivre son gendre. Vainement il a suivi sur la terre ses traces vagabondes ; guidé par la renommée, il le cherche sur les eaux. Il rase les gorges de Thrace ; il voit ce rivage, rendu fameux par l'amour et la tour d'Héro, sur sa rive sinistre ; et cette mer à qui Hellé ravit son nom. Nulle part l'Asie n'est séparée de l'Europe par un canal plus étroit, bien que la mer resserre ses courants entre Byzance et Chalcédoine, riche en pourpre ; bien que la Propontide entraînant l'Euxin, se précipite par une bouche étroite. César gagne la côte de Sigée et ces bords dont la re-

Vidit arenivagum surgens fugiensque Catonem.
Jamque illis magis atque magis durescere pulvis
Cœpit, et in terram Libye spissata redire :
Jamque procul nemorum raræ se tollere frondes ;
Surgere congesto non culta mapalia culmo.
Quanta dedit miseris melioris gaudia terræ,
Quum primum sævos contra videre leones !
Proxima Leptis erat, cujus statione quieta
Exegere hiemem, nimbis flammisque carentem.
Cæsar ut Emathia satiatus clade recessit,
Cetera curarum projecit pondera, soli
Intentus genero : cujus vestigia frustra
Terris sparsa legens, fama duce tendit in undas
Threiciasque legit fauces, et amore notatum
Æquor, et Heroas lacrymoso litore turres,
Qua pelago nomen Nepheleias abstulit Helle.
Non Asiam brevioris aquæ disterminat usquam
Fluctus ab Europa, quamvis Byzantion arcto
Pontus, et ostriferam dirimat Chalcedona cursu,
Euxinumque ferens parvo ruat ore Propontis.
Sigæasque petit famæ mirator arenas,

nommée le remplit d'admiration. Il parcourt les rives du Simoïs et le promontoire de Rhœté, consacré par le tombeau d'un Grec. Il marche à travers ces ombres qui doivent tant au génie des poëtes. Il erre autour des ruines fameuses de Troie; il cherche les traces des murs élevés par Apollon. Quelques buissons stériles, quelques chênes au tronc pourri couvrent les palais d'Assaracus et de leur racine fatiguée pressent les temples des dieux. Troie entière est ensevelie sous des ronces : ses ruines mêmes ont péri. Il reconnaît le rocher d'Hésione, et la forêt, couche mystérieuse d'Anchise, et l'antre où siégea le juge des trois déesses, la place où fut enlevé Ganymède, et le mont sur lequel se jouait la crédule Œnone. Pas une pierre qui ne rappelle un nom célèbre. Il avait passé, sans s'en apercevoir, un petit ruisseau qui serpentait dans la poussière; ce ruisseau était le Xanthe. Il portait négligemment ses pas sur un tertre de gazon, un Phrygien lui dit : « Que faites-vous? vous foulez les mânes d'Hector! » Il passait près d'un tas de pierres renversées qui n'étaient plus que d'informes débris. « Quoi! lui dit son guide, vous ne regardez pas l'autel de Jupiter Hercéen? »

O travail immortel et sacré des poëtes! tu sauves de l'oubli tout ce que tu veux! c'est par toi que les peuples triomphent

---

Et Simoentis aquas, et Graio nobile busto
Rhœtion, et multum debentes vatibus umbras.
Circuit exustæ nomen memorabile Trojæ,
Magnaque Phœbei quærit vestigia muri.
Jam silvæ steriles, et putres robore trunci
Assaraci pressere domos, et templa Deorum
Jam lassa radice tenent; ac tota teguntur
Pergama dumetis : etiam periere ruinæ !
Adspicit Hesiones scopulos, silvasque, latentes
Anchisæ thalamos : quo judex sederit antro :
Unde puer raptus cœlo : quo vertice Nais
Luserit Œnone : nullum est sine nomine saxum !
Inscius in sicco serpentem pulvere rivum
Transierat, qui Xanthus erat : securus in alto
Gramine ponebat gressus ; Phryx incola Manes
Hectoreos calcare vetat. Discussa jacebant
Saxa, nec ullius faciem servantia sacri :
« Herceas, monstrator ait, non respicis aras? »
O sacer, et magnus vatum labor, omnia fato
Eripis, et populis donas mortalibus ævum !

de la mort! César, ne porte point envie à la mémoire des héros! car si les Muses du Latium peuvent prétendre à quelque gloire, la race future lira ton nom dans mes vers aussi longtemps que le nom d'Achille dans les vers du chantre de Smyrne. Mon poëme ne périra point et ne sera jamais condamné aux ténèbres.

Dès que César a rassasié ses yeux du spectacle de la vénérable antiquité, il érige à la hâte un autel de gazon; et après y avoir allumé la flamme, il verse avec l'encens des vœux qui seront exaucés : « Dieux des cendres de Troie! ô qui que vous soyez qui habitez parmi ses ruines! et vous, aïeux d'Énée, et mes aïeux, dont les lares sont aujourd'hui révérés dans Albe et dans Lavinium, et dont le feu apporté de Phrygie brûle encore sur nos autels! Et toi, Pallas, dont la statue qu'aucun homme ne vit jamais, est conservée à Rome, dans le lieu le plus saint du temple, comme le gage solennel de la durée de notre empire; un illustre descendant d'Iule fait fumer l'encens sur vos autels et vous invoque sur cette terre, votre antique patrie. Accordez-moi des succès heureux dans le reste de mes travaux : je rétablirai ce royaume et je le rendrai florissant. L'Ausonie reconnaissante relèvera les murs des villes de Phrygie, et Troie, à son tour, fille de Rome, renaîtra de ses débris. »

Après avoir formé ces vœux, il remonte sur ses vaisseaux,

    Invidia sacræ, Cæsar, ne tangere famæ :
Nam, si quid Latiis fas est promittere musis,
Quantum Smyrnæi durabunt vatis honores,
Venturi me teque legent : Pharsalia nostra
Vivet, et a nullo tenebris damnabitur ævo.
Ut ducis implevit visus veneranda vetustas,
Erexit subitas congestu cespitis aras,
Votaque turicremos non irrita fudit in ignes :
« Di cinerum, Phrygias colitis quicumque ruinas
Æneæque mei, quos nunc Lavinia sedes
Servat et Alba, lares, et quorum lucet in aris
Ignis adhuc Phrygius, nullique adspecta virorum
Pallas, in abstruso pignus memorabile templo
Gentis Iuleæ vestris clarissimus aris
Dat pia tura nepos, et vos in sede priori
Rite vocat : date felices in cetera cursus :
Restituam populos. Grata vice mœnia reddent
Ausonidæ Phrygibus, Romanaque Pergama surgent. »
Sic fatus, repetit classes, et tota secundis

et profitant de la faveur des vents, il leur livre toutes ses voiles, afin de réparer le temps qu'il a perdu sur les bords Phrygiens. Déjà il a passé Lesbos, bientôt il laisse après lui l'Asie, Rhodes, et le zéphir qui pousse sa flotte, ne laissant pas un moment ses cordages détendus, fait voir à César, dès la septième nuit, les flambeaux du Phare allumés sur le rivage de l'Égypte. Mais l'éclat du jour avait effacé celui de ces flambeaux nocturnes, avant que César arrivât dans le port. Au tumulte qu'il vit régner sur le rivage, au bruit confus de mille voix qui se confondaient dans les airs, il conçut des soupçons sur la foi de ce peuple; et n'osant d'abord s'y livrer, il tint sa flotte loin du rivage. Bientôt un satellite de Ptolémée, chargé de ses affreux présents, s'avance en pleine mer, il porte la tête de Pompée couverte d'un voile; et avant de l'offrir, sa bouche exécrable commence par faire valoir le crime de son maître :

« Vainqueur de la terre ! ô vous, le plus grand des Romains ! et, ce que vous ne savez point encore, maître paisible et de Rome et du monde, puisque Pompée ne vit plus, le roi du Nil vous assure le prix de vos travaux, et sur la terre et sur les mers. Il vous présente ce qui manquait seul à votre victoire de Pharsale. En votre absence, il a terminé pour vous la guerre civile. Pompée cherchant à réparer les pertes qu'il avait faites

---

Vela dedit Coris, avidusque urgente procella
Iliacas pensare moras Asiamque potentem
Prævehitur, pelagoque Rhodon spumante relinquit.
Septima nox, Zephyro numquam laxante rudentes,
Ostendit Phariis Ægyptia litora flammis.
Sed prius orta dies nocturnam lampada texit,
Quam tutas intraret aquas. Ibi plena tumultu
Litora, et incerto turbatas murmure voces
Accipit : ac dubiis veritus se credere regnis,
Abstinuit tellure rates. Sed dira satelles
Regis dona ferens, medium provectus in æquor,
Colla gerit Magni, Phario velamine tecta;
Ac prius infanda commendat crimina voce :
« Terrarum domitor, Romanæ maxime gentis,
Et, quod adhuc nescis, genero secure perempto;
Rex tibi Pellæus belli pelagique labores
Donat, et Emathiis quod solum defuit armis
Exhibet : absenti bellum civile peractum est.
Thessalicas Magnus quærens reparare ruinas,

dans la Thessalie, est venu tomber sous nos coups. C'est à ce prix, César, que Ptolémée vient d'acheter votre faveur. C'est d'un tel sang qu'il a voulu cimenter son alliance avec vous. Recevez sous vos lois le royaume d'Égypte sans qu'il vous coûte un seul de vos soldats; acceptez l'empire du Nil; acceptez tout ce que vous donneriez pour la tête de Pompée, et regardez comme le plus fidèle de vos clients celui à qui les destins ont permis d'exécuter un si grand coup. Ne croyez pas, César, qu'il ne soit d'aucun prix parce qu'il a été facile. L'aïeul du jeune prince était lié avec Pompée des nœuds de l'hospitalité; son père lui devait sa couronne. Que vous dirai-je de plus? Vous donnerez vous-même un nom au service qu'il vous a rendu ou vous attendrez que l'univers le nomme. Si c'est un crime, vous avouerez que le mérite en est plus grand, puisqu'on vous en a épargné le reproche. »

Après ce discours, il découvre et présente à César la tête de Pompée. La mort avait déjà changé ses traits. César eut peine à le reconnaître. Ce ne fut point à la première vue qu'il rejeta cet horrible présent et qu'il en détourna les yeux : ses regards s'y attachèrent pour s'en assurer, mais lorsqu'il eut vérifié le crime et qu'il put, sans danger, paraître sensible et généreux, il répandit quelques larmes que la douleur ne faisait point couler;

    Ense jacet nostro : tanto te pignore, Cæsar,
Emimus; hoc tecum percussum est sanguine fœdus.
Accipe regna Phari, nullo quæsita cruore :
Accipe Niliaci jus gurgitis : accipe quidquid
Pro Magni cervice dares; dignumque clientem
Castris crede tuis, cui tantum fata licere
In generum voluere tuum. Nec vile putaris
Hoc meritum, facili nobis quod cæde peractum est.
Hospes avitus erat; depulso sceptra parenti
Reddiderat. Quid plura feram? tu nomina tanto
Invenies operi, vel famam consule mundi.
Si scelus est, plus te nobis debere fateris,
Quod scelus hoc non ipse facis. » Sic fatus, opertum
Detexit tenuitque caput. Jam languida morte
Effigies habitum noti mutaverat oris.
Non primo Cæsar damnavit munera visu,
Avertitque oculos : vultus, dum crederet, hæsit :
Utque fidem vidit sceleris, tutumque putavit
Jam bonus esse socer; lacrymas non sponte cadentes

et du fond d'un cœur satisfait, il fait sortir des plaintes simulées. Il ne fallait pas moins pour déguiser sa joie que tous les signes de la douleur. Par là, il dérobe au tyran du Nil le mérite de son forfait, et les larmes qu'il répand sur la tête de Pompée le dispensent de la payer. Lui qui sans changer de visage avait foulé aux pieds les corps des sénateurs, et qui d'un œil sec avait vu les champs de Pharsale, il n'osa refuser à Pompée des gémissements et des pleurs. O César! tu as fait une guerre implacable à celui que tu devais pleurer! Non, ce n'est pas ton alliance avec Pompée qui te touche; ce n'est pas le souvenir de ta fille et de ton petit-fils : tu sais que Pompée était cher aux peuples, et tu espères que tes regrets les rangeront sous tes drapeaux. Peut-être aussi es-tu indigné qu'un autre que toi ait osé disposer de sa vie et qu'on l'ait dérobé au triomphe de son superbe vainqueur. Mais quel que soit le sentiment qui t'arrache des larmes, il est bien éloigné d'une piété véritable; et ce n'était pas pour le sauver que tu le cherchais avec tant d'ardeur et sur la terre et sur les mers. Oh! qu'il est heureux que la mort te l'ait enlevé! Quelle honte la Fortune a épargnée à Rome en ne lui donnant pas le spectacle de César pardonnant à Pompée!

> Effudit, gemitusque expressit pectore læto,
> Non aliter manifesta potens abscondere mentis
> Gaudia, quam lacrymis : meritumque immane tyranni
> Destruit, et generi mavult lugere revulsum
> Quam debere caput. Qui duro membra senatus
> Calcarat vultu, qui sicco lumine campos
> Viderat Emathios, uni tibi, Magne, negare
> Non audet gemitus. O sors durissima fati !
> Hunccine tu, Cæsar, scelerato Marte petisti,
> Qui tibi flendus erat? non mixti fœdera tangunt
> Te generis ; nec nata jubet mœrere, neposque :
> Credis apud populos, Pompeii nomen amantes.
> Hoc castris prodesse tuis. Fortasse tyranni
> Tangeris invidia, captique in viscera Magni
> Hoc alii licuisse doles, quererisque perisse
> Vindictam belli, raptumque e jure superbi
> Victoris generum. Quisquis te flere coegit
> Impetus, a vera longe pietate recessit.
> Scilicet hoc animo terras atque æquora lustras,
> Necubi suppressus pereat gener. O bene rapta
> Arbitrio mors ista tuo ! quam magna remisit
> Crimina Romano tristis Fortuna pudori,
> Quod te non passa est misereri, perfide, Magni

César ne laissa pas de soutenir par ses paroles les apparences de sa douleur : « Va, traître! emporte loin de mes yeux, dit-il, ces dons funestes de ton roi ! Votre crime est encore plus grand envers César qu'envers Pompée. Vous m'enlevez le seul prix, le seul avantage de la guerre civile, celui de sauver les vaincus. Si la sœur de Ptolémée ne lui était pas odieuse, je le payerais comme il le mérite : je lui enverrais en échange ta tête, ô Cléopâtre. Qui lui a permis de mêler à mes victoires des trahisons et des assassinats? Est-ce pour lui donner sur nous le droit du glaive que nous avons combattu dans la Thessalie? L'avons-nous rendu l'arbitre de nos jours? Ce pouvoir que je n'ai pas voulu partager avec Pompée, souffrirai-je que Ptolémée ose l'exercer avec moi? En vain tant de peuples armés seraient entrés dans nos querelles, s'il restait dans l'univers d'autre puissance que César et si la terre avait deux maîtres. Je quitterais dès ce moment ce rivage que je déteste, sans le soin de ma renommée, qui me défend de laisser croire que je vous fuis par crainte plutôt que par indignation. Et ne croyez pas que je me trompe à ce que vous faites pour le vainqueur : l'accueil qu'a reçu Pompée en Égypte m'était préparé; et si ce n'est pas ma tête que tu portes à la main, je ne le dois qu'au bonheur de

Viventis ! Nec non his fallere vocibus audet,
Adquiritque fidem simulati fronte doloris :
« Aufer ab adspectu nostro funesta, satelles,
Regis dona tui : pejus de Cæsare vestrum,
Quam de Pompeio meruit scelus. Unica belli
Præmia civilis, victis donare salutem,
Perdidimus. Quod si Phario germana tyranno
Non invisa foret, potuissem reddere regi,
Quod meruit; fratrique tuum pro munere tali
Misissem, Cleopatra, caput. Secreta quid arma
Movit, et inseruit nostro sua tela labori ?
Ergo in Thessalicis Pellæo fecimus arvis
Jus gladio? vestris quæsita licentia regnis ?
Non tuleram Magnum mecum Romana regentem :
Te, Ptolemæe, feram? frustra civilibus armis
Miscuimus gentes, si qua est hoc orbe potestas
Altera, quam Cæsar; si tellus ulla duorum est.
Vertissem Latias a vestro litore proras :
Famæ cura vetat, ne non damnasse cruentam,
Sed videar timuisse Pharon. Ne fallere vos me
Credite victorem; nobis quoque tale paratum
Litoris hospitium; ne sic mea colla gerantur,

mes armes en Thessalie. Le péril était bien plus grand que je ne croyais dans cette journée ! je ne craignais pour moi que l'exil, la colère de Pompée, le ressentiment de Rome ; et je vois que le glaive de Ptolémée m'attendait si j'avais fui. Cependant je veux bien pardonner à son âge, et ne pas punir sa faiblesse du crime qu'on lui a suggéré. Mais qu'il sache que le pardon est tout le prix qu'il en peut attendre. Vous, ayez soin d'élever un bûcher, où la tête de ce héros se consume ; non pas afin que votre crime soit à jamais enseveli, mais afin que son ombre soit apaisée. Sur un tombeau digne de lui, portez votre encens et vos vœux ; recueillez ses cendres dispersées sur ce rivage, et donnez un asile à ses mânes errants. Que du sein des morts, il s'aperçoive de l'arrivée de son beau-père, et qu'il entende les regrets que ma piété donne à son trépas. En préférant tout à César et en aimant mieux devoir la vie à son client d'Égypte, il a dérobé un beau jour au monde. L'exemple et le fruit de notre réconciliation est perdu. Les dieux ne m'ont point exaucé, puisqu'ils n'ont pas permis, ô Pompée, que jetant mes armes victorieuses et te recevant dans mes bras, je t'aie conjuré de reprendre pour moi ton ancienne amitié et que je t'aie demandé pour toi-même la vie ; satisfait, si par mes travaux, j'avais mérité d'être ton égal, alors, dans une paix sin-

Thessaliæ fortuna facit. Majore profecto,
Quam metui poterat, discrimine gessimus arma :
Exsilium, generique minas, Romamque timebam :
Pœna fugæ Ptolemæus erat. Sed parcimus annis
Donamusque nefas : sciat hac pro cæde tyrannus
Nil venia plus posse dari.
« Vos, condite busto
Tanti colla ducis ; sed non, ut crimina tantum
Vestra tegat tellus : justo date tura sepulcro,
Et placate caput, cineresque in litore fusos
Colligite, atque unam sparsis date Manibus urnam,
Sentiat adventum soceri, vocesque querentis
Audiat umbra pias. Dum nobis omnia præfert,
Dum vitam Phario mavult debere clienti,
Læta dies rapta est populis : concordia mundo
Nostra perit : caruere Deis mea vota secundis,
Ut te complexus, positis felicibus armis,
Adfectus a te veteres, vitamque rogarem,
Magne, tuam ; dignaque satis mercede laborum
Contentus par esse tibi. Tunc pace fideli

cère j'aurais obtenu de toi de pardonner ma victoire aux dieux, et tu aurais obtenu que Rome me l'eût pardonnée à moi-même. »

Quelque touchantes que fussent ces paroles, aucun de ceux qui l'écoutaient ne mêla ses larmes aux siennes. Ils renferment tous leur douleur, ils la déguisent sous l'apparence de la joie, et d'un air satisfait, ô douce liberté! ils regardent le crime atroce dont César paraît affligé.

> Fecissem, ut victus posses ignoscere Divis;
> Fecisses, ut Roma mihi. »
>   Nec talia fatus
> Invenit fletus comitum, nec turba querenti
> Credidit : abscondunt gemitus, et pectora læta
> Fronte tegunt, hilaresque nefas spectare cruentum,
> O bona libertas ! quum Cæsar lugeat, audent.

LIVRE X

Entrée de César dans Alexandrie. — Il visite les temples des dieux, le monument de Sérapis, le tombeau d'Alexandre. — Réflexions philosophiques sur ce prince. — Le jeune roi accourt à Péluse, et reste en ôtage près de César. — Cléopâtre aborde à son tour au Phare, et vient demander à César une part dans l'héritage de ses aïeux. — Discours qu'elle tient au héros : elle parvient, sinon à le persuader, du moins à le séduire. — César la réconcilie avec le roi, son frère : joie, festin, description de la salle du festin. — Description du festin. — Parure de Cléopâtre : luxe imprudemment étalé aux yeux de l'étranger. — Le sage Achorée assiste au festin. — César l'interroge sur les secrets des pontifes ; il veut savoir les mystères de la source du Nil. — Réponse du sage. — Pothin et Achillas tramant un complot contre la vie de César. — Pothin presse Achillas de marcher contre l'étranger, maître du palais des rois : ses reproches. — Achillas obéit : soldats romains mêlés aux satellites des deux meurtriers de Pompée. — A l'approche de l'armée, César s'enferme dans le palais avec le jeune roi : il y est assiégé. — Défense du héros. — Il fait périr Pothin. — Arsinoé, sœur de Cléopâtre, se rend au camp des Égyptiens, fait assassiner Achillas, et met Ganymède à sa place. — Le siège continue. — César tente, pour s'échapper, de regagner ses vaisseaux restés dans le port : il est attaqué sur la levée qui joint la ville à l'île du Phare.

Dès que César, suivant la tête de Pompée, est descendu sur ce rivage odieux et foule aux pieds ces sables, il s'élève un combat entre la fortune du chef et le destin de la coupable Égypte, pour décider si le Nil subira la même loi que le Tibre, ou si le glaive de Ptolémée enlèvera au monde le vainqueur

LIBER X

Ut primum terras, Pompeii colla sequutus,
Attigit, et diras calcavit Cæsar arenas,
Pugnavit fortuna ducis, fatumque nocentis
Ægypti, regnum Lagi Romana sub arma
Iret, an eriperet mundo Memphiticus ensis

après le vaincu. O Pompée, ton ombre secourut ton beau-père: elle déroba César au fer des assassins.

D'abord, se croyant assuré de la foi de Ptolémée, après le crime qui en était le gage, il entra, précédé de ses étendards, dans les murs fondés par Alexandre. Mais à la vue des faisceaux, le peuple d'Égypte murmure, indigné que Rome vienne jusque dans ses murs commander à ses rois, et s'attribuer leur puissance. Ce tumulte avertit César que les esprits étaient émus et divisés, et que ce n'était pas à lui qu'on avait immolé Pompée. Mais dissimulant sa frayeur sous un visage serein, il parcourut d'un pas intrépide les temples de Sérapis et des autres dieux de l'Égypte, monuments dont la splendeur atteste l'ancienne puissance des Macédoniens. Cependant ni la beauté de ces édifices, ni les richesses qu'ils étalent, ni la majesté du culte qu'on y rend aux dieux, ni la magnificence et la grandeur de la ville qui les renferme ne touchent l'âme de César. Un seul objet l'émeut et l'intéresse, c'est le tombeau d'Alexandre. Il descend avec une ardeur impatiente dans son caveau funèbre; là repose ce brigand heureux, dont le ciel vengeur délivra la terre. Ses restes, qu'il eût fallu disperser dans l'univers, sont recueillis dans le sanctuaire. La fortune épargne jusqu'à ses mânes, et le bonheur de son règne se perpétue même après sa

Victoris victique caput. Tua profuit umbra,
Magne; tui socerum rapuere a sanguine Manes,
[Ne populus, post te, Nilum Romanus haberet.]
Inde Parætoniam fertur securus in urbem
Pignore tam sævi sceleris, sua signa sequutus.
Sed fremitu vulgi, fasces et jura querentis
Inferri Romana suis, discordia sensit
Pectora, et ancipites animos, Magnumque perisse
Non sibi : tum vultu semper celante timorem,
Intrepidus Superum sedes, et templa vetusti
Numinis, antiquas Macetum testantia vires,
Circuit ; et nulla captus dulcedine rerum,
Non auro cultuque Deum, non mœnibus urbis,
Effossum tumulis cupide descendit in antrum.
Illic Pellæi proles vesana Philippi
Felix prædo jacet; terrarum vindice fato
Raptus : sacratis, totum spargenda per orbem,
Membra viri posuere adytis : Fortuna pepercit
Manibus, et regni duravit ad ultima fatum.

mort. Car si jamais la liberté rentrait dans ses droits sur la terre, ce serait pour être le jouet des peuples qu'on aurait conservé les cendres de leur oppresseur, de celui qui offrit au monde l'exemple funeste de l'univers esclave d'un seul.

On le vit sortir de Macédoine, héritage obscur de ses aïeux, regarder avec mépris Athènes, conquête de son père, et poussé par ses heureux destins, marcher à travers les royaumes de l'Asie et sur des champs couverts de morts. Son glaive destructeur moissonne les peuples de l'Orient; les fleuves les plus éloignés, dans la Perse l'Euphrate, et le Gange dans l'Inde, sont teints du sang qu'il fait couler, fatal fléau de la terre, foudre terrible dont les coups frappent les nations entières, astre ennemi du genre humain. Il se préparait à lancer des flottes sur l'Océan extérieur. L'onde, le feu, rien ne l'arrête : il affronte les Syrtes, il traverse les sables de la Libye, pour aller consulter Ammon. Par l'Orient, il fût arrivé aux bords où le soleil se couche; il eût fait le tour des deux pôles; il eût vu les sources du Nil. La mort l'arrêta dans sa course, et la nature n'eut pas d'autre borne à l'ambition de ce furieux. Le même orgueil jaloux, qui lui fit souhaiter d'avoir à lui seul l'empire du monde, ne put souffrir qu'il se donnât un égal dans

> Nam sibi libertas unquam si redderet orbem
> Ludibrio servatus erat, non utile mundo
> Editus exemplum, terras tot posse sub uno
> Esse viro.
>   Macetum fines, latebrasque suorum
> Deseruit, victasque patri despexit Athenas :
> Perque Asiæ populos fatis urgentibus actus,
> Humana cum strage ruit, gladiumque per omnes
> Exegit gentes : ignotos miscuit amnes,
> Persarum Euphraten, Indorum sanguine Gangen :
> Terrarum fatale malum, fulmenque, quod omnes
> Percuteret pariter populos, et sidus iniquum
> Gentibus. Oceano classes inferre parabat
> Exteriore mari. Non illi flamma, nec undæ,
> Nec sterilis Libye, nec Syrticus obstitit Hammon.
> Isset in occasus, mundi devexa sequutus,
> Ambissetque polos, Nilumque a fonte bibisset :
> Occurrit suprema dies, naturaque solum
> Hunc potuit finem vesano ponere regi :
> Qui secum invidia, qua totum ceperat orbem,

n successeur. Il aima mieux laisser sa dépouille à déchirer entre ses héritiers. Maître de Babylone, il mourut dans ses murs, révéré du Parthe qu'il avait dompté. O souvenir humiliant pour Rome! Le Parthe a redouté la lance macédonienne plus que le javelot romain! Notre empire s'est étendu jusque sous les astres de l'Ourse, jusques aux bornes du couchant, et bien avant dans les climats d'où le vent du midi se lève; et le seul effort des Arsacides nous arrête dans l'Orient! une petite province de l'empire d'Alexandre a été l'écueil de nos armes, et le tombeau de nos guerriers!

Le jeune Ptolémée, de retour de Péluse, avait calmé par sa présence les clameurs d'un peuple timide; et César ayant pour otage le roi captif dans son palais, y croyait être en sûreté. Ce fut alors que Cléopâtre quittant la maison de campagne où elle était reléguée, et s'exposant la nuit sur une barque, se présenta devant le Phare, corrompit le gardien du port, dont elle fit baisser les chaînes, et se rendit dans le palais des rois macédoniens, même à l'insu de César : femme dangereuse, l'opprobre de l'Égypte, l'Érinnys des Latins, et dont les vices impurs ont fait le malheur de Rome. Autant la fatale beauté de Sparte alluma de haines contre les héros de la Grèce et de la Phrygie, autant Cléopâtre excita de fureurs entre les plus

Abstulit imperium ; nulloque hærede relicto
Totius fati, lacerandas præbuit urbes.
Sed cecidit Babylone sua, Parthoque verendus.
Pro pudor ! Eoi propius timuere sarissas,
Quam nunc pila timent, populi : licet usque sub Arcton
Regnemus, Zephyrique domos, terrasque premamus
Flagrantis post terga Noti; cedemus in ortus
Arsacidum domino : non felix Parthia Crassis
Exiguæ secura fuit provincia Pellæ.
Jam Pelusiaco veniens a gurgite Nili
Rex puer, imbellis populi sedaverat iras,
Obside quo pacis Pellæa tutus in aula
Cæsar erat : quum se parva Cleopatra biremi,
Corrupto custode Phari laxare catenas,
Intulit Emathiis ignaro Cæsare tectis;
Dedecus Ægypti, Latii feralis Erinnys,
Romano non casta malo. Quantum impulit Argos
Iliacasque domos facie Spartana nocenti,
Hesperios auxit tantum Cleopatra furores.

grands des Romains. Au son du sistre égyptien, elle jeta (je rougis de le dire) la terreur dans le Capitole. Avec le peuple amolli de Canope, elle osa marcher contre les aigles romaines, et se promettre de rentrer triomphante dans le port du Phare, en y menant captif un César. Leucade vit le moment où il était douteux si l'empire ne passerait pas aux mains d'une femme, et d'une femme étrangère. Elle en conçut l'espoir, l'incestueuse fille des Ptolémées, dès la première nuit qu'elle passa dans les bras de César.

Qui peut, Antoine, ne pas te pardonner ton amour insensé pour elle? L'âme inflexible de César a brûlé des mêmes feux. Au milieu de ses fureurs, dans un palais habité par les mânes de Pompée, tout fumant encore lui-même du sang versé dans la Thessalie, cet amant adultère a pu mêler aux soins dont il était tourmenté les plaisirs d'un honteux amour, et former au sein des alarmes des nœuds criminels, dont les fruits feront rougir la pudeur et la foi. Quel excès de honte! il oublie que sa fille a été la femme de Pompée! ô Julie! il te donne des frères, nés d'une femme incestueuse; et pour cette femme impudique, laissant à ses ennemis tout le temps de se rassembler en Libye, il perd avec elle au sein des voluptés les moments les plus précieux; il aime mieux lui donner l'Égypte, que de vaincre pour lui-même.

Terruit illa suo, si fas, Capitolia sistro,
Et Romana petit imbelli signa Canopo
Cæsare captivo Pharios ductura triumphos :
Leucadioque fuit dubius sub gurgite casus,
An mundum ne nostra quidem matrona teneret.
Hoc animi nox illa dedit, quæ prima cubili
Miscuit incestam ducibus Ptolemaida nostris.
Quis tibi vesani veniam non donet amoris,
Antoni? durum quum Cæsaris hauserit ignes
Pectus : et in media rabie, medioque furore,
Et Pompeianis habitata Manibus aula,
Sanguine Thessalicæ cladis perfusus adulter
Admisit Venerem curis, et miscuit armis
Illicitosque toros, et non ex conjuge partus?
Pro pudor! oblitus Magni, tibi, Julia, fratres
Obscena de matre dedit : partesque fugatas
Passus in extremis Libyæ coalescere regnis,
Tempora Niliaco turpis dependit amori,
Dum donare Pharon, dum non sibi vincere mavult.

Cléopâtre se confiant à sa beauté, parut devant César, affligée, mais sans verser de larmes. Elle n'avait pris de la douleur que ce qui pouvait l'embellir encore. Échevelée, et dans ce désordre favorable à la volupté, elle l'aborde, et lui parle en ces mots.

« O César ! ô le plus grand des hommes ! si l'héritière de Lagus, chassée du trône de ses pères, peut encore dans son malheur se souvenir de son rang ; si ta main daigne la rétablir dans tous les droits de sa naissance, c'est une reine que tu vois à tes pieds. Tu es pour moi un astre salutaire qui vient luire sur mes États. Je ne serai pas la première femme qui aura dominé sur le Nil, l'Égypte obéit sans distinction à une reine, comme à un roi. Tu peux lire les dernières paroles de mon père expirant : il veut qu'épouse de mon frère, je partage son lit et son trône ; et le jeune roi, pour aimer sa sœur, n'a besoin que d'être libre. Mais Pothin s'est emparé de son esprit, comme de la puissance. Ce n'est pas l'héritage de mon père que je réclame : affranchis notre maison de la honte qui la souille. Daigne, César, éloigner de lui le satellite armé qui l'assiége, et ordonne au roi de régner. De quel orgueil cet esclave n'est-il pas enflé, depuis qu'il a tranché la tête de Pompée ! C'est toi, César (puissent les dieux écarter ce présage), c'est toi qu'il menace

Quem formæ confisa suæ Cleopatra sine ullis
Tristis adit lacrymis, simulatum compta dolorem
Qua decuit, veluti laceros dispersa capillos,
Et sic orsa loqui : « Si qua est, o maxime Cæsar,
Nobilitas, Pharii proles clarissima Lagi,
Exsul in æternum sceptris depulsa paternis,
Si tua restituat veteri me dextera fato,
Complector regina pedes. Tu gentibus æquum
Sidus ades nostris. Non urbes prima tenebo
Femina Niliacas : nullo discrimine sexus
Reginam scit ferre Pharos. Lege summa perempti
Verba patris, qui jura mihi communia regni
Et thalami cum fratre dedit. Puer ipse sororem,
Sit modo liber, amat; sed habet sub jure Pothini
Adfectus, ensesque suos. Nil ipsa paterni
Juris habere peto : culpa, tantoque pudore
Solve domum ; remove funesta satellitis arma,
Et regem regnare jube. Quantosne tumores
Mente gerit famulus, Magni cervice revulsa !
Jam tibi (sed procul hoc avertant fata!) minatur.

à présent; et il n'est déjà que trop honteux pour le monde et pour toi, que la mort de Pompée ait été le crime ou le bienfait de Pothin. »

Le langage de Cléopâtre eût vainement flatté l'oreille farouche de César; mais le charme de sa beauté se communique à sa prière, et plus éloquents que sa voix, ses yeux impurs parlent et persuadent. Ainsi, après avoir séduit son juge, elle employa une nuit honteuse à l'enchaîner.

César ayant rétabli et payé la paix à prix d'or, la joie de ce grand événement fut célébrée dans un festin. Cléopâtre y fit éclater un luxe, une magnificence, dont Rome encore n'avait pas l'idée. Le lieu du festin ressemblait à un temple, tel que le siècle présent, quoique corrompu, le construirait à peine. Les toits étaient chargés de richesses, les bois de lambris étaient cachés sous d'épaisses lames d'or. Les murs n'étaient pas incrustés, mais bâtis d'agate et de porphyre; dans tout le palais, on marchait sur l'onix. L'ébène de Méroé y était prodigué, et y tenait lieu du chêne vil, et servait aux portes du palais de support, et non d'ornement. Les portiques sont revêtus d'ivoire. Sur ces portes immenses, l'écaille de la tortue de l'Inde est appliquée en relief, et dans chacune de ses taches une émeraude étincelle. Au de-

---

Sat fuit indignum, Cæsar, mundoque tibique,
Pompeium facinus meritumque fuisse Pothini. »
Nequidquam duras tentasset Cæsaris aures :
Vultus adest precibus, faciesque incesta perorat.
Exigit infandam, corrupto judice, noctem.
Pax ubi parta duci, donisque ingentibus empta est,
Excepere epulæ tantarum gaudia rerum :
Explicuitque suos magno Cleopatra tumultu
Nondum translatos Romana in sæcula luxus.
Ipse locus templi, quod vix corruptior ætas
Exstruat, instar erat : laqueataque tecta ferebant
Divitias, crassumque trabes absconderat aurum.
Nec summis crustata domus, sectisque nitebat
Marmoribus; stabatque sibi non segnis achates,
Purpureusque lapis; totaque effusus in aula
Calcabatur onyx : ebenus Mareotica vastos
Non operit postes, sed stat pro robore vili
Auxilium, non forma domus : ebur atria vestit,
Et suffixa manu foribus testudinis Indæ
Terga sedent, crebro maculas distincta smaragdo

dans, on ne voit que des vases de jaspe, que des siéges émaillés de pierreries, que des lits, où la pourpre, l'or, l'écarlate éblouissent les yeux par ce riche mélange que la navette des Égyptiens sait donner à leur tissu. La salle du festin se remplit d'un peuple sans nombre, d'une multitude d'esclaves, différents d'âge et de couleurs ; les uns brûlés par le soleil d'Éthiopie, et portant leurs cheveux relevés en arrière et repliés autour de leur tête ; les autres d'un blond si clair et si brillant, que César dit n'en avoir pas vu de plus doré sur les bords du Rhin. On y voit aussi une malheureuse jeunesse à qui le fer a ôté la vigueur. Parmi elle, on distingue l'âge viril, mais dénué de ses forces, et ayant à peine sur le menton le duvet de l'adolescence.

Ptolémée et Cléopâtre se mirent à table ; et César, plus grand que les rois, prit place entre le frère et la sœur. Peu contente du sceptre de l'Égypte, et du cœur du roi, son frère et son époux, Cléopâtre avait employé tous les sacrifices du luxe à relever l'éclat de sa beauté. Les dons les plus précieux de la mer Rouge brillent dans ses cheveux, et forment sa parure ; la blancheur de son sein éclate à travers un voile de Sidon, tissé par le peigne des Sères et dont l'aiguille des Égyptiennes a desserré le tissu clair et large.

Fulget gemma toris, et iaspide fulva supellex :
Strata micant ; Tyrio quorum pars maxima fuco
Cocta diu, virus non uno duxit aheno ;
Pars auro plumata nitet ; pars ignea cocco,
Ut mos est Phariis miscendi licia telis.
Tum famulæ numerus turbæ, populusque minister :
Discolor hos sanguis, alios distinxerat ætas ;
Hæc Libycos, pars tam flavos gerit altera crines,
Ut nullis Cæsar Rheni se dicat in arvis
Tam rutilas vidisse comas : pars sanguinis usti
Torta caput, refugosque gerens a fronte capillos.
Nec non infelix ferro mollita juventus,
Atque exsecta virum : stat contra fortior ætas,
Vix ulla fuscante tamen lanugine malas.
Discubuere toris reges, majorque potestas
Cæsar : et immodice formam fucata nocentem,
Nec sceptris contenta suis, nec fratre marito,
Plena maris Rubri spoliis, colloque, comisque
Divitias Cleopatra gerit, cultuque laborat.
Candida Sidonio perlucent pectora filo,
Quod Nilotis acus compressum pectine Serum
Solvit, et extenso laxavit stamina velo.

Sur des trépieds formés des dents blanches de l'éléphant, on a posé des tables rondes du bois du mont Atlas, et si belles que César n'en vit jamais de pareilles, même après qu'il eut vaincu Juba.

Reine insensée, à quelle imprudence te porte ton ambition? En étalant aux yeux d'un hôte vainqueur, tout-puissant et armé, ces richesses, dignes d'envie, ne crains-tu pas d'allumer en lui le désir de s'en emparer? Quand même il n'aurait pas résolu de s'enrichir des dépouilles du monde, quand ce serait, au lieu de César, un des héros de ces temps heureux, où la pauvreté fut en honneur dans Rome, un Fabricius, un austère Curius, ou ce consul que l'on tira de la charrue, et qu'on amena tout couvert de la poussière de son champ; assis à cette table, il serait tenté d'emporter en triomphe dans sa patrie une si superbe dépouille.

On servit dans des vases d'or tout ce que l'air, la terre, le Nil et la mer ont produit de plus exquis, tout ce que la folie d'un luxe effréné a pu rechercher de plus rare. Ce n'est pas aux besoins de la nature, mais aux délices de la table, qu'on immole dans ce festin les oiseaux, les bêtes fauves, ces dieux du Nil. Des urnes de cristal versent l'eau pure de ce fleuve. De profondes coupes de pierres précieuses reçoivent le jus délicieux des vignes de Méroé, cette liqueur qu'un soleil ardent

Dentibus hic niveis, sectos Atlantide silva
Imposuere orbes; quales ad Cæsaris ora
Nec capio venere Juba. Pro cæcus, et amens
Ambitione furor, civilia bella gerenti
Divitias aperire suas, incendere mentem
Hospitis armati! non sit licet ille nefando
Marte paratus opes mundi quæsisse ruina :
Pone duces priscos, et nomina pauperis ævi
Fabricios, Curiosque graves : hic ille recumbat
Sordidus Hetruscis abductus consul aratris,
Optabit patriæ talem duxisse triumphum.
Infudere epulas auro, quod terra, quod aer,
Quod pelagus, Nilusque dedit, quod luxus inani
Ambitione furens toto quæsivit in orbe,
Non mandante fame; multas volucresque ferasque
Ægypti posuere Deos : manibusque ministrat
Niliacas crystallus aquas : gemmæque capaces
Excepere merum, sed non Mareotidos uvæ.

ait bouillonner, et à laquelle il donne en peu de temps la maturité d'une longue vieillesse. Le nard odoriférant, et la rose qui ne cesse de fleurir dans ces climats, couronnent le front des convives. Sur leurs cheveux coulent le cinname dont l'essence ne s'est point évaporée, comme quand il passe sur des bords éloignés, et l'amome nouvellement recueilli dans les campagnes voisines.

César apprend à dissiper les richesses de l'univers conquis; et honteux d'avoir employé ses armes à vaincre un ennemi pauvre, il ne demande qu'un sujet de guerre contre un peuple si opulent.

Lorsque la volupté rassasiée eut mis fin aux plaisirs de la table, César s'adressant au sage Achorée, qui en longue robe de lin assistait à cette fête, l'engagea dans un entretien qui fut prolongé bien avant dans la nuit : « Vieillard voué au culte des autels, et sans doute chéri des dieux qui vous accordent de si longs jours, daignez, lui dit-il, m'apprendre l'origine des peuples de l'Égypte. Décrivez-moi ces climats, et les mœurs de leurs habitants; leurs rites sacrés, et les symboles sous lesquels ils adorent la divinité. Expliquez-moi les caractères mystérieux qu'on voit gravés sur vos sanctuaires antiques, et dévoilez enfin des dieux qui ne demandent qu'à se manifester. Si vos an-

---

Nobile sed paucis senium cui contulit annis
Indomitum Meroe cogens spumare Falernum.
Accipiunt sertas nardo florente coronas,
Et numquam fugiente rosa : multumque madenti
Infudere comæ, quod nondum evanuit aura
Cinnamon, externa nec perdidit aera terra ;
Advectumque recens vicinæ messis amomum.
Discit opes Cæsar spoliati perdere mundi,
Et gessisse pudet genero cum paupere bellum,
Et causas Martis Phariis cum gentibus optat.
Postquam epulis Bacchoque modum lassata voluptas
Imposuit, longis Cæsar producere noctem
Inchoat adloquiis : summaque in sede jacentem
Linigerum placidis compellat Achorea dictis :
« O sacris devote senex, quodque arguit ætas,
Non neglecte Deis, Phariæ primordia gentis,
Terrarumque situs, vulgique edissere mores,
Et ritus, formasque Deum : quodcumque vetustis
Insculptum est adytis, profer, noscique volentes

cêtres ont initié l'Athénien Platon dans la science des choses saintes, à qui pouvez-vous confier ces secrets sublimes, qui en soit plus digne que César? et à qui l'univers doit-il être connu, si ce n'est à son maître? Je suis venu chercher Pompée en Égypte; mais votre renommée m'y attirait aussi. Au milieu des combats, j'ai toujours étudié les mouvements du ciel, le cours des astres et les secrets des dieux. Mon année ne le cédera point aux fastes d'Eudoxe. Mais avec cet amour extrême de la vérité, la plus noble passion de mon âme, il n'est rien que je désire aussi ardemment de savoir, que les causes, inconnues depuis tant de siècles, du débordement de votre fleuve, et dans quel lieu inaccessible il prend sa source. Qu'on me donne une pleine assurance de trouver les sources du Nil, et j'abandonne la guerre civile. » Dès que César eut achevé, le sage vieillard lui répond ainsi.

« Oui, César, il m'est permis de vous révéler les secrets de nos vénérables ancêtres; ces secrets qui jusqu'à ce jour ont été inconnus aux profanes mortels. Que d'autres se fassent un devoir religieux de renfermer tant de merveilles dans le silence, pour moi, je crois qu'il est agréable aux dieux d'entendre annoncer les prodiges de leur sagesse et que leurs lois soient révélées à tous les peuples du monde.

« Ces astres qui seuls modèrent la fuite du ciel et s'avancent

Prode Deos. Si Cecropium sua sacra Platonem
Majores docuere tui, quis dignior umquam
Hoc fuit audito, mundique capacior hospes?
Fama quidem generi Pharias me duxit ad urbes,
Sed tamen et vestri : media inter prœlia semper
Stellarum cœlique plagis, Superisque vacavi,
Nec meus Eudoxi vincetur fastibus annus.
Sed quum tanta meo vivat sub pectore virtus,
Tantus amor veri, nihil est quod noscere malim
Quam fluvii causas per sæcula tanta latentes,
Ignotumque caput : spes sit mihi certa videndi
Niliacos fontes; bellum civile relinquam. »
Finierat, contraque sacer sic orsus Achoreus :
« Fas mihi magnorum, Cæsar, secreta parentum
Prodere, ad hoc ævi populis ignota profanis.
Sit pietas aliis miracula tanta silere :
Ast ego cœlicolis gratum reor ire per omnes
Hoc opus, et sacras populis notescere leges.
Sideribus, quæ sola fugam moderantur Olympi,

vers le pôle, la loi du monde, dès l'origine, leur attribue une puissance diverse. Le soleil partage les saisons de l'année, règle l'échange du jour et de la nuit; par la puissance de ses rayons, tient les astres prisonniers et enchaîne à son centre fixe leur course vagabonde. La lune avec ses diverses phases mêle la mer et les terres. A Saturne appartiennent les lieux glacés et la zone neigeuse; Mars commande aux vents, aux foudres errantes; pour Jupiter, l'air calme et l'éther inaltérable; la féconde Vénus garde le germe de toutes choses; Mercure est l'arbitre de l'onde immense, dès qu'il entre dans la région du ciel, où l'astre du Lion se mêle au Cancer, où Sirius vomit ses feux rapides, où le cercle changeant de l'année occupe l'Œgoceros et le Cancer, témoin mystérieux des sources du Nil, c'est alors que le maître de l'onde lance la flamme, le Nil s'élance hors de sa source, comme l'Océan qui se gonfle sous l'action de la lune, et ne rentre pas dans son lit avant que la nuit ait recouvré les heures que lui dérobe le soleil d'été.

« Quant à l'accroissement du Nil, c'est une erreur des anciens de l'avoir attribué aux neiges de l'Éthiopie. Il n'en est point de ces climats comme de ceux de l'Ourse et de Borée; la couleur

Occurruntque polo, diversa potentia prima
Mundi lege data est. Sed tempora dividit anni,
Mutat nocte diem, radiisque potentibus astra
Ire vetat, cursusque vagos statione moratur.
Luna suis vicibus Tethyn terrenaque miscet.
Frigida Saturno glacies, et zona nivalis
Cessit : habet ventos incertaque fulmina Mavors :
Sub Jove temperies, et numquam turbidus aer :
At fecunda Venus cunctarum semina rerum
Possidet : immensæ Cyllenius arbiter undæ est.
Hunc ubi pars cœli tenuit, qua mista Leonis
Sidera sunt Cancro, rapidos qua Sirius ignes
Exserit, et varii mutator circulus anni
Ægoceron, Cancrumque tenet, cui subdita Nili
Ora latent : quæ quum dominus percussit aquarum
Igne superjecto, tunc Nilus fonte soluto
Exit, ut Oceanus lunaribus incrementis
Jussus adest; auctusque suos non ante coarctat,
Quam nox æstivas a Sole receperit horas.
Vana fides veterum, Nilo, quod crescat in arva,
Æthiopum prodesse nives. Non Arctos in illis
Montibus, aut Boreas. Testis tibi sole perusti

même des peuples qui les habitent vous annonce un soleil brûlant et un air sans cesse embrasé par le souffle du vent du Midi. Ajoutez à cela que tous les fleuves, dont la fonte des glaces grossit la source, commencent à s'enfler au retour du printemps, au premier écoulement des neiges, au lieu que le Nil n'élève jamais ses eaux que le Chien céleste n'ait dardé ses rayons et ne rentre dans ses rivages, qu'après que la Balance, devenue l'arbitre du jour et de la nuit, les a égalés l'un à l'autre. Le Nil n'est pas soumis aux mêmes lois que les autres fleuves. Il ne déborde point en hiver où l'éloignement du soleil rendrait ses bienfaits inutiles. Destiné à tempérer les feux d'une saison trop ardente, il sort de son lit au milieu de l'été. Placé sous la brûlante zone, de peur que le ciel n'y consume la terre, il est prêt à la secourir ; et c'est contre les flammes dévorantes du Lion que ce fleuve élève ses eaux. Sitôt que le Cancer embrase Syène, le fleuve vient au secours de la ville qui l'implore, et il ne cesse d'inonder ses campagnes, que lorsque le soleil, déclinant vers l'automne, allonge les ombres sur Méroé. Qui peut dire les causes de ce prodige? C'est ainsi que la mère commune, la sage nature a déterminé le cours du Nil : il le fallait pour le bien du monde.

« L'antiquité crédule attribuait aussi l'accroissement du Nil

> Ipse color populi, calidique vaporibus Austri.
> Adde, quod omne caput fluvii, quodcumque soluta
> Præcipitat glacies, ingresso vere tumescit
> Prima tabe nivis : Nilus neque suscitat undas
> Ante Canis radios, nec ripis alligat amnem
> Ante parem nocti, Libra sub judice, Phœbum.
> Inde etiam leges aliarum nescit aquarum ;
> Nec tumet hibernus, quum longe sole remoto
> Officiis caret unda suis; dare jussus iniquo
> Temperiem cœlo, mediis æstatibus exit,
> Sub torrente plaga; neu terras dissipet ignis,
> Nilus adest mundo, contraque incensa Leonis
> Ora tumet : Cancroque suam torrente Syenen,
> Imploratus adest; nec campos liberat undis,
> Donec in autumnum declinet Phœbus, et umbras
> Extendat Meroe. Quis causas reddere posset?
> Sic jussit Natura parens decurrere Nilum :
> Sic opus est mundo.
> « Zephyros quoque vana vetustas

aux zéphyrs, qui, tous les ans, dans la même saison, règnent constamment dans les airs avec une pleine puissance; soit que ces vents chassent vers le Midi les nuages du Notus, et que ces nuages fondus en pluie grossissent les sources du Nil, soit que les flots de la mer soulevés par la même cause, suspendent la chute des eaux de ce fleuve, et que, refoulé vers sa source, il soit forcé de surmonter ses bords et de se répandre dans les campagnes.

« Il en est qui ont supposé de longs canaux dans les entrailles de la terre, et entre les rochers qui composent la solide épaisseur du globe, des vides profonds par lesquels la chaleur du Midi attire les eaux du Nord et les rassemble au milieu du monde, lorsque le soleil s'éloignant du pôle, lance directement ses feux sur Méroé. Alors, disent-ils, par des routes cachées, le Gange et le Pô viennent grossir le Nil, et un seul lit ne peut contenir toutes les eaux que vomit sa source.

« On croit aussi que c'est dans l'Océan qui embrasse la terre, que le Nil va puiser ses eaux, et qu'elles déposent leur amertume dans l'immensité de leur cours.

« On n'a pas manqué de dire encore que le soleil qui se nourrit des humides vapeurs qu'il aspire, lorsqu'il touche à notre tro-

---

His adscripsit aquis, quorum stata tempora flatus,
Continuique dies, et in aere longa potestas :
Vel quod ab occiduo depellunt nubila cœlo
Trans Noton, et fluvio cogunt incumbere nimbos :
Vel quod aquas toties rumpentis litora Nili
Assiduo feriunt, coguntque resistere, flatu.
Ille mora cursus, adversique objice ponti
Æstuat in campos.
                « Sunt qui spiramina terris
Esse putent, magnosque cavæ compagis hiatus.
Commeat hac penitus tacitis discursibus unda
Frigore ab Arctoo medium revocata sub axem,
Quum Phœbus pressit Meroen, tellusque perusta
Illuc duxit aquas, trahitur Gangesque, Padusque,
Per tacitum mundi : tunc omnia flumina Nilus
Uno fonte vomens non uno gurgite perfert.
Rumor, ab Oceano, qui terras alligat omnes,
Exundante procul violentum erumpere Nilum,
Æquoreosque sales longo mitescere tractu.
Nec non Oceano pasci Phœbumque polumque
Credimus : hunc, calidi tetigit quum brachia Cancri,

pique, en élève plus qu'il n'en peut consumer, et que par la fraîcheur des nuits, ces eaux surabondantes rendues à la terre se joignent à celles du Nil.

« Pour moi, s'il m'est permis de prononcer sur ce grand phénomène, je crois, César, qu'entre les fleuves répandus sur la terre, les uns, longtemps après qu'elle a été formée, sont sortis de son sein par les secousses qui ont brisé ses veines, et sans qu'un dieu les en ait tirés; que les astres ont été compris dans la première disposition du mécanisme de la nature et ont commencé avec le grand tout; que ceux-là coulent au hasard, mais que ceux-ci sont dirigés par l'ouvrier et le moteur suprême qui les soumet aux lois de l'ordre universel.

« Romain, le désir que vous témoignez de connaître la source du Nil a été l'ambition des rois de Perse, d'Égypte, et de Macédoine. Il n'est point de siècle qui n'eût été glorieux de transmettre cette découverte aux siècles à venir. Mais le mystère qu'en a fait la nature, demeure encore impénétrable. Le plus grand des rois que Memphis révère, Alexandre, voulut dérober au Nil le secret de son origine. Il envoya une troupe d'élite jusque au fond de l'Éthiopie; la zone brûlante les arrêta; ils virent le Nil tout fumant. Sésostris pénétra vers le couchant, jusqu'aux limites du monde; et dans sa course triomphante, ce roi superbe se fit traîner, dit-on, par des rois attelés à son char

Sol rapit, atque undæ plus, quam quod digerat aer,
Tollitur; hoc noctes referunt, Niloque refundunt.
Ast ego, si tantam jus est mihi solvere litem,
Quasdam, Cæsar, aquas post mundi sera peracti
Sæcula, concussis terrarum erumpere venis,
Non id agente Deo; quasdam compage sub ipsa
Cum toto cœpisse reor, quas ille creator,
Atque opifex rerum certo sub jure coercet.
Quæ tibi noscendi Nilum, Romane, cupido est,
Et Phariis, Persisque fuit, Macetumque tyrannis;
Nullaque non ætas voluit conferre futuris
Notitiam : sed vincit adhuc natura latendi.
Summus Alexander regum quos Memphis adorat,
Invidit Nilo, misitque per ultima terræ
Æthiopum lectos : illos rubicunda perusti
Zona poli tenuit; Nilum videre calentem.
Venit ad occasum, mundique extrema Sesostris,
Et Pharios currus regum cervicibus egit :

égyptien. Mais il eût bu les eaux du Rhône et de l'Éridan, plutôt que celles du Nil à sa source. L'insensé Cambyse porta la guerre jusque chez l'Éthiopien à la longue vie; et après avoir été réduit à se nourrir de la chair de ses compagnons, il revint sur ses pas, sans avoir découvert le lieu où le Nil prend naissance.

« Fleuve mystérieux, la fable même n'ose parler de ton origine : tu es inconnu partout où tu parais, et aucune nation n'a eu la gloire de pouvoir dire, *il est à moi*. Je vais donc publier du cours de tes eaux ce que m'en a révélé le dieu qui nous cache ta source. Tu viens en croissant du milieu de l'axe de la terre. Tu oses traverser le brûlant tropique, en dirigeant tes flots vers le pôle de l'ourse, et contre les aquilons. Bientôt tu t'égares en longs détours vers le couchant et vers l'aurore, arrosant les plaines de l'Arabie, et les sables libyens. Les Sères te voient les premiers, et demandent aussi ton origine, tu roules ensuite dans l'Éthiopie une onde qui lui est étrangère. L'univers ne sait d'où tu viens. La nature a jeté sur ta tête un voile qu'elle n'a permis à aucun peuple de lever. Elle n'a pas voulu que le monde pût te voir faible et rampant; elle a caché le berceau de tes eaux naissantes. Elle a mieux aimé te faire admirer,

Ante tamen vestros amnes Rhodanumque, Padumque,
Quam Nilum de fonte bibit. Vesanus in ortus
Cambyses longi populos pervenit ad ævi,
Defectusque epulis, et pastus cæde suorum,
Ignoto te, Nile, redit. Non fabula mendax
Ausa loqui de fonte tuo est ; ubicumque videris,
Quæreris ; et nulli contingit gloria genti,
Ut Nilo sit læta suo. Tua flumina prodam,
Qua Deus undarum celator, Nile, tuarum
Te mihi nosse dedit. Medio consurgis ab axe,
Ausus in ardentem ripas attollere Cancrum :
In Borean is rectus aquis, mediumque Booten :
Cursus in occasum flexu torquetur, et ortus,
Nunc Arabum populis, Libycis nunc æquus arenis :
Teque vident primi (quærunt tamen hi quoque) Seres,
Æthiopumque feris alieno gurgite campos :
Et te terrarum nescit cui debeat orbis.
Arcanum Natura caput non prodidit ulli,
Nec licuit populis parvum te, Nile, videre,
Amovitque sinus, et gentes maluit ortus

que de te faire connaître aux humains. En te voyant grossi des pluies et des frimats d'un hiver éloigné, on s'imagine que tu franchis les deux solstices, et que tu parcours les deux pôles. Une partie du monde demande où tu commences, et l'autre où tu finis ton cours. Tu te partages en deux canaux pour embrasser l'île de Méroé, peuplée de noirs habitants, et plantée de bois d'ébène ; mais quoique ces bois y abondent, et la couronnent de leurs rameaux, les ardeurs de l'été n'y sont tempérées par aucun ombrage : tant elle est directement frappée des feux du Lion. De là tu traverses les régions du soleil, sans que le volume de tes eaux diminue ; tu parcours d'immenses plaines de sable, tantôt ramassé en un seul lit avec toutes tes forces, tantôt divisé en rameaux, ou répandu sur la pente du rivage. En approchant des murs de Phila, barrière commune de l'Égypte et de l'Éthiopie, tu rassembles de nouveau tes ondes ; tu les promènes lentement dans les déserts qui séparent notre commerce de la mer Rouge. Qui croirait à voir le cours tranquille de tes eaux, que dans peu tu vas les soulever avec tant de fureur ? C'est lorsqu'à travers des gouffres escarpés et de profonds abîmes tes chutes rapides font écumer et bondir tes flots mugissants, c'est alors qu'indigné des obstacles qui tra-

    Mirari, quam nosse, tuos. Consurgere in ipsis
Jus tibi solstitiis, aliena crescere bruma,
Atque hiemes adferre tuas : solique vagari
Concessum per utrosque polos ; hic quæritur ortus,
Illic finis aquæ. Late tibi gurgite rupto
Ambitur nigris Meroe fecunda colonis,
Læta comis ebeni : quæ, quamvis arbore multa
Frondeat, æstatem nulla sibi mitigat umbra :
Linea tam rectum mundi ferit illa Leonem !
Inde plagas Phœbi, damnum non passus aquarum,
Prævcheris, sterilesque diu metiris arenas,
Nunc omnes unum vires collectus in amnem,
Nunc vagus, et spargens facilem tibi cedere rip...
Rursus multifidas revocat piger alveus undas,
Qua dirimunt Arabum populis Ægyptia rura
Regni claustra Philæ. Mox te deserta secantem,
Qua dirimunt nostrum Rubro commercia ponto
Mollis lapsus agit : quis te, tam lene fluentem
Moturum tantas violenti gurgitis iras,
Nile, putet ? sed quum lapsus abrupta viarum
Excepere tuos, et præcipites cataractæ,
Ac nusquam vetitis ullas obsistere cautes

versent ton cours, torrent fougueux, tu te révoltes, et lances ton écume jusqu'aux cieux. Tout frémit au bruit de tes vagues; et la montagne, dont tu bats les flancs de tes flots invincibles et écumants, s'ébranle avec un profond murmure.

« Au delà, s'élèvent Abaton, cette roche sacrée chez nos vénérables ancêtres, et deux écueils qu'il leur a plu d'appeler les veines du Nil, parce qu'on y observe les premiers signes de son accroissement. Plus loin se dressent de hautes montagnes, que la nature t'oppose pour t'empêcher de te répandre, et qui privent les champs de Libye du tribut de tes eaux. Entre les flancs de ces montagnes, dans une profonde vallée, ton onde captive et domptée coule paisiblement, dans un majestueux silence. C'est à Memphis qu'il est réservé de t'ouvrir de vastes plaines qu'elle te permet d'inonder, sans qu'aucune digue s'oppose au débordement de tes eaux. »

Tel fut l'entretien que César, aussi tranquille qu'en pleine paix, poursuit jusqu'au milieu de la nuit. Mais l'âme atroce de Pothin, déjà souillée d'un meurtre abominable, ne peut s'abstenir de crimes. Après l'assassinat de Pompée, il ne voit rien qui ne lui soit permis. L'ombre de ce héros le tourmente, les furies vengeresses le poussent à de nouveaux forfaits : il croit ses viles mains dignes de verser un sang dont la Fortune a résolu

Indignaris aquis; spuma tunc astra lacessis;
Cuncta fremunt undis; ac multo murmure montis
Spumeus invictis canescit fluctibus amnis.
Hinc, Abaton quam nostra vocat veneranda vetustas,
Terra potens, primos sentit percussa tumultus,
Et scopuli, placuit fluvii quos dicere venas,
Quod manifesta novi primum dant signa tumoris.
Hinc montes Natura vagis circumdedit undis,
Qui Libyæ te, Nile, negant : quos inter in alta
It convalle tacens jam moribus unda receptis.
Prima tibi campos permittit, apertaque Memphis
Rura, modumque vetat crescendi ponere ripas. »
Sic velut in tuta securi pace trahebant
Noctis iter mediæ : sed non vesana Pothini
Mens, imbuta semel tam sacra cæde, vacabat
A scelerum motu. Magno nihil ille perempto
Jam putat esse nefas : habitant sub pectore Manes,
Ultricesque Deæ dant in nova monstra furorem.
Dignatur viles isto quoque sanguine dextras.

d'arroser les Pères Conscrits, pour expier leur défaite. Peu s'en fallut que le châtiment de la guerre civile et la vengeance du Sénat ne fussent confiés à ce vil esclave. Sauvez-nous, grands dieux! de cette honte : empêchez que César ne périsse d'une autre main que de celle de Brutus : le supplice du tyran de Rome ne serait plus que le crime de Pharos, et l'exemple en serait perdu.

L'audacieux Pothin conspire contre le destin. Ce n'est point par trahison qu'il attente à la vie de César; c'est à force ouverte qu'il attaque ce chef invincible. Telle est, Pompée, l'audace que lui inspire le succès de ta mort, qu'il prétend faire tomber la tête de ton vainqueur comme la tienne, et le réunir à toi. Voici ce qu'il écrit à son complice Achillas, qui alors commandait toutes les forces de l'Égypte : car le jeune roi les lui avait confiées, et l'avait armé autant contre lui-même que contre ses ennemis.

« Repose-toi, lui disait Pothin, dans une honteuse mollesse; reste plongé dans un profond sommeil. Cléopâtre s'est emparée du palais; Pharos n'est pas seulement trahi, mais il est livré aux Romains. Toi seul tu manques à l'hymen de ta reine. Cléopâtre, cette sœur impie, vient de s'unir à son frère, après s'être

>   Quo Fortuna parat victos perfundere Patres;
>   Pœnaque civilis belli, vindicta Senatus,
>   Pæne data est famulo. Procul hoc avertite, fata,
>   Crimen, ut hæc Bruto cervix absente secetur :
>   In scelus it Pharium Romani pœna tyranni,
>   Exemplumque perit!
>   Struit audax irrita fatis,
>   Nec parat occultæ cædem committere fraudi :
>   Invictumque ducem detecto Marte lacessit.
>   Tantum animi delicta dabant, ut colla ferire
>   Cæsaris, et socerum jungi tibi, Magne, juberet!
>   Atque hæc dicta monet famulos perferre fideles
>   Ad Pompeianæ socium sibi cædis Achillam,
>   Quem puer imbellis cunctis præfecerat armis,
>   Et dederat ferrum, nullo sibi jure retento,
>   In cunctos, in seque simul.
>   « Tu mollibus, inquit,
>   Nunc incumbe toris, et pingues exige somnos;
>   Invasit Cleopatra domum : nec prodita tantum est,
>   Sed donata Pharos. Cessas accurrere solus
>   Ad dominæ thalamos? nubet soror impia fratri;

unie à César ; et passant de l'un à l'autre époux, elle possède l'Égypte et achète Rome. Cléopâtre a pu captiver par ses charmes l'âme d'un vieillard ; et tu lui confies celle d'un enfant ! S'il passe une nuit avec elle, si une fois reçu dans ses bras, il a goûté le charme de ses caresses incestueuses, et si, sous le nom d'une amitié sainte, il a respiré un criminel amour, il lui livrera tout, et ma tête et la tienne, chacune pour prix d'un baiser. Nous expierons le crime de sa beauté sur les gibets et dans les flammes. Il n'y a plus pour nous ni secours, ni refuge : elle a d'un côté le roi pour mari, de l'autre, César pour amant ; et peux-tu douter qu'à ses yeux nous ne soyons tous deux coupables, nous qui n'avons jamais recherché ses faveurs ? Hâte-toi, viens, au nom du crime que nous avons commis ensemble, et dont nous perdons tout le fruit ; au nom de cette alliance que le sang de Pompée a scellée ; viens par un prompt soulèvement allumer tout à coup la guerre. Marche au palais, change en funérailles les fêtes nocturnes de l'hymen ; que dans le lit nuptial même Cléopâtre soit immolée, avec celui des deux qui se trouvera dans ses bras. Que la fortune du chef des Romains n'étonne point notre courage. Le même coup du sort qui l'a élevé, et qui a imposé son joug à l'univers, fait notre gloire

---

Nam Latio jam nupta duci est : interque maritos
Discurrens, Ægypton habet Romamque meretur.
 « Expugnare senem potuit Cleopatra venenis :
Crede, miser, puero : quem nox si junxerit una,
Et semel amplexus incesto pectore passus
Hauserit obscenum titulo pietatis amorem,
Meque, tuumque caput, per singula forsitan illi
Oscula donabit. Crucibus flammisque luemus,
Si fuerit formosa soror. Nil undique restat
Auxilii : rex hinc conjux, hinc Cæsar adulter :
En sumus, ut fatear, tam sæva judice sontes.
Quem non e nobis credet Cleopatra nocentem,
A quo casta fuit ? per te, quod fecimus una,
Perdidimusque nefas, perque ictum sanguine Magni
Fœdus, ades : subito bellum molire tumultu ;
Irrue : nocturnas rumpamus funere tædas,
Crudelemque toris dominam mactemus in ipsis
Cum quocumque viro.
             « Nec nos deterreat ausis
Hesperii Fortuna ducis : quæ sustulit illum,
Imposuitque orbi, communis gloria nobis ;

comme la sienne. La mort de Pompée nous élève aussi. Jette les yeux sur ce rivage, espoir de notre crime; consulte ces flots encore teints du sang que nous avons versé; et demande-leur de quoi nous sommes capables. Regarde ce peu de poussière qui fait le tombeau de Pompée, et qui couvre à peine son corps : celui que tu crains n'était que son égal. Nous ne sommes pas d'un sang illustre; mais qu'importe? nous n'avons pas en notre pouvoir les richesses et les forces des nations; mais par le crime nous sommes grands et faits pour accomplir de hautes destinées. La Fortune attire elle-même en nos mains ces hommes puissants qu'elle a proscrits? Après une illustre victime, une plus illustre vient s'offrir à nous. Apaisons par ce sacrifice les mânes plaintifs des Romains; il est possible que le meurtre de César engage Rome à pardonner aux meurtriers de Pompée. Qu'est-ce qui t'effraie? est-ce le nom de César? et que fait un nom pour sa défense? César n'est ici qu'un soldat : il a laissé loin de lui ses forces. Cette nuit seule terminera la guerre civile, vengera les nations, et précipitera chez les morts cette tête qui nous reste encore à immoler au repos du monde. Venez tous plonger vos mains dans le sang de César; que les Égyptiens rendent ce service à leur roi, et les Romains à leur patrie. Toi, Achillas, ne perds pas un instant. Tu trouveras

Nos quoque sublimes Magnus facit. Adspice litus,
Spem nostri sceleris; pollutos consule fluctus
Quid liceat nobis; tumulumque e pulvere parvo
Adspice Pompeii non omnia membra tegentem.
Quem metuis, par hujus erat. Non sanguine clari;
Quid refert? nec opes populorum, ac regna movemus :
Ad scelus ingentis fati sumus.
  « Adtrahit illos
In nostras Fortuna manus; en altera venit
Victima nobilior : placemus cæde secunda
Hesperias gentes; jugulus mihi Cæsaris haustus
Hoc præstare potest, Pompeii cæde nocentes
Ut populus Romanus amet. Quid nomina tanto
Horremus, viresque ducis, quibus ille relictis
Miles erit? nox hæc peraget civilia bella,
Inferiasque dabit populis, et mittet ad umbras,
Quod debetur adhuc mundo, caput. Ite feroces
Cæsaris in jugulum : præstet Lagæa juventus
Hoc regi, Romana sibi. Tu parce morari :

César fatigué des délices de la table, troublé par les vapeurs du vin, et prêt à se livrer aux plaisirs de l'amour. De l'audace! les dieux seront pour toi, les vœux des Catons et des Brutus te les rendront favorables. »

Achillas s'empresse d'obéir à la voix qui l'appelle au crime. Il ne fait point, comme il est d'usage, donner le signal dans le camp; la trompette par aucun son n'annonce son départ. Il transporte à la hâte tous les instruments de la guerre. Les troupes s'avancent; elles sont en partie composées de Latins; mais ces transfuges ont oublié leur naissance, et se sont corrompus au point qu'ils obéissent à un esclave, et qu'ils marchent sans honte sous le satellite d'un roi, eux pour qui même il serait infâme de souffrir ce roi à leur tête : hommes sans foi, sans piété envers les dieux, ni envers la patrie; mains vénales, pour qui l'action la mieux payée est la plus juste. Ce n'est pas en Romains, mais en vils mercenaires qu'ils attentent à la vie de César. O malheureuse Rome, en quel lieu ne trouves-tu pas la guerre civile? Ceux des tiens que l'Égypte a pu soustraire à la Thessalie exercent sur le Nil les fureurs de Pharsale. Hélas! qu'auraient-ils fait de plus, si Pompée, reçu en Égypte, les eût rangés sous ses drapeaux? Il fallait donc que chaque main romaine servit la colère du ciel. Il n'est permis à personne de

---

Plenum epulis, madidumque mero, Veneriquc paratum
Invenies : aude : Superi tot vota Catonum,
Brutorumque tibi tribuent. »
       Non lentus Achillas
Suadenti parere nefas : haud clara movendis;
Et mos, signa dedit castris, nec prodidit arma
Ullius clangore tubæ; temere omnia sævi
Instrumenta rapit belli. Pars maxima turbæ
Plebis erat Latiæ; sed tanta oblivio mentes
Cepit, in externos corrupto milite mores,
Ut duce sub famulo, jussuque satellitis irent,
Quos erat indignum Phario parere tyranno.
Nulla fides, pietasque viris, qui castra sequuntur;
Venalesque manus; ibi fas, ubi maxima merces :
Ære merent parvo; jugulumque in Cæsaris ire
Non sibi dant. Pro fas! ubi non civilia bella
Invenit imperii fatum miserabile nostri?
Thessaliæ subducta acies in litore Nili
More furit patrio : quid plus te, Magne, recepto
Ausa foret Lagæa domus? dat scilicet omnis
Dextera, quod debet Superis; nullique vacare

s'abstenir! voilà comme il a plu aux dieux de déchirer le Latium. Ce n'est plus entre le beau-père et le gendre que les peuples sont partagés : l'esclave d'un roi se met à la tête de la guerre civile; Achillas commande un parti des Romains; et si le sort ne prenait pas soin de garantir César du coup qui le menace, ce parti serait le vainqueur.

Tout est prêt, tout est mûr pour le crime. Dans le tumulte de la fête, le palais était ouvert aux surprises. Le sang de César pouvait rejaillir dans la coupe des rois, et sa tête tomber sur leur table. Mais les assassins craignirent que, dans le trouble et la confusion d'un combat nocturne, Ptolémée ne fût lui-même enveloppé dans le carnage, et que quelque main égarée, ou conduite par le hasard, ne fît tomber sur lui ses coups. La confiance qu'ils avaient en leurs forces fut telle, qu'ils dédaignèrent de hâter leur crime, et qu'ils méprisèrent l'occasion de l'exécuter infailliblement. Ces esclaves regardent la perte du moment d'immoler César comme facile à réparer : on le réserve pour en faire justice en plein jour! on donne à César une nuit à vivre; et grâce à l'eunuque Pothin, sa mort est différée jusqu'au lever du soleil!

L'aurore, du haut du mont Cassius, regarde l'Égypte, et y

Fas est Romano. Latium sic scindere corpus
Dis placitum : non in generi socerique favorem
Discedunt populi; civilia bella satelles
Movit, et in partem Romanam venit Achillas.
Et nisi fata manus a sanguine Cæsaris arcent,
Hæ vincent partes.
    Aderat maturus uterque;
Et districta epulis ad cunctas aula patebat
Insidias; poteratque cruor per regia fundi
Pocula cæsareus, mensæque incumbere cervix.
Sed metuunt belli trepidos in nocte tumultus,
Ne cædes confusa manu, permissaque fatis
Te, Ptolemæe, trahat. Tanta est fiducia ferri!
Non rapuere nefas : summi contempta facultas
Est operis : visum famulis reparabile damnum,
Illam mactandi dimittere Cæsaris horam.
Servatur pœnas in aperta luce daturus :
Donata est nox una duci; vixitque Pothini
Munere Phœbeos Cæsar dilatus in ortus.
Lucifer a Casia prospexit rupe, diemque

répand le jour qui, dans ces climats, est brûlant dès sa naissance. Alors on voit de loin s'avancer, non pas des troupes semées dans la campagne et voltigeant par escadrons, mais une armée rangée en bataille et marchant d'un pas égal, comme elle irait à l'ennemi dans une guerre régulière. Elle accourt, préparée à vaincre ou à périr.

César n'osant se fier aux murs de la ville s'enferme dans le palais, honteux d'être réduit à chercher un refuge. Le palais même est encore trop vaste pour le petit nombre de ses défenseurs; leur chef les ramasse en un coin. La colère et l'effroi l'agitent, il craint l'assaut, et s'indigne de le craindre. Ainsi frémit un fier lion dans la cage étroite qui le renferme, et il brise ses dents contre les barreaux de sa prison. Ainsi, dieu de Lemnos, s'irriterait ta flamme dans les cavernes de Sicile, si l'on fermait les bouches de l'Etna.

Cet audacieux qui, naguère, sur les rocs de l'Hémus, affrontait tous les grands de Rome assemblés, l'armée du sénat et Pompée à leur tête, qui, condamné par sa propre cause et n'ayant rien à espérer des dieux, marcha sans crainte et osa se promettre de rendre injustes les destins, ce même homme est pâle devant la révolte d'un esclave, il va se cacher dans l'obscurité d'un pa-

Misit in Ægyptum, primo quoque sole calentem :
Quum procul a muris acies non sparsa maniplis,
Nec vaga conspicitur, sed justos qualis ad hostes
Recta fronte venit : passuri cominus arma,
Laturique ruunt.
    At Cæsar mœnibus urbis
Diffisus, foribus clausæ se protegit aulæ,
Degeneres passus latebras. Nec tota vacabat
Regia compresso; minima collegerat arma
Parte domus : tangunt animos iræque metusque ;
Et timet incursus, indignaturque timere.
Sic fremit in parvis fera nobilis abdita claustris,
Et frangit rabidos præmorso carcere dentes.
Non secus in Siculis fureret tua flamma cavernis,
Obstrueret summam si quis tibi, Mulciber, Ætnam.
Audax Thessalici qui nuper rupe sub Hæmi,
Hesperiæ cunctos proceres, aciemque senatus,
Pompeiumque ducem, causa sperare vetante,
Non timuit, fatumque sibi promisit iniquum,
Expavit servile nefas, intraque penates

lais; lui que n'eussent outragé ni l'Alain, ni le Scythe, ni le Maure qui se fait un jeu de percer son hôte de ses flèches. Cet homme qui trouve trop étroit l'espace de l'univers Romain, l'empire compris entre l'Inde et les rives de la tyrienne Cadix, voyez-le comme un enfant timide, comme une femme, dans une ville prise, chercher asile au fond d'une maison, mettre tout l'espoir de sa vie dans une porte qui l'enferme et courir égaré au travers des vestibules. Mais le roi l'accompagne; César le traîne partout derrière lui, il est résolu à se venger sur lui; et si les flèches et les flambeaux lui manquent, il fera voler sur ces esclaves, ta tête, ô Ptolémée! C'était ainsi que la barbare Médée redoutant le vengeur de sa trahison et de sa fuite, le glaive levé sur la tête de son frère, attendait son père irrité.

Cependant l'extrémité du péril obligea César de tenter les voies de la paix. Un soldat de Ptolémée fut envoyé vers ces esclaves révoltés, pour leur reprocher leur conduite et leur demander, au nom du roi, par quel ordre ils avaient pris les armes. Mais, au mépris des droits les plus saints et des lois les plus inviolables chez tous les peuples du monde, ils firent massacrer l'envoyé de leur maître et le ministre de la paix : crime atroce partout ailleurs, mais qui doit à peine être compté parmi

---

Obruitur telis; quem non violasset Alanus,
Non Scytha, non fixo qui ludit in hospite Maurus.
Hic, cui Romani spatium non sufficit orbis,
Parvaque regna putat Tyriis cum Gadibus Indos,
Ceu puer imbellis, ceu captis femina muris,
Quærit tuta domus; spem vitæ in limine clauso
Ponit, et incerto lustrat vagus atria cursu :
Non sine rege tamen; quem ducit in omnia secum,
Sumpturus pœnas et grata piacula morti;
Missurusque tuum, si non sint tela, nec ignes,
In famulos, Ptolemæe, caput.
　　　　　　　　Sic barbara Colchis
Creditur, ultorem metuens regnique fugæque,
Ense suo, fratrisque simul cervice parata,
Exspectasse patrem. Cogunt tamen ultima rerum
Spem pacis tentare ducem; missusque satelles
Regius, ut sævos absentis voce tyranni
Corriperet famulos, quo bellum auctore moverent.
Sed neque jus mundi valuit, neque fœdera sancta
Gentibus : orator regis, pacisque sequester,
Æstimat in numero scelerum ponenda tuorum,

les forfaits monstrueux dont l'Égypte est chargée. Jamais la Thessalie, ni le vaste royaume de Juba, ni le Pont, ni l'impie Pharnace, ni les lieux qu'arrose l'onde fraîche de l'Ibère, ni les Syrtes barbares, n'osèrent le crime que commit l'Égypte corrompue et amollie.

César, que la guerre environne, se voit pressé de toutes parts. Déjà tombent dans le palais mille traits lancés du dehors. Cependant l'ennemi n'emploie ni le bélier, qui, d'un seul coup, eût ébranlé les murs et brisé les portes, ni aucune autre machine capable de les forcer; il n'a pas même recours aux flammes; répandu autour du palais, il se contente d'en investir l'enceinte, sans jamais réunir ses forces pour tenter un assaut. Les destins combattent pour César et sa fortune lui sert de forteresse.

On attaque aussi le palais avec des navires du côté de la mer où cet édifice pompeux s'avance au milieu des flots sur une digue audacieuse. Mais César est présent partout : d'un côté, il repousse l'ennemi avec le fer; de l'autre, avec le feu, et telle est sa constance et son activité, qu'assiégé lui-même, il se comporte en assiégeant. Sur les vaisseaux unis pour le combat, il fait lancer des torches de poix allumée. Le feu n'est pas lent à

Tot monstris Ægypte nocens. Non Thessala tellus,
Vastaque regna Jubæ, non Pontus, et impia signa
Pharnacis, et gelido circumfluus orbis Hibero
Tantum ausus scelerum, non Syrtis barbara, quantum
Deliciæ fecere tuæ. Premit undique bellum,
Inque domum jam tela cadunt, quassantque penates.
Non aries uno moturus limina pulsu,
Fracturusque domum; non ulla est machina belli;
Nec flammis mandatur opus : sed cæca juventus
Consilii, vastos ambit divisa penates,
Et nusquam totis incursat viribus agmen.
Fata vetant, murique vicem fortuna tuetur.
Necnon et ratibus tentatur regia, qua se
Protulit in medios audaci margine fluctus
Luxuriosa domus. Sed adest defensor ubique
Cæsar, et hos aditu gladiis, hos ignibus arcet
Obsessusque gerit (tanta est constantia mentis!)
Expugnantis opus. Piceo jubet unguine tactas
Lampadas immitti junctis in bella carinis.
Nec piger ignis erat per stuppea vincula, perque

se communiquer aux cordages de chanvre et aux bois enduits de cire. Les antennes et les bancs des rameurs sont en même temps embrasés. Déjà la flotte à demi-consumée s'enfonce dans les eaux, et bientôt la mer est couverte d'armes et de cadavres. L'incendie ne se borne pas aux vaisseaux ; de son souffle brûlant, il gagne les maisons voisines de la mer. Le Notus favorise et propage la flamme, et emportée par un rapide souffle, elle se répand sur les toits avec la même vitesse que ces feux allumés dans l'air qui n'ont pour aliment qu'une vapeur subtile et dont l'œil suit à peine le lumineux sillon. Ce désastre rappela au secours de la ville les troupes qui assiégeaient le palais ; et César n'eut garde de donner au sommeil un temps propice ; dans l'obscurité de la nuit, il s'élance sur ses vaisseaux, et profitant toujours avec succès des hasards de la guerre et du temps qui s'enfuit, il emploie ce peu d'instants à s'emparer de Pharos, la clef des mers.

Sous le règne du devin Protée, cette île était loin du rivage et assez avant au milieu des flots ; à présent elle touche presque aux murailles d'Alexandrie. César en tira deux avantages : l'un d'interdire la mer aux ennemis ; l'autre d'assurer aux secours qu'il attendait lui-même, l'entrée du port, l'accès des murs, et la communication libre avec la mer.

Manantes cera tabulas ; et tempore eodem
Transtraque nautarum summique arsere ceruchi.
Jam prope semiustæ merguntur in æquore classes,
Jamque hostes, et tela natant : nec puppibus ignis
Incubuit solis ; sed quæ vicina fuere
Tecta mari longis rapuere vaporibus ignem ;
Et cladem fovere Noti, percussaque flamma
Turbine, non alio motu per tecta cucurrit,
Quam solet ætherio lampas decurrere sulco,
Materiaque carens, atque ardens aere solo.
Illa lues clausa paullum revocavit ab aula
Urbis in auxilium populos. Nec tempora cladis
Perdidit in somnos, sed cæca nocte carinis
Insiluit Cæsar, semper feliciter usus
Præcipiti cursu bellorum, et tempore rapto.
Tunc claustrum pelagi cepit Pharon : insula quondam
In medio stetit illa mari, sub tempore vatis
Proteos ; at nunc est Pellæis proxima muris.
Illa duci geminos bellorum præstitit usus :
Abstulit excursus et fauces æquoris hosti ;
Cæsaris auxiliis aditus et libera ponti

Sans différer, il punit le traître Pothin, mais non par le supplice qu'il aurait mérité : il ne fut ni attaché à la croix, ni jeté dans les flammes, ni déchiré par les bêtes féroces. O justice des dieux ! sa tête pend, mal tranchée par le glaive : Pothin mourut de la mort de Pompée.

Cependant la jeune sœur de Cléopâtre, Arsinoé, par l'industrie de son esclave Ganymède, parvient au camp des ennemis; fille de Lagus, elle règne dans le camp vide de son roi et fait plonger le fer vengeur dans le sein du perfide Achillas. O Pompée! voilà encore une victime qu'on envoie à ton ombre. Mais ce n'est pas assez pour la fortune; nous préservent les dieux que ce soit là le terme de ta vengeance ! La cour d'Égypte et son roi même ne suffisent pas pour apaiser tes mânes, et jusqu'à ce que les glaives du sénat soient enfoncés dans le sein de César, Pompée ne sera point vengé.

L'audace des Égyptiens ne fut point abattue ni leur fureur étouffée par la mort de leur général, ils retournent aux combats sous la conduite de Ganymède; et ce jour où César courut le plus affreux danger, suffirait seul pour perpétuer sa mémoire dans tous les âges.

Sur la levée étroite qui traverse le port et joint l'île de Pha-

    Ostia permisit. Nec pœnas inde Pothini
Distulit ulterius ; sed non qua debuit ira,
Non cruce, non flammis, rapido non dente ferarum :
Heu facinus! cervix gladio male cæsa pependit;
Magni morte perit.   Necnon subrepta paratis
A famulo Ganymede dolis pervenit ad hostes
Cæsaris Arsinoe : quæ castra carentia rege
Ut proles Lagæa tenet, famulumque tyranni
Terribilem justo transegit Achillea ferro.
Altera, Magne, tuis jam victima mittitur umbris!
Nec satis hoc Fortuna putat : procul absit, ut ista
Vindictæ sit summa tuæ : non ipse tyrannus
Sufficit in pœnas, non omnis regia Lagi.
Dum Patrii veniant in viscera Cæsaris enses,
Magnus inultus erit.   Sed non auctore furoris
Sublato cecidit rabies; nam rursus in arma
Auspiciis Ganymedis eunt, ac multa secundo
Prœlia Marte gerunt : potuit discrimine summo
Cæsaris una dies in famam et sæcula mitti.
Molis in exiguæ spatio stipantibus armis,

ros à la ville, César, à la tête des siens, s'était avancé pour gagner ses vaisseaux abandonnés. Dans un instant, il est environné de tous les périls de la guerre. Devant lui et à ses côtés d'épaisses lignes de vaisseaux le pressent et bordent l'enceinte du port, par derrière, ceux de la ville le chargent en même temps; pour lui, nul moyen de salut, ni dans la fuite, ni dans la valeur, à peine l'espoir d'une mort honorable. Ce n'est pas au milieu d'une armée qu'il a défaite et sur un champ couvert d'ennemis égorgés, qu'il touche au moment de périr; c'est sans verser une goutte de sang qu'il se voit pris, forcé par le lieu même, et sans savoir s'il doit craindre ou s'il doit souhaiter la mort. Dans cette extrémité, se rappelant Scéva et sa défense sur la brèche du fort devant Dyrrachium, il pense à la gloire immortelle dont se couvrit ce Romain, lorsque, sur les débris du rempart que l'ennemi allait franchir, il résista seul à Pompée.......

> Dum parat in vacuas Martem transferre carinas
> Dux Latius, tota subiti formidine belli
> Cingitur ; hinc densæ prætexunt litora classes,
> Hinc tergo insultant pedites : via nulla salutis ;
> Non fuga, non virtus, vix spes quoque mortis honestæ.
> Non acie fusa, nec magnæ stragis acervo
> Vincendus tunc Cæsar erat, sed sanguine nullo.
> Captus sorte loci pendet, dubiusne timeret,
> Optaretne mori ; respexit in agmine denso
> Scævam perpetuæ meritum jam nomina famæ
> Ad campos, Epidamne, tuos ; ubi solus apertis
> Obsedit muris calcantem mœnia Magnum.
> . . . .

NOTES

LIVRE PREMIER

Romains contre Romains (page 2). — Corneille a imité ce début.

> Je leur fais des tableaux de ces tristes batailles,
> Où Rome par ses mains déchirait ses entrailles,
> Où l'aigle abattait l'aigle, et de chaque côté
> Nos légions s'armaient contre leur liberté ;
> . . . .
> Romains contre Romains, parents contre parents,
> Combattaient seulement pour le choix des tyrans.
>
> (*Cinna*, acte I, sc. 3.)

et Brébeuf :

> Guerre plus que civile, où la fureur d'un homme
> Fit voir aigle contre aigle et Rome contre Rome.
>
> (Brébeuf, *Pharsale*, liv. I.)

La superbe Babylone. — On sait que César, quelque temps avant sa mort, se proposait d'aller faire la guerre aux Parthes. Voyez Plutarque, *Vie de César*. Voltaire lui fait déclarer ce projet à Antoine :

> Je pars, je vais venger sur le Parthe inhumain
> La honte de Crassus et du peuple romain ;
> L'aigle des légions, que je retiens encore,
> Demande à s'envoler vers les mers du Bosphore.
>
> (*La Mort de César*, acte I, sc. 1.)

Des combats qui n'auront jamais de triomphe. — Parce qu'ils n'ont versé que le sang des citoyens. Plusieurs généraux n'ont pas triomphé, dit Valère-Maxime, parce que leurs victoires, grandes et merveilleuses sans doute, avaient été remportées dans les guerres civiles.

Ce n'est pas toi, farouche Pyrrhus, etc. (page 3).—Voyez Horace, *Épode* XVI.

> Altera jam teritur bellis civilibus ætas,
>   Suis et ipsa Roma viribus ruit,
> Quam neque finitimi valuerunt perdere Marsi...

Ultima funesta concurrant prœlia Munda (v. 40). — Ce fut la dernière bataille livrée par César contre les restes du parti de Pompée. Cneius Pompée y mourut. Voyez Florus, liv. IV, ch. II, et Plutarque, *Vie de César*. Munda était une ville d'Espagne, qu'on suppose avoir été située à environ six lieues de Malaga.

Pérouse affamée (page 4). — Pérouse, en latin *Perusia*, et en italien *Perugia*, ville toscane, et l'une des douze villes bâties par les Étrusques à leur arrivée en Italie. Octave, qui fut depuis Auguste, y assiégea Lucius Antonius, frère du triumvir, et le réduisit par la famine. Voyez Appien, *Guerres civiles*, liv. III et V.

Mutine. — Aujourd'hui Modène, ville des Boïens, dans la Gaule Cispadane. Antoine y tint Décimus Brutus assiégé; mais, vaincu dans la bataille de Modène par les consuls Hirtius et Pansa qui y périrent, il fut chassé d'Italie par Octave. Voyez Appien, *Guerres civiles*, liv. III, ch. XLIX et suiv.

Leucade. — Promontoire d'Épire, auprès duquel Octave César défit Antoine et Cléopâtre, à la bataille d'Actium. Voyez Florus, liv. II, ch. II, et Virgile, *Énéide*, liv. VIII, v. 676 :

> . . . . . Totumque instructo Marte videres
> Fervere Leucaten. . . . .

Aux pieds de l'Etna. — Il ne s'agit point ici, comme on l'a cru, de la guerre des esclaves, commandés par Eunus le Syrien, dont Plutarque parle dans ses *Vies*, mais de celle que Sextus Pompée fit ensuite au parti de César, à la tête d'une armée d'esclaves qu'il avait enrôlés.

Rome doit cependant beaucoup aux guerres civiles. — M. Villemain s'est demandé, dans l'article LUCAIN de la *Biographie universelle*, si Néron était encore un bon prince quand le poëte écrivait ces vers, ou s'il était déjà lancé dans la voie du crime. « A quel temps, dit-il, faut-il rapporter ces adulations trop célèbres qui déshonorent le commencement de la *Pharsale*, et qui ne sont pas moins choquantes par le mauvais goût que par la bassesse? On ne peut en assigner l'époque, et l'on ignore si elles se rapportent à ces commencements de Néron affectant quelque vertu, ou à Néron déjà coupable. A leur dégoûtante servilité, on croirait assez qu'elles ont été faites pour un tyran déjà connu et redouté. Jamais bon prince ne fut ainsi loué. »

D'obliques rayons (page 4). — Ce vers fut, dit-on, mal accueilli de Néron, qui crut y voir sa caricature.

Rome, que sa grandeur accable (page 5). — Tous les auteurs qui ont écrit sur la chute de la puissance romaine lui ont assigné la même cause : c'est la plénitude qui l'a tuée. Voyez surtout Pétrone, poëme *de la Guerre civile* :

> Rerum humanarum divinarumque potestas,
> Fors, cui nulla placet nimium diuturna potestas,
> Ecquid Romano sentis te pondere victam,
> Nec posse ulterius perituram extollere molem.
> . . . .
> Orbem jam totum victor Romanus habebat, etc.

et Horace, *Épode* XVI, v. 2 :

> Suis et ipsa Roma viribus ruit.

Montesquieu a dit : « Ce fut uniquement la grandeur de la république qui fit le mal. » Ch. IX.

Concorde impie (page 6). — Il s'agit ici du premier triumvirat, dans lequel César, Pompée et Crassus se partagèrent la république.

Pompée sur le déclin des ans (page 8). — Rapprocher de ce portrait de Pompée celui que fait Caton au liv. IX. — Voir aussi Montesquieu, ch. XI.

Ce n'était plus ce peuple... (page 10). — « Pour lors, Rome ne fut plus cette ville dont le peuple n'avait eu qu'un même esprit, un même amour pour la liberté, une même haine pour la tyrannie... La ville, déchirée, ne forma plus un tout ensemble... On appelle *comices* une troupe de quelques séditieux. » Montesquieu, ch. IX.

Aux bords du Rubicon (page 11). — Le Rubicon, ainsi nommé à cause des pierres rouges qui se trouvent dans son lit et sur ses bords (Voyez plus bas, vers 213), séparait l'Italie de la Gaule Cisalpine, ou *Gallia Togata*. « La politique n'avait point permis qu'il y eût des armées auprès de Rome, mais elle n'avait pas souffert non plus que l'Italie fût entièrement dégarnie de troupes; cela fit qu'on tint des troupes considérables dans la Gaule Cisalpine, c'est-à-dire dans le pays qui est depuis le Rubicon, petit fleuve de la Romagne, jusqu'aux Alpes. Mais pour assurer la ville de Rome contre ces troupes, on fit le célèbre sénatus-consulte que l'on voit encore gravé sur le chemin de Rimini à Césène, par lequel on dévouait aux dieux infernaux, et l'on déclarait sacrilége et parricide quiconque avec une légion, avec une armée ou avec une cohorte passerait le Rubicon. » Montesquieu, ch. VI.

Lucain raconte en poëte ce passage du Rubicon, et dépasse la vérité historique; cependant il ne fait que donner une forme plus vive et plus saisissante à ce qui se passa réellement : « A ce moment, dit Plutarque, frappé tout à coup des réflexions que lui suggérait l'approche du danger, et qui lui montrèrent de plus près la grandeur et l'audace de son entreprise, il s'arrêta; et, fixé longtemps à la même place, il pesa, dans un profond silence, les différentes résolutions qui s'offraient à son esprit, balança tour-à-tour les partis contraires, et changea plusieurs fois d'avis. Il en conféra longtemps avec ceux de ses amis qui l'accompagnaient, parmi lesquels était Asinius Pollion ; il se représenta tous les maux dont le passage de ce fleuve allait être suivi, et tous les jugements qu'on porterait de lui dans la postérité. Enfin, n'écoutant plus que sa passion, et rejetant tous les conseils de la raison, pour se précipiter aveuglément dans l'avenir, il prononça ce mot si ordinaire à ceux qui se livrent à des aventures difficiles et hasardeuses : « Le sort en est jeté, etc. » *Vie de César*, ch. XXXVII.

Voici, du reste, l'inscription latine gravée sur la colonne du Rubicon : IMPERATOR, MILES, TIROVE ARMATE, QUISQUIS ES, HIC SISTITO, VEXILLUM SINITO, ARMA DEPONITO, NEC CITRA HUNC AMNEM RUBICONEM, SIGNA, ARMA, EXERCITUMVE TRADUCITO.

Ariminum (page 13). — Aujourd'hui Rimini, ville d'Ombrie, sur la voie Flaminienne.

Les Gaulois y pénétrer (page 14). — Il s'agit ici des Gaulois Sénonois qui, conduits par Brennus, vinrent assiéger Clusium, ville d'Étrurie, alliée des Romains. Fabius Ambustus, envoyé de Rome en qualité de légat pour intervenir en faveur des Clusiens, eut l'imprudence de prendre part à une escarmouche dans laquelle il tua le chef des Gaulois. Ce fut pour venger cet outrage que les Gaulois marchèrent contre Rome, la prirent, et tinrent le Capitole assiégé pendant sept mois, l'an de Rome 365.

NOTES.

Les Cimbres (page 14). — Il s'agit de l'invasion des Cimbres, qui, après avoir détruit trois armées romaines, furent exterminés par C. Marius, ainsi que les Teutons dont il est parlé à la fin du vers suivant.

Les Carthaginois. — C'est la seconde guerre punique portée par Annibal au cœur de l'Italie.

Chasser les tribuns (page 15). — Voyez, au liv. Ier des *Commentaires de César*, l'explication de ses négociations avec le parti de Pompée.

Curion. — Curion avait été d'abord partisan de Pompée; mais César l'avait gagné à prix d'argent. *Vendidit urbem*, dit notre auteur, au dernier vers de son livre IV. C'est de lui, peut-être aussi, que Virgile a dit (*Énéide*, liv. VI, v. 621) :

> Vendidit hic auro patriam, dominumque potentem
> Imposuit. . . . .

Lucain (liv. IV, v. 811 et suiv.) le représente comme un des plus grands hommes que Rome ait portés dans son sein. Velleius Paterculus (liv. II, ch. XLVIII) en porte le même jugement : « *Non alius majorem flagrantioremque, quam C. Curio, tribunus plebis, subjecit facem; vir nobilis, eloquens, audax*, etc.) » Il mourut misérablement en Afrique. Voyez *Phars.*, liv. IV.

Ce fut lui qui, par son éloquence et ses brigues, prolongea pendant dix années un commandement que César n'avait reçu que pour deux.

Dix ans de guerre (page 16). — Le poëte se trompe ici, mais en poëte sans doute, sur le nombre d'années que dura la guerre des Gaules : César ne fit que neuf ans la guerre contre les Gaulois, et la dixième année il commença la guerre civile.

Compagnons de mes travaux. — Suivant Dion, ce fut Curion lui-même que César chargea de haranguer son armée, et de l'exciter à la révolte par le récit de tout ce qui s'était passé dans Rome.

De quel droit a-t-il triomphé (page 17). — « Pompée, de retour à Rome, demanda le triomphe, qui lui fut refusé par Sylla, sous prétexte que la loi ne l'accordait qu'à des consuls ou à des préteurs. Si donc Pompée, qui était encore sans barbe, et à qui sa jeunesse ne permettait pas d'être sénateur, entrait triomphant dans Rome, cette distinction rendrait odieuse la puissance dictatoriale, et deviendrait pour Pompée lui-même une source d'envie, etc. » (Plutarque, *Vie de Pompée*, ch. XIII.) Pompée n'avait alors que vingt-quatre ans.

La famine appelée à Rome (page 17). — « Les Romains, manquant de vivres, envoyèrent Pompée contre les pirates pour leur ôter l'empire de la mer. Gabinius, un de ses amis, en proposa le décret, qui, non-seulement conférait à Pompée le commandement de toutes les forces maritimes, mais qui lui donnait encore une autorité monarchique, et une puissance absolue sur toutes les personnes, sans avoir à en rendre compte. » (Plutarque, *Vie de Pompée*, ch. XXV.) Voyez aussi Appien, *Guerres civiles*, liv. II.

Environner Milon. — Voyez l'admirable exorde du discours *pour Milon*. Ce fut, dit-on, cet appareil militaire qui intimida le défenseur et nuisit au succès de la défense. Cicéron ne s'en cache même pas dans ses lettres particulières.

Tes colonies de pirates (page 19). — « Réfléchissant que l'homme n'est pas de sa nature un animal farouche et indomptable; qu'il ne le devient qu'en se livrant au vice contre son naturel; qu'il s'apprivoise en changeant d'habitation et de genre de vie, il résolut d'éloigner ces pirates de la mer, de les transporter dans les terres, et de leur inspirer le goût d'une vie paisible en les occupant à travailler dans les villes ou à cultiver les champs. » (Plutarque, *Vie de Pompée*, ch. XXIX.)

Couronné du chêne qui atteste. — On sait que les récompenses militaires étaient très-simples à Rome; elles étaient honorifiques et non riches : c'était une monnaie de nul prix, mais qui payait les plus nobles vertus. Sur les armes de la ville de Chartres on voit une couronne de chêne avec cette légende :

> Servanti civem querna corona datur.

On quitte les tentes plantées aux bords du Léman (page 21). — C'est-à-dire le pays de Genève et les environs.

Le belliqueux Lingon. — Les Lingons habitaient le pays de Langres dominé par les hauteurs des Vosges.

L'Isère. — Fleuve de la Gaule Narbonnaise, qui perd son nom en se jetant dans le Rhône, et va se perdre avec lui dans la Méditerranée.

Les blonds Ruthènes. — Ce sont les habitants du Rouergue, dont la capitale est aujourd'hui Rodez. « *Præsidia in Rutenis provincialibus constituit.* » (Cæsar, *de Bello Gallico*, lib. II, c. VII.)

Le paisible Atax (page 21). — C'est l'Aude, qui donne son nom à un département du midi. L'Aude est assez paisible (*mitis*) quand il n'est pas gonflé par les pluies d'hiver.

Le Var. — Le texte dit : *promoto litore*, c'est-à-dire frontière plus avancée. Le Var était devenu la limite de l'Italie, autrefois bornée, du côté de la Gaule, par le Rubicon : « *Varus nunc Galliam dividit, ante Rubicon,* » dit Vibius Sequester.

Sous le nom sacré d'Hercule. — C'est ce qu'on nomme aujourd'hui le port de Monaco. Ce dernier mot vient de *Monœcus*, solitaire. Voyez Virgile, *Énéide*, liv. VI, v. 831 :

Aggeribus socer Alpinis atque arce Monœci
Descendens.

Circius (page 22). — Aulu-Gelle dit de ce vent Circius : « *Galli ventum ex sua terra flantem quem sævissimum patiuntur Circium appellant.* » C'est peut-être le Sers du Haut et Bas-Languedoc.

Le Biturge. — Le poëte vient de parler de la Saintonge ; c'est peut-être une raison de croire que les Biturges ou Bituriges dont il s'agit en cet endroit sont les Bituriges Vivisques, habitants de *Burdigala*, aujourd'hui Bordeaux. Les Bituriges proprement dits étaient les anciens habitants de Bourges et du Berry.

L'Arverne. — Cette prétention des Auvergnats n'est pas très-claire. « *Inventi sunt qui etiam fratres populi Romani nominarentur.* » (Cicéron, plaidoyer *pour Scaurus*). Ce passage a embarrassé les commentateurs : quelques-uns ont voulu, mais à tort, confondre les Auvergnats avec les Éduens, qui donnèrent aux Romains le nom de frères, et le reçurent d'eux. Du reste, s'il est vrai qu'Anténor ait été le fondateur de Clermont-Ferrand (*Clarus mons*), comme on le dit, la parenté des Auvergnats avec les Romains est très-réelle.

Cinga (page 23). — Ou, comme le veut Strabon, Sulga, aujourd'hui la Sorgue, qui se jette dans le Rhône au-dessus d'Avignon.

Teutatès, Hésus, et Taranis. — Teutatès était le Mercure des Gaulois, et le Theuth des Égyptiens. Voyez Platon, dans le *Phèdre* et dans le *Philèbe*; Cicéron, *de la Nature des dieux*, liv. III, ch. XXII, et Tite-Live, liv. XXXVI.

Hésus ou *Heus* était le Mars des Gaulois, auquel on immolait les prisonniers de guerre. Voyez Jornandès, *Histoire gothique*.

Taranis paraît ici le nom du Jupiter Gaulois, qui est le même que le Thor égyptien. *Taranis, id est Tonantis*, dit un commentateur. Sur l'autel de ce dieu on immolait des étrangers, comme sur celui de Diane, en Tauride. On trouve dans Sponius, sect. III, p. 73, cette inscription : I. O. M. TANARO.

L'alarme publique (page 25). — « La prise d'Ariminium ouvrit, pour ainsi dire, toutes les portes de la guerre, et sur terre et sur mer; et César, en franchissant les limites de son gouvernement, parut avoir transgressé toutes les lois de Rome. Ce n'était pas seulement comme dans les autres guerres, des hommes et des femmes qu'on voyait courir éperdus dans toute l'Italie; les villes elles-mêmes semblaient s'être arrachées de leurs fondements pour prendre la fuite et se transporter d'un lieu dans un autre. Rome elle-même se trouva comme inondée d'un déluge de peuples qui s'y réfugiaient de tous les environs; et, dans une agitation, dans une tempête si violente, il n'était plus possible à aucun magistrat de la contenir par la raison ni par l'autorité; elle fut sur le point de se détruire par ses propres mains. » (Plutarque, *Vie de César*, ch. XXXVIII.)

Pompée fuyait (page 27). — « La même frayeur qu'Annibal porta dans Rome après la bataille de Cannes, César l'y répandit lorsqu'il passa le Rubicon. Pompée, éperdu, ne vit, dans les premiers moments de la guerre, de parti à prendre que celui qui reste dans les affaires désespérées : il ne sut que céder et que fuir; il sortit de Rome, y laissa le trésor public; il ne put nulle part retarder le vainqueur; il abandonna une partie de ses troupes, toute l'Italie, et passa la mer. » (Montesquieu, *Grandeur et Décadence des Romains*, ch. XI.) Voyez aussi Plutarque, *Vie de Pompée*, ch. LXIV et suivants.

On vit dans la nuit obscure. — Tout le monde sait que ce vers et les suivants sont la paraphrase plus que médiocre des beaux vers de Virgile.

Recourir aux devins d'Étrurie (page 29). — Les Romains tenaient des Étrusques leurs cérémonies et leurs sacrifices. Dans les grandes calamités ils consultaient les devins toscans, et remontaient pour ainsi dire à la source de la science et de la religion.

Les dépositaires des oracles (page 30). — C'étaient quinze prêtres qui avaient la charge de garder les livres Sibyllins, et le pouvoir d'y chercher l'avenir.

La statue de Cybèle dans les faibles eaux de l'Almon. — « Anie d. VI kal. (apriles) quo Romæ matri Deorum Pompæ celebrantur Annales, et carpentum, quo vehitur simulacrum, Almonis undis ablui perhibetur. » (Amm. Marcellin, lib. XXIII, c. III.)

> Illic purpurea canus cum veste sacerdos
> Almonis dominam sacraque lavit aquis.
> (Ovid., *Fast.*, lib. I, v. 339.)

L'Almon était un petit ruisseau de Rome, près la porte Capène.

Arruns ramasse les feux de la foudre (page 30). — En général, nous renvoyons le lecteur à *la Symbolique* de Kreutzer, pour toutes ces cérémonies qu'il serait trop long d'expliquer dans ces notes. Le lieu où le devin avait rassemblé les feux de la foudre s'appelait *Bidental*. Voyez Juvénal, sat. VI, v. 587, et Perse, sat. II, v. 26.

Figulus (page 32). — Cicéron, Aulu-Gelle et Eusèbe parlent d'un certain Nigidius Figulus, pythagoricien, qui reçut ce nom de Figulus pour avoir dit, à son retour de Grèce, qu'il y avait appris que le monde tournait avec autant de vitesse que la roue d'un potier.

J'ai déjà vu Philippes (page 34). — Elle veut dire que le sang romain a déjà trop coulé dans les plaines de Philippes, où l'on combattit trois fois pour l'empire du monde. C'est le même sentiment qui a dicté ces vers de Virgile :

> Ergo inter sese paribus concurrere telis
> Romanas acies iterum videre Philippi :
> Nec fuit indignum Superis bis sanguine nostro
> Emathiam, et latos Hæmi pinguescere campos.
> (*Georg.*, lib. I, v. 488.)

LIVRE II

La colère des dieux s'est manifestée (page 35). — Voyez Pétrone, *Guerre civile* :

> Continuo clades hominum venturaque damna
> Auspiciis patuere Deum.

Soit que dans le développement du chaos (page 36). — Système des stoïciens.

Soit... qu'un aveugle hasard. — Système d'Épicure.

La mort de Catulus (page 44). — Catulus Lutatius, celui que Marius avait eu pour collègue dans le consulat, et qui avait partagé avec lui les honneurs du triomphe, employa ses amis pour intercéder auprès de Marius ; mais ils n'en purent tirer que cette parole : « Il faut qu'il meure. » Catulus s'enferma dans sa chambre, et y fit allumer un grand brasier dont la vapeur l'étouffa.

Brutus (page 47). — Marcus Brutus, dont il est ici question, descendait de ce Junius Brutus qui chassa les Tarquins, et par sa mère Servilie de Servilius Ahala, qui tua Spurius Mélius. Il était aussi neveu de Caton d'Utique, dont Servilie sa mère était la sœur utérine. Ce fut le même qui conspira contre César, dont il était peut-être le fils, et se tua ensuite à Philippes. Voyez sa *Vie* dans *Plutarque*.

Capoue fondée par un colon dardanien (page 54). — Capoue, fondée, à ce que l'on croit, par Capys, Troyen dont il est parlé au IIe livre de l'*Énéide* :

At Capys, et quorum melior sententia menti, etc.

L'Éridan, celui de tous les fleuves dont la source (page 55). — L'Éridan est aujourd'hui le Pô. Virgile l'appelle le roi des fleuves : c'est beaucoup dire, même pour l'Europe, car le Danube est plus grand. Du reste, Lucain se trompe quand il le fait sortir de l'Apennin, ainsi que quelques-uns des fleuves nommés plus haut. Le Pô prend sa source dans les Alpes, au-dessus de Verceil. Le Pô reçoit des fleuves navigables et des lacs immenses, ce qui fait dire à notre poëte qu'il épuise toutes les eaux de l'Italie.

Le Rutube escarpé. — Le Rutube se jette dans le Tibre, selon Vibius. Pline parle d'un fleuve du même nom qui coule en Ligurie.

L'Apennin (page 56). — C'est-à-dire la Gaule Cisalpine. L'Apennin se divise en deux bras : l'un s'étend jusqu'à Rhège, sur la mer de Sicile, dans les Abruzzes ; l'autre ne s'arrête que près du cap Colonna, aujourd'hui *Cabo delle Colonne*, ainsi appelé des colonnes du temple de Junon Lacinienne élevé par Hercule, vainqueur du brigand Lacinius.

Bientôt la fuite de Libon laissa l'Étrurie sans défense. (page 57). — Voyez Florus, liv. IV, ch. II, XIX ; et César, *Guerre civile*, liv. I.

Varus. — Attius Varus, voyant les décurions d'Auximum prêts à se déclarer pour César, fit sortir la garnison et s'enfuit en Afrique. Voyez César, *Guerre civile*, liv. I, ch. XIII.

Lentulus chassé d'Asculum. — Lentulus Spinther occupait Asculum avec dix cohortes. Apprenant l'arrivée de César, il prit la fuite et essaya d'emmener avec lui ses soldats, qui l'abandonnèrent (César, *Guerre civile*, liv. I, ch. xv).

Toi-même, Scipion (page 58). — Ce Scipion était fils de Scipion Nasica ; mais il était passé par adoption dans la famille des Metellus, d'où il fut appelé Metellus Scipion. Il était beau-père de Pompée, qui, peu de temps avant la guerre civile, avait épousé sa fille Cornélie. Voyez Plutarque, *Vie de Pompée*, ch. LVIII.

Belliqueux Domitius. — L. Domitius Énobarbus, nommé pour succéder à César dans le gouvernement de la Gaule, s'était retiré à Corfinium, ville des Péligniens, avec vingt cohortes. Il paraît certain que ce Domitius n'était rien moins que brave et belliqueux, mais que Lucain veut faire sa cour à Néron, qui tirait de lui sa naissance (Voyez Suétone, *Vie de Néron*, ch. I). C'est par le même esprit de flatterie qu'il lui donne le commandement de l'aile droite à Pharsale, et lui prête une belle conduite (Voir liv. VII).

Comme Carbon (page 61). — Carbon, l'un des chefs du parti de Marius, fut défait, pris et mis à mort en Sicile par Pompée. « On trouva que ce jeune chef insultait avec une sorte d'inhumanité au malheur de Carbon. Si sa mort était nécessaire, comme elle pouvait l'être, il fallait le faire mourir aussitôt qu'il eût été arrêté, et l'odieux en serait retombé sur celui qui l'avait ordonné. Au contraire, Pompée fit traîner devant lui, chargé de chaînes, un Romain illustre, trois fois honoré du consulat ; du haut de son tribunal, il le jugea lui-même en présence d'une foule nombreuse, qui faisait éclater sa douleur et son indignation. » (Plutarque, *Vie de Pompée*, ch. IX.)

Tant qu'il lui reste à faire (page 66). — Ce trait, dit Voltaire, vaut assurément bien une description poétique (*Essai sur la poésie épique, Lucain*).

Il veut lui interdire les mers (page 66). — Voyez Cicéron, *Lettres à Atticus*, lett. 9, liv. XIV. L'intention de César était de contraindre Pompée à sortir de Brindes, ou de l'y enfermer tout-à-fait.

LIVRE III

La pâle Julie (page 72). — Cette Julie était fille de César et femme de Pompée. Sa mort fut une des causes de la guerre civile entre le beau-père et le gendre.

Pellex Cornelia (page 72). — Pompée épousa Cornélie avant que celle-ci eût achevé les dix mois de son deuil après la mort de son premier mari, Publius Crassus, qui venait de périr chez les Parthes avec son père.

Déjà il a passé la haute citadelle d'Anxur (page 75). — Anxur, aujourd'hui Terracine, ville bâtie sur une roche escarpée.

La forêt consacrée à la Diane de Scythie. — C'est la forêt d'Aricie, à cent cinquante stades de Rome, où se gardait la statue de la Diane de Tauride apportée par Oreste, après le meurtre de Thoas. Le prêtre de cette déesse était appelé *rex*, roi.

La route des faisceaux latins vers Albe-la-Haute. — Chaque année, les consuls allaient offrir un sacrifice à Jupiter, dans Albe-la-Longue, au temps des Féries latines.

César entre dans Rome où règne l'épouvante (page 76). — Rome ne pouvait certainement pas être exempte de douleur et d'inquiétude; cependant Plutarque dit qu'il trouva la ville plus calme qu'il ne l'avait espéré. Il parla avec beaucoup de douceur et de popularité à un grand nombre de sénateurs que la confiance y avait ramenés, etc. (Voyez Plutarque, *Vie de César*, ch. XLI). Mais Lucain ne perd aucune occasion de rendre César odieux.

Le tribut des Carthaginois (page 79). — On a dit avec raison que le poëte s'était laissé emporter trop loin par sa haine contre César, dans cette énumération des trésors qui tombèrent au pouvoir de ce dernier. Il n'est guère croyable qu'il y eut dans l'*ærarium* de l'argent conservé depuis les guerres puniques et l'expédition de Pyrrhus.

Metellus. — L'île de Crète, ravagée par Quintus Metellus, depuis surnommé le Crétique.

Et Caton des bords lointains de Chypre. — Caton l'Ancien et le Censeur, envoyé en Chypre pour y recueillir l'héritage que le roi Ptolémée avait laissé au peuple romain, en rapporta sept mille talens.

César fut plus riche que Rome. — Les prodigieuses dépenses et les profusions de César sont assez connues : au moment de partir pour l'Espagne, il était endetté de trente-cinq millions de francs, et ses créanciers ne l'auraient pas laissé partir, si le riche Crassus ne leur eût avancé six millions à valoir sur ce qui leur était dû. Cependant il ne paraît pas que César ait été le plus endetté des Romains. A. Milon, l'assassin de Clodius et le client de Cicéron, alla plus loin que lui, sous ce rapport : ses dettes, selon Pline, s'élevaient à quarante-cinq millions, qu'il ne paya pas comme César.

Le Céphise prophétique (page 79). — Notre auteur l'appelle ainsi parce qu'il descendait des montagnes de la Phocide, où était l'oracle d'Apollon.

Athènes (page 80). — On venait d'y faire des levées d'hommes qui ne devaient pas être considérables depuis la prise de cette ville et le massacre de ses habitants par Sylla.

Et trois navires semblent partir. — La ville d'Athènes avait trois galères destinées aux usages publics : *la Théoris*, qui allait à Délos chaque année, pour accomplir le vœu de Thésée ; *la Paralus*, sur laquelle s'embarquaient les citoyens qui devaient offrir un sacrifice à Delphes ; *la Salaminienne*, qui servait à amener à Athènes les accusés qu'on devait juger. Mais ce n'est pas de ces trois galères qu'il s'agit en cet endroit, dit un commentateur ; il s'agit alors de trois vaisseaux consacrés à Apollon à la suite des guerres médiques.

Veram credi Salamina (v. 183). *Veram credi* paraît une allusion et une opposition à l'*ambiguam Salamina* d'Horace (liv. I, *Od.* VII, v. 29). Sénèque le Tragique (*Troyennes*, v. 844) et Manilius (liv. V, v. 50) ont dit également *Salamina veram*.

La Crète aimée de Jupiter. — La Crète était l'île aux cent villes, Jupiter y avait été nourri.

La Dardanienne Oricon. — Oricon, ville d'Épire, où régnèrent Helenus et Andromaque, et qui reçut d'eux le surnom de Dardanienne ou Troyenne. Voyez Virgile, *Énéide*, liv. III, v. 295 et suiv.

L'Athamas. — C'était un peuple qui habitait les sommets boisés des montagnes d'Épire.

Enchélée, en grec, veut dire *anguille*. Cadmus et Harmonie furent changés en serpents, et donnèrent le nom d'Enchélie à la ville illyrienne dont il est ici question.

Colchis, Absyrte. — Cette Colchis n'est point celle du Pont, mais une contrée de l'Istrie, à laquelle des Colchidiens, envoyés par Eéta à la poursuite de Médée, donnèrent leur nom en s'y établissant. — Absyrte est une île de l'Adriatique.

Le Pénée. — Fleuve de Thessalie dans la vallée de Tempé.

Iolcos. — Iolcos, ville de Thessalie.

L'Hémus. — Aujourd'hui les monts Balkans.

Pholoé, berceau fantastique des centaures. — Pholoé, montagne d'Arcadie, habitée par Pholus et les autres centaures, qui combattirent les premiers à cheval, et qui, vus de loin, semblaient des hommes-chevaux.

Le Strymon. — Fleuve de Thrace, d'où les grues (*Bistonias aves*) partent à l'approche de l'hiver pour aller chercher sur le Nil un climat plus doux.

La Mysie (page 81). — Contrée de l'Asie Mineure, sur la mer de Pont. On dit indifféremment Mysie et Mœsie ; cependant ce dernier nom s'applique mieux à la partie des rivages de l'Euxin qui est en Europe.

Pitané. — Ville de la province de Laodicée ; elle doit son nom à la multitude de pins qui croît dans ses environs.

Célène. — C'est là que le satyre Marsyas, qui avait trouvé la flûte de Minerve, fut écorché par Apollon.

L'Hermus. — Le texte dit : *Non vilior Hermus* : ce qui veut dire que l'Hermus roule de l'or parmi ses sables, aussi bien que le Pactole qu'il a nommé précédemment.

Damas, battue des vents. — A cause de sa situation au milieu d'une vaste plaine.

Et Gaza. — Ville de Syrie que l'Écriture appelle déserte.

> La déserte Gaza, la sainte Arimathie, etc.
> (BARTHÉLEMY, *Napoléon en Égypte.*)

L'Idumée, riche en palmiers. — L'Idumée était pour les anciens le pays des palmes :

> Primus Idumæas referam tibi, Mantua, palmas.
> (VIRG., *Georg.*, lib. III, v. 12.)

> Cueillir mal à propos les palmes idumées.
> (BOILEAU, sat. IX, v. 256.)

Conduits par Cynosure. — C'est-à-dire que sous l'influence de cette constellation les peuples de ces parages arrivèrent directement et sûrement à Dyrrachium.

> Neque in Tyrias Cynosura carinas
> Certior, aut Graiis Helice servanda magistris.
> (VALERIUS FLACCUS. *Argonaut.*, lib. I, v. 17.)

Les Phéniciens. — Le poëte rappelle ici l'invention de l'écriture. Voici la paraphrase célèbre de Brébeuf :

> C'est de lui que nous vient cet art ingénieux
> De peindre la parole et de parler aux yeux,
> Et par les traits divers de figures tracées
> Donner de la couleur et du corps aux pensées.

Memphis ne savait pas encore (page 82). — Le papyrus ou biblus est un roseau du Nil, qui, employé pour l'écriture, a donné l'un de ses noms au papier et l'autre aux livres qu'on fait avec le papier. Avant l'invention de l'écriture ordinaire et du papyrus, les Égyptiens ne connaissaient que l'écriture hiéroglyphique, ou sculptée sur la pierre.

Tarse, fille de Persée. — Tarse, en Cilicie, patrie de saint Paul, sur le Cydnus. On n'est pas d'accord sur son origine et sur l'épithète *Persea* que lui donne ici notre auteur.

L'antre de Corycie. — Voyez Pomponius Méla, liv. I, ch. XIII.

Mallos. — Ville de Cilicie, qui plus tard fut appelée Antioche.

Æga. — Ville maritime de Cilicie, sur le golfe Issique.

Sur les rives du Gange qui seul... — En général le cours des fleuves est de l'est à l'ouest, et du nord au midi. Cependant les exemples du contraire ne sont pas rares; le Danube, par exemple, montre la même audace que le Gange.

La douce liqueur qu'un roseau distille. — C'est la canne à sucre, que les anciens ne cuisaient pas au feu comme nous, mais dont ils exprimaient le suc pour le boire étendu dans de l'eau.

Et ceux qui teignent leurs chevelures dans le jaune safran. — Les Cathéens, peuples de l'Inde. Ils teignaient le menton, les habits et les cheveux de leurs enfants. Voyez Strabon, livre XV.

Et ceux qui dressent eux-mêmes leurs bûchers. — Ce sont les gymnosophistes et les brachmanes, philosophes de l'Inde, qui, rassasiés de la vie, se jettent au milieu des flammes (Voyez Strabon, liv. XV; Philostrate, liv. III). Le supplice volontaire de Calanus est célèbre par la relation de Quinte-Curce. Voir aussi Plutarque, *Vie d'Alexandre*.

Étonnés que l'ombre des bois ne se dessine plus à votre gauche (page 83). — L'auteur parle ici de l'Arabie Heureuse ou Australe. Dans ce pays, le soleil porte l'ombre au midi, ce qui la met à gauche pour ceux qui regardent l'occident. Transportés en deçà du tropique, les Arabes sont naturellement surpris de voir l'ombre se projeter à droite.

Et les chefs carmanes. — Peuple entre l'Inde et la Perse, sous le tropique du Cancer.

Le Bactre glacé (page 84). — Les peuples de la Bactriane, ainsi nommée du fleuve qui l'arrose.

L'Hénioque. — Peuples du Caucase, et bons cavaliers. On les dit descendus d'Amphytus et de Telechius, Lacédémoniens, écuyers de Castor et de Pollux.

L'Halys fatal à Crésus (page 84). — Ce fut sur ses bords qu'il fut vaincu. On connaît l'oracle équivoque sur la foi duquel il passa le fleuve Halys, qui séparait la Libye du pays des Mèdes :

>Crœsus Halym penetrans magnam pervertet opum vim.

L'Euxin, mer torrentueuse. — Suivant la Fable, Hercule aurait séparé l'Espagne et l'Afrique, et ouvert le détroit de Gibraltar pour faire entrer la mer dans l'intérieur des terres. Le Pont-Euxin paraissant l'embouchure de toutes les mers intérieures, détruirait ainsi la gloire des colonnes d'Hercule. Des commentateurs ont cru qu'il s'agissait ici des autels dressés par Alexandre sur les bords du Tanaïs, et qui auraient surpassé la gloire du trophée d'Hercule.

Le vaillant habitant d'Aria. — Peuple voisin de la Colchide, qui habite l'île d'Aria, ou Area. « Non longe a Colchis Aria, quæ sacrata. » (Pomponius Mela, lib. II, ch. VII.)

Le Massagète. — Peuple de la Scythie, qui se nourrit et se désaltère du sang des chevaux.

>Et qui cornipedes in pocula vulnerat audax
>Massagetes.
>(Claud., *in Rufin.*, lib. I, v. 311.)

>Et lac concretum cum sanguine potat equino.
>(Virg., *Georg.*, lib. III, v. 463.)

Ni lorsque Xerxès comptait ses soldats par les traits qu'ils lançaient (page 85). — Voyez Hérodote, liv. VII.

De son frère outragé. — Il s'agit ici d'Agamemnon et de la guerre de Troie.

Hammon. — Hammon est ici pour l'Afrique. Dans les sables stériles de Cyrènes s'élevait un temple dédié à Jupiter qui y était adoré sous la forme d'un bélier (Voyez *Pharsale*, liv. IX, v. 511, et liv. X, v. 38). La Marmarique est une région de l'Afrique qui regarde l'Égypte; elle s'appelle aujourd'hui le royaume de Barca.

Jusqu'aux Syrtes Parétoniennes. — Cette épithète de Parétoniennes donnée aux Syrtes est un peu forcée, dit avec raison un commentateur; car Parétonium est séparée des Syrtes par toute la Cyrénaïque.

Marseille ose rester fidèle (page 85). — Au retour de la guerre d'Espagne, César réduisit Marseille, qui s'obstinait dans le parti de Pompée. Ces Grecs qui avaient toujours eu le monopole du commerce de la Gaule, étaient jaloux, sans doute, de la faveur avec laquelle César traitait les barbares Gaulois, quoiqu'il eût précédemment accordé des priviléges commerciaux aux Marseillais. Marseille était une colonie grecque, non de la Phocide, comme on l'a cru à tort, mais de Phocée, en Asie Mineure. Elle se déclara contre César, à l'instigation de Domitius qui s'y était rendu après avoir reçu la vie de César, à Corfinium. « Malheureuse ville que Marseille! s'écrie Florus; elle veut la paix, et la crainte de la guerre attire la guerre sur elle. »

Les murs de Phocée livrés aux flammes. — Le traducteur a dû corriger ici son auteur, qui dit la Phocide au lieu de Phocée. Nous avons déjà fait cette observation plus haut.

Quant à l'incendie de Phocée que ses habitants auraient livrée aux flammes en la quittant, c'est un point d'histoire assez obscur. Hérodote, qui a raconté leur migration, n'a rien dit de cette circonstance.

A couvert sous la tortue (page 94). — Il y avait deux sortes de tortues : l'une faite de planches unies ensemble par des peaux et par des cordes, c'est celle qui servait à établir les travaux de siége; l'autre était formée par l'exhaussement des boucliers tenus serrés les uns contre les autres au-dessus des têtes des soldats, *in morem squammarum*. C'est de cette dernière qu'il s'agit ici. Voyez Tite-Live, liv. XLIV, ch. ix, et Folard, *de la Colonne*, tome. I, p. 56.

Alors on fait avancer le mantelet. — Le texte dit *vinea*, vigne. La vigne est une machine composée de planches et de claies, et recouverte de peaux fraîches et d'étoffes mouillées : elle servait à mettre les soldats à l'abri des traits pendant qu'ils travaillaient à faire des brèches aux murailles. Ce nom de vigne lui a été donné à cause de sa conformation. On l'établissait en carré, comme on plante la vigne. Plus loin *pluteis* signifie des planches, des madriers qui garnissent le front de la vigne ou du gabion : autrement le mantelet, considéré comme une machine particulière de siége, ne différait pas beaucoup de la vigne. Voyez Végèce, liv. IV, ch. xv, et Juste-Lipse, *Poliorcet.*, I, dial. vii.

La cruelle mort distingua ces frères (page 100). — Ceci est une imitation de Virgile, *Énéide*, liv. X, v. 391 :

Daucia Laride, Thymberque, simillima proles,

Indiscreta suis, gratusque parentibus error :
At nunc dura dedit vobis discrimina Pallas.

Stace présente aussi la même imitation. Voyez *Thébaïde*, liv. IX, v. 95.

Osa porter la main sur le bord ennemi (page 100). — Ce trait d'héroïsme, dont notre poëte fait ici honneur à un Marseillais, Suétone, *Vie de César*, ch. LXVIII ; Valère-Maxime, liv, III, ch. II ; Plutarque, *Vie de César*, ch. XVII, l'attribuent à un soldat de César, dans ce même combat naval devant Marseille.

« Acilius (miles Cæsaris) navali ad Massiliam prœlio, injecta in puppem hostium dextra, et abscissa, memorabile illud apud Græcos Cynægyri exemplum imitatus, transiluit in navem, umbone obvios agens. » Suéton., *loco dicto.*

Brutus, triomphant sur les mers (page 108). — Tous les détails de ce siége et du combat naval qui le termina, sauf sa partie poétique, se trouvent dans les *Commentaires de César.* Voyez *Guerre civile*, liv. II, ch. I-XVI.

LIVRE IV

Une guerre qui coûta peu de sang (page 109). — Lucain dit que cette guerre fut peu sanglante. En effet, les lieutenants de Pompée se rendirent, vaincus par la disette. (Voyez plus bas, v. 354.) « Anceps variumque, sed incruentum in Hispania bellum. » Florus, lib. IV, c. II.

« Cette guerre d'Espagne fut rude. César souffrit beaucoup de l'âpreté des lieux, de l'hiver, et surtout de la famine. Il se trouva quelque temps comme enfermé entre deux rivières; mais il nous apprend lui-même ce qui lui donna l'avantage. Les légions d'Espagne avaient desappris la tactique romaine, et n'avaient pas encore celle des Espagnols; elles fuyaient comme les Barbares, mais se ralliaient difficilement. L'humanité de César, comparée à la cruauté de Petreius, un de leurs généraux, acheva de gagner les Pompéiens; ils traitèrent malgré Petreius. » Michelet, *Histoire romaine, République*, tome I, p. 318.

Cependant ce pays avait de puissantes raisons pour être du parti contraire. « L'Espagne était pompéienne. Pompée avait essayé pour elle ce que César accomplit pour la Gaule : il avait fait donner le droit de cité à une foule d'Espagnols ; mais le génie moins disciplinable de l'Espagne faisait de ce peuple si belliqueux un instrument de guerre incertain et peu sûr. » *Ibid.*, p. 340.

Afranius et Petreius ses lieutenants (page 110).—A l'arrivée de Vibullius Rufus, envoyé par Pompée en Espagne, il y avait trois lieutenants dans cette province, Afranius, Petreius, et M. Terentius Varron, le plus savant des Romains. Les deux premiers se réunirent, en choisissant Ilerda pour leur centre d'opération, et partagèrent le commandement de cinq légions qu'ils avaient sous leurs ordres ; Varron fut chargé de défendre toute l'Espagne Ultérieure. Voyez César, *Guerre civile*, liv. I, ch. XXXVIII.

L'infatigable Astur. — C'est-à-dire, les peuples des Asturies, chaîne de montagnes, célèbre au moyen âge par la retraite de Pélage qui sauva la liberté et la monarchie de l'Espagne contre les Maures mahométans.

Le Vetton léger. — Les Vettons ou Vectons étaient des peuples de la Biscaye.

Et les Celtes qui... avaient mêlé leur nom à celui des Ibères. — C'est-à-dire, les Celtibériens, tribu de Celtes qui avaient passé en Espagne et s'étaient établis sur les bords de l'Hèbre. « His rebus constitutis, equites auxiliaque toti Lusitaniæ a Petreio, Celtiberis, Cantabris, Barbarisque omnibus qui ad Oceanum pertinent, ab Afranio imperantur. » Cæs., *de Bello civili*, lib. I, c. XXXVIII.

Hilerda. — Aujourd'hui Lérida, capitale des Ilergètes (dans la Catalogne). Elle était située sur le Sicoris (aujourd'hui la Sègre), rivière qui sort des Pyrénées, traverse le pays des Cérétans (la Cerdagne) et celui des Ilertes (la Catalogne), et se jette dans l'Ibère (l'Hèbre) à Octogèse (Mequinenza).

Le fleuve sépare les deux camps. — Cela est positif. Mais le récit des faits semble établir que la ville et les deux camps étaient en deçà du Sicoris. Alors il faut expliquer les mouvements des deux armées au moyen des deux ponts que César dit avoir été jetés sur cette rivière. Voyez César, *Guerre civile*, liv. I, ch. XL : « Fabius... in Sicore flumine pontes effecerat duos, inter se distantes millia passuum IV. His pontibus pabulatum mittebat, etc. » — Pour tout le récit de la guerre d'Espagne, consultez César, *de Bello civili*, ch. XL et suiv.

Rapide Cinga (page 110). — Cette rivière, appelée aujourd'hui la Senga, sépare l'Aragon de la Catalogne, et se jette dans l'Èbre.

Les plaines brûlées par les frimats (page 112). — Virgile (*Géorg.*, liv. I, v. 92) parle de moissons qui pourraient être brûlées par le chaud ou par le froid ;

> Rapidive potentia solis
> Acrior, aut Boreæ penetrabile frigus adurat.

« Perusti artus, membra torrida gelu, » dit Tite-Live, liv. XXI ; « Ambusti multorum artus vi frigoris, » dit Tacite, *Annales*, liv. XIII.

L'horrible famine approche (page 114). — « Accidit etiam repentinum incommodum biduo, quo hæc gesta sunt. Tanta enim tempestas cooritur, ut nunquam illis locis majores aquas fuisse constaret. Tum autem ex omnibus montibus nives proluit, ac summas ripas fluminis superavit, pontesque ambos, quos C. Fabius fecerat uno die interrupit. Quæ res magnas difficultates exercitui Cæsaris attulit. Castra enim, ut supra demonstratum est, quum essent inter flumina duo, Sicorim et Cingam, spatio millium xxx, neutrum horum transiri poterat ; necessarioque omnes his angustiis continebantur, etc. » Cæs., *de Bello civili*, lib. I, c. xlviii.

Ainsi le Vénète passe le Pô débordé (page 115). — Le poëte n'explique pas que le fait qu'il raconte est un des plus heureux stratagèmes de César pour sortir de la position terrible où il était engagé : « Quum in his angustiis res esset, atque omnes viæ ab Afranianis militibus equitibusque obsiderentur, nec pontes perfici possent, imperat militibus Cæsar, ut naves faciant, cujus generis eum superioribus annis usus Britanniæ docuerat. Carinæ primum ac statumina ex levi materia fiebant : reliquum corpus navium, viminibus contextum, coriis integebatur. Has perfectas carris junctis devehit noctu millia passuum a castris xxii, militesque his navibus flumen transportat, continentemque ripæ collem improviso occupat. » Cæs., *de Bello civili*, lib I, c. liv.

Petreius... abandonne les hauteurs d'Hilerda (page 116). — « His pæne effectis, magnum in timorem Afranius Petreiusque perveniunt, ne omnino frumento pabuloque intercluderentur, quod multum Cæsar equitatu valebat. Itaque constituunt ipsi iis locis excedere, et in Celtiberiam bellum transferre. Huic consilio suffragabatur etiam illa res, quod ex duobus contrariis generibus quæ superiore bello cum L. Serorio steterant civitates, victæ nomen atque imperium absentis time-

bant ; quæ in amicitia manserant, Pompeii magnis affectæ beneficiis eum diligebant : Cæsaris autem in Barbaris erat nomen obscurius, etc.»
Cæs., *de Bello civili*, lib. I, c. LXI. Voyez les chapitres suivants, pour bien comprendre les détails de cette manœuvre.

Ta cause est devenue la plus juste (page 121). — Par la mort des soldats et des officiers de son armée que Petreius fit massacrer dans son camp. Ce sont les Pompéiens qui les premiers ont rompu l'alliance entre les deux armées.

Qu'ils aient perdu l'envie de mourir (page 122). — Le commentateur de Lemaire propose un sens un peu différent du nôtre. *Perdant velle mori* : « Que cette volonté qu'ils ont de mourir leur soit inutile, ne leur serve à rien. » Ce sens est fort plausible, mais l'autre paraît plus naturel et plus simple.

Le pâle chercheur d'or des mines des Asturies (page 123). — L'Espagne ancienne était célèbre pour ses mines d'or :

. . . . . Haud aliter Collis scrutator Hiberi,
Quum subiit, longeque diem vitamque reliquit.
(STAT., *Thebaid.*, lib. VI, v. 877.)

. . . . . . Quidquid tellure revulsa
Callaicis fodiens rimatur collibus Astur.
(CLAUD., *in Consul. Probi et Olybrii*, v. 50.)

Quidquid fodit Hiber. . . . .
(LUCAN., *Pharsal.*, lib. VII, v. 755.)

Voyez J.-J. Rousseau, *Fragments sur les Mineurs*, dans ses œuvres.

Astur avarus. . . . . . .
Et redit infelix effosso concolor auro.
(SILIUS ITAL., lib. VII, v. 231.)

Qu'un ennemi barbare empoisonnait (page 124). — C'est ce que Jugurtha, roi de Numidie, Mithridate, roi du Pont, et Juba, roi de Mauritanie, avaient fait dans leurs guerres contre les Romains.

Ils rappellent ces pluies abondantes (page 125). — Ce sont les pluies dont le poëte a parlé plus haut, vers 75 et suiv.

. . . . . A l'horizon épiant un nuage,
Implorent, haletants, la faveur d'un orage.
(ESMÉNARD, *Navigation*, chant IV.)

Méroé (page 125) est une île du Nil.

Le Garamante au corps nu. — Les Garamantes sont un peuple d'Afrique, dans le voisinage de Cyrènes, et qui touche à l'Éthiopie; il tire son nom de Garamas, fils d'Apollon. Le poëte les représente comme nus à cause de la chaleur.

N'oblige pas les vaincus à vaincre avec toi (page 126). — Voyez (*Guerre civile*, liv. I, ch. xxxv) la réponse de César au discours d'Afranius : ce fut César qui, de son propre mouvement, dispensa les vaincus du service.

« Id vero militibus fuit pergratum et jucundum, ut ex ipsa significatione potuit cognosci, ut qui aliquid justi incommodi exspectavissent, ultro præmium missionis ferrent, etc. » Il leur fournit même des vivres jusqu'aux bords du Var, frontière d'Italie. Voyez *Guerre civile*, liv I, ch. LXXXVI-LXXXVII.

Un vin fameux recueilli sous un consul inconnu (page 127). — C'est-à-dire un vin si vieux que le nom du consul qui l'a vu recueillir est devenu illisible sur le vase ou l'amphore :

> . . . Capillato diffusum consule. . . . . .
> . . . . . . Cujus patriam titulumque senectus
> Delevit multa veteris fuligine testæ.
>
> (JUVEN., sat. V, v. 30.)

Voyez aussi Horace.

Ils ont tant de sang à répandre dans toute la terre (page 128). — Il restait encore à César la guerre de Macédoine, celle d'Alexandrie ou d'Égypte, celle d'Afrique, et la seconde guerre d'Espagne contre les fils de Pompée.

Le son de la trompette.

> Neque excitatur classico miles truci.
>
> (HORAT., *Epod.*, V, v. 5.)

> Martia cui somnos classica pulsa fugant.
>
> (TIBULLUS.)

> Jamais le chant des coqs ni le bruit des clairons...
>
> (LA FONTAINE.)

La fortune ne fut pas la même partout. — Cet épisode de la guerre civile a été pris à Lucain par Florus : « Aliquid tamen adversus absentem ducem ausa fortuna est circa Illyricum... Quippe quum fauces

Adriatici maris jussi occupare Dolabella et Antonius, ille Illyrico, hic Corcyræo litore castra posuissent, jam maria late tenente Pompeio, repente castra legatus ejus Octavius Libo cum ingentibus copiis classicorum circumvenit utrumque. Deditionem fauces extorsit Antonio. Missæ quoque a Basilo in auxilium ejus rates, quales inopia navium fecerat, nova Pompeianorum arte Cilicum, actis sub mare funibus, captæ quasi per indaginem. Duas tamen æstus explicuit : una, quæ Opiterginos ferebat, in vadis hæsit, memorandumque posteris exitum dedit. Quippe vix mille juvenum manus, circumfusi undique exercitus per totum diem tela sustinuit, et quum exitum virtus non haberet, ne in deditionem veniret, hortante tribuno Vulteio, mutuis ictibus in se concurrit. » (Lib. IV, cap II.)

Les murs de Salone (page 128). — Salone est célèbre par la retraite et les jardins de Dioclétien. Aujourd'hui elle n'offre plus que des ruines à deux lieues N.-E. de Viscio, petit lieu près du château d'Almissa en Dalmatie, à quatre lieues E. de Castel-Vecchio, cinq lieues S. de Clissa, et six lieues S.-O. de Duaré. Notre poëte l'appelle Salone-la-Longue, parce qu'elle s'étendait en longueur sur l'Adriatique.

Où le tiède Iader. — « Iader juxta Salonas mare influit Adriaticum. » (Vibius Sequester.) Pline l'Ancien (liv. IV, ch. xxi et suiv.) parle d'une colonie de Iadera.

La foi des belliqueux Curètes. — Il est assez difficile de savoir au juste quel est ce peuple que notre auteur nomme ici Curètes. Ce ne sont point les habitants de Brindes, descendus des Crétois, comme le veut Sulpitius ; ni des Crétois auxiliaires, comme le prétend Omnibonus ; ce ne sont point non plus les Curètes, peuples d'Acarnanie, dont le nom porte toujours la première syllabe longue. Il s'agit peut-être des habitants d'une de ces îles que Pline (liv. III, ch. xxvi) appelle crétoises, de Currita, par exemple, que Ptolémée (*Géographie*, liv. II) place à côté de la Liburnie.

Antoine inventa pour fuir (page 129). — C'est C. Antonius, et non M. Antonius, qui se trouvait alors à Brindes, attendant le moment de faire passer en Macédoine les légions de César.

Antoine inventa pour fuir un nouveau moyen. — Cette description n'est pas facile à comprendre ; elle est confuse et pleine d'obscurité. Antoine, à Brindes, mit en usage le même stratagème : « Erat eo tempore Antonius Brundisii ; qui, virtuti militum confisus, scaphas navium magnarum circiter LX cratibus pluteisque contexit, eoque milites delectos imposuit, atque eas in litore pluribus locis separatim dispo-

suil, navesque triremes duas, quas Brundisii faciendas curaverat, etc. »
Cæs., *de Bello civili*, lib. III, c. xxiv.

Le cerf qu'épouvante la plume odorante (page 130). — On faisait brûler ces plumes, et leur odeur faisait fuir les cerfs. Voyez, sur cet appareil, Gratius, poëme *de la Chasse*, v. 75 et suiv.; Sénèque le Tragique, *Hippolyte*, v. 46.

> Picta rubenti linea penna
> Vano cludat terrore feras.

> Puniceæve agitant pavidos formidine pennæ.
> (Virg., *Georg.*, lib. III, v. 372.)

Voyez encore Pline, *Hist. Nat.*, liv. XXI, ch. xxxix.

Le vaisseau qui portait les Opitergiens (page 131). — Opitergium était une ville du pays des Vénètes (États de Venise), aujourd'hui Oderzo.

Il s'approchait du Cancer (page 134). — On était en été et l'on touchait au solstice qui tombe dans le Cancer, le plus élevé des signes du zodiaque.

Le Centaure. — Chiron, c'est-à-dire le Sagittaire :

> Hæmonios arcus violentique ora leonis.
> (Ovid., *Metam.*, lib. II, v. 81.)

Un homme capable d'inspirer une semblable résolution (page 136). — Il est difficile, en effet, de trouver ailleurs des exemples d'un pareil dévouement. Plutarque n'a point laissé échapper ce trait remarquable de la vie de César. Il cite quelques faits analogues à celui que notre poëte raconte en ce moment; voici le plus digne d'être mis en rapport avec le trépas volontaire de Vulteius et de sa troupe : « En Afrique, Scipion s'était emparé d'un vaisseau de César, monté par Granius Pétron, qui venait d'être nommé questeur. Scipion fit massacrer tout l'équipage, et dit au questeur qu'il lui donnait la vie. Granius répondit que les soldats de César étaient accoutumés à donner la vie aux autres et non pas à la recevoir; en disant ces mots, il tire son épée et se tue. » (*Vie de César*, ch. xvii.)

Lilybée (page 137). — Lilybée était un promontoire de Sicile en face de l'Afrique, comme le cap Pélore est en face de l'Italie, et celui de Pachinum en face de la Grèce.

Les ruines de Carthage. — Carthage, à cette époque, n'était plus qu'à moitié ruinée. Les Romains l'avaient un peu relevée depuis la troisième guerre punique. « Aklybée (en langue du pays Aklybia), autrefois Clupea, appartient aujourd'hui au royaume de Tunis. C'était un bon port. Les Romains s'y fortifièrent lors de la première guerre punique, et en firent une place d'armes. » Lepernay, *Pharsale.*

Sur la rive du Bagrada (page 137). — Le Bagrados, appelé aujourd'hui Megerda ou Mesjerda, sort de la Numidie et se jette dans la mer auprès d'Utique. Le pays qu'il arrose porte le nom de Prikia. On connaît l'histoire du serpent monstrueux que Regulus tua sur les bords de ce fleuve :

> Turbidus arentes lento pede sulcat arenas
> Bagrada.
> (Sil. Ital., lib. VI, v. 140.)

Dans les champs de Phlégra (page 138). — Ville de Macédoine; il y avait aussi une ville du même nom dans la Campanie, près de Puteoli, Pouzzoles.

Dédaigne le secours de la terre. — Le poëte veut dire que, dans ses combats, Antée dédaigne de se laisser tomber pour chercher des forces contre le sein de sa mère, car il vient de dire qu'il dormait toujours sur la terre nue.

La gloire de Scipion (page 140). — L'expédition hardie de Scipion, nommé consul avant l'âge, força Annibal de quitter l'Italie qu'il désolait depuis seize ans, et de repasser la mer pour voler au secours de sa propre ville. Arrivé en Afrique, il perdit la bataille de Zama, qui termina la seconde guerre punique.

Voici l'exacte position de ce camp, selon César : « Id autem est jugum directum, eminens in mare, utraque ex parte præruptum atque asperum; sed tamen paulo leniore fastigio ab ea parte, quæ ad Uticam vergit. Abest directo itinere ab Utica paulo amplius passuum mille. Sed hoc itinere est fons, quo mare succedit longius, lateque is locus restagnat : quem si quis vitare voluerit, sex millium circuitu in oppidum perveniet. » *De Bello civili*, lib. II, c. xxiv.

Ce fut là qu'il établit son camp. — « Ipse cum equitatu antecedit ad castra exploranda Corneliana, quod is locus peridoneus castris habebatur. » (Cæsar, *de Bello civili*, lib II, c. xxiv-xxv.) Là fut le premier camp de Scipion sur la terre d'Afrique, et ce lieu avait continué de s'appeler le camp Cornélien.

Avec des forces trop inégales (page 140). — Il avait pris les devants et n'avait avec lui que deux légions et cinq cents cavaliers.

L'Atlas voisin de Gadès (page 141). — Il faut remarquer que l'auteur prend ses points cardinaux dans le royaume dont il fait la description (Voyez Heeren, *Manuel de l'Histoire ancienne*, p. 47 et 410). La Mauritanie, soumise à Juba, fut partagée, l'an 42 avant Jésus-Christ, en deux royaumes : la Mauritanie Césarienne, bornée à l'est par le fleuve Ampsagus, à l'ouest par le fleuve Mulucha; villes : Igilgilis et Césarée; et la Mauritanie Tingitane, depuis le fleuve Mulucha jusqu'à la mer Atlantique; capitale Tingis.

Le petit Atlas est sur la côte d'Afrique, en face de Cadix, dont il est séparé par le détroit de Gibraltar.

Hammon, voisin des Syrtes. — Il est éloigné d'environ huit degrés de longitude. Jupiter Hammon est proprement le Jupiter des sables, ἄμμος. « Cependant il partit pour aller au temple de Jupiter Hammon. Le chemin était long et fatigant; il offrait partout les plus grandes difficultés. Il y avait deux dangers à courir : la disette d'eau, qui rend ce pays désert pendant plusieurs journées de marche; l'autre, d'être surpris en traversant ces plaines immenses d'un sable profond, par un vent violent du midi, comme il arriva à l'armée de Cambyse. Ce vent ayant élevé de vastes monceaux de sable, et fait de cette plaine comme une mer orageuse, engloutit en un instant cinquante mille hommes dont il ne se sauva pas un seul. » Plutarque, *Vie d'Alexandre*, ch. XXXVII.

Suivant la Fable, Bacchus, à son retour des Indes, avec son armée victorieuse, arriva dans le voisinage des Syrtes. Son armée allait périr de soif au milieu des sables, quand Jupiter lui apparut sous la forme d'un bélier, et fit couler une source d'eau vive. Ce fut en mémoire de ce bienfait qu'un temple fut construit dans ces lieux en l'honneur du Jupiter des sables. Voyez *Pharsale*, liv IX, v. 5, et liv. X, v. 38.

Le Numide errant, etc. — Voyez Salluste, *Guerre de Jugurtha*, description de l'Afrique.

Gœtulis, Numidis, Garamantibus Autololisque,
Mazuge, Marmarida, Psyllo, Nasamone timetur.

(Sidon. Apollin., *poema* V, v. 337.)

Tel l'ichneumon rusé (page 143). — Le crocodile a la vue faible et les yeux placés de côté; ce qui favorise le stratagème de son ennemi.

Pline dit qu'il y a guerre mortelle entre l'ichneumon et le crocodile. Voyez Pline, *Hist. Nat.*, liv. VIII, ch. xxiv.

Il ne put ni survivre à son malheur, ni penser à la fuite (page 146). — « Hortatur Curionem Cn. Domitius, præfectus equitum, cum paucis equitibus circumsistens, ut fuga salutem petat, atque in castra contendat, et se ab eo non discessurum pollicetur. At Curio, nunquam, amisso exercitu quem Cæsare fidei suæ commissum acceperit, se in ejus conspectum reversurum confirmat; atque ita prœlians interficitur. » Cæs., *de Bello civili*, lib. II, c. xlii.

Ébloui par les riches dépouilles de la Gaule (page 148). — Curion fut d'abord ennemi de César et partisan de Pompée; mais ses dettes énormes le mirent dans la nécessité de se vendre, et la guerre des Gaules rendit César assez riche pour l'acheter. « Après le consulat de Marcellus, César laissa puiser abondamment dans les trésors qu'il avait amassés en Gaule tous ceux qui avaient quelque part au gouvernement; il acquitta les dettes du tribun Curion, qui étaient considérables, etc. » Plutarque, *Vie de César*, ch. xxxii.

Curion la vendit. — Il ne faut point se laisser ici tromper à l'exagération du poëte, quelque brillante que soit l'expression de sa colère républicaine; il fait trop d'honneur à Curion, quand il prétend que sa trahison perdit tout. Il eût pu ne pas se vendre, que la république n'en eût pas moins péri. Curion ne fut, pour ainsi dire, qu'un instrument de sa chute. Mais sans lui, la destinée eût trouvé quelque autre voie, *fata viam invenient*.

On croit que c'est Curion que Virgile a voulu peindre et flétrir dans son *Enfer*, quand il dit :

> Vendidit hic auro patriam dominumque potentem
> Imposuit.
>
> (*Æneid.*, lib. VI, v. 621.)

LIVRE V

La fortune partageant les bons et les mauvais succès (page 149).— Pompée avait perdu l'Italie, Marseille et l'Espagne; mais César avait éprouvé une défaite navale dans l'Adriatique, et Curion venait de périr avec son armée en Afrique.

Ce jour qui change le titre de nos fastes (page 150).— Les fastes étaient des registres publics où s'écrivait année par année l'histoire de Rome. Depuis l'expulsion des rois, les années étaient marquées par le nom des consuls. Ce jour qui inscrivait de nouveaux noms dans les fastes était celui des calendes de janvier.

Les consuls dont l'année expire (page 150). — Ces deux consuls étaient Lentulus et Marcellus. Il s'agit de savoir s'il y avait alors deux ou quatre consuls. César (décembre, an 49) avait échangé la dictature contre le consulat, et s'était donné pour collègue P. Servilius Isauricus : « Dictatore habente comitia Cæsare, consules creantur Julius Cæsar et P. Servilius. »

Véies... devint Rome (page 151). — Corneille s'est approprié les traits principaux du discours de Lentulus :

> Je n'appelle plus Rome un enclos de murailles
> Que ses proscriptions comblent de funérailles ;
> Ces murs dont le destin fut autrefois si beau,
> N'en sont que la prison ou plutôt le tombeau :
> Mais pour revivre ailleurs dans sa première force,
> Avec les faux Romains elle a fait plein divorce ;
> Et comme autour de moi j'ai tous ses vrais appuis,
> Rome n'est plus dans Rome, elle est toute où je suis.
>
> (*Sertorius*, acte III, sc. 2.)

Rhodes consacrée à Phébus (page 152). — Rhodes est une île de la mer appelée autrefois Carpathienne. Le poëte dit qu'elle est chère à Phébus à cause de Rhodes, jeune vierge, qui lui donna son nom et qui fut aimée du dieu de la lumière. Aussi dit-on que, même dans les jours les plus sombres, cette île reçoit au moins un regard du soleil. Voyez Pindare, *Olympiq.* VII, et Horace, liv. I, *Od.* VII.

La jeunesse inculte du Taygète glacé. — C'est le peuple de Lacédémone, ville située au pied du mont Taygète, et sur les bords de l'Eurotas, en Laconie.

Le fidèle Dejotarus. — Roi de Galatie qui avait amené à Pompée six cents cavaliers. Il reste un plaidoyer de Cicéron en faveur de ce roi.

Et Rhascupolis, roi d'une région glacée. — Il était roi de Macédoine, et avait envoyé deux cents cavaliers.

Et toi, Ptolémée. — Ptolémée Lagus avait eu le royaume d'Égypte pour sa part des conquêtes d'Alexandre. C'est pourquoi Lucain appelle ailleurs Ptolémée *Pellæum regem*. Alexandre d'ailleurs était le fondateur d'Alexandrie.

Ce glaive qui doit frapper ton peuple (page 152). — Ptolémée Dionysius, fils de Ptolémée Aulète, fut un roi cruel et toujours en guerre avec ses sujets. Il avait eu pour tuteur Pompée.

C'est ainsi qu'on dérobe un trône à Cléopâtre. — Ptolémée Aulète chercha à assurer par son testament la couronne à ses enfants, en nommant pour ses successeurs, sous la surveillance du peuple romain, les deux aînés, Ptolémée Dionysius, âgé de treize ans, et Cléopâtre sa sœur, âgée de dix-sept ans, qu'il devait épouser. Quant aux deux plus jeunes, Ptolémée Néotéros et Arsinoé, leur père invoquait pour eux la protection du sénat romain. Des dissensions entre Cléopâtre et son frère furent excitées et entretenues par l'eunuque Pothin, qui avait la direction des affaires. Cléopâtre, obligée de sortir de l'Égypte, se réfugia en Syrie, où elle leva des troupes pour soutenir ses droits par les armes, au temps où César poursuivant Pompée, après la bataille de Pharsale, entra dans Alexandrie et se porta, au nom de Rome, pour médiateur entre le frère et la sœur.

Sous le poids éternel d'Inarime (page 154) — Île de la Campanie; elle avait encore d'autres noms. Voyez Pline, liv. III, ch. VI.

Inarime Jovis imperiis imposta Typhæo.
(Virg., lib. VI, Æneid., v. 715.)

Le plus grand malheur de notre siècle (page 155). — « Il y a des vers de Lucain qui ne sont pas aussi connus que le traité de Plutarque, *de la Cessation des Oracles*, et qui méritent cependant de l'être. Ce sont des choses qu'il faut abandonner aux réflexions du lecteur accoutumé à faire le départ des vérités. » (De Maistre, *Soirées de Saint-Pétersbourg*, XIe entretien, note p. 283.) Ce sont ceux que nous traduisons ici.

Vers l'Aulide (page 161). — Depuis la guerre de Troie, l'Aulide passait pour retenir les vaisseaux dans ses ports.

Dans les marais Salapiens (page 168). — Il y avait en Apulie une ville de ce nom, célèbre par les amours d'Annibal avec une femme du pays. Voyez Pline, liv. III, ch. II.

Le peuple qui l'implore. — C'est une cruelle ironie de la part du poëte. César, qui est dictateur, se nomme lui-même consul pour plaire au peuple, qu'il prive aussi du droit d'élire ses magistrats.

La fête de Jupiter Latin (page 169). — Les nouveaux consuls devaien la célébrer tous les quatre ans, aux flambeaux, sur le mont Albain, en mémoire de l'alliance renouvelée entre Tarquin le Superbe et les Latins. (Voyez Macrobe, *Saturnales*, liv. I, ch. xvi.) Les divinités honorées dans ces fêtes étaient Vesta, le Feu éternel, et le Jupiter Latial.

LIVRE VI

Résolus d'en venir à une bataille (page 189). — Florus (liv. IV) n'attribue cette résolution qu'à César : « Les deux camps sont en présence, dit-il ; mais les deux chefs nourrissent des projets divers. » *Cæsar pro natura ferox et conficiendæ rei cupidus, ostentare aciem, provocare, lacessere.* Plus loin : *Pompeius adversus hunc nectere moras, tergiversari...* — « L'un, Pompée, était abondamment pourvu de toutes les provisions nécessaires à son armée : ses flottes étaient maîtresses de la mer. » César, au contraire, avait à craindre les suites de la famine, qui déjà se faisait sentir dans son camp. Nous le verrons, quelques vers plus loin, envelopper son rival ; mais, dans cette position encore, il souffrait plus que lui du manque de vivres : « Inopia obsidentibus, quam obsessis, erat gravior. » Vel. Paterc., lib II.

Vers les murs de Dyrrachium (page 190). — Ce que le poëte dit des fortifications de Dyrrachium et de l'entreprise gigantesque de César, est confirmé par l'histoire ; Florus, liv. IV : « Quippe quam vel situs inexpugnabilem faceret. »

Appelée Pétra — Ce nom est commun à un grand nombre de lieux remarquables par leurs rochers (en grec πέτρα). On trouve : Pétra (*Karak* ou *Arac*), capitale de l'Arabie Pétrée, dans la Gabalène, sur un rocher dont elle prend son nom (Strabon, liv. XVI). Autre ville de Thrace, dans la province nommée Médique, et qui fut prise par Philippe V, roi de Macédoine (Tite-Live, liv. XL, ch. xxii). Quinte-Curce (liv. VII, ch. xi) parle d'un autre rocher occupé par le Sogdien Arimazanes avec trente mille soldats, et que prit Alexandre à la tête de trois cents Macédoniens. César (*de Bell. civ.*, lib. III) parle de la position que prit Pompée sur ce rocher : « Pompeius interclusus Dyrrachio, ubi propositum tenere non potuit, secundo usus consilio, edito loco qui appellatur Petra, castra communit. »

Le fort Minutius (page 196). — Du nom du Romain qui défendit ce poste. Est-ce le même que Scéva ? (Voyez la note suivante.) Suétone (*César*, ch. lxviii) l'appelle *Cassius Scæva*, et Valère-Maxime (liv. III, ch. ii), *Cassius Scæva*.

Ce brave s'appelait Scéva (page 197). — Florus (liv. IV) parle de la bravoure du centurion Scéva : « Quo tempore egregia virtus Scævæ centurionis enituit, cujus in scuto CXX tela sedere. » César (*de Bell. civ.*, lib. III) porte à deux cent vingt le nombre de traits qui percèrent le bouclier du guerrier : « Scutoque ad eum relato Scævæ centurionis, inventa sunt in eo foramina CCXX. » Suivent les récompenses de sa valeur : il reçut des mains de César deux mille sesterces ; il fut promu au grade de primipile. La cohorte dont il faisait partie, et qui avait secondé son courage, eut à l'avenir double paie, double ration de vivres, double vêtement. « Ejus enim opera (ut ait Cæsar ipse) castellum conservatum esse magna ex parte constabat. » Suivant l'histoire, il survécut à ses blessures.

O Rome, ce jour... (page 205). — « Et plût aux dieux qu'il eût consumé dans ses extravagances tout un règne de tyrannie, durant lequel il ravit à la patrie tant d'illustres citoyens impunément, et sans qu'il s'élevât un seul vengeur ! Mais il périt du moment qu'il se fit craindre de l'humble artisan : voilà l'écueil où se brisa le monstre dégouttant du sang des Lamia. » Ainsi s'exprime Juvénal à la fin de sa satire IV. Il a cela de commun avec notre poëte qu'il se répand continuellement en plaintes douloureuses sur le triste destin de Rome ; et ces regrets, il faut bien le dire, étaient ceux des Tacite, des Helvidius, des Thraséas, de tous les généreux citoyens dont la pensée aimait à se reporter vers une époque de bonheur, de liberté et de gloire. Ces mêmes regrets inspiraient au poëte ces vers d'un sens si profond, si vrai, si énergiquement exprimés, sat. VI, v. 292 :

> Nunc patimur longæ pacis mala : sævior armis
> Luxuria incubuit, victumque ulciscitur orbem.
> Nullum crimen abest, facinusque libidinis ex quo...

Les amis de Pompée firent tous leurs efforts pour le détourner. — César, vaincu, venait de quitter une contrée où les dieux s'étaient déclarés contre lui : « Petiit Apolloniam, indeque in Thessaliam clam noctu profectus est, » dit Appien, liv. II. César, néanmoins, ne convient pas que sa défaite fût aussi complète que le prétendait son rival ; il reproche à ce dernier la jactance avec laquelle il venait d'en annoncer la nouvelle aux provinces : « Simul a Pompeio litteris per omnes provincias civitatesque dimissis, de prœlio apud Dyrrachium facto elatius inflatiusque multo quam res erat gesta, fama percrebuerat pulsum fugere Cæsarem, pæne omnibus copiis amissis. » (*De Bello civ.*, lib. III.) Nous ne déciderons point si ce fut une faute ou non de la part de Pompée, d'avoir suivi son rival en Thessalie : l'événement a prononcé ; mais ne serait-il pas plus juste d'imputer la défaite prochaine de ce chef aux dispositions mêmes que faisaient paraître ses prétendus amis, plus pressés, comme le dit César, de venir à Rome se partager les dignités, les faveurs du pouvoir, que de poursuivre les conséquences d'une première, mais incomplète victoire? « Jamque inter se palam de præmiis ac sacerdotiis contendebant... Alii domos bonaque eorum qui in castris erant Cæsaris, petebant... adeo ut quidquid intercederet temporis, id morari reditum in Italiam videretur. » (*De Bello civ.*, lib III) : « Non, leur dit-il, je ne veux point, à l'exemple de César, paraître en armes au sein de ma patrie. Jamais Rome ne me verra qu'après que j'aurai licencié mon armée... » Voilà du moins, de la part du chef, des motifs puisés dans les sentiments d'une politique généreuse ; mais la générosité n'est pas une vertu à l'usage de tous.

Les champs de Phylacée où régna le premier des Grecs (page 207). — Il s'agit de Protésilas, fils d'Iphileus et frère d'Alcimède, mère de Jason : il fut roi de cette partie de la Thessalie où se trouvaient les villes de Phylacée, d'Antrone, d'Itone et de Ptélée. L'oracle avait prédit que celui qui aborderait le premier au rivage de Troie l'arroserait de son sang. Protésilas réclama ce périlleux honneur, et il fut tué en effet ; mais par qui? Homère ne le dit point. Sa femme, Léodamie, qu'il avait quittée le lendemain de ses noces, se tua de désespoir dès qu'elle apprit sa mort : les Grecs lui élevèrent un tombeau aux champs de la Troade. Voyez Homère, *Iliade*, liv. II, v. 205 ; Ovide, *Métam.*, liv. XII ; Strabon ; Hyg., *Fab.* CIII ; Pline, *Hist. Nat.*, liv. IV, ch. xii ; Lucien, *Dial. des Morts*, XII.

Le Titarèse (page 208). — Le poëte dit de ce fleuve, qu'il coule à la surface du Pénée sans jamais mêler ses ondes aux flots de ce dernier. C'est une allusion à un passage d'Homère (*Iliade*, liv. II, v. 751). Ce fleuve avait pris son nom du mont Titare, où il avait sa source. La mauvaise qualité de ses eaux fit croire aux anciens qu'il les tirait du Styx : de là cette tradition d'Homère.

Monychus, qui brisais les durs rochers de Pholoé. — Du grec μώνυχος. Ainsi nommé parce que ses pieds, tels que ceux des coursiers, au lieu de se terminer par cinq doigts, avaient la forme de sabots. Il lançait les arbres de même que des javelots. (Juvénal sat. I, v. 11) :

> . . . . . Quantas jaculetur Monychus ornos.

Voyez Ovide, *Métam.*, liv. XII, ch. XII.

Comme les savants Chaldéens (page 210). — Juvénal (sat. VI, v. 553) parle de la confiance qu'inspirait la science des Chaldéens :

> Chaldæis sed major erit fiducia : quidquid
> Dixerit astrologus, credent a fonte relatum
> Hammonis ; quoniam Delphis oracula cessant,
> Et genus humanum damnat caligo futuri.

Non satis adductus amor (v. 435). — « Id est, minime naturalis, non ætati nec votis conveniens, sed vi veneficiorum immissus. » Virgile (*Énéide*, liv. IV, v. 487) :

> Hæc se carminibus promittit solvere mentes
> Quas velit, ast aliis duras immittere curas.

La membrane du céraste (page 222). — « A cornibus sic dictus quæ habere dicebatur. » Ce fut également un ancien nom de l'île de Chypre, parce que ses habitants, disait-on, avaient des tumeurs pareilles à des cornes. Il est plus raisonnable, toutefois, de penser que ce nom lui fut donné à cause de ses promontoires auxquels les anciens donnaient souvent le nom de *cornes*, κέρατα.

Comme vos triomphes (page 229). — « Patris vestri, *scil.* familiæ vestræ. Nam filios Pompeii ipsos quidem nunquam triumphasse legimus, tametsi aliquoties felici eventu pugnarint, sed contra cives tamen, de quibus triumphus, ut et Valerius testatur, dari non solet. Pater autem Pompeius de Libycis triumphavit, devicto Domitio et reliquiis Mariani exercitus. Postea et de Hispanis, victo ac debellato Sertorio. Ultimo autem et de Asiaticis, confecto Mithridatico bello, auctore Plutarcho. Quare poetæ verba hoc loco ita accipienda videntur, ut sit sensus : fortuna distribuet tumulos vestros iis terræ partibus, de quibus vestri patris triumphi aliquando acti sunt, id est, Europæ, Asiæ ac Libyæ *vel* Africæ. » (Not. edit. Lem.)

LIVRE VII

Comme aux funérailles de Brutus (page 232). — Tite-Live (liv. II, ch. VII) : « Collegæ funus, quanto tum potuit adparatu (Valerius) fecit : sed multo majus morti decus publica fuit mœstitia, eo ante omnia insignis, quia matronæ annum, ut parentem, eum luxerunt, quod tam acer ultor violatæ pudicitiæ fuisset. »

On accuse Pompée (page 233). — Plutarque (*Vie de Pompée*) : « Illi (Domitius scil., Favonius, Afranius et alii) hæc dictitantes Pompeium, existimationis retinendæ cupidum, amicorumque verecundia victum compulerunt, uti, optimis consiliis omissis, voluntates ipsorum et spes sequeretur. Quod sane vel navis gubernatorem haud æquum erat facere, multo minus tot gentium atque exercituum imperatorem. » Et aucuns le piquaient en l'appelant *Agamemnon* et *le roi des rois* (Plut., trad. d'Amyot.)

Les insensés! quelle est leur ardeur pour le crime (page 235). — César raconte que ce fut Labienus qui, prenant la parole après Pompée, le décida, lui et son armée surtout, à livrer bataille. Redoutant les vieilles phalanges du vainqueur des Gaules, il représenta dans le conseil que l'armée de César s'était renouvelée presque entière : *Perexigua pars illius exercitus superest; magna pars deperiit.* « Les maladies contagieuses de l'automne, dit-il, en ont détruit une partie en Italie; d'autres se sont retirées dans leurs foyers; d'autres sont restées sur le continent... Ce ne sont plus pour la plupart que des recrues levées dans la Gaule Citérieure : les seules bonnes troupes qui lui étaient restées ont succombé dans les deux combats livrés sous les murs de Dyrrachium. » Après ce discours, il jure qu'il ne rentrera dans le camp qu'en vainqueur, et exhorte les autres à faire le même serment. César ajoute : « Hoc laudans Pompeius idem juravit : nec vero ex reliquis fuit quisquam, qui jurare dubitaret. » (*De Bello civ.*, lib. III.)

Par divers prodiges (page 238). — Ce que le poëte raconte ici des prodiges qui annoncèrent le désastre de Pharsale, est confirmé par l'histoire. Florus, liv. IV; Plutarque, *Vies de Pompée et de César*; Appien, *Guerre civile*, liv. II; Dion, liv. XXXI; César, *Comment.*, liv. III. Valère-Maxime, liv. I, ch. VI.

Cette calamité l'a réduite au point de ne pouvoir, un siècle après, avoir une guerre civile (page 250). — Plutarque (*Vie de Jules César*) : « Dans le dénombrement des citoyens qu'on fit après la guerre civile, au lieu de trois cent vingt mille chefs de famille qui étaient à Rome, il ne s'en trouva plus que cent cinquante mille, sans compter les pertes du reste de l'Italie et des autres provinces romaines. »

O Crastinus, toi dont la lance (page 253). — Ce que le poëte raconte de Crastinus est d'accord avec l'histoire. Florus (liv. IV) :

« Crastinus engagea le combat en lançant le premier son javelot. » César (*Guerre civ.*, liv. III).

César craignant que sa première ligne, etc. (page 255). — César (*Guerre civ.*, liv. III) : « Timens ne multitudine equitum cornu dextrum circumveniretur, celeriter ex tertia acie singulas cohortes detraxit, atque ex his quartam (aciem) instituit equitatuique opposuit et quid fieri vellet ostendit, monuitque ejus diei victoriam in earum cohortium virtute constare. »

Une victime digne de Brutus (page 259). — Plutarque (*Vie de Brutus*) : « Pompée avait fait mourir le père de Brutus; mais estimant qu'il fallait préférer les affections publiques aux affections privées, et se persuadant que la cause qui avait fait prendre les armes à Pompée, était meilleure et plus juste que celle de César, Brutus se rangea du côté de Pompée. Néanmoins, chaque fois qu'il le rencontrait, il ne le daignait pas seulement saluer, pensant que ce serait à lui un *grand péché* que de parler au meurtrier de son père. » — « César recommande à ses capitaines et chefs de cohorte de se bien garder de tuer Brutus : « Amenez-le-moi, dit-il, s'il se rend volon« tairement; mais s'il se met en défense pour n'être pas pris, laissez-le « aller sans lui faire aucun mal. » On dit qu'il en agissait ainsi pour l'amour de Servilia, mère de Brutus. » (*Ibid.*) — « Parmi ceux à qui César fit grâce et qu'il reçut à son amitié, était Brutus, celui qui le tua... lequel s'étant venu rendre à lui, il en fut fort joyeux. » (*Vie de César.*) Dans d'autres sentiments que ceux de notre poëte, Vell. Paterculus (liv. II, ch. LII) dit, au sujet du meurtre de César par Brutus : « Dieux immortels ! quel prix réservait Brutus à l'affection du vainqueur, à sa bonté ! »

« *Eh bien! Domitius, mon successeur*, » etc. — Domitius avait été nommé son successeur dans le gouvernement de la Gaule : « Jussus est ei succedere L. Domitius. » (Appian., *de Bello civ.*, lib. II.) « Scipioni obvenit Syria, L. Domitio Gallia. » (Cæsar., *Comment.*, lib. III.)

Larisse, la première (page 265). — C'était la seule ville de Thessalie qui, à l'arrivée de César, ne se fût pas rendue à lui.

Il ne reste plus qu'à payer votre sang (page 266). — Cet assaut, donné au camp de Pompée, est confirmé par César ; mais le motif qu'il indique est différent : « Cæsar, Pompeianis ex fuga intra vallum compulsis, nullum spatium perterritis dare oportere existimans, milites cohortatus est ut beneficio fortunæ uterentur, castraque oppugnarent : qui etsi magno æstu fatigati (nam ad meridiem res erat perducta) tamen, ad omnem laborem animo parati, imperio paruerunt. » (*De Bello civ.*, lib. III.)

Il fait préparer pour le festin (page 269). — Remarquons ici, pour être juste, que tout cela n'est qu'une satire amère dirigée contre le destructeur de la liberté de Rome. L'histoire ne le confirme point; elle fait plus, elle le dément, et César, il faut le dire, était trop adroit, trop politique pour en user ainsi : c'eût été se rendre odieux au monde.

Les honneurs de la sépulture. — Ce fait est démenti par Appien, qui dit (*Guerre civ.*), en parlant du centurion Crastinus : « Cadaver ejus seorsim sepeliit Cæsar prope communem aliorum tumulum. » Vell. Paterculus (liv. II, ch. LII) dit, contrairement au poëte : « Quoi de plus admirable, de plus éclatant, de plus glorieux que cette victoire ! La patrie n'eut à pleurer que des citoyens tués en combattant. Mais une fureur obstinée rendit la clémence inutile, les vaincus trouvant moins de plaisir à recevoir la vie, que les vainqueurs à la donner. » (Trad. de Després.)

LIVRE VIII

Pompée excite son coursier (page 274). — Florus, liv. IV. « Heureux encore Pompée dans son malheur, s'il eût subi le sort de son armée ! Mais il survécut à sa puissance, et ce fut pour fuir honteusement à travers les vallées de la Thessalie, pour aborder à Lesbos sur une simple barque, pour être jeté à Syèdre, rocher désert de la Cilicie, délibérer s'il chercherait un asile chez les Parthes, en Afrique ou en Égypte, et aller périr enfin, aux yeux mêmes de sa femme et de ses enfants, sur le rivage de Péluse, par l'ordre du plus misérable des rois, par le conseil de vils eunuques, et, pour comble d'infortune, par le fer de Septimius, déserteur de son armée. » (Trad. de Ragon.)

Le bruit des vents... l'épouvante. — Virgile, *Énéide*, liv. II, v. 728 :

> Nunc omnes terrent auræ, sonus excitat omnis
> Suspensum. . . . .

Horace, liv. I, *Od.* XXIII, v. 3 :

> Non sine vano
> Aurarum et silvæ metu, etc.

Alors le peuple de Mitylène (page 279). — Mitylène est la capitale de Lesbos. Cette cité fut une des plus peuplées et des plus puissantes des îles de la Grèce. Les lettres y furent en honneur dès les premiers temps historiques. Il s'y donnait tous les ans des combats où les poëtes se disputaient le prix de la poésie. Elle est la patrie de Pittacus, d'Alcée, de Sapho, de Théophraste : Épicure et Aristote y enseignèrent la philosophie. Entre autres magnifiques édifices, Mitylène avait un théâtre si beau, que Pompée en fit prendre le modèle pour en construire un semblable à Rome. On retrouve aujourd'hui encore à Castro, qui s'est élevée sur les ruines de Mitylène, les restes de monuments magnifiques qui attestent l'antique splendeur de la ville de Mitylène.

Rappelez-vous, Pompée (page 294). — Ce conseil, que le poëte place ici dans la bouche de Lentulus, l'histoire l'attribue à Théophanès de Lesbos.

LIVRE IX

L'hémorrhoïs (page 356 et suiv.). — C'est un reptile dont la morsure fait couler le sang par toutes les ouvertures du corps : son nom vient de αἷμα, *sang*, et ῥέω, *je coule*. — *Le chersydre*. Ce reptile, qui, ainsi que le dit son nom (formé de χέρσος, *terre*, et ὕδωρ, *eau*), vit sur terre et dans l'eau, est amphibie. — *Le chélydre*, amphibie comme le précédent, fait, de son souffle brûlant, fumer l'endroit où il rampe. — *Le cenchris*. « Serpens, infinitis minimisque maculis distinctus (graece κέγχρος, *milium*, dicitur) magis variegatus est, ut ait poeta, quam ophites, marmor scil. ita dictum et ipsum, quasi ad similitudinem serpentum, maculis conspersum. » *L'ammodyte* (de ἄμμος, *sable*, et δύω, *je revêts*) est de même couleur que le sable. Il est amphibie, holobranche et apode : on le classe dans la famille des pantoptères. — *Le céraste*. Ainsi nommé de κέρας, *corne*, ce reptile a sur la tête deux éminences courbées en formes de croissant ou de cornes. — *Le dipsas*, ou *dipse*, ou *la dypsade* (de διψάω, *j'ai soif*), est un reptile dont la morsure cause une soif que rien ne peut assouvir. — *L'amphisbène* (de ἀμφίς et βαίνω). « Quod utraque ex parte ingrediatur, nomen habet. » Ce reptile a la queue arrondie et aussi grosse que la tête : il marche également bien en arrière et en avant ; d'où lui vient son nom. — *Le natrix* est un serpent d'eau, qui, s'il ne rend pas les eaux qu'il habite mortelles, les rend du moins insalubres. — *Le jaculus* se cache sur les arbres, d'où il *s'élance*, comme un *trait*, sur tout ce qui l'approche. — *Le paréas*. Ce reptile marche sur deux pieds qu'il a près de la queue; ce qui fait dire au poëte : *Contentus iter cauda sulcare.* — *L'avide prester*. Le prester (ἀπὸ τοῦ πρήθω, *je brûle*) est une sorte de dipsas dont le poison est *brûlant* ; ce qui lui a fait donner son nom. — *Le seps*. Ce reptile (ἀπὸ τοῦ σήπω, *je putréfie*) est une sorte de lézard qui a les jambes très-courtes et la forme de l'aspic. Sa morsure a pour effet de putréfier ; d'où lui vient son nom. Solin : *Ictu sepis statim putredo sequitur.* — *Le basilic*. Suivant Pline, le basilic fait mourir les arbustes même qui ont senti le poison de son souffle. Le poëte le dit si redoutable, que les serpents fuient à son aspect : d'après l'étymologie de son nom, *il règne*, toujours suivant le poëte, dans la solitude des sables. Néanmoins, il est reconnu aujourd'hui pour n'être qu'une espèce de lézard stupide, craintif, et par conséquent inoffensif. On le nomme *roi*, parce que ce prétendu serpent a sur la tête des éminences ou taches blanches en forme de couronne.

Les Psylles (page 360). — Ancien peuple de la Lybie, voisin des Nasamons et des Garamantes, au sud de la Grande Syrte, dont ils étaient séparés par un vaste désert : le désert de Sort. On ignore néanmoins leur véritable situation. On dit, ainsi que le raconte le poëte, qu'invulnérables eux-mêmes, ils savaient guérir par leur salive ou par le simple attouchement la morsure des serpents. Pline rapporte qu'il transpirait du corps des Psylles une odeur qui les en préservait. Celse dit simplement que ces peuples étaient dans l'usage de sucer les plaies qu'avaient faites les bêtes venimeuses, et d'en extraire ainsi le poison. Hérodote assure qu'ils furent tous détruits par la vapeur brûlante du vent du midi. Aulu-Gelle ajoute qu'ayant manqué d'eau pendant une année entière, ils avaient pris les armes, résolus à faire la guerre au Notus, et que c'était ainsi qu'ils succombèrent tous, ou, au moins, tous ceux qui firent partie de l'expédition. Pline prétend qu'ils furent exterminés par les Nasamons, qui s'emparèrent de leur territoire. Néanmoins, il en subsistait encore du temps de notre poëte, et l'on rapporte qu'Auguste en envoya plusieurs auprès de Cléopâtre, dès qu'il apprit que cette reine s'était fait piquer par un aspic : ce fut sans résultat. Voyez Hérodote, liv. IV, ch. CLXXIII; Strabon, liv. XVII; Diod., liv. LI, ch. XIV; Paus., liv. IX, ch. XXVIII; Pol., liv. IV, ch. IV.

LIVRE X

Mon année ne le cédera point (page 382).—L'année grecque fut primitivement composée de trois cent cinquante-quatre jours, ce qui donnait en quatre ans quarante-cinq jours d'erreur. Vint ensuite Eudoxe, qui fixa la durée de l'année à trois cent soixante-cinq jours un quart, durée qu'admit depuis J. César, ou plutôt l'astronome Sosigène, en établissant le calendrier Julien. L'année de César fut de trois cent soixante-cinq jours, et de trois cent soixante-six après une période de quatre ans, ce qui donnait encore un jour d'erreur en cent trente-quatre ans : c'est cette erreur que le calendrier Grégorien a relevée. On sait que César s'occupa réellement d'astronomie et fit un traité sur cette matière. — Tout ce qui suit sur les causes des crues du Nil est tiré des opinions des divers philosophes de l'antiquité, Aristote, Anaxagore, Démocrite, etc.

Ici se termine, avec les *Commentaires de César*, le poème de notre auteur. Morts l'un et l'autre, et pour une cause bien différente, avant le temps, on se persuade sans peine que leur œuvre a pu rester inachevée. Un disciple de Cicéron, Hirtius Pansa, s'est fait le continuateur de l'un ; l'autre a inspiré, moins heureusement peut-être, l'Anglais Thomas May.

FIN

TABLE DES MATIÈRES

Avis important v
Étude sur *la Pharsale* vii
Livre Ier 1
    II 35
    III 71
    IV 109
    V 149
    VI 189
    VII 230
    VIII 273
    X 317
    X 372
Notes 401

FIN DE LA TABLE.

www.ingramcontent.com/pod-product-compliance
Lightning Source LLC
Chambersburg PA
CBHW072112220426
43664CB00013B/2087